언어 산출 과정에 대한 학제적 접근

Language Production Processes: An Interdisciplinary Approach

이 저서는 2012년 정부(교육부)의 재원으로 한국연구재단의 지원을 받아 수행된 연구임
(NRF-2012S1A6A4016707)

언어 산출 과정에 대한 학제적 접근
Language Production Processes: An Interdisciplinary Approach

© 김지홍, 2015

1판 1쇄 인쇄__2015년 12월 10일
1판 1쇄 발행__2015년 12월 20일

지은이__김지홍
펴낸이__양정섭

펴낸곳__도서출판 경진
    등록__제2010-000004호
    블로그__http://kyungjinmunhwa.tistory.com
    이메일__mykorea01@naver.com

공급처__(주)글로벌콘텐츠출판그룹
    대표__홍정표
    편집__송은주 디자인__김미미 기획·마케팅__노경민 경영지원__안선영
    주소__서울특별시 강동구 천중로 196 정일빌딩 401호
    전화__02) 488-3280 팩스__02) 488-3281
    홈페이지__http://www.gcbook.co.kr

값 31,000원
ISBN 978-89-5996-500-7 93370

거시언어학 7

담화·텍스트·화용 연구

언어 산출 과정에 대한 학제적 접근

김지홍 지음

Language Production Processes: An Interdisciplinary Approach

경진출판

머릿글

0.

언젠가 인생이 '3막'으로 되어 있다는 말을 들었다. 저자가 벌써 3막을 준비해야 할 때가 되었다. 그간 눈깜짝할 사이 다 지나가 버린 2막의 자취를 되돌아본다. 차분히 목표를 가늠하여 하나씩 단계별로 이뤄온 것도 없이 내내 분주하기만 하였지, 나름대로의 눈도 갖추지를 못하였다. 이정표를 제대로 살피지 못한 채 이것저것 닥치는 대로 읽어 보려고 했던 게 아닌가 후회막급일 뿐이다. 이 책이 저자로서는 겨우 네 번째 저술이다. 풍성한 결실을 거두는 남들의 전범에는 언감생심 비교도 안 된다. 보잘것없는 내용이지만, 주위 환경과 인간의 상호작용에 긴밀히 작동하는 밑바닥 원리들을 찾아 나선 길에서, 제멋대로 기웃거렸던 바를 담아놓고자 하였다. 국립대학의 교수 자리를 28년씩이나 더럽히면서도, 고작 이 정도밖에 써 놓을 게 없음은, 전적으로 저자의 무능과 게으름이 공모한 결과라 따로 변명할 여지가 없다.

1.

마지막 '3막'을 대하면서 저자의 머릿속에는 느닷없이 몇 가지 가정들이 연이어 떠오른다. 이 머릿글('머리말'을 일부러 피함)에서는 다소 자유롭게 저자의 생각을 흘러가는 대로 글로 적어 둔다. 인류 지성사에서 지성이 발휘되는 길은 오직 서로 반대의 두 방향밖에 없다. 하나는 임의의 생각이나 개념을 놓고서 더 아래로 밑굽까지 파고드는 방식이다. 자연과학에서는 '환원주의'라는 말을 선호하지만, 인문 쪽에서는 '해체주의'라는 말을 쓰기도 한다. 아마 기원전 6세기 즈음 고타마 싯달타라는 분이 자성하여 깨달으면서 처음으로 밝힌 진리 서술 방식인데, '본디 자리'로 되돌아간다고 표현한다. 이는 존재(Being)의 모습을 있는 그대로 마치 무성 영화처럼 바라보는 방식으로, '산은 산이오, 물은 물이다'라고 요약된다(존재와 소유의 대립 개념). 이런 접근에서는 가장 중요한 '개체(being), 개인, 나'가 사라져 버린다. 이런 접근을 철저히 적용한 결과로서 모든 우주에 두루 펴져 있는 새로운 바탕 질료가 나오며, 이로써 공통성과 일반성을 확보하는 것이다.

앞의 접근과 반대 방향의 접근은 반-환원주의나 반-해체주의라고 부를 수 있겠지만, 고유하게 이름을 붙여 '구성주의' 또는 '통합주의'라고 부른다. 얼핏 보면 마치 잘 다져진 기반 위에 탑을 쌓아 나가는 인상을 준다. 그렇지만 이런 접근에서는 개별적이고 상대적인 관점에 머무는 것이 아니라, 종국에 전체를 다 아우르는 단계로까지 진행해 나간다. 만일 전체를 다 싸안을 수 있다면, 앞의 접근에서 궁극적으로 얻어낸 공통성이나 일반성과 무엇이 다르랴! 이 점이 바로 '뫼비우스 띠'와 같이 중요한 사고 전환으로 보인다. 저자는 우연히 주역·서경·좌전·자치통감의 강독을 듣기 위한 기회가 있었는데, 중국 지성의 흐름이 한마디로 총체적이고 통합적이라는 느낌을 강하게 받는다. 천·지·인이라는 세 가지 재료로 주위 환경을 파악하는 방식도 통합적 시각이지만, 무대 또는 배경으로서 하늘과 땅이 주어져 있고, 그 무대 위에서 연기하는 인간 중심의 세계관을 구성하는 방식으로 재배열되어 있는 것이다. 마치 라디오 부속품을 떼어냈다가 조립하는 일을 연상시키는 한낱 '분석과 종합' 방식만으로는, 두 끝점에 자리한 환원주의와 통합주의를 싸안을 수 없고, 다양하게 전개되어 온 지성사의 흐름을 조감해 내기에도 역부족이다.

아무리 발버둥 치더라도 저자는 이 시대의 생각 속에 철저히 갇혀 있을 뿐이다. 스스로 느끼는 생각들이 모두 현재를 중심으로 반응하면서 일관되게 벼릿줄로 묶어 놓은 것에 지나지 않음을 분명히 인식하고 있다. 저자는 우리 시대에 필요한 지성의 작용으로서 적어도 '진화론' 내지 '진화주의'에 충실히 모험할 필요가 있다고 믿는다. 진화는 주위 환경과의 긴밀한 상호작용의 결과이며, 진보주의 내지 발전사관과는 현격히 다르다. 이 시각이 비록 생물학에서 출발하였지만, 이제는 가장 거대한 우주의 진화(물질 진화)라는 차원에서, 초신성의 폭발로 다양한 원소들이 나옴으로써 지질학적 진화가 가능하게 되었고, 오랜 시간이 지난 뒤에 비로소 생물학적 진화가 이루어지게 되었으며, 이 바탕 위에 250만 년 전쯤에서부터 3겹 두뇌의 진화(비로소 '구체적 사건'들을 기억하는 능력이 생김)와 5만 년 전쯤의 성대 하강(이른바 모음과 자음으로 나뉘는 '분절음'을 말하게 됨)을 거쳐, 언어를 쓰는 인류 진화(생각하는 인류)가 비로소 가능했음을 저자는 기본 공리계로 전제하고 있다.

만일 언어가 주위 환경의 압력에 따라 선택된 진화의 산물이라면, 크로마뇽의 후예들에게서만 확인된다고 주장되는 언어의 실체 또한 자연스런 계기로 출현함을 보여 주어야 마땅하다(생태론적 자연주의). 언어가 출현하려면 먼저 제3의 두뇌(피질)에서 구체적 사건들에 대한 기억들이 풍부하게 온축되어야 한다. 이런 섬부함이 무질서하게 흩어져 있는 것이 아니라, 어떤 상태로든지 가지런히 정리될 필요가 있다. 이것이 이른바 새롭게 일반화된 의미 기억을 촉발하는데, 반복이라는 질서로 재구성되어 있는 기억 표상이다. 이런 표상을 만들어 내는 데에는 동료 인간들이 일으키는 일련의 연속 사건들에 대한 관찰 및 기억이 중요한 토대가 된다. 하나의 사건이 전형적으로 다른 사건으로 이어져 있을 때에, 이 두 사건을 붙여 놓는 '가장 값싼 방식'은 해당 사건을 잘라 놓고 내부 구조를 드러내어, 두 사건 사이에 공통된 요소가 있음을 표시해 주는 일이다(담화 연결기제). 머릿속에 표상된 사건은 구체적 대상도 아니고 막연히 스스로 느끼는 마음의 표상일 뿐이므로, 달리 두 사건 표상을 이어놓을 외부의 도움물이나 도구는 존재할 리가 없는 것이다. 이것이 이른바 아리스토텔레스의 범주론에서 도입된 주어와 술어의 구분이다.

그렇지만 왜 하나의 사건을 두 부분으로만 가르는 것으로 그치지 않고, 더욱 자세하게 나누어 놓았을까? 자유의지를 지닌 인간이 일으키는 일련의 의도적 사건은 단 하나의 유일한 사건이 아니다. 언제나 시작·중간·끝을 지니는 일련의 복합사건 연결체들로서만 존재한다. 그렇다면, 임의의 사건이 어떻게 펼쳐질지 궁금하게 여길 경우, 그 사건의 내부 요소나 속성들을 더욱 명시적으로 떼어냄으로써, 임의의 낱개 사건이 다음 어떤 사건으로 이어질지에 대한 기대나 예상을 할 수 있다. 어린 시절에 어느 방향으로 갈지 결정하려고, 손바닥 침을 뱉고 검지와 중지로 때려 점을 치던 일이 생각난다. 사건이 어디로 어떻게 진행될지는 한 사건의 내부 구성요소들을 분석함으로써 토대를 마련하게 되는 것이다. 저자는 바로 이것이 낱말들이 언어 단위로 탄생하게 된 근본적인 동기라고 본다.

결코 낱말이 먼저 있었던 것이 아니다. 오히려 일련의 연결 사건들이 우리 기억 표상에 먼저 자리를 잡고 있어야 한다. 그 사건들의 내부 구성을 분석한 결과로서, 우연히 범주별로 묶이는 낱말을 확보하게 된 것이다(해체된 낱낱의 레고 블록). 이때 범주는 인간의 신체 제약에 따라 감각 대상, 관찰 대상, 출발점과 도착지, 실마리와 종결 희망 지점, 복합적인 동작의 동시 시행과 계기적 연결 따위로 나눌 수 있는데, 이는 사건 관련 의미론에서 동사들의 내적 구성요소들을 일반화하여 얻어질 수 있다. 즉, 낱개 사건의 내부 구성을 단위별 낱말로 분석해 둠으로써, 동시 관련 사건이나 계기적 다음 사건도 미리 예상해 볼 수 있는 것이다.

최근 이런 생각은 논항구조와 의미역 배당이 서로 결합하여 사건의 내적 구조를 형성한다는 논의로 이어진다. 한 사건을 구성하는 논항은 크게 외부 논항과 내부 논항으로 나뉘지만, 논항들의 관계를 격으로 표시해 주기 때문에 주격 논항·대격 논항·사격 논항으로 부를 수 있다. 사격 논항은 상당히 범위가 넓다. 하나의 사건을 언급할 적에 주격 논항만이 나올 수도 있고, 대격 논항만이 소리로 나올 수 있다(주격 논항은 소리가 없는 공범주로 들어 있음). 전자는 자동사이면서 스스로 의지를 지니고 행위를 하는 주동사의 경우이다. 후자는 형용사 구문이 대표적인데, 주격을 받는 논항의 위치가 비어 있으므로, 어느 언어에서이든지 대격을 받지 못하고 더 위로 이동하여 표면상 주격이 배당된다. 타동사는 주격 논항과 대격 논항이 모두 나오는 경우이고, 대격 논항에 변화가 생기는지 여부에 따라서 다시 사건 범주가 구분된다. 수여 동사나 대상 평가 동사 따위는 세 개의 논항이 모두 구현되어 있는 사례들이다. 인용 동사는 인용하는 상황이 참여자들에게 분명하므로, 주격 논항과 대격 논항이 소리가 없는 공범주로 표현되는데, 인용된 내포문의 주어가 상승하여 상위문의 주격 논항으로 나올 수도 있다.

때로 오직 사격 논항만이 소리값을 갖고 나올 수도 있다(주격 논항과 대격 논항은 소리가 없는 공범주로만 나옴). 특히 희망 동사나 추측 동사 따위가 그러하다. 가령

　　　"[철수가 왔으면] 한다/싶다"

에서 조건문 형식으로 표현된 미래에 완결될 사건 논항이, 희망 동사(희망의 강도는 낱말에 따라 달라질 수 있음)가 투영하는 사격 논항으로 구현되어 있다(단, 꺾쇠 괄호는 내포문으로 실현된 사격 논항을 표시함). 만일 상위문 동사가

"[철수가 왔으면] …"

처럼 생략된다면 바람을 나타내며, 때로 맥락에 따라 현재의 반사실적인

　　'철수가 결코 올 수 없는 상황'(현재 사실과 반대의 상황)

을 가리킬 수도 있다. 만일 내포문이

　　"나ᵢ는 [eᵢ 외국에 갈까] 한다/싶다"

에서처럼 의문문으로 나올 경우에는, 좀더 화자의 의도적인 계획을 표현하므로, 희망의 강도가 다소 바뀌어, 곧 있을 미래 사건을 가리킬 수도 있다. 단, e는 비어 있어(empty) 소리가 나지 않는 요소를 가리키는데, 상위문 주격 자리를 거쳐 화용상의 주제 자리로 이동해 나간 요소 '나'가 본디 있던 흔적(trace)을 가리키므로, 동일함을 뜻하는 지표 'ᵢ'를 아랫 첨자로 붙여 놓았다. 반면에 동일한 내포문 형식이 다음처럼 자연세계의 사건을 기술해 줄 경우에는

　　"[비가 올까] 한다/싶다"

비록 앞에서와 동일한 내포문 및 동일한 상위문 동사가 쓰이고 있더라도, 그 의미가 추측을 나타내게 된다. 이 경우에도 만일 상위문 동사가 생략될 수 있는데, 그렇다면 곧바로 상승조의 억양과 더불어 대화 상대방한테 화자 자신의 판단을 묻기 위한

　　"비가 올까?"

9

순수한 질문 형식이 된다. 그런데 개념 차원이나 사고 전개 차원에서 이들 표현 사이에 어떤 연결점이 있다고 가정한다면, 이를 다음처럼 설명할 길이 생긴다. 화자의 추측 표현은 스스로에게 묻는 '자문 형식'으로도 쓰일 수 있고, 일부러 상대방이 들을 수 있도록 발화해 줌으로써 상대방이 지닌 정보나 의견을 얻기 위한 '질문 형식'으로 쓰일 수도 있는 것이다(의문이라는 개념은 다시 자문과 질문이라는 하위 개념으로 나뉨). 그렇다면 이런 문장 표현들에서 찾아지는 미세한 언어 형식(주로 문법 요소들)의 변화가 그런 변동을 뒷받침해 주는 토대가 됨을 알 수 있다.

추측과 관련되든 아니면 희망과 관련되든 간에, 특이하게 사격 논항이 명사구로 나오지 못하고 내포문으로 나오게 되어, 결국 격을 요구하지도 않고 받지도 못한다. 굳이 격을 표시해 주려면, 문장을 명사처럼 만들어 주는 명사형 어미(통사 접사) '-음, -기'를 이용하거나, 내포문의 요소를 다 받아들여 표현하는 '-는 것' 형식을 이용하여 다음과 같이 명시적으로 표현할 수 있다.

"[철수가 오기/오는 것]을 희망한다"
"[e 외국에 가기/가는 것]을 희망한다"
"[비가 올까/비가 옴]을 추측한다"

다시 희망이나 추측 강도를 나타내고 싶다면, 따로 부사 '강력히, 조금' 따위를 덧얹어 놓을 수도 있다. 여기서 핵심은 이런 사격 논항의 역할이 현장의 사건과 직접 관련된 언급이 아니라, 전적으로 머릿속에 들어 있는 추상적 명제 차원의 사건이나 미래에 관찰될 법한 가능 사건을 가리켜 주게 된다. 사격 논항이 어떤 문법 형식으로 구현되는지는 언어에 따라 매개인자들이 달라질 개연성이 있으며, 언어 사용의 진면목이 현장과 무관하게 임의의 추상적이거나 미래에 일어날 법한 사건으로 더욱 돋보이게 된다.

이런 질서를 보장해 주는 것이 이른바 '구조, 체계, 틀, 얼개, 형식' 따위로 불리는 문법이며, 이는 내적 구조를 보장해 주는 일에 다름 아니다. 마치 레고 블록을 조립하여 여러 가지 형상을 만들어 내듯이, 하나의 낱개 사건을 환원 또는 해체해 놓은 결과는 곧장 상승작용을 일으킨다. 즉, 임의의 사건을 머릿속으로 상상하며 경험하지 않은 새로운 세계를 사유하고, 서로 언어 형식을 입혀 공유할 수 있게 되었다. 이런 형식이 구성원들에게 공유되고, 형식과 비자연적 결합을 이룬 기억 내용들이 인출되면서, 더욱 복합적이고 거대한 그물짜임을 만들어 갈 수 있다. 아마 이것이 인류 문명의 슬기가 집적되는 시작점이고, 만물의 '영장'으로 평가하는 계기가 되었을 것이다. 언어가 결코 창조주가 만들어 낸 것이 아님에도 불구하고, 왜 다양한 언어들이 공통적인 속성을 지니게 되는 것일까? 이는 1차적으로 인간의 감각 기관들의 제약에 의존하고, 더 나아가 주위환경으로부터 우리 생존을 촉진시켜 주는 머릿속 작동 개념들이 서로 연합한 결과일 것이다. 즉, 생태적 자연주의 시각으로 이런 보편 개념 위에 다시 주위 환경의 다양성에 따라 공동체들마다의 경험이 차이가 날 것이며, 이런 반복적인 경험이 점차 문화적 속성으로 각인되어 전해졌을 것이다.

2.

생명이 없는 물질적 대상들은 '인과율'에 갇혀 있고, 결코 예외를 두지 않는다. 이를 생명체에 적용할 경우에 생명체의 특성을 부각하기 위하여 '본능'이란 말을 쓴다. 본능 또한 생명체로서의 인류에게 적용되겠지만, 이것만으로 크로마뇽 후예들의 변별 특성을 드러낼 수 없다. 따라서 서구에서는 '자유의지'나 '이성'이라는 개념을 도입하였고, 친숙한 우리 문화에서는 '양심'이나 '부끄러움'(공자를 울린 제자 안회는 염치가 인간을 인간답게 만드는 핵심으로 보았음)으로 부르기도 한다. 또는 이성의 작용 때문에 인간만이 죽는다는 사실을 미리 깨닫고, 살아 있는 동안 열심히 스스로 느낄 법한 '보람'을 추구하므로, 그런 과정을 설명해 주는 밑바닥 개념으로 '믿음 체계의 고정'이라는 말을 새롭게 쓰거나, '여러 가지 믿음을 한데 붙듦'이라고 서술해 줄 수도 있다. 이로써 개별 주체들 사이에서 소통을 가능케 해 주는 '말과 행위'가 선택되고 전달되는 것이다. 용어를 달리 만들어 씀으로써, 우리가 겨누는 대상과 그 속성이 경계가 생기고 또한 도드라져 보이는 효과가 있다.

어떤 개념이나 용어로 우리 인간을 포착하더라도 언제나 설명되지 않는 일부가 남아 있게 마련이다. '자유의지'란 개념 자체가 마치 창조성과 같이 일부 정의될 수 없는 속성을 지니고 있다. 인문학에서는 '전형성'이나 '대표성'이란 개념을 도입하여, 누구에게나 공통적으로 체험되고 합의할 수 있는 부분을 다루려고 한다. 이 바탕 위에서 일부 속성을 변경하거나 수정함으로써 '예외적인 영역'도 다룰 수 있다고 가정하는 것이다. 이런 생각이 소쉬르의 랑그와 파롤에도 스며들어 있는 것이다.

인간은 운명적으로 사회에서 태어나 사회 속에서 죽을 뿐이다. 가장 작은 단위의 사회는 '나·너·그'가 함께 있는 모습인데, 바로 제3자의 존재가 일반성·초월성·공통성·객관성 따위를 보장해 주는 첫 요소이자 또한 결정적인 요소이다. 이런 측면으로 보면, 나와 너는 확대된 '개인' 한 사람에 지나지 않고, 나와 너와 그가 있어야만 축소된 '사회'의 모든 사람이 되는 셈이다. 너와 나 사이에는 '아름(私)'이 영원할 수 있겠지만, 너와 나와 그 사이에는 '공변되어' 더 이상 가림이 없는 것이다. 그런데 이는 정태적인 무대의 묘사에 지나지 않으며, 본격적인 운동을 시작하기 위한 예비 단계에 불과하다.

많은 단계의 진화를 거치면서 우리 인간들에게는 서로 모순되는 속성들이 여럿 함께 깃들어 있다. 가령, 본능과 자유의지, 존재와 소유,

즉각적인 판단결정 체계(체계 1)와 신중한 판단결정 체계(체계 2), 자유
연상 기억과 재구성 기억, 일원론과 다원론(프레게와 아리스토텔레스),
연산주의와 연결주의, 물질과 정신(몸과 마음), 감성과 이성, 위선과 진
정성, 이중인격과 항심(恒心, 떳떳한/꾸준한 마음), 홍부의 태도와 놀부의
태도, 천사와 악마, 정성 쏟음과 게을러터짐, 강제와 자율, 숙명과 운명
개척, 협력과 공격, 친구와 적, 믿음과 배신, 주인의식과 노예근성, 희망
과 절망, 선과 악, 욕심과 수양, 욕망과 양심, 육신과 영혼, 방탕과 절제,
사랑과 미움, 포기와 도전, 낙천주의와 비관주의, 법(法)과 예(禮), 현실
적 가치와 이상적 가치, 관심 쏟음과 없는 듯 무시함, 자유로운 선택과
기계적 선택, 피동성과 능동성, 숙명과 노력, 순간과 영원, 유한과 무한,
삶과 죽음, 참과 거짓, 개인과 사회, 귀납과 연역, 회고적 이상사회와
미래지향의 이상사회, 속물과 향기로운 사람, 갈등과 통일, 불투명성과
맑고 투명함, 흑과 백 등등 끝도 없이 열거할 수 있다. 물론 이들 중
일부는 정도의 차이에 따른 구분이기도 하고, 일부는 양립 불가능하여
오직 하나만을 선택해야 하는 배타적 관계의 것도 있다. 만일 전자의
경우라면 포괄적으로 우리에게 다 들어 있을 가능성이 높다.

　양자 선택이 주어졌을 경우, 선인들은 두 가지 방식으로 이런 자가
당착을 해결하려고 했던 듯하다. 이들을 위와 아래 수직적으로 배열하
여 상부구조와 하부구조로 묶어 통일성을 주거나, 또는 서로 수평적으
로 놓고서 가깝고 멂(중심과 변방)에 대한 선별을 통해서 자가당착이나
자기 모순을 조정하려고 했었던 것이다. 그렇지만 이는 너무 단순한
정지 그림(스틸 사진)밖에 만들어 줄 수 없다. 우리가 경험하는 삶은 역
동적이며, 변화무쌍할 수 있다. 저자는 이런 측면을 제약 만족 기제에
따라 전체적으로 초기 조건에 따라 적용이 달라진다고 붙들어 둘 수
있다고 본다. 그렇다면 정도성의 대립이든지 불가양립의 유무간 대립
이든지, 조건에 따라 모두 필요한 만큼 구현될 수 있는 선택지들을 충
분히 모두 마련해 줄 수가 있는 것이다.

3.

저자는 인간과 관련된 주제를 일반화하여 연구하는 핵심이, 주변 환경에서 작용하는 대상들 및 거기에 작동하는 원리들을 세 가지 대상 영역의 차원에 따라 선명히 구분해 내는 것(인과율·본능·자유의지)이 성패를 가름하는 열쇠임을 뒤늦게야 깨우쳤다. 생명체들에 적용되는 본능은 흔히 공생관계와 기생관계로 대분된다. 공생관계가 인간에게 적용될 경우에 공평성 원리가 적용되는 협력관계라고 부르는데, 흥부들만이 사는 세상을 전제로 한다. 어떤 이는 상징적 상거래 원리라고도 부르는데, 돈을 내고 물건을 받으면서 서로 주고받는 이치이다. 그렇지만 이 원리로는 언어로 주고받는 일을 제대로 샅샅이 붙들 수 없다. 의사소통의 밑바닥에는 언제나 감정이입의 흐름이 깔려 있다(그 결과, 서로 하나가 됨). 감정이입은 언어를 명시적으로 표현하지 못하는 갓난아기들에게서도 생존을 위해 작동하며, 서로 다른 언어를 쓰는 이방인들끼리도 가장 기본적인 욕구의 영역에서 어김없이 작동한다.

감정이입의 끝자락에는 재귀적 의식이 작동한다. 스스로 내가 감각하거나 의식하는 바를 느끼고 깨닫는 일이다. 이는 철저히 내부로 향한 모습과 '남들이 나를 어떻게 볼지'를 상정하는 외부로부터 나로 향한 모습으로 나뉜다. 거시사회학에 맞서서 미시사회학을 주창한 미드는 우리 자신(self)을 내면적 자아(I)와 외향적 자아(ME)로 나누었는데, 의사소통은 많은 부분이 후자의 영역에서 일어나는데, 출발점과 도착점에 있는 화자와 청자가 지니게 될 의식(내 자신의 의식과 내가 추정한 남의 의식)들이 동시에 복합적으로 작동한다. 이른바 의사소통 의도가 판단과 결정 체계에 의해 나에게 스스로 자각되어야 한다. 이런 과정에서 중요하게 고려되어야 할 점이 상대방을 깔보지 않고 존중하며, 마치 어떤 결정이라도 상대로부터 나오는 양 상대방을 대접하는 일이 흥부의 마음가짐이다. 이른바 상대방의 자율성을 높여 주는 원리로 불리며,

내가 갑이 되고 상대방이 을이 되는 경우는 거꾸로 강제성 원리(노예 취급 동기)라 불러야 마땅하고 놀부 마음가짐에 해당한다.

그렇지만 내 의도를 언어로 포장하여 말소리로 내 보내려고 언어 표현들을 선택해야 하겠는데, 먼저 직접 표현·간접 표현으로 나뉘며, 간접 표현은 다시 우회적 표현과 비유적 표현으로 나뉜다. 의도에 대응하여 적어도 세 가지의 선택지가 있는 것이다. 그리고 어느 선택지를 고르든지, 그 표현이 상대방의 자아의식과 관련된다면, 응당 감정이입을 통하여 상대방의 자존심을 높여 주는 표현을 고르는 일이 상대방과의 협력을 지속해 나갈 수 있게 보장해 준다. 반대편에 있는 상대방은 언어 의사소통에서 운명적으로 화자의 첫 의도를 확정하기 위하여 '추론과 확증'이라는 단계를 매번 거칠 수밖에 없다. 어느 누구도 마주보고 내게 말을 하고 있는 사람의 머릿속을 직접 들여다 볼 수는 없기 때문이다. 설사 외과의사가 머릿속을 열고서 대뇌 피질을 보더라도, 선뜻 핀셋으로 뽑아낼 수 있을 만한 두뇌 세포 물질로서의 의사소통 의도란 존재하지 않는다. 다수의 두뇌 세포 다발이 여러 겹으로 연결되어 동시에 작동하면서, 새롭게 발현하여 나오는 것이 바로 우리가 스스로 느끼는 의도 또는 생각이기 때문이다. 한쪽에서의 감정이입 작용과 다른 쪽에서의 추론 작용은, 개체로 나뉘어 떨어져 있는 인간들에게는 어느 누구도 벗어날 수 없는 숙명적인 두뇌 작동방식인 셈이다.

자유의지를 지닌 개인 또는 개체가 사회에서 관계를 만들어 나갈 때에 이런 협력의 축을 가동시킬 것인지, 반대의 축을 가동시킬 것인지는 아마 개인 또는 개체의 착한 품성과 나쁜 품성에도 달려 있을 것이고, 당시까지 주위 환경에서 어떻게 상호작용해 왔는지도 의사소통의 기본값을 달리 결정해 놓을 것이다. 우리가 만나는 이들은 흥부일 수도 있고, 놀부일 수도 있으며, 갑질 하는 사람일 수도 있고, 을의 자세를 취하는 사람일 수도 있으며, 다정다감한 감정이입의 주체일 수도 있고, 무성영화 속의 귀신들처럼 교감할 수 없는 이방인일 수도 있다. 이를 알 수 있는 길은 달리 없다. 오직 적극적으로 경험하고 확인하며 평가하는 일만이 의사소통의 사슬을 끝없이 이어주는 열쇠이다. 언어라는 도구를 갖고서 의사소통을 하는 경우에, 어느 사회에서든지 누적적으로 쓰이면서 관습화되고 고정된 표현 방식들을 지니고 있다(완전히 닫힌 표현과 융통성 있는 표현). 또한 이를 토대로 하여 새로운 방식들을 쓰면서 서로 간의 사회관계를 얽고 엮어 나간다(고정된 표현을 예비 단계에서 쓴 뒤 새로운 단계로 합의하는 방식과 애초부터 공통의 목표를 합의하고 그 목표로 진행하는 방식). 열린 새로운 표현도 닫힌 관습적 표현 위에서 대비됨으로써 가치를 지니게 된다.

사회관계를 얽어 나가는 방식이 '나·너·그' 사이에 합의되어 있다면 흔히 이념(집단의 가치)으로 불린다. 서로서로를 잘 알 수 있는 작은 사회에서는 순기능의 협력을 합의할 수 있겠지만, 범위가 커지면 구체적인 개인으로서 상대방을 보고 판단하기보다는 이념의 한 갈래로서 확립된 규범에 기대어, 요구와 합의와 허락의 순기능(또는 비난과 약속 파기와 거절의 역기능)을 작동시킬 수 있다. 가족이나 친척의 범위를 벗어난 거대 사회에서는 작은 집단들끼리 서로 공유되지 않는 이념들 때문에 갈등이 생겨나며, 양심에 따른 규범(또는 '예[禮]')이나 법에 기댄 강제성의 잣대에 맞추어 조율해 나갈 수밖에 없다. 거대 사회에서는 필연적으로 생산과 소비가 일어나는 삶의 모습에서 구조적으로 서로 다른 계층들이 존재해 왔고, 계층들 사이에 눈에 띄지 않는 장벽들이 설치되어 있다. 지금 우리나라 사회에서는 양극화가 점점 고착화되고 있으며, 갈등이 극대화될 경우 옛날 왕건이나 이성계의 선택이 다시 발현될 수 있다. 이런 측면을 본격적으로 다루는 흐름이 비판적 담화 분석이며, 한낱 죽은 지식이 아니라 힘차게 박동하는 심장을 지닌 지성(비판적 지성)을 요구한다.

기호학의 통찰에 따르면 언어는 형식과 내용의 비자연적(또는 상징적) 결합체이다. 그렇지만 이런 결합을 만들어 내는 힘은 더 밑에 있는 언어 '사용 의도'로부터 나온다. 언어 사용은, 단순히 언어에만 초점이 모아지지 않고, 언어 이외의 다른 표현 방식도 곁들여 놓을 뿐만 아니라, 핵심 측면에서 언어 표현 안에 속뜻을 깃들게 해 놓는다. 비록 언어 표면에 드러나지 않지만, 개별 언어 표현들을 이어나가는 실체를 흔히 '추론'으로 부른다. 추론의 동력은 결국 우리 머릿속에 그물짜임으로 마련해 놓은 직·간접적인 체험들로부터 나온다. 만일 그렇다면 내 머릿속에 저장해 놓은 다기 다양한 기억들을 내성하며 되돌아보는 일이 모든 문제들을 풀어나갈 수 있는 만능열쇠가 된다. 매우 간단하고 자명한 이치이지만, 우둔하게 편견에 젖어 '있을 것만 같았던 신비로운 무엇'(하느님 호주머니 속에 담긴 물건)엔가 꽂혀 착각 속에 살다가, 돌고 돌고 돌아서 이제야 겨우 상식으로 돌아온 나 자신을 본다. 첫 출발의 원점으로 돌아온 셈이다. 아무리 고귀한 진리라 하더라도, 외계인에게나 개미들에게는 소용이 없다. 오직 삼척동자가 끄덕일 경우에라야만 진리의 최종 자격을 판결하는 관문을 통과할 것이기 때문이다.

4.

마지막으로, 한국연구재단의 저술 지원 과제로 이 책의 주제를 뽑아 주시고, 두 번의 평가를 거치는 동안에, 전공분야도 이름도 알 수 없는 평가자분들께 모두 깊이 감사드린다. 여러 차례 받은 날카로운 평가들이 노둔한 저자를 더 걷게 만드는 좋은 채찍이 되었다. 그런 지적으로 내용이 개선되었을 뿐만 아니라, 막연하게 느끼던 목표가 저자에게 더욱 또렷이 부각되었다. 아직도 여전히 모르는 것이 많다. 그렇지만 더 이상 세월이 기다려 주지 않아, 부족한 채로나마 어디에서인가 이제 매듭을 지어야 한다.

초등학교 시절 늘 한 방에서 같이 자면서, 당신보다 보람을 더 크게 찾도록 자극을 주시던 선친의 손길이 불현듯이 그리워진다. 선친이 책을 쓰시면서 느꼈던 두려움을 다시 느끼게 된다(김봉옥, 1987, 『제주통사』). '태산 명동(泰山鳴動)에 서일필(鼠一匹)이라', 야단스레 목소리만 높였지 쥐 한 마리에게조차 울림 주지 못할까 두려울 따름이다.

너저분히 쌓인 책들 틈바구니에서
이농(怡農) 둘째 아들 적다

목차

머릿글_____4

1부 언어화 이전의 언어 산출 관련 요소

1장 생각의 재료와 기억____25

1. 감각 재료 및 추상 재료 ··· 25
2. 기억의 분류 ·· 38
3. 기억의 신경생리학: 환원주의와 통합주의의 갈등 ················· 48

2장 개념과 명제와 언어____54

1. 생각 또는 사고 단위 ··· 56
2. 언어 단위로서 '절(clause)' 또는 명제 ······························· 65
3. 명제를 투영하는 동사의 분류:
   우리말 감각동사·감정동사·교감 묘사동사의 사례 ················· 73

3장 마음의 갈래 및 작동에 관련된 논의____86

1. 성리학에서 다루었던 마음 ·· 88
2. 심리철학에서의 의식 및 심신 인과 문제 ···························· 100
3. 논리화 과정의 완벽성 대 겸손한 회의주의 ························ 119

2부 언어화되기 전의 결정 과정

4장 의사소통 의도, 결정 과정, 상위 의도 ____ 145

1. 의사소통 의도 및 그 추정과 확인 ······························ 146
2. 상황 판단과 의도의 결정 과정 ······························· 159
3. 의도의 수정과 전략적인 상위 의도 ························ 165

5장 공통기반과 정보간격과 상호조율 ____ 173

1. 믿음체계, 공유된 공통기반, 정보간격의 가늠 ············ 175
2. 상호조율의 문제 ··· 180
3. 조율 상의 간격과 극복 ······································· 185

3부 언어화 과정 및 되점검 방식

6장 의사소통 갈래와 서술관점의 수립 ____ 197

1. 의사소통의 갈래(또는 범주) ································ 197
2. 서술관점의 수립 ··· 204
3. 구성과 해석을 이끌어 가는 심층 틀 ····················· 213

7장 청자 반응의 점검과 주제 전개의 전략 ____ 220

1. 청자 반응의 점검 ·· 221
2. 주제 전개의 전략 ·· 224
3. 입말 산출과 글말 산출의 차이 ···························· 227

4부 언어 산출과 관련된 분야

8장 언어 심리학에서의 논의＿＿235

9장 일상언어 철학에서의 논의＿＿256

10장 미시사회학에서의 논의＿＿280

11장 언어학, 언어교육, 글쓰기에서의 논의＿＿297
   1. 언어학에서의 논의 ··· 297
   2. 언어교육과 글쓰기 분야에서의 논의 ······························ 321

5부 마무리＿＿335

부록

부록 **1**: 두뇌·기억·언어＿＿375
   들머리 ··· 375
   1장. 세 겹 두뇌의 진화 ··· 377
   2장. 기억의 신경생리학: 환원주의와 통합주의의 갈등 ············ 381
   3장. 인간이 이용하는 기억의 분류 ································· 385
   4장. 생각 또는 정신작용의 기본 재료: 감각 재료 및 추상 재료··394
   5장. 언어의 작동방식, 그리고 기호학적 접근 ····················· 400
   6장. 개념과 명제와 언어의 관계 ··································· 408
   7장. 언어가 작동하는 실례: 보편 언어와 개별 언어 ·············· 425
   8장. 언어, 사회 관계, 비판적 담화 분석 ·························· 437

부록 2: 언어의 산출과 이해에 대한 '다중 처리' 모형 ____ 474

　1. 들머리 ·· 474

　2. 정신작동 요소와 다중기억 모형 ························ 476

　3. 생각의 단위와 작동방식 ······························· 480

　4. 입말 산출 과정: 르펠트 모형 ························· 484

　5. 덩잇글 이해 과정: 킨취의 구성-통합 모형 ··········· 489

　6. 과제 연속물을 이용하는 담화교육 ···················· 495

　7. 마무리 ·· 502

참고문헌 _____ 503

찾아보기 _____ 528

1부 언어화 이전의 언어 산출 관련 요소

1장 생각의 재료와 기억
1. 감각 재료 및 추상 재료
2. 기억의 분류
3. 기억의 신경생리학: 환원주의와 통합주의의 갈등

2장 개념과 명제와 언어
1. 생각 또는 사고 단위
2. 언어 단위로서 '절(clause)' 또는 명제
3. 명제를 투영하는 동사의 분류:
   우리말 감각동사·감정동사·교감 묘사동사의 사례

3장 마음의 갈래 및 작동에 관련된 논의
1. 성리학에서 다루었던 마음
2. 심리철학에서의 의식 및 심신 인과 문제
3. 논리화 과정의 완벽성 대 겸손한 회의주의

1장 생각의 재료와 기억

1. 감각 재료 및 추상 재료

인간의 생각 또는 사고에 대한 본격적인 탐구는, 서구에서 중세 암흑기를 벗어나 근대 시기로 들어오면서부터 시작되었다. '새로운 사유 도구(Novum Organum)'란 책에서1) 프랜시스 베이컨(Francis Bacon, 1561~

---

1) 베이컨의 책은 진석용 뒤침(2001), 『신기관: 자연의 해석과 인간의 자연 지배에 관한 잠언』 (한길사)와 김홍표 뒤침(2014), 『신기관』(지만지)을 참고할 수 있다. 한결같이 일본인들의 번역 용어를 따라 '신기관'(새로운 기관)으로 번역하였지만, '새로운 사유 도구'나 '사유 틀'을 가리킨다. 낡은 사유 도구는 아리스토텔레스의 삼단논법을 가리키고, 새로운 사유 도구는 철저한 귀납법을 가리킨다. 그렇지만 베이컨 자신은 귀납법이 언제나 정당화의 오류를 벗어날 수 없다(독단으로 흐를 수 있다)는 한계를 심각하게 인식하고 있지 않은 듯하다. 오직 중간 단계의 추상화 정도(삼단논법에서 소명제의 지위)만을 인정할 뿐이다. 오늘날 과학철학에서 지지하는 틀은 귀납 방식을 통해 연역 논리를 확보하고, 확정된 연역 논리를 임의의 사건이나 사태에 적용하면서 그 공리나 가정의 정합성을 검증하는 방식이다. 이를 흔히 가설-연역적 접근법으로 부른다.

   베이컨이 공격하는 낡은 오르가눔(Organum, 사유/논리 도구, 틀)은 아리스토텔레스의 저작물로서, 기원전 70년 경 안드로니코스(Andronikos)에 의해 현재 전해지는 6권 저작물들을 '사유/논리 도구(orgamnum)'라는 이름으로 묶여진 것으로 알려지고 있다. 즉, ① 『범주론』, ② 『명제론』, ③ 『분석론 전편』, ④ 『분석론 후편』, ⑤ 『변증론』, ⑥ 『궤변 논박』

1626)은2) 중세 시대에서는 꿈도 꿔 볼 수 없던 '인쇄술·화약·나침반'이라는 3대 발명이 서구 사회에 천지개벽을 가져 왔으므로, 응당 새로운 시대를 위한 새로운 '사유 도구'가 필요함을 직관적으로(잠언의 형식으로) 서술해 놓았다.

근대 시기는 걸출한 수학자 겸 자연과학자인 갈릴레오 갈릴레이

이다. 현재 희랍어 원전에 대한 번역이 ③과 ④를 제외하고 출간되어 있다(대신 하버드 대학 출판부에서 펴낸 희랍어와 영어의 대역본 로우브[Leob] 고전 총서를 참고할 수 있음). ①과 ②는 김진성(2008 개정판) 『범주들·명제에 대하여』(이제이북스), ⑤는 김재홍 뒤침(2008), 『변증론』(도서출판 길), ⑥은 김재홍 뒤침(2007), 『소피스트적 논박』(한길사)으로 나와 있다. 이 6권의 '사유/논리 도구'는 예비 단계의 고찰로 알려져 있고, 아리스토텔레스의 사유 도구에 대한 본격적인 논의는 비록 중간에 착간들이 섞이어 있더라도 『형이상학』을 읽어 봐야 한다. 이 또한 희랍어 원전에 대한 번역이 두 종 나와 있어서 필자가 큰 도움을 받았음을 밝혀 사의를 적어 둔다. 김진성 뒤침(2007), 『형이상학』(이제이북스), 조대호 뒤침(2012), 『아리스토텔레스 형이상학, 1~2권』(나남)이다. 아리스토텔레스의 저술에 대한 총괄적 평가는 현재 통용되는 희랍 원전을 확정한 로스(Ross, 1877~1971) 교수의 책을 참고할 수 있는데, 로스(1923; 김진성 뒤침 2012), 『아리스토텔레스: 그의 저술과 사상에 관한 총설』(누멘)이다.

2) 영어 인명의 표기와 관련하여 필자의 생각을 적어 둔다. 한글은 본디 세종이 말소리(표면 발음)를 직접 받아 적기 위하여 만들었다. 이를 '표면 음성형' 표기라고 부른다('기저 음소형' 표기와 대립됨). 그렇지만 현행 맞춤법에서는 영어의 글자를 한글 글자로 옮기도록 잘못 규정하였다. 그 결과 한 사람이 둘 이상의 다른 이름으로 불리게 되는 혼란스런 경우도 생겨난다. 여기서는 일관되게 세종의 한글 창제의 본디 뜻을 살려, 현지 원래 발음 또는 표면 음성형을 적어 놓기로 하겠다. 원래 발음을 찾는 데에는 다음 4권의 영어 발음 사전들과 몇몇 누리집 정보를 이용할 수 있었다.

 • Abate(1999), 『The Oxford Desk Dictionary of People and Places』, Oxford University Press
 • Wells(2000), 『Longman Pronunciation Dictionary』, Longman Publishers
 • Upton et al.(2001), 『Oxford Dictionary of Pronunciation』, Oxford University Press
 • Roach et al.(2006), 『Cambridge English Pronouncing Dictionary』, Cambridge University Press

최근에 구글 검색에서 뜨는 위키 백과에서도 '[ ]' 속에 일부 인명에 대한 표면 음성형을 표시해 주고 있어 도움이 되며, 여러 나라의 인명 발음을 안내해 주는 누리집 forvo.com과 www.howtopronounce.com 등이 있어 도움이 크다. 과거 두 차례의 한국연구재단 명저번역을 수행할 때에도 똑같은 원칙을 밝혀 시행한 적이 있다. 비록 표기법 전문가가 아니더라도, 목표 언어 또는 그 언어를 쓰는 문화와 교류가 잦으면 잦을수록 더욱 긴밀히 현지 발음 표기(표면 음성형 표기)가 많아질 것으로 전망된다. 영어 발음은 한국어와는 달리 '강세 박자(stress-timed)'를 따르는 언어이다. '음절 박자(syllable-timed)' 언어인 한국어와는 발음 방식이 달라질 수밖에 없다. 관용적인 것들을 제외하고서는 맞춤법에서 영어 인명 발음법이 강세 박자 언어의 모습을 반영하여 빨리 개정될 필요가 믿는다. 음소 대응을 따르는 표기는 목표 언어의 본모습을 왜곡해 버릴 소지가 있다. 제1차년도 보고서의 심사평에서, 익명의 심사위원 한 분은 이 글의 외국 인명의 표기 방식에 대한 의문을 제기한 바 있다. 이에 대한 대답으로 필자가 왜 '표면 음성형'의 표기 방식을 택하는지 그 이유를 적어 둔다.

(Galileo Galilei, 1564~1642)나 아이작 뉴튼(Isaac Newton, 1643~ 1727) 등이 자연세계를 수학적 모형을 이용하여 기술하고 설명하면서부터, 당시 서구 사회에서 커다란 충격을 주었고, 누구나 선점해야 할 첨단의 흐름으로 인정됨으로써, 자연스럽게 지성사에서 합의된 발전 모형으로 자리 잡았다. 중세의 세계관을 뒤바꾼 이러한 충격은 이후에도 일어나 오늘날 시대를 포함하여 적어도 두 차례 이상 관찰될 수 있다(각각 자연과학의 충격 및 정신분석의 충격임).

근대를 열어 가는 자연과학의 함의를 해석하기 위한 노력은 인류 지성사에서 첫 충격을 극복하는 과정이며, 흔히 서구에서는 계몽주의라고 불린다.[3] 고대로부터 중세에 이르는 지성사에서는 거의 두 차원의 영역만이 관심의 대상이었다. 우리를 둘러싸고 있는 생태환경(또는 자연세계나 우주)과 이에 상호작용하여 알아낸 인식의 결과이다. 그렇지만 중세의 세계관이 무너지면서 새로운 세계를 구성해 내려는 계몽주의의 흐름에서는 분명하게 두 차원 이외의 다른 차원이 하나 더 도입된다(X Y 두 축으로부터 X Y Z 세 축으로 확대됨). 즉, 우리의 인식 능력 자체에 대한 성찰인데, 인간이 무엇을 인식할 수 있고, 무엇을 인식할 수 없는지를 새로운 차원에서 밝혀내려는 노력이다. 이는 흔히 영국 중심의 경험론과 대륙 중심의 합리론으로 거론된다. 경험론 쪽에서는 데카르트를 비판하면서 인간의 이해 역량(이해 가능성과 한계)을 놓고서 깊이

---

3) 필자가 근대 또는 탈근대를 이해하는 데에는 툴민(Toulmin 1990; 이종흡 뒤침 1997), 『코스모폴리스(=인간·사회·우주의 질서): 근대의 숨은 이야깃거리들』(경남대 출판부)과 강수택(1998) 『일상생활의 패러다임: 현대 사회학의 이해』(민음사)에서 많은 도움을 받았다. 탈근대 또는 후기근대 속성은 근대를 규정하는 특성을 부정하거나 극복하는 일로 규정된다. 또한 자연과학 그 자체가 객관적인 질서에 따라 발전하는 것이 아니라, 오히려 과학자 집단의 대립과 갈등을 통하여 상대적인 발전을 이루게 된다는 논의는 특히 툴민 (1972), 『인간의 이해 역량: 개념들에 대한 집단적 사용과 진화(Human Understanding: The Collective Use and Evolution of Concepts)』(Princeton University Press)에서 배울 수 있었다. 과학 철학자로서의 툴민(S. Toulmin, 1992~2009)은 상대론적 세계관을 지녔던 콜링우드 (R. G. Collingwood, 1889~1943)와 스승 비트겐슈타인으로부터 영향을 받았음을 알 수 있으며, '겸손한 회의주의자'이다(제3장 3절 참고).

사색하였던 존 로크(John Locke, 1632~1704)가 20년 넘게 가다듬어 놓은 로크(1689) 『인간 지성론(=이해 역량에 대한 논고)』이 있고, 이를 비판하면서 경험론적 사고 과정 자체를 재확립해 놓은 데이빗 흄(David Hume, 1711~1776)이 쓴 흄(1740) 『인간 본성에 대한 논고』가 그러하다.4) 합리론 쪽에서는 데카르트(Decartes 1637) 『방법 서설』과 라이프니츠(Leibniz, 유고인 원고본 출간은 1765년임) 『인간의 이해 역량에 관한 새로운 논고』와 칸트(Kant 1787) 『순수이성 비판』 등 3대 비판서가 그러하다.5) 인류 지성사에서 첫 충격을 극복하기 위하여 계몽주의 철학자들이 찾아낸 인간의 능력(감각 능력과 인지 능력)에 대한 비판적 검토는, 오늘날에 이르러서는 하나의 독립된 영역으로 불려 인지 과학(cognitive sciences, 복수로 쓰며 복합 학문을 나타냄)으로 취급되기도 한다.

갤러버더·코쓸린·크뤼슨(Galaburda, Kosslyn, and Christen 2002) 엮음 『두뇌 작동 언어(*The Language of the Brain*)』(MIT Press)에서는 우리 인간의

---

4) 한때 일본말의 영향으로 로크의 책은 『인간 오성론』이라고 번역했었지만, 추영훈 뒤침(2011), 『인간 지성론』(동서문화사)과 정병훈·이재영·양선숙 뒤침(2014), 『인간 지성론, 1~2』(한길사)에서는 'understanding'을 '지성론'으로 번역하였다. 필자는 '이해 역량'이 가장 온당한 번역 용어라고 판단한다. 흄의 책은 이준호 뒤침(1994), 『인간 본성에 관한 논고, 1~3』(서광사)로 나와 있고, 흄에 대한 종합적 해설이 같은 번역자에 의해 살림출판사에서 이준호(2005)의 앞부분에 들어 있다. 또한 김혜숙 뒤침(2012), 『인간의 이해력에 관한 탐구』(지만지)로도 번역되어 있다.

5) 데카르트(René Descartes, 1596~1650)의 책은 김형효 뒤침(1976), 『방법서설 외』(삼성출판사)가 있고, 최근에 다시 이현복 뒤침(1996), 『방법 서설』(문예출판사)과 원석영 뒤침(2012), 『철학의 원리』(아카넷)로 나와 있다. 칸트의 3부작이 모두 새롭게 백종현 교수에 의해 번역되었고, 해설서로서 백종현(2008 전정판), 『존재와 진리: 칸트 '순수 이성비판'의 근본 문제』(철학과현실사)가 있다. ① 백종현 뒤침(2006), 『순수이성 비판, 1~2권』(아카넷), ② 백종현(2009 개정판), 『실천이성 비판』(아카넷), ③ 백종현 뒤침(2009), 『판단력 비판』(아카넷), ④ 백종현 뒤침(2005), 『윤리 형이상학 정초』(아카넷)이다.
백지 상태에서 후천적 경험에 의존하여 인간의 '이해 역량(지성의 가능성 및 한계)'을 확정 수립하려는 로크를 비판하면서 본유적 능력을 옹호한 논의는 빌헬름 라이프니츠(Gottfried Wilhelm Leibniz, 1646~1716)에 의해 이뤄졌다. 로크가 타계하자 출간을 포기한 그의 미발간 원고본이 불어에서 영어로 번역되어 있다. 룀넌트·베닛(Remnant and Bennett 1981), 『인간 이해 역량에 관한 새로운 논고(*New Essays on Human Understanding*)』(Cambridge University Press)인데, 아직 우리말 번역은 없다. 라이프니츠의 세계관은 라이프니츠(1686; 윤선구 뒤침 2010), 『형이상학 논고』(아카넷)와 번역자 해제에서 읽을 수 있는데, 왜 '단자(monad, 단순체)' 이론을 상정하게 되었는지 살펴볼 수 있다.

두뇌 속에서 표상되는 재료가 크게 언어적 표상 및 비언어적 표상으로[6] 나뉘어 모두 23편의 글들이 들어 있다. 언어적 표상과 비언어적 표상은 데이빗 흄(1740)에서 생각의 재료(또는 인간의 지각)를 각각 ideas (관념)와[7] impressions(인상)로 구분했던 내용과 그대로 일치한다.[8] 이들

---

6) representation(표상)을 축자적으로 재현(再現) 또는 복제라고 번역하지 않는 까닭은 칸트로부터 찾아진다(독일어로 Vorstellung). 칸트는 비록 세계에 있는 물 자체(thing itself)의 본질에 대해서는 우리가 알 수 없지만, 세계로부터 오는 자극들이 우리 감각기관을 거쳐 머릿속에 들어오면 많든 적든 일정하게 재구성 과정을 거쳐 자리를 잡게 된다고 보았다. 따라서 우리 머릿속에서 우리 스스로 자각할 수 있는 정신적 대상들을 가리켜 흔히 '표상'이라고 부른다. 단, 박재걸 교수가 '함수'를 대치한 용어는 '표현'의 뜻임(65쪽 각주 18과 67쪽 각주 20).
　비트겐슈타인(Ludwig Wittgenstein, 1889~1951)의 제자인 툴민(Stephen Toulmin, 1922~2009)의 설명에 따르면(Toulmin, 1972, 『인간의 이해 역량: 개념의 집단적 사용 및 진화 (Humnan Understanding: The Collective Use and Evolution of Concepts)』, Princeton University Press, pp. 192~199), 비트겐슈타인은 칸트의 생각을 비판하면서 머릿속의 표상도 둘로 나뉘어야 한다고 생각했음을 알 수 있다. 즉, 공적인 표상과 사적이고 개인 간에 차이가 나는 개인별 표상을 구분해 줘야 하는 것이다. 그는 이를 각각 Vor-stellung(개인적이며 사적인 주관적 표상, '내 눈 앞에 서 있는 것')과 Dar-stellung(모두 합의할 수 있는 공적이고 객관적인 표상, [있는 그대로] '거기 서 있는 것')이라고 이름 붙였다고 한다. 현대 언어학의 창시자 소쉬르(Ferdinand de Saussure, 1857~1913)가 내세운 공적인 언어 일반 체로서 langue(공공의 객관적 대상)와 사적인 언어 변이체로서 parole(개인별 변이체)의 구분을 연상시킨다.

7) 정병훈 외 뒤침(2014), 『인간 지성론, 1권』(한길사) 제1장을 보면, 본유 관념을 부정하고 모든 것을 경험을 토대로 새롭게 재구성하는 로크는
　'관찰 → 경험 감각 및 감각 인상 → 기억 및 반성 → 단순 관념 및 복합 관념 → 일반 명사 및 언어 → 지식 및 지성 → 영혼'
　과 같은 일련의 연합 관계를 상정하고 있음을 알 수 있다. ideas는 '비유적으로' 우리가 마음의 눈으로 머릿속을 바라볼 경우 자신의 앞에 있는 구별 가능한 어떤 대상을 알 수 있다는 데에서 나왔음을 알 수 있다. '관념'이란 스스로 마음의 눈으로 머릿속에서 서로 구별되는 대상들을 바라보는 일이다. 로크의 ideas(관념)는 독일어로 Vorstellung(표상)으로 번역되었다고 한다(석기용 뒤침, 2005, 『빈, 비트겐슈타인, 그 세기말의 풍경』, 이제이북스, 219쪽).
　오늘날 이런 착상은 여러 그물짜임들의 계층성으로 설명될 수 있는데, 특히 현대의 개념 범주 및 분류 이론 영역에서는 대략 다섯 개의 층위가 유기적으로 서로 얽혀 있다고 가정된다. 가장 보편적인 층위는 기본 층위 또는 종(generic 種) 층위로 불리며, 이 층위에서 위와 아래로 두 층위가 더 도입된다. 아래로는 하위 층위(sub-generic level)와 차하위 층위(sub-sub-generic level)가 있고, 위로는 상위 층위(super-level)과 포괄 층위(super-super level)가 있다. 신현정(2000), 『개념과 범주화』(아카넷)의 제4장 '개념의 위계적 구조: 기본수준 개념'을 읽어 보거나 신현정(2011), 『개념과 범주적 사고』(학지사)의 제2장 4절 '개념 위계에서 기본 수준'을 읽어 보기 바란다.

8) 흄(1740; 이준호 뒤침 1994), 『인간 본성에 관한 논고』(서광사)에서는 일관되게 서로 구분되는 용어들을 썼다. 필자가 참고하는 영어 판본은 브리태니카 백과사전 출판사에서 낸 서양 고전사상(The Great Books of the Western Worlds)의 제35권이다. 관념(ideas)은 사고

은 또한 오늘날 연구자들에 따라서 각각 concepts(개념)과 percepts(지각) 으로 불리거나, 또는 propositions(명제)와 qualia(재귀적 감각질)로도9) 불리기도 하며, notions(통상 개념, 통념)과 sense data(감각 재료)/images(감각인상)로도 쓰인다. 어떤 용어를 쓰든지 그 범위들이 서로 간에 공통분모들이 있는 유의어들이다. 철학이나 심리학이나 사회학 등에서는 '명제'란10) 말을 자주 쓴다. 관념, 개념, 명제, 통념, 추상 개념과 같은 용어들에서 공통되게 모두 포함해야 하는 요소는 '일반 명사'를11) 포함하는

작용(thinking)을 하고, 인상(impressions)은 감각 작용(feeling)을 한다. 관념들 사이에는 추론(reasoning)이 일어나며, 인상들 사이에서는 추리(inference)가 일어난다. 그렇지만 이 양자를 통괄하는 상위 부서에 대한 필요성은 느끼지 못하였던지 정신모형(mental model)과 같은 부서의 상정은 찾을 수 없다. 그럼에도 관념들을 연합하는 원리(연합원리)로서 유사성·인접성·인과성을 상정하거나 인과율 자체도 본유적인 자연법칙이 아니라, 오히려 '원인-결과 인접성·원인 선행성·원인-결과 불변 연결'에 의해 드러나는 관찰 경험의 산물이라는 주장은 칸트(Kant)를 독단의 잠으로부터 깨워 준 통찰력이며(철학자들은 칸트를 '프러시아 흄'으로, 흄을 '스코틀런드 칸트'로 바꿔 부르기도 하는데, 흄은 천재성을 20대에 발휘하였고 칸트는 50대에 발휘하였음), 오늘날에도 여전히 우리들로 하여금 성찰하고 반성하게 만드는 혜안이다.

9) 김재권(2004; 하종호 뒤침 2007), 『물리주의』(아카넷) 247쪽, 251쪽, 257쪽에 보면, qualia (스스로 느끼는 감각질, 재귀적 감각질)는 의식 경험의 질적인 특성이며, 신경생리학적인 내용으로 기술(환원)될 수 없다. 엄격히 말하면, 단순한 감각이 아니라, 그런 감각을 느끼고 있음을 깨닫는 의식 내용인 것이다.

10) 일본인 서주(西周 니시 아마네, 1829~1897)가 만들었다고 하는 번역 용어 '명제'는 '명령문으로 된 표제'라는 뜻을 담고 있다. 명제는 결코 명령문이 아니다. 왜냐하면 그 형식이 참과 거짓을 따지려면 언제나 서술 단정문으로 되어야 하기 때문이다. 그렇지만 그 뜻을 새기지 못한 채 '명제'란 말이 그대로 굳어져 통용되고 있다. 비록 불편하더라도 이 글에서도 또한 그대로 proposition을 '명제'라고 번역하여 쓰기로 한다. 명제는 우리가 경험하는 낱개의 사건을 가리키며, 희랍 때부터 주어와 술어로 나뉨을 인식하고 있었다. 오직 근대에 와서야 일원론적 시각으로 술어를 중심으로 하여 재분석되었을 뿐이다.

11) 무심히 넘겨 버리는 '일반 명사(common noun, general noun)'는, 우리 인간의 인식을 구성하는 최초의 벽돌로 비유할 만큼 매우 중요한 대상이자 개념이다. 뤄쓸(1937), 『수학의 원리』에서는 'terms'라고 부르는데 class-concept(원초적인 집합 개념)이므로 일반 명사와 동등한 개념이다. 일반 명사는 집합 개념에서 그대로 술어(동사, 형용사, 계사)가 되며, 가설-연역 체계에서 일원론적 접근법을 가능하게 만드는 거점이 된다. 따라서 일반 명사는 고대의 아리스토텔레스 『범주론』에서부터 그 논의를 찾을 수 있고(포함 관계를 작동시키는 원천이며, 범주는 주어를 소속시킬 수 있는 술어들에 대한 분류임), 아리스토텔레스를 처음으로 비판했던 베이컨도 '소명제'로 중간 층위의 추상화 개념을 상정하지 않을 수 없었으며, 로크도 일반 명사의 존재를 분명히 포함 관계의 원천으로 인식하고 있었다 (63쪽 제2장 1절의 각주 15도 참고하기 바람). 오늘날 뤄쓸(Russell 1937, 제2 개정판), 『수학의 원리(The Principles of Mathematics)』(Norton & Co.)에서도 일반 명사는 가장 먼저 다뤄지는 항목인데, 자연언어의 애매성을 극복하기 위하여 뤄쓸은 type(유형)이라는 말

자연언어이다. 자연언어 그 자체가 그대로 명제 또는 관념과 투명하게 일치되는 것은 결코 아니다.

계몽주의 흐름으로 인간 정신을 다루는 철학의 면모를 일신하여 다져 온 지성사에서, 다시 큰 충격이 19세기 프로이드에 의하여 던져졌는데, 정신 분석이라는 이름으로 인간 정신 영역을 점유해 버린 것이다. 이 충격을 극복하기 위한 여러 시도들이 이른바 현대 철학의 다양한 갈래를 만들어 내었다. 영미 쪽에서는 수학을 논리학으로 환원하는 시도의 영향 아래,12) 자연언어가 그려내는 모든 세계를 엄격히 논리적 틀로 재번역하려는 생각을 틔웠다. 소위 분석철학의 사조인데, 캐임브리지 대학 무어(G. E. Moore, 1837~1958)와 뤄쓸(B. Russell, 1872~1970)의 제자인 초기 비트겐슈타인(L. Wittgenstein, 1889~1951)의 저작을 비엔나의 학자들이 읽으면서 '논리 실증주의'라는 이름이 생겨났다.13) 비록

을 만들어 썼지만, 결국 set(집합)에 다름 아니다. 최근의 심리학에서도 인간의 인지에서 가장 안정된 층위의 심리적인 대상물로 간주하여 기본 층위(basic level) 요소로 부른다. '일반 명사'의 존재가 오늘날의 학문에서 채택하는 가설연역 공리계에서는 대상 항목에 대한 정의와 맞물려 있는데, 특히 속성 제시 정의 또는 내포적 정의 방식을 가리키게 된다. 수학의 공리계에서 정의 방식은 개체 나열 방식(외연적 정의)과 속성 제시 방식(내포적 정의)이 있다. 전자가 개체를 모아 놓고 하나의 범주로 묶는 방식이고, 후자가 주요 속성 제시하여 개념으로 붙드는 방식이다. 따라서 심리학에서는 이를 인지 작용에 간여하는 범주와 개념으로 따로 부르기도 한다. 여러 학문에서는 비가시적 대상들도 다뤄야 하기 때문에 주로 후자의 방식을 통해 자신의 영역을 넓혀 나간다.

12) 수학사를 보면 수학의 여러 하위 영역들 간에 환원 과정이 뚜렷이 관찰된다. 고대에서부터 중세에 이르기까지 수학은 기하학과 대수학이라는 두 기둥이 있었지만, 프랑스 수학자 데카르트에 의해 '좌표계'가 도입됨으로써 처음으로 기하학이 완전히 대수 구조를 지닌 모습으로 환원된다. 대수학은 다시 영국 수학자 부울(George Boole, 1815~1864)에 의해 부울(1854), 『사고의 법칙 탐구: 논리와 확률에 대한 수학 이론(*An Investigation of the Laws of Thought: The Mathematical Theories of Logic and Probabilities*)』(MacMillan Co.)으로 논리학적 기반이 추구된 뒤에, 집합론의 탄생 및 '반복 함수'라는 수의 본질의 터득과 더불어 가설-연역적 공리계를 지닌 기호논리학(symbolic logic)과 동등한 기반을 갖게 된다(뤄쓸, 1937, 『수학의 원리』; 화잇헤드·뤄쓸, 1910~1913, 『수학 원리(*Principia Mathematica*)』). 이어 오스트리아 수학자 괴델에 의해 비엔나 대학의 박사논문으로 『수학 원리』가 기대고 있는 가설-연역 공리계의 증명 불가능성(변항들이 대상임)이 대각선 증명에 의해 확립된 다음에, 다시 영국 수학자 튜링(Alan Turing)에 의해 프린스턴 대학의 박사논문으로 논리적 전개과정 자체에 대한 완벽성이 확보된다.

13) 논리 실증주의에 대한 자세한 논의는 에이어(Ayer 1946 제2 개정판)에서 살펴볼 수 있는데, 두 종의 번역본이 나와 있다. 이영춘 뒤침(1959), 『언어와 진리와 논리』(문교부) 및

자연언어를 불신하는 극단적 풍조가 팽배했었지만,14) 이런 태도를 반박하면서 나온 일상언어 철학(ordinary language school)의 흐름에서는 자연언어가 우리의 직관과 통찰의 근원이며 그런 지혜를 찾아낼 수 있다고 보아, 긍정적이고 적극적인 시각으로 자연언어를 옹호하면서 다루어 왔다. 이런 전환은 특히 옥스퍼드 대학의 철학자 오스튼(J. L. Austin, 1911~1960), 그롸이스(H. P. Grice, 1913~1988), 스트로슨(P. Strawson, 1919~2006)과15) 캐임브리지 대학의 후기 비트겐슈타인에 의해 주도되었다.

송하석 뒤침(2010), 『언어, 논리, 진리』(나남)이다. 분석철학연구회 엮음(1984), 『비트겐슈타인의 이해』(서광사)에 있는 13편의 글이 분석철학과 논리 실증주의의 핵심을 이해하는 데에 크게 도움을 준다.

14) 재닉·툴민(1996; 석기용 뒤침 2005), 『빈, 비트겐슈타인, 그 세기말의 풍경』(이제이북스)의 제6장(특히 301쪽 이하)에서는 이른바 '그림(독어 Bild, 영어 picture) 이론'으로 불리는 '세계 대 개념'의 대응 관계가 사진이나 실물화와 같은 단순한 1:1 대응이 아니라, 내적 명제 질서들로부터 도출되어 나온 결과로서의 동형성(Verbindung)란 의미에서의 대응인 것이다. 이는 마치 수학에서 안정된 실수계의 표상과 미지의 위상 공간 표상 사이에서 '재귀적 관계, 대칭적 관계, 추이적 관계'들을 따져서 속성상의 동형성을 확보하는 일을 연상시키는데, 스승인 뤄쓸(Russell, 1872~1970)의 기술 이론(theory of descriptions)에 비견될 수 있다.

15) 오스튼의 책은 하버드 대학 윌리엄 제임스 기념 강의인 '낱말 사용 방법(How to Do Things with Words)'이 1962년 출간된 것을 제외하면, 모두 사후에 엄슨(Urmson) 교수와 워낙(Warnock) 교수에 의해 출간되었다. 전자는 언어학자와 철학자에 의해 우리말로 번역되었는데, 각각 장석진(1987), 『오스틴, 화행론』(서울대학교 출판부)와 김영진(1992), 『말과 행위』(서광사)이다. 후자는 워낙 엮음(1964), 『감각과 감각자료(Sense and Sensibilia)』(Oxford University Press)와 엄슨·워낙 엮음(1961, 제3판 증보 1979), 『오스틴 철학 논문(J. L. Austin, Philosophical Papers)』(Oxford University Press)이다.

그롸이스는 생전에 자신의 글들을 모은 책을 교정하고 있던 중 1988년 타계하였으므로, 오직 유저들만이 출간되어 있는 셈이다.

1989, 『낱말 사용 방법에 대한 연구(Studies in the Way of Words)』(Harvard University Press)

1991, 『가치의 복합 개념(The Conception of Value)』(Clarendon Press)

2001, 『이성의 여러 측면(Aspects of Reason)』(Clarendon Press)

그롸이스(1971), 「의도와 불확실성(Intention and Uncertainty)」, 『영국 학술원 논문집』 제57호(263~279쪽)나 그롸이스(1986), 「행위와 사건(Actions and Events)」, 『태평양 계간 철학 학술지』 제67호(1~35쪽) 등 중요한 논문들은 그의 유저 속에 들어가 있지 않다(152쪽 제4장 1절의 각주 4도 참고하기 바람).

스트로슨 교수는 10권의 저서를 남겼는데, 한(L. E. Hahn)이 편집하는 '생존 철학자 도서관'의 제26호로 한 엮음(1998), 『스트로슨의 철학(The Philosophy of P. F. Strawson)』(Open Court)의 부록에 전체 논저들이 자세히 소개되어 있다. 옥스퍼드 일상언어 철학자들의 업적에 대한 우리말 번역은 의외로 드물다.

이에 반하여, 비트겐슈타인의 책들은 부산대 철학과 이영철 교수의 번역으로 책세상에 그런데 계몽주의 철학자들에 의해 찾아진 이들 감각 재료와 추상 재료는 각각 따로따로 작동하는 것이 아니다. 아주 복잡하게 여러 계층들에 의해서 서로 뒤얽혀 있고, 또한 제2차 뇌에 자리한 감성 영역들과도 긴밀히 연합되어 있다. 킨취(Kintsch 1998; 김지홍·문선모 뒤침 2010: 97쪽 이하)『이해: 인지 패러다임 I』(나남)에서는 인지과학 또는 심리학에서 우리가 스스로 인식할 수 있는 정신 내용을 표상하는 방식을 다음처럼 네 가지로 정리하였다.

첫째, 연상 그물짜임이다. 이는 가령 '주사기'라는 자극물이 주어지면, 사람에 따라 '병원'을 연상하기도 하고, '간호원'을 연상하기도 하며, 또는 병원에 입원한 '친척'이 떠오르기도 할 것이다. 이른바 자유연상(free association)에 기반한 주장이며, 가장 오래된 형태로서 아리스토텔레스까지 거슬러 올라간다고 한다.

둘째, 속성(자질) 체계이다. 이는 특히 언어학에서 낱소리를 음성자질의 복합체로 표상하는 일에서 영향을 받은 것이다. 가령 짝이 되는 낱말 총각과 처녀는 모두 [+사람, +미혼, +젊음]이라는 공통 속성(자질)을 나눠 갖지만, 성별에서만큼은 각각 [+남성]과 [−남성]으로 대립하는 경우와 같다. 뷔즈닙스끼(Wisniewski 1995)에서는 바로 이런 속성들이 심리적 구성 내용물이며, 하나의 속성으로 구성되는 것은 더 큰 계층의 맥락·목표·경험에 달려 있다고 주장한다.

셋째, 의미 그물짜임이 있는데, 이름표가 붙은 그물의 마디 연결은 엄격히 유목 포함관계(class inclusion) 등에 의해 제약되어 있다. 가령, 'IS-A'(~의 하나이다, 정체정 지정) 또는 'PART-OF'(~의 부분이다, 관계 지정)과 같은 관계로 그물들이 짜여 있다고 보는 것이다. 이들 그물 사이

서 나온 '비트겐슈타인 선집'(①『논리철학 논고』, ②『소품집』, ③『청색 책·갈색 책』, ④『철학적 탐구』, ⑤『쪽지』, ⑥『확실성에 관하여』, ⑦『문화와 가치』)이 있고, 이외에도 이영철 뒤침(2013), 『심리 철학적 소견들, 1~2권』(아카넷); 박정일 뒤침(2010), 『비트겐슈타인의 수학의 기초에 관한 강의』(올) 등이 나와 있다.

에도 몇 겹의 위계들이 주어져 있다.

넷째, 각본(script)·틀(frame)·개념틀(schema16) 도식)·기억 꾸러미(MOPs) 등으로 불리는 표상 방법이 있다. 이는 특히 인공지능 연구자들에 의해 선호되는 방식으로서, 쉥크·에벌슨(Schank and Abelson 1977)에서 제시한 '음식점 각본' 따위가 자주 인용된다.17) 마치 연극이 '각본'에 따라 공연되듯이, 음식점에 가서 누구나 실행하게 되는 일련의 행동이 적혀 있는 명세표에 비유된다. 그렇지만 이 방식은 자유의지를 지닌 인간이 모든 사태를 임의적으로 바꿀 수 있다는 특성을 따라가기에는 너무 고정적·정태적이며 융통성이 적다는 단점이 있다.

킨취 교수는 우리 정신이 명제 그물짜임으로 이뤄져 있다고 가정한다.18) 이때 명제는 자연언어에서 동사와 동사가 거느리는 명사들로 만

---

16) 원래 칸트가 썼던 용어이다. 인류 공통의 차원에 적용되는 범주(category)가 있고, 문화 공통체에 적용되는 규범(maxim)이 있다. maxim은 본디 아리스토텔레스『수사학』에서 명백히 '격언, 속담, 잠언'의 뜻으로 쓰였는데, 중세 강단철학에서 '공리(axiom)'란 뜻으로 승격되었다. 백종현 교수는 '준칙'으로 번역하였으나 일본에서는 '격언＋법률'을 합쳐 '격률'이라고 한다. 일본말은 격언과 법률은 결코 합쳐질 수 없다는 점에서 잘못임을 알 수 있다.

그리고 개인별 체험에 적용되는 개념틀(schema)이 있다. 일본에서는 그림과 공식을 합하여 '도식(圖式)'으로 번역하였지만, 결코 오로지 그림도 수학 공식도 아니다. 추상적인 명제 형식도 간여하기 때문이다. 백종현 교수도 '도식'으로 번역하고 있다. 그런데 schema(지식구조의 개념틀)라는 용어는 인지발달 심리학자 피아제(Jean Piaget, 1896~1980)와 기억 연구의 아버지로 칭송되는 바아틀릿(Frederic Charles Bartlett, 1886~1969)에 의해 채택된 뒤, 오늘날 인공지능을 포함한 인지 과학 분야에서 널리 쓰이게 되었다. 그렇지만 결코 칸트처럼 3단계의 구분을 전제하고 있는 것은 아니다. 개별 경험이 기억 속에 그물짜임으로 얽혀 있는 자족적 개별 단위들을 가리키며, 다시 이들을 더 통합하기 위하여 '정신 모형(mental model)' 또는 '상위 표상(metarepresentation)'이라는 상위 개념이 도입된다.

17) 쉥크(1999; 신현정 뒤침 2002), 『역동적 기억: 학습과 기억에 주는 함의』(시그마프레스)가 번역되어 나왔다. 신현정 교수는 scripts(각본, 대본)을 번역하지 않고 외래어로서 '스크립트'라고 쓰고 있는데, 번역본 11쪽 이하에서 어떤 용어를 쓰든지 간에, 상위 수준의 '지식구조'를 수립하는 요소들이며, 세부 상황들에 대하여 순서가 깃든 사실(사건)들의 집합체로 정의하고 있으며, 번역본 119쪽의 스크립틀릿(scriptlet, 개개의 각본)은 그 집합체의 원소에 해당한다.

18) 이는 한 가지 사례일 뿐이며, 다수가 동의한다는 뜻이 결코 아니다. 우리나라 심리학자들이 제안하는 다른 견해도 있다. 신현정(2011), 『개념과 범주적 사고』(학지사)의 제1장 3절에서는

① 필요·충분 조건의 고전적 견해,

들어져 있고, 미시적인 짜임과 거시적인 짜임 및 상황모형 등으로 복잡하게 얽히어 있다. 킨취 교수는 논설류의 글읽기 과정이 문장들로부터 미시구조를 만들고, 미시구조들로부터 거시구조를 만들며, 이 거시구조를 시지각 재료와 유기적으로 관련되게 만들고 나서(상황모형 구성) 장기기억에 '인출 구조'들로 저장해 놓다고 보았다. 우리가 일련의 어떤 정보를 하나의 재료에만 의지하여 기억하고 인출하기보다는, 오히려 이용할 수 있는 모든 감각 재료들을 모두 같이 동원함으로써 기억과 인출이 더 쉬워지도록 촉진하는 것이다.19)

───────────────

② 원형(prototype) 또는 전형성 견해,
③ 본보기 사례(examplar) 견해,
④ 앞의 원형 및 본보기를 통합한 스키마 견해,
⑤ 지식 기반 견해

를 소개하고 있으며, 제4장에서는 복수 모형(이원적 과정)을 상정해 볼 수 있음을 논의하고 있다. 김영채(1995), 『사고와 문제해결 심리학: 인지의 이론과 적용』(박영사)의 제5장에서는 주로 낱말 의미와 명제와 초인지를 중심으로 하여 그물짜임(망상) 모형을 다루고 있다. 박태진(2009), 「지식의 표상」, 이정모 외 16인, 『인지 심리학』(학지사)에서는

① 개념적 지식 표상,
② 명제적 지식 표상,
③ 도식적 지식표상,
④ 절차적 지식표상

을 논의하고 있다. 따라서 인간의 인지를 다루는 전문 영역에서 다중기억의 짜임새와 층위가 어떻게 이뤄져 있는지를 다뤄 보려고 경합하는 여러 이론 후보들이라고 서술해야 더 옳겠다.

19) 그런데 이런 일들이 두뇌의 고유 영역에서 독립적이며 자족적으로 일어나는지, 아니면 상위에 있는 어떤 부서가 있어서 그 부서의 제어를 받는지(옛날에는 '또 다른 자아'나 초자아로도 불렸음)에 대해서 의문이 제기될 수 있다. 현재로서는 튜링(Turing)의 생각을 계승하여 평면적으로 각 부서마다 독립적이고 자족적인 성격을 부여하는 단원체(module) 접근 방식이 있고, 입체적으로 각 영역들을 위에서 통합 관리하는 상위 부서 접근 방식이 있다. 전자에 대해서는 포더(Fodor 1983), 『마음의 단원체 속성(The Modularity of Mind)』(MIT Press)과 다수의 연산주의(computationism) 논의들이 있다. 비록 연산주의를 비판하면서 나왔지만 연결주의(connectionism)에서도 어떤 제약이 만족되면 교점들 사이에 활성화가 확산되어 그물짜임이 이뤄지며, 따로 제3의 부서를 상정할 필요를 느끼지 않는다는 점에서 평면적인 동일 부류의 접근으로 묶인다. 후자에 대해서는 존슨레어드(P. Johnson-Laird 1983), 『정신모형: 언어·추론·의식의 인지과학을 향하여(Mental Models: Towards a Cognitive Science of Language, Inference, and Consciousness)』(Harvard University Press)와 젠트너·스티븐즈 엮음(D. Gentner and A. Stevens 1983), 『정신모형(Mental Models)』(Lawrence Erlbaum)과 스퍼버 엮음(D. Sperber 2000), 『상위 표상: 여러 학문의 관점(Metarepresentation: A Multidisciplinary Perspective)』(Oxford University Press)을 참고할 수 있다.

의사소통과 관련하여 중요한 심리학 실험 보고들이 있다. 가장 초기의 연구는 스트룹(Stroop) 교수가 시지각 자료 및 언어 자료 사이에 일치되지 않는 자극('간섭 자극'으로 불림)들을 제시하여20) 실수를 유발하는 정도나 지연 반응의 정도를 측정하는 실험이다. 그 결과는 색깔과 그 색깔을 가리키는 언어 사이에 긴밀한 연관성(감각 재료와 언어 재료 사이의 강력한 결합 정도)을 깨닫게 해 주었다. 이런 실험을 흔히 그의 이름을 따서 '스트룹 효과'라고 부른다.

그런데 이런 자극물들 사이에 불일치 실험은 유치원 학생들을 대상으로도 이뤄졌다. 가령, 얼굴 및 몸짓으로 전달해 주는 자극물(가령 찡그리거나 괴로운 표정과 몸짓)과 말로 전달해 주는 자극물(행복한 옛날이야기) 사이에 불일치를 극대화하는 경우에, 어린이들은 비언어 자극물로부터 더욱 진실한 정보를 얻는 경향이 아주 높다고 한다. 따라서 귀로 듣는 옛날이야기의 내용과 상관없이, 오직 불행한 이야기로만 받아들인다. 반면에, 사춘기를 넘은 학생들을 대상으로 하여 실험을 진행할 경우에는, 불일치되는 감각 자극물을 일단 접어 두고서, 언어 자극물로부터 기본적인 정보를 언어 처리하는 것으로 알려져 있다. 물론 이런 실험 보고들은 이례적으로 두 영역의 자극들이 일부러 내용상 괴리되거나 일치하지 못하도록 꾸며 놓은 것으로, 두 영역이 서로 긴밀히 연합되어 있음을 드러내려는 목적을 품고 있다. 앞으로 발달 단계의 어느 시점에서 이런 전환이 시작되는지에 대하여 심층적인 연구들이 이어져야 할 것이다(일부에서는 사춘기 전후로 발달되는 작업기억에 주목함).

흔히 두 사람이 얼굴을 마주 보는 의사소통 상황에서는 두 영역에서의 처리가 동시에 일어난다고 알려져 있다.21) 그렇다면 두 영역에서의

---

20) 밀러(Miller 1991; 강범모·김성도 뒤침 1998: 210쪽 이하), 『언어의 과학: 그림으로 이해하는 언어와 정신의 세계』(민음사)에 화보 자극물들이 실려 있어 도움이 된다.

21) 가령, 더욱 극단적인 시지각 처리 과정이 있다. 흔히 테니스 운동선수들의 몸놀림이 대표적인 경우이다. 그들은 상대방 공이 날아오는 것을 시지각으로 처리한 뒤에 거기에 반응하는 것이 아니다. 오직 무의식적으로 손놀림이 먼저 공을 받아치는 쪽으로 특화되어

산출 처리가 동시에 일어나는 경우에, 전형적으로 두 영역의 자극들이 서로 부합되거나 일치되도록 제시 간격에서 시간상 적절히 조율되어야 한다는 교훈을 암시해 준다. 비언어 자극물에 대해서는 대체로 무의식 적으로 받아들이면서 처리되다가 이례적인 자극일 경우에 주의력이 모 아지지만,[22) 언어 자극물에 대해서는 주의를 집중하지 않고 막연히 홀려든는 처리과정에서부터 좀 더 의식적이며 비판적인 능동적 처리까지

있다. 이를 영어로는 근육기억(muscle memory)이라고 부른다. 망막과 시각 저장고에 모 아진 정보가 시상 하부의 처리에서 대뇌 피질로 정보가 가는 것이 아니라(따라서 스스로 의식할 수 있는 것이 아니라), 대신 곧장 근육 운동을 일으키는 경로로 전달되어 선수들 이 미처 시지각 내용을 의식적으로 느끼지 못하더라도 무의식적으로 신체 반응을 일으 키는 것이다.

신경생리학적으로 이런 현상을 '두 가지 경로의 처리 과정'이라고 부른다. 하나는 감각 기관을 통해 시상하부에서 직접 근육운동을 명령하는 경로이고, 다른 하나는 제3의 뇌에 정보를 전달한 뒤 스스로 의식하여 깨달은 뒤에 근육운동을 명령하는 경로이다. 이는 특히 공포 연구로 유명한 신경생리학자 르두(LeDoux) 교수의 다음 물음으로 잘 알려져 있다. 숲속에서 곰을 만나 줄행랑을 칠 경우에,

"무서워서 도망가는 것일까?, 아니면 도망가기 때문에 무서운 것일까?"

대답은 둘 모두이다. 첫 반응은 우리가 의식하지 못한 채 일어나는 것이며(무의식적 반 응), 이후 차츰 3차 뇌의 의식 속에 포착되어 더욱 공포감을 느끼게 되는 것이다. 르두 (1998; 최준식 뒤침 2006), 『느끼는 뇌: 뇌가 들려주는 신비로운 정서 이야기』(학지사)를 읽어 보기 바란다.

이런 처리와 관련하여, 얼굴을 마주 보는 의사소통에서는 상대방의 얼굴 표정이나 몸 짓 따위가 특정한 정보를 전달해 주는데, 이는 흔히 '감성적 처리'들과 긴밀히 관련된다. 우리가 어떤 사람을 처음 만나고자 할 경우에 자신의 매무새를 깔끔히 단장하는 것도 이런 처리와 부합될 수 있다. 두뇌 신경학자인 다마지우(Damasio) 교수는 여러 환자들에 대한 임상 연구를 통하여 인간의 판단과 결정에 테두리 뇌(변연계, 제2의 뇌)에 있는 감성 부서들이 최종 결정권을 행사함을 밝혀내었다. 다마지우(1994; 김린 뒤침 1999), 『데카르트의 오류』(중앙문화사)를 읽어 보기 바란다. 한편, 상호작용 사회학의 흐름을 이끌었던 고프먼(E. Goffman 1959; 김병서 뒤침 1987), 『자아표현과 인상관리: 연극적 사회분석론』(경문사)에서는 자아의 개념을 가면을 쓰고 연극을 하는 일에 비유하고, 이 런 일을 특히 '자아 인상 관리'라고 부른 바 있다. 이어 고프먼(1967; 진수미 뒤침 2013), 『상호작용 의례: 대면 행동에 관한 글』(아카넷)의 제1장 '체면 지키기'와 제2장 '존대(= 상대방을 대접함)와 처신의 성격'에서는 마치 연극처럼 상대방과 서로 조율해 나가는 미세한 과정들이 명시적으로 자세히 논의하고 있다.

22) 신체 언어와 관련하여 다음처럼 선업들이 출간되어 있다. 김영순(2004), 『신체 언어 커뮤 니케이션의 기호학』(커뮤니케이션북스); 김영순·김연화(2007), 『몸짓 기호와 손짓 언어: 교사-학생 간 비언어 의사소통 연구』(한국문화사); 한국기호학회 엮음(2002), 『몸의 기 호학』(문학과지성사); 성광수 외 12인(2003), 『몸과 몸짓 문화의 리얼리티』(소명출판); 암스트롱 외(D. Amstrong et al. 1995; 김영순 외 뒤침 2001), 『몸짓과 언어 본성』(한국문 화사).

여러 단계에 걸쳐 일어나는 것이다.

언어 산출 과정과 관련하여 생각의 재료에 대한 논의를 살펴보면, 의사소통 의도가 결정된 뒤에 산출 단계에서부터 언어적 경로 및 비언어적 경로를 모두 염두에 두고서 산출 전략이 마련되어야 하고, 양자가 조화롭게 통합되는 방식으로 산출이 이뤄져야 한다고 매듭지을 수 있다. 언어 산출이 비록 발화(입말) 또는 글말이 화자 또는 집필자 외부로 방출되어 나오더라도, 그 산출이 상대방에게 제대로 이해되고 소통되었는지를 확인하는 과정이 같이 맞물려 있어야 하므로, 산출은 언제나 상대방의 반응에 대한 '점검 확인'까지 포함되어야 하는 것이다.

2. 기억의 분류

기억은 흔히 저장과 인출이라는 두 과정으로 이뤄진다. 기억이란 이전까지 우주의 본질이라고 여겨지던 '시간' 개념의[23] 형성에도 밑바탕

---

23) 칸트는 인간 인식에서 가장 근본적인 개념들을 아리스토텔레스의 용어를 빌어 범주(categories, 판단 가능한 명제의 구성에 참여하는 기본요소)라고 불렀는데, 양·질·관계·양태로 이뤄져 있다. 아리스토텔레스가 다룬 범주와 명제 개념에는 시제/시간 개념이 들어 있지 않다(물론 근본적으로 『자연학』에서 시간의 본질에 대하여 의문을 던지면서 변화 운동의 수로 파악하고 있는데, 이기상(1990), 「계산의 시간: 아리스토텔레스에 있어서의 시간」, 『철학』 제35권을 참고할 수 있음). 오직 20세기 초반 뤄쓸과 스트론슨 사이에 확정 지시표현에 관한 논쟁을 통하여, 비로소 시간과 장소 개념이 양화사로 도입된다(용어도 statement로 바꿔 부름). 양화 형식으로 나타낸 시간의 논리형식은 특히 프라이어(A. Prior, 1914~1969)의 저작들에 힘 입었는데, 1957년 『시간과 양태』, 1967년 『과거, 현재, 미래』, 1968년 『시간과 시제에 관한 논문』(모두 Clarendon 출간) 등이 있다. 칸트는 아리스토텔레스의 저작물에서 언급하는 범주 숫자가 4개 항목에서 6개의 항목 또는 10개의 항목으로 변동하는 사실을 들어 범주 확립에 "아무런 원리도 가지지 못했다"고 비판하였고(백종현 뒤침, 『순수이성 비판, I권』, 299쪽; 아리스토텔레스의 '범주'는 단순히 '술어의 종류'라는 뜻을 지녔음), 시간이나 공간을 양태 범주의 하나로 보았다. 그렇다면 아리스토텔레스가 내세운 명제는 우리가 경험을 하지 않더라도 이미 주어져 있어야 하는 개념으로 치부하였던 것이다.

그렇지만 신경생리학적으로 보아 이미 변화를 겪은 구체적 사건이 기억 속에서 저장되고 다시 수시로 인출될 수 있어야만 비로소 시간 개념이 생겨나는 것이다. 이렇게 기억에 기반하여 생겨나는 시간 개념은 모든 피조물과 공유될 수 없고, 따라서 더 이상 가장

이 되는 필수 조건이다. 털빙·르파쥬(Tulving and Leparge 2001)에[24] 따르면, 영장류(그리고 코끼리 등 일부 포유류)만이 자신의 겪은 구체적인 과거 사건들을 되돌아볼 수 있는 기능이 있고, 이를 '뒤돌아보는(palinscopic)' 기억이라고 불렀다. 시간 개념은 이런 기억의 특성이 없었다면 결코 생겨나지 않았을 것이다. 그런데 대다수의 포유류들은 오직 현재 및 매우 근접한 장래 시간 폭의 정보만을 인출하여, 자신이 있는 공간에서 행동으로 옮길 뿐이다. 이를 뒤돌아보는 기억과 대립시켜 그들은 '앞만 내다보는(proscopic)' 기억이라고 불렀다. 다시 말하여, 짐승들은 본능에 따라 오직 '현재 시간만'을 살고 있을 뿐이다. 과거 경험과 현재 자극 내용을 비교하면서 미래를 계획하거나 반성을 할 수 없는 것이다. 그러나 인간에게서만은 자신이 겪은 구체적 사건을 기억 속에 저장해 두고, 필요할 때마다 수시로 인출할 수 있으므로, 과거 시점과 현재 자극 사이에 있는 간격(또는 거리)를 스스로 자각하게 되고, 여기서 비로소 '시간'이란 개념이 생겨나는 것이다.

인간의 두뇌 속에 저장해 둔 기억에 대한 연구는 19세기에 와서야 크게 두 갈래로 시작되었는데, 그 흐름을 열어 놓은 연구자들을 기리기 위해 '기억 연구의 아버지'(들)로 부르고 있다. 한 쪽은 임의의 대상들을 놓고서 실험실에서 '자유연상'의 기법을 연구한 독일 심리학자 에빙하우스(H. Ebbinghaus, 1855~1909)이다. 일반인들에게는 그의 망각곡선(쇠잔곡선) 연구가 널리 알려져 있다. 다른 한 쪽은 그런 부분적이고 기계

근본적인 범주가 될 수 없다. 물론, 우주 속의 개체들이 상태를 변화시키고 있으므로, 물리적 시간 폭도 있고, 생물학적 시간 폭도 주어져 있어야 한다. 이런 시간 개념은 '방향성'을 지닌 변화라는 공유 특성만 제외한다면, 심리학적 시간 개념과 시간 폭은 다른 영역이나 다른 축에 있는 시간 폭과 병렬되거나 일치되는 것이 아님을 알 수 있다. 한마디로, 시간 개념은 인간 또는 공동체에서 '재구성해' 놓은 대상일 수밖에 없고, 우리는 모두 공동체 구성원으로 살아가면서 일정 부분 그런 재구성 내용을 공유하게 되는 것이지, 결코 '대상 그 자체(thing itself)'에 깃들어 있는 것은 아니다.

24) 쉑터·스캐뤼 엮음(Schacter and Scarry 2001; 한국 신경인지기능 연구회 뒤침 2004), 『뇌와 기억 그리고 신념의 형성』(시그마프레스)의 제7장 '인간의 과거에 대한 인식은 뇌의 어느 부분에 있을까?'를 읽어 보기 바란다.

적인 기억 연구가 결코 인간 기억의 전모를 드러낼 수 없다고 비판하면
서, 이미 갖춰 놓고 있는 배경지식과 관련하여 기억을 연구한 영국 심
리학자 바아틀릿(F. Bartlett, 1886~1969)이다. 바아틀릿은 새로운 대상들
을 미리 머릿속에 갖추어 둔 배경지식과 관련하여 새롭게 정보를 재구
성(reconstruction)해 냄으로써, 비로소 대상이나 사건을 기억하게 된다고
보았다. 오늘날 '구성주의'로 불리는 흐름들은 크든 작든 결국 인간 기
억 그 자체가 '재구성된 내용'이라는 바아틀릿의 결론에 일정 부분 기
대고 있는 셈이다.[25] 더욱이 일반적으로 인간 기억(그리고 기억에 기반
한 지식체계)은 즉물적이고 단편적이기보다는, 방대하고 복잡하게 여러
층위의 그물짜임을 체계화하여 이뤄 놓기 때문에, 단순한 자유연상의
처리만으로는 포착하기 어렵다.

의사소통 과정의 연구에 응용할 수 있도록 더욱 발전된 기억 연구로
서 최소한 다음 네 단계의 거점 연구들이 있다. ① 다중기억 가설, ② 절
차지식 기억과 서술지식 기억, ③ 작업기억, ④ 장기 작업기억에 관한
것들이다. 첫째, 앳킨슨·쉬프륀(Atkinson and Schiffrin 1968)에서[26] 주장된
'다중기억' 가설이다(여러 가지 서로 다른 기억 영역들이 있음). 인간의 머

---

25) 바아틀릿의 연구를 소개하는 글들을 보면, 초기에 그가 전체 형상(gestalt) 심리학을 연구한
   일도 인간 기억을 재구성 과정으로 보는 데 일조하였다고 해석하기도 한다. 그의 업적
   (1932)은 인간의 이해가 구성-통합(CI) 모형으로 이뤄진다고 주장하는 킨취(Kintsch) 교수
   의 재판 서문을 덧붙여 다시 1995년 『기억하기: 실험 및 사회 심리학 연구(*Remembering:
   A Study in Experimental and Social Psychology*)』(Cambridge University Press)가 발간되었다.
   영어권의 책자에서 흔히 쓰는 memory(기억)이란 말을 쓰지 않고, 굳이 remembering(기억
   하기, 기억해 내는 일)을 쓴 까닭이 있다. 전자가 정태적이고 고정 불변의 어떤 대상을
   암시한다. 정작 우리의 기억은 그렇게 고정되어 있지 않다. 수시로 변동해 나간다. 시간이
   흐름에 따라 사그라들고 아스라해지거나 반대로 더욱 강화될 수 있는 것이다. 이런 특성
   을 가리키기 위하여 정태적인 느낌의 낱말 memory를 피하고, 역동적인 낱말 remembering
   을 쓴 것이다(쉥크 교수는 dynamic memory 유동적/역동적 기억으로 부름). 우리말로 바아
   틀릿의 연구에 대한 개관을 보려면, 스피뷔(Spivey 1997; 신현재 외 뒤침 2004), 『구성주의
   와 읽기·쓰기』(박이정) 제2장 '바아틀릿에 대한 회고'를 참고하거나, 김영채(1995), 『사고
   와 문제해결 심리학』(박영사)의 제5장 1절 1항 '바아틀릿의 전통'을 읽어 보기 바란다.
26) 스펜스·스펜스 엮음(K. Spence and J. Spence 1968), 『학습 및 동기의 심리학, 권2(*The
   Psychology of Learning and Motivation, Volume 2*)』(Academic Press), 89~195쪽에 실린 논문
   「Human memory: A proposed system and its control processes」이다.

릿속에 보편적인 기억이 하나 있는 것이 아니라, 적어도 기억체계의 구조적 특징으로 보아 감각 등록기(sensory register)·단기 저장고(short-term store)·장기 저장고(long-term store)가 있어야 하며, 이런 기억들이 한데 얽혀 작동한다는 주장이다. 오늘날 이것들은 각각 감각기억·작업기억· 장기기억으로 불리고 있다.

둘째, 장기기억은 절차지식 기억과 서술지식 기억으로 나뉘는데,[27] 더 발전된 모습으로 털빙(Tulving 1972)에서는 서술지식 기억이 다시 구체사례(episoic) 기억 및 의미(semantic) 기억으로 나뉨을 밝혔다.[28] 절차 지식과 서술지식의 구분은 물건을 생산하는 공장의 콘베이어 벨트 및 원료의 관계로 비유할 수 있다. 절차지식은 서술지식을 대상으로 하여 새로운 지식을 만들어 내는 상위 지식 또는 하부의 무의식적 지식이다. 절차지식은 대체로 스스로 자각할 수 없겠지만, 서술지식은 언제나 내성 또는 내관에 의해서 자각이 가능하다. 서술지식이란 어떤 사건이나

---

27) 이전의 연구자들도 비록 막연하나마 이런 두 가지 기억이 필요하다는 성찰이 있었고 다음처럼 이름을 붙였었다.

연구자 이름	서술지식(declarative) 기억	절차지식(procedural) 기억
제임스(William James 1890)	primary(1차) 기억	secondary(2차) 기억
롸일(Gilbert Ryle 1949)	what-knowledge(세계지식) 기억	how-knowledge(방법지식) 기억
브루너(Jerom Bruner 1969)	explicit(또렷한 외현) 기억	implicit(막연한 암묵) 기억
털빙 외(Endel Tulving 2001)	자체 지각적 기억(재귀의식 수반)	지각적 기억(재귀의식 없음)

28) 털빙(1972), 「구체사례 기억 및 의미 기억(Episodic and Semantic Memory)」은 털빙·도널 슨(Tulving and Donaldson) 엮음, 『기억의 조직 내용(*Organization of Memory*)』(Academic Press)의 제10장(381~402쪽)이다. episode는 자신이 겪은 구체적 사건이나 구체적 사례이 다. 몇 사람들은 '숨을 일, 빼어날 일(逸)' 또는 '꽂을 삽(揷)'을 써서 '일화(일화기억)'나 '삽화(삽화기억)'로 번역한다. 숨기고 말하지 않아도 될 시시한 이야기가 일화(逸話)이고, 이야기 흐름 중에 아무렇게나 끼워 넣을 수 있는 자잘한 이야기가 삽화(揷話)이다. 시시 하거나 자잘한 이야기는 모두 episode라는 낱말이 원래 의도한 내용과 전혀 관련이 없다. 이는 한 개인이 겪은 생생한 구체적 사건이나 사례를 가리키므로, 자서전적 구체사례 (autobiographical episode)라고 불렸다. 따라서 이를 중심으로 하여 번역 용어를 만들면 '구체사례 기억'(구체적인 사건기억) 정도가 될 것으로 본다. 30년 넘게 '작업기억'을 연 구해 온 영국 심리학자 배들리 교수는 인간 기억 연구의 한 차원 높은 발전 여부는 구체 사례 기억에 대한 연구 성패에 달려 있다고 본다(Baddeley, Aggleton, and Conway 엮음, 2002, 『구체사례 기억: 새로운 연구 방향들(*Episodic Memory: New Directions in Research*)』, Oxford University Press).

대상에 대하여 서술문 형식으로 된 지식이며, 절차지식이란 새로운 지식을 만들어 내는 과정이나 절차에 관련된 상위 지식이다. 인공지능을 다루는 쪽에서는 간단히 조건문

'if ~, then~'

형식의 진술들을 절차지식으로 부른다(수학기초론에서는 이를 형식 함의와 실질 함의로 나누어 부르며, 생각을 전개하는 맨 밑바닥 원리인 함의 관계는 '사건의 변화'를 가리키는 방식에 불과한데, 63쪽 §.2-1의 각주 15를 보기 바람). 털빙(1972)에 따르면, 구체사례 기억이 스스로 경험한 구체적 사건(과거의 경험 사건)들에 관한 자서전적 지시내용(autobiographical reference)을 가리킨다. 의미 기억은 전형적으로 언어 사용에 관한 인지적(cognitive) 지시내용을 가리키며, 언어체계 그 자체의 독자성 때문에 구체적 사건과 독립될 수 있는 기억이다(Tulving 1972: 389쪽 이하).29) 그렇지만 의미 기억이 반드시 필수적으로 언어체계에만 국한되는 것은 아님에 주목할 필요가 있다. 더욱 포괄적으로 개념·관계·양·사건·사실·명제들까지 포함하는데, 이것들은 구체적인 사건이나 사례와 관련될 필요가 없다는

---

29) 박태진(2003: 171쪽), 「기억」, 이정모 외, 『개정판 인지심리학』(학지사)에서는 양전자 방출 단층 촬영(PET) 자료를 통해서 구체사례 기억과 의미 기억이 각각 대뇌 피질의 서로 다른 두뇌 부서에서 작동됨을 확인할 수 있다고 하였다. 구체사례 기억은 전두엽의 오른쪽에서, 의미기억은 전두엽의 왼쪽에서 혈류가 증가한다. 더욱 진전된 주장은 르두(LeDoux 2002; 강봉균 뒤침 2005), 『시냅스와 자아』(동녘사이언스)에서 읽을 수 있다. 르두 교수는 작업기억이 전전두엽의 세 곳에 위치해 있고, 각각 복측(안와) 전전두엽·외측 전전두엽·내측 전전두엽임을 지적한다. 이 가운데에 외측 전전두엽에 자리 잡은 작업기억은 오직 영장류에게서만 찾아진다고 한다. 만일 작업기억이 언어의 처리와 관련된다면, 이 일은 곧 '외측 전전두엽'에서 관장되고 있음을 함의하고 있는 있는 것이다. 더군다나 이런 작업기억은 사춘기 이후에야 비로소 완벽히 갖추어진다고 하는데, 그렇다면 머카씨(McCarthy 1998; 김지홍 뒤침 2012), 『입말, 그리고 담화 중심의 언어교육』(도서출판 경진)에서 보고된 어린이 및 성인 사이의 언어 사용 차이점들은 외측 전전두엽에 자리잡은 작업기억 발달 정도와 유관할 것임을 알 수 있다. 앞으로 언어학이나 언어교육으로 대표되는 응용언어학에서는 작업기억의 발달과 관련하여 언어 사용의 질적 차이나 변이 과정에 대하여 심도 있게 다뤄나가야 할 것이다.

점에서 한데 묶인다. 뒷날 이런 두 종류의 기억은 털빙·르파쥬(2001)에서 언어를 기준삼지 않고, 대신 기능을 고려하면서 각각 '뒤돌아보는 기억'과 '앞만 내다보는 기억'으로 재명명된다.

셋째, 대뇌 피질 전전두엽에 자리 잡고 있는 작업기억의 존재이다. 초기에 이는 임의의 자극물을 장기기억으로 옮겨 주도록 상정된 단기기억으로 불렸었는데, 배들리(Baddeley 1986)에서 '작업기억(working memory, 외부의 자극물을 장기기억 속에 저장할 수 있도록 작업하는 부서)'으로 불리면서 그 중요성이 크게 부각되었다.[30] 단기기억의 폭은 숫자를 한 덩이(chunk)로 묶는 밀러(Miller 1956)의 연구 이후에, 대략 7±2라는[31] 묶음 덩이가 받아들여져 왔다. 특히 중등 학생들을 대상으로 한 덩잇글 처리에서도 작업기억에서 대략 5개 가량의 명제를 붙들고 처리가 이뤄진다고 보고하는데(킨취 1998; 김지홍 뒤침 2010), 이 또한 밀러의 기억 덩이 주장을 반영해 준다.

배들리의 작업기억의 구성 모습은 매우 검박하게(parsimonious) 상정되어 있다. 두뇌에서 작동하는 재료가 감각 재료와 추상 재료이므로, 이에

---

30) 배들리(1986), 『작업기억』(Oxford University Press)을 보기 바란다. 특히 언어 처리와 관련해서는 개더코울·배들리(1993), 『작업기억과 언어』(Psychology Press)를 참고할 수 있다. 단기기억 또는 작업기억은 연구자의 관점에 따라서 작동되는 시간 폭이 다소 다른데, 대략 250밀리초(¼초)에서부터 2초 정도의 시간 폭이 거론된다. 최근 작업기억에 대한 20년의 성과들을 종합하여 배들리(2007), 『작업기억·사고·행위(Working Memory, Thought, and Action)』(Oxford University Press)가 나왔지만, 여전히 중앙연산 처리부서가 중요한 역할을 맡고 있다. 이는 에들먼(Edelman 2004, 김한영 2006 뒤침), 『뇌는 하늘보다 넓다』(해냄)에서 전혀 중앙연산 처리부서를 설정함이 없이도, 다양한 두뇌 신경군들이 다른 신경군들과 연결되어 기능적 회로를 형성하고 '상호 재유입'의 상호작용 결과로서 의식이 출현한다는 주장과는 상치된다. 일부에서는 작업기억에서 '자아'의 속성들까지 부여하기도 하는데, 자아는 스스로 느낄 수 있는 특성(재귀의식)이 있다. 필자가 생각하기에, 배들리의 작업기억 모형에서는 결정적으로 세 가지 한계가 있다. 첫째, 중앙연산 처리기에 우리가 의식적으로 접속할 수 없다는 점이 문제가 된다. 둘째, 여전히 산출 과정과 연관될 작업기억에 대해서 침묵하고, 셋째, 거의 배타적으로 이해 처리과정만을 비대칭적으로 다루는 점도 문제이다.

31) 즉, 5개 내지 9개의 숫자들이 하나의 덩이로 묶이어 기억되는 일이다. 밀러 자신은 이를 신비로운 '마법 숫자'로 불렀다. 밀러(G. Miller 1956), 「The Magical Number Seven, Plus or Minus Two: Some Limits on our Capacity for Processing Information」, 『심리학 논평(Psychological Review)』 제63권(81~97쪽).

대응하여 오직 감각인상을 조절할 수 있는 '시공간 그림판(visuospatial sketchpad)'및 말소리 되뇌임이 가능한 '음운 순환회로(phonological loop)' 만이 중앙연산 처리기에 의해 제어된다.[32] 또한 작업기억은 언어 산출 과정보다는 비대칭적으로 언어 이해나 언어 처리과정에만 치우쳐 있다.[33] 그런데 작업기억에 용량 제약이 있다는 사실은, 일후 언어 처리에서 이해력이 떨어지는 사람들의 특성을 설명하기 위하여, '억제 기제 효율성' 가설로까지 발전하였다.[34] 주어진 언어 자극물들과 부합 또는 일치되지 않는 세계 모형들을 빨리 지워 버리고(억제하고), 대신 새롭게 일치될 수 있는 세계 모형을 재빨리 만들어 내면서, 언어 자극물들과 부합되는 처리를 효율적으로 수행해 나가야 한다. 그렇지만 이런 일을

---

32) 배들리(2007: 8쪽)에서는 이를 다음과 같은 그림으로 보여 준다. 단, 화살표들을 서로 다르게 그린 데에는 이유가 있다. 음운 순환회로는 말소리들이 꼬리에 꼬리를 물고 재귀적 순열처럼 순환하고 있다. 이를 한방향 화살표의 짝으로 나타내었다. 가령, 말소리가 abc로 되어 있다면, "abc abc abc abc..."로 의미 처리가 끝날 때까지 계속 순환되는 것이다. 그렇지만 시공간 그림판의 쌍방향 화살표는 순열에 상관없이 처리 도중에 수시로 오고감을 나타낸다. 이런 관계를 하나의 쌍방향 화살표만으로도 충분히 나타낼 수 있겠는데, 오른쪽 한 쌍의 한방향 화살표에 맞추기 위해 일부로 쌍방향 화살표를 두 개 그려 놓은 것이다.

33) 개더코울·배들리(1993: 99쪽)에서 작업기억과 언어 산출 사이의 관련성에 대하여 "직접적인 증거는 상대적으로 거의 없다"고 보았다. 그렇지만 당시만 하더라도 반대 견해가 이미 명시적으로 논의되고 있었다. 연산주의 관점에서 언어 산출 과정을 논의한 르펠트(1989; 김지홍 뒤침 2008), 『말하기: 그 의도에서 조음까지, I~II』(나남)에서는 임시저장고(buffers)들을 상정하였다. 이는 분명히 작업기억(또는 그 후보)에 속한다. 또한 의사소통 의도를 결정하고 언어 주조기를 통과하여 발화가 만들어진 뒤에, 마지막으로 상대방의 반응을 점검하고 확인하는 과정이 들어 있어야 한다. 이 과정이 동시에 작동하거나 진행되려면 응당 작업기억의 존재가 요청될 수밖에 없는 것이다. 바아즈·게이쥐(B. Baars and N. Gage 2007; 강봉균 뒤침 2010: 47쪽), 『인지, 뇌, 의식: 인지 신경과학 입문서』(교보문고)에서는 오로지 한 가지 작업기억만이 있는 것이 아니라, 영역마다 특정한 작업기억과 일반적인 작업기억이 둘 모두 있어야 한다고 서술하고 있다. 얼굴을 마주 보는 의사소통에서 언어 산출은 비언어적 요소도 함께 이용하게 되므로, 두 종류의 부서가 모두 함께 가동되어야 할 것으로 보인다.

34) 김선주(1998), 「글이해 능력의 개인차: 억제기제 효율성 가설을 중심으로」, 이정모·이재호 엮음, 『인지심리학의 제문제 II: 언어와 인지』(학지사)를 읽어 보기 바란다.

능동적으로 잘 할 수 없는 사람들은 유독 언어 이해 능력이 떨어진다(언어 처리를 제대로 수행하지 못한다)고 설명하는 것이다.

넷째, 그런데 작업기억의 용량이 제약되어 있음이 사실이라면, 이는 기다란 덩잇글을 처리해 나가는 일반적인 우리의 능력을 제대로 설명해 줄 수 없다. 우리는 장시간 영화나 뮤지컬을 집중하여 보기도 하고, 몇 주에 걸쳐서 장편소설을 읽는 일도 다반사이다. 이런 자명한 사실들을 작업기억의 용량 제약은 결코 제대로 설명해 줄 수 없다. 따라서 용량이 제약된 작업기억 모형을 뛰어 넘어 새로운 어떤 작업기억이 요청되는 것이다. 에뤽슨·킨취(1995)에서는 이런 요청을 자각하고 장기기억을 일부 작업기억으로 이용하는 '장기 작업기억(long-term working memory, LTWM)'이 존재한다고 주장한다. 다시 말하여, 장기기억 속에 기다란 분량의 덩잇글 이해와 관련된 배경지식으로서 위계화된 인출구조들이[35] 다수 저장되어 있다고 가정한다. 이는 '전문가 지식 체계'에 대한 연구 등으로 쉽게 뒷받침된다. 이른바 전문가들은 자신이 관여하는 영역에서 임의의 대상들을 재빨리 그리고 아주 쉽게 이해할뿐더러, 또한 그런 대상들을 즉석에서 능동적으로 수정하고 재구성하기도 한다.

---

35) 에뤽슨·킨취(K.A. Ericsson and W. Kintsch 1995), 「Long-term working memory」, 『심리학 논평(*Psychological Review*)』 제102권(211~245쪽)에서는 장기 작업기억에 들어 있는 인출 구조의 모습을 비유적으로 다음 그림처럼 나타내었다. 단, 일부 빈 칸들이 그대로 남아 있었던 것을 필자가 이해하는 범위 내에서 명시적으로 이름들을 만들어 적어 놓았다.

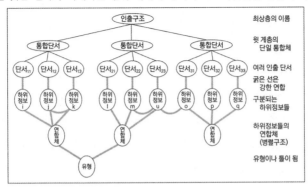

그런데 필자가 보기에 에뢱슨·킨취(1995)에서 장기 작업기억 속에 들어 있다고 주장된 '인출구조'는, 이해 또는 처리와 관련된 배경지식의 일부라는 점에서, 두 영역이 상당히 겹치는 것으로 판단된다. 더군다나 그들이 주장하고 있는 장기 작업기억은 선천적으로 타고 나는 것이 아니라, 부단히 이해 주체가 스스로 일정 기간에 걸쳐서 능동적으로 구축하거나 수립해 놓아야 하는 것이다. 어떤 의미에서 보면, 연구자들 사이에서 약방의 감초처럼 거론되어 온 배경지식이나 세계모형이라는 막연한 개념을, 장기 작업기억에 들어 있는 '인출구조'가 좀 더 구체적으로 언급해 주는 대안일 수 있다. 인간 기억의 특성이 '재구성' 과정임을 밝힌 바아틀릿의 결론을 그대로 받아들인다면, '다중기억' 가설에서 장기기억 그 자체가 수시로 사그려져 가거나 반대로 더욱 또렷이 각인될 수 있는 인출구조들로 이뤄져 있을 개연성이 높다. 그렇다면 문제는 장기기억과 장기 작업기억(LTWM) 사이에 얼마만큼 개별적이고 자족적인 독립성이 있는지를 제대로 설명해 줄 수 있는지에 모아진다.

아직 장기기억의 실체에 대해서는 너무 범위가 넓은 탓인지 본격적인 진전이 이뤄진 것 같지 않다. 우리 인간 생활상의 거의 모든 대상들이 장기기억과 명시적이든 묵시적이든 관련이 이뤄져 있기 때문이다. 거꾸로 보면, 장기기억에 대한 연구의 발전 과정에서 장기기억을 더욱 세분화해 나갈 필요가 생길 개연성도 높다. 이런 관점에서는 '장기 작업기억'의 존재가 그런 발전 방향의 첫걸음일 수도 있다(장기기억이 복합적이고 다양한 영역의 인출구조들로 환원될 가능성이 있음). 다시 말하여, 방대한 장기기억의 범위와 대상들을 놓고서 크게 '자아의 동일성'을 유지시켜 주는 기억들을 상대적으로 고정적인 영구기억으로 분류하고, 여타의 기억들을 위계화된 그물짜임으로서 장기 작업기억이나 또는 상위 범주의 이름이 붙은 '인출구조'들로 분화시켜 줄 수 있는 것이다.

언어 산출 과정과 관련하여 '다중기억 가설'이 지닌 함의는 다음과 같다. 언어 산출 과정은 산출자가 스스로 의식할 수 있는 범위가 크게 차이가 난다는 점에서 상당 부분 '절차지식' 기억에 속한다. 절차지식 기억에 대한 자각은 교육이나 훈련을 통하여 점차 통제되고 제어될 수 있다. 특히 의사소통 의도가 결정되는 과정에 대한 자각은 사람에 따라 변동 폭이 클 것이다. 물론 자극과 반응 이론으로 설명할 수 있도록 단순하게 생각 없이 말을 내뱉을 수도 있다. 하지만 더욱 신중한 사람일수록 절차지식을 반추하면서 용의주도하게 의사소통 목표와 의도를 계획하고, 상대방의 반응에 따라서 계획을 실천하는 전략을 바꿀 수 있을 것이다. 이런 변동 폭은 두 극점 사이를 잇는 실선(연속선)에서 임의의 지점에 놓인 것일 수 있다. 신중한 언어 산출 계획 및 전략의 채택에서는 서술지식에 속하는 구체사례 기억 및 의미 기억도 함께 고려되어야 공통기반과 흥미로운 주제들을 제시해 줄 수 있다.

비록 현재의 작업기억이 언어 산출과 관련하여 어떤 역할을 해야 하고 어떤 몫을 떠맡고 있는지에 대하여 합의가 이뤄져 있지 않은 실정이지만, 언어 산출이 오로지 즉물적으로 즉석에서 이뤄지는 것이 아니라면, 이런 복합 부서를 매개하고 조절해 주는 부서(임시저장고)가 반드시 필요하며, 이를 '언어 산출에 관련된 작업기억'으로 부를 수 있다. 왜냐하면 이런 부서가 다음과 같이 일련의 언어 산출 과정을 뒷받침해 주어야 하기 때문인데, 언어 산출은 매우 빠른 시간 안에 복잡하게 여러 단계가 순환·점검되면서 일어나는 것이다.

① 상대방과의 공통기반과 정보간격을 예상하는 데에서부터 시작하여,
② 의사소통 의도를 결정하고,
③ 서술관점을 수립하며(특히 명시적으로 책임질 주체를 드러낼지 여부임),
④ 여러 언어 표현 형식들 중 하나를 채택하여 발화를 구성하고,
⑤ 상황에 적절한 말소리로 표현해 준 뒤에,
⑥ 그 발화에 대한 상대의 반응을 확인·점검하면서, 자신의 원래 의도와 표현을 평가하고 진행 여부를 결정한다.

이는 단 한 번의 유일한 과정이 아니라, 거듭 중복되거나 순환이 일어나는 과정이다. 의사소통의 성공 여부에 대한 스스로의 평가에 따라, 지속적으로 필요하다면 계속 순환하면서 일어나야 하는 과정인 것이다. 자신의 언어 산출에 대한 스스로의 평가는 '자유의지'의 구현이며, 어떤 단계에서이든지 '재귀의식'이 가동되어 있어야만 비로소 가능하다. 특히 상호작용으로서의 말하기 과정이 서로서로 맞춰 주는 일로 간주하므로, 서로에게 조율해 나가는 심리적 과정이 또한 같이 작동해야 할 것이다.

이런 점에서 우리들의 언어 산출 과정이 단순히 기계의 단추를 누름으로써 스피커를 통해 소리가 흘러나오는 일(기계적 과정)과는 근본적으로 다름을 분명히 해 둘 필요가 있다. 따라서 진지하게 언어 산출 과정에 관련된 여러 층위의 복잡한 부서들을 동시에 작동시키면서 의사소통 목적에 알맞게 조율해 나가려면, 장기기억과 외현된 발화 사이에 중간 매개영역이 있어야 한다. 만일 이 점이 사실이라면, 그 영역은 '산출 과정에 관련되는 작업기억'(산출 관련 통괄 조정 부서)에 다름 아니다. 지금까지 작업기억의 논의는 우연히 언어 산출 과정과 연합해 오지 않았기 때문에, 일방적으로 언어 이해 과정에만 치우쳐 온 것임을 알 수 있다.

3. 기억의 신경생리학: 환원주의와 통합주의의 갈등

살아 있는 사람은 말을 한다. 그렇지만 죽은 시체는 말이 없다. 이런 자명한 사실로 말미암아, 말을 하는 일이 살아 있는 사람의 두뇌 속에서 신경·생리학적인 기반을 두고 일어나고 있음을 아무도 부정할 수 없다. 언어 산출 과정이 물론 그러한 신경·생리학적 기반을 통하여 일어나고 있겠지만,[36] 그런 과정들은 우리가 전혀 자각할 수 없는 무의식

차원의 영역들까지 가동되고 있으므로, 일반적으로 인문학의 영역에 포함시켜 다뤄 오지 않았다. 흔히 이를 우리가 스스로 자각할 수 있는 지 여부에 따라 낮은 수준의 처리와 높은 수준의 처리라고 불러 구분하기도 한다. 가령, 낮은 수준의 처리는 우리가 말소리를 낼 때에 다수의 발성기관들이 어떻게 협업을 펼쳐 나가는지에 대한 내용들이다. 이런 것들에 대해서는 전혀 의식적으로 자각할 수 없다. 오로지 우리는 결과적으로 낱개 소리에 대한 자각 정도만 스스로 의식하여 알 뿐이다. 이를 높은 수준의 처리라고 부르는데, 말소리 자각으로부터 낱말과 문장과 덩어리 발화와 어떤 이야기 주제와 상황과 상대방의 의도까지 모두 포괄할 수 있는 매우 광범위한 용어이다.

그런데 최첨단 학문으로서 두뇌 신경·생리학을 다루는 자연과학에

---

36) 연산주의와 연결주의를 혼성하여 혼합 접근을 주장하는 핑커(S. Pinker 1997; 김한영 뒤침 2007), 『마음은 어떻게 작동하는가』(동녘사이언스)에서는 이런 과정을 '역설계 공학(reverse engineering)'으로 불렀다. 마치 시계를 다 분해하고 나서 다시 재조립하는 방식이다. 그런데 정신의 단원체 가설(연산주의)을 주장한 심리철학자 포더(J. Fodor 2000), 『인간 마음은 그런 식으로 작동하는 것이 아니다(The Mind doesn't Work that Way)』(MIT Press)를 써서 직접 핑커의 접근 방식을 비판한다. 그러자 핑커를 옹호하고 포더를 반박하면서 언어학자 제킨도프(R. Jakendoff 2002)가 『언어(Language)』제78호 1권(pp. 164~170)에 서평을 실은 바 있다.

그런데 최근에 자신의 생각의 일단을 개략적으로 소묘해 놓은 제킨도프(2012), 『사고 및 의미에 대한 사용자 안내서(A User's Guide to Thought and Meaning)』(Oxford University Press)에서는 사고 과정에서 심층의식 또는 무의식적 층위 및 비합리적 속성에 대하여 크게 강조하고 있다. 특히 제16장에서 이를 '무의식적 의미 가정(Unconscious Meaning Hypothesis)'이라고 부르고, 107쪽에서 이런 심층의식이 의식화될 수 있는 단서나 계기를 '소리' 요소를 지닌 'character tag(소리 딱지, 낱말의 감각인상 단서)'로 부른다. 그렇다면 우리 사고가 무의식적인 바탕 위에서 '소리 딱지'를 통하여 의식화되는 것이며, 여전히 우리 정신작용에서 명시적으로 언급할 수 없는 영역이 있음을 인정하고 있는 것이므로, 더 이전의 자신이 지녔던 입장을 유보하거나 철회한 셈이다. 106쪽에서는 자신의 생각을 다음의 그림으로 표현하였는데 바깥 그림자 원은 잠재의식 영역을 가리키고, 흰색 원만이 스스로 자각 가능한 인지 영역이며, 점선 화살표는 수의적임을 나타낸다.

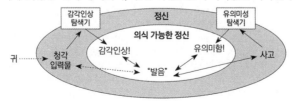

서도 인문학에서나 관찰될 법한 논쟁이 벌어지고 있음을 생생히 바라보면서, 이런 논쟁이 두루 인간의 인식 조건에서 비롯된 것일 수 있음을 느끼게 된다. 즉, 환원주의와 이를 거부하는 비환원주의의 대립이다. 배타적인 이름 때문에 전자가 기본적임으로 암시할 수 있으므로, 후자에 고유한 이름을 붙여 통합주의로 부르는 것이 온당하다.37) 이 절에서는 환원주의 대 통합주의가 여러 계층들의 존재와 계층 간의 서로 다른 역할을 인정하는지 여부에서 길이 갈린다는 점에 초점을 모아 다루어 나갈 것이다. 인문학이나 사회학에서는 흔한 이런 현상이, 첨단 학문으로 불리는 일부 두뇌 신경·생리학의 접근법에서도 똑같이 관찰됨이 흥미롭다.

---

37) 여기서 언급하는 당사자들은 모두 노벨상 수상자들로서, 크뤽(F. Crick), 에들먼(G. Edelman), 캔들(E. Kandel)이다. 그런데 이들이 쓴 책들이 우리말로 다수 인문학 전공자들에 의해서도 번역되었다는 사실이 특기할 만하다. 일각에서는 우리나라 인문학의 위기를 소리 높여 외치고 있다. 앞으로 꾸준히 여러 학문에 걸쳐서 통합적인 공부를 해 오는 인문학자들이 많이 나오는 한, 점차 그런 위기감은 상당 부분 잦아들 것으로 믿는다. 크뤽(1994; 과학세대 뒤침 1996), 『놀라운 가설』(한뜻); 캔들(2006; 전대호 뒤침 2009), 『기억을 찾아서』(랜덤하우스); 에들먼(1992; 황희숙 뒤침 2002), 『신경과학과 마음의 세계』(범양사)이다. 크뤽과 공동연구를 했던 코크(Koch 2004; 김미선 뒤침 2006), 『의식의 탐구』(시그마프레스)도 번역되어 있다.

　이 절의 제목에 대해서도 반드시 다음 단서를 붙여 두어야 하겠다. 먼저, 여기서 대립적으로 서술한 두 흐름은, 오직 협소한 필자의 독서 범위 내에서만 이뤄졌음을 밝힌다. 달리 말하여, 두뇌에 대한 신경·생리학적 접근이 오직 두 가지 대립 흐름만 있다는 뜻은 결코 아니다. 두뇌 신경생리학의 발전에 크게 기여한 카할(S. Cajal)이나 헵(D. Hebb)에 대해서는 필자가 오직 간접 인용으로만 접했을 뿐이다. 따라서 필자는 전반적으로 신경생리학적 기억 연구를 개관할 능력이 없다. 그럼에도 여기서 '대립'이라는 말을 붙인 이유는 크뤽과 에들먼 사이에 서로 상대방을 공격하고 있기 때문이다. 환원주의에서는 상대 쪽을 현대판 '동키호테'라고 기롱하고, 통합주의에서는 상대방을 현대판 '골상학자'라고 조롱하는 것이다. 환원주의 쪽에서는 통합주의 연구자들이 위계 내지 계층 설정이 얼마만큼 허용되어야 할지 아무도 알 수 없으므로(제약 없이 자의적인 계층 설정임), 풍차를 대상으로 마구잡이로 칼을 휘두르며 돌격하는 동키호테로 표현한 것이다.

　인문학에서의 통찰력은 이런 대립이 서로 조율되고 합쳐질 수 있는 길을 암시해 준다. 비유를 하자면, 우리는 맨눈으로 사물을 볼 수 있다. 그렇지만 필요에 따라서 볼록렌즈로 대상을 확대하여 자세히 볼 수도 있고(이른바 zoom in 접근), 거꾸로 오목렌즈를 통하여 더 너른 전체적인 배경 속에서 작은 대상을 유기적으로 바라볼 수도 있다(대립적으로 zoom out 접근). 언제나 대상은 변함없이 동일하겠지만, 필요에 따라서 우리가 시각과 범위를 좁게 하여 자세히 살펴보거나 또는 거리를 멀리 두고서 아득하게 대상을 바라볼 수도 있는 것이다. 그럼에도, 언어 산출의 복잡한 다중 층위들이 복합 작동방식은 두 대립 접근이 모두 한데 모아져야 함을 함의해 주고 있다.

이런 대립을 쉽게 이해하는 방식은, 먼저 우리 의식이 어떻게 출현하는지에 대하여 신경·생리학적 설명을 보여 준 윌리엄 제임스(W. James 1890; 정양은 뒤침 2005)의 논의를 검토하는 것이다. 그는 우리 의식이 한 무리의 위계화된 신경망이 일정한 문턱값을 넘어 활성화될 경우에 생겨난다고 보았다.[38] 낱개의 신경이 그 자체로 자극을 받더라도 그것이 그대로 우리들에게 의식으로 자각될 수 없는 것이다. 이런 생각은 에들먼(1992; 황희숙 뒤침 2002: 136쪽)에서 신경군들이 서로 짝으로 연합하여(classification couple, 분류쌍) 서로 정보를 주고받으면서 안정 상태에 이를 때에 비로소 기억이 생겨난다는 주장으로 이어진다.[39] 낱개의 뉴런이 곧장 의식을 만들어 내는 것이 아니다. 오히려 여러 개의 뉴런

---

38) 정양은 뒤침(2005), 『심리학의 원리, 1~3』(아카넷) 제6장에서는 우리의 정신 또는 의식이 생겨나는 신경생리학적 기반을 stuff(신경망 단위의 것, 단위 신경망)이란 말을 쓰고, 그 물질적 기반의 기능으로 정신이나 의식이 생겨나므로 하이픈을 중간에 넣고서 mind-stuff 이란 복합어를 쓰고 있다(영어의 stuff는 물질이나 재료를 가리키며 낱개로 셀 수 없는 명사임). 이를 정양은 교수는 '정신-소자'라고 번역하였다(환원주의 용어로 번역하였음). 소자(素子)는 '기본이 되는 입자'(알갱이)를 연상시켜 주며, 불가산 명사 '정신-재질'을 개체화된 가산 명사로 번역하고 있다. 따라서 이는 통합주의 관점인 '일군의 신경 다발' 또는 위계적인 '일군의 신경망'이 하나의 단위가 된다는 원래 취지를 제대로 드러내어 주지는 못하는 듯하다. 아래 그림은 하나로 통합된 위계적인 신경 그물짜임(신경망)이 있고, 이들이 어떤 일정한 문턱값(threshhold, 역치) 또는 임계값을 넘어서야 비로소 의식이 생겨남을 비유적으로 잘 보여 주고 있다. 단, 제1권 287쪽의 그림을 놓고서 필자가 임의로 설명의 낱말을 덧붙였다.

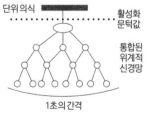

39) 에들먼(2004; 김한영 뒤침 2006), 『뇌는 하늘보다 넓다』(해나무)와 에들먼(2006; 김창대 뒤침 2009), 『세컨드 네이처(=인간 정신이 만들어낸 자연)』(이음)도 나와 있다. 후자는 인간 정신이 자연을 창조해 내었다는 뜻에서 '이차적인 자연'이라고 부른 것이다(외래어 제목은 뜻을 살려 우리말로 번역될 필요가 있음). 에들먼 교수의 모형에서 의식의 기본 단위인 분류쌍은 아마 '재입력' 회로(김한영 뒤침 2006: 54쪽, 150쪽에서는 '재유입' 회로)를 기반으로 하는 듯하다. 번역자들에 따라서 각자 고유한 낱말들을 채택함으로써 에들먼 교수가 쓰는 용어들이 아직 통일되어 있지 않은데, 이전에 공들여 선택한 용어들을 뒤의 번역에서 검토하는 일도 중요할 것으로 보인다.

(군집)이 위계적인 그물짜임을 만들고서 동시에 가동됨으로써 비로소 의식이 생겨난다는 가정이다. 이런 접근을 '통합주의 접근'으로 부를 수 있는데, 이런 입장에서는 인간의 의식 세계를 모의하기 위하여 계속 위계화된 복잡한 신경망들을 구축해야 할 것이다.

그런데 바다 민달팽이(군소)의 뉴런을 전기적으로 자극하여 새로운 뉴런 돌기가 뻗어나와 시냅스(연접부)를 형성한다는 사실을 밝혀내고, 이것이 바로 기억의 근거임을 주장한 캔들(2006; 전대호 뒤침 2009)에서는 엄격한 '환원주의 입장'을 고수한다(그럴 뿐만 아니라 여전히 행동주의 심리학을 강력히 지지하고 있다). 기억이란 곧 뉴런과 뉴런 연접부들 사이에서 벌어지는 신경·생리학적 특성으로 환원되는 것이다. 동일한 태도는 크뤽(1994; 과학세대 뒤침 1996)과 코크(2004; 김미선 뒤침 2006)에서도 찾아진다. 왓슨(J. Watson)과 함께 DNA 구조를 밝혀낸 크뤽(1916~2004)은 오랜 기간을 코크와 함께 인간 의식의 신경생리학적 근거를 밝히는 일에 골몰하였었는데, 타계하기 전까지도 인간의 자아가 전장(claustrum, 담장)에 자리 잡고 있다고 굳게 믿었다고 한다(캔들 2006; 전대호 뒤침 2009: 421쪽 이하). 심리철학에서는 '자아(self, ego)'가 여러 속성들의 복합체로 정의된다.[40] 따라서 만일 특정한 두뇌 부서만을 배타적으로 자아 부서로 지정해 놓는 일은 그 자체가 모순을 일으킬 수 있다.

비록 노벨상을 수상한 기억 연구라고 하더라도, 그 연구는 매우 낮은 차원의 (하등동물) 기억을 대상으로 한 것이다. 고차원의 인간 의식을 설명할 단계에까지 이르려면 갈 길은 아직도 아득히 멀다. 또한 낮은 차원의 기억을 기술하였다고 하더라도, 그런 환원론적인 신경 생리학

---

40) '자아'에 대한 심리철학 논의는 특히 써얼(J. Searle) 교수와 김재권 교수의 책들이 도움이 된다. 써얼은 정신이나 마음을 독자적인 영역이나 존재로 간주하지만, 김재권 교수는 최근 수반론에서 한 걸음 더 나아가 조건부 '물리적 환원론' 쪽으로 기울어져 있어 대비된다. 써얼(1983; 심철호 뒤침 2009), 『지향성: 심리철학 소론』(나남); 써얼(2004; 정승현 뒤침 2007), 『마인드(=정신)』(까치); 김재권(1998; 하종호 뒤침 1999), 『물리계 안에서의 마음』(철학과현실사); 김재권(2004; 하종호 뒤침 2007), 『물리주의』(아카넷)를 참고하기 바란다.

적 설명을 모두가 따라가는 것도 아닌 듯하다. 현재로서 분명한 사실은, 신경·생리학적 환원주의가 아직 고차원의 의식을 설명하는 데에까지는 이르지 못하였고, 그렇다고 하여 통합주의 접근 방식이 일반 심리학에서 언급하는 개념들을 구현해 주는 것도 아니다. 서로 모색의 단계에 있다고 보는 것이 온당하며, 이들 접근이 서로 모순 없이 조정되거나 통일되려면 미래 어느 시점까지 오래 기다려야 할 것이다.

2장 개념과 명제와 언어

  기억의 신경생리학적 기반이 아직 어떻게 구성되어야 하는지에 대한
합의가 없더라도, 우리는 스스로 내성하면서 생각의 단위들이 있다고
자각한다. 생각의 단위들은 영어로는 흔히 notions(통상적인 일반 개념)
나 concepts(특정 분야에서 정의를 하여 쓰는 기본 개념)라는 낱말들을 쓴
다. concepts는 둘 이상이 모여 복합적으로 되면 conception(복합개념 형
성 과정, 복합 개념)이란[1] 낱말도 쓴다. 개념 또는 복합개념은 감각 재료

---

1) 동음이의어로도 취급될 수 있겠으나, 흔히 영어 사전에서는 다의어로서 conception에
  '임신하다'는 뜻도 집어넣고 있다. 한자어로 '평미레 개(槪)'와 '생각 념(念)'이 결합된 낱
  말이 언제부터 쓰였는지는 잘 알 수 없다. 『설문 해자』에는 '所以木㿿斗斛也(되질하는
  데에 곡식을 평평하게 밀어주는 작대기)'로 씌어 있다. '평미레[平+밀+개/에]'란 되에
  잔뜩 담은 곡식을 평평하게 밀어 주는 나무 막대기로서, 기준 또는 표준을 가리킬 수
  있다. 북경에서 나온 『한어(漢語) 대사전』 4권 1197쪽이나, 대만의 『중문 대사전』 5권
  427쪽, 429쪽이나, 일본 제교철차의 『대한화 사전』 6권 502쪽을 보더라도 유용한 정보를
  전혀 얻을 수 없다. '개념'(되에 잔뜩 담은 곡식을 평미레로 밀듯이, 가지런히 표준화해
  놓은 생각)이란 낱말은 아마 개화기 시절 일본인들에 의해 쓰였을 법하며, 일부 유의어
  로서 관념(觀念)과도 통할 듯하다. 개념이 무엇인지 형식적으로 정의하는 일은 이 글의
  소관 사항이 아니다. 아마 무정의 용어로서 뤄쓸(1937, 개정판), 『수학의 원리』에서 상정
  한 원초적 집합 개념(class-concepts)과 관련되어야 할 듯하며, 개념을 정의해야 하는 까닭

와 추상 재료로 이뤄졌을 것이지만, 이하에서는 일단 이 글에서 다루려는 언어 산출에만 초점을 모으기 위하여 후자만을 선택적으로 논의하기로 한다. 언어학 개론 수준에서는 언어와 사고의 관련성들을 다루는데, 이는 언어 발달의 과정에 따라 논점이 분명히 달라져야 할 것이다. 여기서는 초점이 흩어지지 않도록 하기 위하여, 풍부한 경험을 지니고 상당한 정도의 배경지식을 쌓은 일반 어른을 상정하고서 이하의 논의를 전개하기로 한다. 그런 어른이라면

'일상생활 → 경험 → 복합개념 → 배경지식(지식 기반) → 언어'

와 같은 층위를 상정할 수 있을 것이다. 이를 동심원(또는 원뿔)으로 나타낼 수도 있겠는데, 가장 밑바닥에 있는 큰 원이 왼쪽 항목이 되며, 가장 높이 있는 작은 원이 오른쪽 항목이 될 것이다. 언어 산출과 언어 이해를 아우르는 언어 사용은, 복합개념과 배경지식과 언어 사이를 오가면서 이뤄지는 정신 활동이라고 말할 수 있다. 이런 언어 사용은 경험과 일상생활의 구체적 단편들을 상기해 주는 촉매제가 되거나 더 광범위한 가능세계들을 구성해 줄 수 있다. 이하에서는 먼저 생각이나 사고 단위를 규정하고, 이것이 언어로 표현될 경우에 '절' 또는 명제에 해당됨을 보이며, 우리말의 감각동사 부류를 예로 들어서 하나의 동사가 몇 가지 개념(또는 명제)들을 동시에 얽어 내장하고 있음을 보이기로 한다.

은 프레게의 합성성 원리(compositionality)를 따라 생각이 전개되기 때문이라고 말해야 할 것이다. 합성성 원리의 중요성은 포더·르포어(Foder and Lepore 2002), 『합성성 원리 논문(The Compositionality Papers)』(Clarendon)을 읽어 보기 바란다. 차근차근 생각을 덧붙여 나가는 원리를 말하는데, 거꾸로 배경지식의 정보가 먼저 작업기억 속에 인출되어야 하는 반대의 경우도 있다. 퍼어스(Pierce)는 이런 추론 과정을 '배경지식 동원 추론'(abduction, 외삽법)으로 부른다. 이런 모순스런 접근은 양자택일로 해결되기보다는, 조건에 따라 적합한 선택을 하는 모습으로 통합되어야 할 것으로 필자는 믿고 있다.

1. 생각 또는 사고 단위

논의를 한데 모아가기 위하여, 일단 두뇌 작동의 추상적 재료를 중심으로 다루되, 이를 대략 '언어'와 유사한 대상이라고 간주하기로 한다. 그렇다면 생각의 단위 또는 사고 단위를 물을 경우에, 생각의 단위는 언어에서 과연 어떤 단위와 관련되는 것일까? 이 물음에 대하여, 언어학의 분절 방식에 따라 적어도 다음 세 가지 후보를 답변으로 상정할 수 있다.

첫째, 가장 소박하게 낱말이다.
둘째, 좀 더 큰 구(XP, 최대투영의 구절) 또는 이음말(collocation, 연어)이다.
셋째, 동사가 투영되어 나온 최소 단위인 절 또는 명제이다.

첫 번째 답변이 아마 가장 흔한 것이고, 누구에게나 자명한 듯이 보일 듯하다. 왜냐하면 일반 사람들이 머릿속에 쉽게 떠오르는 것이 하나의 낱말들일 것이기 때문이다. 이런 입장은 또한 일상언어 철학의 흐름을 열어 놓은 옥스퍼드 철학자 오스튼(Austin)과 그라이스(Grice)에 의해서도 제안될 법하다. 왜냐하면 이들이 펴낸 책들이 모두 낱말(words)과 낱말의 사용에 초점이 모아져 있기 때문이다.[2] 그렇지만 일상언어 철학에서는 한 낱말을 단서로 하여 맥락이나 상황을 통하여 그 낱말 속에 깃든 함의들을 찾아내는 일에 노력을 쏟았다.[3] 그럴 뿐만 아니라 오늘

---

[2] 오스튼(1962)는 '낱말들의 작동/사용 방법(how to do things with words: do things는 operate을 뜻함)'이지만 축자 번역을 하지 않은 채 장석진 뒤침(1997), 『오스틴: 화행론』(서울대학교 출판부)로 나오고, 김영진 뒤침(1992), 『말과 행위』(서광사)로 나왔다. 유작인 그라이스(1989)도 '낱말들의 운용 방법에 대한 연구'이다. 또한 뷔고츠키(Vygotsky 1934; 데이비드 켈로그·배희철·김용호 뒤침 2011), 『생각과 말』(살림터)에서도 낱말을 사고 단위로 본다.

[3] 가장 많이 인용되는 사례가 비트겐슈타인의 '원시 언어' 사례이다. 이영철 뒤침(1994: 23쪽 이하), 『철학적 탐구』(서광사)에서는 어느 공사장에서 십장과 일꾼 사이에서 "석

날 언어학의 토대를 세운 소쉬르는 언어학을 기호학의 하위 분야로 보았다. 기호는 언제나 대립체계 속에 존재한다는 점에서, 한 낱말이 제시된다고 하더라도, 계열체로서 유무 대립이나 이항 대립을 통하여 표면에 드러나지 않은 다른 항과 짝을 맺으며, 또한 통합체로서 더 상위 교점의 항과도 결합하게 마련이다. 언어는 체계로 존재하기 때문이다.

화용 상황에서 생략은 언제나 복원 가능성을 전제로 일어난다. 화자는 청자와 얼굴을 마주 보는 상황에서 지리하게 공통된 정보를 발화하는 것이 아니라, 오히려 서로 간에 '정보간격이 있다'고 믿어지는 대상만을 골라 발화하는 것이다. 따라서 복원 가능성이란 공유된 정보에 속하는 것일 수밖에 없다. 이런 모습이 일찍이 그라이스의 대화규범(maxims)에 의해서 예측하는 바이다. 설사 그런 가능성을 제대로 찾지 못한다고 하더라도, 임의의 낱말이 외연의미 및 내포의미를 동시에 지니고 있으므로,[4] 각각

판!"이라고 외치는 경우를 제시한다. 이 낱말이 맥락에 따라서 건축 재료를 지고서 빨리 올라오도록 요구하는 것일 수도 있고, 아니면 다치지 않게 피하라는 경고일 수도 있다. 결국 언어의 의미는 국어사전 속에 있는 것이 아니라, 그 언어가 쓰이는 '맥락'에 따라서 결정되는 것이다.

4) 킨취(Kintsch 1998; 김지홍·문선모 뒤침 2010), 『이해: 인지 패러다임 II』(나남)의 제6장 5절에서 제시한 비유적 의미 확장에 대한 심리학 실험보고를 보면, 한 낱말의 의미는 항상 원래 의미와 확장된 의미가 동시에 인출된다. 적어도 둘 이상의 의미가 한꺼번에 작업기억에 인출되어, 주어진 언어의 앞뒤 맥락에 대하여 적합성 경쟁을 벌이고, 그 중 하나의 의미가 선택되는 것이다. 따라서 한 낱말의 의미 해석 과정에서 소박하게 원래 의미가 먼저 적용되고, 그 의미가 해석상 여의치 않을 경우에 순차적으로 확장된 의미를 적용시킨다는 소박한 직관은 더 이상 유효치 않다. 이 때문에 부당한 속뜻이 스며들지 않도록 용어 자체를 바꾸어 각각 외연의미(intension)와 내포의미(extension)로 부르는 것이다.

외연과 내포란 용어는 프레게의 마지막 제자였던 루돌프 카아냅(Rudolf Carnap, 1891~1970)에 의해 만들어졌다. 카아냅(1928; 영역본 Rolf A. George 1967), 『세계의 논리 구조 (The Logical Structure of the World)』(Routledge and Kegan)의 72쪽 이하 '외연 방법을 이용한 논리 구성에 대한 반론'에서 정의된다. 매우 낯선 용어이고, 너무 현학적으로 들릴 소지가 있다. 그렇지만 핵심을 소략하게 말한다면, 우리말에서 형용사(존재동사) '있다'의 주어로는 외연의미(지시의미, 대상물 제시)가 나올 수 있고, 계사(지정사) '이다'의 주어로는 내포의미(속성기술)가 나올 수 있다. "고양이가 한 마리 있다"는 외연의미(지시의미, 대상물 제시)이다. 그러나 "고양이가 귀엽다"는 내포의미(속성기술)에 해당한다. 그의 양상 논리는 카아냅(1947), 『의미와 필연성(Meaning and Necessity)』(University of Chicago Press)으로 완성되고, 몬티규(Richard Montague, 1930~1971)의 내포의미론으로

"X가 있다"(외연의미, 존재지시) 또는

"X이다"(내포의미, 속성지정)

의 모습을 기본값으로 배당받게 된다. 따라서 이런 점들을 고려한다면,
소박하게 낱말이라고 느끼고 대답하는 경우라 하더라도, 실제적으로는
임의의 낱말을 통하여 범위가 더 확대되는 것이라고 매듭지을 수 있다.

둘째 답변은 두 가지로 나뉠 수 있다. 임의의 최대투영 구절(XP)은
생성문법에서 당연히 주어져 있는 것처럼 치부되는 언어형식의 기본
단위이다. 이 형식은 중간투영을 허용하는 점에 특징이 있고, 중간 교
점을 제외하고서는 어디에서든지 확장이 가능하다. 이런 형식이 마련
된 동기는, 필자의 생각에 가장 작은 자족 형식인 명사구(NP) 및 문장
(CP)으로부터 나오며, 이것들이 융통성 있게 변형될 수 있도록 보장해
주기 위한 조치로 이해된다.5) 1990년대 이후의 논의는 전통문법에서

발전한다. 토머슨 엮음(Thomason 1974), 『형식 철학: 몬티규 논문 선집(*Formal Philosophy: Selected Papers of Richard Montague*)』(Yale University Press)에 주요 글들이 모아져 있다. 몬티규의 내포의미론은 이기용 교수와 이익환 교수의 박사논문에서 한국어에 적용된 바 있다. 개론서로서 이익환(1984), 『현대 의미론』(민음사)이나 문귀선(1995), 『형식 의미론: 이해 및 기초 과정』(한신문화사)을 읽어 보기 바란다. 내포의미론의 핵심은 유형들의 결합인데, 개체(e) 유형과 진리값(t) 유형이 서로 결합되어 있는 모습(복합 유형임)이

　'일반 명사'(⟨e, t⟩ 유형) 및 '자동사'(⟨e, ⟨t⟩⟩ 유형)

로 구현되고, 모든 유형의 명제들을 도출해 내는 근원이 된다(유형 의미론으로 불림). 가령, 자동사와 문장을 수식하는 부사는 각각 자동사로부터 자동사로, 문장으로부터 문장으로 가므로 다음처럼 나타내게 된다.

　⟨⟨⟨e, ⟨t⟩⟩, ⟨e, ⟨t⟩⟩⟩ 유형 및 ⟨t, t⟩ 유형

단, 임의 유형에 대한 표시에서 명제들이 언제나 참값으로 끝나게 되므로, 항상 ⟨t⟩ 유형이 위치하게 된다.

5) 자세한 설명은 김지홍(2010), 『국어 통사·의미론의 몇 측면: 논항구조 접근』(도서출판 경진)의 제I부 논의를 보기 바라며, 그곳 40쪽에서는 두 층위의 계층을 이루는 구조가 언어 형식뿐만 아니라, 또한 우리의 일반적인 사고 전개의 모습으로도 널리 적용될 수 있음을 다음의 예들로 제시하였다.

```
      XP              XP              XP              XP              XP              XP
     ╱╲              ╱╲              ╱╲              ╱╲              ╱╲              ╱╲
 가변속성 X'        형식 X'          밖 X'           살 X'           양 X'          자식 X'
      ╱╲              ╱╲              ╱╲              ╱╲              ╱╲              ╱╲
 불변속성 X       내용 X           안 X           뼈 X            음 X           부부 X
   실체             핵어             대상            몸             태극            가족
```

허사로 취급되던 것들까지도 일관되게 최대투영 구절(XP)의 모습을 지니는 것으로 다뤄졌다. 제약된 구조가 더욱 너른 언어 영역들에 적용될 뿐만 아니라, 이전에 제시되지 못하던 설명력도 더 갖추었다는 점에서 사고 단위가 될 개연성이 높은 후보이다. 그렇지만 이 투영은 최종적으로 종결어미(complementizer에서 첫 글자 C를 따서 기호로 삼음)의 투영으로 마감된다는 점에서, 세 번째 답변과 동일한 결론에 이른다.

생성문법에서는 명사구와 문장이 최소한의 자족형식임을 기술하는 것으로 만족할 뿐, 정작 왜 그러한지에 대하여 아직 설득력 있는 설명을 제시해 주지 못하였다. 필자는 아마도 우리가 장기기억 속에 갖고 있는 두 종류의 서술지식 기억으로부터 나올 것으로 본다. 즉, 의미 기억과 구체사례 기억에 대한 구분인데, 하나의 사건은 언제나 경험 가능한(따라서 진위 판단도 가능한) 문장 형식을 취한다. 반면에 필수 논항들까지도 지워질 수 있는 명사구들에서는 구체적인 사건이 일반화되고 추상화되어 의미 기억 속에 들어 있을 것으로 판단된다. 비판적 담화 분석에서는 임의의 개념이 문장 형식을 충실히 갖추어 표현될수록 상대방으로 하여금 참과 거짓을 판단할 수 있도록 만들어 주지만(참·거짓의 범주적 표현), 반면에 문장이 아닌 명사절이나 명사구 형식으로 제시될수록 언제나 참으로 간주되어 상대방으로 하여금 늘 주어져 있는 사실(추상화 작용 abstraction)처럼 믿게 만들어 놓는 효과가 있음을 지적한다. 문장 형식일수록 판단의 대상이 되지만, 명사구 형식 쪽으로 다가갈수록 따지지 말고 덥석 믿게 만드는 효과를 지니는 것이다.6)

---

6) 이런 사실은 페어클럽(N. Fairclough 2003; 김지홍 뒤침 2012: 제5장), 『담화 분석 방법: 사회 조사연구를 위한 텍스트 분석』(도서출판 경진)에서 처음 본격적으로 다루어졌다. 우리말에서 예를 들어 보이면 다음과 같은데, 하나의 문장이 명사절을 거쳐 명사구나 명사로까지 표현될 수 있다.
　　① 철수가 영이를 사랑하고 있다 → 현재 진행 사건(듣는이가 추체험하여 참이나 거짓을 따질 수 있음)
　　② 철수가 영이를 사랑하고 있는 것 → 명사절(문장 정보가 모두 보존되나, 마치 명사처럼 기능하며, 이것에 대한 평가 술어가 이어질 수 있음)

둘째 답변에서 이음말로 보는 입장은, 전산 처리된 말뭉치로써 처음 코빌드(COBUILD) 사전의 편찬을 주도했던 씽클레어(Sinclair, 1933~2007) 교수의 주장이다.[7] 그는 이음말(연어)을 '미리 짜인 단위'로 부르는데, 관용적 결합원리에 지배를 받는다. 이전의 언어학 단위를 낱말에서 낱말보다 조금 더 큰 단위인 이음말이라고 주장하는 것이다.[8] 이것이 보

---

③ 철수가 영이를 사랑하고 있음 → 명사절(시간 표현이 보존되며 상태를 표시함)
④ 철수의 영이 사랑 → 명사구(참이나 거짓을 따질 수 없이 오직 해당 사건의 골격만 표현되며, 마치 세계 속의 대상물처럼 주어져 있음이 속뜻으로 깔림)
⑤ 철수의 사랑 → 명사구(가능 관계만이 표현되고, 실세계의 대상처럼 사실로 주어짐)
⑥ 사랑 → 명사(추상성만 표시됨)

여기서 하나의 사건을 가리키는 문장 ①이 명사절 ②를 거쳐 명사구나 단독 명사로 될수록, 현재 상황에서 듣는 이가 직접 진위 여부를 확인할 수 있는 가능성이 옅어지며, 점차 추상성이 높아져 간다. 그런 만큼 적용 범위가 더욱 확장되는데, 임의 시점에서 임의 세계에 다 적용될 수 있는 것이다. 명사구 쪽으로 표현될수록 그 표현이 가리키는 대상이 참이 되어 마치 주어져 있는 것처럼 사실로 느끼게(착각하게) 된다. 이런 표현을 쓰는 의도는 한 언어 표현의 합법화 목적을 달성해 줌으로써(그 책의 제5장 2절에서 다뤄짐), 화자의 의도나 화자가 추구하는 이념을 부지불식 간에 상대방에게 심어 놓을 수 있다.

7) 씽클레어(1991), 『말뭉치·용례·이음말(*Corpus, Concordance, Collocation*)』(Oxford Uinversity Press); 씽클레어(2003), 『용례 해석(*Reading Concordance*)』(Pearson); 베이커 엮음(Baker 1993), 『텍스트와 처리기술: 씽클레어 회갑기념 논문집(*Text and Technology: In Honour of John Sinclair*)』(John Benjamins)를 보기 바란다. 코빌드는 콜린즈 출판사와 영국 버밍엄 대학에서 구축한 국제적 언어자료 기반(Collins Birmingham University International Language Database)의 약자이다.

8) 근본적으로 형식을 염두에 둔 이런 주장을 수용하면 처리가 복잡해질 수 있다. 가령, 우리말에서 '기 막히다'라는 표현의 다의적 어휘 확장에 대한 설명이 힘들어진다. '기 막히다'라는 표현은 직관적으로 '기도가 막힌다'(숨길이 막히다)라는 축자적인 의미에서부터 시작하여, 다음과 같이 앞뒤의 환경에 따라 여러 가지 뜻으로 해석될 수 있다. 축자적인 뜻일수록 '기 뚫리다'는 대립 표현이 가능하지만, 비유적일수록 이런 대립이 불가능하다. 만일 어떤 기 치료사가
① "얼굴이 붓는 것은 기(가) 막힌 증세입니다."
라고 말한다면, 축자적인 뜻으로 고정되어, 우리 몸 속에 흐르는 어떤 힘이 장애물을 만나 막혀 있다는 해석을 받으며, '기 뚫다'는 표현과 대치될 수 있다. 그렇지만
② "생사람을 억지로 도둑으로 몰아가니 기막히네!"
에서는 '어이없다'는 뜻으로 고정되며, 한 낱말로 인식되어 국어사전에서는 띄어 쓰지도 않는다. 또한
③ "기막힌 사연, 기막힌 인생"
에서는 이례적이거나 평탄치 않은 사건이나 삶을 가리킨다. 여기서도 결코 '기 뚫리다'와 짝을 이룰 수 없다. 그리고 다음처럼 부사의 구실도 한다.
④ "기막히게 좋은 제품이구나!"
에서는 '말로 표현할 수 없을 만큼 대단히'라는 뜻을 갖게 된다. 만일 이런 경우들을 이음

다 더 큰 단위로 결합되기 위하여 다시 '개방적' 선택원리가 적용되며, 비로소 화용과 담화를 포함하는 거시언어학의 세계를 구성한다. 이는 전통적으로 언어 형식이 '낱말과 문법'이라는 직관을 수정하여 이음말과 문법이라고 재해석하는 셈이다. 낱말이 범위가 낱말들의 연결체로 확대된 것에 다름 아니다. 이런 답변에서도 첫째 답변에서 살펴보았듯이 지향점이 궁극적으로 거시언어학 영역을 향하고 있음을 확인할 수 있다.

셋째 답변은 가장 많은 분야에서 상정되는 것이다. 수학기초론, 철학, 심리학, 인공지능, 사회학, 언어교육 등이다. 그런 만큼 이를 표현하는 용어만 해도 스무 가지가 넘는다.[9] 언어의 산출 및 이해 과정에서도 명제를 기본 단위로 본다. 심리학의 논의에서는 명제의 '심리적 실재성'을 입증하기 위하여, 비록 한 문장으로 표현되어 있다고 하더라도 복합 명제로 이뤄진 것을 처리하는 시간과 오직 단일 명제로만 이뤄진 것을 처리하는 시간이 서로 차이가 나며, 인출 회상에서도 그러함을 증명해 왔다.[10] 이때, 수학이나 논리학에서 다루는 엄격한 의미의 명제

말로 처리한다면, 다의어적인 확장 의미로 볼 적에, 적어도 세 종류의 틀이 주어져야 할 것이다. 먼저 두 개의 축이 설정되고('기 막히다/뚫리다'의 틀 및 부사의 구실의 틀), 그 축 사이의 어느 지점에 자리 잡는 틀이 있어야 한다. 그렇지 않다면 모두 별개의 이음말로 처리되어야 하며, 어휘 항목만 끝없이 늘어날 것이다. 필자의 판단에, 씽클레어 교수의 이음말 접근 방식은 오직 낱말 형식의 묶임만을 고려한 것이지, 좀 더 심각하게 의미 처리까지 고려되어 있지 않다. 따라서 그 복잡성이 더욱 가중될 것으로 보이며, 의미 관계를 먼저 제어하는 것이 더 나은 해결책일 것이다. 물론 이런 약점도 대용량의 기계적 처리로 신속히 해결한다고 방어한다면 문제가 되지 않을 수도 있다.

9) 르펠트(1989; 김지홍 뒤침 2008, 1권: 59쪽)에 이미 18개가 올라 있다. 주기, 심층 절, 착상, 정보 벽돌, 정보 단위, I-표지, 전달내용, 음운 절, 명제구조, 문장, 분출, 표면 절, 통합체, 어조 집단, 어조 단위, 총체 개념물, 발언기회 구성단위, 최대투영 구절들이다. 이밖에도 종결 가능 단위(T-unit), 단순 개념(simplex), 억양 단위, 정신 언어, 최소 진술문, 의사소통 최소단위 등도 추가될 수 있다.

10) 킨취(1998; 김지홍·문선모 뒤침 2010), 『이해: 인지 패러다임』(나남)의 제3장에서는 회상 실험·읽기시간·점화연구의 세 가지 측면에서 명제의 심리적 실재성을 확인하고 있다. 가령, "러시아 황제를 안치해 놓은 황릉이 광장을 내려다보고 있다"라는 명제는 두 개의 명제가 들어 있으므로, "황릉이 광장을 내려다보다" 또는 "황릉에 러시아 황제를 안치해 놓다"라는 단일 명제보다도 심리적 처리 시간이 더 깊을 예증해 놓는다.

가 아니라, 아주 느슨하게 '절(clause)' 단위로 이뤄진 것인데,11) 이런 느
슨한 의미의 명제가 심리적 실재라는 주장이다. 이 글에서도 이런 입장
을 그대로 따르기로 하되, '절(clause)' 단위라 부르기로 한다.

명제의 형식은 프레게(G. Frege 1879)에12) 따라, 양화사를 머리에 얹고
서 일원론적 표상 방식으로 나타낼 수 있다. 이는 양화된 술어 논리로
불리며, 오늘날 우리가 기대어 학문을 해 나가는 '가설–연역적 접근'
방식이 프레게의 틀을 그대로 물려받고 있다. 매우 소략하게 큰 지도를
말한다면, 이 접근 방식은 언어학자들에게 친숙한 기호학 접근에서 '형
식과 내용'의 결합을 명시적으로 표시해 주는 방식에 다름 아니다. 기
호학에서는 형식이 다시 단위와 단위들의 결합체로 나뉘고, 그런 결합
체들은 모두 내용과의 대응 여부를 묻게 된다. 동일한 사고절차를 따르
고 있지만 논리학이나 수학에서는 용어들을 특별히 만들어 쓰는데, 이

---

11) 언어학에서는 절(clause) 단위라고 부르기도 하고, 절이 하나의 억양 단위로 묶이므로
체이프(Chafe 1996; 김병원·성기철 뒤침 2006), 『담화와 의식과 시간: 언어 의식론』(한국
문화사)에서는 '억양 단위'로도 불렀다. 전통문법에서는 막연히 단순한 문장이란 뜻으로
'단문'이라고 부른 적도 있지만, 단문이 아무런 제약도 없이 임의의 논항을 문장 형식(내
포문)으로 구현할 수 있기 때문에, 단순하다는 개념 자체가 잘못된 것이다. 가령 '영이가
철수를 본다'는 단문 형식이지만, 아무런 제약이 없이 '영이가 철수를 바보로 본다'라고
확장될 수 있다. 전통문법에서는 이런 사실을 주목하지도 못했다. 생성문법에서는 임의
논항 XP가 명사구로도 나올 수도 있고 문장(내포문)으로도 나올 수가 있다고 언급함으
로써, 시지각동사와 평가동사의 구현으로 달리 설명할 수 있다.

12) 프레게(G. Frege 1848~1925)는 하이어노엇 엮음(Heijenoort 1967)에서는 '현대 학문의 아
버지(the forefather of modern sciences)'라고 극찬되기까지 한다. 아마 최상위 개념인 판단
(judgement)만을 제외하고서, 엄격히 일원론적인 사고 전개 방식을 완벽히 형식화해 놓았기
때문으로 짐작된다. 긴 부제가 달린 『개념 표기법: 순수사고를 위하여 산술 형식언어에
바탕을 둔 하나의 형식 언어(*Begriffsschrift: a formula language, modeled upon that of arithmetic,
for pure thought*)』은 하이어노엇 엮음(1967), 『프레게로부터 괴델까지: 1879년~1931년 사
이의 수리논리학 출전 책자(*From Frege to Gödel: A Source Book in Mathematical Logic,
1878~1931*)』(Harvard University Press)에서 영어로 된 완역을 볼 수 있다. 기취·블랙
엮음(Geach and Black 1970), 『고틀롭 프레게의 철학 논문 번역선(*Translations from the
Philosophical Writings of Gottlob Frege*)』(Basil Blackwell)에도 일부(제1장)가 들어 있다. 머기
니즈 엮음(McGuinness 1984), 『프레게의 수학·논리학·철학 논문 모음(*Gottlob Frege, Collected
Papers on Mathematics, Logic, and Philosophy*)』(Basil Blackwell)도 참고하기 바란다.
    프레게 저작의 우리말 번역은 현재 두 권이 나와 있다. 프레게(1884; 박준용·최원배
뒤침 2003), 『산수의 기초』(아카넷)와 프레게(1893; 김보현 뒤침 2007) 『산수의 근본 법
칙 I』(울산대학교 출판부).

를 공리계(axiomatic system)라고 부른다. 공리계는 '무정의 용어(undefined terms)'들과 이들을 결합시키는 연산자와 참값을 따지는 의미해석 규칙 및 담화세계로 이뤄져 있다. 이는 고등학교 수학에서 익숙히 다루던 정의역과 치역의 결합인 셈이며, 이런 결합을 놓고서 특별한 관계인 함수라고 부른다. 이렇게 번역된 명제 형식들은 추론 및 함의 관계를 명시적으로 밝히는 데에 이바지해 왔다.13)

그렇지만 특이하게 이런 사고의 진행 과정을 상위 차원에서 감시할 상위 인식(meta-recognition)은 도입되지 않는데,14) 괴델(Gödel, 1906~1978)이 증명하였듯이 변항을 도입하는 순간에 명제 형식은 자기 모순을 빚기 때문이다.15) 화용론이나 담화론에서는 화자와 청자가 공유하는 것

---

13) 자연언어를 명제 형식의 언어 또는 논리 언어로 번역해야 하는 이유를 데이뷧슨(Davidson 1980; 배식한 뒤침 2012), 『행위와 사건』(한길사) 246쪽 이하에서 '카자일에 답함'을 보면, 명제들 사이의 성립하는 함의나 함축관계를 명시적으로 드러내어 계산하려는 것이라고 분명히 서술해 놓고 있다. 그러나 바로 뒤의 각주 15)에 있는 뤄쓸(1937)에서는 생각 그 자체가 함의 관계라고 상정하고 있다.

14) 이는 임정대(1985), 『수학적 존재와 인식』(청문각)에서 명시적으로 수학의 전개과정은 수학적 질서를 따르지만, 증명은 총체적 '인식' 과정이라고 하는 진술에서, 쉽게 두 층위를 구분해야 할 필요성을 이해할 수 있다.

15) 뤄쓸(Russell 1903; 1937 제2판), 『수학의 원리(The Principle of Mathematics)』(Norton and Co.) 제3장에서도 형식 함의(formal implication)는 그 자체로 판단이 완벽히 이뤄질 수 없음을 지적한 바 있다(함의 관계는 우리가 늘 경험하는 사건들의 변화를 드러내는 방식에 지나지 않음). 따라서 오직 실질 함의(substantial implication)들만으로써 자신의 수학 원리를 구성하고 있다. 실질 함의는 모두 classes of classes(집합족)로 표현된다. 이는 집합들 사이의 관계인데, '재귀성·대칭성·전이성'을 이용하여 새로운 주장을 펼치고 그 공리계 속에서 증명을 해 나가는 길고 복잡한 과정이다(65쪽의 각주 18을 참고). 집합족들의 관계를 직관적으로 알기 쉽게 표현한다면, '일반 명사'들 사이의 포함관계라고 말할 수 있다. 이 포함관계는 사실상 아리스토텔레스로부터 찾아지는 아주 오랜 연산 방식이다. 아리스토텔레스의 『범주론』 제5장에서는 실체를 구분하여 제1 실체와 제2 실체 또는 종(species)과 부류(genus)로 나누는데, 『명제론』(그의 제자 Theophrastos의 저작이라는 주장도 제기되어 있음)과 『분석론 전편, 후편』에서 개별자와 보편자(=보편 속성)의 관계 따위를 다룬다.

오스트리아 수학자 괴델(K. Gödel, 1906~1978)은 화잇헤드·뤄쓸(1910~1913), 『수학 원리』를 놓고서 그 공리계의 완벽성 정리(1929년)를 먼저 수학적으로 증명하여 비엔나 대학에서 박사학위를 받은 뒤, 다시 1932년 형식 함의에서는 미결정 명제(undecidable proposition)가 언제나 깃듦을 칸토어의 대각선 논증을 빌려 증명한 바 있다. 이를 불완전성 정리(incompleteness theorems)로도 부른다. 이 논문들은 모두 하이어노엣 엮음(1967) 속에도 영역되어 있고, 데이뷔스 엮음(M. Davis 1965), 『미결정 속성: 미결정 명제, 해결 불가능 문제, 계산 가능한 함수에 관한 기본 논문들(The Undecidable: Baisc Papers on

으로 믿어지는 상호 공통기반을 확정하는 경우에 이러한 모순이 생겨나며, 특히 이를 '무한 퇴행(infinite regression)'의 역설이라고 부른다. 의사소통이 제대로 이뤄지기 위해서는 이를 극복하는 전략들을 세워야 한다.16) 이를 피하는 방식들 중 하나가 타아스키(A. Tarski, 1901~1983)의 진리 모형에서 주장되고, 데이빗슨(D. Davidson)이 적극 옹호한 상항들로만 이뤄진 1계 명제 논리식(first-ordered logic)이다.17) 물론 영어에서 'such that'(다음처럼 '참값을 지닌 항'들이 있음, 또는 '참값 사례들'이 열거됨)으로 번역되는 추상화(abstraction) 연산의 딸림-함수(g-function)도 언제나 진리값이 부여되는 항들이므로, 논리식은 좀 더 확장될 수 있다. 의사소통이 일어나는 현실세계에서는 이미 치역이 정해져 있고, 담화세계(discourse domain)라고 불린다. 따라서 정의역에서 계산되는 '형식'의

Undecidable Propositons, Unsolvable Problems and Computabel Functions)』(Raven)에도 모아져 있다. 완벽성을 확보하려면 주어진 공리계에서 언제나 상항들만을 다루어야 하며, 이를 1계(1차) 기호논리라고 부른다. 콰인의 제자인 데이빗슨(D. Davidson)은 상항들로만 구성된 논리체계로 행위에 대한 계산 방법을 개척해 놓았다(다음 각주 17을 참고). 그런데 변항이 도입된 고차 기호논리(2차 이상의 기호논리를 뜻함)에서는 만일 담화세계가 닫혀 있지 않다면 그 완벽성이 입증될 길이 없다. 불로즈·제프리(1989; 김영정·최훈·강진호 뒤침 1996), 『계산 가능성과 논리: 수리논리학 입문』(문예출판사)에서도 이런 문제를 다루고 있다.

16) 클락(H. Clark 1996; 김지홍 뒤침 2009), 『언어사용 밑바닥에 깔린 원리』(도서출판 경진) 제4장에서 무한 퇴행을 극복하는 재귀적 공통기반 따위 여러 가지 방식들이 검토되고 있지만, 자족적으로 완벽한 해결책은 없다. 다만, 상식적으로 서로 공통된 믿음을 공유한다고 생각하고서, 의사소통에 지장이 없는 한 '의심을 삭감할 뿐'이다. 이런 상식적 접근이 바로 일상언어 철학자 그롸이스(P. Grice, 1913~1988)가 택한 방식이다.

17) 상항은 언제나 참값을 지닌 존재들을 다루기 때문에 모순이 생겨나지 않는다. 그렇지만 변항이 도입될 경우에 양화 범위가 전체가 될 수도 있고, 하나가 될 수도 있다. 전칭 양화사의 참값을 보장해 줄 수 있는 방식이 논리식 속에 자체적으로 들어 있지 않다는 것이 문제이다. 대상세계를 따지지 않고, 대신 도출 과정에 엄밀성을 따지는 간접적인 방식을 추구한 수학자가 바로 튜륑(A. Turing, 1912~1954)이다. 상항만으로 된 1계(1차) 기호논리의 모형은 타아스키(Tarski 1956), 『논리, 의미, 상위-수학(Logic, Semantics, Meta-mathematics)』(Hockett Publishing Co.)를 보기 바란다. 데이빗슨(D. Davidson, 1917~2003)의 책 중에서 최근에 한국연구재단의 명저 번역사업으로 데이빗슨(1980; 배식한 뒤침 2012), 『행위와 사건』(한길사)과 데이빗슨(1984; 이윤일 뒤침 2011), 『진리와 해석에 관한 탐구』(나남)가 출간되었다. 특히 필자는 『행위와 사건』이란 책이 중요하게 인용됨을 알고서, 원서로 몇 차례 더듬거리며 읽어 보았었지만 능력의 한계로 전체 맥락을 파악할 수 없었다. 마침 배식한 교수의 깔끔한 번역 덕택에 처음으로 통독을 할 수 있었고, 그 대강의 전략도 비로소 이해할 수 있었음을 밝혀 사의를 적어둔다.

완결성을 추구하기보다는 오히려 치역들의 세분화에 무게가 실린다. 정의역을 플라톤의 이데아(제3 세계)라고 본다면, 치역은 오히려 아리스토텔레스의 분류학이 적용되는 현실계이자 경험세계이다. 따라서 형식의 완결성이나 완벽성에 치중하기보다는, 주어진 내용으로서 삶의 세계에 대한 분류가 더 요청된다고 말할 수 있다.

언어 산출에 대한 전제로서 '생각의 단위'가 무엇인지에 대하여 다루었다. 일단 생각은 언어로 이뤄진다고 전제하고서, 이 물음을 언어의 기본단위에 대한 물음으로 환원할 수 있었다. 그런데 소박한 낱말이나 구절이라는 답변도, 실제 작동을 위하여 이것보다 더 큰 단위가 함의되어 있음을 확인하였고, 그 단위를 '절(clause)' 또는 명제라고 불렀다. 그렇다면 이제 낱말보다 좀 더 큰 단위인 절 또는 명제가 무엇이며, 다른 것과 어떤 연관을 갖는지에 대하여 묻고, 대답을 해야 할 것이다.

2. 언어 단위로서 '절(clause)' 또는 명제

프레게(1879)에서는 함수와 논항이란 말을 쓰고 있지만, 자연언어에서는 전형적으로 각각 동사와 명사에 해당한다. 수학에서 함수란[18] 재

---

18) '수학 ≒ 함수'라는 주장은 수학 전공자들로부터 쉽게 접할 수 있는데, 함수란 관계들의 속내를 포착해 주는 개념이다. 경상대학교 수학교육과 조열제 교수(한림원 정회원)에 따르면 수학에서는 영역별로 서로 다른 이름을 써서 구별한다.
 ① 실수에서 실수로 가는 관계를 function(함수: $\mathbb{R} \to \mathbb{R}$)로 부르고,
 ② 집합에서 집합으로 가는 관계를 mapping(사상: $X \to X$)으로 부르며,
 ③ 벡터 공간에서 벡터 공간으로 가는 관계를 operator(작용소: $V \to V$)로 부르고,
 ④ 복소수에서 복소수로 가는 과정을 transformation(변환: $\mathbb{C} \to \mathbb{C}$)이라고 부르며,
 ⑤ 임의의 실수값을 갖는 관계를 포괄하여 functional(범함수: $\{\mathbb{R}, X, \mathbb{C}\} \to \mathbb{C}$)라고 한다.
그런데 세계 굴지의 수학자 박재걸 교수(한림원 정회원, 부산대 명예교수)의 2011년 특강(Functions and Background of Definition of Binary Operations)과 2014년 특강(Mathematical Representations)에서 function(함수)이란 용어보다 오히려 representation(표현: 직선상의 표현·평면상의 표현·접평면을 통한 곡면의 표현)이란 용어가 수학의 정신을 더욱 잘 드러낸다고 언급하였다.

귀성·대칭성·추이성(전이성)을 만족시키는 특정 관계를 가리킨다. 이 함수는 아직 채워지지 않은 홈을 지니고 있으며, 이 홈이 채워져야만 비로소 참·거짓 값을 가질 수 있다. 그는 이 홈을 채울 수 있는 항을 논항(argument)으로 불렀고, 폴란드 논리학자들은 자리(place 또는 tuple)라고 불렀다. 특히 이 결합 형식은 언제나 실세계에서 가리킬 수 있는 대상의 숫적 범위를 표시하는 양화 연산자에 의해 묶여 있어야 한다. 어떤 식형도 양화 연산자가 표시되어야 하며, 설사 수량을 따질 수 없는 상항(constant)조차 일관되게 그런 형식을 지녀야 하는 것이다. 이를 진리값을 따질 수 있도록 닫혀 있는 식형(closed formulae)이라고 부른다.

명제는[19] 칸토어(Cantor, 1845~1918)의 집합 개념에서도 쉽게 도출된다. 소략하게 말하여, 집합(set)은 동사에 해당되고, 원소(element)는 명사에 해당된다. 원소는 집합을 전제로 하고, 집합은 또한 원소를 상정해야 한다. 명사와 동사를 철학적으로 표현하면, 각각 개별자와 보편자에 대응한다(희랍 철학에서는 '하나'가 동시에 개별자가 될 수도 있고, 전체 보편자가 될 수도 있음을 자각하고 있었음). 이들은 반드시 서로 긴밀히 짜이고 합쳐져야 한다. 즉, 보편자와 관련 없는 개별자가 있을 수 없고(개별자는 뤄쓸의 생각에 따르면, 다수의 보편 속성을 지니고서 '속성들의 다발'로서 존재하거나 또는 우리들에게 드러남), 개별자가 전혀 없는 보편자도 존재할

---

19) 소흥렬(1979), 『논리와 사고』(이화여자대학교 출판부)를 보면, 생각의 최소 단위인 명제는 실제 세계에서의 어떤 사실을 진술하는 것이다. 따라서 참과 거짓을 판정할 수 있는 원자 진술문인 것이다. 추론을 가능하게 하는 삼단논법과 생략된 모습의 삼단논법(enthymeme)을 아리스토텔레스가 확립한 뒤로, 중세시기에는 명제들 사이에서 개념상으로 성립하는 논리적 관계들을 엄격히 따졌다(소흥렬 1979, 제5장). 이때의 명제는 시간을 초월한 절대 불변의 것을 가리켰었다. 시간이 들어 있지 않은 무시제/무시간 표현인 것이다. 그렇지만 뤄쓸(Russell 1905)과 스트로슨(Strawson 1950) 사이에 벌어진 논쟁으로 말미암아 추상적인 명제가 시간과 공간에 따라 달라지는 실제적인 모습을 다루게 되었다. 이를 명제와 구분하여 진술(statement)이라고 부른다. 정대현 엮음(1987), 『지칭』(문학과지성사)에 번역되어 있는 뤄쓸과 스트로슨 글들을 참고하기 바란다. 시간이 무엇인지에 대한 가장 근원적인 성찰은 아리스토텔레스로부터 시작되는데 그의 『자연학』 제4권에서 다뤄진다. 김규영(1987), 『증보판 시간론』(서강대학교 출판부)의 제3장 '아리스토텔레스의 시간론' 및 이기상(1990), 「계산의 시간: 아리스토텔레스에 있어서의 시간」, 『철학』 제35권(141~162쪽)을 참고할 수 있다.

수 없는 것이다. 보편 속성은 반드시 개별 대상을 통해 구현되는 것이다. 때로 보편자를 추상적 존재로 보고 개별자를 경험할 수 있는 구현체로 여기기도 한다. 뤄쓸(Russell 1903)에서는 이러한 관계를

class-concept(원초적 집합 개념),[20]

classes(집합),

classes of classes(상위 집합으로서 특정 관계[relations] 또는 함수[functions])

를 통하여 일관되게 명제 논리식을 계산할 수 있는 개념들을 구현하고 있다. 뤄쓸의 생각을 따르면 언제나 수학체계는 맨 뒤에 있는 집합들에

---

20) 필자는 2012년 경상대학교 수학교육과 조열제 교수(한림원 정회원)의 도움 아래 제3부까지 일일이 번역하면서 자세히 읽을 수 있었다. 뤄쓸은 일반적인 용어인 set(집합)이나 aggregation(모음)이란 낱말을 쓰지 않고, 독특하게 class(클라스, 부류, 계층: 수학에서는 번역 없이 '클라스'라고 부름)란 말을 쓰고 있다. 그렇지만 왜 그런 선택을 하였는지에 대해서 어디에서도 명시적인 언급을 하지 않고, 통상적인 개념(notions)처럼 도입되었다. 따라서 오직 읽는 사람이 해석을 해야 할 몫일 뿐이다.

필자의 생각으로는, set(집합, 칸토어 Mengenlehre의 영어 번역)이란 용어를 쓴다면, 개체들만이 들어 있어서 마치 죽은 시체들만 있는 고요하고 정적인 세계처럼 느껴질 소지가 있다고 본 듯하다. 이들이 살아 있는 사람들처럼 복잡한 관계를 맺으려면 반드시 연산(operation, 2013년 학술원 발간 책자에서 박세희 교수는 operator를 벡터에서 벡터로 가는 '작용소'로 번역하고 있으므로, '작용'으로도 번역될 수 있음)이 주어져야 한다. 가령, 철수와 영이가 서로 연인이라는 관계로 맺어지거나, 동향이라는 관계로 맺어지거나, 라면을 즐겨 먹는다는 관계나 청바지를 입고 다닌다는 관계나 미혼자라는 관계 등으로 복잡하게 얽히고 맺어질 수 있다. 이런 관계들을 포착해 주는 특정한 관계가 함수(function) 또는 표현(representation, 65쪽의 각주 18을 참고)이라고 불린다. 아마도 뤄쓸은 set(집합)이라는 용어는 임의의 연산이 이뤄져 도출되는 이런 가능한 관계들을 연상시켜 주지 못한다고 파악하였을 듯하다. 따라서 임의의 연산이 들어가 있는 어떤 집합을 드러내기 위하여, 일부러 다른 낱말인 class(클라스)를 선택하였을 것으로 보인다. 따라서 『수학의 원리』에서 미리 전제된 개념이 class-concepts(원초적 집합 개념, 클라스-개념체)이다. 이들은 모두 어떤 연산 가능성(특히 실질 함의[substantial implications] 관계)을 자신 속에 녹여 지니고 있는 대상들이 된다. 필자의 생각에 이를 자연언어로 번역하면, 임의의 속성을 지닌 대상들(entities with a property)이 그 후보가 될 것이다.

조열제 교수는 수학의 연산을 가능하게 만드는 전제 개념으로 복합개념 '거리'가 기본적이며 필수적이라고 본다(실수들이 일직선이나 거리로 표상됨). 만일 인간의 정신작용이 유사성과 차별성을 찾아내는 과정이라면, 거리 개념이 성립되기 위해서 응당 서로 차별적인 두 점(또는 지점)이 미리 주어져 있고, 두 점 사이에 모종의 공통기반에 기대어 거리가 주어질 수 있는 것이다. 그렇다면 '거리'는 임의의 연산이 주어져 있는 서로 떨어져 있는 동질적 개체들을 가리키는 개념이 될 수 있다.

대한 집합들(classes of classes)을 다루며, 언제나 '재귀성·대칭성·전이성 (추이성)'의 복합 속성들을 적용하여 집합 관계를 확정짓게 된다.

명제와 자연언어 사이에는 쉽게 번역되는 부류도 있고, 그렇지 않은 부류도 있다. 특히 후자 때문에 논리 실증주의에서는 자연언어가 불신을 받기도 하였다. 가령, 영어의 정관사 the는 뤄쏠(Russell)에 따르면 존재성 및 유일성의 조건이 녹아 있지만(특칭 연산자 iota operator),[21] 자연언어는 결코 스스로 그런 사실을 드러내지 못한다. 일상언어 철학자 오스튼(Austin)의 분석에 따르면, 영어의 조동사 can은 언제나 '원하다, 선택하다' 따위의 동사로 이뤄진 조건문으로 재번역된다.[22] 뿐만 아니라, 자연언어마다 고유하게 동사 의미구조의 변동 폭이 개별적으로 달라진다. 다의어적 관점에서 볼 때, 한국어의 '보다'는 시지각동사(사진을 보다)에서부터 시작하여, 행위동사(시험 보다, 사위 보다)를 거쳐 시도를 나타내는 보조동사(가 보다, 먹어 보다)뿐만 아니라 추측동사(비가 오는가 보다, 눈이 내릴까 보다)로까지 변동된다. 그렇지만 영어 'see'는 시지각동사에서부터 이해를 가리키는 인지동사로만 변동된다. 이런 특성들 때문에 자연언어로부터 개념언어 또는 보편언어(또는 논리학자 몬티규 R. Montague는 '중간언어'라고[23] 부름)로 쉽게 곧장 번역될 수 없고, 반드

---

21) 정대현 엮음(1987), 『지칭』(문학과지성사)에서 하종오 교수가 번역한 뤄쏠(1905), 「표시에 관하여(On denoting, 지시 구절의 속성에 대하여)」를 읽어 보기 바란다.

22) 사후에 편집된 오스튼(1961), 『철학 논문선(*Philosophical Papers*)』(Clarendon)의 제7장 'IFs and CANs'를 보기 바란다. 자연언어가 그대로 명제 형식의 논리형태를 갖출 수는 없다. 제1장 6절에서는 우리말의 감각동사·감정동사·교감 묘사동사들이 새로운 명제들이 더 추가되면서 의미가 표상됨을 논의하였다. 가령, 우리말에서 '덥다 : 뜨겁다 : 더워하다 : 뜨거워하다'는 비록 사전에 한 낱말로 등록이 되어 있지만, 이를 개념상으로 다루려면 체계적으로 명제들이 추가되는 형식을 제공해 주어야 함을 다루었다.

23) 현대 학문의 '비조(forefather)'로 칭송되는 프레게(G. Frege, 1848~1925)의 마지막 제자가 카아냅(R. Carnap, 1891~1970) 교수이며, 카아냅의 제자가 몬티규(Montague, 1930~1971)이다. 몬티규는 초기에 자연언어를 직접 논리언어로 번역하는 일에 집중하다가, 이런 일이 불가능함을 깨달았다. 대신 중간 매개언어로서 내포논리(intensional logic)를 통하여 논리식으로 번역하는 일이 가능함을 입증하였다. 파어티(Partee) 교수는 참스키의 보편문법과 몬티규의 내포논리 언어가 동일한 것으로 보았다. 파어티 엮음(1976), 『몬티규 문법(*Montague Grammar*)』(Academic Press)에 있는 파어티 교수의 글을 보기 바란다.

시 재조정 과정을 거쳐야 한다. 그 까닭은 자연언어의 단서를 통하여 관련된 개념들을 정합적으로 재구성하여, 논리적 추론과 명제들의 함의 관계를 명시적으로 도출해 내려는 목적 때문이다. 재조정이나 재구성이 필요한 만큼, 자연언어는 많든 적든 간에 안개에 휩싸여 흐릿하게 존재한다고 말할 수 있다. 따라서 자연언어의 '재번역'이 매우 중요해지는 것이다.

이런 사고 전개 방식을 자연언어에 적용할 경우에, 전형적으로 동사를 중심으로 하여 이뤄진다. 그렇지만 이는 명사 또한 명사 구절로도 확장된다. 그런데 그 방식이 마치 동사가 빈 홈들을 채워 나가는 것과 같다고 하여, 이를 참스키(N. Chomsky) 교수는 핵어(head)라고 부른다. 곧, 모든 언어 표현은 하나의 핵어를 지니고, 그 핵어가 요구하는 논항으로 이루어지는 것이다(Frege의 방법론적 일원론 형식임). 전통적으로 동사는 현실세계에서 사건과 대응하고, 명사는 현실세계에서 대상과 대응한다. 그렇지만 이들은 별개의 두 개체가 아니라, 집합과 원소의 관계로 묶여 있다. 즉, 존재(Being) 및 존재자(being, 개체)의 관계이다. 존재를 언급하면 보편 개념인 집합이 되고, 존재자를 언급하면 대상 개념인 원소가 되는 것이다. 그렇다면, 핵어로서 동사가 비어 있는 홈을 채우고 하나의 자립 형식을 만들어 낸다면, 이는 현실세계에서 낱개의 사건에 대응한다. 홈이 채워지는 과정을 생성문법에서는 투영(projection)이라고 부른다. 투영된 결과는 현실세계에서 우리가 경험할 수 있는 하나의 단위 사건(낱개 사건)에 대응한다. 이제 물음은 단위 사건이 정의될 경우, 다음에 무슨 일을 할지에 모아진다. 다시 말하여, 낱개의 사건들이 어떻게 이어지며, 어떻게 통합되는지에 대한 물음이 제기되는 것이다. 이는 거시언어학 또는 담화에서 다루는 주제가 된다.

거시언어학 또는 담화에서는 크게 두 가지 영역을 다룬다. 발화(문장)와[24] 발화(문장)가 결합되는 미시영역 및 덩어리진 단락들이 결합되어 전체 덩잇말(덩잇글)을 이루는 거시영역이다. 미시영역은 발화들을 묶어주는 언어 기제에 의해 엮인다. 핼러데이·허쌘(Halliday and Hasan 1976) 『영어에서의 통사 결속(*Cohesion in English*)』(Longman)에서 논의된 지시표현·어휘사슬·대치·생략·접속사들을 이용하는 것이다. 그렇지만 거시영역은 특정하게 마련된 언어 기제가 따로 존재하지 않는다. 대신 장기기억에 있는 배경지식에 따라 추론을 하면서, 해석 주체가 스스로 덩어리들을 한데 묶어 가게 된다. 최근 언어심리학에서는 이런 구분을 고려하지 않은 채, 영역의 크고 작음만을 나누어 local coherence(지엽적 연결 속성)나 global coherence(전반적 연결 속성)으로 부르는 경우도 있다. 그렇지만 처리 도구가 다름을 드러내지 못하는 한계가 있다. 응당 원래 의 용어를 살려 cohesion(통사결속)과 coherence(의미연결)을 서로 구분해 놓는 것이 바람직하다.

담화는 언어를 매개로 한 미시영역과 거시영역을 다루지만, 거시영역 을 일관되게 이어주고 추론이 일어나도록 하는 힘은, 그 밑바닥에 깔려 있는 이념이나 가치와 밀접히 맞물려 있다. 따라서 그런 이념이나 가치 를 명시적으로 부각시켜 비판적으로 다루는 흐름이 최근 비판적 담화 분석(critical discourse analysis, CDA)이란 이름으로 자리잡았다. 특히 영국 의 페어클럽(Fairclough) 교수와 화란의 폰대익(van Dijk) 교수에 의해 주도 되어 왔다.[25] 또한 미국 쪽에서 참스키 교수와 레이코프 교수의 비판

---

24) 언어가 경험되는 단위는 입밖으로 나온 말소리 연결체와 종이 위에 씌어 있는 글자 연결 체들이다. 이들을 각각 입말과 글말이라고 부른다(김수업 선생의 용어임). 하나의 명제 또는 절이 입말로 나올 경우에 '발화'라고 부르고, 글자로 적혀 있을 경우에 '문장'이라고 부른다. 옛날에서부터 글로 적힌 문헌들이 문화의 중심에 자리잡고 있었기 때문에, 문장 이 더 중요한 것처럼 느껴질 수도 있다. 그렇지만 문장이 지켜야 하는 질서와 말소리로 나오는 발화가 지켜야 하는 질서들이 고유하게 따로 있으므로, 최근에는 각각 독립된 영역들로 다루기도 한다. 이 주제는 제8장에서 논의하게 된다.

25) 페어클럽 교수의 책이 세 권 번역되어 있다('페어클라우/페어클로'는 잘못된 발음이며 www.forvo.com에서 확인할 수 있는데, gh가 f로 발음된다). 페어클럽(1995; 이원표 뒤침 2004), 『대중매체 담화 분석』(한국문화사); 페어클럽(2001; 김지홍 뒤침 2011), 『언어와 권력』(도서출판 경진); 페어클럽(2003; 김지홍 뒤침 2012), 『담화 분석 방법: 사회 조사연 구를 위한 텍스트 분석』(도서출판 경진). 아쉽게도 아직 폰대익 교수의 책들은 우리말로 번역되어 있지 않다(www.forvo.com에서 van Dijk의 화란 발음을 들을 수 있음). 폰대익 (2004), 「덩잇글 문법에서부터 비판적 담화 분석으로의 전환: 간략한 학문적 자서전(From

책자들도 동일한 노선이다. 이 관점에서 서면, 우리가 일상생활에서 접하는 많은 의사소통들이 결국 이념이나 가치체계의 갈등이나 부합이나 새로운 적응의 모습에 지나지 않는다. 표면상으로는 언어 표현들로 수식되어 있지만, 이것들이 심층에 있는 이념이나 가치체계의 반영일 뿐이다. 그렇다면 의사소통 모습으로서 언어 산출의 과정은 심층에 깔고 언어로 외현되지 않는 이런 이념이나 가치체계들도 스스로 자각하고 있어야 할 것이며, 얼굴을 마주 보는 의사소통에서도 상대방의 반응을 통하여 이런 심층의 신념이나 태도들을 짐작해 나가야 할 것이다.

명제를 다루는 논의들은 계속 상위에 있는 계층들을 더욱 분명히 다루면서 발전해 나가고 있다. 이런 일은 인간 정신 기능의 특성에 의해 가능해질 듯하다. 뤄쏠(1937)『수학의 원리』에 따르면, 이런 특성을 표현하는 중요한 개념들 중 하나가 다음 기능이다.

[[하나(one 일자) ⇌ 여럿(many 다자) ⇌ 전체(whole)] ⇌ 하나 ⇌ 여럿 ⇌ 전체] …

'하나·여럿·전체'의 변증법적 상하 관계이며, 신라 원효스님의 논설도 이를 다룬다고 한다.26) 이는 연구자에 따라 각각 내포하기(embedding), 겹겹이 싸기(encapsulation), 포개어 놓기(nesting), 계층화(hierachy) 등으로 불린다. 이는 한 방향(순방향)으로 작용하기도 하고, 또한 역방향으로도 작용

Text Grammar to Critical Discourse Analysis: A brief academic autobiography)」에서는 언어 학자가 심리학, 사회학, 문화 비판으로 점차 학문상의 발전을 하게 되는 전환점들을 적어 놓고 있다. 최근에 폰대익(2008), 『담화와 권력(*Discourse and Power*)』(Palgrave Macmillan) 이 나왔다. 그의 누리집에서 비판적 담화 분석에 대한 책과 글들을 다수 pdf 파일로 내려받을 수 있다(http://www.discourses.org).

26) 김상일(2004), 『원효의 판비량론 비교연구』(지식산업사)와 김상일(2012), 『대각선 논법과 역』(지식산업사)에서 읽을 수 있는데, 괴델의 초월수 논리(대각선 증명의 논리)를 원효스님이 먼저 깨닫고 구현하였다고 주장한다. 그런데 만일 그 주장이 옳다면, 초월수의 저작권은 본삼매의 궁극적 열반을 처음 설파한 2600년 전의 부처에게로 돌아가야 할 것이다.

할 수 있다. 그렇지만 일반 사람들에게는 끝없이 전개되는 상위 계층으로 올라가는 일이나 하위 계층으로 내려가는 일에 익숙지 않다.[27] 대신 어느 정도 안정된 숫자의 계층들을 선호하고 요구한다. 분류학에서는 이 점이 흔히 낱말들에 관한 위계로 포착된다. 그 위계는 기본 층위를 중심으로[28] 소략하게 하위로 2개 층위, 상위로 2개 층위가 설정된다. 하위 층위는 어느 언어에서이든지 대체로 고정되고 안정되어 있지만, 상위 층위는 구성 주체의 관점에 따라 다양하게 변동될 수 있다.

이상에서 절(clause) 또는 명제가 사고의 기본단위로서 자연언어에서 전형적으로 동사와 동사가 거느리는 명사들로 만들어짐을 살펴보았고, 또한 명제들이 더 연결되어 더 큰 덩어리로 되며, 담화라는 분야에서

---

27) 수학자 박재걸 교수의 「Functions and Background of Definition of Binary Operations」(2011, 경상대학교 수학교육과 특강)를 보면, 수학의 설계에서도 이런 과정이 핵심적이다. 수학에서는 순방향을 합성(composition), 역방향을 decomposition(분해)으로 부른다. 또는 집중화(concentration), 단순화(simplification)로도 부른다. 한국학중앙연구원의 김형효 교수는 불교를 해설하는 강의에서 인류 지성사의 전개가 오직 구성(순방향, construction) 및 해체(역방향, deconstruction) 두 방향밖에 없다고 탁월한 식견을 언급하였다. 그렇다면 학문 분야별로 비록 다른 용어를 쓰고 있지만, 인간 정신의 공통된 작용 방향들을 언급하고 있는 것임을 알 수 있다.

28) 테일러(Taylor 1989; 조명원·나익주 뒤침 1999), 『인지 언어학이란 무엇인가: 언어학과 원형 이론』(한국문화사)과 신현정(2000), 『개념과 범주화』(아카넷)의 제4장 '개념의 위계적 구조: 기본 수준 개념'과 신현정(2011), 『개념과 범주적 사고』(학지사)제2장 4절 '개념 위계에서 기본 수준'을 읽어 보기 바란다. 이 분야에서는 롸슈(E. Rosch)의 글들이 많이 읽힌다. 롸슈는 이런 층위들이 생각을 만들어 낸다고 가정하고 연구를 진행하였는데, 롸슈(1988), 「Coherence and Categorization: A Historical View」, F. Kessel ed., 『The Development of Language and Language Researchers: Essays in Honor of Roger Brown』(Lawrence Erlbaum)에서는 개념을 만들어 내는 데에 관여하기보다는 이해를 촉진하는 방편으로 보아야 한다고 반성하고 있어서 주목된다.

그런데 이런 층위의 문제는 언어의 산출과 이해에도 관련된다. 일단 임의의 의사소통 의도가 정해지면, 의도를 언어로 표현하기 위하여 어휘항목을 인출해야 한다. 이때 더 상위층위의 어휘항목도, 더 하위층위의 어휘항목도 아닌 꼭 알맞은 층위의 어휘항목을 적시에 뽑아내어야 한다. 르펠트(1989; 김지홍 뒤침 2008), 제6장 2절에서는 이를 어휘항목 및 통사-의미값 접속에 관련된 '상의어 문제'로 부른다. 그는 이 문제를 해결하기 위하여 '유일성·변별적 핵심자질·구체적 명세내역 관련 원리'들이 긴밀히 공모해야 한다고 보았다. 그런데 대체 이런 상위 원리들은 어떤 층위/계층에 있는 것일까? 만일 '자아' 층위가 설정된다면 이보다 더 낮은 층위일까, 아니면 대등한 층위일까? 또한 언어 이해 과정에 작동하는 추론에서도 특히 정보 더해 놓기에 층위의 문제가 관여한다. 정보를 더해 놓은 일은 더 높은 층위에 있는 개념을 언어로 표현해 주는 것인데, 얼마만큼의 상위 계층에 있는 개념과 낱말을 인출해야 하는지 아직 어디에서도 결정된 일이 없다.

이런 확장 관계를 다룸을 알 수 있었다. 이런 확장 경로는 단순한 외길이 아니라, 복합적인 여러 경로를 통해 지지되는 과정이다. 보편성과 개체, 추상성과 구체물, 전체와 하나, 상위 계층과 하위 계층 사이의 내포화 과정 등이 동시에 작동되어 귀결되는 일이다. 인류 지성사에서는 이런 짝 관계를 모순으로 파악하기로 하고, 정합적으로 파악하기도 하였다. 그렇지만 이런 명제들의 작동방식도 모순스럽지만 명제로 표현될 수밖에 없다는 어려움이 있다. 우리가 혼동스러움을 벗어나려면 불가피하게 낮은 차원이나 높은 차원이라는 수식어를 붙여 쓸 수밖에 없는 것이다. 후자일수록 명제에 대한 명제, 즉 상위 차원의 명제가 된다. 이제 구체적으로 낮은 차원의 명제가 자연언어에서 '동사'와 어떻게 관련되는지를 우리말의 일부 동사들의 사례를 들어, 유기적이고 체계적으로 짜여 있음을 보이기로 한다.

3. 명제를 투영하는 동사의 분류:
우리말 감각동사·감정동사·교감 묘사동사의 사례

필자는 자연언어가 스스로 짜임새 있는 내적 질서를 구현하고 있음을 보여 주기 위하여, 가장 적임인 사례들이 '감각동사' 무리들이며, 버금 후보로 '감정동사'가 있다고 본다. 일부에서는 이들을 '심리(psychological) 동사'라고 부르지만, 심리는 우리 의식과 거의 같이 쓰이므로, 결코 적절한 이름이 될 수 없다. 좀 더 구체적으로 우리말에서는 '감각동사, 감정동사, 교감/감정이입 묘사동사'가 체계적으로 낱말 형태들로써 정연히 대립을 보여 준다. 가령, 다음의 감각동사 사례들을 보기 바란다.

① 덥다 : 뜨겁다
　 춥다 : 차겁다

이는 우리가 느끼는 촉감 중에 온도와 관련된 동사이다. 국어를 전공하는 학생들에게 이들의 차이를 말해 보도록 하면, 제대로 대답해 주는 경우가 드물다. 국어사전에서 이런 구분을 제대로 풀어 주는 것도 아니다. 이들은 공통된 소리를 나눠갖고 있다. 'ㅂ : 겁'의 형태적 대립이 그것이다. 이들 사이의 차이를 말해 주려면, 동사가 문장을 투영하는 핵어이므로, 이 동사들로 문장을 만들어 보면 간단해 진다. '덥다, 춥다'는 이 온도를 느끼는 경험 주체만 있으면 된다. 이를 논항구조 접근법에서는[29] 전형적으로 온도를 경험하는 주체(경험주 의미역)가 채워진다. 이를 경험주 의미역을 지닌 논항이라고 부른다. 이는 <u>내부 감각동사</u>들을 가리키게 된다. 이를 명제 형식으로 번역한다면 오직

"나는 느낀다 & 느낌은 특정 온도이다"

와 같다.[30] 그런데 '뜨겁다, 차겁다'는 경험주 의미역만으로 홈이 다

---

29) 이 책의 머릿글 8쪽에서는 추측·희망 또는 반사실성·기원 개념 따위가 통사 구조에 따라 구현될 수 있음을 언급하였다. 자세한 논의는 김지홍(2010), 『국어 통사·의미론의 몇 측면: 논항구조 접근』(도서출판 경진)을 읽어 보기 바란다. 의미역(semantic role)이란 용어는 한 사건을 구성하는 항들에 붙은 의미 딱지이다. 가령, 수사학에서 다루는 '6하 원칙' 중 '왜'를 제외하면 하나의 사건을 구성하는 항들을 찾을 수 있다. 배경으로서 '언제, 어디서'가 있고, 사건으로서 '누가, 무엇을, 어떻게'가 있다. 여기서 '무엇을'은 대상을 가리키는 의미 역할을 하므로 '대상 의미역'이라고 부른다. '누가'는 대상에 변화를 일으킨다면 '행위주 의미역'이라고 부르고, 그렇지 못하면 '경험주 의미역'이라고 부른다. 가령 "<u>철수</u>가 사진을 본다"에서, 사진에는 아무런 변화도 생겨나지 않는다. 따라서 이 구문에서 '철수'는 경험주이다. 그렇지만 "<u>철수</u>가 영이를 때렸다"에서는 영이에게 변화가 생겼다(언어맞았다). 이때에는 '철수'가 대상에 변화를 일으켰으므로 행위주라고 부른다. '어떻게'는 문법상으로 사격들로 나온다는 점에서 '사격 의미역'으로 통칭되지만, 그 내부 항들은 연구자들마다 조금씩 숫자가 달라진다. 흔히 목표 의미역, 기점 의미역, 처소 의미역 따위가 설정된다.

30) 데이빗슨의 사건 논항의 표현을 따르면 내부 감각동사는 다음과 같다.
  "∃x (느끼다 [나, x] & 높다[기준 온도, x]"
반면에 외부 대상 지각동사는 이를 바탕으로 다음처럼 확장된다.
  "∃x (느끼다 [나, x] & <u>있다[대상, x]</u> & 높다[기준 온도, x]"
외부 대상을 서술해 주는 밑줄 친 명제가 하나 더 들어가 있어야 하기 때문이다. 여기서는 그런 사건 논항들을 표시하는 일이 번거로울 수 있으므로, 소략하게 명제들의 존재와

채워지지 않는다. 반드시 온도라는 촉감을 느낄 수 있는 외부 대상이 주어져 있어야 한다. 다시 말하여, 개념상 경험주 의미역과 대상 의미역이 필수적으로 구현되어야 한다. 이들은 <u>외부 대상 지각동사</u>인 것이다.31) "나에게는 이것이 뜨겁다, 나는 그것이 차겹다"와 같은 표현으로 되는 것이다.32) 이를 명제 형식으로 번역하면,

"나는 느낀다 & <u>외부 대상이 있다</u> & 느낌은 대상의 특정 온도이다"

와 같을 것이다. 그렇다면 내부 감각동사에 외부 대상이 더해지면 <u>외부 대상 지각동사</u>가 되는 것이며, 이를 등식으로 간단히 나타낼 수 있다.

"외부 대상 지각동사＝내부 감각동사＋외부 대상"
"뜨겁다＝덥다＋외부 대상" 또는 "뜨겁다＝[[덥다] 외부 대상]"

언어학의 아버지 소쉬르는 언어가 체계를 이루고 있다는 사실을 처음 밝혀 내었다. 그렇다면, 감각동사의 이런 형태상의 대립을 감정동사

관련 논항들만을 적어 두기로 한다.

31) 미국 심리학자 윌리엄 제임스의 책을 보면, 임의의 perception(감각)에 대해서 스스로 자신이 감각하고 있음을 느낄 적에 분트(Wundt)는 특별히 apperception(스스로 지각함)이라고 명명하였다. 일본에서는 통각(統覺)이란 말을 쓴다. '감각을 통제한다'는 뜻이지만, 결코 그런 감각을 줄이거나 늘이지 못한다. 잘못된 말이다. 그렇지만 심리학자들은 그 뜻도 새기지 못한 채 잘못된 용어를 맹종한다. 우리말에서는 지각(知覺)이라고 불러왔다. 감각하고 있음을 스스로 안다는 뜻이다.

32) 경험주는 언제나 주격 형태로만 실현되는 언어가 있고, 여격 형태로 실현되는 경우가 있으며, 대격 형태로 나오는 경우도 있다. 이런 차이가 언어의 고유한 매개변항(매개변인)이 된다. 붸어머·모해넌 엮음(M. Verma and K. Mohanan 1990), 『남아시아 언어에서 경험주 주어(*Experiencer Subject in South Asian Language*)』(CSLI at Stanford University)를 보기 바란다. 또한 심층구조에서 대상 의미역을 받는 요소가 언어 표현에서 항상 주격을 받아야 하는 경우가 있다. 가장 전형적인 것이 형용사 구문이다. 레뷘·뢰퍼포엇호밥(B. Levin and M. Rappaport-Hovav 1995), 『비-대격동사의 속성(*Unaccusativity*)』(MIT Press)과 레뷘·뢰퍼포엇호밥(2005), 『논항 실현 방식(*Argument Realization*)』(Cambridge University Press)을 읽어 보기 바란다.

로부터도 찾아낼 수 있을 것이다.

② 기쁘다 : 즐겁다
　슬프다 : 서럽다

여기서는 'ㅂ : 겁'이라는 형태가 있는 것이 아니라, '브 : 겁/럽'이라는
형태가 대립하고 있다. 임의의 닿소리(자음)는 소리가 만들어지기 위하
여 반드시 홀소리(모음)와 결합해야 한다. 닿소리 앞에 홀소리가 놓이면
내파음(종성 받침)이라고 부르고, 닿소리 뒤에 홀소리가 놓이면 외파음
(초성)이라고 부른다. 동일한 자음이라도 소리가 나는 방식이 두 가지인
셈이다. ①에서는 닿소리 'ㅂ'이 내파음(종성)으로 나온다('읍'처럼 나옴).
그렇지만 ②에서는 닿소리 'ㅂ'이 외파음(초성)으로 나온다('브'처럼 나
옴). 따라서 내파음으로 나오든 외파음으로 나오든 동일한 닿소리 'ㅂ'
에 지나지 않는다. 감정동사들은 현대 표기법에서 원형을 밝히지 않기
때문에 글자 형태가 서로 달라져 있다(쁘, 프, 겁, 럽). 그렇지만 이 낱말
의 원형을 재구성하면 '깃+브다, 슳+브다'와 '즑+업다/즐ㄱ+업다,
섫+업다'이므로, 공통된 형태소를 찾아낼 수 있다.[33] 따라서 감정동사

---

[33] 이런 대립이 필요충분조건으로 작용하는 것이 아님에 유의할 필요가 있다. '아프다 :
괴롭다'에서도 동일한 대립 형태소를 찾아낼 수 있다. '앓+브+다'의 결합이기 때문이
다. 여기서 '브'와 '롭'이 같은 부류의 형태소 대립으로 파악된다. '괴롭다'는 언제나 외부
사건으로 인한 고통을 가리키므로 외부사건이나 대상을 감각하는 동사로 지정하기에
큰 문제가 없다. 그러나 '아프다'는 변동이 심한 듯하다. '~때문에 아프다'라고 흔히 말할
수 있는 것이다. 이는 외부사건이나 대상을 감각하는 경우를 가리킨다. 따라서 '아프다'
는 강하게 어느 한 쪽으로 지정해 놓을 수 없다는 점이 부기되어야 할 것이다.
　그런데 '믿다'에 접미사가 붙은 '미쁘다[믿+브+다]'와 '미덥다[믿+업+다]'에서도 그
런 대립을 찾을 수 있을 것인가? '믿다'는 마음가짐이 일반적으로 외부 사건이나 대상을
두고 일어나므로, 이는 외부사건에 대한 마음가짐 동사 또는 심리(심리상태 견지) 동사
로 부를 수 있다. '미쁘다'는 옛날 문헌에서 찾을 수 있는 의고적 표현의 낱말이며, '미덥
다'는 오늘날에도 자주 쓰인다. 같은 시대에 두 형태소 대립이 있었는지는 잘 알 수 없
지만, 같은 부류의 동사로서 아마 형태소의 실현만 '미쁘다'에서 '미덥다'로 바뀐 것이 아닌
가 의심해 본다. 특히 '미덥다'는 이음말로서 부정 표현을 얹어 '못 미덥다'의 구문을
더 많이 쓴다. 이는 명백히 외부사건이나 인물 따위에 대한 평가를 가리키는 데 쓰인다.

들에서의 대립 또한 감각동사에서의 대립과 동일한 형태소의 모습을 그대로 유지하고 있는 것이다.

매우 비슷하지만 '기쁘다'와 '즐겁다'가 기본 의미가 어떻게 다른지에 대해서, 명시적으로 밝혀 놓은 본격적인 논의는, 과문하여 단정할 수 없으나, 아직은 없는 듯하다. 왜냐하면 형태소가 정연히 대립한다는 사실을 전혀 주목하지 못하였기 때문이다. 만일 감각동사들의 형태소 대립을 그대로 이용한다면, '기쁘다'는 경험주 의미역이 하나로 충분한 내부 감정동사에 속한다.[34] "나는 기쁘다"라고 말할 수 있다. 따라서 소략하게 명제 형식으로 번역한다면

"나는 느낀다 & 느낌은 특정 감정이다"

일 듯하다. 그렇지만 전형적으로 '즐겁다'는 그 원인을 가리키는 논항이 들어가 있어야 한다. 다시 말하여 "~때문에 즐겁다"처럼 표현되는 것이다. 이때 원인이 바로 앞의 감각동사에서 외부 대상과 짝이 된다. 여기서는 특정한 감정을 외부 대상이 불러일으키기 때문에, '자극물'이라는 상위 개념으로, 외부 대상이나 원인을 함께 묶어 줄 수 있다. 이를 외부 자극으로부터 유발된 감정동사라고 부를 수 있다. 이를 소략하게 명제 형식으로 번역하면,

---

34) 한자어에서 '감정, 정감, 정서' 따위에 대한 구분은 불분명하다. 1세기 경 허신(許愼)이 펴낸 『설문해자』 해설도 별로 도움이 되지 않는다. 송나라 시대의 성리학자들은 이를 실체와 작용으로 구분하여 파악하였다. 내부에서 지속되는 속성이나 본체(실체)를 성(性)이라고 불렀다. 그러나 일정 기간 지속되거나 단속적인 느낌을 정(情)라고 불렀으며, 외부 자극으로부터 반응하여 느끼는 것을 감(感)이라고 불렀다. 자극과 관련한 외부 반응을 감(感)으로 불렀고, 이런 감(感)이 일어나게 만드는 일시적 마음의 상태를 정(情)으로 불렀으며, 기본적으로 갖춰져 있는 잠재적인 모습을 성(性)으로 불렀던 것이다. 물론 성(性)은 그 몸통이 심(心)이다. 최근에 중국 전국시대의 초나라 죽간에 대한 상세한 주석과 번역이 최남규 뒤침(2012), 『상해박물관 장(藏, 소장) 전국 초(楚) 죽서: 성정론(性情論)』(소명출판)으로 나와 큰 도움을 주는데, 그 주석에 맹자가 아니라 순자(荀子)가 자주 동원됨이 특이하다. 여기서는 이런 구분을 엄격히 나누지 않은 채, 일단 뭉뚱그려 '감정동사'라고만 부르기로 한다.

"나는 느낀다 & <u>외부 자극이 있다</u> & 자극은 특정 감정을 일으킨다"

로 될 듯하다. 이런 관계 또한 등식으로 표시해 줄 수 있다.

"유발된 감정동사=내부 감정동사+외부 자극"
"즐겁다=기쁘다+외부 자극" 또는
"즐겁다=[[기쁘다] 외부 자극]"

그런데 대체 이런 설명 방식이 무슨 도움이 될까? 흔히 언어학에서
는 어떤 표현이 받아들일 수 있지만, 다른 표현은 받아들이지 못하는
경우가 있다. 이때 왜 수용 불가능한지를 임의의 이론이 적절히 설명해
주어야 한다. 이런 설명 여부가 언어현상에 대한 한 이론의 생존을 판
가름하는 기준이다. 우리말에서 "즐거운 여행"은 말이 되는데, 왜 "*기
쁜 여행"은 이상하게 느껴지는 것일까?35) 학생들이 운동장에서 "즐겁

---

35) 별표 '*'는 통사적으로 비문(규칙 위반 문장)이나 의미상 이상하게 느껴지는 문장을 가리
키는 약속에 지나지 않는다. 이와는 달리 두 표현이 다 가능한 경우가 있고, 이와는 반대
로 작동하는 거울 영상의 사례도 있다. 이런 현상이 아직 한 번도 본격적인 논의를 받아
본 일이 없다. 따라서 여기서는 한낱 시론적 성격만을 지님을 미리 언급해 둔다.
　먼저 "즐거운 소식 : 기쁜 소식"을 보기로 한다. 이들이 결코 같은 내포의미를 지니는
것은 아님에 유의해야 한다. 임의의 사건을 표현하는 언어 내재적 논리는 한 사건의 진행
과정과 결과 상태를 분명히 구분해 주는 것이다. '죽다'라는 동사에서 진행 과정이 되려
면 '죽기'가 되고, 그 과정이 끝나서 결과 상태가 되려면 '죽음'이 되며, 죽은 결과 상태로
서 나온 산출물은 '주검[죽엄]'이 된다. 우리말에서는 접미사
　'-기 : -음 : -엄'
이 이런 위상들을 각각 표시해 주는 일을 한다(묻다 → 묻기 : 묻음 : 무덤). 만일 영어로
말하면
　'-ing : -ed : -er'
를 대응시킬 수 있으나(teach라는 동사에서 'teaching : taught : teacher'), 우리말처럼 정연
하지 않고 대립 사례들이 소수에 지나지 않는다. 그렇기 때문에 퍼젯스키(Pezetsky 1996),
『영 형태소의 통사론(Zero Syntax)』(MIT Press)에서 영 형태소라는 개념을 썼던 것이다.
교착어인 우리말에서 '먹다 : 먹이다'의 대립은 굴절어인 영어에서는 'eat : zero+eat'의
대립을 상정해 놓아야 하는 것이다(단, zero는 소리 형식이 없는 사역 형태소임). 한문에
서는 상위 동사로 각각 '빠 : 使(주동사 : 사동사)'를 대립시킨다.
　이와 같은 사건 위상 분화의 모습에서 보면, '즐거운 소식'은 감정을 일으키는 행위

게 뛰어논다"고 말하는데, 왜 "*기쁘게 뛰어논다"고는 말하지 않는 것일까? 여행은 그 자체로 외부 자극이라는 원인(감정 유발 원인)이 될 수 있다. 그렇지만 내부 요인은 아니다. 마찬가지로 뛰어노는 일이란 놀이 자체가 외부 자극으로 감정을 일으키는 원인이 된다. 하지만 그런 놀이가 내부 요인은 아니다.

감각동사와 감정동사는 경험주 의미역이 화자인 나를 중심으로 표현되는 것이다. 그런데 우리는 남의 감각이나 감정도 교감을 통하여 느낄 수 있다. 흔히 이를 감정이입(empathy)으로 부른다. 우리말에서는 이런 경우를 위하여 묘사(depict)동사로서 '-어 하다'라는 표현을 마련해 놓았다.36)

③ 더워하다 : 뜨거워하다

과정에 초점이 모아져 있다. 그렇지만 '기쁜 소식'은 그런 감정유발 행위가 끝나서 결과 상태에 있는 모습을 가리킨다.

이런 구분이 필요한 까닭은 거꾸로 작동하는 사례들 때문이다. "슬픈 소설/슬픈 영화"는 받아들일 수 있지만, "*서러운 소설/*서러운 영화"는 이상하게 들린다. 그렇지만 "슬픈 인생"도 괜찮고, "서러운 인생"도 여전히 다 쓰일 수 있다. 소설의 경우는 대상물이 된다. 이 대상이 감정을 계속 유발하는 자극물이라면 진행 과정의 표현으로 "나를 슬프게 만드는 소설"이라는 뜻으로 "서러운 소설"이라고 말할 수 있을 듯하다. 그렇지만 특정한 대상이 유발한 감정의 결과 상태만을 가리키려면 "누구든 그 소설을 읽고 나서는 슬픈 감정을 느낀다"는 뜻으로 "슬픈 소설"만을 쓰는 듯하다. 이와는 달리 인생은 특정한 시폭을 지닌 사건들의 연속이며, 그 연속 사건들이 한 개인의 감정을 유발하는 진행 과정으로서 표현될 수도 있고("서러운 인생"), 아니면 결과 상태로서 표현될 수도 있다("슬픈 인생").

아직 어느 누구도 자연언어(우리말)의 이런 사례들을 본격적으로 다루어 보지 못하였다. 이런 형태상의 대립이 부각된 적이 없기 때문이다. 그렇지만 우리말의 내재 논리를 명시적으로 설명해 주는 책임이 국어학자들에게 주어져 있다. 여기서의 시도는 첫 설명으로서 매우 엉성하게 진술된 구석이 많을 줄 안다. 앞으로 필자가 더욱 보강해야 할 부분이다. 여기서는 설사 외부 자극에 의해 유발된 감정동사와 내부 감정동사가 두루 다 쓰이는 사례라고 하더라도, 내포의미가 다르다는 점을 부각시킬 수 있다는 정도만으로 그치고자 한다. 본격적인 논리를 갖추고 설명하는 일은 필자가 책임져야 할 앞으로의 과제이다.

36) 묘사동사(depict verb) '-어하다'의 존재는 부사형어미 구문을 다루는 김지홍(1993), 「국어 부사형어미 구문과 논항구조에 대한 연구」(서강대학교 박사논문)에서 처음 언급되었다. 맞춤법에서는 묘사동사 '-어하다'와 자동적 과정을 가리키는 '-어지다'를 붙여 쓰도록 하여 마치 한 낱말인 양 처리하고 있다. 그렇지만 내재된 규칙 내지 질서를 제대로 파악하지 못하였기 때문에 띄어쓰기나 붙여쓰기에서 좌충우돌하는 결과를 빚고 있다.

추워하다 : 차가워하다

이들 사례도 감각동사이다. 그런데 이들은 화자 자신의 감각을 가리키는 것이 아니다. 내가 관찰하고 있는 사람이 있고, 그 사람이 느끼는 감각을 묘사해 주고 있다. 이를 '상대방' 또는 '제3자'라고 부르고, 각각 상대방이나 제3자의 내부 감각과 외부 대상 지각이라고 부르기로 한다. '더워하다, 추워하다'가 핵어로서 문장을 투영한다면, 관찰자로서의 화자 및 특정 감각을 느끼는 상대방 제3자가 반드시 주어져야 한다. 이를 소략하게 명제 형식으로 표현하면,

"화자인 나는 상대방을 관찰한다 & 상대방 제3자가 느낀다 & 느낌은 특정 온도이다"

와 같다. 달리 말하여, 관찰 묘사동사 속에 감각동사가 들어 있는 것이다. 비록 표면에서는 "철수가 더워하네!"라고 하여 경험주 의미역이 하나만 있는 것처럼 착각할 수 있으나, 관찰 묘사동사 '-어 하다'의 존재는 관찰 주체가 심층의 표상에 들어가 있어야 함을 명증하고 있다.[37] 또한 "철수가 뜨거워하네!"라고 말할 적에도 '뜨겁다'가 외부 대상 지각 동사이므로, 심층 표상에서 반드시 감각을 일으키는 자극물이 주어져 있어야 한다. 따라서 외부 대상 지각동사의 사건을 관찰 묘사하는 경우에는 심층 표상에서 논항이 필수적으로 세 개가 주어져 있어야 한다. 하나는 관찰자로서 화자가 되고, 다른 하나는 지각을 느끼는 지각 주체가 되며, 마지막 하나는 지각의 대상인 외부 자극물이다. 따라서 이 동

---

37) 물론 "철수가 덥네!"라고 말할 수 있음을 부인하는 것은 아니다. 이는 '더워하네'의 줄임 표현과 대등하며, 상황이 갖추어지면 묘사동사가 그냥 감각동사로만 나올 수도 있다고 봐야 한다. 상황이 다르다면 "덥네!"는 기본값으로서 현재 말하고 있는 화자가 감각동사의 주어가 될 수밖에 없다.

사의 의미 표상을 다음과 같은 등식으로 나타낼 수 있다.

"감각사건 묘사동사＝관찰 주체＋감각 주체＋내부 감각동사"
"더워하다＝관찰하다＋제3자＋덥다" 또는
"더워하다＝[화자 [제3자 [덥다]]]"

"지각사건 묘사동사＝관찰 주체＋지각 주체＋외부 대상＋지각동사"
"뜨거워하다＝관찰하다＋제3자＋자극물＋뜨겁다" 또는
"뜨거워하다＝[화자 [제3자 [자극물 [뜨겁다]]]]"

이런 모형은 이내 감정동사에도 적용된다. '-어하다'라는 형식을 이용하여 상대방의 감각을 관찰 묘사할 수 있기 때문이다. 맞춤법에서는 이런 정연한 질서를 미처 파악하지 못하였기 때문에, '기뻐하다 : 즐거워하다'나 '슬퍼하다 : 서러워하다'는 하나의 낱말처럼 붙여 놓았다. 제3자가 느끼는 임의의 감정을 관찰 묘사할 수 있기 때문에, '-어하다'의 구성은 규칙적으로 끝없이 새로운 낱말을 만들 수 있는 것이다.[38] '안타깝다 : 안타까워 하다', '썰렁하다 : 썰렁해 하다'가 역시 완벽히 가능하다. 또한 '못마땅하다 : 못마땅해 하다'도 가능하며, '칠칠치 못하다 : 칠칠치 못해 하다' 또한 가능한 관찰 묘사 표현이다. 이들도 의미 표상 방식을 앞에서와 같이 동일하게 다음처럼 나타낼 수 있다.

"내부 감정 관찰 묘사동사＝관찰 주체＋감정 주체＋감정동사"
"기뻐하다＝관찰하다＋제3자＋기쁘다" 또는

---

38) 국립 국어원에서 펴낸 『표준 국어 대사전』에는 붙여쓰기가 일관되거나 통일되어 있지 않다. 따라서 일반 사람들에게 혼란만 부추기고 있다. 사전을 펴 내는 전문가들이 우리들의 머릿속에 이런 규칙들이 있다는 사실을 전혀 깨닫지 못하였기 때문이다. 이하에서 '-어 하다'는 한 낱말처럼 붙이지 않고, 사전에 표제 항목으로 올라 있지 않으므로, 비일관적이지만 잠정적으로 띄어 써 놓기로 한다.

"기뻐하다=[화자 [제3자 [기쁘다]]]"

"유발된 감정 관찰 묘사동사=관찰 주체+감정 주체+외부 자극+감정동사"
"즐거워하다=관찰하다+제3자+외부 자극+즐겁다" 또는
"즐거워하다=[화자 [제3자 [외부 자극 [기쁘다]]]]"

만일 위의 사건을 외부의 어떤 힘이나 사건을 매개로 하여 일어나도록
할 수 있다. 이를 사역 구문이라고 부른다. 이를 위해서는 상위문 동사
로서 다시 '하다, 만들다'를 이용할 수 있는데, 그 결과 복합사건 연결체
를 구성한다. 가령, "뜨거워하게 하다, 뜨거워하게 만들다" 또는 "즐거
워하게 하다, 즐거워하게 만들다"와 같다. 내포문을 요구하는 상위문
동사는 서로 동일하지 않다. 그 의미자질의 차이로 말미암아 내포문의
사건이 일어나는 조건이 달라질 수 있다. '만들다'라는 동사는 직접적
이며 강제적인 사역 사건을 속뜻으로 함의하는데, 이를 '강제성+인과
관계'의 복합 개념으로 볼 수 있다. 반면에 '하다'라는 동사는 내포문
사건이 일어나는 환경이나 조건을 만들어 준다는 점에서 간접성 또는
매개적인 특성을 속뜻으로 지닐 수 있으며, 이를 '인과적인 환경+자발
적 반응'의 복합 개념으로 나타낼 수 있다. 비록 문장으로만 보면 하나
의 문장('복문'으로 부름)이지만, '-아하게 하다/만들다'의 구문은 최소
한 세 가지 명제가 모아져 있는 복합사건 연결체인 것이다. 첫째, 내부
감각에 대한 명제, 둘째, 외부 대상이나 사건에 대한 지각 명제, 셋째,
외부사건을 일으키는 명제이며, 외부사건이 직접성 여부에 따라 더 세
분될 수도 있는 것이다.

대체로 이런 구문의 문법적 특성이나 형태 특성은 '절차적 지식'에
해당한다. 따라서 비록 모국어 직관을 지녔다고 하더라도, 사람들은 막
연히 그렇게 느낄 뿐, 왜 그렇게 복합적인 사건을 표현하는지 명시적으
로 설명해 줄 수 없을 듯하다. 오직 우연히 교착어의 특성을 보이는

한국어를 깊이 다루는 경우에라야 그 속내를 제대로 그려낼 수 있다. zero 형태를 쓰는 영어의 경우에 이런 특성들을 찾아내기가 쉽지 않을 것이다. 현재 관련분야에서 줄곧 막연히 '심리동사'라는 포괄적인 상위어만을 쓰고 있는 사실도 이를 반증해 준다.[39] 한국어의 교착어적 특성은 이들 동사군을 중심으로 하나의 동심원을 놓고 차츰 확장될 수 있는 부류들을 찾아내어, 이를 명제로 번역할 수 있게 해 줌으로써, 임의의 구문이 실제 사건들을 어떻게 포착하고 표현해 주는지에 대하여 논의할 수 있는 탄탄한 기반을 얻을 수 있다.

이상에서 매우 소략하게 사고의 기본단위로서 명제가 실제 자연언어와 유기적인 관계를 맺고서 어떻게 표상될 수 있는지에 대한 밑그림을 그려 보았다. 비록 아무리 미세한 대립이라고 하더라도, 엄격히 개념상의 차이를 보여 주고, 이를 명제(개념)로 표상해 주는 일이 중요함을 알 수 있었다. 언어 유형론(typology)에서 교착어 또는 부착어로 분류되는 우리말은 어떤 개념에 대한 문법 형태소가 반드시 낱말 속에 붙어 있음을 함의한다. 우리말 감각동사 계열에서

'덥다 : 뜨겁다 : 더워하다 : 뜨거워하다'

는 아무렇게나 쓰이는 것이 아니다. 또한 감정동사 계열에서도 이런 대립이 정연히 찾아진다.

'기쁘다 : 즐겁다 : 기뻐하다 : 즐거워하다'

---

39) 흔히 분트(Wundt)의 용어를 받아들여 외부 감각에 대한 스스로의 지각 또는 자각을 perception(감각)에 접두사를 붙여 apperception(지각)이라고 부른다. 일본에서는 '거느릴 통(統)'을 붙여 '통각'이라고 잘못 번역하였다. 감각은 결코 우리가 통제할 수 있는 것이 아니기 때문이다. 아직 심리학이나 심리철학에서는 감각에 대한 자기-지시적 의식 또는 재귀의식을 구분하는 일 정도만 다루고 있으며, 한국어의 감각동사군에서 보여 주는 정연한 확장 대립 과정을 통해 서로 구별 가능한 개념군들을 확립시키지 못한 듯하다.

이다. 비록 음절이 하나씩만 달라지거나 늘어나지만, 개념 상으로는 독립된 명제가 하나씩 더 추가되어 있는 것이다.

　재미있는 현상은 우리말에서 이런 정연한 어휘 형태의 대립이 굴절어인 영어에서는 zero(영 형태소) 밖에 설정해 놓을 수 없다는 사실이다. 감각동사의 4분지 계열 대립을 오직 'hot'이란 낱말 하나로만 표시해 주어야 하고, 감정동사의 4분지 계열 대립은 오직 'happy'라는 낱말 하나로만 표시해 주어야 한다. 물론 앞뒤로 이어지는 언어 환경이 변동됨에 따라 우리말에서 보여주는 계열 대립의 측면들을 차츰 표상해 나갈 수 있다. 즉, zero(영 형태소)를 설정해서 3가지 경우를 도출해 내어야 하는 것이다. 그럼에도 불구하고, 도달점은 동일하다. 감각동사의 경우, 나를 중심으로 하여

　　내부 감각동사 : 외부 대상 지각동사

가 먼저 나뉜다. 이를 바탕으로 하여 다시 제3자의 감각사건을 관찰 묘사하는 경우를 내세울 수 있다. 이를 다음처럼 대립시킬 수 있다.

　　화자 경험 동사 : 관찰 묘사동사

이런 순차적 절차는 우리의 경험을 '원심력'을 통해 확장시켜 나가는 논리적 방향이며, 일관되게 진행될 수 있다. 이는 감정동사의 경우에도 동일하다.

　그런데 감각과 감정동사 군을 제외한다면 임의의 사건이 있다(여기서 '사건'은 대상의 상태나 속성에 대한 것도 포괄함). 이는 언제나 외적 관찰의 결과이기 때문에, 외적 관찰이 기본값이 되어 더 이상 관찰 묘사의 형태소를 추가시키지 않는다. 오직 내부 경험과 외부 대상을 나누는 동사군에서만 관찰 묘사동사의 형태가 주어져야 할 뿐이다. 즉, 제한적

인 관찰 묘사동사의 적용 조건인 것이다. 반면에, 임의의 사건은 언제나 우리가 관찰하는 대상이 된다. 이것이 기본값이다. 그러므로 사건에 대한 관찰 묘사동사를 덧붙이는 일은 생겨날 수도 없는 것이다. 오직 내부 경험과 외부 세계에 대한 경험이 구분될 경우에만 논리적으로 관찰 묘사동사의 존재가 요청되며, 그것도 또한 반드시 감정이입이 가능한 대상(생명체나 인류)에 한정되어야 함을 추론할 수 있다. 임의의 동사들은 또한 외부의 사건을 원인 또는 매개로 하여 해당 동사의 사건이 일어나도록 할 수 있다. 우연히 교착어로 분류되는 우리말에서는 서로 변별되는 형태소들을 이용하여 복합적인 사역 사건으로 표현할 수 있다. 이는 언어 형태소에만 기대어 진행되는 것이 아니라, 우리의 개념상 요구에 따라 필요하다면 언어 형태소를 넘어서 더욱 상세히 진행될 수도 있다.

마지막으로 언어 산출과 관련하여 이런 분석이 갖는 함의를 적어 두기로 한다. 의사소통 의도를 결정하는 과정에서 분명하게 소략한 명제 형식의 사건들을 자각한 다음에, 각 명제 형식에 맞는 어휘를 인출하는 일이 이어질 수 있도록 하는 것이 가장 이상적이다. 그렇지만 이는 절차지식에 속하므로 차츰 훈련을 거쳐 조금씩 자각의 정도를 늘여나가야 할 것이다.

3장 마음의 갈래 및 작동에 관련된 논의

우리 인간 마음의 갈래에 대해서는 크게 둘 또는 셋으로 나누어 왔다. 희랍에서는 인간의 정신을 진·선·미라는 세 가지 큰 분야로 보았고,[1] 중국에서는 지(知)·행(行) 또는 지식과 실천으로 보았다. 불교의 가르침에서는 다섯 요소의 뭉침(五蘊)으로 이뤄진 우리 인간들이 수양하여 도달할 수 있는 10단계의 정신을 자세히 구분하였던 듯하다.[2] 중세로부터 벗어나 근대 시기를 열어 놓은 데카르트는 먼저 부피가[3] 있

---

1) 설혹 지·정·의(知情意)로 부르더라도 '지식·감정·행동의지'라는 측면에서 진·선·미(眞善美)와 크게 달라지지 않는다. 후자가 '참된 지식·착한 행동·아름다운 감정'으로 풀이될 수 있기 때문이다.

2) 산스크리트 어·티벳 어·한문 경전을 서로 대조하면서 우리말로 뒤친 전재성(2013), 『십지경: 오리지널 화엄경』(한국 빠알리 성전 협회)에서는 정신을 수양하여 도달하게 되는 10단계가 서술되어 있다. 십지경은 역경위원회 뒤침(1993, 중판), 『한글 대장경 화엄경 1~3』(동국역경원) 80권본의 한 품으로 들어 있다. 또한 성철 스님(1992), 『백일 법문, 상~하』(장경각)의 제4장 '유식사상'에 보면, 신체기관에 따라 나오는 6식에서 추가하여 7식(말라야 식)과 8식(아뢰야 식)을 더 다루고 있다. 따라서 전문적인 논의에서는 더욱 우리 마음을 성찰하여 바라보는 구획과 구분이 자세하고 복잡함을 알 수 있다. 그렇지만 일반 사람들도 스스로 쉽게 느낄 수 있는 기본 수준의 정신 범주를 다룬다면, 이런 세분되고 정치한 논의가 일단 소략한 논의에서 제외될 수 있을 듯하다.

느냐, 그리고 접촉에 의해서 변화가 생기느냐의 여부로써 인간의 몸과 마음을 둘로 나눈 뒤에, 다시 인간의 마음을 이성과 감성으로 나누었다. 뒤이어 인간 정신이 다룰 수 있는 것과 그럴 수 없는 것을 분명히 나누고자 하였던 칸트는, 자신의 3대 비판서로서 먼저 진리를 깨닫는 순수이성을 다루고, 이어 행동과 실천에 관련된 실천이성을 다루었으며, 마지막으로 감성과 관련이 깊은 판단력을 다루었다.

우리 자신의 정신을 다루어 온 전통에서는 적어도 생각이나 앎을 가능하게 해 주는 이성이 있고, 직접 몸을 움직여서 행동이나 실천을 하는 의지(또는 실천이성)가 있으며, 외부의 자극에 대하여 수용하거나 반응하여 평가하는 감성이 있음을 알 수 있다. 이들을 더 간단히 줄이면 머릿속 생각이나 사고가 한 부류로 묶이고, 외부에서 관찰 가능한 행위나 실천이 다른 부류로 묶인다. 그런데 이들 범주는 따져서 결론을 맺거나 추론하여 입증하는 경험적이고 후천적인 방식이 아니라, 스스로 느끼면서 구별짓게 되는 선험적이거나 형이상학적 범주에 속한다. 이런 범주는 범주의 숫자를 늘이든 줄이든 상관없이 모두 언어 산출 과정에 긴밀히 관련되어 있다. 여기서는 먼저 우리 역사 속에서 마음의 문제를 어떻게 다루었는지를 성리학의 논의를 중심으로 살핀 뒤에, 현대 심리철학에서 다루는 마음의 문제를 살펴보기로 한다.

---

3) 데카르트(1641; 김형효 뒤침 1976: 144쪽), 『세계사상전집 19, 성찰』(삼성출판사)의 '물질적 사물의 본질에 관한 제5 성찰'에 보면, 물질은 '길이·넓이·깊이'에서 연속량을 지닌다고 하였다. 아마 일본 번역의 영향으로 이를 늘어나다는 뜻의 '연장(延長)'으로 번역하는 듯하다. 만일 더 쉬운 우리말을 쓴다면, '부피'라고 부를 수 있다. 시공간의 3차원 좌표계에서 어떤 물체이든 언제나 '부피'를 지니고 있기 때문이다. 어원상으로도 extend와 '부풀다(부픠→부피)'가 서로 같은 뜻을 지닌 듯하다.

1. 성리학에서 다루었던 마음

성리학은 특히 북송에서부터 남송 시대에 걸쳐 크게 진작된 신유학으로서, 불교를 비롯한 외부 사상과 중국에서 오랫동안 전해져 온 도교에 맞서서 처음으로 포괄적인 우주관을 다루었던 사상 흐름이다.4) 이

---

4) '성리'(性理)라는 말은 주희 제자 웅절(熊節)의 『성리 군서』로부터 받아들인 것으로 알려져 있는데, 이 책은 웅강대(熊剛大)의 『성리 군서 구해』로 전해진다. 대다수의 문헌들이 성리학자들을 차례차례 개관하는 형식을 따르고 있지만, 이와는 달리 성리학 개념들을 일목요연하게 파악할 수 있는 책들도 있다. 필자는 다음 책들로부터 많은 것을 배울 수 있었다.

    한국사상사연구회 엮음(2002), 『조선 유학의 개념들』(예문서원),
    이동희(2012), 『주자학 신연구』(도서출판 문사철),
    몽배원(1989; 홍원식·황지원·이기훈·이상호 뒤침 2008), 『성리학의 개념들』(예문서원),
    볼(Bol 2008; 김영민 뒤침 2010), 『역사 속의 성리학』(예문서원),
    진래(1987; 이종란·이상성·이종상 뒤침 2002), 『주희의 철학』(예문서원),
    진래(1992; 안재호 뒤침 1997), 『송명 성리학』(예문서원),
    후외려 외(1984; 박완식 뒤침 1993), 『송명 이학사, 1~2』(이론과실천)

이밖에도 서양학자들이 쓴 책이 우리말로 몇 권 번역되어 있다. 서구의 사고방식에서 중국의 세계관을 어떻게 재해석하여 보편적인 논의로 이끌어 가는지를 깨닫고, 막연히 이해하던 낱말의 뜻잡이를 다시 한번 반성하는 계기가 된다. 예를 들어, 복잡한 개념어 '理'를 영어로 principle(원리)이나 coherence(일관성)나 pattern(유형) 등으로 번역한다. 이 글자의 어원은 1세기 경 허신(許愼)이 쓴 『설문 해자』를 보면, 명사로서 옥돌에 있는 '결'을 가리키고, 동사로 쓰이면 돌결에 따라 옥돌을 깎고 다듬어 보물을 만든다(治玉也)는 뜻이다. 이 말이 형이상학적 논의에 적용되자 '작동 원리, 내재적 질서, 관계들의 짜임, 결합의 유형, 질서 잡힌 체계, 우주의 법칙' 등의 뜻으로 널리 확대되었다. 그렇다면 영어의 번역어는 오직 확대된 의미만을 가리키고 있다.

    그런데 우리말에서 구체적인 대상에서부터 추상적인 대상으로까지 이런 의미의 확대 과정을 찾아낼 수 있다. 구체적인 대상인 '물결(이 사납다/잔잔하다), 나뭇결(이 촘촘하다/성글다), 비단결(이 곱다/아름답다), 바람결(이 부드럽다/세차다)'을 비롯하여, 신체의 일부와 결합하여 '살결(이 부드럽다/거칠다), 손결(이 곱다/거칠다), 머릿결(이 가지런하다/헝클어지다), 숨결(이 부드럽다/가쁘다), 눈결(이 부드럽다/매섭다)'을 거쳐 추상적인 '마음결(이 곱다/고약하다), 성(性)결(이 올곧다/바르다)'로도 쓰인다. 모두 사이시옷이 들어가 있어서 [ㅅ결→껼]로 소리 나고 또한 모두 대상 평가(X가 ~하다)와 관련된 이음말이 쓰인다.

    '겨를'(일정 시간 동안이나 짬)이 줄어들어 '결'로 쓰이는데, 처격 조사가 붙어서 앞의 사례들과 다를 뿐만 아니라 '사이시옷 결[껼]'로도 소리 나지 않으며, 일정 시간이나 간격의 의미로 쓰이므로 전혀 다른 형태임을 알 수 있는 사례도 있다. '잠결(에), 엉겁결(에), 꿈결(에) 무심결(에), 겁결(에), 아침결(에)'와 부사로 쓰이는 '한결(같다/낫다)' 따위이다.

    필자는 비록 개념어 '이'(理)가 심오하다고 할지라도, 우리말의 '결'로써 멋지게 붙들어 놓을 수 있다고 믿는다. 이에 맞서는 기(氣)는 흐늘흐늘 피어오르는 '김' 또는 '아지랑이'를 가리킨다. 『설문 해자』에는 손님을 접대하는 익히지 않은 곡류(날 음식으로, '익혀 조리한 음식 옹[饔]'에 대립됨)로 풀이해 놓았고(饋客之芻米也), 단옥재는 이를 희(餼)의 본디 글자

흐름은 우리나라에 비록 고려 후기에 들여왔지만,[5] 조선조 지식인들 사이에서 본격적인 논의와 성취는 소위 '이(理)·기(氣)' 논쟁이 불붙으면서 이뤄졌고, 이런 흐름들이 고유하게 조선 성리학으로 불리기도 한다 (특히 『근사록』과 『심경』을 중심으로 논의가 깊이 있게 진행되었음). 여기서는 존재론 또는 우주론의 논제에서부터 인성론에 이르기까지 광범위하게 일원론적인 연역계의 사고들이 전개되고 있다. 오늘날 심리철학에서 마음의 문제에 대한 핵심 논점들을 살펴보기 전에, 이전에 마음의 문제를 본격적으로 거론한 성리학 속에서 논의되었던 '마음 작용'에 대한 논의들을 필자가 이해하는 범위 안에서 매우 소략하게 언급하기로 한다. 이는 거시적 견지에서 오늘날 심리철학의 논제들과 비교하여 상대적으로 어떤 측면이 자세하고 어떤 측면이 소략한지를 평가할 필요가 있고, 언어라는 도구를 사용하는 인간 정신의 작용을 다루기 위해서도 큰 지도 위에서 반성할 필요가 있기 때문이다.

송나라 지식인들은 이런 사고의 뿌리를 복희가 그렸다는 주역의 괘에서 이끌어내는데, 8괘의 배열이 '천(天)·지(地)·인(人)'이라는 세 가지 형이상학적 재료(三才, 三材)로 이뤄져 있다고 해석해 왔기 때문이다.[6]

로서, 희생으로 쓰는 날짐승을 제외하여 익히지 않은 여러 곡류들로 보았다(黍, 梁, 稻, 稷, 禾, 薪, 芻). 수확한 그대로의 곡식 내음인 듯하다. 그렇다면 '이·기'는 우리말로 새겨 '결·김'으로 쓸 법도 하다. 이는 마치 미시차원의 물리학인 초끈(super-string) 이론에서부터 소립자와 원자와 분자와 분자 중합체인 거시차원으로 한 단계씩 복합화되어 나가는 과정이 있다면, '결·김'은 초끈 이론의 구성요소에 비유될 수 있다. 만일 김(아지랑이)이 결에 따라 움직인다면, 미시차원일수록 우리가 단지 관념이나 생각으로만 상정해야 될 대상이 되고, 복합적인 거시차원일수록 우리가 직접 지각할 수 있는 대상이 되는 것이다.

5) 김충렬(1993), 「고려의 원대 성리학 수용」, 최근덕 외, 『원대 성리학』(포은사상연구원)에서는 안향(安珦, 1243~1306)이 1290년 북경에 4개월 동안 머무는 동안 '주자전서'를 보았을 것으로 언급했고, 돌아온 뒤에 국자감 찬성(贊成)이 되어 국자감 학생들에게 공자의 길을 배우는 데에는 회암 주희를 배우는 것이 으뜸이라는 취지의 글을 내린 바 있다. 안향은 스스로 주자의 화상을 벽에 걸어놓았을 뿐만 아니라, 자신의 호를 회헌(晦軒)이라고 한 데에서도 회암 주희(晦庵 朱熹, 1130~1200)에게 심취하였음을 쉽게 짐작할 수 있다. 주희를 사모하고 주희의 행동을 그대로 본받아 따르려는 노력은 뒷날 송시열(宋時烈, 1607~1689)에게서 절정에 달한다. 거꾸로 이는 우리 역사에서 가장 극단적인 독단론으로 치달아, 자기와 이념이 다른 여러 선비들을 잡아 죽이는 사화(士禍)들로 귀결된다(마치 서구 역사에서 마녀 사냥이나 화형식을 연상시킴).

물론 사고의 순서에서는 '하늘과 땅'이 앞서지만, 이들은 미리 배경이나 무대로서 주어진 것이다. 초점은 맨 마지막에 있는 '사람'에게 모아져 있다. '바뀐다'는 역(易) 또는 변역(變易)의 의미 자체가 사람들이 겪는 끊임없는 우여곡절의 인생에 모아져 있는 것이고, 그런 늘상 흘러가면서 바뀌는 일들이 우주 또는 천지의 실체라는 함의가 들어 있다. 무극('생각 없음' 또는 '작동이 없음')에서 태극('생각의 첫 꼬투리' 또는 '작동이 일어나는 첫 실마리')을 거쳐 삼라만상을 빚어내기 위하여 계속 순환하는 실체들은 언제나 '이·기'로 구현된다. '이'를 개념상 먼저 상정하는 쪽에서는 '기'로 갈수록 대립되는 두 속성인 음양의 몸체가 더욱 더 짙어진다. 그렇지만 '기'를 통해서만 그 작용을 본격적으로 나눌 수 있다는 쪽에서는 '이·기'가 병렬 개념이 아니라, 오히려 '기'가 '이'를 둘러싸고 있는 내포 개념으로 상정하거나 체용(體用, 몸체와 작용) 개념으로[7]

---

6) 4상(四象 네 가지의 기호 형상)의 배열 자체가 맨 밑바닥에서부터 시작하여 '천·지·인' 삼단(三段)으로 포개져 있고, 각 단마다 기호학적 대립을 띠어 음(--, 상해박물관에 있는 진나라 분서갱유 이전의 죽간에서는 빗금이 서로 기댄 모습 '∧'로 그려져 있음)이 되거나 양(一)이 된다고 보았다. 이 사상은 다시 겹쳐져서 8괘(八卦 여덟 가지의 순환 고리)가 되어 각 단에서의 뒤바뀜을 통해 우주 삼라만상의 변화와 대응을 보인다. 이는 무한히 연역되는 사고방법이 아니라, 64개의 매듭으로 이어진 순환론적 사고방법이다. 이런 접근이 시작에는 당송 교체기에 진단(陳摶, [?]871~989)이라는 도교 계통의 인물이 있다(133쪽 제3장 3절의 각주 63 참고). 바로 우주 창조로부터 삼라만상에 이르는 도출과정을 다루는 선천지학(先天之學)을 전수해 준 '중시조(中始祖)'인 것이다.
  『주역 대전』에 실린 주희의 서문을 보면 "오직 유목의 생각만은 9가 황하에서 나온 그림이 되고 10이 낙수에서 나온 서가 된다고 하면서 이를 희이로부터 나왔다고 칭탁하였으니…(唯劉牧意見, 以九爲河圖, 以十爲洛書, 託言出於希夷…)"(『회암집』권84, '하도 낙서 뒤에 적음'에도 실림) 운운하였다. 송나라의 태조 조광윤이 존경의 뜻으로 내려준 희이(希夷, 들어도 들리지 않고 보아도 보이지 않음: 출전은 『노자』)라는 호나 도남(圖南, 큰 붕새가 남쪽 바다로 날아가려고 함: 출전은 『장자』) 또는 부요자(扶搖子 돌개바람을 타고 다니는 신선: 출전은 『장자』)이라는 자가 모두 다 도교의 글에서 따온 것이다. '사고전서'에는 진단의 '용 그림 서문(龍圖序)'이 실려 있고, 송나라 유목(劉牧, 1011~1064)의 '역수 구은도(易數鉤隱圖, 역이 만들어 내는 형상과 운수의 은미함을 낚시로 얽듯이 찾아내는 그림 책)'가 실려 있는데, 아마 역의 기원을 복희에 가탁하고서 그 권위 및 신비성을 강조하는 일도 이 당시에서부터 비롯되었던 듯하다.
  한편 복모좌(濮茅左 2006), 『초 죽서 '주역' 연구』(상해고적출판사) 하권을 보면, 은나라 때는 양(陽)을 나타내기 위해서 9만이 아니라 또한 1, 5, 7도 함께 썼음을 확인할 수 있고, 3효나 6효 등 몇 가지 변이 형식이 있었음을 알 수 있다.
7) 체(體)·용(用)에 가장 손쉽게 비교되는 현대적 개념은 '구조·기능'이다. 하나의 개체가

파악한다.

필자의 과문한 생각에 불과하겠지만, 아직 성리학 관련 논의들이 보편적인 질서 위에서 다뤄지지 못한 듯하다. '이·기'를 별개의 개별적 개념들로만 간주하기 일쑤이고, 서로가 서로를 요구할 수밖에 없는 임의의 관계를 부여해 보지 못하였던 것이다. 다시 말하여, 오늘날 수학기초론(foundation of mathematics)의 공리계에서 무정의 용어(undefined terms)로 구성체들을 정의하는 방식과 비교해 본 바 없다. 무극이나 태극이나 '이·기'는 모두 무정의 용어들로서 항(terms)이다. 특히 학파를 나누어 놓을 정도로 심한 논쟁을 일으켰던 '이·기'라는 항이 만일 자명하게 '집합·개체'로 번역되었거나, 또는 '본질 속성·가능세계의 대상' 정도로 파악할 수 있었더라면, 아무런 모순 없이 태극도의 연역 체계를 쉽게 도출해 나갈 수 있었을 것이다. 더욱 광범위한 탐색 뒤에야 올바른 결론이 가능하겠으나, 필자의 머릿속에 맴도는 작업가정으로는, 당시의 성리학자들은 '이·기'라는 항을 오로지 논리적 선후 관계나 시간적 선후 관계로만 파악했다는 것이 한계이다. 만일 '이·기'를 '속성·대상'으로 파악하고, 임의의 대상은 속성들의 묶음이나 다발로서 이뤄져 있다고 정합적으로 간주하였더라면,8) 더 이상 여러 학파들 사이에 불필요한 논란이 생겨나지 않았을 것이고, 따라서 공리공담으로 매도되지도 않았을 듯하다.

있다면 그 개체는 어떤 특정한 작용이나 고유한 기능을 한다는 것이다. 가령, 우리 신체로써 예를 들면, 눈은 보는 기능을 하고, 귀는 듣는 기능을 한다. 서구의 전통적인 개념으로는 '대상·속성'과도 대응된다. 한 개체나 대상은 어떤 특정한 속성을 갖고 있으며, 그 속성은 독특하게 그 대상에만 관여하는데, 이를 특별히 귀속 성질이라고도 부른다. 논리학에서는 유형(type)과 개별사례(token)의 짝을 다루는데, 체·용을 각각 유형·개별사례로도 대응시킬 수 있을 듯하다.

8) 이런 관점은 뤄쓸(1956), 『논리와 지식(Logic and Knowledge)』(Hyman); 뤄쓸(1973), 『논리 분석 논문집(Essays in Analysis)』(George Allen & Unwin); 멜러 엮음(Mellor 1990), 『수리 철학자 뢈지의 철학 논문들(Philosophical Papers: F. R. Ramsey)』(Cambridge University Press)로부터 배울 수 있다. 보편성이 어떻게 개체 또는 개별성으로 맞물려 드는지에 대한 논의와도 관련되어 있다. 고대에는 기하학이 원뿔의 절단으로부터 유도된다고 하였는데, 이런 복합 개념이나 대상물로 여러 가지 하위 개념들을 도출하는 일이 중요하다. 경상대 조열제 교수는 수(Frege의 기본 개념)보다도 거리 개념이 더 기본적이라고 생각한다.

진나라 이전(선진 先秦)의 시기에는 아주 분명하게 둘로 나눠, 형이상 (形而上 꼴이 있으되 하늘 위에 있는 존재)의 것을 도(道 길)로, 형이하(形而 下 꼴이 있고 이승에 있어 우리가 경험할 수 있는 존재)의 것을 기(器 그릇처 럼 만물을 담는 꺼풀)로 보았었다.9) 선진 시기의 도(道 길)은 송나라 때 이(理 결)와 거의 동등하겠지만, 기(器 그릇처럼 만물을 담는 개별 꺼풀)는 기(氣 김)와 질(質 바탕, 재료)로 나뉠 수 있다. 여기서 질(質 바탕, 재료)의 속성을 붙들어 다루면 성(性 사람의 성품, 물건의 속성)이 되는데, 김(氣)이 단단히 달라붙어서(凝結) 바탕(質)이 되었다고 보는 직관적인 생각 때문 에, 형이하의 것인지 형이상의 것인지에 대한 혼란이 비롯된다. 일단 질(質 바탕, 재료)만을 이승 세계의 경험 대상물로 간주한다면, 이·기(理· 氣 결·김)가 모두 형이상(形而上 꼴이 있으되 윗세상의 존재) 세계를 명시적 으로 그릴 수 있는 개념 요소일 것이다. 만일 이런 필자의 작업가정이 검토될 소지가 있다면, 당시 성리학자들은 '이·기'라는 낱말에 희롱당 하여 '음·양'이 작용이 들어가 있어야 하므로 이 두 개념을 서로 배타적 이거나 대립적인 것으로 봐야 한다고 굳게 믿었을 가능성이 크다. 그렇 다면 이는 층위들을 혼동한 '언어 착시'에 다름 아니다.

그런데 이 '이·기'라는 형이상학적 존재가 만일 생명을 지닌 존재에 적용된다면, 그렇지 않는 무정물들과 구분짓기 위하여 다른 이름이 필 요한데, 이를 각각 '성(性)·정(情)'으로 부른다. '우주론·본체론·인성론· 수양론'을 모두 일괄하여 하나로부터 도출하려는 관점은 염계 주돈이 (周敦頤, 1017~1073)에게서부터 찾아진다.10) 목숨 있는 개체들의 성·정

---

9) 『논어』의 옹야 편에 보면 "공자가 '중간 등급 이상의 사람한테는 가히 위의 일(上)을 말할 수 있고, 중간 등급 이하의 사람한테는 위의 일을 말할 수 없다'고 하였다." 여기서 위의 일(上) 하늘 위의 일로서 형이상자(꼴이 있되 윗세상의 것)를 가리킨다.

10) 이런 관점을 더욱 멀리 소급할 수도 있다. 주역의 8괘 배열이 '천(天)·지(地)·인(人)'이라 는 세 층위(三才)로 이뤄진다. 왜 세 층위로 배열되어야 하는지에 대하여 아직 명쾌한 언급이 이뤄진 바 없다(비록 송나라 학자들의 문헌을 다 검토한 결과가 아니지만, 적어 도 송나라 성리학을 본격적으로 다루는 중국 학자들의 논의에서는 찾아볼 수 없음). 다 만 당연히 그렇게 되어야 하는 듯이 관념하였을 뿐인데, 오늘날에는 이를 '자연주의' 내

을 싸안는 상위 개념을 상정하여 마음(心)으로 부를 수 있다. 만일 '성·
정'을 인간에게 적용할 경우에는 더욱 자세히 갈래를 짓고서 '사단 칠
정(四端七情)'으로 나눠 부른다. 여기서 '인(仁)·의(義)·예(禮)·지(智)'의
사단은 이성적 측면에, '희(喜)·로(怒)·애(哀)·락(樂)·애(愛)·오(惡)·욕(欲)'
의11) 칠정은 감성적 측면에 대응시킬 수 있다. 이런 마음의 작용이 가
만히 멎어 있지 않고서 다른 사람에게 향하여 특정한 행동을 통하여
적극적으로 구현된다면(發), 이제 그 행동의 결과를 평가할 수 있다. 그
평가의 범주는 선(善)·악(惡)이라는 윤리 또는 가치 기준으로 설정된다.
만일 도(道)와 덕(德)이12) 두 측면으로 나뉜다면, 전자는 한 대상을

지 '일원론(monism)'으로 부른다. 이는 세 층위에 대한 적절한 해석을 우리가 추가해야만
얻을 수 있다. 필자는 '천·지'의 속성은 그대로 사람의 본질인 '인' 속에 들어 있다고
전제해야 한다고 본다. 오직 이럴 경우에라야, '천·지'와 함께 '인'이 배열에 참여하여
비로소 '삼재'를 구현할 수 있는 것이다('三才'는 맥락에 따라 각각 세 가지 '재료·재질·재
능·재덕' 등으로 해석됨). 이때 이 두 층위를 결합시키기 위한 상위 개념이

    무대(천·지) 및 배우(인),
    설계도(천·지) 및 완성제품(인),
    구심적 속성(천·지) 및 원심적 속성(인)

따위의 관계와도 유비 관계를 이룰 수 있다. 삼재(三才)는 공자가 쓴 계사(繫辭, 주역에
얽힌 풀이 글)에 처음 나온다. 139쪽 제3장 3절의 각주 69)를 보기 바란다.

11) 르두(LeDoux 2002; 강봉균 뒤침 2005), 『시냅스와 자아: 신경세포의 연결방식이 어떻게
자아를 결정하는가?』(소소)를 보면, '두려움'이라는 감정이 한 생명체의 목숨을 연장시
켜 주는 가장 기본적인 요소이다. 이는 주로 제2차 뇌(테두리 뇌 또는 변연계 뇌) 속에
있는 편도체(아몬드 모습으로 생겼기 때문에 '납작한 복숭아'라는 뜻의 한자어 편도[扁
桃]로 부름)에서 관장되며, 편도체는 다시 중심핵과 기저 외측핵(basal nucleus)로 나뉘는
데, 후자가 기억 과정에 관련된 해마와 연결되어 있다. 한나라 때 완성된 『예기』의 '예운'
편에는 락(樂) 대신 구(懼, 두려움)이 들어가 있었지만, 송나라 때 일반화되고 관용화된
'칠정'의 목록 속에는 두려움 또는 공포의 감정 항목이 제외되어 있다. 후자는 두뇌 생리
학적 근거가 반영되어 있지 않은 것이다. 그렇다면 응당 성리학자들에게 왜 공포가 무시
되거나 부차적으로 간주되었는지에 대한 고찰과 논의도 뒤따라야 할 것이다. 구성원을
보호하는 같은 사회에서 살아가는 인간을 대상으로 삼았기 때문에, 거친 자연 속에서
점차 진화론적으로 두뇌를 발달시켜 나가는 길을 진지하게 고려하지 못했을 수도 있다.

12) '큰 덕(德)'의 어원은 '얻을 득(得)'을 줄인 '두 인 변(彳)'과 옛글자 '큰 덕(悳)'으로 이뤄져
있다. 『설문해자』에는 두 글자가 모두 들어 있다. 덕(德)은 등(登)으로 풀었다(刀을 죯으
로 단옥재는 고쳐 놓았음). 단옥재는 두 글자의 초성이 같기 때문에 그렇게 풀었다고
보았고, 옛글자를 풀이하면서 썼던 '얻을 득(得)'이 또한 등(登)과 초성이 같다고 보았다.
덕(悳)은 '곧을 직(直)'과 '마음 심(心)'으로 이뤄져 있는데, 안으로 자기 자신에게서 얻고
(得) 밖으로 남에게서 얻는다(得)고 풀이하였다. 몸과 마음이 올곧으면 자기에게서뿐만
아니라, 남으로부터도 칭찬을 받고 명성을 얻게 되는 것이다. 마여삼(馬如森 2008), 『은허

이루는 그 자체의 내부적인 질서이고, 후자는 대상들 사이에 있는 상호작용 질서를 가리킬 수 있다. 사회적으로 공인된 질서를 흔히 예(禮)라고 불렀는데, 이 개념은 헌법 제도와 같은 국가 통치 조직에서부터 시작하여(특히 주나라 제도인 주례[周禮]가 그럼함), 한 개인이 살아나가는 동안 거치게 될 통과의례인 사례(四禮, 관·혼·상·제)에 이르기까지 넓은 외연을 지닌다(의례[儀禮]와 예기[禮記]). 이런 규제가 사회를 유지하기 위하여 좀 더 강제적인 성격을 띠면 법(法)의 지위를 지닐 것이다.13)

과문하여 마음에 대한 통합적인 얼개나 설명을 아직 보지는 못하였지만, 필자는 한 개인이 지닌 마음을 보편적인 축으로 정리하여 성리학에서의 마음에 대한 논의는

'심(心) → 성(性) → 정(情) [→ 의(意)]14) → 욕(欲) [→ 동물의 본능]'

갑골문: 실용 자전』(상해대학 출판부) 48쪽에서는, 갑골문이 눈 위에 곧은 금 'ㅣ'을 표시하고 있음에 주목하고서, 눈앞을 보면서 곧장 걸어간다는 뜻으로 보고, 뜻이 늘어나 '행위가 정직하고 단정함'을 가리키는 것으로 풀이하였다. 필자는 남에게 관대하고 잘 베풀어 줄 적에 남으로부터 칭찬을 얻는 것으로 풀 수 있을 것으로 본다. 그렇다면 덕(德)은 반드시 남을 전제로 한 개념이 되며, 사회를 이루고 사회가 잘 돌아가게 만드는 윤리 규범이 된다.

13) 만일 개인과 사회를 두 끝점으로 보고 두 지점 사이를 이어서 이들을 배열한다면
'도(道) → 덕(德) → 예(禮) → 법(法)'
과 같이 점차 성격들이 바뀔 수 있을 듯하다. 왼쪽으로 치우칠수록 한 개인의 자율적이며 자기규제적인 측면이 강하고, 오른쪽으로 치우칠수록 강제적이며 집단이나 사회를 유지하는 타율 규제의 측면이 강해질 것이다.

14) 어떤 행위까지 불러일으킬 수 있는 의(意)는, 어원을 보면 '마음 심(心)'과 '소리 음(音)'의 결합체이다. 음(音)은 '말씀 언(言)'과 혀를 나타내는 '한 일(一)'의 결합이고, 언(言)은 '죄 지을 건(辛)'과 '입 구(口)'의 결합이며, 건(辛)은 '윗 상(ㅗ, 上)'과 '범할 간(干)'의 결합이다. '뜻 의(意)'는 앞뒤 이음말로서 '정의(情意)'라고도 쓰이고, 의욕(意欲, 意慾)이라고도 쓰인다. 이를 대괄호 속에 집어넣은 것은 의(意)가 없이 네 단계
'심(心) → 성(性) → 정(情) → 욕(欲)'
로도 쓰일 수 있기 때문이다. 때로는 욕(欲)을 없이 의(意)로만 대표를 삼을 수도 있다. 그럴 경우에는
'심(心) → 성(性) → 정(情) → 의(意)'
로 표현된다. 의(意)와 욕(欲)은 신체 동작으로도 이어질 수 있다는 점에서 하나로 묶일 수 있다. 의욕(意慾)이나 동기(動機)가 서로 유의어로 쓰일 수 있는 것이다. 만일 우리 인간의 마음을 사단과 칠정으로만 나눈다면, 심(心)과 성(性)이 사단에 해당되고, 나머지

이라는 일련의 거르개를 하나의 일직선 축으로 만들고서, 여러 논의들을 재구성할 수 있을 것으로 본다. 이는 서구에서 몇 개의 기본 영역을 나란히 서로 겹치지 않게 설정해 놓은 접근방식과는 두드러진 대조를 이룬다. 다시 말하여, 서로 간에 교집합의 영역들이 상정될 수 있으며,15) 서로 영역이 변별되기 위해서는 특정한 속성을 추가할 수 있기 때문이다. 왼쪽에 초점이 모아질수록 구조적이고 본연적인 특성으로 작용한다. 여기에서는 '이·기'의 논의가 가능하다. '김/아지랑이 기(氣)'가 특정하게 모아져서 완전한 구체물로 될 경우에는, 옛 경전에서 더러 '그릇 기(器)'를 쓰기도 하였다. 반면에 오른쪽으로 갈수록 도덕적인 가치에서 보면 절제되고 금지되어야 할 마음 작용이 된다. 인간의 수양을 크게 강조하는 유교의 가치관에서는, 오른쪽 끝점의 요소는 부끄러움(恥)의 원천이며, 중요하게 인간과 동물을 나눠 놓는 속성이 된다. 아리스토텔레스는 인간과 동물을 나누어 놓는 결정적 기준을 신체를 중심으로 내세우기를, 먼저 짐승을 제외시키기 위하여 두 발(biped)을 내세운 뒤, 다시 여기서 닭을 제외시키기 위하여 깃털 없음(featherless)을 내세웠다. 이는 한낱 외양(외연값)의 기준이며, 일부 속성에 지나지 않는다. 그렇지만 『논어』에서는 부끄러움(恥) 또는 양심상 부끄러운 일을 하지 않으려는 마음이16) 바로 인간과 동물을 나누어 놓는 중요한 핵심

가 칠정에 배속될 것이다.
　맨 마지막에 있는 '동물의 본능'은 동물이 이성적 판단을 하지 않는다고 보아 맨 끝점에다 대괄호 속에 집어넣었다. 동물은 욕(欲)을 절제하지 않은 채 그대로 발현할 뿐이라고 본 것이다. 그렇지만 동물의 마음을 나눌 적에는 우리 인간들처럼 자세히 구분할 필요는 없을 듯하다. '심 → 욕'이나 '심 → 욕 → 본능'처럼 둘 내지 셋 정도의 구분만으로도 충분히 동물들을 서술해 줄 수 있다고 보기 때문이다.

15) 가령, 성(性)의 영역과 정(情)의 영역의 교집합 부분에서 인성(성격) 심리학에서 찾아낸 다섯 차원의 대립적인 인성 특질들이 자리잡을 수 있다.
　'외향적 성격 대 내성적 성격, 이타적 성격 대 이기적 성격, 믿을 만한 성격 대 믿을 수 없는 성격, 안정된 성격 대 신경질적 성격, 개방적이고 창조적인 성격 대 폐쇄적이고 대인 기피적인 성격'

16) 부끄러움에 관한 언급은 『논어』에서 여러 군데 나온다. 가령, '위정'편에 "공자가 말씀하기를 '백성들을 법으로 이끌고 형벌로 처벌한다면 법과 형벌을 피하여 벗어난 다음에

속성이며, 내면에서 작용하는 형이상학적 기준(내포값)이므로 다수의 외양적 기준들을 연역해 낼 수 있다. 이때 부끄러움이란 앞에서 제시한 축에서 욕심이란 끝점만을 중심으로 행해진 일들을 가리킬 수 있다.

사람들 사이에서 찾아지는 개별성을 포착하기 위하여, 주희는 본연의 성품(本然之性, 모든 생명체가 공통적으로 지닐 수 있는 성격)과 기질의 성품(氣質之性, 한 개인이 고유하게 물려받은 성격)의 개념을 대립시킨 바 있다. 이는 마치 현대 양상논리에서 가능태와 현실태의 대립을 연상시킨다. 조선조 때에 퇴계 학파에서는 이들 양자가 구분된다고 보아 이원화 경향을 보이지만, 율곡 학파에서는 이 양자를 구분하지 않고 일원화하는 경향이 있다고 한다.17) 비록 사람들 사이에서 관찰되는 차이와 개별 속성을 인식하고, 서로 차이가 나는 결과를 도출하기 위하여 '기질(氣質, 한 개인의 고유한 성품의 바탕)'이란 개념을 마련해 놓았지만, 이를 적용한 결과는 언제나 선(善)·악(惡)의 가치 개념으로 귀착되어 버렸으므로(선한 사람, 악한 사람), 선악을 초월하여 한 개인의 행동 특성을 규정하거나 고유한 독자성을 부여하지는 못하였다.

우주의 형이상학적 본질에 대한 논의에서부터, 우리들이 실제로 관찰하고 경험하는 행위나 사건에 이르는 여러 단계들은, 객관적으로 따지거나 입증될 수 없는 내재적 개념이다. 만일 이것들이 좀 더 객관적이고 일반적인 차원에서 논의가 진행되려면, 두뇌의 특정 부서들이 계

부끄러워할 줄 모른다. 그렇지만 덕으로 이끌고 예로써 가지런하게 맞춘다면 부끄러움을 깨닫고 착한 마음이 이르게 된다'(子曰, 道之以政, 齊之以刑, 民免而無恥, 道之以德, 齊之以禮, 有恥且格)". 안회가 공자에게 인(仁)에 대해 물었을 때에 "극기복례(克己復禮)"라고 대답해 주었다. 이는 자기 자신의 욕심을 절제하고 예로 돌아가 예를 따르려는 마음이며, 욕심을 부리는 데에서 부끄러움이 나오는 것이다. 우리말에서 부끄러운 짓을 서슴없이 하는 경우에는 '염치(廉恥)'란 말에서 모음을 바꾸어(모음교체) '얌체'라고 부른다. 어원상 본디 염(廉)이란 글자는 주춧돌의 모서리를 가리키는 말이다(廉隅). 모서리가 '반듯하다'는 뜻으로부터 다시 '맑고 깨끗하다'는 의미(淸廉)로, 그리고 '감찰하여 단속하다'라는 의미(廉察, 按廉)로까지 확대되었다.

17) 안영상(2002), 「본연지성, 기질지성: 인간성의 두 측면」, 한국사상사연구회 엮음, 『조선유학의 개념들』, 예문서원, 169~193쪽에서 자세히 읽을 수 있다.

층적인 사고의 단위들에 대응될 가능성을 찾아내어야만 가능해질 것이다. 이 일은 현재로서는 오직 부분적으로만 그렇다고 짐작할 뿐,[18] 있을 수 있는 다양한 반증을 거쳐 확립되는 일은 아직도 요원한 미래의 일이다. 이를 인정한다면, 현재로서 우리는 오직 ① 연역 과정의 내적 일관성 내지 무모순성 및 ② 경험적 단위들과의 정합적 대응이라는 측면에서만 우열을 가릴 수밖에 없다. 이런 쪽에 서면, 우리가 살고 있는 우주(생태환경)에 대한 범주들을 나누어야 하고, 우리가 겪는 사건들이나 일들에 대한 다층적 분류가 필요하며, 또한 인간의 마음 작용에 대한 큰 갈래가 상정되어야 할 것이다.

성리학에서의 마음에 대한 논의는 형이상학적으로 일관되게 우주의 생산물로서 마음을 연역하였고, 그 바탕 위에서 인간에게만 적용될 수 있는 마음의 갈래를 더욱 자세히 나누었다. 이는 인류 문명사에서 처음 시도된 중요한 기여라는 점에서 큰 의의를 지닌다. 오늘날 여러 학문에서 받아들이는 가설-연역적 접근,[19] 방법론적 일원론,[20] 자연주의 접

---

18) 예를 들어, 언어학 개론에서 마치 확정된 진리처럼 학생들을 왜곡시키는 지식이 있다. 좌반구가 언어 영역이고, 측두엽에 있는 브로카 영역과 베르니케 영역이 전담 부서인양 서술하는 일이다. 단순히 몇몇 뇌손상 환자들에 대한 임상 관찰로써 그리고 해부학적 두뇌 지식으로 추정된 그런 주장은 더 이상 유효하지 않다. 언어가 산출되고 이해되려면, 측두엽과 두정엽을 비롯한 대뇌 피질 영역뿐만 아니라, 작업기억이 작동되는 전 전두엽과 제2의 뇌에 속한 기저핵도 동시에 작동해야 하는 것이다. 가령, 낱말 저장과 인출만을 보더라도, 핑커(Pinker 1999; 김한영 뒤침 2009), 『단어와 규칙』(사이언스북스)에서는 불규칙 활용 낱말은 서술지식 영역을 가동시켜 두정엽과 후두엽이 같이 작동하지만, 규칙 활용 낱말은 절차지식 영역을 가동시켜 전두엽과 기저핵에서 혈류 증가를 보인다고 보고한다.

이런 발전은 오직 살아 있는 두뇌의 혈류 작용과 미세 전극 흐름 등을 종합적으로 미시 수준에서 관찰할 수 있는 기계의 현저한 발달에 힘입은 결과이다. 그렇더라도 현재의 기술 수준에서는 어떤 기계도 두뇌 세포들 사이에 주고받는 매우 짧막한 시간 단위까지 측정할 길이 없고, 시냅스 사이에서 방출되는 특정한 호르몬 분자들을 계량할 수도 없다. 그렇다면, 현재로서는 일정 시간이 지나 누적된 두뇌 신경계의 결과들을 놓고 관련 전문가들이 그런 변화들을 합리적으로 해석하고 판독한 내용을 잠정적으로 우리 일반인들이 받아들이는 일에 다름 아니다.

19) 특히 과학철학을 이끌었던 카아냅(R. Caranp, 1891~1970)과 헴펠(C. Hempel, 1905~1997) 의 글들을 보기 바란다. 카아냅(1966; 윤용택 뒤침 1993), 『과학철학 입문』(서광사); 헴펠 (1966; 전영삼·여영서·이영의·최원배 뒤침 2011), 『과학적 설명의 여러 측면, 그리고 과학철학에 관한 다른 논문들, I~II』(나남); 헴펠(1966; 곽강제 뒤침 2010), 『자연 과학 철학』

근법21) 등의 시발점이 되기 때문이다. 다시 말하여, 순전히 내적 성찰과 직관을 통하여 인간 마음에 대한 전반적인 기술을 시도하였고, 우주의 이치를 구현해 주는 우리 마음에 대한 바탕(구조)과 작용(기능)을 찾아낸 것은 대단한 발상이며, 오늘날까지도 유효한 가설이다. 비유하자면, 이는 마음에 대한 하나의 정물화(단면도 또는 스냅 사진)인 것이다.

그렇지만 필자의 주견에 따라 소박하게 드러낼 수 있는 한계도 있다. ① 하나의 연역 이론 체계가 다른 경합 이론과 비교하여 어떻게 선택될 것인지에 대한 상위의 판단 개념을 상정하여 서로 간에 합의할 수 있다는 생각에 이르지는 못하였다. 가령, '이·기' 논쟁을 산뜻하게 판정해 줄 제3의 심판관(재판관으로서의 상위 이론)을 만들어 내지 못한 것이다. ② 또한 마음의 작용이 어떻게 하여 우리 몸을 비롯한 물질세계에 인과관계 또는 인과력을 발휘하는지가 문제가 되는지를 자각하지도 못하였고, 그 문제에 답변을 시도하지도 못하였다. 이는 천지인으로 묶인 일원론적 우주관을 한 점 의심 없이 받아들였으므로, 마음 작용이 거울처럼 또한 그대로 우주의 작용을 보여 주리라고 굳게 믿었던 때문이기도 하다. ③ 더욱 중요한 한계는, 주관적이고 1인칭적인 서술만이 가능한

(서광사)이 번역되어 있다.

20) 특히 독일 수학자 프레게(G. Frege, 1848~1925)가 시도한 접근 방법인데, 그는 우주 속의 대상들이 모두 양화될 수 있다고 보았고, 그 대상들을 양화시키는 방법으로 연산과 구조를 먼저 명백히 정의해 놓았다. 이는 자연수의 공리체계를 처음 다루었던 이탤리 수학자 페아노(G. Peano, 1858~1932)의 방식에 직접적으로 영향을 받았다. 프레게의 글은 62쪽 제2장 1절의 각주 12를 보기 바란다.

페아노의 책은 케네디 엮음(Kennedy 1973), 『주제별 페아노 논문선(*Selected works of Giuseppe Peano*)』(University of Toronto)에서 읽을 수 있다. 청소년을 대상으로 백석윤 (2010), 『페아노가 들려 주는 자연수 이야기』(자음과모음)도 나와 있다.

21) 한국분석철학회 엮음(1995), 『철학적 자연주의』(철학과현실사)에 11편의 글이 실려 있다. 자연주의는 특정한 사람의 주장이 아니라, 여러 분야에서 물질세계와 정신세계의 자연스런 연결점을 추구해 나가는 다양한 흐름으로 이해된다. 핵심은 인간 정신의 본질을 특별한 원칙이나 법칙을 상정하지 않고, 자연 속의 물질계를 설명하는 인과율에 의해서 설명할 수 있는 방식을 찾아내는 데에 있는 듯하다. 이는 사람을 규제하는 원리를 하늘 (또는 하늘과 땅)에서 찾았던 성리학의 사고방식과 같은 노선이며, 천·지·인 합일(合一)로 부르기도 하였다.

나를 중심으로 하여, 인간의 대표(표본)로 삼고서 인문학적 접근만이 당연한 것처럼 치부한 점이다. 사회가 먼저 존재하는지, 아니면 먼저 개별 인간이 있고 인간들이 모여서 사회가 되는지의 여부는 사회학 또는 사회과학 중심 접근이냐, 인문학 중심 접근이냐로 나뉜다. 이는 둘 중 어느 하나의 배타적인 선택이 아니다. 오히려 어느 것으로부터 출발하여 다른 영역의 복합 문제들까지 제대로 설명해 내는지에 대한 선후 문제일 뿐이다. 이런 점에서 성리학의 마음 논의는 사회학(미시 사회학) 또는 사회과학(거시 사회학)의 복합 관점이나 거시적 관점을 논의의 첫 출발점으로 삼지 못하였다고 말할 수 있다. 단지 예(禮)라는 상위 개념을 통해 사회와 개인을 자율적으로 규제하려고 했을 뿐이다.

③의 문제에 대해서, 근대 언어학을 열어 놓은 소쉬르는 두 측면이 모두 한 개인의 머릿속에 들어 있다고 가정하였다. 즉, 다른 사람과 공유하는 측면과 나 혼자서만 갖고 있는 측면을 구분하였는데, 새로운 낱말을 만들어 각각 랑그(langue, 사회적 공유물)와 파롤(parole, 개인별 변이)로 불렀다. 세계 문명사에서 처음 새로운 차원의 마음에 대한 논의를 개척하였으나, 오직 랑그(사회적 공유물)의 차원에만 당연히 초점을 모아야 할 것으로 치부하고 있었다. 또한 랑그(사회적 공유물)는 우주의 질서나 설계도를 그대로 반영할 것으로 믿었다(극기복례의 원리). 예상치 못한 그런 노력의 결과로서 개인들 사이에 고유성이나 독자성의 측면을 크게 주목하고 부각시키지 못하였다. 이는 새로운 생각이 지닌 근원적인 태생적 한계에 속할 것이다.22) 개인별 변이체에 주목하였다

---

22) 새로운 생각 얼개(paradigm)는 적용 범위를 넓혀 나가면서 예외들을 만나게 되고, 그 예외들이 많아질수록 기존의 생각 얼개가 달라져야 하고, 새로운 해결책을 모색하도록 요구하는 압력은 높아질 것이다. 인류 문명사에서 처음으로 형이상학적 우주론과 생명체와 인간을 꿰뚫는 일원론적 생각 얼개를 만들어 내기 위해서 일관성을 부각시켜 주려면, 과감하게 부수적인 많은 차이들을 무시할 수밖에 없는 것이다. 따라서 인간들만이 지닌 독특한 속성이나 성격들은, 일차적인 탐구의 대상에서 제외되었다고 본다. 오직 '이·기'의 구현물인 '성·정'을 좀 더 자세하게 나눠 기술하는 '사단·칠정'의 확립만으로도 당시 지식인들의 사고방식으로 우주 존재론에 관한 논의가 충분하다고 느꼈으리라 짐작된다.

면, 왜 그런 변이가 생기는지를 탐구하게 되고, 자연스럽게 물질계 우주와 구별되는 인간 정신의 본질이나 독자성을 개념으로 만들 수 있었을 것이기 때문이다. 결과적으로 성리학에서는 서구에서 '자유 의지'로 부르는 개념을 상정해 보지 못하였고, 대신 도덕률로써 감정이나 욕심을 눌러서 결정론적 인간관(성인을 닮은 인간관)에 근접하려고 하였다.

2. 심리철학에서의 의식 및 심신 인과 문제

칸트(Kant, 1724~1804) 이후로 인간의 정신 영역을 전담하여 다루어 오던 철학은, 프로이드(Freud, 1856~1939)의 정신 분석이라는 새 흐름이 출현하면서 고유하게 다뤄왔던 정신 영역을 침해하자, 철학 자체의 정체성에 대한 위기감이 퍼졌다. 오늘날 여러 갈래의 현대 철학은 이런 위기를 벗어나고, 철학이 무엇을 다루고 어떤 몫을 맡아야 하는지에 대한 반성의 결과물로 이해할 수 있다. 특히 자연언어와 관련하여 딜타이의 해석학과 논리 실증주의(분석철학)와 일상언어 철학 등도 모두 철학의 '자기 정체성에 대한 탐색'의 일환으로 서술할 수 있다.

자연언어는 모든 것을 있는 그대로 거울처럼 명확히 보여 주지 못하며(가령 §.1-6에서 다룬 한국어 '감각동사' 무리에 대한 분석을 보기 바람), 반드시 보편 개념체계로 재구조화되어야 한다. 자연언어가 기호학의 접근에서는 마치 자족적인 실체인 양 서술되기도 하지만, 자연언어는 마음대로 살아 숨쉬는 것이다. 반드시 자연언어를 사용하는 주인이 있어야 하고, 그 주인이 자연언어를 써 주어야만 한다. 흔히 그 주인을 인간 마음 또는 자유의지라고 불러 왔는데, 정작 현대 심리철학에서는 여태 마음 또는 자유의지가 어떻게 몸을 움직이고 물리적인 세계와 상호작용을 하는지 명백한 합의에 이르지 못하고 있다. 우리는 우리가 이 세상 속에 있음을 스스로 느끼고 잘 알지만, 정작 우리를 벗어나서 바깥

에서 우리 스스로를 관찰하고 그 결과를 명쾌히 설명해 내지는 못하는 것이다.23)

　인간의 정신을 몇 종류의 범주로 나눌 것인지의 문제는, 현대 심리학에서 구성물(constructs) 정의에 관한 문제로 다룬다. 우리 문화에서 전통적인 구분 방식은 '생각과 행동', '말과 행실', 또는 '이론과 실천'이다.24) 이는 직접적으로 논어에 기술된 공자의 제자 평가와 맞닿아 있다. 언변에 뛰어나기는 재여(宰予)와 자공(子貢)이 으뜸이었다. 그런데 낮잠만 자면서 실천이 부족한 재여를 보고서, 스승인 공자가 통렬하게 다음처럼 꾸짖었다.

---

23) 이를 흔히 미결정성(undecidable) 논제라고 부른다. 뤄쓸·화잇헤드(1925년, 제2판), 『수학 원리, I~III』의 기본 공리체계에 대하여 1930년 비엔나 대학에서 괴델(K. Gödel, 1906~1978)이 그 완벽성을 수학적으로 증명하고자 하였다. 그 첫 작품이 상수(constants)로 이뤄진 공리계의 완벽성 정리이다. 그렇지만 이듬해 1931년에는 변항(variables)으로 이뤄진 공리계가 결코 완벽함이 증명될 수 없음을, 칸토어(Cantor)가 초월수를 찾아냈던 대각선 정리 방식으로 증명하기에 이르렀다. 이것이 괴델의 '미결정성' 논제이다. 1960년대에는 미국 수학자 포스트(Post)가 두 개 이상의 공리체계가 모순 없이 나란히 존재할 수 있음을 수학적으로 증명하였다. 괴델, 처취(A. Church), 튜륑(A. Turing), 로쎄(J. Rosser), 클리니(S. Kleene), 포스트(E. Post)가 쓴 관련 논문들 17편이 데이뷔스(Davis 1965), 『미결정 속성: 결정할 수 없는 명제·해결 불가능한 문제·계산 가능한 함수에 관한 기본논문 모음(*The Undecidable: Basic Papers on Undecidable Propositions, Unsolvable Problems, and Computable Functions*)』(Raven Press)에 모아져 있다. 그렇지만 필자는 엄청나게 복잡한 기호 약속을 이해하고 따라갈 수가 없어서, 그곳 논문들을 읽을 수 없다. 그냥 백지 위에 잉크만이 보일 뿐이다. 괴델의 저작은 또한 최근 풔풔먼 외 엮음(Feferman et al. 1986~2003), 『쿠엇 괴델 논문 모음(*Kurt Gödel, Collected Works*), I~V』(Oxford University Press)으로 나와 있다.

24) 필자의 직관에는 행동과 행실이란 낱말이 비록 모두 행위에 관한 것이지만, 가치 중립적이냐 아니면 평가 지향적이냐의 차이로 서로 나뉘는 듯하다. 왜냐하면 행실과 이어지는 동사는 행실이 '바르다/못됐다/부정하다' 등이지만, 행동은 '어떠하다'의 내용들이 이어지기 때문이다. 그렇다면 행동과 행위의 구분은 외적 관찰이 가능한 몸동작이냐 아니면 관찰될 수 없는 생각까지 포함하느냐에 있는 듯하다. 우리말에서 자주 '행동 거지(行動擧止)'라는 말을 쓰는데, 이는 시작(擧)과 그침(止, 끝)을 나타내는 것이다. 시작점과 끝점은 반드시 외적 관찰이 가능한 객관적 사건이어야 한다. 그렇지만 '*행위 거지'란 이음말(연어)은 쓰지 않는다. 따라서 사람의 모든 움직임이나 작동과 관련하여 최상위 낱말은 행위가 될 듯하다. 행위 밑에 다시 행동과 행위가 있고, 행동 밑에 다시 행동과 행실이 있는 것이다.

　영어에서 act는 단일한 행위이지만, action은 '일련의 행위들'이 연결되어 이루어지는 복합 행위이다. 존재하다(따라서 관찰 가능하다)는 뜻의 접두사 be-를 지닌 behaviour는 우리말의 행동과 대응될 수 있고, 좋거나 나쁘다는 평가의 속뜻을 지닌 행실에는 conduct가 대응될 수 있다.

"다 썩어 부서지는 나무 기둥에는 조각을 할 수 없고, 똥거름 흙으로 쌓은 담장에는 흙손질을 할 수 없다. 재여에게 내가 뭘 꾸짖으랴! 처음에 나는 사람을 평가할 적에 그 사람의 말을 듣고 그의 행실을 믿었었다. 그러나 이제는 사람의 말을 듣고 나서 그의 행실을 살피게 되었다. 내게서 이런 변화는 재여를 보면서 바뀐 것이다(宰予晝寢, 子曰, '朽木, 不可雕也, 糞土之牆, 不可杇也, 於予與, 何誅'. 子曰, '始吾於人也, 聽其言, 而信其行, 今吾於人也, 聽其言, 而觀其行, 於予與, 改是')."[25]

이런 전통은 명나라 때 왕양명의 '지(知)·행(行)'합일(合一) 또는 '양지(良知)'의 주장으로까지 이어져 있다. 우리의 문화 전통에서도 말만 앞세우기보다 먼저 실천을 하라는 속담이나 경구가 흔하다. 오늘날에 흔히 쓰는 낱말로는 이론과 실천, 또는 순수와 응용으로도 번역할 수 있을 것이다. 행동 또는 행위에는 반드시 머릿속에 동기 또는 의지가 상정된다(언어 행위도 동일함). 따라서 머릿속의 대상들을 나열한다면, 생각과 행동은 생각과 의지 또는 생각과 동기로 번역할 수 있다. 이것이 바로 매우 간단한 이분 분류 방식이다.

그렇지만 최근의 연구들에서는 생각이 하나로 뭉뚱그려 언급되기보다는 다시 인지와 감정으로 세분되어야 한다고 주장한다.[26] 인지는 주

---

25) 재여는 그 뒤 제나라 서울인 임치(臨淄, 산동성 린쯔)에서 대부를 지냈는데, 전상(田常)이 일으킨 반란에 가담하였다가 붙잡혀 그의 가족들도 모두 죽임을 당하였다. 공자는 이 반란 사건을 매우 부끄럽게 여겼다. 『논어』에는 재여를 못마땅해 하는 대목들이 몇 군데 더 들어 있다. 인용된 글은 『논어』 '공야장'에 나온다.

26) 뢰즈택(Restak 1984; 김현택·류재욱·이강준 뒤침 1992), 『나의 뇌, 뇌의 나 II』(예문지) 73쪽 이하를 보면, 매클린(P. MacLean) 교수는 인간의 두뇌가 세 단계의 진화를 거쳤다고 보았다. 먼저 신진대사를 관장하는 뇌간 및 제1뇌(작은뇌, 소뇌)가 있다. 이는 전형적으로 파충류(reptilian)에게서 나타난다. 다음에 이를 둘러싸고 있는 테두리 뇌(일본에서는 난삽하게 '갓 변[邊]'과 '소맷끝 연[緣]'을 써서 '변연체계, 변연계'로 부름) 또는 제2의 뇌가 있다. 이는 옛 포유류(paleomammalian)에게서 나타난다. 제1 뇌와 제2 뇌는 백질(white matter)로 이뤄져 있다. 마지막으로 주로 유인원들이 지녔고, 회백질(grey matter)로 된 제3의 뇌가 있다. 이는 인간을 기준으로 하여 큰뇌(대뇌 피질)라고 부르는데, 새 포유류(neomammalian)에게서 나타난다. 비록 두뇌들이 세 층위로 해부학적인 구분을 할 수 있겠지만, 서로 별개로 나뉘어 있는 것이 아니라, 제3의 뇌와 제2의 뇌가 서로 수직적으로

로 제3의 뇌인 대뇌 피질에서 일어나고, 감정과 관련된 일은 제2의 뇌 (제1의 뇌를 둘러싼 테두리 뇌, 변연계)에서 일어난다. 진화론적으로도 제2의 뇌가 먼저 있고 나서 다시 제3의 뇌로 발달하므로, 인지와 감정을 나누어 놓는 일은 이런 생물학적 진화 과정과도 정합적으로 잘 들어맞는다. 만일 이를 받아들이면, 이른바 마음에 대한 삼분법이 된다. 즉, 마음 또는 정신은 '인지·감정·동기(행위)'로 대분되는 것이다.

인간의 마음 또는 정신을 둘로 나누든 셋으로 나누든 간에, 인간의 정신은 스스로 의식하는 바를 다시 스스로 의식하는 기능이 있다. 이를 '재귀의식(reflection, 자기 반성의식)'이라고 부르는데, 전반적으로 인간의 생각과 활동에 걸쳐서 스스로를 제어하고 조절하는 데에 매우 중요한 역할을 한다. 이런 상위 의식은 무의식적인 상태에서 우리의 신체 기관들을 자율적으로 조절하는 '재귀적 감지체계(proprioception)'와도 그 역할이 흡사한데,27) 재귀의식은 언어 산출과 이해의 과정에서 '최고 사령

긴밀하게 신경망을 통하여 연결되어 있을 뿐만 아니라, 다른 피조물보다도 더 두꺼운 우리 인간의 제1 뇌(작은뇌, 소뇌)와도 이들이 복잡하게 신호를 주고받음이 신경해부학적으로 잘 밝혀져 있다. 또한 세 종류의 작업기억이 전두엽의 앞(전-전두엽)에 자리 잡고 있음도 잘 알려져 있다. 아마 이성이란 부서가 두뇌에 자리를 잡는다면, 제3의 뇌(큰뇌, 대뇌 피질)와 작업기억을 이용하는 일과 관련이 있을 것이고, 감성이란 부서가 두뇌에 자리를 잡는다면, 제2의 뇌(테두리 뇌, 변연계)와 작업기억과 관련될 것이다.

그런데 다마지우(A. Damasio) 교수는 자신의 3부작 책에서 이성보다 감성이 더 근본적이고, 우리의 결정과정에 최상위 결재권자임을 주장하였다. 우리의 결정과 판단이 제2의 뇌 속에 자리잡은 1차적인 감성 영역에 의해서 매개되는 신경해부학적 근거를 밝혀낸 것이다. 다마지우(1994; 김린 뒤침 1999), 『데카르트의 오류』(중앙문화사)와 다마지우 (2003; 임지원 뒤침 2007), 『스피노자의 뇌: 기쁨, 슬픔, 느낌의 과학』(사이언스북스)이 번역되어 나왔고, 다마지우(1999), 『일어나는 바에 대한 신체적 느낌: 의식을 형성해 주는 신체와 감정(The Feeling of What Happens: Body and Emotion in the Making of Consciousness)』 (Harcourt)도 보기 바란다.

27) 우리가 스스로 의식할 수는 없더라도 언어 산출 과정에서 발성 근육들을 자율 조절하는 역할에 대해서는 르펠트(Levelt 1989; 김지홍 뒤침 2008), 『말하기: 그 의도에서 조음까지 II』(나남) 320쪽 이하의 논의를 보기 바라며, 그곳에 인용되고 있는 문헌들을 참고하기 바란다. 인공지능 연구에서 로보트가 스스로 길을 걸어가도록 프로그램을 짜는 데에서도 몸 전체의 무게·기울기·앞으로 나아가기 등의 모든 과정에 자율적으로 제어·보정을 가능하게 해 주는 '재귀적 감지체계(proprioception)'의 중요성이 크게 부각된 바 있다. 이런 사실들을 받아들이면, 어떤 일을 제대로 성취하거나 또는 우리 의식이 생겨나기 위한 두뇌의 배선 구조는 단선 구조에 의존한 단일한 명령 체계가 아니라, 반드시 여러 겹의 '복선 구조'에 의한 명령 및 점검체계가 필수적임을 알 수 있다. 우리가 의식할 수

탑'으로서의 역할을 하게 된다. 재귀의식은 사람들마다 편차가 크며, 그 차이가 한 개인의 신중함을 평가하는 잣대가 된다. 그렇지만 아직까지 우리 의식이나 정신을 다루는 논의에서 그 중요성에 제대로 가치가 부여되지 않고 있다. 아마 초기 연구 단계이기 때문일 듯하다.

이 절에서는 현대 심리철학에 대하여 일별하되, 방법론적 일원론 또는 자연주의 접근에 가장 가까운 모습의 '조건부 물리주의'를 주장하는 김재권 교수의 논의를[28] 중심으로 하여, 다른 입장들까지 살펴보기로

없는 재귀적 감지체계이든 또는 우리가 스스로 의식할 수 있는 재귀의식이든 간에, 이들은 모두 우리 정신작용의 '내포하기' 속성과 긴밀한 관련을 맺는다. §.1-5의 논의를 보기 바란다. 내포하기는 연구자에 따라서 각각 겹겹이 싸놓기(encapsulation)·포개어 놓기(nesting)·계층화(hierarchy) 등으로도 불린다.

28) 김재권 교수의 저작들이 전문가들에 의해서 충실히 번역되어 있어 도움이 크다. 김재권 (1994), 『수반과 심리철학』(철학과현실사); 김재권(1996; 하종호·김선희 뒤침 1997), 『심리철학』(철학과현실사); 김재권(1998; 하종호 뒤침 1999), 『물리계 안에서의 마음』(철학과현실사); 김재권(2004; 하종호 뒤침 2007), 『물리주의』(아카넷)이며, 김재권 외 20인 (1994), 『김재권 교수 회갑기념 논문집: 수반의 형이상학』(철학과현실사)이 있다. 이 글에서는 환원적 기능론을 주장하는 김재권 교수의 입장을 옳은 것으로 받아들이되, '기능'이란 개념을 인문학에서 친숙히 거론하는 '규범적' 지위나 '가치 지향적' 지위로 재번역하여 논의할 것이다. 만일 이런 논의가 설득력을 갖는다면, 인문학의 주요 개념들도 '조건부 물리주의' 용어들로 번역될 수 있음을 간접 증명하는 셈이다. 그런데 이 글에서 택한 입장만이 유일한 것이 아니다. 이와는 다른 입장을 견지하는 중요한 심리철학자들의 저작도 다수 번역되어, 철학을 전공하지 않은 사람들이 쉽게 읽고 이해할 수 있도록 큰 도움을 주고 있다.

① 철저하게 물질적 환원주의 기치를 높이 치켜든 처췰랜드(Churchland 1988, 석봉래 1992), 『물질과 의식: 현대 심리철학 입문』(서광사); 처췰랜드(1989; 박제윤 뒤침 2006), 『뇌과학과 철학: 마음-뇌 통합과학을 향하여』(철학과현실사)가 나와 있다.

② 기능주의를 주장하였다가 스스로 자신의 기능주의를 비판하면서 내재적 실재론을 주장한 퍼트넘(Putnam) 교수의 책은 퍼트넘(1981; 김효명 뒤침 1987), 『이성·진리·역사』(민음사); 퍼트넘(1988; 김영정 뒤침 1992), 『표상과 실재: 마음에 관한 인지적/계산적 접근방법은 왜 성공할 수 없는가?』(이화여자대학교 출판부); 퍼트넘(1992; 원만희 1998), 『과학주의 철학을 넘어서』(철학과현실사)가 나와 있다. 퍼트넘 교수의 전환 과정은 김영정 교수의 '역자 후기'에서 자세히 다루어져 있다. 이른바 '자연주의'의 흐름으로 재서술될 수 있다. 그렇지만 김재권 교수의 후기 주장인 기능적 환원론과 어떻게 관련되고 어떻게 차이가 나는지에 대해서는 진지한 검토가 충분히 진행되어야 할 것이다.

③ 고유하게 마음의 독자성을 옹호하는 써얼(Searle) 교수의 책은 써얼(1983; 심철호 뒤침 2009), 『지향성: 심리철학 소론』(나남); 써얼(1986; 김용관 뒤침 1987), 『심리철학과 과학: 정신, 두뇌, 그리고 철학』(남명문화사); 써얼(1998; 심철호 뒤침 2000), 『정신, 언어, 사회』(해냄); 써얼(2004; 정승현 뒤침 2007), 『마인드』(까치); 써얼(2007; 강신욱 뒤침 2010), 『신경생물학과 인간의 자유』(궁리)가 나와 있다.

한다.

김재권 교수는 현대 심리철학의 핵심 논제가 '의식' 및 '심신 인과'의 문제라고 본다. 몸과 마음이 별개의 것이 아니라는 입장에서는 이것들이 두 개의 다른 문제가 아니라 서로 긴밀히 맞물려 있는 복합 논제이다. 단, '의식'이 언제나 심신 인과력을 품을 뿐만 아니라, 또한 그렇지 않을 가능성도 포괄한다(절제력이나 동기 억제 따위도 의식적으로 이뤄짐)는 점에서 좀 더 큰 개념이다. 마음 또는 의식의 문제는 데카르트의 심신 이원론에서부터 본격적으로 촉발되는데, 이후의 논의들이 이에 대한 비판 또는 옹호의 모습을 띠게 되기 때문이다. 민간 심리학에서와 같이 영혼과 의식을 별개의 것으로 보지 않고, 마음이나 의식이나 정신이나 인지로 불릴 수 있는 한 범주의 다른 이름들이라고 간주한다면,

"마음이 어떻게 몸의 움직임을 일으킬 수 있느냐?"

는 간단한 물음으로 정리될 수 있다. 논의를 전개하기에 앞서서 우리는 직관적으로 마음이 몸을 움직이고 있음을 '스스로 자각한다'는 전제가 의심없이 수용되어야 한다. 만일 인과율 또는 인과 관계가 오직 '동일한 범주'의 항들 사이에서만 작용하는 것이라고 강하게 정의한다면,[29]

---

④ 우리 정신이 강력한 중앙정부가 없이 오직 병렬적인 지방정부만이 나란히 정보를 주고받는다는 취지의 '단원체' 가설을 주장한 포더(Fodor) 교수의 책은 오직 포더(1981; 이영옥·정성호 뒤침 1991), 『표상: 인지과학의 기초에 관한 연구』(민음사)만 나와 있다. 단원체 가설은 최상위 층위에 있는 자아(self, ego)라든지 작업기억이란 매개가 없이도, 우리의 의식이 스스로 저절로 잘 구현될 수 있음을 함의한다(단원체 작동의 자율체계임). 이런 해석이 옳다면, 이는 위계화된 의식 내지 인지 접근 방식과 서로 모순이 된다. 그런데 단원체 주장은 우리가 오온(五蘊) 덩어리라는 부처의 해체주의 사고를 연상시킨다. 당시 힌두교에서 내세웠던 ātman(숨결, 목숨, 자아)이란 개념이 잘못이고 허상임을 비판하면서, 부처는 우리 몸이 잠시 다섯 분야 작용이 뭉쳐 있는 오온에 불과하다고 보았다. 오온은 물질을 가리키는 색(色)과 정신으로 대분되며, 정신은 다시 외부 대상의 느낌(受) 인식(想) 여러 심리작용(行) 알음알이(識)로 나뉜다. 여기서는 상위 부서로서 '재귀의식' 따위는 상정되지 않는 특성이 있다.

29) 이를 김재권(2004; 하종호 뒤침 2007), 31쪽에서는 '물리계의 인과적 폐쇄'로, 33쪽에서 '결정적(발생적) 배제의 원리'로 서술해 놓았다. 이를 71쪽에서는 '배제의 원리'로 일반화

우리의 마음이 몸을 움직이기 위해서 불가피하게 동일한 범주로 기술될 수 있어야 한다. 동일한 범주의 항들 사이에서 성립하는 인과 관계는 두 가지 가능성을 지닌다. 동등성 또는 동일성 관계(≡)이거나, 아니면 필요·충분 조건(↔)으로 연결되어 두 영역 사이에서 성립하는 위상의 변환 관계이다. 전자는 임의 속성의 예화된 구체적 대상이나 사례들 사이에서 성립하고, 후자는 속성들의 집합 사이에서 성립하는 더 높은 상위 관계(집합과 집합 사이의 관계)이다. 즉 범주들이란 집합들에 대한 집합들을 묶어 놓은 상위 개념이며, 이들을 묶을 수 있는 잣대는 이른바 엄격하고 강한 의미이든, 느슨하고 약한 의미이든, 인과 관계에서 찾아진다.

심신 이원론이나 영혼 등을 도입하는 다원론에서는 '강한 의미'의 인과 관계를 충족시킬 수 없다. 왜냐하면 범주가 서로 달라 전혀 영향을 주지 못하므로, 이질적인 범주들 사이에서는 임의의 함수 관계를 찾아낼 수 없기 때문이다. 동일한 범주들 사이에서 상정될 수 있는 심신 관계만 해도 여러 가지 후보들이 경합하고 있다. 매우 소략하게 보아, 모든 것은 물질로 환원되어야 한다는 입장이 있다. 강력하고 단순한 물질 환원주의로 부를 수 있다. 이때 물질은 두뇌에서 작동하는 전기화학적 성질을 지닌 신경생리학으로 모두 충실히 번역되어야 한다고 주장한다. 이는 하등 개체인 아메바 또는 기억의 시냅스 연접부 확장에 대한 연구인데, 2000년 노벨 생리의학상을 받은 캔들(Kandel) 교수의 바다 민달팽이(aplysia, 군소)에 적용될 경우에 논란의 소지가 없을 것이다. 그렇지만 우리 인간에게는 자기 반성의식(재귀의식)이 있고, 주어진 자극에 대해 고정적인 반응을 보여 주지 않는다. 다시 말하여 행동주의

하고, 82쪽에서는 '강한 폐쇄 원리'를 상정하여 다음처럼 서술해 놓았다.
"물리적 사건의 원인이 되는 것은, 어떤 것이든지 그 자체가 물리적 사건이다. 즉, 어떠한 비물리적 사건도 물리적인 사건의 원인이 될 수 없다."
이 글에서는 마음의 인과 문제를 이런 폐쇄 원리에 따라 충분히 기술할 수 있다고 보는 김재권 교수의 입장을 '강한 의미의 인과 관계'라고 부르기로 한다.

접근법은 언제나 인간 행동을 설명하는 데에 일부(본능적 반응)에만 그치고, 실패할 가능성이 더 많은 것이다. 흔히 이를 낮은 수준의 의식과 높은 수준의 의식이라고 나누어 부르는데, 이를 구분하는 여러 기준들 중에서 '언어'가 중요한 한 요소로 들어간다. 언어는 단순하게 고정된 신호가 아니라 맥락에 따라 달라지는 상징적 기호이다.

앞의 이유들로 인해 만일 단순한 심신 이원론 및 단순한 물질 환원주의가 일단 후보에서 제외된다면, 심신 인과력을 설명하기 위하여 남아 있는 가설은 적어도 네 가지가 있다.[30]

① 심신 부수현상론
② 심신 수반론
③ 더 미시차원에로의 환원론
④ 기능적 환원론

부수현상론은 이른바 '무법칙적 일원론'으로 잘 알려진 데이빗슨(Davidson, 1917~2003)의 주장이다. 그는 물질세계는 인과 관계로 포착되지만, 비록 마음에서 그런 법칙을 세울 수 없더라도, 전체적인 연관 속에서 심신이 긴밀하게 하나의 사건으로 포착되어야 한다고 본다. 데이빗슨(1980; 배식한 뒤침 2012)의 제7장 '인과 관계'에서는 이른바 단칭 인과 진술(singular causal statements)을 주장하면서, 인과율은 개별적인 사건 사이에서만 성립되는 것이며, 이 사건들을 유형으로 묶어 법칙으로 만들어야 한다고 보았다. 이 주장은 상항들로만 이뤄진 명제들만이 진리값

---

30) 써얼(2004; 정승현 뒤침 2007: 86쪽)에서는 이원론과 일원론에 대한 여러 가지 접근방식들을 도표로 보여 주며, 한 눈에 인류 지성사에서 어떤 방식으로 생각을 해 왔는지 알 수 있다. 그렇지만 이 글에서 논의하는 네 가지 접근방식은 그 도표에 들어 있지 않다. 써얼 교수가 의도적으로 배제하였는지 여부는 잘 알 수 없는데, 거꾸로 김재권 교수의 책에서도 써얼 교수의 주장을 단지 부차적인 것으로 취급하여 무시하는 인상이 짙다. 만일 그 도표를 확장할 수 있다면, 아마 '동일성' 이론의 교점 아래 자리를 잡거나, 또는 그 윗교점에다 '유사 물리주의'를 더 추가할 수 있을 듯하다.

을 보장받는다는 타스키(A. Tarski, 1902~1983)의 진리관을, 데이빗슨이 자신의 목적에 맞춰 그대로 재번역해 놓은 것에 불과하다. 그러나 이런 주장은 엄격하게 말하여, 개체만을 다루어야 할 뿐, 그것들을 모아놓은 집합 및 집합의 집합은 제대로 다룰 수 없다는 한계에 봉착한다.31) 만일 한 개체가 속성들의 묶음 내지 다발로 주어진다면, 임의의 개체는 단칭항(singular term)으로서 상항(constant)의 자격을 갖지 못한다. 단칭항과 같이 단칭 사건들을 묶어 법칙으로 만드는 것은, 이미 일어나서 진리값이 모든 가능세계에서 고정되어 있다는 점만을 제외하고, 엄격한 기준이 있는 것이 아니다. 사건들을 묶기 위하여 사람들마다 자의적으로 서로 다른 잣대를 들이댈 수 있기 때문이다. 데이빗슨은 그런 자의성들을 차단할 아무런 제안도 하지 않는다(또는 못한다). 그의 사건 논항들의 배열이 오직 사건 존재 양화사를 매개로 한 연접 형식인 것도 상항의 연접 그 이상이 아니며, '사건의 내적 속성'을 드러다 볼 수 있는 길이 차단되어 있다. 달리 말하여, 형식 함의나 실질 함의에서 나오는 것이 아니기 때문이다. 개체들만 이어 놓을 뿐(외연 접근의 한계임), 집합

---

31) 방법론적 일원론(methodological monism)의 공리계가 가장 효율적으로 작동하려면, 공리계의 무정의 용어로서 먼저 '집합들의 집합들'을 요구한다. 이것이 뤄쓸(1903)에서 class-concepts(원초적 집합 개념)을 상정한 주된 이유이다. 이와는 달리, 먼저 개체가 주어지고 나서 집합이 도입되려면, 개체들을 묶어 줄 방책을 마련하기 위하여, 너무나 유표적인 제약들을 설정해 주어야 하는 어려움에 계속 시달리게 된다. 예를 들어, 자연수를 정의할 경우에 페아노는 후자(successor)를 최초 개념으로 상정하고, 프레게는 반복(recursion)을 최초 개념으로 상정하며, 뤄쓸은 선조(ancestor)를 최초 개념으로 상정한다. 경상대 조열제 교수는 '거리(distance)'라는 복합 개념이 최초 개념이 되어야 한다고 보는데, 앞 사람들이 점 차원의 개념을 다루지만, 조열제 교수는 이차원의 개념을 첫 출발점으로 보는 것이다. 어떤 개념을 받아들이든지 임의의 숫자와 다음 숫자의 이어짐을 무한하게 만들어 낼 수 있다. 바로 class-concepts(원초적 집합 개념)들로서 주어진 것이다.

그렇지만 앞의 접근 방식과는 다르게, 만일 개별 숫자를 최초 개념으로 설정한다면, 3이 주어졌을 때에 이것이 4로 이어져야 할지, 아니면 솟수인 5로 이어져야 할지, 그렇지 않으면 배수인 6으로 이어져야 할지, 아니면 지수 함수인 27로 이어져야 할지, 무한히 많은 가능성이 열려 있다. 이런 가능성을 줄이기 위한 고육지책으로 아리스토텔레스는 『형이상학』에서 '1'은 숫자가 아니고 첫 숫자는 '2'라고 주장한 바 있다. 이런 무한한 가능성을 대폭 줄여 놓고 다음 숫자를 결정해 주려면, 불가피하게 많은 제약 조건들을 최초 시발점 위에 부가해 놓을 수밖에 없을 것이다. 이것이 아마 데이빗슨이 받아들인 타아스키(Tarski)의 진리 개념에 내재된 근본적인 한계일 듯하다.

들의 집합에 대한 연산을 해 나갈 수 없는 것이다.

'무법칙적 일원론'이란 말은 자유의지를 다른 낱말로 표현하면서도, 교묘하게 물리세계의 인과 관계를 기본적인 것으로 주장하는 일이다. 따라서 이를 부수현상론이라 부른다. 중심은 언제나 물리세계의 대상과 사건들이며, 딸려 있는 것은 그 대상과 사건을 일으키는 데에 관여하는 마음이란 입장이다. 여기서는 느슨하고 약한 의미의 인과 관계만이 성립될 수 있다. 강한 의미의 인과 관계에서는 부수현상이나 심신이원론이나 모두 배제될 수밖에 없다.

심신 수반론은 김재권 교수의 초기 주장이다. 그러나 스스로 전환한 후기의 생각은 '조건부 물리주의' 또는 '기능적 환원론'으로 불리며, 심신 수반론이 강한 의미의 인과 관계를 구현할 수 없다고 하는 초기 이론에 대한 자기-부정의 논증을 제시해 준다. 김재권 교수의 초기 심신 수반론은 다음처럼 〈그림 1〉로 제시할 수 있다. 먼저 두뇌의 신경계는 뉴런들의 연접하여 그물짜임을 이루면서, 전기화학적인 전달체계로 정보를 주고 받는데, 이를 뉴런망(신경그물짜임)으로 부르기로 한다. 그리고 우리가 스스로 자각할 수 있는 의식을 마음이라고 부르기로 한다. 이것들은 머릿속에서 일어나는 개별 사건들이다.

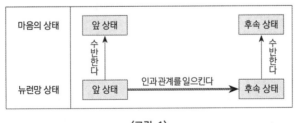

〈그림 1〉

이 그림에서 아래에 있는 뉴런망의 상태는 강한 의미의 인과 관계를 지닌 두 사건의 연결이다(겹화살표). 그런데 각각의 뉴런망 상태는 개별적인 마음의 상태를 각각 수반한다(홑화살표). 다시 말하여, 임의의 뉴런망의 상태를 우리가 스스로 의식하고 자각할 수 있는 상태이다. 그런데 마음의 선후 상태에는 아무런 연결 관계가 표시되어 있지 않다. 그렇다면 적어도 두 상태는 여전히 함께 있고, 모두 자각되고 있어야 한다. 만일 마음의 앞 상태 1이 '두통'이고, 후속 상태 2가 두통을 없앨 약을 먹으려는 '의도'이며, 이런 일련의 관계가 죽 이어지면서 두통약을 먹도록 운동감각 신경계에 명령을 내리는 상태 3과 그 결과 두통이 가라앉아 다소 편안하게 느끼는 상태 4라면, 뉴런망의 인과 관계를 따르면서 변화해 나가듯이, 마음의 상태도 유기적으로 변화해 나갈 필요가 있다. 두통약을 먹고 신경계에서 통증을 유발하는 원인이 제거되었다면, 이에 상응하여 마음의 자각 상태도 바뀌어야 한다. 그렇다면 마음의 상태들 사이에서도 뉴런망에서 일어나는 변화를 그대로 따라서 일어나도록 조치해 줄 필요가 있다. 이를 반영하여 다음처럼 마음의 상태들 사이를 이어줄 수 있다.

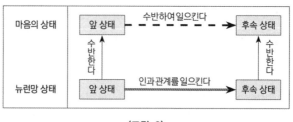

〈그림 2〉

〈그림 2〉에서 새로 추가된 화살표는 점선으로 이어져 있고, 수반적으로 마음이 상태가 바뀜을 표시해 놓았다. 그렇지만 김재권(2004; 하종호 뒤침 2007: 100쪽 이하)에서 스스로 '공허한 말장난'으로 평가하여 철회하였듯이, 점선 화살표의 수반 인과력은 오류일 뿐이다. 왜냐하면 강한 의미의 인과 관계만이 유일하게 상정되고, 이는 배타적으로 뉴런망에

서의 작용에만 적용될 것이기 때문이다. 강한 의미의 인과 관계는 〈그림 1〉만을 옳은 것으로 판정한다. 급기야 김재권 교수는 '기능적 환원론'으로 전환하여, 〈그림 1〉의 관계를 살려 나가는 전략을 택하였다.

이제 독특하게 일원론이나 이원론이라는 개념으로 정신을 포착할 수 없다고 주장하는 써얼(2004; 정승현 뒤침 2007)에서 심신 인과 관계를 살펴보기로 한다. 겉보기로는 써얼 교수가 제시한 아래 〈그림 3〉과 김재권 교수의 〈그림 2〉와 서로 얼개가 유사해 보이더라도, 논의를 전개하는 실질적 내용은 판연히 다르다.

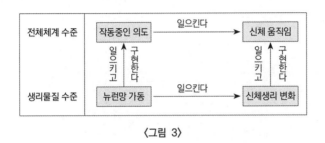

〈그림 3〉

써얼 교수는 종종 자신의 접근을 '생물학적 자연주의'라든지 '신경생물학'이라고 부르지만, 이런 용어가 설득력을 얻으려면 강한 의미의 인과 관계가 어떻게 구현되는지를 밝혀 주어야 할 것이다. 따라서 전반적으로 비유 수준을 넘어서서 엄격한 논증이나 입증은 찾아지지 않는다. 써얼 교수는 전통적인 환원론(물질주의)과 비환원론(이원론)이라는 개념 자체가 의식을 설명하는 데에 부적합하며, 그런 논쟁이 더 이상 올바르게 의식을 포착할 수 없다고 본다. 따라서 새로운 개념과 용어가 필요하며, 그는 이를 전체적인 체계 수준에서 발현되는 의식의 존재론적 '환원 불가능성'이라고 불렀다. 의식은 여러 하위 복합조건들이 동시에 작동하여 전체적인 수준에서만 생겨난다는 것이다. 〈그림 3〉은 이런 관계를 보여 준다. 이들 관계를 모두 cause(일으킨다, 원인이 된다)로만 기술하지 않고, 생리물질 수준에서 전체체계 수준으로 매개되는 관계를 나타낼 때에는 cause에 다시 realize(구현한다)를[32] 연접시키고 있는데, 이를 기본적인 관계 위에 추가적인 제약 관계를 덧붙여 놓은 것으로 파악할 수 있을 듯하다.

단, 전체체계 수준과 생리물질 수준이 서로 별개의 다른 층위에 나뉘어 존재하는 것이 아니라, 동시에 뒤섞여 있고, 의도가 신체 움직임을 촉발함을 나타내기 위하여 특별히 〈그림 4〉를 더 덧붙여 놓았다. 그렇지만 필자가 볼 때에는, 생리물질 수준의 변화와 의식의 변화들이 총체적으로 모두 우리 머릿속에서 일어나야 한다는 자명한 사실만을 재번역한 말장난에 불과하다.

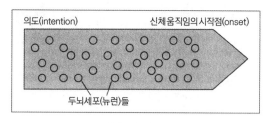

〈그림 4〉

그런데 치명적인 약점은, 의식이 생겨나는 전체체계가 생리물질 수준의 뉴런 그물짜임들 이외에 무엇이 더 있어야 하는지에 대하여 써얼 교수가 명시적으로 언급하지 않는다는 점이다. 그렇다면 구체적인 뉴런 그물짜임들 이외에는 여전히 채워져야 할 빈칸으로 남아 있는 셈이다.

---

32) 우리말 번역에서는 정태적인 느낌을 배제하기 위하여 동사 원형에 모두 현재시제를 덧붙여 놓았다. realize(구현하다, 실현하다, 나타난다)는 우리가 스스로 자각할 수 있으며 자기-지시적인 '의식' 또는 '자기 인식' 상태로 나타난다는 뜻으로 이해된다. 뉴런 그물짜임들의 층위에서뿐만 아니라, 동시에 여러 가지 복합조건들이 가동되어야 하는 것이다. 그렇다면 cause&realize(일으킨다&구현한다)의 연접 관계에서, 앞의 관계는 물리주의로 묶이는 신경생리적 인과 관계를 가리키고 있고, 뒤의 관계는 이것 이외의 다른 조건들이나 부서들을 작동시키는 관계를 가리키는 것이다.

즉, 심신 인과 관계에서 구멍이 여전히 메꿔지지 않은 것이다. realize(구현한다)와 관련된 부서들이 모두 명세되지 않는 한, 이 관계는 무위 적용(vacuous application) 또는 헛된 적용으로 치부될 소지가 있다.33) 오직 cause(일으킨다, 원인이 된다)의 관계만을 중심으로 살필 적에는, 작동중인 의도(intention-in-action)가 곧바로 대각선 관계항인 '신체생리 변화'의 원인으로 작용함을 막을 수 없다. 마찬가지로 뉴런망 가동이 곧장 신체 움직임의 원인으로 작용함 또한 막을 길이 없다. 연접 관계로 이어져 있기 때문에 cause(일으킨다, 원인이 된다)의 관계로 이어지든, cause와 더불어 realize(구현한다) 연접 관계로 이어지든, 두 실현 사례를 차별적으로 나눠 줄 수 없다. 이는 중복결정(over-determination, 과도결정)의 문제에 직면하는 것이다.

써얼 교수가 최후의 보루처럼 의존하는 마음의 지향적 태도 또는 지향성은 정작 어떻게 인과 관계를 일으키는지에 대해서 분명한 설명이 주어져 있지 않다. 물리적 사건을 촉발하는 직접적인 계기를 명시하지 않는다는 점에서, 오직 결과적으로 객관적으로 관찰 가능한 어떤 외적 사건이 있었고, 그 사건에 마음을 지닌 존재가 간여하고 있으므로, 그 마음이 그 사건을 일으키고자 하였다는 '사후 해석'만이 가능할 따름이다. 써얼 교수의 '지향적 인과(intentional causation)'라는 개념은 이런 점에서 한갓 말잔치에 지나지 않을 것이다.34) 그뿐 아니라, 에들먼(2004;

---

33) 만일 이 관계가 살아남으려면, 전체를 명세하지 않고서도 필요충분 조건과 같이 두 영역을 이어주는 형식으로 제시되어야 할 것이다.

34) 단, 이는 심신 인과 관계에 대해서 그러하다. 써얼 교수는 일찍이 옥스퍼드 대학에서 일상언어 철학의 훈련을 받고 써얼(1969; 이건원 1987 뒤침), 『언화(=화용) 행위』(한신문화사)와 써얼(1983, 심철호 2009 뒤침), 『지향성: 심리철학 소론』(나남)을 출간하였다. 모두 의사소통 의도와 관련된 상위 개념들을 다룬다. 의사소통 행위와 관련된 지향성은, 필자가 이 글에서 주장하려는 '규범적' 성격과도 상당 부분 겹칠 수 있는 개념이다. 따라서 지향성 내지 지향적 태도가 모두 폐기되어야 한다고 지적하는 것은 결코 아니다. 다만, 심신 인과를 드러내는 데에 설득력을 더 갖출 필요가 있음을 지적하는 것이다.
    필자의 이런 비판에 대하여, 써얼 교수가 자신을 방어할 수 있는 논리는 이른바 자신이 재서술해 놓은 귀납 규칙을 이용하는 것이다. 하나의 증거 'E'로부터 임의의 가설 'H'를 이끌어낼 수 없다. "E→H"는 성립될 수 없는 것이다. 그렇지만 이 귀납 규칙이 수용되려

김한영 뒤침 2006: 140쪽 이하)에 따르면, 19세기 말 브렌타노에 의해서 우리 정신 현상을 설명하기 위해 외부 대상이나 사건들로 향해 있는 속성을 지향성이라고 불렀는데, 이 개념만으로는 우리가 두뇌 속에서 스스로 의식하는 것(외부 대상과 무관한 내부 의식)들을 다 포괄할 수 없다고 명백히 지적한다. 에들먼은 이를 '비지향적 의식'으로 부르며, 기분 상태, 자기 자신에 대한 느낌, 안에서 치밀어 오르는 느낌 등을 들고 있다. 특히, 갤러버더 외(Galaburda 외 2002)에서 지적되었듯이, '내부기관 자각내용(visceral sensations)'으로[35] 불리는 요소는, 우리가 행위의 목표나 동기를 결정하는 데에 제1차적인 몫을 맡는다는 점에서, 우리 마음 또는 정신을 오로지 지향성으로만 설명하려는 시도에 결정적인 반례가 된다.

세 번째, 더 미시차원에로 환원할 가능성은 네이글(Nagel)의 교량법칙 등에서 더 낮은 양자 차원으로부터 설명력을 끌어내자는 제안이다. 특수과학 내지 개별과학이 일반적이고 보편적인 미시차원의 인과 관계들로부터 연역될 수 있다는 취지이다. 생물학은 분자중합체들을 다루고, 화학은 원자세계를 다루지만, 물리학은 소립자들을 다루는데, 더 낮은 미시세계로 들어가면 이론물리학에서 n-차원의 초끈(super-string) 이론 같은 가설들이 있다. 학문이 발전함에 따라 시대마다 표준이론

면 반드시 하나의 증거가 보편적인 임의의 규칙 'R'에 의해서 가설 'H'를 이끌어낼 수 있어야 한다. 이는 다음 형식을 띤다. "ER→H". 단 'R'은 늘 논박될 수 있는 가능성에서 살아남는 후보이어야 한다. 이런 귀납 형식에서 '지향성' 또는 '지향적 태도'가 R의 후보라고 주장될 수 있다. 그렇더라도 어떤 지향적 태도는 물리세계에서의 변화를 일으키지만, 다른 지향적 태도는 결코 그러할 수 없다는 차별성 때문에, 그런 주장은 오직 부분적으로만 참이다.

35) 우리말에서는 '애끓다, 애 끊어지다, 속쓰리다, 가슴 벅차다, 가슴 아프다, 부아 나다, 창자가 뒤틀리다, 배알이 꼴리다' 따위의 개별적인 내부기관의 자각내용들에 대한 표현에 해당한다. 우리말에서는 아직 이들을 모두 싸안는 상의어는 없다. 잠정적으로 내부 자각이나 비지향적 의식에 관련된 낱말로 부를 수 있다. Galaburda, Kosslyn, and Christen 엮음(2002: 9쪽), 『두뇌의 언어(The Language of the Brain)』(Harvard University Press)에서는 "용기·폭력·성 따위의 낱말들이 흔히 강력한 내부기관 감각내용을 이끌어낸다."고 지적한다.

또는 정상과학이 달라질 수 있다. 이런 주장에 대하여 김재권 교수는 미시과학의 하한선이 정해질 수 없다고 반론을 편다. 그럴 뿐만 아니라 만일 초끈 이론이 분자생물학에서 다루는 염기들의 특징을 다 연역하거나 설명해 줄 것이라고 아무도 기대하지 않는다. 유전체의 분석에서는 'T·A·G·C'라는 개별 염기 요소들의 복합 구성체들 및 그들의 서열 규명이 표적이 되고, 반드시 이것들이 원자세계나 소립자들로 환원되어야 한다고 전제하지는 않는다. 결국 개별과학 또는 특수과학들의 영지가 고유하게 보장될 필요가 있는 것이다. 이를 '개별과학(학문)의 자율성'이라고 부른다.

마지막으로 기능적 환원론을 살펴보기로 한다. 심리철학에서 이미 기능주의라는 용어가[36] 사용되어 왔기 때문에, 같은 낱말로 인한 혼란이 빚어질 소지가 있다. 초기 퍼트넘(Putnam)의 주장으로 대표되는 기능주의는 그의 쌍둥이 지구 비유에서 쉽게 이해될 수 있다. 우리 인간은 탄소 유기물을 재질로 하여 구성된 신경계를 가동시켜 의식을 갖고 있다. 그러나 상상 속의 쌍둥이 지구에 살고 있는 어떤 생명체 K는 동일한 의식을 갖더라도, 그 의식은 다른 재질로 이뤄진 실리콘 칩을 가동시켜 얻는다. 지구에서 물분자는 H_2O의 분자식을 지닌 물체이다. 그러나 그곳에서 거의 동일한 기능을 지닐 수 있는 액체는 XYZ라는 분자식을 지닐 수 있다. 이런 사고 실험을 제시하였던 기능주의는 20세기 중·후반에 컴퓨터의 발전과 더불어 인간 정신을 컴퓨터의 소프트웨어에 비유하였던 데에서 나온 것이다. 특히, 뉴얼·싸이먼(1972)에서[37] 컴퓨터가 언

---

36) 동일한 낱말을 쓰지만 언어학에서 말하는 구조-기능주의나 기능-체계 언어학 등의 개념과는 전혀 다르므로, 혼동되지 않도록 유의할 필요가 있다. 심리철학에서 기능주의란, 기능만 같다면 그 실현체는 어떤 재질로 이뤄지든 문제삼지 않는다는 뜻이다. 가령, 전형적으로 시계는 쇠로 된 톱니바퀴들로 이뤄져 있다. 그렇지만 톱니바퀴는 다른 재질로도 이뤄질 수 있다. 전자시계처럼 반도체를 이용하거나, 원자시계처럼 세슘원자의 규칙적 진동을 이용할 수도 있다. 어떤 재질로 되든 시간을 표시하는 기능은 동일한 것이다. 더 나아가, 임의 물질의 진동을 이용하여 시폭을 표시할 수도 있다. 어떤 물질을 이용하든지 간에 시계가 시간을 표시하는 기능은 동일하므로, 톱니바퀴를 지닌 시계와 기능이 서로 같은 부류로 취급할 수 있는 것이다.

어의 상징 능력까지도 쉽게 구현해 줄 수 있을 뿐만 아니라, 인간의 문제 해결 능력을 모의해 줄 수 있음을 보여 준 이후에, 기능주의가 초미의 관심사가 된 적도 있었다. 그렇지만 세포들의 성장을 통하여 점진적으로 지식을 획득하고 일후 변증법적으로 모순되는 지식들을 통합해 나가는 학습과정을 컴퓨터가 구현해 줄 수 없다는 한계(내부 모순 조정 또는 극복 능력의 부재) 때문에 컴퓨터는 살아 있는 생명체를 그대로 모의할 수 없다. 인지 유형과 발달을 본격적으로 다룬 심리학자 피아제(Piaget, 1896~1980)의 마지막 탐구가 서로 모순되거나 거리가 있는 인지 구조들을 스스로 재조정하면서 역동적으로 균형(평형) 상태에 이르도록 하는 전환 과정이었음도 또한 흥미롭다. 피아제(1974; Coltman 1980 영역), 『모순 조정의 실험들(*Experiments in Contradiction*)』(시카고 대학 출판부)과 피아제(1975; Brown and Thampy 1985 영역), 『인지구조들의 형평(균형 상태 회복)(*The Equilibration of Cognitive Structures*)』(시카고 대학 출판부)과 피아제(1977; Campbell 2001 영역), 『성찰 과정의 추상화 작용에 대한 연구(*Studies in Reflecting Abstraction*)』(Psychology Press) 등이 그러하다. 그 후 지속적으로

---

37) 뉴얼·싸이먼(A. Newell and H. Simon 1972), 『인간의 문제 해결능력(*Human Problem Solving*)』 (Prentice Hall)인데, 여기서 추구된 문제 해결과정은 '최단 경로의 해결책'을 찾는 일로 알려져 있다. 그렇지만 인간의 문제 해결책은 유일하게 합리적인 하나의 방안만을 찾고 거기에 의존하는 것이 아니다. 거꾸로 잘못 치우침(bias 편향) 또는 비합리적인 선택 또한 자주 일어나며, 이를 '어림 판단(heuristics 어림치기, 어림셈)'으로 불린다. 또한 이런 비합리적 선택 현상이 진화론적인 배경을 지니고 있음도 덧붙여지고 있다. 그런데 heuristics란 말을 심리학자 이영애 교수는 '추단(推斷)'으로 번역한다. 많이 고민한 결과이겠으나, 자칫 이는 '추론적 판단, 추론적 단정' 내지 '추리 판단, 추리 단정'으로 오해될 소지가 많아, 여기서는 따르지 않는다. 더 쉽게 '주먹구구 판단'으로 부를 수도 있다. 교육학에서는 heuristics를 경험에 근거한 '발견 학습'으로 번역하는데, 속뜻이 어림짐작으로 찾아낸 대략적인 방식임을 함의하고 있다.

뉴얼의 쓴 방대하고 유일한 책이 번역되어 있다. 뉴얼(1990; 차경호 뒤침 2002), 『통합 인지 이론』(아카넷). 카네기 멜른 대학의 앤더슨(Anderson) 교수가 뉴얼의 모형을 심리학에 충실히 구현해 온 것으로 알려져 있다. 'ACT-R'('합리적인 사고의 원자적 구성체들', 이전에는 '사고의 적응 제어력[adaptive control of thought]'의 약호였음) 이론으로 불리는데, 앤더슨 교수의 심리의 모형은 수학적 논증들을 많이 동원하기 때문에, 인문학 전공자들이 읽어 나가기가 결코 쉽지 않다. 최근 앤더슨·리비어 엮음(Anderson and Lebiere), 『사고의 원자적 구성체(*The Atomic Components of Thought*)』(Lawrence Erlbaum)에 전반적인 논의가 12편의 글로 모아져 있다.

컴퓨터는 쉽게 하지만, 인간은 제대로 할 수 없는 과제들도 허다히 많이 있고, 거꾸로의 경우도 또한 그러한 경우들이 많음이 자주 지적되어 왔다. 일부의 기능이 비슷하더라도 생명체와 비생명체가 지니는 본질적 차이가 더 큰 것이다.

김재권 교수의 기능적 환원론은 두뇌 신경세포의 본질이나 실체를 묻는 것이 아니라(이는 세포신경학자의 업무임), 인간 의식의 가장 밑바닥에 언제나 작동하는 기본요소인 '같음'(동일성이나 유사성)과 '다름'(차별성이나 차등)의 파악이나, '유형'에 대한 자각 등이 뉴런들의 그물짜임에서 구현될 수 있는지를 묻는 방식이다. 이는 마치 비트겐슈타인의 전환을 보는 듯하다. 후기 비트겐슈타인은 언어가 그 자체로는 아무 의미도 없고, 오직 사용 맥락이 주어져서 같이 쓰일 때에라야 비로소 의미를 지니게 된다고 하였다(사용 맥락이 의미를 결정함). 우리 인간의 정신 또는 인식은 내부의 느낌이든, 아니면 외부의 어떤 대상이든지 관계없이, 대상들 사이의 동일성이나 차별성을 지각하고, 그것들을 유형이나 부류로 묶어 나가면서 의식의 기반을 마련하게 된다. 그렇다면 두뇌 신경세포의 작동에서 동일성과 차별성들의 유형화 가능성을 구현해 줄 수 있는지 여부가 1차적으로 심신 인과 관계에서 핵심 사항이 된다. 우리 주변세계에 대한 유형들이 얼마만큼의 범주(범주의 숫자)로 구축되어야 하는지는 차후에 다루어야 할 또 다른 문제가 된다.38) 유사성과 차별성에 대한 유형화가 가능한지 여부는, 곧 두뇌 신경세포가 기능을 지닐 수 있는지 여부가 된다. 어떤 방식으로 배열되어 정보를 주고받든지 김재권 교수는 두뇌 신경세포가 의식의 가장 밑바닥 요소인

---

38) 간단히 생각과 행동의 이분법이거나, 이성·감성·행동(동기)의 삼분법이거나, 아니면 성리학의 사단 칠정 분류법이거나, 부파 불교(아비달마)에서 '색계·욕계·무색계·출세간계'로 분류되는 수십 종류의 세계를 채우는 마음들이거나 간에, 마음에 대한 범주들은 연구의 특정 목적에 따라 그 범위와 선택 항목들이 융통성 있게 달라질 듯하다. 이것들은 서로 다른 공리계들을 구성하는 셈이므로, 이들 사이에 양립 가능성이나 내부 무모순성 따위의 잣대로 비교될 뿐이다.

'동일성 및 차별성에 대한 유형별 묶음'

을 구현해 줄 수 있을 것으로 믿는(확신하는) 듯하다. 따라서 『물리주의』에서는 마지막 장의 제목 '물리주의, 완벽하지는 않지만 거의 충분한 이론' 아래 낙관적인 전망을 담고 있다. 어떤 두뇌 신경세포 군집들을 이용하든지 간에, 이들 유형을 무한히 복합적으로 작동시켜 믿음·감정·동기 등의 기본범주들뿐만 아니라, 이 범주들에 대한 자기-지시적 또는 재귀적 의식을 부여함으로써 복합 개념으로서의 '자아'(자기 자신의 지속성을 느끼도록 하는 의식)를 탄생시킬 수 있을 듯하다.

필자가 이해한 '기능적 환원론' 또는 '조건부 물리주의'는, 겉으로 심신 인과 관계를 표적으로 하지만, 그 표적은 다시 두뇌 신경세포들이 구현해야 할 미시차원의 의식 구성소인 '동일성 및 차별성', 그리고 이들에 대한 유형별 묶음에 대한 구현 여부로 해체된다.39) 이 일을 어떤 방식으로든 뉴런 그물짜임들에서 구현해 줄 수 있다면, 이 미시적 단위들이 복합적으로 그리고 단계단계 계층적으로 결합하면서 '의식의 기본범주'들을 마련해 나갈 수 있다. 일단 기본범주들이 수립된다면, 그 그릇들 속에다 다양한 개별 경험들을 모아놓음으로써, 비로소 '인간 지식의 토대'를 깔아 놓게 된다. 믿음·가치·동기·욕구·정서 등 기본범주들을 몇 가지 상정해야 되는지는 또 다른 차원의 새로운 문제이다. 일부 생리 법칙적인 것에서부터 시작하여, 상당 부분 개인 및 사회 수준에서 가치 규범적인 차원까지도 동시에 작용할 것이다.

만일 그런 기본범주들이 설정된다면, 일단 범주들 자체는 평생 살아

___

39) 심신 인과 관계는 결국 '범주 α(또는 그 사례나 예화 a), 범주 β(또는 그 사례나 예화 b), ..., 그리고 이 범주들을 통합할 수 있는 자기-지시적인 재귀의식'이 서로 긴밀히 공모하여 생겨나는 것이라고 말할 수 있다. 심신 인과를 직접 촉발할 수 있는 뉴런 그물짜임은 존재하지 않는다. 그렇지만 동일성 및 차별성의 유형들이 모여서 만들어 낸 몇 가지 관련 범주들(그 사례나 예화들) 및 자기-지시적인 재귀의식이 동시에 유기적으로 작동하면서, 신체 움직임을 촉발할 수 있도록 근육 신경체계에 명령을 전달하게 되는 것이다. 바로 이것이 기능적으로 환원된 조건부 물리주의의 실상으로 이해된다.

가는 동안에도 변하지 않겠지만, 범주들의 그릇 크기만은 경험이 누적됨에 따라 달라질 것임을 쉽게 예측할 수 있다. 심신 인과 관계의 해결책은 이런 유기적이고 복합적인 뉴런 그물짜임들로써 구현될 것으로 본다. 점차적으로 이렇게 계층별 의식 구성체들을 마련하려는 큰 지도 위에서 본다면, 의식과 신경계 사이에 1 : 1 대응을 전제하는 크뤽(Crick)의 접근법보다, 오히려 윌리엄 제임스의 통찰력을 두뇌 신경계 군집들로써 구현하고자 하는 에들먼(Edelman) 교수의 '통합주의 접근법'이 더욱 바람직한 후보일 수 있다. 우리 두뇌 속에서 동시에 가동되는 여러 층위의 복합적 작동 방식을 가장 잘 포착해 주기 때문인 것이다.

3. 논리화 과정의 완벽성 대 겸손한 회의주의

우리의 생각이 논리적 과정을 거쳐 완벽성에 도달할 수 있다는 믿음은 옛날부터 있어 왔던 듯하다. 그 사례를 동양과 서양에서 모두 쉽게 찾을 수 있는데, 여기서는 그런 주장의 근거를 대표적인 표본 사례를 비교하면서 다뤄 나가기로 한다. 논리적 전개과정 및 한 개인의 믿음은 서로 다른 별개의 영역이다. 논리는 일부 지식을 구성하는 절차이며(확실한 지식의 획득 절차), 주로 참과 거짓된 결론을 구별하여 찾는 데에 이바지해 왔다. 그러나 믿음은 일련의 가치 체계를 함의하고, 그 가치에 따라 우리가 행동하고 삶의 목표를 정하게 된다.

매우 소략하게 대응시켜 본다면, 희랍 사람들이 인간을 진·선·미의 세 영역으로 상정한 것이, 칸트에게서 순수이성·실천이성·판단력으로 이어질 수 있다. 논리 쪽은 진을 추구하는 순수이성이며, 믿음은 나머지 실천이성이나 감성을 중심으로 하는 판단력과 관련될 수 있다. 우리 문화에서는 삼분 영역보다는 유교의 영향으로 말미암아 오히려 이분 영역을 선호해 온 듯하다. 사고와 행동, 말과 실천, 생각과 행실 따위의 대립 항은, 각각 논리와 행위에 대응할 수 있다.

오늘날에는 두 가지 이유 때문에 완벽성에 대한 신뢰가 덜하다. 첫째, 논리 전개상 괴델에 불완전성 정리를 받아들이기 때문에 우리가 취할 수 있는 최선의 선택이 '겸손한 회의주의'임을 누구나 인정한다. 둘째, 인간이 공유하는 감각 기관과 인지 기관의 한계를 받아들이기 때문에, 반대급부로 인간의 감각과 인지를 벗어난 사건 및 세계의 존재를 인정하게 된다. 서양에서는 아리스토텔레스(기원전 384~322)가 완벽성에 도달할 수 있다는 신념을 가졌었고, 동양(특히 중국)에서는 여진족의 금나라에 쫓겨 남쪽으로 나라를 옮긴 남송의 주희(1130~1200)가 그러하였다. 주희는 당시까지 알려졌던 여러 사상과 세계관을 모두 아울러 주역의 논리로 꿰뚫고서 이른바 '성리학(性理學)'을[40] 일으킨 장본인이다. 이러한 논리의 완벽성에 대한 믿음은 곧장 '독단주의'(유아론)로 흐를 위험을 배제할 수 없다. 참스키 교수는 이런 상황을 두 가지 물음으로 정리한 바 있다(참스키 1986; 이선우 뒤침 1990, 『언어에 대한 지식: 그 본질, 근원 및 사용』, 민음사). 하나는 플라톤(Plato)의 문제인데, 우리들 경험하는 분량이 매우 작음에도 불구하고

"우리가 어떻게 온 우주의 지식을 다 알 수 있는 것일까?"

다른 하나는 오웰(Orwell)의[41] 문제이다. 비록 주위에서 아무리 많은 반증 자료를 제시해 준다고 하더라도

---

40) 생명체의 품성(性) 및 만물의 이치(理)를 탐구하는 학문으로, 비록 무대인 세계를 먼저 논의하지만 결국 만물의 영장인 인간이 중심에 자리 잡는다. 성리학을 소개한 책자와 이(理)라는 글자의 뜻에 대해서는 88쪽 제3장 1절의 각주 4를 참고하기 바란다.

41) 조어지 오웰(George Orwell)이라는 필명으로 자신의 사상을 드러내는 소설과 정치 평론을 썼던 영국 작가 블레어(Eric Arthur Blair, 1903~1950)를 가리킨다. 사회의 불공정성과 전체주의(공산주의)에 반대하여 풍자 소설들을 썼고(『동물 농장』, 『1984년』 등), 민주적 사회주의(democratic socialism)를 수립하는 데에 헌신하였다.

"어떻게 아무 영향도 받지 않은 채 우리의 선입견을 그대로 유지하는 것일까?"

플라톤 문제에 대한 대답은 우리가 이성을 지니고 있기 때문에, 그 이성을 일깨워 줄 자료가 아무리 적은 양이 주어지더라도, 우주의 비밀을 깨닫기 충분하다고 말할 수 있다. 이런 측면을 가장 잘 보여 주는 일은 어린이의 모어 습득이다. 그렇지만 오웰의 문제를 해결할 수 있는 간단하고 편리한 대답을 찾아내기는 어렵다. 왜냐하면 우리의 믿음이나 가치 체계는 거대하고 복잡한 층위들이 서로 맞물려 있기 때문이다. 이런 복잡한 층위들의 얽힘을 미국의 실용주의 철학자 퍼어스(C. S. Peirce, 1839~1914)는 '믿음의 고정 과정(fixation of belief)'이라는 멋진 용어로 불렀는데,[42] 민간에서 긍정적으로는 인생관이나 가치관으로 부르고, 부정적으로는 옹고집(똥고집)으로 부르는 내용이다. 한 사람의 인생관이나 가치관이 바뀌려면 자신의 믿음 체계와 반대되는 가장 충격적인 체험을 한 뒤에라야 가능할 듯하다(피아제는 모순 조정 과정으로 봄).

인류 지성사에서는 인간의 한계를 철저히 자각함으로써 이런 독단성을 벗어나려고 노력해 왔는데, 그 뿌리가 최근에 비트겐슈타인이나 계몽주의 시대의 몽테뉴를 거쳐 멀리 고대의 소크라테스까지로 거슬러 올라갈 수 있다고 한다. 이런 겸손한 태도는 언어를 산출하는 과정에서 서로를 존중하면서 상대방과 '상호 조율'하려는 마음가짐을 낳게 된다는 점에서 매우 중요한 몫을 차지하고 있다. 자연계에서 신호를 주고받

---

42) 퍼어스가 타계한 뒤에 미망인이 퍼어스의 모교인 하버드 대학에 유고들을 기증하였고, 하버드 대학 출판부에서 1931년부터 1958년까지 8권의 전집을 펴내었다. 그렇지만 이 전집을 이용하는 학자들 사이에서 착간(착착)들이 많다는 비판이 제기되었다. 따라서 새롭게 인디애나 대학 출판부에서 '퍼어스 총서 편집 과업(Peirce Edition Project)'을 진행하여 현재 제8권까지 나와 있다. 필자는 출판 연대에 따라 배열한 하우저·클로즐 엮음 (Houser and Kloesel 1992), 『퍼어스 필독 논문선(The Essential Peirce), 1~2권』(Indiana University Press)을 참고하고 있다. 그 첫째 권의 제7장에 퍼어스가 38세 때 쓴 퍼어스 (1877), 「The Fixation of Belief」를 읽어 보기 바란다.

는 모든 실체들을 매우 건조하게 '의사소통'이라고 말할 수 있지만, 인간이 인간끼리 주고받는 언어 요소들은 상호 조율에 기반한 의사소통이며, 언어 산출자는 임의의 산출물을 입밖으로 내보내기 이전에 반드시 (신중하게) 준비하고 고려해야 하는 덕목이 된다. 그렇다면 필자는 독단성이 기대고 있는 근거를 따져, 그 기반의 허약성을 밝히는 절차가 선결될 필요가 있다고 본다.

여기서 비록 매우 소략하게나마 시대가 한참 동떨어져 있는 아리스토텔레스의 생각과[43] 주희의 생각을 놓고서[44] 논리화 과정의 완벽성에 대한 두 가지 사례로서 비교해 보려는 것은 두 가지 목적을 지닌다. 하나는 논리화 그 자체가 실제의 삶과 유리되어 독자적이고 자동적인 절차가 될 수 있는지를 비판하려는 것이다. 이는 고대의 세계관에서 찾아지는 전형적인 사고방식이기 때문이다. 둘째, 현대 학문이 서로 가

---

43) 25쪽 제1장의 각주 1)에 있는 아리스토텔레스의 우리말 번역본들을 참고하기 바란다. 필자는 로스(1995; 김진성 뒤침 2011), 『아리스토텔레스: 그의 저술과 사상에 관한 총설』(누멘)과 김진성 뒤침(2007), 『형이상학』(이제이북스)과 조대호 뒤침(2012), 『형이상학 1~2』(나남)와 조대호(2004), 『아리스토텔레스의 형이상학』(문예출판사)로부터 큰 도움을 입었다. 이따금 이해하기 어려운 대목은 하버드 대학 출판부에서 펴낸 희랍-영어 대역본 '로우브(Loeb) 고전 도서관'의 영역을 같이 대조하며 참고하였다. 모두 다 동일하게 독일 벡커(Bekker)가 확정한 희랍어 판본의 쪽수를 적어 놓고 있으므로, 인용이 있을 때나 각주에서 쉽게 참고하고 대조할 수 있었다.

44) 남송 주희(朱熹, 1130~1200)의 저작물 중에서 상고시대의 복희씨를 끌어들여 논의하는 '주역' 관련된 저술에만 국한하여 다루기로 한다. 주희의 주역에 관련 저작물은 48세 때 지은 1177년 『주역 본의(周易本義, 주나라 역의 본디 의미)』와 57세 때 지은 1186년 『역학 계몽(易學啓蒙, 초학자를 위한 주역 공부의 개론서)』이 대표적이다. 1414년 명나라 호광(胡廣) 외 41인이 정이(程頤, 1037~1107)의 『역전』과 주희의 『주역 본의』를 합쳐서 『주역 전·의(=역전·본의) 대전』을 발간한 바 있다. 조선조에서는 이 판본이 가장 오래 그리고 가장 널리 애용되었는데, 그 첫째 권인 '수권(首卷)'에 주역을 이해하기 위한 개론서가 들어 있다. 『주역 전의 대전』은 현재 두 종의 번역 해설이 나와 있다. 김석진 뒤침(2006), 『주역 전의 대전 역해, 상~하』(대유학당)와 성백효 뒤침(2011), 『현토 역해 주역 전의, 상~하』(전통문화연구회)이다. 송대 백화가 섞여 있어 난해한 대목이 더러 있더라도, 소(疏) 또는 세주(細注)까지 다 번역되면 독자들의 이해가 더욱 깊어질 듯하다. 필자는 3년째 경상대 한문학과 이상필 교수의 『주역 전의 대전』 강독을 들으며 배우고 있다. 고마움을 적어 둔다. 『역학 계몽』도 현재 두 종의 번역이 나와 있다. 김상섭 뒤침(1994), 『역학 계몽: 주희 도서역의 해설』(예문서원)과 김진근(2008), 『주희에게 직접 듣는 주역 입문 강의, 완역 역학 계몽』(청계)이다. 한문 원전은 모두 사고전서의 판본을 참고하였다 (http://sou-yun.com).

닥을 잡을 수 없을 만큼 너무 미세하게 분업화되어 있는 상태에서 모든 지성 작업을 일관되게 통괄할 수 있는지를 반성해 보려는 것이다.

아리스토텔레스의 논리화 과정은 그의 세계관 속으로 편입되어야 전모가 드러나게 된다. 논리화 과정은 '사유/논리 도구(organum)'로 묶이는 6권의 저술과 관련되고, 세계관은 '자연학-후편'으로 번역될 수 있는 14권의 '형이상학'으로[45] 대표된다. '인간은 모두 알고 싶어 한다(All men naturally desire knowledge)'는 말로 실마리를 여는 『형이상학(자연학-후편)』에서는 감각·기억·경험·기술·학문으로 발전하는 이승 세계 또는 주변 생태 환경의 질서를 탐구한다. 그는 우주가 운행되는 제1 원인(primary causes)들이 네 가지 있음을 전제한다. 형상 요인·재질 요인·작용 요인·목적 요인이다. 평면적으로 이 요인들을 나눌 적에 형상과 재질은 하나의 대상을 만들어 주는 요인이 되고(건축도면과 건축물의 관계임), 작용과 목적은 한 대상이 작동이나 운동을 하도록 만들어 주는 요인이다(대상의 운행과 영혼을 지닌 인간의 움직임). 전자는 송나라 때 성리학에서 그토록 논란거리가 되었던 이(理, 결)와 기(氣, 김)에 대응될 수 있다. 성리학에서는 이(理)와 기(氣)가 스스로 엉김과 튕김을 통하여 운행을 할 수 있다고

---

45) 20세기 초반에 일본인 정상(井上[이노우에])이 공자가 썼다는 『주역』에 얽힌 해설(계사)에서 따왔다. "형태가 있고 하늘 위에 있는 것을 도라고 부르고, 형태가 있고 하늘 아래 있는 것을 그릇이라고 부른다." '형이상학'은 하늘이 운행하는 법칙을 탐구하는 일이므로, 비유의 방법에서 상하의 개념을 쓰고 있다. 필자는 개인적으로 동양의 조어법에서 '형이상학'이 곧 '도학'(道學, 우주의 운행 길을 드러내는 학문)인데, 아리스토텔레스의 '자연학-후편'과는 서로 잘 맞지 않은 것으로 본다. 대신 필자는 '자연학-후편'(『형이상학』)을 읽으면서 '무대'와 '무대-뒷편' 작동원리라는 비유가 떠올랐다. 14권으로 이뤄진 '자연학-후편'은 아리스토텔레스 사후 2백년 뒤에 와서 붙여졌으며, 앞뒤의 비유로 쓰이고 있다. 『형이상학(자연학-후편)』의 전개 방식은
　① 정태적인 영역과 대상을 먼저 다루고,
　② 그 대상들이 운동과 변화를 하는 동적인 영역을 다룬 뒤에,
　③ 궁극적으로 운동의 원인을 불변의 영원한 실체(신)로 상정한다.
그렇다면 결과만을 놓고 따질 때, 다시 자신이 지속적으로 비판해 놓은 스승 플라톤의 이데아 모형으로 회귀하고 있는 셈이다. 계몽주의를 열었던 프랜시스 베이컨이 아리스토텔레스를 공격하는 측면도 이런 회귀 모습이다. 그렇지만 이런 전환을 가장 호감 있게 평가하는 방식은, 오늘날 선호되는 가설-연역 체계가 초기 단계에서는 귀납법을 써서 궁극적인 공리계를 만들 후보들을 찾아내는 일에 비견될 수 있다.

보았다는 점(내재적이고 자족적인 운행 원리)에서(오늘날 자연주의 접근법임), 아리스토텔레스처럼 따로 '독자적인 연출가'를 요구하지 않는다. 대상으로 이뤄진 세계가 작동 또는 운동을 하도록 상정하는 데에는 암암리에 연출가(작동이나 운동과는 별개의 차원에 있는 존재임)를 깔게 된다. 궁극적으로 이 연출가는 불변의 영원한 실체인 신(유일신)으로 논의된다(『형이상학』제12권과 제13권). 자연주의를 표방하는 오늘날의 학문에서는 대상들이 관여된 사건들 사이에 찾아지는 인과관계(또는 함수관계)를 전제한다는 점에서 오히려 성리학 체계와 동형인 셈이다.

아리스토텔레스는 『형이상학』 제6권에서 학문의 체계를 세 영역으로 나누었다. 동사 '안다, 한다, 만든다'로 대표되는 이론학문·실천학문·제작학문이며, 곁가지로 이들 학문에 들어서기 위한 예비단계인 '사유/논리 도구(organum, 학문 도구)'를 연마해야 한다. 제작학문은 뭔가를 만들어 내는 것으로서 그의 '시학, 수사학'이 여기 속한다. 실천학문은 행실에 관한 것으로 '니코마스(아들 이름) 윤리학, 에우데모스(친구 이름) 윤리학, 대 윤리학' 등이 여기에 속한다. 나머지들이 이론학문에 속하는데, '수학, 자연학, 신학, 형이상학' 따위가 그러하며, 오늘날의 순수학문 영역이다(학문 도구도 순수학문에 속함). 실천학문과 제작학문은 오늘날 응용학문과 대응된다.

이들 학문의 체계에서는 가장 기초가 되는 단위를 상정해야 한다. 아리스토텔레스는 실체(substance)와 존재를 거론하는데, 제1 실체와 제2 실체이다. 실체라는 낱말이 중의적으로(여러 가지 의미로) 쓰이고 있음이 두드러지다. 즉, 실체가 구체적인 감각 대상을 가리킬 수도 있고, 대상을 구성하는 재질(substratum '기체'로도 번역됨)의 뜻을 지닐 수도 있으며, 그런 대상을 제작하는 도면으로서 형상(form)을 가리키기도 하는 것이다.[46] 이런 현상을 놓고서 전문가들 사이에 논의가 분분하다. 그렇

---

46) 이는 '하나 → 여럿 → 전체 → (전체로서) 하나 → …' 등으로 순환된다. 뤄쓸(Russell)은 이런 관계를 classes of classes(집합에 대한 집합족)의 관계(집합족들 사이의 관계, family of

지만 『범주론』에서의 사용 방식과 『형이상학』에서의 사용 방식 사이에
서로 모순된다고 간주하기보다는, 일관된 통일성을 찾아내는 일이 그
의 세계관을 해석해 내려고 하는 순리적 방식으로 판단된다.

술어의 종류의 의미하는 '범주'는47) 주어와의 결합에서 복합개념(비-
실체)을 제외할 경우에, 기본적으로 두 가지로 실현된다. 하나는 구체적
대상물과 이들을 분류하는 종(species)의 결합이다. 다른 하나는 종과 부
류(genus)의 결합이다. 더 쉽게 이야기하여, 전자는 고유명사(개체임)와
일반명사(집단임)가 결합하는 것이고, 후자는 일반명사가 상위 부류(집
합족 또는 상위 집단임)에 속하는 관계이다. 이들 두 가지 형식을 통합하기
위한 도구로 '개체(individual)'와 '보편 속성(universal)'을 도입한다.48) 실
체의 중의적 용법은 결국 개체만을 가리킬 수도 있고, 일반 속성을 가리
킬 수도 있으며, 또한 보편 속성도 가리킬 수 있다고 재해석한다면, '실
체'에 대한 모순 논쟁에서 벗어날 수 있을 것으로 본다. 스승 플라톤의
이데아 세계(이승과 저승을 모두 아우르는 '그승')를 부정하기 위하여 아리
스토텔레스는 생명체에게 감각이나 인식이 생겨나는 절차를 다음과 같

---

classes)로 보며, 간단히 type(유형)과 token(사례, 구체적 실물)의 관계를 반복 적용하여
설명한다. 이때 반복(recursion)이란 개념이 가장 궁극적인 개념이며(자연수를 낳은 궁극적
개념임), 우주를 만들어 내는 기본 질서인 것이다. 이탤리 수학자인 페아노는 자신의
수학적 귀납법에서 후자(successor)란 용어를 썼고, 영국 수학자 뤄쓸은 앞 조상(predecessor,
선조)이란 용어를 썼으며, 독일 수학자 프레게는 반복(recursion, 일본인들은 '회귀'로 번역하
는데, 되돌아간다는 말에는 어폐가 있으며, 되돌아가더라도 반복되지 않으면 아무런 일도
일어나지 않기 때문임)이란 말을 쓴다.

47) 이런 점에서 '사유 도구'의 접근 방법은 자연언어에 의존적이다. 처음으로 학문의 체계를
수립하려는 단계에서는 서로 상대방과 소통하기 위하여 불가피하게 공동체에서 공유되
는 대상들을 끌어들여 오는 선택이 불가피하였을 것으로 판단된다. 오늘날에는 자연언
어를 통하여 개념을 만들어 나가는 것이 아니라, 오히려 가설-연역 체계에 따라 개념들
을 먼저 정의하는 선택을 한다. 접근 방법에서 서로 반대의 방향인 것이다.

48) 철학에서는 개별자·보편자라는 용어를 쓰기 일쑤이다. 물론 잘못된 번역이라고 말할 수
없겠으나, 동일한 선상에서 똑같이 접미사 '자(子, 者)'를 써서 어리둥절하게 만든다. 이
들은 결코 동일한 차원의 개념이 아니다. 응당 '개체'와 '보편 속성'이란 말로 바꿔 주어
야 한다. 개체와 일반 속성/보편 속성이란 용어의 짝은 이내 이들 사이에 포함 관계를
파악할 수 있게 해 준다. 개체와 일반 속성이 서로 주어와 술어로 결합하는 경우가 있고,
다시 일반 속성이 보편 속성과 서로 주어와 술어로 결합하는 경우도 있다. 따라서 동심원
을 그린다면 세 개의 동심원이 있어야 하고, 맨 안에 들어 있는 것이 개체들이 된다.

이 보았다. 감각 대상물이 먼저 주어져야 하고, 다음에 감각적 체험이 뒤따르며,[49] 이 체험이 기억 속에 각인되어 개념들이 생겨나는 것이다. 이런 관점은 계몽주의 시대에 영국 경험주의를 열었던 로크와 버클리, 그리고 흄에게서도 찾아지는 동일한 접근 방식이다.

아리스토텔레스에게서 단일하고 완벽한 세계관이 수립되는 데에는, 보편 속성을 바탕에 깔고서

'대상 존재 → (생성 소멸 대상의) 작용과 운동 → 궁극적인 원인'

이라는 단계별 진전 모습에 주목할 필요가 있다. 생성과 소멸하는 대상들의 작용과 운동에 대한 '궁극적인 원인'은, 다음과 같은 개념적 요구를 충족시켜야 한다. 첫째, 생성과 소멸의 대상에서 벗어나고 또한 작용과 운동의 차원에서 벗어나야 한다. 둘째, 모든 대상에 적용되도록 보편 속성을 지녀야 한다. 셋째, 모든 대상을 관통하므로 하나(일자)이어야 한다. 넷째, 현실태에서 항상 지각될 수 있도록 영원해야 한다.[50] 이러한 논리적 요청을 현상계의 '실재'라고 관념할 경우에는 '독단론'

---

49) 『범주론』 제7장 "그렇지만 감각 대상물(the perceptible)은 동물(animal)보다 그리고 감각 (perception)보다 더 먼저 주어져 있다. … 따라서 우리는 감각 대상물이 감각들보다 먼저 나와야 하는 것으로 결론을 짓는다." 김진성 뒤침(2008), 『범주론』(이제이북스)의 58쪽 9행 이하를 보기 바란다. 또한 유원기 뒤침(2001), 『영혼에 관하여』(궁리)도 참고하기 바란다. 아리스토텔레스가 언급하는 soul(영혼)은 인간에게만 해당하는 것이 아니라, 살아 있는 생명체에 모두 적용되는 포괄적인 개념이다. 따라서 '삶의 의지'나 '생명 유지 본능'으로 부를 수도 있으며, 또한 인간의 지성까지도 포괄하고 있는 폭넓은 상위 개념이다.

50) 아리스토텔레스의 『형이상학』에서 시간이 깃든 명제 표현 내용은 다루지 않고, 간접적으로 양태의 문제를 다룬다. 즉, 실현태(energeia)와 잠재태(dynamis)이다. 조대호 교수는 각각 현실태와 가능태로, 김진성 교수는 각각 발휘/실현 상태와 잠재/가능 상태로 번역하였다. 제9권 8장에서는 실현태가 잠재태보다 앞서고 우위임을 천명한다. 실현태는 현재 우리가 경험적으로 감각할 수 있는 모든 지각 상태이다. 시간 차원을 따로 도입하지 않기 때문에 영원성이 항상 실현태로만 존재하는지, 아니면 잠재태가 실현태로 바뀌는 것인지에 대한 논의는 분명치 않으나, 생성과 소멸을 하지 않기 때문에 초시간적인 영원한 존재는 항상 실현태로만 주어져 있어야 할 것이다. 아리스토텔레스의 시간에 대한 논의는 『자연학』 제4권에서 깊이 다뤄지는데, 이기상(1990), 「계산의 시간: 아리스토텔레스에 있어서의 시간」, 『철학』 제35권에서 개관할 수 있다.

(유아론[唯我論])이 생겨날 소지가 있다.

　이런 독단론은 수학적 증명에 의해서 성립될 수 없음이 이미 밝혀져 있다. 괴델의 불완전성 정리는 가장 궁극적인 하나가 언제나 증명되지 않은 채 벗어나 있음을 가리킨다. 그럴 뿐만 아니라 일련의 코언(Cohen 1963, 1964, 1966)에서는[51] 가설 연역 체계에서 두 가지 이상의 공리계가 서로 모순 없이 양립할 수 있음을 수학적으로 증명한 바 있다. 따라서 '양립 가능성(compatability)'이란 개념이 한 이론 체계의

　　'강건함(robustness) : 허약함(weakness)'

의 정도를 시험하는 중요한 척도로 부상된다. 가설 연역 체계에서는 더 이상 완벽성이 존재할 수 없다. 오히려 다른 공리계들과 양립 가능한지를 묻고, 후보들 중에서 내부 모순이 없이 얼마만큼 우리들이 인식하기에

　　더 간단하고(simpler) 더 우아한지(more elegant)

를 따져 한 이론 체계를 선택할 수 있는 것이다. 세계를 기술하고 설명하는 이론 체계에 '대상 그 자체(things themselves)'의 질서 말고도, 따로 새로운 차원으로 우리 인간들의 인식 조건과 상호 의사소통 조건이 더 들어가 있는 것이다.

　매우 제한된 필자의 독서 범위 안에서만 따질 적에, 중국 문명과 우리 문화에 이런 독단성의 기틀을 제공해 준 인물로서 먼저 주희(1130~

---

51) 코언(1963), 「The Independence of the Continuum Hypothesis I, II」, 『*Proceedings of National Academy of Sciences*』 vol.# 50, pp. 1143~1148; vol.# 51, pp. 105~110, 그리고 코언(1966), 『집합 이론과 연속체 가설들(*Set Theory and the Continuum Hypothesis*)』(W. A. Benjamin)을 보기 바람.

1200)가 떠오른다. 그는 남송의 유학을 이질적인 이념과 세계관을 모두 포괄할 수 있도록 새롭게 정리하였으므로, 이를 '신유학' 또는 '주자학'이란 이름으로 부르고 있다. 주희는 여러 사상뿐만 아니라 또한 중국 역사의 정통성을 굳건히 세우기 위하여『자치 통감 강목』을52) 자신의 사위 조사연(趙師淵, 1150~1210)을 통하여 편찬하였다. 임금들에게 정치를 하는 방법(資治, 통치에 도움 자료가 됨)을 역사적 사건들의 전말을 보여 주면서(通鑑, 맑은 거울에 비춰 보듯이 역사의 전개를 두루 살펴봄) 가르치기 위한『자치 통감』은, 신법을 세웠던 개신파 왕안석(王安石, 1021~1086)과 대립하여 구법을 옹호한 보수파 사마광(司馬光, 1019~1086)이53) 낙양 유배 시절에 특별히 왕명을 받아 장장 17년간의 노력으로 중국의 역사를 정리해 놓은 것이다. 시작 연도는 공자가 정리해 놓은 노나라 역사책『춘추』(노나라 은공 원년 기원전 722년~노나라 애공 27년 기원전 468년)의 기록이 끝나는 주나라 위열왕 24년 기원전 403년으로부터 시작

---

52) 세종 때에 3년에 걸쳐 집현전 학사 이계전 김문 윤회 등 40여 명이 품의한 것을 놓고서 세종이 직접 음과 훈을 결정한 뒤 1436년에 발간한『자치 통감 강목』에는 각별히 '사정전훈의(思政殿訓義)' 판본으로 불린다. 이것의 복간 목판본이 아름출판사/학민문화사에서 국배판 4권으로 영인되어 있다. 조선조 때 선조 임금이 일독하는 데에 8년이 걸렸던 책인데, 흔히 '강목'(세조가 쓴 큰 글자로서 '그물 벼리' 및 기존에 만든 작은 글자로 씌어진 '그물 눈')으로만 간략히 불린다. 이는 완독에 1년 정도 걸리는 소략한 강지(江贄)의 '소미 가숙 통감'과는 판이하게 다르다.

주희는 조사연에게 '강목'을 편찬하도록 하면서, 특히 여러 왕조들 사이의 '정통성'에 대하여 사마광도 평가하지 않았던 것을 새롭게 여러 사람의 '사신(史臣)' 입을 빌려 적어 놓고 있다. 이른바 '춘추 필법'으로 불리는 포폄의 전통이다. 우리나라 삼국 시대 고구려의 일도 한나라 무제 연간에 들어 있다. 북송 시절 중국의 두 임금이 적국으로 끌려가고 서울을 남쪽으로 옮겨야 했던 쓰라린 경험을 교훈 삼아,『자치 통감 강목』에는 이민족(특히 여러 흉노족들)에 대한 서술이 자세히 담겨 있다.

모택동이 가장 애독한 것으로 알려진『자치 통감』은 호삼성(胡三省, 1230~1302)의 주해본을 놓고서 고힐강(顧頡剛, 1893~1980) 등이 표점을 찍어 20권의 책자로 중화서국에서 발간하였다. 우리나라에서는 이 표점본을 권중달 교수가 번역하고 해설서 1권을 포함하여 2010년『역주 자치 통감』(삼화) 32권으로 출간하였다. 필자는 경상대 한문학과 허권수 교수가 강독해 주는 것을 4년째 듣고 있다. 고마움을 적어 둔다.

53) 사마(司馬, 말을 주관하다)라는 성은 본디 병마(오늘날 탱크 부대)를 주관하던 우두머리의 뜻이며, 대대로 이 일에 종사하였기 때문에 드디어 성씨로 삼게 되었다. 사마광(光)은 오늘날 보수주의자로 불릴 수 있는 사람이다. 주자학 자체가 중국의 정통성을 세워 놓으려고 부심하였기 때문에, 불가피하게 구법을 옹호한 사마광의 보수주의의 노선을 받아들이는 길이 자연스런 선택일 수밖에 없었다.

하여, 후주(後周)의 세종 현덕 6년 서기 959년(거란이 중국에 사신을 보냈지만 태주[泰州]의 단련사 형한유[荊罕儒]가 자객을 보내어 거란 사신을 죽여버리자, 마침내 거란과 중국 사이에 외교가 끊어진다는 마지막 사건)으로 끝나게 되는 1362년 동안의 연도별 사건 기록(편년체 역사)이다.

탁월한 학자였던 주희에게도 어려운 시기가 있었다. 남송의 영종(寧宗)을 옹위하여 즉위시킨 한탁주(韓侂胄, 1152~1207)와 조여우(趙汝愚, 1140~1196)가 서로 갈등하면서, 한탁주가 조여우 일파를 제거하고자 그와 친분이 있던 사람들(59명)을 탄압하였다. 비록 본디 한탁주도 주희의 학문을 좋아했었지만, 1198년부터 한탁주의 반대파 숙정에 함께 휘말렸는데, 한탁주가 사미원에 의해 살해되어 그의 머리가 금나라로 보내지는 1207년까지 주희는 벼슬을 박탈당하고 탄압을 받았다. 이를 흔히 '경원 연간의 위학 금지(慶元僞學之禁)'(영종 연간에 세상을 속이는 그릇된 학문을 금지함)이라고[54] 부른다. 주희는 아리스토텔레스에 비견될 만큼 참으로 큰 학자였고, 오랜 중국의 역사에서 여러 사상들을 처음으로 중국의 정통 이념에 따라 재서술해 놓았다. 그의 시 '우성(偶成, 우연히 짓다)'을 보면,

> 젊은 나이 이내 늙더라도 학문은 완성하기 어려우니 (少年易老學難成)
> 한 도막 짧은 시간이나마 소홀히 해서는 안 되겠네 (一寸光陰不可輕)
> 못 둑에 파릇파릇 봄풀 돋아 엊저녁 꿈인가 싶더니 (未覺池塘春草夢)
> 벌써 오동잎 떨어져 섬돌 앞에 스산히 구르는구려 (階前梧葉已秋聲)

말년에 집중하여 학문에 전념하는 그의 풍모가 여실히 드러나 있다. 여기서 주목하고자 하는 『주역 본의』와 『역학 계몽』은 그가 접한 모든 사상과

---

54) 또한 '경원 연간의 당파 금지(慶元 黨禁)'나 '위학 조서(僞學之詔)'로도 불린다. 이를 주도한 한탁주가 금나라를 정벌하고자 하였을 때 사미원에 의해 살해되고 그의 목을 금나라로 바쳤던 때까지 9년 기간이다.

학문을 하나로 통합하고자 하는 기본 뼈대를 제시해 주는 이념이다.

세상의 온갖 사물들이 변하고 바뀌는 이치를 따지는 책자는 본디 세 권이 있었던 것으로 전해지는데, 『주례』에서는 이를 삼역(三易)으로 불렀다.[55] 하나라 때의 연산(連山), 은나라 때의 귀장(歸藏), 주나라 때의 역(周易)이다. 거북의 평평한 배 껍질이나 소의 넓은 어깨뼈 등에다 국가 중대사에 대하여 점을 쳤던 글들이 은나라(상나라, 기원전 1600년 경~기원전 1046년) 서울이었던 하남성 안양시에서 발굴된 뒤, 1백년 넘게 연구가 쌓이면서 인류 지성사에서 전혀 듣지도 보지도 못한 '갑골학'이라는 새로운 학문 영역을 형성하였다.[56] 오늘날 중국 고고학에서의 유적 연구로 은나라의 생활 모습들을 짐작할 수 있지만, 이전 시대에는 그럴 가능성이 전혀 없었다. 오직 상서(尙書) 또는 서경(書經)으로 불리는 책에서 하나라와 은나라와 주나라의 역사를 짐작할 수 있었을 뿐이다.

'주역'이[57] 전해지는 경로 또한 매우 복잡다단하다.[58] 문치(文治)의

---

55) 문연각 사고전서 제90책 『주례』의 춘관(春官) 권24 태복(大卜)에 보면(학민문화사 영인본 제2권, 619쪽이나 또는 대만 상무인서관 영인본 445쪽 하단임),

"태복의 맡은 일은 … 세 가지 역법을 관장하는 것이다. 첫째가 연산, 둘째가 귀장, 셋째가 주역이다(大卜 … 掌三易之法, 一曰連山, 二曰歸藏, 三曰周易)."

라는 구절에 대한 한나라 정현(鄭玄, 127~200)의 주석을 참고하기 바란다. 위 진술은 적어도 주나라 때까지도 세 가지 종류의 역을 가지고 점을 쳐 왔음을 짐작하게 만든다. 좌구명이 주석을 낸 『춘추』를 보면 13차례의 점복의 일이 적혀 있다(131쪽 각주 57에 언급된 복모좌 2006 하권, 784쪽 이하에는 모두 22건의 좌전 인용을 모아 놓았음). 흔히 전쟁과 같은 국가 중대사에는 거북점을 치고, 제사 따위 자잘한 일에는 시초(蓍草) 점을 쳤다고 하지만, 이를 따르지 않는 경우도 다수 나온다. 희공 15년(기원전 645)에는 한간(韓簡)의 말을 빌려 "거북점은 모양을 보고, 시초점은 수를 헤아린다."고 하였다. 또한 민공 2(기원전 660)년과 애공 9(기원전 486)년에서처럼 동시에 두 종류의 점을 쳤지만, 서로 예언이 맞지 않은 경우도 나온다. 김상섭(2007) 『바르게 풀어쓴 주역 점법』(지호)을 참고하기 바란다.

은허 유적에서 거북 배나 소의 넓은 어깨뼈를 이용했던 점사들을 발굴하여 갑골문 시대를 확인한 바 있다. 오늘날에는 주역만이 전해지고 있다. 그런데 청나라 마국한(馬國翰)은 '연산'과 '귀장'의 잔권(殘卷)이라고 부르면서 『옥함산방(玉函山房) 집일서(輯佚書)』속에 싣고 있다(8~28쪽). 또한 1989년 상해고적출판사에서 펴낸 『속수(續修) 사고전서』의 집부(集部) 총집류(總集類) 속에도 엄가균(嚴可均)의 교집한 '귀장'이 실려 있다(103~105쪽).

56) 왕우신·양승남(1999; 하영삼 뒤침 2011), 『갑골학 일백년, 5권』(소명출판); 왕우신(1989; 이재석 뒤침 2004), 『갑골학 통론』(동문선); 양동숙(2007), 『갑골문 자전을 겸한 갑골문 해독』(월간 서예문인화)를 보기 바란다.

표본으로서 조선이 그 제도를 적극적으로 받아들인 송나라 시대에는 학문의 정통성(正統性) 또는 적통(嫡統)을[59] 중시하는 풍조가 성행하였다. 이는 누가 옳고 누구의 권위가 더 높은지를 결정하는 사회적 방식이었다. 오늘날처럼 '합리적 이성'이나 반증 가능한 입론(포퍼 1963; 이한구 뒤침 2001, 『추측과 논박, 1~2』, 민음사)에 토대를 두고서 비판적으로 검토하고 결정하는 일은 생각할 수조차 없었다. 따라서 누가 누구에게 학문을 전해 주었는지를 소상히 밝히는 일이, 당시 지식인들에게는 매우 중요하였다. 주역의 전승에는 도교의 도사(수도자)들도 매우 중요한 역할을 한다. 주역은 비판이나 의심을 차단하기 위하여 신화들로부터 시작점을 잡는데, 두 갈래 기원을 상정한다. 이 두 갈래를 하나로 얽기 위한 비유가 베를 짜는 데에 씨줄과 날줄이며 겉과 속이다.[60] 이것이 신문에 뉴스로 보도되는 사실처럼 받아들이기보다는, 오히려 어느 누구도 의심을 제기할 수 없도록 서로 합의하는, 첫 생각의 신비로운 공통분모로 이해하는 것이 온당하다. 이 두 갈래의 기원을 통합하는 주희의 생각은 다음과 같이 『주역 전의 대전』(학민문화사 영인본 1권 40쪽)에

---

57) 다행스럽게도 최근에 진나라 시황제의 분서갱유를 당하기 이전의 죽간(竹簡)들이 무덤으로부터 발굴되어 전국(戰國) 시대의 '주역'이 연구되고 있다. 현재 전해지는 것과 크게 어긋난 부분들은 많지 않다. 복모좌(濮茅左 2006), 『초 죽서 '주역' 연구(楚竹書周易研究), 상·하권』(상해고적출판사) 및 이를 비판적으로 검토한 정사신(丁四新 2011), 『초나라 죽서 및 한나라 백서에 쓰인 '주역' 교주(楚竹書與漢帛書周易校注)』(상해고적출판사)를 참고하기 바란다.

58) 모두 8권으로 번역된 방대한 주백곤(1991; 김학권·김진근·김연재·주광호·윤석민 뒤침 2012), 『역학 철학사』(소명출판)에서 자세한 내용을 읽을 수 있다. 122쪽의 각주 44)에 밝힌 『주역 전의 대전』 번역본 말고도 여러 권이 나와 있는데, 특이하게 현대 물리학에 대한 적용을 있는 남동원(2005), 『주역 해의, 전 3권』(나남)가 독특하다.

59) 우연의 일치인지, 아니면 각 시대마다 스스로 권위를 부여받기 위한 조치인지는 알 수 없지만, 서양에서도 아리스토텔레스의 저작물이 누구의 손을 거쳐 누구에게 넘어갔는지가 두드러진 연구의 대상이다. 지금까지 전해지는 43권의 저술이 전해지는 내력을 보려면 조대호(2012, 제2권)의 뒤침이 해제 273쪽 이하를 보기 바란다.

60) 『주역 대전』의 '역본의도(易本義圖)' 해설에서는 후한 유흠(劉歆, 추정 기원전 53~서기 23)을 인용하여 다음처럼 서술한다.
"하도와 낙서는 서로 씨줄과 날줄이 되고, 그 내용인 8괘와 9범주는 서로 겉과 속이 된다(河圖洛書, 相爲經緯, 八卦九章, 相爲表裏)."

서 체와 용(실체와 작용, 구조와 기능)으로 이해하고 있음을 알 수 있다.

"하도는 5개의 만물을 낳는 수로써 5개의 완성된 수를 거느리며, 이들이 똑같은 방향에 자리 잡고 있다. 그러니 대개 그 온전함을 드러내어(10을 '온전한 수'로 이해함) 사람들에게 보이기를 그 불변의 떳떳한 수의 몸체를 말한 것이다. 낙서는 5개의 홀수로서 4개의 짝수를 거느리며, 각자 자기 자리에 머무르니, 대개 양의 기운에서 주인이 되어(9를 '바뀌는 수'로 이해함) 음을 거느리기를 그 바뀌는 수의 쓰임을 꾀한 것이다(河圖, 以五生數, 統五成數, 而同處其方, 蓋揭其全, 以示人而道其常數之體也; 洛書, 以五奇數, 統四偶數, 而各居其所, 蓋主於陽, 以統陰而肇其變數之用也)."

복희(伏羲) 또는 포희(庖犧) 임금이 처음으로 황하에서 얻은 큰 말(龍馬, 『주례』에서 8척 이상의 큰 말을 '용'으로 불렀음)의 반점들로부터 '별들이 나열된 모습'을 발견하여 그림(河圖, 황하에서 나온 그림)을 그렸다. 그리고 둑을 쌓아 처음으로 물길을 다스렸던 우(禹) 임금이, 황하의 다른 갈래인 낙수(洛水)의 물길을 다스릴 적에 신령스런 큰 거북이를 얻었는데, 우연히 등에 그어진 문양으로부터 9가지 우주의 근본 유형(九疇)을 찾아내어 여러 획(洛書)으로[61] 그렸다. 이런 신화적인 이야기가 유교 경전뿐만 아니라 도교 경전에도 동일하거나 유사한 내용들이 실려 있으나, 서로 착종되는 대목들도 있다.[62]

---

61) 우리말에서 재귀적 표현 '금을 긋다'가 서(書)에 대응하는 개념이다. 중국 사회과학원 고고연구소 엮음(1965), 『갑골문편』(중화서국), 128쪽에 붓을 뜻하는 율(聿)과 그을 획(畫)만이 올라 있으나, 그런데 최근 고명(2008 증정본) 『고문자 유편』(상해고적 출판사) 871쪽에는 책 서(書)가 올라 있다(단 밑 부분 曰이 口로 씌어 있음). 그렇지만 우 임금 당시에는 죽간을 이용한 책(冊)이 있을 까닭도 없고, 글자가 채 만들어지지 않았던 때이므로, '금을 긋는 일' 정도가 책에 해당할 듯하다. 낙서(洛書)는 낙수에서 얻은 거북이 배에 그어져 있는 9개 부류의 금들을 뜻할 수 있다.

62) 사고전서에 들어 있는 북송 유목(劉牧, 1011~1064)의 『역수 구은도(易數鉤隱圖, 역이 드러내는 운수를 놓고서 갈고리로 은미한 단서를 끄집어내듯 분명히 보여 주는 그림들의 모음), 하권』에서는 주희가 주장하는 모습의 하도와 낙서가 정반대로 서술되어 있다.

북송의 주역 전승에 대한 적통은 신비한 탄생 설화를 지닌 진단(陳摶, ?871~989)으로부터 기원하는데(신비스럽게 복희 및 우 임금을 끌어들인 장본인이라고도 보는 이들도 있음), 화산과 무당산에 은거했던 도사로서 『장자』 소요유의 구절을 따서 자를 '도남(圖南, 해가 뜨고 지는 남쪽으로 날아가려고 함)', 호를 부요자(扶搖子, 돌개바람을 타고 오르는 신선)로 불렀다. 송나라 태종의 부름을 받아 두 차례 만났으며, 임금은 그에게 『노자 도덕경』 제14장에 있는 구절 '보아도 보이지 않고, 들어도 들리지 않는다'는 뜻의 '희이(希夷)' 선생의 호를 내려주었다고 한다.[63]

'합리적 이성'이란 개념은, 인간의 인식 방식을 비롯한 지식 획득 체계 전반을 문제시하면서, 일정 제약을 지닌 인지 주체가 주변의 생태 환경을 어떻게 이해하고 받아들이는지를 따져 보는 일이다. 이런 일이 중요하다는 사실이 서구 지성사에서 근대 이후 계몽주의 철학자들에 의해서 처음으로 자각되었다. 예를 들어, 자연계의 자극들을 우리 인간이 감지할 수 있도록 바꾸어 주는 변환기기로 말미암아, 꿀벌이 지각하는 자외선 감지 영역의 세계와 오직 가시광선을 감지하는 인간의 시지각 결과는 동일하지 않음을 알고 있다. 하루살이가 시간을 분할하는 방식과 인간이 시간을 분할하는 방식과 오백년을 넘게 사는 갈라파고스 섬의 거북이가 시간을 분할하는 방식은 서로 똑같을 수가 없다. 합

---

63) 진단(陳摶, ?871~989)은 『장자』의 '소요유'에 있는 글자 단(摶, 굴리면서 노닐 단)이 명나라 판본에서부터 박(博, 칠 박)으로 잘못 새겨진 뒤 '진박'으로 오독된 적이 있다. 사고전서에 있는 주희 제자 웅절(熊節)의 『성리 군서(性理群書)』를 풀이해 놓은 웅강대(熊剛大) 『성리 군서 구해(句解)』를 보면, 성리학의 적통을 맹자를 이은 주돈이(周敦頤, 1017~1073)로부터 시작하여 직접 정호(程顥, 1032~1085)와 정이(程頤, 1033~1107)로 이어진다고 그려 놓았다. 그렇지만 도교의 영향을 아래 북송 때 진단(陳摶)이 하도와 낙서를 충방(种放, 955~1015)과 목수(穆脩, 979~1032)에게 전해 주고, 다시 이지재(李之才, 미상~1045)를 거쳐 소옹(邵雍, 1011~1077)에 이르는 흐름과 전혀 무관하다고 볼 수 없다. 곽신환 외 2인 엮고 뒤침(2009), 『태극 해의』(소명출판) 제1장 서설의 역주 19를 보면, 진단의 그림이 충방을 거쳐 주돈이에게 '태극도'가 전해진 것으로 적혀 있다. 정호·정이 형제의 적통은 양시(楊時, 1053~1135)를 거쳐 주희의 스승 이통(李侗, 1093~1161)에게 전해졌고, 다시 38세 때 주희가 이어받는다. 정통 또는 적통 논의는 그 밑바닥의 동기로서 남들을 배제하고 배타적으로 내리누르려는 독재적 성격을 띠고 있다.

리적 이성은 생명 주체들 사이에서 주위 생태 환경과 상호 작용하는 방식이 서로 다를 수 있음을 인정하되, 인간이 찾아낸 세계의 질서들은 같은 지각 체계를 지닌 인간 부류에게 전달될 때에라야 비로소 유의미하다고 가정한다.

당시 71세까지 장수하였던 주희는 48세에 『주역 본의』를 쓰고, 57세에 『역학 계몽』을 썼다. 당시 일반적인 수명으로 보아, 이는 장년 및 노년 시기의 완숙한 사고를 담고 있다고 평가할 수 있다. 그러나 그곳의 진술들로부터는 오늘날 합리적 이성에 근거한 접근으로 평가할 만한 대목이 없다. 공자가 주역을 풀이한 '계사(繫辭, 주역에 얽혀 있는 풀이 글)'에 의지하여, 하늘은 모든 우주의 근원 또는 시작점으로 전제된다. 유일한 하나이자 보편 속성이며 항상 운행하는 실체인 것이다.[64] 『주역 전의 대전』(학민문화사 영인본 1권 152쪽)을 보면

"주자가 다음처럼 말하였다. '성인이 역을 처음 지을 적에 … 하늘과 땅 사이에 가득 차 있는 것이, 한 번 음이 되고 한 번 양이 되는 이치가 아님이 없음을 깨달았다. 이런 이치가 있으면 이런 조짐이 있고, 이런 조짐이 있으

---

64) 호광(胡廣) 등 42인 엮음(1415), 『성리 대전』에서 이를 처음 내세운 주돈이(周敦頤, 1017~1073)의 '태극도'를 놓고서 주희가 무극(無極, 첫 끝점도 없음, 생각조차 없음)이 왜 태극(太極, 첫 끝점, 첫 생각의 시작점)이 되어야 하는지를 방대하고 자세하게 설명해 놓았다. 당시 지식인들에게는 왜 첫 생각이 '전혀 생각 없음, 생각하지 않음'으로부터 시작해야 하는지를 이해하기 힘들었기 때문이다. 지우개로 지워 버린 백지 상태가 '무극'에 해당하고, 그 위에 연필로 첫 선을 긋는 것이 바로 '태극'에 해당한다. 개념상 논리적인 선후 단계에 불과하다. 그렇지만 태극도설에서는 삼라만상까지 도출해야 하므로, 서로 다른 두 영역에 대한 서술을 마치 하나인 양 서술해 놓고자 부심하였던 것이다.

그런데 논리적 필연성에 대한 언급 및 실재의 사실적인 모습의 설명은 서로 별개의 차원(개념 차원 : 실재 차원)이다. 따라서 이들 사이에서 복합 개념들을 만들고서 모종의 대응 함수나 도출 함수 관계를 상정하였더라면 더욱 쉽게 이해되었을 것으로 판단된다. 만일 무극이든 태극이든 간에 하늘이 하나(일자)이라면, 나뉘어 개체가 되거나 바뀌어 다른 상태로 진행하는 필연적 단계는 무엇일까? 상생과 상극의 두 작용을 음과 양으로 보고, 이를 짝수(음)와 홀수(양)에 대응시켜 놓음으로써, 덧셈과 곱셈 연산을 통하여 삼라만상의 숫자와 대응시키려고 하였다. 이런 도출 방식도 불과 일부 숫자 군집만을 동원하기 때문에 숫자인 질서로 다 드러나지 못한다. 주희가 40대 초반(1170~73년 즈음)에 쓴 『태극 해의』와 관련된 글들을 모아 번역한 곽신환·윤원현·추기연 엮고 뒤침(2009), 『태극 해의』(소명출판)를 보기 바란다.

면 이런 운수가 그 속에 깃들어 있는 것이다. 비단 하도와 낙서만이 꼭 그러하겠는가?'(朱子曰, '聖人作易之初, … 見得盈乎天地之間, 无非一陰一陽之理, 有是理, 則有是象, 有是象, 則其數便自在這裏, 非特河圖洛書爲然')"

그럴 뿐만 아니라 하늘은 낳고(生) 바꾸며(變) 완성하고(成) 소멸시키는 (滅) 원리 그 자체인데, 아무렇게나 하는 것이 아니라 질서에 따라 가지런히 단계별로 진행해 나간다. 이런 단계를 우리 생각으로 붙들게 도와주는 보조 개념이 몇 층위의 대립을 보이는 자연수의 배합이다. 자연수는 몇 가지 층위에 따라 배합되거나 대립한다. 이를 '대대(待對, 대접/응대하거나 맞섬)'라고 부르며, 하위 분류로서 상생(相生, 서로 도와 낳음)과 상극(相克, 서로 겨뤄 누름)으로 나누는데, 그 범위가 다섯 가지 방식(五行)으로 이뤄진다. 운행의 가운데 자리에는 대대를 매개하면서 작동하도록 만들어 주는 원천 또는 중심이 있으며(이를 흙[土, 땅]으로 부르고 누런색으로 상징함), 따라서 중심을 통과하면서 여전히 두 겹의 대대적 구조가 긴밀하게 맞물려들 수밖에 없다. 이런 작동의 실마리를 상(象, 변화 조짐; 어떤 이는 하늘의 별자리에서 읽을 수 있는 조짐으로도 봄)으로 부르고, 그 단초의 진행 결과를 수(數, 바뀔 운수)로 불러 서로 구분한다.65)

아리스토텔레스의 형이상학 체계가 단계별로 '정적인 대상으로부터 운동하고 생멸하는 대상을 거쳐 이들의 운동을 가능하게 만드는 존재'

---

65) 주역으로 인간이나 인간 집단의 운명을 미리 알아보고자 하는 흐름을 '상수학'이라고 부른다. 웅절(熊節)의 『성리 군서(性理群書)』에 있는 전승을 보면, 동일하게 북송 진단(陳搏, ?871~989)으로부터 충방(种放, 955~1015)과 목수(穆脩, 979~1032)와 이지재(李之才, 미상~1045)를 거쳐 소옹(邵雍, 1011~1077)에게서 완성된다. 소강절로 더 알려진 그는 『매화 역수』, 진단의 역술을 다시 서술한 『하락 이수』, 중국의 역사 전반을 재평가한 『황극 경세서』 등을 썼다. 선천(先天)·후천(後天)이란 개념도 소옹에게서 시작되며, 『주역 대전』에서 주희가 쓴 서의(筮儀, 시초의 대로써 점을 치는 의식)도 그런 영향이다. 소옹의 책은 김수길·윤상철 뒤침(2006), 『매화 역수』(대유학당); 김준구 뒤침(2001), 『관매 역수』(해들누리); 윤상철 뒤침(2002), 『황극 경세도, 총 3권』(대유학당); 노영균 뒤침(2002), 『황극 경세』(대원출판사); 김수길·윤상철 뒤침(2009), 『하락 이수, 총 3권』(대유학당); 서정기(2005), 『하락이수 해설, 상하』(장서원) 등으로 번역되어 있다.

라는 세 단계의 사고를 품고 있었다. 그러나 주희의 역 체계에서는 처음에서부터 '존재의 시작점'이 동시에 '작동의 시작점'으로 상정되어 있다. 아리스토텔레스에서 대상과 대상의 운행 원리에 관한 두 가지 차원이 동시에 한데 혼용되어 있는 것이다. 주역 자체가 변역(變易)을 전제하고 그 토대 위에 수립되어 있다. 흔히 초기 조건으로 일시적 상(常)이 전제되면, 일정한 경로를 따라 바뀜의 시작되고 진행된다. 이를 변(變)으로 부른다. 이 바뀜이 결과 상태에 이르고, 결과물을 만들어 내면 역(易)이나 화(化)로 부른다. 다른 차원의 일시적 상(常)이 되는 것이다. 바로 이런 점 때문에 낳고 만들어 내는 수(生數) 및 키워 완성하고 마치는 수(成數)를 서로 구분하게 된다. 이것은 아리스토텔레스가 기대는 '실체'에 근거한 귀납적 접근이 아니지만, 우리들이 익숙히 경험하는 끝없는 변화의 거울 영상을 보여 준다. 이를 『주역 전의 대전』에 실린 둘째 서문(易序)에서는66) 다음처럼 서술한다.

"역이라는 책은 '괘·효·단·상'의 뜻이 갖춰져서 우주에 있는 만물의 실정이 드러난 것이다. … 천하가 생겨나기 이전에 그 만물을 생겨나게 하고, 천하가 생겨난 이후에 그 무성함을 완성시켜 준다. 이런 까닭에 그 운수

---

66) 『주역 전의 대전』에는 두 개의 서문이 실려 있다. 맨 앞에 있는 '역전 서(易傳序)'에는 1099년 정이(程頤, 당시 67세)가 썼다고 명기되어 있다. 그렇지만 뒤의 역 서(易序)는 글 쓴이가 밝혀져 있지 않다. 건륭제 때 완성된 사고전서의 『주역 본의』 판본(세 종류)에 '역서'도 정이가 지었다고 씌어 있다(河南程頤著). 정호·정이 『이정집』(중화서국, 1981) 하권에도 두 개의 서문이 실려 있다. 그렇다면 정이가 한 책에다 서문을 두 개나 쓴 셈이다. 오늘날처럼 재판이나 수정판이 있다면 같은 사람이 한 권의 책에 서문을 두 번 이상 쓸 수 있겠지만, 이는 옛날의 풍습에 적용될 수 없다. 만일 하나의 책에 서문이 두 개 있다면, 서로 다른 사람에 의해 씌어지는 것이 통례이다.
　이런 불합리성을 해결할 수 있는 단서가 사고전서에 있는 주희 제자 웅절(熊節)의 『성리 군서』를 풀이해 놓은 웅강대(熊剛大) 『성리 군서 구해(句解, 어려운 구절 풀이)』에 들어 있다. 그 책 제5권에도 두 개의 서문이 모두 실려 있는데, '역전 서'에는 '이천 선생(伊川先生)'으로 적혀 있고, 이어진 '역 서'에는 '문공 선생(文公先生)'으로 적혀 있다. 각각 정이와 주희를 가리키는 말이다. 하나의 책에 실린 두 개의 서문을 이렇게 서로 다른 사람에 의해 씌어졌다고 봐야 합리적이다. 이 글에서도 '역서'를 주희가 쓴 것으로 여기기로 한다. 『주역 전의 대전』의 제목이 정이의 「역전」과 주희의 「본의」를 한데 합친 말이므로, 각각의 서문이 실리는 일이 아주 자연스럽게 여겨진다.

를 끝까지 함으로써 천하의 변화 조짐을 미리 판정하고, 그 변화 조짐을 드러냄으로써 천하의 길흉을 미리 판정해 준다(易之爲書, 卦爻彖象之義備, 而天地萬物之情見, … 先天下, 而開其物, 後天下, 而成其務, 是故, 極其數, 以 定天下之象, 著其象, 以定天下之吉凶: 易序)."

여기서 '역(易)'이라는 낱말은 중의적으로 쓰였다. 하나는 고유명사로서 주희가 주석을 낸 책『주역(본의[本義])』을 가리킨다. 다른 하나는 일반 명사로서 그 책이 담고 있는 우주의 근본원리로서 바뀌고(變) 달라짐 (易)을 가리킨다(變易을 變化로도 부름). 전자는 '괘·효·단·상'으로 제시되 고, 후자는 '우주 만물의 실정'으로 표현된다. 마치 수학에서 정의역과 치역의[67] 관계, 또는 비트겐슈타인의 세계와 그림의 관계(그림 이론) 따 위를 연상시킨다. 이런 바뀌고 달라지는 원리가 처음에서부터 우주 만 물을 놓고서 생겨나고(生) 자라며(成) 이울고(衰) 없어지게(退) 만든다.

"시간도 진실로 애초에 한 상태로만 있는 것이 아니므로, 주역의 통합된 괘(卦)도 또한 고정된 조짐으로만 있는 것이 아니다. 사태도 진실로 애초에 막힘만이 있는 것이 아니므로, 주역의 세세한 효(爻)도 또한 고정된 결과가 있는 것이 아니다. 만일 하나의 고정된 시간으로 통합 괘를 찾으려고 한다 면, 바뀜 없음에 얽매이게 되므로 더 이상 역이 아니다. 만일 하나의 사태 로 세세한 효를 밝히려고 한다면, 막히고 뚫리지 않으므로 더 이상 역이 아니다(時固未始有一, 而卦未始有定象, 事固未始有窮, 而爻亦未始有定位, 以 一時而索卦, 則拘於无變, 非易也, 以一事而明爻, 則窒而不通, 非易也: 易序)."

오직 바뀌고 변하는 것만이 우주의 이치이다. 만일 한 시기나 한 사태 에만 머물려고 한다면 이는 우주 이치를 어긴 것이고, 더 이상 역도

---

67) 조열제 교수에 따르면, 수학에서는 이런 관계를 더욱 일반화하여 변역(domain) 및 공변역 (co-domain)으로 부른다.

아니라고 주장한다(63쪽 §.2-1의 각주 15에서 언급한 뤄쓸의 함의 관계와 동일한 개념임에 주목하기 바람).『주역』이란 책은 바뀌고 달라질 운수와 그 조짐을 판정해 주며, 궁극적으로 인간 세상에서 애타게 찾으려는 길흉으로 귀결된다. 결론에 기대어 판정하면,『주역』의 초점은 길흉·화복의 조짐을 미리 알아내려는 것이며, 철두철미하게 오직 바뀌고 달라지는 흐름(사건의 변화)을 인정하는 바탕 위에서만 그러할 뿐이다.

> "만물이 음양의 기운을 업고 안아서 태어나므로, 태극(첫 기운)이 있을 수밖에 없고, 음과 양이라는 두 기운의 끝점이 있을 수밖에 없다. 음과 양의 기운이 서로 뒤섞이게 되므로 바뀌고 달라짐이 끝도 없다. 형태로 한 번 그 태어남을 받고 정신으로 한 번 그 꾀를 발휘하므로, 참되고 거짓된 실상이 여기서 나오게 되며, 모든 사태의 실마리가 생겨나게 된다(萬物之生, 負陰而抱陽, 莫不有太極, 莫不有兩儀, 絪縕交感, 變化不窮, 形一受其生, 神一發其智, 情僞出焉, 萬緖起焉: 易序)."

마치 오늘날 전자기력이 우주 먼지들을 서로 당겨 중력을 지닌 별이 태어나듯이, 만물은 기운들이 두루 뭉치고 엉기면서(絪縕, 氤氳) 나온 결과이므로, 서로 대립하거나 도와주는 기운들이 많든 적든 뒤섞인 상태로서 끝도 없이 바뀌고 달라질 뿐이다.[68] 그런데 이런 주장은 불교의

---

68) 부분적으로 이러한 생성과 소멸(상생과 상극)에 대한 비슷한 생각을, 아리스토텔레스의 『생성과 소멸에 관하여』에서 찾아볼 수 있다(로우브[Loeb] 희랍-영어 대역 총서 제3권에 실림). 달 아래 있는 지상 세계(월하 세계)에서는 대상들은 운동을 하고 또한 생성과 소멸을 거치게 된다. 이런 변화 내지 변환은 내재적인 원인으로 말미암아 일어난다. 아리스토텔레스가 기본 인자로 내세운 '물, 불, 공기, 흙'도 우리에게 감각될 수 있는 두 축으로 구분이 이뤄진다. '온도'(뜨거움 : 차가움)라는 변환을 촉발하는 속성 및 '습도'(축축함 : 마름)라는 변환을 수용하는 속성들이 서로 정도를 달리하면서 결합한 뒤 대상이 생겨나거나, 아니면 반대로 해체되어 소멸하게 된다. 복잡하고 다양한 이런 상호변환의 결과로서 지구상의 온갖 대상들이 존재한다.
　그런데 요소들 사이의 변화를 촉발하는 속성을 흔히 우리말 번역에서 '능동성'(action, 변환 촉발 속성)으로, 그런 변화의 결과를 받아들이는 수용 속성을 '수동성'(passion, affection, 변환 수용 속성)으로 쓰고 있는데, 마치 문장의 능동태와 수동태처럼 오해를

가르침에서 실체는 언제나 바뀌어 한결 같지 않다는 무상(無常)의 개념과 서로 통한다. 불교에서는 무상함을 거부하는 동기를 '자아'의 개념에서 찾고, 자아를 해체하여 우주의식으로 진행하여 개체가 없이 '나와 남이 없는 상태'(보편 우주 의식을 뜻하는 제8 아뢰야식[阿賴耶識])를 도입하게 된다. 그렇지만 주희는 그런 상태가 경험할 수도 없이 허황하다고 보아, 초월적 세계를 도입하지 않는다. 대신 기운들이 서로 뭉쳐 엉기면 형체가 나오고, 이 형체에 정신이 깃들어 있을 뿐이라고 가정한다. 철저히 자연주의 접근법을 따르는 것이다(검박한 도출 관계임).

오늘날의 시각으로 본다면 대상물은 자연계의 인과율에 의해 모든 변화가 설명되고, 이 인과율이 생명체에 적용될 경우에 '생명 유지 본능'이라고 표현되며, 이를 인간에게 적용할 경우에 설명되지 않는 부분은 '자유 의지'라고 부른다. 주희의 생각에는 이런 세 영역에 대한 구분이나 구획이 들어 있지 않다. 그 대신 우주의 존립이 '하늘과 땅', 그리고 '사람'이라고 구분되는데,69) '하늘과 땅'도 비록 먼저 제시되지만 사

불러일으킨 소지가 많다. 결코 능동태나 수동태와는 관련이 없는 개념이다. 바람직한 용어 사용 방식이 아니다. 변화 촉발 또는 수용 속성이 더 온당하다.

아리스토텔레스가 설사 기본 인자들 사이에 다양한 변환을 거쳐 만물들을 도출해 내더라도, 그는 운동과 무관한 불변의 영원한 존재를 상정하고 탐구한다. 이런 점에서 『주역대전』의 사고와는 현격히 차이가 난다. 손윤락(2008), 「아리스토텔레스의 요소 이론: 『생성 소멸론』에 나타나는 요소들의 생성·소멸 기제를 중심으로」, 『서양 고전학 연구』 제31권(83~108쪽)을 읽어 보기 바란다.

필자는 생성과 소멸이라는 변화가 단지 옛날 생각에 불과하다고 간주하기보다는, 가설-연역 체계를 작동시키는 함의 관계 그 자체가 바로 내적·외적인 사건의 변화를 가리키므로, 동일한 개념이라고 본다. 뤄쓸은 왜 함의 관계로 모든 것을 도출해야 하는지를 놓고서 명시적 설명을 하지 않은 듯하다. 즉, 무정의 언어로 당연한 것인데, 이는 변화가 이미 주어져 있다고 본 셈이다.

69) 맨 처음 쓰인 출처는 공자가 쓴 계사(繫辭, 주역에 얽힌 풀이 글), 하 제10장인데, 다음과 같이 세 가지 실체 영역을 '삼재(三才)'라고 불렀다. 갑골문에서는 재(才)가 '있을 재(在)'와 통용되며, 후대의 용법은 '재료 재(材)'이다. 왕력(2000), 『왕력 고한어 자전』(중화서국) 348쪽을 보면, 같은 어원을 지닌 것들을 풀이하여 나무로서 쓸 만한 것을 '재목 재(材)'로, 물건으로 쓸 만한 것을 '재물 재(財)'로, 사람으로서 쓸 만한 것을 '재주 재(才)'로 풀어 놓았다.

"역이라는 책에는 … 하늘의 길도 있고, 사람의 길도 있으며, 땅의 길도 있다. 세 가지 실체 영역을 모두 아울러 두 가지 음양 작용으로 나타내었으므로, 주역은 모두 괘가 6개의 효로 이뤄져 있다(易之爲書也 … 有天道焉, 有人道焉, 有地道焉, 兼三才而兩之, 故六)."

람이 살아가는 무대(배경)로서 전제된 것에 지나지 않는다. 따라서 인간
과 차별되는 대상물이나 생명체들을 따로 부각시켜 놓아야 할 필요성
을 느끼지 못한다. 진실(情實)과 거짓(僞邪)은 인간만이 겪는 정신작용의
결과이고, 온갖 사태의 실마리들이 진실과 거짓으로부터 나오는 것이
다. 인간 욕심에 대하여 주역에서는 더러 주나라 주공의 효사(爻辭, 개별
효에 대한 풀이와 마음가짐)로 표현된 경구에서 찾지만, 성리학 논의에서
처럼 이를 일반화하여 인욕(人慾)과 수양(修養)의 문제를 본격적으로 다
루지는 않았다. 만일 바뀌고 달라짐이 만일 우주의 운행 질서임을 자각
한다면, 한쪽으로만 쏠려 있는 인간의 욕심은 반우주적임을 알 수 있으
며, 따라서 되돌아와서 치우침이 없는 '중용' 상태를 유지하는 도덕률
의 논의가 가능해진다.

필자는 『주역 전의 대전』에 표현된 논리 세계가 '거울 영상'이라는
생각이 든다. 하늘로 대표되는 우주의 첫 시작점과 하늘과 땅의 운행
원리가 차례로 도입되지만, 바뀌고(變) 달라지는(易) 귀착지가 있다. 인
간의 길흉과 화복을 미리 파악하는 일이다. 이는 개인사의 문제이다.
'사회'를 하나의 실체로 인정하지 않고, 오직 이런 길흉과 화복의 조짐
을 모두가 공감할 경우에라야 사회 공동체의 문제가 일부 부각될 뿐이
다.70) 한걸음 더 나아가, 바뀌고 달라지는 일에도 자잘한 주기로부터
큰 주기에 이르기까지 다양한 유형들이 상정될 수 있는데,71) 인간사의

그렇지만 하늘과 땅은 만물의 영장인 사람이 활동하기 위한 무대로서 주어진다. 만일
우주가 인간을 위해 존재하는 것이라면('인간 중심 우주관'으로 불림), 우주의 운행 원리
를 단지 인간의 길흉에만 맞춰 설명해 나갈 수 있다. 한나라 동중서의 건의 이후에, 유교
의 전통에서는 사물 자체를 고유한 인과율 적용 영역으로 간주하지 못하였기 때문에,
적어도 모든 선비들이 추구해야 하는 독자적인 영역으로서 자연과학이 세워질 수 없었
던 것이다.

70) '수신, 제가, 치국, 평천하'라는 단계는 '나 → 가족 → 동네 → 국가 → 천하'라는 동심원으
로 자아가 확장되는 일로 표현할 수 있다. 사회가 객관적 실체로서 나 개인을 구속하거나
규제한다는 생각은 들어 있지 않다. 예(禮)라는 상위 개념이 동시에 개인과 사회를 규제
하는 몫을 떠맡고 있었기 때문에 처음부터 '사회'라는 개념을 따로 나눠 놓지 못하였을
가능성이 높다.

71) 『장자』에서 하루살이가 하루를 인식할 수 있는지에 대한 물음으로부터 시사받을 수 있듯

다양한 주기들에 대한 분류나 자각도 크게 부각시켜 분석하고 해석하는 논의도 제대로 들어 있지 않다.

소옹의 『황극 경세서』에서와 같이 중국에서 세워지고 멸망하였던 국가들의 흥망 주기를 상수 이론으로 설명하려고 시도할 수도 있다. 그러나 오늘날처럼 한 사회의 내부 요인들을 정치·경제·사회·문화의 복합 요인으로 설명하는 것이 아니라, 숫적 결정론으로 미리 정해져 있는 듯이 파악하였다. 이런 점들이 독단론의 씨앗이 될 수 있다. 비록 이런 흐름이 긍정적인 통합 방향의 사고방식으로 검토될 수 있겠지만, 대상과 대상들을 싸안는 부류들에 대한 자세한 차별성을 부각시키는 데에는 취약할 수밖에 없고, 예측이 빗나갈 수밖에 없다. 한마디로, 점술가의 예측과 과학적 예측 사이를 구분해 주는 척도를 수립하는 데에 철저히 실패하였다. 정신 사유계와 물질 현상계 사이를 너무 안이하게 동일시했던 필연적 귀결의 오류이다.

오늘날 헴펠(Hempel, 1905~1997) 등의 과학 철학에서는[72] 과학이란 일련의 몇 단계를 거쳐 도달하는 사고방식으로 규정한다. 임의의 변화가 주어져 있다면, 그 변화를 관찰하고 기술하며 설명하고 예측하는 일이다. 첫 단계에서는 발견절차를 다루게 된다. 그렇지만 『주역 전의 대전』으로 대표되는 주역의 사고방식에서는 시작 단계의 발견절차에 대한 의식도 전혀 없다. 물론 일부에서는 주역이 역사적으로 은나라 폭군 주(紂) 임금에게

"은나라가 거울삼아 경계해야 할 바가 멀리 있는 게 아니라, 바로 전 왕조

인 하나라의 폭군 걸(傑)에 있다네(殷鑑不遠, 在夏后之世)."

(『시경』 대아편 탕지습, 탕[蕩, 크나큼])

고 간하였다가, 마침내 유리(羑里)에 유폐된 주나라 문왕(文王, 기원전 1600~1046 재위)이 유폐 기간 동안에 지었기 때문에(문왕이 지은 것을 오늘날에는 주역의 '괘사[卦辭]'로 부름), 암울한 상황을 이겨내려고 인생 유전(流轉, 흐르고 굴러감)의 지혜를 담아 놓았다고 해석하기도 한다. 또한 갑골문들에 대한 해독을 통해서도 주역에 있는 일부 구절들을 재확인해 놓은 경우도 있다. 그럼에도 불구하고 '주역'을 이해하는 일관된 방식은 주위 생태환경으로서의 우주와 그 무대에서 살아나가는 인간 세계에 대한 통일된 설명 방식이었으며, 궁극적으로 변화의 흐름을 미리 파악하여 대비하려는 노력이었다. 그렇다면 모든 지식의 기반이 되고 모든 지성을 선도해 나가는 위치에 자리하고 있었으므로, 보다 엄밀히 사고과정에 대한 반성이 있어야 했음에도, 이런 측면이 전혀 부각되지 못하였다는 점이 기본적인 한계라고 판단된다.

설사 『주역 전의 대전』에서 독단론이 배태될 수 있는 취약점이 있더라도, 의사소통 과정에서 다뤄야 할 중요한 도덕률과 관련된 개념을 여기서 긍정적으로 찾아낼 수 있다. 일부 중국 문화(특히 민간의 도교 전통)에 대한 논의들은 중국인의 심성이 두드러지게 현실적 '부'와 '복'에 초점이 주어져 있지만, 『주역 전의 대전』에서는 대립 지점에 있는 '빈'과 '화'도 자각하도록 일깨워 주고 있다. 태어나고(生) 자라고(成) 이울고(衰) 없어지는(退) 거대한 흐름이 빈부(貧富)나 화복(禍福)이나 길흉(吉凶)의 어느 하나에만 치우치지 않도록 경고하고 있는 것이다. 이는 의사소통에서 어느 한 주체에 의해서 일방적으로 이끌어가는 전개 방식도 삼가야 한다는 도덕률을 수립할 수 있는 것이다. 상호존중과 상호조율이란 개념이 두 방향의 의사소통 전개에서 매우 중요한 몫을 차지한다.

2부 언어화되기 전의 결정 과정

4장 의사소통 의도, 결정 과정, 상위 의도

1. 의사소통 의도 및 그 추정과 확인
2. 상황 판단과 의도의 결정 과정
3. 의도의 수정과 전략적인 상위 의도

5장 공통기반과 정보간격과 상호조율

1. 믿음체계, 공유된 공통기반, 정보간격의 가늠
2. 상호조율의 문제
3. 조율 상의 간격과 극복

4장 의사소통 의도, 결정 과정, 상위 의도

　흔히 인간의 의사소통에 대한 논의에서는 의사소통에서 직접 관찰될
수 있는 것 이외의 것을 모두 막연히 '배경지식'이란 이름으로 부른다.
배경지식이 온전히 언어에 관한 지식인지, 아니면 언어 사용에 관한
지식인지, 더 나아가 언어 사용과 관련하여 인지 작용을 가동시키는
총체적인 지식인지에 대해서 분명하게 구분하지도 않은 채, 의사소통
과 짝이 되는 대립항으로서 다뤄져 왔기 때문에, 배경지식의 범위가
아주 축소된 듯이 착각을 일으킬 수도 있다. 그렇지만 '배경지식'은 여
러 영역들이 한꺼번에 묶여 있는 거대한 복합체이며, 믿음·가치·동기·
맥락 평가·언어지식 등이 동시에 가동되고 있는 영역이다. 이런 복합영
역을 놓고서 의사소통이 이뤄지도록 일을 하는 주인을 흔히 '의도'라고
부른다. 이 의도는 물론 자아의 일부이며, 자아를 이끌고 있는 자유의
지(free will)의 구현체이다.
　이런 핵심 개념들은 자칫 심리 영역의 전반으로 논의를 확대시켜 버
릴 수 있다. 따라서 논의의 가닥을 잡기 위해서는, 우선 언어를 사용하

는 의사소통 장면에 초점을 모으고서, 의사소통을 가능하게 만들어 주는 우리 머릿속의 지식체계로 범위를 한정하여 다루어 나가기로 한다. 다소간 모호하다는 인상을 주는 배경지식이란 정태적인 개념은, 언어심리학과 언어교육에서 흔히 공유된 공통기반과 추정된 정보간격이란 좀 더 역동적인 하위 개념으로 다뤄져 왔다.

의심의 여지가 없이 자명한 일임에도 불구하고, 여기서는 먼저 관찰 가능한 인간 행위를 일으키는 머릿속 존재('심적 사건'으로도 불림)와 언어를 매개로 하여 의사소통을 하는 머릿속 존재가 동일한 것이어야 함을 논의하면서 '의사소통 의도'의 개념을 세우고 나서, 이런 의도가 구성원 상호간에 주고받을 수 있는 까닭을 탐구하기로 한다. 이어 의사소통 의도가 결정되는 과정이 흔히 기대되듯이 기계적이거나 합리적인 토대 위에서 이뤄지는 것이 아님을 지적한 뒤에, 의사소통이 진행되는 과정에서 의사소통 의도가 바뀌거나 포기되는 경우를 조정해 줄 전략적인 상위 의도의 개념을 논의하기로 한다.

1. 의사소통 의도 및 그 추정과 확인

직관적으로 '~하려고 함'이라는 자연언어의 용법을 통해서 어느 누구든 쉽게 느낄 수 있는 '의도(intention)'라는 개념은, 일상언어 철학이 무대에 등장하면서 뒤늦게 학문적 조명을 받기 시작하였다. 세 종류의 행위와 관련하여 앤스컴(G. E. M. Anscombe, 1919~2001)은 의도에 대한 논의를 본격화하였는데,[1] ① 현재 진행되고 있는 특정 행위, ② 현재 진

---

[1] 의도나 저의라는 개념이 자연스럽게 쓰이는 일상 낱말이므로, 일단 통상적인 개념으로 의사소통을 일으키는 동인으로서 '의도'를 쓰기로 한다. 심리철학 연구사에서는 특정한 기술 아래에 행위가 의도적으로 일어남을 처음으로 비트겐슈타인의 제자인 앤스컴(여성)이 명백히 다루었다. 앤스컴(1957), 『의도(Intention)』(Basil Blackwell)는 1963년에 미국의 코넬대학 출판부에서, 2000년에 하버드대학 출판부에서 재출간되었다. 그녀의 3부작

행 중이지만 다른 목적으로 이행되는 매개 행위, 그리고 ③ 미래에 일어날 수 있는 어떤 가능한 행위이다. 앤스컴은 인지/사변 지식(믿음과 같은 인지[cognitive] 상태)과 실천/도덕 지식(동기와 같은 희망[conative] 상태)을 구분한다. 이들은 실세계 및 마음 상태가 합치 방향(direction of fit, 부합)에서 서로 차이가 날 수다. 실천 지식은 우연히 불합치되어 실세계에서 일어나지 않을 수 있는 것이며, 관찰 가능한 행위나 사건으로 이미 일어났을 경우에 이유(reason)에 근거하여 설명이 이뤄진다. 행위는 바람(wanting), 희망(desire), 자발성, 합리성 등으로 귀결되는 속성을 지니기 때문이다.

필자가 보기에, 앤스컴의 이런 구분은 칸트의 순수이성과 실천이성을 그대로 수용하여 이뤄진 듯하다. 그렇다면 언어라는 매개체를 지니고서 우리가 의사소통 행위를 해 나가는 일은, 순수이성의 영역에서 다루어야 하는가, 아니면 실천이성의 영역에서 다루어야 하는가? 아니면, 둘 모두의 영역이 동시에 작동해야 하는 것인가? 피상적으로 '언어 행위' 내지 '의사소통 행위'라고 부르고 있으므로, 이를 실천이성에만 국한하여 다루어야 하는 것인가? 이런 물음이 비록 어리석게 보일 수 있겠지만, 순수이성과 실천이성을 모두 가동시켜야 하는 방식으로 답변이 구성될 수 있음을, 써얼 교수와 그롸이스 교수의 논의를 다루면서 다시 언급할 것이다. 그뿐 아니라, '언어 사용'이 의사소통 맥락에 대한 파악 및 의도의 결정 과정에 감성 영역이 깊이 간여하고 있으므로, 동시에 인간 정신의 주요한 세 영역(믿음·동기·감성)과 재귀의식이 모두 관여함이 드러날 것이다. 이를 통하여 지금까지의 편견과는 달리, 국어교육이나 언어교육이 한갓 부차적이고 지엽적인 응용학문으로 치부될

논문 모음집 중에서 앤스컴(1981), 『앤스컴의 철학 논문 모음: 형이상학과 심리철학(*The Collected Papers of G.E.M. Anscombe: Metaphysics and the Philosophy of Mind*)』 제2권(Basil Blackwell)의 제1부에도 관련 글들이 들어 있고, 자연세계를 설명해 주는 인과율과 결정론의 논의도 들어 있다.

것이 아니라, 인간 정신의 모든 영역을 전체적으로 작동시켜야 하는 '종합학문'으로서의 위상, 그리고 옛 전통에 따른 '실학'으로서의 위상이 뚜렷이 부각될 것이다.

심신 인과를 '무법칙적(anamolous)' 일원론으로 설명하려는 데이뷧슨(Davidson 1980: 제5장)에게는, 믿음과 의도가 별개의 독립적으로 작동하는 개별 영역이 될 수 없다. 그에게서 의도는 다만 임의의 상황에 대한 현재 전망이며, 이것이 행위로 실행되기 위해서는 한 개인이 지닌 믿음 체계 속에서 평가가 이뤄지면서 '전면적인 판단'을 거쳐야 하는 것이다. 데이뷧슨은 행위 속성(agency)이 행위자(agent)에 의해 일어나며, 그런 상태 변화를 가리키기 위하여 cause(원인)이라는 용어보다 reason(이유)이라는 용어를 써야 함에는[2] 앤스컴과 거의 같은 생각을 지닌 듯하

---

[2] 아마 영어에서는 합리성(rationality)나 이성(reason)을 오직 인간에게만 귀속시켜 왔고, 목적인(final cause)을 인간의 행위를 기술하기 위하여 희랍시대 이래 써 왔으므로, 인간 행위를 자연계의 다른 사건과 구별하는 일이 자연스럽고, 따라서 인간 행위를 설명하는 데에 이유(reason)을 내세우는 듯이 느껴진다. 그런데 필자의 직관에는 우리말에서 원인과 이유가 영어의 용법과는 달리 쓰이는 것으로 보인다. 이하에서의 논지는 주변 사람들로부터 아직 비평을 들어보지 못하였고, 그런 만큼 필자의 주견을 반영하여 잠정적일 뿐임을 먼저 밝혀 둔다.

혼히 원인과 이유가 뭐가 같고, 뭐가 다른지에 대하여 명시적 설명이 이뤄지지 않는 경우가 많다. 이들은 모두 조건 형식의 하위 개념이다. 조건 형식은 하나의 사건(이를 혼히 '전건'으로 부름)이 선행하고, 이어 이 사건과 관련된 후속 사건(이를 혼히 '후건'으로 불러 짝을 맞춤)이 뒤따라 나오는 형태이다. 전건이 복합 사건일 수도 있고, 단일 사건일 수도 있으며, 후건 또한 그러하다. 전건과 후건 사이의 연결 고리는 꼭 단 한 번만이 아니라, 길게 사슬을 이어 확장될 수도 있다. 그런 만큼 조건 형식이 나타내는 조건-결과 관계는 포괄적이며 상위에 있는 개념이 된다.

수리논리학에서는 "If A, then B" 또는 "A→B"로 표시하며, 때때로 함의 관계나 함축 관계라고도 말한다(사건의 내적 또는 외적 변화를 가리킴). 이 관계는 크게 형식 함의(formal implication)와 실질 함의(substantial implication)로 구분되는데, 전자가 더 기본적이고, 후자는 전자 위에 추가 제약들이 덧붙여져 나온다. 일반적으로 우리가 쓰는 것은 대부분 실질 함의 쪽이며, 형식 함의는 우리의 직관과 다른 경우도 허다히 허용하며, 또한 변항이 도입될 경우에 자기 모순을 일으킨다.

원인은 조건의 형식들 중에서 특별히 언제나 전건이 주어지면 '필요-충분하게' 후건이 나오는 경우를 가리킨다. 따라서 전건을 혼히 '원인' 사건으로 부르고 후건을 '결과' 사건으로 부른다. 우리말에서는 불교의 영향 때문에, '원인+결과'을 합쳐서 쓰는 '인과'라는 말에 익어져 있다. 영어에서는 이런 낱말이 고유하게 없다. 그러므로 불편하지만 cause-and-effect라고 붙여 쓰든지, 아니면 causality(원인 결과 관계)란 말을 상의어로 쓰며, 때로 causation(원인 속성)이라고도 쓴다.

다(그의 책 제2장). 그런데 행동주의를 지지하는 철학자 콰인에게서처럼, 데이빗슨도 또한 관찰 가능한 행위 또는 행동으로 귀착되는 것이 더욱 중요한 일로 파악한다. 행위 또는 행동으로 일어나기 이전에 일어나는 일련의 머릿속의 상태들은, 선명히 구별되는 몇 영역들이 작동되어 나오기보다는, 어떤 정신적 사건들이 일어났든지 간에 상관없이 전면적인 판단으로 종합되는 것(결과 상태)만으로 충분하다고 본 것이다.

이런 접근은 인간의 판단에서 미리 칸트의 분석 명제 및 종합 명제의 구분이 주어져야 함을 부정하고, 오직 전체주의 관점에서만 그런 구분이 가능함을 주장했던 콰인(Quine 1953)의 논법을[3] 그대로 심리현상에다 적용하였음을 알 수 있다. 그의 주장대로 만일 심리 현상이 '무법칙

영국 철학자 데이빗 흄(David Hume, 1711~1776)은 인과관계조차 우주 속에 들어 있는 원리가 아니라, 다만 인간들이 공통적으로 자주 접하는 두 사건의 시공간 연접에서 비롯되었다고 보았다. 이른바 인과율도 관념들이 연합되어 이뤄지는 지식에 불과한데, 언제나 시간상으로 근접하며 공간상으로 연접하여 일어나는 사건들에 대한 서술에 불과하다고 본 것이다. 조건 형식은 인과관계뿐만 아니라, 여러 가지 매개관계들이 들어 있는 것뿐만 아니라, 복합적인 여러 조건들까지도 모두 포괄할 수 있는 상위 개념임에 유의하기 바란다. 인과관계는 수리논리학에서 흔히 "A⇒B" 또는 "A if and only if B"로 표시한다.

그런데 '이유'는 이미 결과 사건이 발생해 있다는 전제가 들어가 있다. 이미 발생한 사건을 흔히 영어에서는 fact(사실)이라고 부르며, 이 말에는 what has happened(이미 일어난 일)란 의미가 들어 있다. 따라서 이유는 인과 사건을 거꾸로 적용해야 한다. 결과가 이미 일어나 있기 때문에, 그 결과를 일으킨 원인 사건을 탐색하는 셈이다. 특히 원인 사건이 대화 참여자들 사이에 애매하거나 불분명할 적에 '이유'를 찾게 된다. 흔히 이유에 대한 물음은 인간들의 행동 또는 인간이 일부러 의도를 지니고서 일으키는 사건과 관련하여 제기된다. 인과율이 온 우주를 대상으로 차별 없이 모든 시간에 걸쳐 두루 쓰일 수 있는 점과는 구별되는 대목이다.

이유는 우리말로 '까닭, 때문' 등의 낱말과 바꾸어 쓰일 수 있다. 한자로는 '연유(緣由)'나 '연고(緣故)'로도 쓸 수 있다. '소매 끝' 또는 '실마리' 연(緣)이란 어원 자체가, 그리고 '말미암을' 유(由)와 '옛' 고(故 지난 것)란 말의 어원 자체가, 현재 일어난 사건이 대체 어디로부터 나왔는지를 묻는 방식임을 시사해 준다. 그렇지만 수리논리학에서는 우리말에서 찾아지는 이런 구분을 위하여 따로 기호를 마련해 놓지 않았다.

3) 가상의 원시 부족을 조사하던 인류학자에게 던져진 원주민의 '가바가이(gavagai)'라는 발화에 대한 해석이 결코 전체 언어체계를 다 알지 못하고서는 올바르게 해석될 수 없다는 주장으로도 알려져 있다. 칸트의 두 명제 구분을 부정한 글은 콰인(Qunie 1953; 허라금 뒤침 1993), 『논리적 관점에서』(서광사)의 제2장을 읽어 보기 바란다. 데이빗슨은 전체주의 관점이 언어 해석에서도 그대로 반복된다고 보았고, 불확정한 해석에서 의심되는 부분들을 삭감하기 위하여 '관용의 원리' 등을 상정한다. 데이빗슨(1884; 이윤일 뒤침 2011), 『진리와 해석에 관한 탐구』(나남)와 이영철(1991), 『진리와 해석: 데이비드슨의 원초적 해석론과 진리조건적 의미 이론』(서광사)을 읽어 보기 바란다.

적'이라면, 믿음체계와 의도를 구분할 이유가 없어진다. 그렇다면 관찰 가능한 행위로 포착되기 이전에 머릿속에서 일어나는 일련의 상태를 적절히 기술할 수도 없고, 설명할 수도 없게 된다. 머릿속에서 진행된 일련의 복합적인 일들을 전면적으로 평가하기 위해서는, 미리 구별되는 마음의 영역과 각 상태들의 진행이 반드시 선행되어야 하는 것이다.

써얼(1983; 심철호 뒤침 2009)『지향성: 심리철학 소론』(나남)에서는 지향성을 다루면서 믿음체계를 가리키는 '본래적 지향성'과 언어를 쓰는 데 필요한 의미체계와 같이 '파생된 지향성'을 구분하여 놓는다. 언어 사용 행위를 분석하는 오스튼(Austin)의 '말에 깃든 속뜻'을 붙드는 행위 (illocutionary act)도 이런 두 가지 지향성을 다 표현할 수 있다는 점에서 중의적이다. 가령,

"비가 온다!"

는 발화는 현실세계에서 현재 일어나는 어떤 사건에 대한 믿음을 표시해 준다(본래적 지향성). 뿐만 아니라 비를 피하기 위한 행위와 연결된 의미로 쓰일 경우에(우산을 갖고 오라는 요청)일 경우에는 파생된 지향성으로 분류된다. 한 사태를 기술하느냐(순수이성의 영역) 또는 그 사태와 관련된 행위를 수행하려고 하느냐(실천이성의 영역)로 구분하는 것이다. 이런 구분에 따라서 여러 종류의 발화행위를 다음처럼 기술할 수 있다. 서술 또는 단정은 그 일치 방향(direction of fit, 부합)이

'언어 → 세계'

로 향한 행위이며, 참이 되는 책임은 서술하는 화자 쪽에 있다. 명령 또는 지시는 그 일치 방향이 거꾸로

'세계 → 언어'

로 향한 행위이며, 참값의 여부는 명령을 수행(완수)하는 청자의 세계에 있다. 유사하게 믿음이나 신념은 일치 방향이

'마음 → 세계'

로 향한 행위이며, 완고한 믿음일수록 참값 여부를 묻지 않는다. 거꾸로 의도 또는 바람은 일치 방향이

'세계 → 마음'

으로 향한 행위이며, 행위를 일으키는 쪽에서 책임 있게 실천하여 일치 또는 부합이 일어날 경우에라야 만족 또는 참값이 주어진다. 단, 감정과 관련된 부류들은 오직 마음의 느낌이나 상태만을 표시하므로, 따로 일치 방향을 상정할 필요가 없다.

특이하게 써얼 교수는 의사소통에는 두 단계의 의도가 있어야 함을 주장한다. 1차적으로 표상하려는 의도(표상의도)가 주어지고, 다시 2차적으로 이를 소통하려는 의도(의사소통 의도)가 뒤따라야 하는 것이다. 이때 소통의도란 1차적인 표상의도가 청자에게 인지되도록 하려는 의도이다. 그렇다면, 의미의 문제는 표상의도로부터 소통의도에로 이행하는 과정을 다루는데,

"마음이 어떻게 해서 본래적으로 비지향적인 것들에 지향성을 부과하는가"(심철호 뒤침 2009: 238쪽)

에 초점을 모으는 것이다. 그는 이를 '파생적 지향성'이라고 불렀다. 그

렇지만 이런 대립 영역 사이의 이행 관계가 여러 발화 행위들 사이에 변별점을 드러내는 데에 유효함을 인정하더라도, 언어 산출 과정에 어떤 기여를 하느냐에 대해 긍정적인 답변을 내 놓을 수 없다. 본질적인 지향성과 파생적인 지향성이 이어져 있다는 주장은, 순수이성과 실천이성이 긴밀히 의사소통에 간여한다는 점에서 앤스컴 교수의 의도에 대한 논의에서 진일보하였다고 평가된다. 그렇지만 두 영역이 긴밀히 공모한다는 사실을 지적한 것 이외에는 다른 내용이 없는 듯하다. 필자의 판단으로는 파생적 지향성이 의사소통이라는 최종 목표에 맞물려 있는 것이므로, 써얼 교수가 표상의도 또는 본래적 지향성이란 개념이 의사소통을 위한 판단과 결정 과정에 불과하며, 이를 더 중요하게 부각시키는 것은 부분을 전체로 호도하는 일에 다름 아니다.

마음의 작동 조건으로부터 의도를 상정할 수도 있겠지만, 의사소통을 하는 매체의 속성으로부터 의도를 상정해야 한다고 논의할 수 있다. 이런 측면에서 그롸이스(Grice) 교수의 주장을 살펴보기로 한다.4) 일상

---

4) 그롸이스(H. P. Grice, 1913~1988)는 옥스퍼드에서 일상언어 철학의 흐름을 만들어 간 주요한 사상가이다. 오스튼(Austin)은 그의 3년 선배이고, 스트로슨(Strawson)은 그의 후배이자 동료였다. 2차 대전 기간 동안에도 이들은 칸트 및 아리스토텔레스에 대한 세미나를 정규적으로 열었다고 한다. 이들의 '상식'에 대한 옹호는 이런 독서 내력들로부터 찾아져야 할 것이다. 그롸이스는 특이하게 자신의 아버지와 이름이 모두 같았으므로, 아버지와 구분짓기 위하여 스스로 Paul Grice로 불리기를 좋아했었다고 한다. 잠시 모교에 있다가 1967년부터 미국 캘리포니어 대학 버클리 분교에서 타계할 때까지 가르쳤다. 그의 유작들은 32쪽 제1장 1절에 있는 각주 15)를 보기 바란다.
생전에 그롸이스를 기리는 큰 학회가 열렸는데, 그뢴디·워너 엮음(Grandy and Warner 1986), 『합리성의 철학적 근거들: 의도, 범주, 목적(Philosophical Grounds of Rationality: Intentins, Categories, Ends)』(Clarendon)에 19편의 글이 모아져 있다(이 책의 첫 글자만 모으면 P Grice가 됨). 그롸이스를 다룬 책으로 아브라미디즈(Avramides 1989), 『의미와 정신: 그롸이스 식 언어 설명에 대한 검토(Meaning and Mind: An Examination of a Gricean Account of Language)』(MIT Press); 포츠(Potts 2005), 『관례적인 함의에 대한 논리(The Logic of Conventional Implicature)』(Oxford University Press); 챕먼(Chapman 2005), 『폴 그롸이스, 철학자 겸 언어학자(Paul Grice, Philosopher and Linguist)』(Palgrave Macmillan)가 있다. 피트뤄즈 엮음(Petrus 2010), 『의미와 분석: 그롸이스에 대한 새로운 논평들(Meaning and Analysis: New Essays on Grice)』(Palgrave)에는 15편의 글이 들어 있는데, 개관 논문에서 그롸이스가 철학을 한갓 분과학문으로 보지 않고 전반적으로 이성의 힘을 발휘하는 통합적인 인문학임을 강력히 천명하였다는 대목이 눈길이 끈다.
한편, 그롸이스에 대한 신랄한 비판은 데이뷔스(Davis) 교수의 책들로서, 데이뷔스(1998),

언어 철학자라는 그의 명성에 걸맞게 그라이스(1957)에서는 먼저 자연적 의미와 비-자연적 의미를 구분한다. 그는 홍역을 앓은 얼굴의 곰보 딱지를 예로 들었지만, 더욱 확실하게 배가 고플 때 뱃속에서 나는 "꼬르륵~!" 소리의 사례로 바꿔 제시하기로 한다. 누구나 배고플 때 나는 "꼬르륵~!" 하고 나는 소리는 배가 고프다는 사실과 명백히 1 : 1로 대응한다. 결코 형식과 내용이 바뀔 수 없는 것이다. 이는 세계 어디에서나 다 공통적으로 성립한다. 따라서 이를 '자연적 의미'(비-상징적 의미)라고 불렀다.

그렇지만 "예!(yes!)"라는 대답을 보자. 이는 영어에서와 우리말에서 전혀 가리키는 바가 다르다. 우리말에서 상대방의 의견에 대해 동의한다는 뜻으로 쓴다. 그렇지만 영어에서는 상대방이 어떤 생각이나 의견을 갖고 있는지는 상관이 없다. 오직 현실에서 사실이면 "예!"라고 답할 뿐이다.

우리말에서 누군가 나에게 "밥 안 먹었지?"라고 묻는다면, 내가 밥을 안 먹었으면, '[안 먹었다]+[확인]'의 전제에 따라 "예!"라고 대답해야 한다. 그렇지만 밥을 먹었으면 그 전제를 부정하여 "아니오!"라고 대답해야 한다. 묻는 쪽에서 '내가 밥을 안 먹었다'고 생각하거나 그런 의견을 갖고 이를 전제로 깔아 놓고 있기 때문이다. 따라서 나는 그 생각이나 의견에 동의하는 형식으로 "예!"를 쓴다. 그렇지만 영어에서는 내가 밥을 아직 안 먹었으므로, 오직 이 사실만을 반영하여 "아니오!(no!)"라고 대답해야 한다.

이 사례는 자연언어들 사이에 찾아지는 차이이다. 그렇지만 같은 언어에서도 동일한 표현이 어조를 달리하여 발화됨으로써 반어법이 생겨

『함의: 그라이스 이론의 실패로 다룬 의도·관례·원리(Implicature: Intention, Convention, and Principle in the Failure of Gricean Theory)』(Cambridge University Press)와 데이뷔스(2003), 『의미, 표현, 사고(Meaning, Expression, and Thought)』(Cambridge University Press)와 데이뷔스(2005), 『비기술적 의미와 지시 내용(Nondescriptive Meaning and Reference)』(Oxford University Press)를 보기 바란다.

날 수 있다. 가령, "잘 났다!"라는 말은 평상적인 어조로 말할 경우(칭찬의 뜻)와, "잘~ 났다!"처럼 어조를 길게 끌면서 말할 경우에 뜻이 서로 정반대가 되어 버린다(비꼼 또는 욕설). 이렇게 형식과 내용의 결합이 상황에 따라 수시로 바뀌어 버리는 경우를, 앞의 경우와 대립시켜 '비-자연적'(상징적) 의미라고 불렀다. 때로 그는 이를 '화자의 의미(speaker's meaning)'으로도 불렀었지만, 그라이스(1969)에서는 '의도(intention)'라는 용어로 부르게 된다. 그렇지만 주관적인 1인칭 진술로만 느낄 수 있는 의도(흔히 '사밀성'으로 불림)는 ① 제3자가 관찰할 수도 없고, ② 그렇다고 내가 상대방에게 보여 줄 수 있는 직접적인 방법도 없다는 특이성을 지닌다.

그라이스(1971) 「의도와 불확실성」에서는 상식적으로 다음의 세 가지 부류를 서로 구분해 놓는다.

① '의도 → 실천 → 사실' 부류,
② 오직 '의도'만으로도 자족적인 단순한 희망의 부류,
③ 굳은 믿음이 필요하지 않는 부류('반사실성'에 대한 희망 따위가 해당될 듯함)

이는 의도를 실천의 문제와 이론의 문제로 바꾸어 놓으려는 전략이다. 결국 미래의 사건이란 관점에서 보면, ㉠ 자연법칙을 따르는 사실적 미래 사건과 ㉡ 인간의 의지에 따라 일어나는 의지적 미래 사건이 있는데, 여기서는 다시 ㉢ 약속과 같이 실천이 더해지는 미래와 ㉣ 막연한 전망과 같이 그렇지 않은 불확실한 미래가 있는 셈이다.

만일 언어 사용이나 의사소통이 자연적 의미만 갖고 이루어졌더라면, 굳이 의도를 상정할 필요가 없었을 것이다. 그렇지만 언어는 태생적으로 비-자연적 의미(또는 상징적 의미)를 담고 있다. 비-자연적 의미를 아무렇게나 표현하는 것이 아니라, 상대방도 따르고 이해할 것으로

믿는 어떤 질서를 준수하면서 말해야 하는 것이다. 바로 이 점이 의사소통 의도를 상정해야 하는 상식적이면서 중요한 이유가 된다. 비단 언어만이 아니다. 인간의 행위 전반이 모두 특정한 의도나 목적을 중심으로 하여 조직되어 있다고 가정된다. 따라서 의도가 수식어를 붙여 '의사소통 의도'와 '행위 의도'로 나눌 수 있는 것이다.

이때 이것들이 각각 순수이성과 실천이성으로부터 나오는 것이 아닌지 질문을 던질 수 있다. 그라이스(2001)에서는 두 가지 이성을 구분한 칸트를 비판하면서, 오직 하나의 이성이 두 가지 기능일 따름임을 주장하였다. 마치 'if~, then~'의 짝이 '조건, 행위'의 짝으로 해석되듯이, 마찬가지로 '순수이성, 실천이성'(생각, 실행)도 서로 별개의 것이 아니라 서로 짝이 되는 관계인 것이다. 이 주장은 일찍이 그라이스(1975)에서 연접 연산자 and가 공간 나열 및 시간 나열(순차적 표현)로 두 개가 있는 것이 아니라, 오직 하나의 and가 있고, 다만 사용 규범(maxim)에 따라 단지 그렇게 읽힐(해석될) 뿐이라고 주장했던 바로 그 논법을 연상시킨다.

그런데 임의의 두 사람 사이에서 행위로 표현되든 언어로 표현되든 간에, 관찰할 수 있는 자료들을 해석하기 위해서는 그 자료의 이면에 담겨 있는 모종의 의도를 찾아내어야 함을 알 수 있다. 그것이 행위로 표현된 것이라면 '행위 의도'라고 부를 수 있고, 언어로 표현된 것이라면 언어 의도라고 말하지 않고 '의사소통 의도'라고 부른다. 언어 사용이 주로 언어를 사용하지만, 언어 이외에도 얼굴 표정과 몸짓 등의 비-언어적 매체도 동시에 함께 이용하게 된다. 따라서 언어 의도라는 말을 쓰지 않고 포괄적으로 '의사소통 의도'라는 말을 쓰고 있다. 의사소통 의도는 두 가지 측면에서 그 설정의 당위성을 찾을 수 있다. 첫째, 일련의 몇 단계에 걸쳐 일어나는 우리의 머릿속 작용 방식 때문에 설정되어야 할 필요성을 찾을 수 있다(모든 생각을 다 말로 표현하는 것은 아님). 둘째, 의사소통에 쓰이는 도구인 언어의 실체가 형식 및 내용의 비-자연적(또는 상징적) 결합체라는 점에서, 그 결합의 속내를 알아차리고,

본디 의도나 원래 목적을 파악하기 위한 필요성 때문에 기인함을 알수 있다.

비유적으로 말하여, 언어는 언제나 외연의미와 내포의미가 들어 있으므로 때가 끼어 있는 유리창처럼 투명치 않다(언어의 흐릿한 특성임). 자주 언어를 배우는 과정이 외연의미에 기대어 이뤄지던 습성 때문에, 마치 언어 형식이 오직 하나의 의미만을 지니고 투명한 듯이(직설적 표현인 듯이) 착각할 뿐이다. 한걸음 더 나아가, 언어 사용은 수시로 서로 다른 의미들을 결합시킬 뿐만 아니라, 또한 언어를 사용하는 상위 규범도 철칙이 아니다. 의사소통 참여자들이 그 규범을 따르거나 일부러 위배할 수도 있는 것이므로, 언제나 맥락에 따라 이런 융통성이 수시로 구성원 상호간에 조율될 수 있어야 하며(더욱 흐려진 유리창에 비유할 수 있음), 그 과정에서 의사소통 의도가 서로 재확인될 필요가 있음을 알수 있다. 재확인 과정은 기본적으로 감정이입을 통하여 스스로 그 상황에서 뭘 말할지(말했을지) 추정하는 일이다.

그런데 서로 얼굴을 마주 보는 상황에서, 의사소통 의도를 지닌 화자가 언어를 매개로 하여 직접 청자에게 말을 전할 때에, 청자는 어떤 방식으로 화자의 언어를 들으면서 그 의도를 이해하게 되는 것일까? 현대 언어학을 일으킨 소쉬르는 화자와 청자 사이에 서로 공유된 언어재가 있다고 가정하였고, 이를 랑그라고 불렀다. 다시 말하여 화자가 서로 공유된 언어재를 쓰고 있으므로 당연히 청자로서는 장애 없이 이해 과정이 일어날 수 있다. 그렇지만 동시에 화자와 청자 사이에 서로 차별적인 측면들도 있고, 이를 파롤이라고 불렀다. 청자는 화자의 언어 재료를 받아들이면서 그 재료의 어느 부분을 공유된 속성으로 보고, 어느 부분은 개별적인 성격으로 간주할 수 있을 것인가? 그리고 그런 판정의 객관성은 어떻게 달성될 수 있는가? 이런 질문은 언어 이해의 과정에서 언제나 제기된다.

이해에 관한 질문은 더 낮은 차원과 더 높은 차원에서 동시에 제기될 수 있다. 왜냐하면 언어를 습득하기 이전의 유아들에게서도 비-언어 재료를 이용한 의사소통이 가능하고, 다른 한 편으로 긴 연설이나 방대한 책자로 이뤄진 거대한 언어 구조물을 이용한 의사소통도 가능하기 때문이다. 유아들과 엄마 사이의 의사소통의 연구에서는, 흔히 감정이입(empathy)을 다루게 된다. 유아들은 사람의 얼굴 표정을 즉각 알아본다고 알려져 있다. 만일 어떤 사람이 유아를 보면서 웃는 모습을 짓는다면, 유아도 곧장 따라서 웃는다. 그렇지 않고 찡그린 얼굴을 보인다면, 즉시 울음을 터트린다. 최근에 모방을 가능하게 만들어 주는 '거울 뉴런(mirror neurons)'이라는 개념도 등장하여5) 이런 현상을 두뇌의 신경 생리학적 모형으로 설명하려고도 한다. 유아들은 주변의 사람과 소통할 수 있는 방식이 단순히 울음밖에 없다. 유아가 울음을 통해 주위 사람과 소통하기 위한 상황은, 배고픔, 기저귀 교환, 몸에 열이 남 등 몇 가지로 제약되어 있다. 이는 울음소리(cry)라는 형식 하나에 몇 가지 상황이 그 형식에 대한 의미로 결합될 수 있는 원초적인 기호 형식과 유사하다. 원초적인 기호 형식이라고 하더라도, 이것이 제대로 해석되고 가동되려면 감정이입이 작동되어야 한다. 즉, 왜 우는지를 추정하는 일이다.

한편 이해의 문제를 담화 또는 텍스트 언어학 차원에서도 생각해 볼 수 있다. 하나의 낱말이 다른 낱말과 이어져서 하나의 명제를 이루고 (명제는 입말에서는 발화로 불리고, 글말에서는 문장으로 불림), 명제들이 이어져서 작은 단락을 이루며, 작은 단락들이 결합하여 전체 덩잇말이나 덩잇글을 이루게 된다. 흔히 담화 또는 텍스트 언어학에서는 미시차원

---

5) 뤼졸래띠 외(G. Rizzolatti et al. 1996), 「전운동피질과 운동행위의 인식(Premotor cortex and the recognition of motor actions)」, 『두뇌 인지 연구』 제3호(131~141쪽)에서 유아 마카크(Macaque) 원숭이들의 행동 관찰을 통해 주장되었다고 한다. 거울 뉴런은 "관찰자가 자신의 내부적 상황을 마치 자신이 실제 그 일을 수행하는 것처럼 둘 수 있게" 하므로 타인의 행동을 관찰하면서도 마치 자신을 거울에 비춰보고 있는 듯한 효과를 얻을 수 있는 것이다.

과 거시차원으로 구분하기도 한다. 미시차원은 발화나 문장들이 언어 기제들로써 결합되어 좀 더 큰 덩이를 이룬 것으로 비유할 수 있다. 그런데 미시차원의 덩이들이 다시 이어져서 거시차원의 구조물을 이룰 수 있는데, 이런 연결에는 언어적인 형태가 없이(언어 고리가 없이) 느슨하게 누적되거나 쌓인다고 비유할 수 있다. 거시차원의 연결을 해석할 수 있는 방법은, 화자와 청자가 자주 경험하여 머릿속에 기억하고 있는 수사학적 전개 방식들이 있고, 또한 거시차원의 담화들이 밑바닥에 깔아 놓고 있는 가치 또는 이념 체계들에 의존하는 것이다. 이렇게 언어로 표면화되지 않은 채 이면에 내재되어 있는 것들을 이끌어 나가는 힘이 바로 '의도'이며, 글말에서는 '주제'라고 말해 왔다. 이들은 대체로 절차지식들에 해당하며, 개인별 자각이 사람마다 편차가 많을 것이다. 따라서 제도적으로 교육을 통하여 이런 내용들을 명시적인 언어로 표현함으로써 제대로 터득하고 사용할 수 있도록 할 수 있다.

언어가 의사소통에서 이용될 경우에 언제나 의도를 담고 있다. 의도는 1인칭 진술처럼 주관적이며 내재적이며 사밀한 특징이 있다. 그렇더라도 화자의 언어 사용을 이해하려는 상대방 쪽에서는, 화자의 언어 사용을 통하여 그 의도를 가늠하고 확정해 나가야 한다. 여기서 의도를 탐색해 나가는 과정은 크게 두 가지 길로 이뤄질 것으로 보인다. 하나는 감정이입에 의한 즉각적인 방식이며, 이를 직감적 방식이라고 말할 수 있다. 직감적인 방식은 소략하게 비-언어적 의사소통에서 의존해야 할 수밖에 없는 방식이다. 그렇지만 주로 언어를 이용하는 의사소통에서는 이런 직감이 언제나 완벽한 합치나 성공을 보장해 주는 것은 아니다. 오히려 이를 하나의 작업가정으로 이용할 수 있다. 일단 직감적 또는 직관적으로 작업가정을 설정하여, 이 가정을 계속 확증해 나가거나 수정해 나가는 방식이다. 이런 과정은 청자가 직접 듣게 되는 언어 재료들을 신중히 검토하면서, 언어 재료들의 연결을 가능하게 해 주는 알맞은 일관된 흐름들을 찾아내어야 한다. 여기에 관여하는 원리로서 담화를 조직하는 상위 원리들을 적용하면서 본디 설정해 놓은 작업가정을 수정하거나 교체하거나 확정해 갈 수 있다. 따라서 이를 일반화한다면, 직감적인 방식과 담화 운용 원리를 반추하는 일을 하면서, 화자의 의사소통 의도를 추정하게 된다고 말할 수 있다. 원래 화자가 자신의 의도를 숨기려고 하는 특별한 경우를 제외한다면, 그 의도의 확정은 청자의 추정을 원래 화자에게서 확인을 받음으로써, 반드시 참여자들 상호간에 이뤄지는 상호작용 과정이라고 말해야 온당할 것이다.

2. 상황 판단과 의도의 결정 과정

의사소통 의도는 여러 가지 변인들에 의해서 결정되어야 하지만, 즉 각적으로 일어나는 의사소통 행위로 말미암아, 우리는 의도의 결정 과정을 제대로 자각하지 못하기 일쑤이다. 의사소통 의도를 결정하는 데에 관여하는 주요 변수는, 의사소통 맥락에 대한 파악, 청자와 공유할 것으로 믿는 공통기반의 상정과 정보간격의 가늠, 의사소통 목적의 설정 등이다. 이런 변수들을 모두 의사소통 상황이라고 묶고, 이 상황에 대하여 어떻게 판단하고 의사소통 의도를 결정하는지 질문을 던질 수 있다.

인간이 스스로 어떻게 결정을 내리는지에 대한 논의는 최근 두뇌 손상을 입은 환자들에 대한 임상 관찰과 두뇌 해부학적 분석에 근거하여 새로운 주장이 부각되었다. 특히 다마지우(Damasio 1994; 김린 뒤침 1999) 『데카르트의 오류』(중앙문화사)와 르두(LeDoux 2002; 강봉균 뒤침 2005) 『시냅스와 자아』(소소)를6) 비롯한 일련의 논의들은, 진화론상으로 더

---

6) 공포(fear) 감정 연구의 대가인 르두 교수의 감성에 관한 책은 르두(1998; 최준식 뒤침 2006), 『느끼는 뇌』(학지사)로 나와 있다. 국내 심리학자들이 두뇌와 마음 작용의 관련성을 쉽게 풀어 쓴 13편의 글들이 성영신·강은주·김성일(2004), 『마음을 움직이는 뇌, 뇌를

먼저 자리잡은 제2 두뇌 속의 감성 체계가 우리의 주인임을 주장한다. 데카르트는 이성과 감성을 서로 분리하고 이성 중심의 인간관을 더 우월하게 보았었다.

우리들에게 이성(또는 합리성)이라는 속성이 있다면, 진화론적 두뇌 발달의 근거 위에서 다른 피조물들에게는 없는 제3의 두뇌 피질과 깊은 관련이 있을 것이라고 추정할 수 있다. 그렇지만 감성은 백질로 된 제2의 뇌(테두리 또는 변연계의 뇌)와 관련이 깊고, 회백질로 된 제3의 피질이 진화하기 이전에서부터 이미 존재하고 있었다. 이런 발달 순서는 논리적 요구이다. 이런 관점에서 데카르트의 주장을 두뇌 해부학으로 번역할 경우에, 대략 이성은 회백질의 신생뇌(두뇌 피질)에 자리잡고 있으며, 감성은 백질의 변연계(제2의 뇌)에 관련된다고 말할 수 있다.

다마지우(1994; 김린 뒤침 1999: 제7장)에서는 감정이 전반적인 신체 변화를 일으키게 되며, 또한 두 종류의 다른 회로들로부터 나온 감정이 있다고 지적한다. 1차 감정 회로는 변연계에 자리잡고, 2차 감정 회로는 전-전두엽에 자리잡는다. 그는 앞의 감정을 feeling(느낌)이란 낱말로 쓰고, 뒤의 감정은 언제나 정신적 이미지와 함께 일어나는데 이를 emotion(감정)이란 낱말로 구별하여 쓰고 있다. 또한 지속 가능한 기분이나 분위기로 부를 법한 배경 느낌(background feelings)도 느낌의 한 변

움직이는 마음』(해나무)에 있는데, 필자가 많이 배울 수 있었음을 적어 둔다. 카터(Carter 1998; 양영철·이양희 뒤침 2007), 『뇌: 매핑 마인드』(말글빛냄)에는 도판들이 많이 들어 있어 도움이 된다. 르두(LeDoux 2002; 강봉균 뒤침 2005), 『시냅스와 자아: 신경세포의 연결방식이 어떻게 자아를 결정하는가?』(소소)도 감동을 주는 책이다.

결정 이론에 대해서는 심리학자 이영애 교수의 번역서들로부터 큰 도움을 입었다. 필자의 능력에 영어 원서로서는 감히 몇 페이지도 읽어 나갈 수 없는 어려운 책자들이다. 카느먼 외(Kahneman et al. 1982; 이영애 뒤침 2001), 『불확실한 상황에서의 판단: 추단법과 편향』(아카넷)과 하드먼(Hardman 2009; 이영애·이나경 뒤침 2012), 『판단과 결정의 심리학』(시그마프레스)이다.

그런데 여기서 언급한 결정 이론이나 두뇌의 신경생리학은 모두 국어교육을 공부하는 필자가 문외한이며, 전혀 알 수 없는 전문영역이다. 단지 틈틈이 읽어 둔 제한된 독서 범위 내에서만 의사소통 의도가 결정되는 과정을 소략하게 짚어 볼 도리밖에 없음을 미리 적어 둔다. 아마 논점이 크게 잘못되었을 수도 있고, 또한 중요한 논점이 누락되었을 가능성도 있겠는데, 모두 필자의 무지 탓이다.

형 모습이다. 이런 느낌·배경느낌·감정들은 모두 생리-화학적으로 우리 신체에 어떤 변화를 일으키게 되는데, 이를 신체감지 표지(somatic markers)라고 부른다. 이 표지들이 후천적으로 경험이 누적되어 나감에 따라 점차 복잡한 두뇌신경 그물짜임을 이루어 놓는다고 한다.[7] 그런데 그는 제8장에서 우리가 추론하고 판단하고 특정한 결정을 내리는 일이 중요하게 이런 그물짜임에 기대어서 일어난다고 주장한다. 결국 우리가 합리적이거나 이성적인 결정이라고 믿어 왔던 바의 신경생리학적 실체는, 포괄적으로 감정의 그물짜임과 전반적인 신체감각 표지들에 의해서 점검되며 확정되는 것이다. 비유적으로 표현하여 이성의 판단은 언제나 감성의 결재를 받아야 하는 셈이다. 이는 카느먼의 제1 체계에 의한 결정과 정합적으로 맞물리는 주장이다.

우리가 어떤 결정을 내릴 적에 널리 기대되듯이 합리적인 결정을 내리기보다는, 오히려 한쪽에 치우쳐 감성적이거나 비합리적인(또는 제한된 합리적) 그리고 비일관적인 결정을 내린다는 사실을, 카느먼 외(1982; 이영애 뒤침 2001)에서는 여러 종류의 사례들을 증거로 삼아 밝혀내었다. 일반적으로 판단을 내릴 적에 이용하는 세 종류의 어림셈(어림 판단)이 있다. 이는 관습화 또는 습관화되어 있어서 치우친 결정으로 귀결되는데,

① 한 개인이 지닌 고정 관념에 이끌리어 결정을 내리게 되는 고정 관념

---

7) 이것이 오직 유일하게 제2의 뇌에만 분포한다고 주장하는 것은 아니며, 편의상 간략히 대립시켜 서술했을 따름이다. 김린 뒤침(1999), 『데카르트의 오류』(중앙문화사), 168쪽 이하를 보면, 전-전두 피질, 두정엽의 신체감각 피질, 기저 전뇌 핵, 편도, 전 대상회, 시상하부 등 광범위한 그물짜임이며, 도파민, 노에피네프린, 세로토닌, 이세틸콜린 따위의 신경전달 물질들도 같이 작용해야 하는 복잡한 과정임을 알 수 있다. 184쪽에서는 우리가 의식을 갖기 위해서는 적어도 자동화된 신체감지 상태(automated somatic states)·작업기억·주의집중이 동시에 작동해야 한다고 하며, 경험이 성숙되어 갈수록 신체감지 상태에 대한 의존이 줄어든다고 한다. 그런데 첫 요소는 인문학 쪽에서 매우 낯선 두뇌 신경생리학의 영역이다. 또한 197쪽 이하를 보면, 두뇌 손상 환자의 임상적 관찰을 통하여 행위의 결정과정이 언어 부서가 전혀 간여하지 않은 채 이미지(심상)에 의해서만 일어난다고 지적하고 있어, 언어 중심적 사고방식에 많은 반성을 촉구하고 있다.

치우침,

②기억에 생생히 남아 있어 쉽게 이용할 수 있는 기억 활성 치우침,

③처음 제시된 예시 기준에 이끌리어 거기에 맞춰 결정을 내리는 예시
치우침

이 있다.[8] 또 한 개인이 판단을 내리는 데에 영향을 주는 요인으로 틀
부여 효과, 과신(또는 고집)의 정도, 경험한 뒤 치우침[9] 등을 찾아내었
다. 하드먼(Hardman 2009; 이영애·이나경 뒤침 2012)에서는 판단을 왜곡
할 수 있는 더욱 많은 요소들을 추가하였는데, 사람들이 신중하게 여러
정황들을 다 검토하면서 판단을 내리는 것이 아니라, 신속하게 단편적
인 정보만으로, 또는 단서 하나에만 의존하여 어림 판단을 내리는 경향
이 있다고 하였다.

　　결정 내리기 이론의 이런 주장들은 의사소통 활동에서 관련 상황에
대한 판단과 의도의 결정 과정에서 신중하고 면밀한 합리적 결정을 내

---

8) 아마 축자적인 번역 용어의 선택인 듯한데, 이영애 교수는 세 가지를 다음처럼 번역하였다.
　①대표성 편향(representation bias),
　②가용성(availability) 편향,
　③기점화(anchoring)와 조정(adjustment)
그렇지만 선뜻 이런 번역 용어만으로 원뜻을 재구성해 내기 힘들다. 기본 취지를 고려하
면서 더욱 쉽게 그 속뜻을 짐작할 수 있도록 새로운 낱말들을 뽑을 필요가 있다. 필자가
나름대로 뜻을 살려 번역해 본다면,
　①고정관념에 치우침,
　②생생히 남아 있는 기억에 치우침,
　③주어진 예시에 치우침
정도가 될 듯하다. heuristics를 런드(Lund 2003, 이재호·김소영 2007 뒤침), 『언어와 사고』
(학지사)에서는 '어림법'으로 번역하였는데, 흐릿하게 어림짐작을 하면서 결정한다는 뜻
을 잘 포착해 주고 있다. 만일 이를 '추단'으로 번역한다면, '추리 판단'이나 '추론 판단'으
로 잘못 새길 우려가 있다. 추리나 추론은 논리학에서 모든 수단을 동원하여 최상의 판단
에 이르는 방식이다. 그렇다면 원래의 취지와는 정반대의 해석에 이를 가능성을 배제할
수 없는 것이다.

9) 이영애 교수는 '후견지명(hindsight)' 편향으로 번역하였다. 우리는 어떤 일을 한 번 겪은
뒤에 그 경험 때문에 전혀 다른 가능성을 상정하지 못한 채 늘 치우친 결정을 하는 경우
이다. 이와 반대쪽의 경우는 적극적이고 개방적인 태도로 과감하게 새로운 도전을 하려
고 선택하는 것일 듯하다.

리기보다는, 오히려 즉석에서 재빠르게 단편적인 정보만으로 비-합리적인 어림셈을 한다는 함의를 담고 있다. 그런 어림셈은 하나의 공통된 방식을 따르기보다는 다양히 많은 방식들이 상당수 있으며, 그런 방식들이 위계화되거나 일관적인 속성을 찾을 수 없다. 결과론적으로 보아 더 나은 선택지가 있었기 때문에, 이를 비-합리적 결정이거나 또는 제한된 합리성 결정이라고 이름표를 붙일 뿐이다.

그런데 언제나 입말로 이뤄지는 의사소통 상황은 순식간에 빨리 진행하거나 반응하도록 요구한다. 공유된 공통배경과 정보간격을 가늠하여 의도를 수립하고 서술관점을 수립하면서, 동시에 알맞은 낱말들을 인출하여 배열하여 말소리로 내보내어야 하는 것이다. 이렇게 의사소통에 관련되는 다양하고 복합적인 영역에 대한 판단을 의사소통 판단과 결정으로 부를 수 있다. 왜냐하면 일반적인 결정 내리기와 차별적인 의사소통 행위 특성 및 거기 동원되는 언어 기제 내용들이 그런 판단과 결정에 중요한 몫을 맡고 있기 때문이다. 이 글에서는 상황 판단과 의도의 결정이 흔히 치우친 결정을 내리는 일반적인 결정 내리기의 특성들뿐만이 아니라, 이와는 달리 또한 다음과 같이 고유하게 요구되는 특성들이 더해져서 이뤄진다고 가정할 것이다.

첫째, 입말로 이뤄지는 기본적인 의사소통에서는 줄기차게 이어져 나가는 의사소통의 흐름을 유지하기 위하여, 화자가 꾸준히 노력을 해야 한다. 흔히 이를 의사소통 '중압감' 또는 의사소통 진행의 압력이라고 부른다. 이런 의사소통 중압감이[10] 비록 판단과 결정이 한 쪽으로

---

10) 의사소통을 진행해 나갈 적에 중간에 드문드문 공백이 생겨날 수 있다. 이런 공백을 채우는 것들을 흔히 '군말'로 부른다. 그런데 군말이 크게 두 종류로 나뉠 수 있다. 클락 (Clark 1996; 김지홍 뒤침 2009: 404쪽, 422쪽), 『언어 사용 밑바닥에 깔린 원리』(도서출판 경진)에서는 발언권을 지닌 화자가 공백을 채우기 위하여 두 종류의 군말을 이용한다고 지적한다. 주관적인 느낌 또는 심리적 기준으로 1초 이내의 공백 및 1초를 넘는 공백을 구분할 수 있는데, 이런 공백을 채우는 군말들이 서로 다르다. 전자는 화자 자신이 머릿속에서 관련된 낱말들을 인출하고 있는 상태를 드러내어, 발언권을 빼앗기지 않으려는 뜻을 담고 있다. 그러나 후자는 의사소통에 참여하고 있는 청자에게 의사소통을 진행시켜 나갈 수 있도록 '도움을 요청'하고 있는 것으로 해석할 수 있다. 북미 영어 화자

치우치더라도 신속하게 이뤄지는 쪽을 선택하도록 만들었다고 말할 수 있다.

둘째, 의사소통에 관한 판단과 결정이 서술관점의 선택과 더불어 언어 표현으로 이뤄졌을 때에, 결코 이것이 끝이 아니다. 반드시 얼굴을 마주하고 있는 상대 청자에게서의 반응을 관찰하고, 화자 자신의 의사소통 결정이 적합하였는지 여부를 재귀적으로 신속히 검토해야 한다. 따라서 화자 자신의 결정에 대한 자기-평가가 언제나 부지불식간에 주어지는 것이다. 이 평가의 정도에 맞춰, 다음 단계에서 원래 의사소통 의도를 계속 진행시켜 나갈지, 아니면 수정하거나 포기할지를 결정한다. 이를 '청자 반응에 대한 점검 과정'으로 부를 수 있다. 이렇게 점검한 다음에 의사소통을 지속하기 위하여 다시 이어지는 결정 과정을 흔히 '후속 상호조율 과정'이라고 부른다. 의사소통에서 후속 상호조율은 아직 일반적인 결정 내리기에서 전혀 다루지 않는 중요한 논제가 된다.

셋째, 의사소통 과정에서 의도를 결정하여 언어로 표현하는 일은, 일상생활의 여느 결정과는 달리, 결정 주체에게 심각하게 경제적 손해를 끼치는 일이 없다. 문화마다 다소 차이가 있겠지만[11] 또한 의사소통 기제를 이용하여 한 개인의 말실수를 '사과할 수'(또는 용인할 수) 있는 관습이나 기제도 허용된다. 이런 특성 때문에 판단과 결정의 주체가 설사 실수를 하더라도 다시 원상태로 회복될 수 있는 기회가[12] 충분히

들의 경우에 전자의 공백을 채우기 위해 'uh(어)' 계열의 군말을 쓰지만, 반면에 후자의 공백을 채우기 위해서는 'um~(엄)' 계열의 군말을 쓴다고 하였다.

11) 하드먼(Hardman 2009; 이영애·이나경 뒤침 2012: 46쪽)에서 동양인들의 문화와 서구 사람들의 문화가 판단이나 결정 과정에 영향을 주는 치우침 요소들과 그 정도가 다르다는 연구들을 언급하고 또한 사람들의 성격 차이에 따른 연구들을 인용하고 있다.

12) 사회학자 고프먼(Goffman, 1922~1982)에 따르면 의사소통 행위의 밑바닥에는 체면(face)의 원리가 깔려 있다. 그는 체면 위협(face-threatening) 행위와 체면 보호(face-saving) 행위를 나누어 일련의 상호작용 행위들을 설명하려고 한다(고프먼 1967; 진수미 뒤침 2013). 만일 이런 측면을 고려한다면, 이미 일어난 의사소통에 대하여 사과하는 일이 말끔히 지우개로 연필 자국을 지우듯이 완벽히 원래 상태로 되돌아가는 것은 결코 아니다. 사과하는 쪽에서 체면이 구겨지거나 손상받기 때문이다. 그렇지만 만일 이런 체면 손상을 감내할 수 있다면, 그런 조건에서 상대방 쪽에서 사과를 받아들이는 일을 기점으로 하여,

주어지는 것이다. 판단과 결정의 치우침을 논의하는 연구들은 대체로 치우침이 생겨나는 연원을 인간의 제한된 능력에다 초점을 모으는 듯 하다. 그렇지만 또한 의사소통 경험에서 누적적으로 실수를 만회할 충분한 기회들이 주어지는 의사소통 결정 방식으로부터 나온 영향력도 고려되어야 할 것이다(사과와 수용의 방식).

우리들이 자주 내리게 되는 치우친 판단과 결정은, 또한 신경생리학적 주장들과 서로 정합적으로 뒷받침 논거를 제공해 주고 있다. 최근에 우리의 판단이나 결정이 면밀하고 합리적인 이성적 과정이라기보다는, 오히려 감성적이거나 정서에 치우친 일방적 결정 과정이라는 주장이 크게 부각되고 있기 때문이다. 또한 고유한 의사소통에 관한 판단 및 결정의 특성들이 추가되어야 한다. 이런 점들을 고려한다면, 자유의지를 지닌 한 개인이 어떤 방식으로 판단을 하고 결정을 내릴지에 대해서는, 원칙적으로 아무도 미리 예측할 수 없다. 오직 느슨한 의미에서[13] 결정 과정이 두 번 이상 반복 관찰되어 습관이나 버릇으로 일반화할 수 있을 경우에라야, 어느 정도 예견을 할 수 있을 것이다.

3. 의도의 수정과 전략적인 상위 의도

의사소통 판단과 결정은, 청자 반응에 대한 점검 과정을 거쳐, 지속적인 상호조율의 과정으로 이어진다. 이런 일련의 과정에서 예상대로 청자의 반응을 확인할 수도 있고, 그렇지 못할 수도 있다. 만일 청자 반응이 예상되는 대로 관찰될 경우에는, 점검 과정이 뚜렷이 자각되지

의사소통 참여자들 사이에서 본디 상황을 회복한다고 서술할 수 있을 것이다.

13) 자연법칙은 예외가 없다고 말할 수 있겠지만, 인간이 간여하는 행위들은 어떤 경향을 기술하더라도 곧장 예외들이 생겨난다. '예외 없는 법칙이 없다'는 경구는 자유의지를 지닌 인간 행위들을 염두에 두고 만들어진 듯하다. 느슨한 의미라는 조건이 많든 적든 예외성을 인정한다는 뜻이다.

않은 채 다음 단계의 의사소통을 진행시켜 나갈 수 있다. 반대로 만일 기대된 청자의 반응을 얻지 못하였다면, 다음처럼 여러 가지 선택지가 주어질 것이다. 첫째, 얼굴을 마주보고 있는 청자가 제대로 주목하지 못하였다고 판단하고서 동일한 의도와 언어 표현을 다시 한번 반복하거나, 언어 표현을 달리하여 풀어 줄 수 있다. 둘째, 청자와의 공통기반 및 정보간격을 다시 가늠한 뒤, 이에 따라 본디 의도를 새로 파악한 정보간격을 채우기 위하여 다소 수정할 수 있다. 셋째, 본디 의도를 포기하고, 전혀 새로운 의도를 마련할 수 있다. 넷째, 청자의 이해를 무시하면서 화자가 일방적으로 의사소통을 진행하여 신속히 끝내 버리는 것이다. 결국 의사소통 의도가 언어로 표현되어 말소리를 나올 경우에, 일직선으로 된 두 가지 축 사이에서 앞의 세 가지 변화가 필요한 경우를 다룰 수 있을 것이다. 그런데 이런 과정은 반드시 청자가 보여 주는 반응을 화자가 스스로 평가하면서 신속히 이뤄져야 한다.

의도를 수정하거나 포기하여 새로운 의사소통 의도를 수립해야 하는 세 가지 경우(앞의 첫째~셋째)에는 이런 작업을 수행할 부서나 주체가 있어야 한다. 이렇게 요청되는 추가 부서에 대한 논의를 위하여 잠정적으로 '상위 의도'를 상정하여 다룰 수 있을 것이지만, 본디 의도가 만들어지는 부서 및 상위 의도가 만들어지는 부서가 서로 별개의 부서인지에 대한 의문에 답변을 해야 한다. 의도는 객관적으로 외적인 관찰이 불가능하고, 흔히 1인칭의 주관적이며 사밀한 특성을 지니는 것으로 기술된다. 외적인 단서나 어떤 관련 증거가 없다면 어떤 방식으로 설득력 있게 두 층위 이상의 의도를 설정할 수 있는 것일까?

먼저 써얼(1983; 심철호 뒤침 2009: 제3장)의 경우를 보기로 한다. 그는 아직 일어나지 않은 미래 시제 표현을 지니고 나타나는

"나는 A를 할 것이다(I will do A)." 또는
"나는 곧 A를 하게 될 것이다(I am going to do A)."

행위를 '사전(prior)' 의도라는 개념과 짝지운다.14) 반면에 현재 진행시제 표현으로 나타나는

"나는 A를 <u>하고 있는 중이다</u>(I <u>am doing</u> A)."

행위를 현재 '작동중인 의도(intention-in-action)'라고 부른다. 써얼 교수가 앞 단락에서 언급된 의사소통 상황을 다루지 않았기 때문에, 의사소통을 이끌어 가고 있는 현재 작동중인 의도 이외에 아직 다른 의도를 상정하지는 못하였지만, 사전 의도와 거울 영상처럼 아마 사후(posterior) 의도를 설정하였을 법하다.

심리 철학 쪽에서는 의도를 써얼 교수처럼 두 계열로 나눠 논의한 사례들을 쉽게 찾을 수 있다. 브뢴드(Brand 1984)에서 설정한 전망적 의도와 즉각적 의도가 써얼의 구분과 그대로 대응한다. 브뢧먼(Bratman 1987)에서도 유사하지만 용어를 바꾸어 미래지향 의도와 현재지향 의도라고 불렀다. 멜리(Melle 1992)에서는 원거리 의도와 근거리 의도라는 말을 쓴다. 그렇지만 특이하게 파체뤼(Pacherie 2008)에서는 이런 두 계열의 의도 이외에도, 다시 근육운동 신경계를 작동시키기 위하여 운동

---

14) 여기서는 오직 예시를 위하여 현재 진행되고 있는 하나의 사건을 가리키기 위하여 현재 진행시제 표현을 들었을 뿐이다. 시제들은 담화 전개에서 무대를 마련하고 그 무대 위에서 사건들이 발생한다는 사실을 보여 주는 역할도 지니고 있다. 즉, be going to가 비격식적인 담화에서 미래 사건들을 도입하기 위한 무대를 마련해 놓는 일도 하는 것이다. 따라서 이 예시가 언제나 참이 되지 않고, 정밀한 담화 분석에서 예외들이 생겨날 수 있음을 지적해 둔다. 이런 사실은 전산 처리된 입말 담화들을 정밀하게 분석하면서 처음 알려졌다. 가령, 머카씨(McCarthy 1998; 김지홍 뒤침 2010: 제5장), 『입말, 그리고 담화 중심의 언어교육』(도서출판 경진)에서는 특히 이런 점을 다음처럼 제시하였다.

영어에서 시제 표현을 통한 담화 전개 방식

말투	대상	무대를 마련하는 시제 표현 ⇨	후속 사건들의 시제
비격식적	과거사건	현재완료로 된 무대(have+과거분사)	⇨ 단순과거 사건들(-ed)
	과거사건	지속적이었던 습관의 무대(used to)	⇨ 우연한 과거사건들(would)
	미래사건	현재에 근거한 무대(be going/supposed to)	⇨ 단순미래 조동사 사건들(will)
격식적	과거사건	지속적이었던 습관의 무대(used to)	⇨ 단순과거 사건들(-ed)
	미래사건	예정된 미래 사건의 무대(be to)	⇨ 단순미래 조동사 사건들(will)

의도(m-intention)가 필요하다고 주장하였다.15) 자칫 의도의 층위를 남발하기 시작한다면, 의도를 바꿔야 할 필요가 생겨날 때마다 새로운 의도 층위를 설정해야 할 것이다. 그렇다면 마치 무한 퇴행의 문제처럼 꼬일 수 있다.

의도는 반드시 행위이든 발화이든 밖으로 표현되어 관찰될 수 있어야 한다는 조건에서, 비로소 관찰 자료 이면에 있는 머릿속 '준비 작용'으로서 설정되는 것이다. 어떤 외적인 자료나 또는 내재적으로 관련된 증거가 없이 의도의 층위를 설정하는 일은 공허한 작업에 한가지이다. 따라서 적절히 의도의 층위를 설정할 때 남발을 제약할 논리적 필요성이 생겨난다.

앞에서는 의사소통을 진행해 나가기 위하여 필요한 의도를 상정하였다. 그런데 그 의도가 언어로 표현되는 경우에, 상대방 청자가 그 의도를 찾아내거나 그렇지 못하는 두 가지 경우가 있었다. 후자는 다시 의사소통을 계속 진행하기 위하여 하위로 네 가지 가능성이 있었다. 여기서 본디 의도는 다양하게 '현재 작동중인 의도, 현재지향 의도, 근거리 의도' 등의 용어로 불릴 수 있다. 그렇지만 상대방 청자의 반응을 점검 확인하자마자, 만일 그 반응이 미리 기대된 것이 아니거나 만일 청자가 화자의 의도를 제대로 파악하지 못한 것으로 판단된다면, 신속하게 몇 가지 선택지에 대한 결단을 내려야 한다. 이를 위해 본디 의도를 고치거나 조정할 수 있는 '상위 의도'가 요청되는 것이다.

그렇지만 이런 의도의 수립과 의도의 수정, 그리고 본디 의도의 포기 뒤에 새로운 의도 수립 과정이 머릿속의 어느 부서에서 일어나야 하는

---

15) 두 계열의 의도는 각각 브뢴드(M. Brand 1984), 『의도하기와 행위하기(*Intending and Acting*)』(MIT Press); 브뢧먼(M. Bratman 1987), 『의도·계획·실천 이성(*Intention, Plans, and Practical Reason*)』(Cambridge University Press); 멜리(A. Melle 1992), 『행위의 근원들: 의도적 행위 이해하기(*Springs of Action: Understanding Intentional Behavior*)』(Oxford University Press)를 보기 바란다. 운동 의도는 파체뤼(E. Pacherie 2008), 「행위의 현상학: 개념적 얼개(The phenomenology of action: A conceptual framework)」, 『인지(*Cognition*)』 제107호(179~217쪽)을 보기 바란다.

것일까? 본디 의도와 상위 의도가 별개의 부서에서 일어나는 것일까? 현재의 논의에서는 가장 가까운 후보가 전-전두엽에 자리잡은 작업기억일 수밖에 없다. 르두(2002; 강봉균 2005: 328쪽, 332쪽)에 따라, 내측 전-전두엽의 작업기억과 복측(안와) 전-전두엽의 작업기억은 다른 피조물에게서도 찾아진다고 하므로, 오직 영장류에게서만 찾아지고, 인간에게서 사춘기 이후에라야 완전히 발달하는 '외측 전-전두엽'에 관련짓는 것이 가장 합리적일 듯하다. 작업기억은 배들리(1986)에서 천명된 정신에 따라 검박하게(parsimonious) 설정되는 것이 바람직하다. 이는 의도를 만들어 내는 층위들을 여러 개 설정하는 일과는 대척점에 있다. 검박하게 의도의 층위를 설정한다면, 오직 본디 의도를 만들어 내는 것으로 충분할 것이며, 청자의 반응을 점검 확인하면서 제대로 의도가 전달되지 않았다고 판정이 내려질 경우에만, 재귀적으로 본디 의도를 바꿀 수 있도록 하는 것이다. 이런 측면을 위해 전략적이라는 수식어를 쓸 수 있다. 상위 의도는 오직 본디 의도가 수정되거나 포기되어야 한다는 판단이 내려질 경우에라야 재귀적으로 작동하여, 의도 수립의 과정이 재가동되는 것이라고 가정할 수 있다. 이렇게 재가동되는 과정을 '전략적 상위 의도'가 작동한다고 말할 수 있다.

의도가 수립되는 층위를 가급적 제약하여 함부로 남발하지 말아야 할 또 다른 이유가 있다. 본디 의사소통 의도가 결정되고 수립된 뒤에도 다시 두 가지 사항이 더 결정되어야 하기 때문이다. 첫째, 본디 의도를 표현할 내용에 서술관점이 세워져야 한다. 둘째, 곧 이어 그 관점에 따라 언어 표현 방식도 또한 동시에 결정되어야 한다(제Ⅲ부 제6장에서 다시 다룸). 우리가 하나의 사건을 언급할 경우에, 담화 분석의 논의에서는 서술관점의 수립이 크게 두 가지 선택지로 나뉜다.[16] 하나는 그 사

---

16) 비판적 담화 분석에서 페어클럽(2001; 김지홍 뒤침 2011), 『언어와 권력』(도서출판 경진) 제5장에서 처음 본격적으로 논의된 것으로 알려져 있다. 아울러 페어클럽(2003; 김지홍 뒤침 2012), 『담화 분석 방법: 사회 조사연구를 위한 텍스트 분석』(도서출판 경진)의 제8

건의 과정에 중심을 두고 언급하는 것이고, 다른 하나는 그 사건의 결과 상태만을 언급하는 것이다. 과정에 초점을 모을 경우에 그 사건이나 행위를 수행하고 있는 행위 주체가 표현되므로, 명백히 책임질 주체가 언어 표현 속에 드러난다.

"철수가 쓰레기를 태웠다."

에서 '철수'는 어떤 사건에 대하여 책임이 있다. 그렇지만 후자는 마치 자연계의 일반적인 사건이 저절로 일어난 듯이 하나의 사건을 이끌어 가는 주체를 일부러 감춰 버리는 방식이다.

"쓰레기가 탔다."

라는 표현에서는 그 사건에 책임질 행위주가 전혀 드러나 있지 않다. 이를 흔히 능동태 표현과 수동태 표현이라고 불러 왔다. 그렇지만 이런 태에만 국한되지 않고, 하나의 명제를 온전한 문장으로 표현하는지, 아니면 명사구로 표현하는지에 따라서도 또한 동일한 효과를 거두게 된다.17) 이들 중 어떤 관점을 택하였든지 간에, 이들을 표현하는 방식은

장도 함께 보기 바란다.

17) 우리말로 예를 들어 보면, 하나의 명제가 문장에서부터 명사구로 줄어들 경우에 차츰 단계별로 무엇이 삭제되는지를 한눈에 알아볼 수 있다. 하나의 명제 형식 '과거[사랑하다(철수, 영이)]'라는 표현이, 우리말 문장으로 "철수가 영이를 사랑하였다."로 번역된다고 하자. 이 문장을 명사처럼 만들어 주려면, 우리말에서는 형식명사 '것'을 이용하게 된다. '것'을 이용한 명사화는 다음과 같다.

① "철수가 영이를 사랑한 것"

여기서는 시제 '-었-'이 관형사형 어미 '-은'으로 바뀌었고, 오직 서술 단정을 나타내는 종결어미 '-다'만 없어졌다. 단, 양태의 문제는 영어와 달리 우리말에서 단독 형태소가 없이 다른 형태소에 더부살이를 하므로 논의가 좀 복잡해진다. 따라서 일단 양태는 이 논의에서 접어두기로 한다. 다시 '-음/-기'를 이용하여 명사처럼 만들면, 시제 형태소의 유무에 따라 다음 두 가지 모습이 가능하다.

② "철수가 영이를 사랑했음/사랑했기"

크게 직접 표현법과 간접 표현법으로 나뉘고, 간접 표현법은 다시 우회
표현과 비유 표현(은유 및 환유)으로 나뉜다. 적어도 세 가지 표현법이
있는 것이다. 따라서 서술관점을 수립할 경우에 함께 표현법에 대한
선택도 다뤄져야 하는 것이다. 이런 복잡한 단계들에 대한 처리도 언어

---

③ "철수가 영이를 사랑함/사랑하기"

전자는 시제 요소가 들어가 있고, 후자는 시제 요소가 들어 있지 않다. 시제의 유무도
양태의 차이를 드러내어 각각 현실적 사건과 일반화된 사건으로 해석되는 듯하지만, 자
세한 논의는 생략한다. 다음으로 명사형 어미나 접미사가 없이 어근 그 자체가 명사로
되어서 구나 절을 이룰 수 있다.

④ "철수의 영이 사랑"

이는 전통문법에서는 명사들만 나열되어 있어서 명사구라고 말하겠지만, 주어와 술어를
가진 구문으로 해석될 수 있기 때문에 엄격히 말하여 '명사절'이라고 불러야 옳다. 또한
원래 문장에서부터 여기에 있는 명사절까지 모두 동일하게 명제형식 '사랑하다(철수,
영이)'로 표현되기 때문에, ④는 명사절로 불러야 한다. 그런데 ④에서 논항으로 불리는
두 항목이 수의적으로 실현될 수 있다. 즉, ⑤ "철수의 ø 사랑"도 가능하고, ⑥ "ø 영이
사랑"도 가능하다. 뿐만 아니라 두 항목이 모두 실현되지 않은 채 ⑦ "ø ø 사랑"이란
표현도 가능하다.

여기서 ø가 생략인지, 아니면 공범주 형태의 대명사인지, 아니면 추상화된 항 $\lambda X[X]$
인지에 대한 확정은 또 다른 논의거리가 된다. 일관되게 원래 문장과 ①~⑦까지를 동일
한 개념구조로 포착하는 경우에는 당연히 추상화된 항(abstraction, 언제나 참값으로만
구현되는 항)으로 설정되어야 할 것이다. 추상화 연산은 언제나 참값으로 귀결되는 특성
화 함수를 가리키는 용어이며, 자연언어에서는 'such that(예를 들면)'으로 번역된다. 이
와는 반대로, 일반사람들의 머릿속에 먼저 '사랑'이란 명사와 '철수'나 '영회'란 명사가
따로따로 있다가 우연히 결합하였다고 본다면, 통일된 하나의 개념구조를 상정할 필요
가 없기 때문에 좀 더 자유롭게 설명할 수 있을 것이지만, 결합방식을 제약할 수 있는
방식이 없기 때문에, 자의적이고 우연한 결합이 개별적으로 일어났다고 선언해야 한다.
이는 규칙이나 질서 찾기를 포기하는 일이다.

필자는 개인적으로 이런 구조를 다룰 적에 기억의 특성들을 고려해야 한다고 믿고 있
다. 문장이든 또는 절이든 간에, 시제와 양태의 모습이 들어가는 경우에는 구체사례 기억
에 있는 낱개의 사건(절 또는 명제 형식)을 가리키게 된다. 그렇지만 일반화되어 모든
시간과 공간에 적용되는 형식이 되면 일반의미 기억에 관련될 것으로 본다. 특히 후자는
명사구 또는 명사류와 관련되어 있다. 구체사례 기억은 제3의 뇌로 불리는 대뇌 피질과
전-전두엽에 있는 작업기억이 관련되고, 일반의미 기억은 제2의 뇌로 불리는 변연계와
작업기억이 관련된다. 핑커(1999; 김한영 뒤침 2009: 9장, 10장, 『단어와 규칙』(사이언스
북스)을 보면, 불규칙 활용을 하는 낱말들이 서술지식 기억을 이용하여 대뇌 피질의 두
정엽과 후두엽에서 혈류가 증가되지만, 규칙 활용을 하는 낱말들은 절차지식 기억을 이
용하므로 변연계의 기저핵과 전두엽에서 혈류가 증가된다고 한다. 언어 사용이나 담화
처리를 우리가 늘 사용하고 있는 기억에 기반하여 다루는 일이 아직 낯설겠지만, 기억의
기반을 고려하지 않고서는

'언어 → 언어 사용 → 담화 → 인식 → 전체의식'

뿐만 아니라, 우리의 자아조차도 존재할 수가 없다. 결국 학문의 깊이가 더욱 깊어질수록
더욱 더 신경생리학적 뿌리를 고려하도록 요구하지 않을 수 없을 듯하다.

산출을 위한 작업기억에서 일어나야 한다. 용량이 제약되었다고 알려진 작업기억이 요술방망이가 아닌 한, 가급적 검박하게 설정되어 산출 과정의 처리 부담량을 줄여 주어야 한다. 이런 배경에서 의도는 하나의 층위로도 충분하다. 다만 청자의 반응에 대한 재귀적인 확인 점검체계에서 이상이 탐지될 경우에만, 전략적으로 의도를 수정하거나 새로운 의도의 수립을 위하여, 본디 의도가 작동하는 부서들을 재가동시키는 상위 의도를 상정하는 것이 가장 바람직할 것이다. 이것이 배들리(1986, 2007)에서 검박한 기획 정신과 서로 정합적인 설계 모습이다.

5장 공통기반과 정보간격과 상호조율

만일 의도가 의사소통을 시작하는 첫단계이고, 의도의 결정이 맨처음 일어나야 되는 일이라면, 의사소통 상황에 대한 판단과 의도의 결정에 어떤 요인들이 고려되어야 하는 것일까? 물론 의도가 선행해야 한다는 사실을 스스로 깨닫지도 못한 채, '말이 마려워서' 입밖으로 말을 뱉어내는 충동적이고 극단적인 경우도 있을 것이다. 또한 이와는 정반대로 여러 가지 상황들을 머릿속으로 이것저것 고려하다가, 끝내 입밖으로 말을 한마디 꺼내지도 못한 채 입을 다물고 마는 불발의 경우도 있을 것이다. 둘 모두 매우 극단적인 경우이다.

인문학에서는 자유의지를 지닌 인간들을 대상으로 하여 인간 정신을 다룬다. 자유의지는 불가피하게 예외적인 경우가 늘 생겨날 수밖에 없다. 자유의지가 통제 또는 규제의 대립 개념이기 때문이다. 그렇지만 하나하나의 사건이 유일하고 반복되지 않는다면 일반화할 수 없고, 제한된 두뇌 용량으로 그 사건들을 모두 다 기억할 수 없을 것이다. 두뇌 용량의 제한성은 그 두뇌를 효율적으로 이용하도록 임의의 대상이나

사건을 유형화하는 진화적 압력을 가하였고, '유형화 가능성'을 최대한
으로 살리기 위하여 계층적인 내포 구조를 정신작용의 특징으로 만들
었다. 심리철학에서 인간 정신의 가장 밑바닥에 '같음'과 '다름'에 대한
기호학적 구분(유형화)의 필요성을 찾아낸 것도 생태학적 진화의 결과
로 해석될 수 있다. 그렇더라도 인문학에서는 과도하게 결정론적 원리
를 받아들일 수 없으며,1) 어느 선에서 개별적인 자유의지의 구현 및
일반론적 유형화를 모두 조화롭게 붙들어 놓을지 결단해야 한다. 가장
이른 표본이 현대 언어학을 열어 놓은 소쉬르의 랑그(구성원들 사이에
공유된 공통 속성)와 파롤(개인별 특이 속성) 개념이다.

자유의지의 궤적을 다루기 위해서는, 일단 그것이 두 번 이상 반복되
어 나오는 경우를 전형적인 사례들로 간주하고서 이들을 대상으로 하

---

1) 일각에서 '언어과학'이란 말도 쓰고 심지어 '인문 과학'이란 말도 서슴없이 쓰는 경우를
본다. 필자의 이하 부정적 서술은 이들 용어가 잘못이라고 주장하려는 것이 아니다. 오직
이런 용어가 지향하려는 목적을 보다 분명히 읽어 내고 올바르게 해석할 필요가 있다고
본다. 기호학에서는 형식과 내용의 결합체가 인간 정신의 구현 방식이라고 가정한다.
이 중에서 형식 쪽은 결정론적으로 과학화되고 어떤 가정에 대하여 증명되거나 논증될
가능성이 있다고 본다. 가령 뛰어난 언어학자인 참스키 교수의 이론 체계가 소략히 말하여
"변형 생성 체계 → 원리와 매개인자 체계 → 최소주의 체계 → 인지적 접합면 체계"
등으로 계속 발전해 온 사례들이 이런 형식적 측면의 과학화 실례를 잘 대변해 준다.
그렇지만 이 형식과 결합하는 내용까지 반드시 그러하리라고 보지는 않는다. 내용은
우리 인간의 삶 그 자체에 뿌리를 내려 있다. 삶 그 자체는 결정론적 접근이나 과학적
일반화가 가장 어려운 최후의 영역이라고 본다. 삶은 우리에게 객관적인 대상으로 주어지
는 것이 아니다. 오직 짧게 유한 시간만을 살아가는 인간에게는 삶이 언제나 선택을 통해
주어지는 것이다. 우리는 죽기 때문에, 그리고 죽는다는 사실을 깨닫기 때문에, 불가피하
게 선택을 한다. 바로 이 선택 자체가 우리에게 가치 체계를 구성해 놓는다. 이런 가치
체계나 선택은 결코 과학적 결정에 의해 가려지거나 증명될 수도 없다. 필자는 이런 측면
이 인문학의 과학화를 거부하는 동기라고 믿는다. 이런 가치에 대한 접근 방식은 일상언
어 철학자 그라이스(1991), 『가치의 복합 개념(The Conception of Value)』(Clarendon)에서
읽을 수 있다.
한 걸음 더 나아가, 기호학의 두 층위인 형식과 내용이 처음에서부터 주어지는 것이
아니다. 기호학 창시자 퍼스(Peirce 1894)의 통찰에서 보듯이, 기호의 운용은 반드시
탄탄히 발달된 인간의 기억체계 위에서만 비로소 상징적 또는 비-자연적 결합을 통해
일어날 수 있는 것이다. 그렇다면 제3의 신생뇌가 발달되기 이전에는 무엇이 있었을까?
한 생명체가 경험할 수 있는 작은 숫자의 사건 내용밖에 없었을 것이다. 그렇다면 대뇌
피질이 발달했다고 하는 2백만 년 전의 우연한 시점에서부터, 아마 경험 내용의 번다함
을 조정하려는 구조적 압력으로 형식 또는 구조의 도입이 요청되었을 것임을 짐작할
수 있다.

여 일반화를 시도할 수 있다. 이런 일반화의 내적 질서를 새롭게 찾아 낸다면, 여기서 벗어나는 임의의 사례를 다루기 위하여 내적 질서에 변형을 추구할 수 있다. 의사소통 상황을 판단하고 의도를 결정하는 과정도 동일한 그림을 그려 줄 수 있다. 예외적이고 극단적인 경우들은 일단 논의에서 제외해 둔다. 대신, 누구에게서나 쉽게 경험할 수 있는 일반적인 경우들을 상정하여 합리적인 논의 방식들을 모색해 나가기로 한다. 따라서 여기서의 논의는 전형적이거나 일반적인 사례들을 염두에 두고 이뤄지며, 의사소통이 원활히 이뤄지는 가장 바람직한 경우(전형적 경우)를 상정한 것임을 미리 밝혀 둔다.

1. 믿음체계, 공유된 공통기반, 정보간격의 가늠

한 개인과 다른 개인이 공통된 믿음체계를 갖고 있다는 주장은 두 가지 함의를 지닌다. 첫째, 한 개인이 현실 생활에서 어떤 사건을 경험할 때에 그 경험을 지각하는 신체 기관들이 공통된 방식으로 작동하여 구성원들의 머릿속에서 유사한 기억 기반에 자리잡는다. 둘째, 한 개인이 경험 기억을 이끌어내어 의미나 가치를 부여하는 방식은 일정 기간에 걸쳐서 훈육이나 교육을 통해 이뤄진다. 이 두 가지 함의는 인지구조적인 측면 위에 사회적인 측면에 결합되어 있는 형태로서, 한 개인에게서 모든 구성원들과 생물학적으로 공유할 수 있는 정보인 범주(categories)들에 대한 공유 개념, 한 사회 공동체를 작동시키는 가치들에 정보인 공동체 규범(maxims)들에 대한 공유 개념을 설정할 수 있게 해 준다.

때로 서구사회에서는 임의의 개념이 선천적으로 주어지는지, 아니면 후천적 경험에 의해서 주어지는지를 배타적으로 선택하는 문제를 다루기도 한다. 이는 특정한 종교의 교리가 지배적으로 선천적 성격들을 인간과 사회에 부과하였기 때문에, 이에 대한 반발로 백지 상태에서 경험이 쌓이면서 지식이 생긴다는 주장을 강조하면서, 두 가지 선택을 마치 배타적인 듯이 표상해 놓은 것으로 이해된다. 서구 지성사회에서 경험주의와 합리주의라는 말을 서로 대립시켜 제시하는 일도 그런 역사적 배경에서 말미암는 것으로 보인다.[2] 그렇지만 연면히 농경사회를 살아온 우리들에게는 민간에서

"씨도 좋아야 하고, 밭도 좋아야 한다."

는 매우 평범한 진리를 전해 준다. 이는 선천적 특성 위에 후천적 특성이 덧얹혀진다는 뜻으로 이해되며, 결코 두 가지 특성이 배타적인 선택지가 될 수 없는 것이다.

핑커(Pinker) 교수는 모든 인간들이 공유하는 범주들을 '보편성'으로 부르며, 인류학자 도널드 브라운이 모든 문화권에서 발견된다고 제안

---

2) 초기 경험의 중요성을 강조하는 원형(prototype) 이론에 대한 탐구가 아마 가장 최근에 이뤄진 시도였던 듯하다. 특히 특정한 낱말이 없을 경우에도 기본범주의 형성이 가능한지에 관한 연구가 있었다. 인도네시아 자바섬에 살면서 여태 석기 도구들을 쓰는 다니 족은 색체 낱말 중에 '빨강'이란 낱말을 갖고 있지 않다. 그렇다면 다니 족 어린이들이 빨강 계열의 분포 중에서 초점 색깔(focal colour)을 공통되게 간직하고 인지하는지 여부가, 색체에 대한 공통 범주를 지니는지 여부를 알려 주는 척도가 될 수 있다. 롸슈(Rosch) 교수에 따르면, 그곳 어린이들이 비록 빨강이란 낱말이 없더라도 공통적으로 특정한 초점 색깔들을 확인할 수 있었다고 한다. 그녀가 쓴 일련의 논문들은 개념과 범주와 사고가 생겨나는지에 대한 다수의 시사점들을 담고 있는데, 우리말로는 신현정(2011) 『개념과 범주적 사고』(학지사)를 참고하기 바란다.

롸슈(1975), 「의미 범주에 대한 인지 표상(Cognitive Representations of Semantic Categories)」, 『실험 심리학 학술지(Journal of Experimental Psychology)』 제104권 3호와 롸슈(1975), 「느슨한 의미의 가족 유사성: 범주들의 내적 구조 연구(Family Resemblances: Studies in the Internal Structure of Categories)」, 『인지 심리학(Cognitive Psychology)』 제7호와 롸슈(1978), 「범주화의 원리(Principles of Categorization)」, 롸슈·로이드(Rosch and Lloyd) 엮음, 『인지 및 범주화(Cognition and Categorization)』(Lawrence Erlbaum)를 보기 바란다. 한편, 롸슈(1988), 「일관성 및 범주 형성: 역사적 연구 개관(Coherence and Categorization: A Historical View)」, Kessel 엮음, 『언어 발달 및 언어 조사연구자들: 브라운 교수 기념 논총(The Development of Language and Language Researchers: Essays in Honor of Roger Brown)』(Lawrence Erlbaum, pp. 373~392)에서는 원형 이론과 범주에 대한 그간의 발전을 개관해 준다. 원형 이론이 개념이나 범주를 형성하는 쪽보다는, 초기 가정에서 많이 후퇴하여 오히려 해석 과정에 더 긴밀히 관여한다고 보는 듯하다.

한 항목들을 인용하여 제시한다.[3] 생물학적 생존 조건에 관한 것에서부터 사회생활을 영위하고 한 개인의 자아 또는 체면의 수립에 관련된 것까지 매우 다양한 내용들이 들어 있다. 인간의 믿음체계는 이런 보편성의 요소들 위에 사회생활을 영위하기 위하여 한 공동체에서 마련한 가치 체계(도덕 및 법체계)들까지 포함하여 매우 많은 것들로 복잡하게 이뤄져 있을 것이다. 클락(Clark 1996; 김지홍 뒤침 2009: 제4장)에서는 하나의 예시로서 의사소통 행위에서 작동할 만한 그런 믿음체계와 공통기반을 다음과 같은 도표로 제시한다.

범주	공동체의 공통기반 사례	전문지식의 사례
국적	미국, 캐나다, 네덜란드	민족의 문화적 관행, 국가 제도
출신지	뉴질랜드 인, 뉴욕 출신, 글래스고 사람	지역 지리학, 국가 제도, 실천 관행, 은어
학력	대학생, 법대생, 고졸	책속의 지식, 교육 이수 내용
직업	안과 의사, 배관공, 중고차 판매상	직업적 관행, 관례, 가치, 기술, 전문지식
직장	포드 직원, 스탠포드 대학 교수, 신문 기자	사장, 근로자, 회사 관행에 대한 사실
취미	피아노, 야구 동호인, 우표 수집	특별한 지식, 전문 지식, 훈련, 전문 용어
언어	영어 화자, 일어 화자, 켈트 어 화자	음운, 형태, 통사, 의미, 어휘, 화용 지식
종교	개신교, 침례교, 이슬람 교	종교 교리, 의례, 형상물, 역사적 모습
지지정당	민주당, 자유당, 점진적 사회주의 당	정치적 입장, 가치, 유명한 정치인
인종	흑인, 남미계, 일본계 미국인	문화유산, 민족적 경험, 민족적 실천 관행
하위 문화	록 음악가, 마약 중독자, 십대 깡패	지하문화 자원, 하위 문화 속어, 전문지식
또래집단	십대, 명예시민, 30대	동일집단의 역사적 사건, 평생 관심사
성별	남성, 여성	신체적 기능, 성별로 특수한 사회적 관습

만일 특정한 의사소통 참여자 클락(Clark)과 앤(Ann)이 얼굴을 마주보는 상황에서 의사소통을 진행할 경우에, 위의 일반적인 공통기반은 더욱 특수하게 좁혀질 수 있다. 가령, 앤이 여성이며 안과의사로서 오랜 경

---

3) 핑커(1997, 김한영 2007 뒤침), 『마음은 어떻게 작동하는가』(동녘사이언스), 658쪽 이하를 보기 바란다. 핑커(2002, 김한영 2004), 『빈 서판: 인간은 본성을 타고 나는가』(사이언스북스)의 761쪽 이하의 부록에서는 도널드 브라운이 제안한 368개 항목의 보편성 목록을 제시하였다.

력을 지니고 있다면, 서로 '내부 구성원'으로 인식되기 위하여, 다음처럼 좀 더 구체적인 하위 문화 특성들을 공유하게 될 것이다.

출신지	미국 사람 → 서부 사람 → 캘리포니아 출신 → 샌프란시스코 시민 → 놉 동산 주민
학력	고등학교 졸업 → 대학 졸업 → 의과 전문대학원 졸업
직업	중산층 → 전문직 → 의사 → 안과 전문의 → 안과 수술 전문의
직장	스탠포드 대 교직원 → 스탠포드 대 교수 → 스탠포드 대 심리학과 교수 → 심리학 교수
언어	영어 화자 → 뉴질랜드 영어 화자 → 오클랜드 영어 방언 화자
종교	기독교 신자 → 개신교 → 침례교도 → 미주리 씨너드(Synod) 침례교회

의사소통을 진행할 때 참여자들이 '내부 구성원'인지 여부는, 의사소통의 진행 방향과 화제를 결정하는 데에 많은 영향을 미친다. 내부 구성원에 관한 공통기반은 일반적인 믿음체계에 우선하여 의사소통의 판단과 결정에 관여한다. 또한 내부 구성원 중에서도 친구들과 같이 더 작은 하위 집단인 경우에는 의사소통의 성격이 많이 달라진다. 의사소통 참여자들 사이에 심리적 거리가 가까우면 가까울수록 의사소통에서 다뤄지는 화제들이 아무런 양해나 동의가 없이 제멋대로 뒤바뀔 수 있다는 특징이 있다. 아무렇게나 얘기를 하더라도 유대감 때문에 상대방이 귀를 기울여 반응을 해 줄 것으로 기대하기 때문이다.

우리 문화에서 처음 보는 남남 사이라 하더라도 서로 '통성명(通姓名)' 하는 일을 흔히 접하는데, 이를 통하여 공통된 화제를 이끌어 내는 일은 외부자의 지위로부터 서로 내부 구성원으로 결속을 다지려는 시도이다. 그런데 이런 통성명 관례를 거쳐 외부인끼리도 서로 어떤 관계를 찾아내었더라도, 그 과정에서 동시에 상대방과 설정될 수 있는 지위(지식·권력·경험 등)에 대해서도 민감하게 챙기면서 서로의 관계 수립을 해 나갈 것이다. 왜냐하면 서로에게서 파악될 수 있는 참여자들 간의 열세·동등·우위 등의 관계가 곧장 화자의 의사소통 전략 수립에 영향을 주기 때문이다. 이는 너른 의미에서 의사소통이 '협동 작업'이라는 점에 토대를 둔다. 그리고 격식을 갖추어야 하는 참여자들 사이에서는 동의나 양해 없이 화제를 바꾸는 일이 적합하지 않다. 이런 일이 상대방을 존중하고 배려하기보다는 무시하고 얕잡아 본다는 오해를 받을 수 있으므로, 격식 갖춘 의사소통에서는 또한 서로에게 미리 동의나 양해를 얻는 언어적 방식이 관례화되어 있다.

　의사소통 의도는 위와 같은 공통기반 위에서 화자가 서로 간에 있는 정보간격을 가늠한 뒤에 확정될 수 있다. 정보간격은 화자인 나는 알고 있지만, 상대방 청자는 그렇지 않은 정보라고 말할 수 있다. 만일 참여자들이 공동 관심사를 지닐(공통 화제가 수립될) 경우에, 정보간격이 크면 클수록 의사소통 가치가 비례하여 높아질 수 있다. 공통기반은 '내부 구성원'인지 여부의 판정에 따라 쉽게 구획될 수 있겠지만, 개인들 사이의 일상생활 경험의 차이로 말미암아 생겨나는 정보간격은, 의사소통 상황에서 언제나 짐작이나 추정을 해야 하는 것이다. 더욱이 이는 한 쪽의 일방적인 짐작에 지나지 않는다. 따라서 발화가 전달되면서부터 상대방 청자 쪽의 반응을 점검 확인하고, 상대방 쪽에서 주의를 계속 기울이고 있는지를 평가함으로써, 정보간격이 제대로 가늠된 것인지 여부를 알 수 있다. 만일 정보간격을 제대로 가늠하지 못하였다고 스스로 평가한다면, 재빨리 수정할 필요가 있다.

　때로 정보간격을 미리 가늠하는 관례적 절차를 이용하기도 한다. 의사소통을 진행하기 전에 미리 상대방에게 질문을 던져 확인을 해 보는 것이다. 가령,

　　"철수가 어제 휴가를 떠났다는데 <u>알고 있니?</u>"

라고 물어봄으로써 정보간격(밑줄 부분)을 확인할 수 있다. 이는 정보간격의 확인이자 또한 의사소통에서 다룰 주제의 도입을 예고해 주는

복합적인 성격을 지닌다. 공유된 공통기반과 정보간격의 가늠은 어느 의사소통 상황에서나 필수적으로 깔려 있는 기본적인 고려사항들이며, 의사소통의 갈래에 따라서 일정한 정도의 공통기반과 정보간격이 미리 전제될 수 있다. 일상적인 의사소통이 사회적 거리감이 없는 내부 구성원들 사이에서 일어날 경우에는, 자유롭게 서로의 체면을 깎아 내리지 않은 채 정보간격들을 확인하면서 의사소통이 진행될 수 있다. 일부에서는 언어를 '본능'에 비기기도 하지만(다윈과 핑커), 언어 사용의 첫 단추에서부터 '본능과는 무관하게' 너무나 인간적인 탐색으로부터 시작해 나가는 것이다.

2. 상호조율의 문제

의사소통은 기본적으로 협동행위의 하나로 간주된다. 물론, 혼자서 혼잣말을 주고받으면서 생각을 전개할 수도 있고, 특정한 의사소통 상황을 앞두고 혼자 미리 예행연습을 해 볼 수도 있다. 그렇지만 의사소통은 말을 서로 주고받는 행위로서, 사회적 행위 속에서 가장 빈번히 일어난다. 이런 특성 때문에 전형적인 의사소통은 협동행위로 간주된다. 협동행위는 주어지거나 합의된 공동의 목표를 향하여 참여자들이 긴밀히 주의를 기울이면서 서로서로 맞추어 나가는 일이다. 얼굴을 마주보는 의사소통에서 청자는 화자의 언어 사용 행위에 주의를 기울여 잘 듣는다는 속뜻이 밑바닥에 깔려 있다.

그렇지만 여기서 '전형적'이라는 수식어는 이례적이거나 예외적인 의사소통도 존재함을 함의한다. 가령, 남과 북이 서로 비난 방송을 하는 일은 결코 협동행위로 간주될 수 없다. 비록 비난 방송이 하나의 사회적 행위이더라도, 서로를 해칠 목적을 갖고 있으므로, 전형적인 의사소통의 논의에서는 일단 제외된다. 거짓말도 또한 분명히 자주 경험할 수 있는 의사소통의 한 가지 사례이다. 그렇지만 의사소통의 논의에서 중심 주제로는 다뤄지지 않는다. 전형적인 의사소통은 하나의 초점이 상호조율에 모아질 수 있다. 그렇지만 비난이나 거짓말은 초점이 하나로 모아지는 것이 아니다. 의사소통을 진행시켜 주는 상호조율의 원리를 무시하거나 위배하면서, 들키지 않도록 숨겨져 있는 무한히 다양한 초점으로 분산될 수 있다. 이는 협력활동이 아니다. 따라서 논리 전개의 순서상 하나의 초점으로 모아지는 '상호조율의 문제'가 우선 다뤄져야 할 것이다. 만일 상호조율의 핵심 원리가 드러난다면, 간단히 그 원리를 무시하거나 위배하는 일이 상호조율의 깨뜨리고 비난이나 거짓을 일삼는 비-협력 행위로 분류될 수 있을 것이다.

사회 속에서 살아가는 개별 구성원들은 서로 긴밀히 협동하여야 함을 당연시한다. 쉘링(Schelling 1960)은[4] 단판(one shot)의 상호조율 문제들을 여러 유형으로 고안해 내어, 과연 사람들이 공동의 이익을 위해 서로 잘 맞춰 가는지 여부, 그리고 얼마나 잘 조율하는지를 알아내고자 하였다. 만일 동전 앞면 또는 뒷면을 두 사람에게 선택하도록 하면서 둘 다 일치할 경우 상금을 준다고 할 경우, 놀랄 만한 일치가 찾아진다. 40명을 대상으로 하여 이를 실행하였는데, 86퍼센트의 참여자들이 동전 앞면을 선택하여 서로 일치를 보였다. 조금 조건을 달리하더라도 두 참여자 사이에 돌아가는 수혜가 크게 차이가 나지 않는다면, 여전히 서로 긴밀히 조율하면서 일치를 보였다. 즉, 차등 상금이 주어지는 동전면 선택으로 불리는 게임이다. 갑과 을이 서로 의사소통을 하지 않은 상태에서 동전의 앞면이나 뒷면을 선택해야 한다. 만일 둘 모두 앞면을 선택하면 갑은 3불을 받고, 을은 2불을 받는다. 반대로 모두 뒷면을 선

---

4) 이 책은 최동철 뒤침(1992), 『갈등의 전략』(나남)으로도 나와 있고, 또한 이경남 뒤침 (2013), 『갈등의 전략』(한국경제신문)으로도 나와 있다. 또한 쉘링(1978; 정창인 뒤침 1992), 『미시동기와 거시행동』(한국경제신문사) 및 쉘링(1978; 이한중 뒤침 2009), 『미시동기와 거시행동』(21세기 북스) 또한 두 종의 번역본이 나와 있다.

택하면 갑은 2불을 받고, 을은 3불을 받는다. 그렇지만 둘이 서로 다른 면을 선택하면 아무도 상금을 받지 못한다. 갑과 을은 얼마나 서로 조율을 할 것인가? 비록 상호조율하는 비율이 조금 떨어졌지만, 갑의 역할을 한 참여자의 73퍼센트와 을의 역할을 한 참여자의 68퍼센트가 앞면을 선택하였다. 어떤 방식으로든지 참여자들이 여전히 상호조율을 하고 있는 것이다.

　의사소통에 참여하는 사람들 사이에서도 그 원활한 진행을 위하여 긴밀히 상호조율을 해 나가야 한다. 클락(1996; 김지홍 뒤침 2009: 제3장 3절)에서는 의사소통에서 상호조율을 하기 위하여 네 가지 전제가 깔려 있다고 보았다. 첫째, 서로 경쟁하는 것이 아니라 서로 협동하고 있다. 둘째, 참여자들이 충분한 상호작용 능력을 지니고 있다. 셋째, 쉽게 의사소통과 관련된 문제를 풀 수 있다. 넷째, 그 문제를 즉각적으로 풀 수 있다. 그는 이를 해결 가능성의 전제와 충분한 능력의 전제로 부른다. 따라서 내부 구성원 두 사람 사이에서 다음처럼 전화 통화를 할 경우에

　　갑: 요즘 어때?
　　을: 응, 그냥 그럭저럭…
　　갑: <u>그건</u> 어때?

와 같이 상호 안부인사 다음에, 느닷없이 밑줄 친 지시표현 '그거'라고 불분명하게 표현하더라도, 둘 사이에 명백한 합의사항이 없더라도 서로 간에 가장 두드러진 관례를 적용시켜 '그거'의 대상이나 범위를 쉽게 확정하여 답변을 할 수 있다. 같은 내부 구성원으로서 갑은 서로 공유된 공통기반 속에서 특정한 대상이나 사건을 가리키기 위하여, 대용 표현 '그거'를 쓰고 있는 것이다. 이에 대한 반응으로 또한 을도 명백한 합의가 없더라도 가장 두드러진 관례를 적용시켜 '그거'를 해석하여

답변을 할 수 있다.[5]

의사소통은 단발의 행위가 아니라, 일정 시간 동안 지속해 나가는 일련의 연속 행위들이다. 매번 낱낱의 행위마다 상호조율 방식을 세워 나갈 수는 없다. 이를 위하여 언어를 이용하는 의사소통에서는 관례화된 두 가지 해결책을 이용한다. 첫째, 긴밀하게 상호조율 형식으로 이뤄진 언어적 절차들을 이용하는 것이다. 둘째, 의사소통의 흐름을 마디별로 잘라서, 필요한 만큼의 지속 시간 뒤에 그 마디를 종결짓고, 이어서 다시 새로운 마디를 만들어 이어나가는 것이다.

첫 번째 해결책은 미시사회학 연구자들에 의해 확립된 '인접쌍(adjacent pairs)'으로 쉽게 예시된다. 물음에 대답이란 언어 짝이 있고, 제안에 응락하는 행위 짝이 있으며, 호의에 감사하는 반응 짝이 관례적으로 주어져 있다. 이런 관례들은 크게 닫힌 유형의 관례와 열린 유형의 것으로 나뉘는데, 다음처럼 제시될 수 있다.

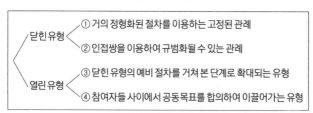

〈 상호조율을 통한 의사소통 진행 관례 〉

①의 경우와 ②의 경우는 융통성 여부에 차이가 있다. ①은 반드시 해당

---

5) 이는 일찍부터 그롸이스의 대화규범을 위배하는 사례로 지적되어 왔다. 그렇다면 왜 명시적인 낱말을 쓰지 않고 막연하게 보일 수 있는 지시 대명사를 쓰는 이유나 동기를 찾아내어 설명할 수 있어야 한다. 영국 사람들이 일상적으로 쓰는 입말 말뭉치를 분석하여 내부 구성원들 사이에서 막연하고 애매한 표현들이 자주 관찰됨을 지적하면서, 최근 머카써(1998; 김지홍 뒤침 2012, 제2장)에서는 너무 자세하게 말하였을 경우에 상대방을 훈수한다(또는 깔본다)는 혐의를 입을 수 있으며, 이를 벗어나기 위해서라고 보았다. 물론 상대방의 체면을 존중해 주는 그런 동기도 있겠지만, 필자는 또한 언어를 사용하면서 내부 구성원들의 결속 다지기에 대한 언어적 확인 방식일 수도 있을 것으로 본다.

관례에서 요구하는 낱말이 하나 이상 이용되어야 한다. 그렇지만 ②는 동일한 기능만 유지된다면, 임의의 낱말을 선택하여 쓸 수 있다. ①의 사례는 극장에서 표를 사는 경우나, 군대의 제식 훈련의 경우나, 출석 여부를 점검하기 위해 이름을 부르는 경우이다. ②의 경우는 '질문-대답', '제안-수용', '요구-응락' 등과 같은 짝지어진 행위로 규범화할 수 있는 부류이다. 닫혀 있다는 점에서 상대방 청자쪽에 이미 언어 사용 관례로 확정된 방식으로 상호조율을 요구하는 것으로 해석될 수 있다.

그렇지만 열린 유형은 기본적으로 의사소통 참여자들 사이에 공동의 목표가 합의되거나 양해를 얻어야 한다. 닫힌 유형에서는 목표가 이미 갈려 있기 때문에 그런 합의가 불필요하다. 만일 기대된 반응이 없다면 상대방 청자쪽에서 협동행위를 하지 않으려는 의지만 확인할 수 있을 뿐이다. 그렇지만 열린 유형에서는 상황이 다르다. ③은 닫힌 유형의 관례들을 예비단계로 이용하여 본단계로 진행하는 경우이다. 여기에는

예비질문, 예비제안, 예비요구

등의 예비 연결체들을 포함할 수 있다. 이런 연결체들이 참여자들 사이에서 공통기반을 마련하게 되므로, 지속되는 의사소통에서 상호조율의 가능성을 미리 확인할 수 있는 것이다. ④의 경우는 미리 전제된 관례가 없다. 그렇지만 여전히 협동행위에 참여하고 있는 참여자들 사이에 어떤 공동의 목표가 합의될 수 있도록 상호조율이 이뤄져야 한다. 협동행위의 하나로서 상호조율이 긴밀히 일어나려면, 의사소통 진행 주체는 클락 교수가 주장하는 두 가지 원리를 준수하면서 상대방 쪽으로부터 협력을 구해야 한다. 하나는 공평성 원리인데, 상징적 상거래 원리라고도 부를 수 있고, 공생(共生)의 원리라고도 말할 수 있다. 너와 나 사이에 이익이 공평하게 분배되어야 하거나, 또는 장차 상대방에게 돌아갈 이익이 있어야 한다는 원리이다. 다른 하나는 체면의 원리인데,

상대방의 자존심을 높여 주고 자율성을 극대화해 주어야 하는 것이다. 이런 원리들을 준수하면서 참여자들 사이에서 공동의 목표를 제안하여 동의를 이끌어 내거나 무언의 합의를 얻고서 의사소통이 진행되어야 한다.

두 번째 해결책은, 지속적인 의사소통 행위를 마디(section)별로 진행시키는 것이다. 각 마디는

'시작 → 본체 → 종결'

의 형식을 지닌다. 마치 서로 간에 악수를 할 경우에, 시작 단계는 손을 내미는 단계로 이뤄지고, 본체는 굳게 상대방의 손을 잡고 몇 번 흔들며, 그러고 나서 종결하기 위하여 손의 근육에서 힘을 빼면서, 서로 손을 푸는 행위로 이뤄지는 것과 같다. 그런데 의사소통에서 종결 마디는[6] 명시적으로 제시되는 것이 아니라, 지금까지의 진행 내용에 대한 평가로 대신하여 이뤄질 수 있다. 따라서 이런 위치에서는 자연스럽게 가치를 함의하고 있는 속담이나 경구가 쓰일 수 있다. 만일 평가를 담고 있는 종결마디가 참여자들 사이에서 수용된다면, 앞의 주제나 화제에 대한 의사소통을 종결되고, 다시 다른 화제나 주제를 제안하거나 도입하면서 의사소통의 방향이 재설정되는 것이다.

3. 조율 상의 간격과 극복

개인들 사이의 상호작용은 서로가 자유의지를 지닌 주체들이기 때문에, 설사 서로 협력하려는 선한 마음가짐을 갖고 있다고 하더라도, 의

---

6) closing section(종결 마디)은 머카씨(1998; 김지홍 뒤침 2012: 78쪽 이하)에서는 formulation (입장 정리, 내용 정리)로 불렀다.

사소통의 전개과정에서 스스로의 판단에 따라 반응을 할 수밖에 없다. 이런 경우에 상대방의 의도를 제대로 파악하지 못한 채 반응할 수 있다. 그 결과 서로 간에 조율되지 못하고 일치점이 없이 일정한 간격이 생겨날 수 있다. 이를 임시로 '조율 상의 간격'이라고 부르기로 한다. 이런 간격은 작은 것에서부터 큰 것에 이르기까지 그 종류들도 다양할 것이고, 이에 따라 간격을 줄이거나 없애는 극복 방식도 다양할 수밖에 없다.

만일 상호조율 과정에서 '큰 간격'이 관찰된다면, 크게 두 가지 측면에서 그 원인을 따져볼 수 있다. 첫째, 의사소통을 열고자 하는 화자 쪽에서 상대방과의 공통기반을 알맞게 가늠하지 못한 데에서 비롯될 수 있다. 둘째, 상대방의 마음가짐이 문제로 부각될 수 있는데, 상호조율하려는 쪽에 마음이 쏠려 있기보다는 일부러 기대에 어긋나는 반응을 의도적으로 보이려고 할 소지가 있는 것이다. 첫 번째의 간격은 화자인 내 자신이 상대방과의 공통기반을 찾기 위하여 예비 질문을 마련하고 그 답변에 따라 정보 간격을 확정한 뒤에, 주로 정보 간격을 좁혀가려는 쪽으로 임시 의사소통의 목표를 설정할 수 있다.

그렇지만 두 번째의 간격은 의사소통에서 심각한 지장이나 파괴를 초래할 수 있다. 민간에서의 지혜는 이런 경우를 가리켜, "상대방이 들을 자세가 되어 있으면 말해 주도록" 조언한다. 상대방 쪽에서 화자인 내 자신과 서로 협력하면서 의사소통을 조율해 나가려는 마음가짐을 먼저 점검하고 판단하도록 주문하는 것이다. 『논어』에서 읽을 수 있는 공자의 의사소통 사례에서도 상대방에 맞춰 이야기를 하는 면모를 찾을 수 있다. 석가모니도 또한 이런 접근방식을 '방편'이라고 부른 바 있는데,[7] 6년의 고행 끝에 35세에 궁극적인 도를 깨우친 뒤에 수승한

---

7) 성철(1992), 『백일 법문, 상~하』(장경각)와 권오민(2004), 『인도 철학과 불교』(민족사)를 참고하기 바란다. 권오민(2004: 353쪽 이하)를 보면 도를 깨우치고 나서 처음 21일 동안 화엄 설법이 있었으나 주위 도반들이 제대로 깨닫지 못했다고 한다. 그 이후부터는 상대

화엄의 경지를 도반들에게 전하였어도 제대로 소통되지 않자, 80세까지 평생을 방편품만으로 설법을 하였다고 전해진다. 이런 경우를 다루기 위하여, 두 가지 하위 유형으로 나누어 놓는 것이 도움이 된다. 하나는 흥부의 마음가짐이고(협력하려는 동기를 지님), 다른 하나는 놀부의 마음가짐이다(상대방을 깔보고 어깃장 놓고자 하는 동기를 지님). 상대방의 반응이 어떤 마음가짐으로부터 나오는 것인지는 화자인 내 자신의 즉석 판단과 결정에 달려 있다. 자유의지를 지닌 주체들로서 흥부의 마음을 지닌 사람이라면 선한 목적을 지니고서 상호조율 과정에 기꺼이 참여하려고 할 것이다. 이런 경우에는 의사소통이 진행되어 나갈수록 합치점이 이내 찾아지고, 서로 조율하면서 원만히 의사소통을 진행하게 된다. 비록 상대방이 난색을 표하더라도, 만일 일부 손해를 보면서 제한적으로 협상하려는 마음가짐을 확인할 수 있다면, 협력관계라는 전제 위에서 설득과 협상의 길을 택할 수 있다.

그렇지만 놀부의 마음씨를 지닌 경우라면 애초부터 어기대면서 대화 참여자를 깔보고 얕잡으면서 무엇인가 안 좋은 쪽으로 돌부리를 박아 놓으려고 할 것이다. 알게 모르게 상대방을 음해하려는 저의를 깔고 있는 것이다. 그럴 경우의 처치 방안은 '소극적인' 사회적 처벌 이외에는 다른 길이 없다. 여러 사람들이 해당 인물을 함께 손가락질과 욕을 하면서[8] 그런 음해 속성이 주위 사람들에게 시행되지 않도록 하는 일

방의 이해 수준에 맞춰 방편(방편은 도구를 뜻함)의 말씀을 설한 다섯 시기가 이어진다. 12년간의 아함 설법, 8년간의 유마·승만 설법, 22년간의 반야 설법, 8년간의 법화 설법, 80세 임종 때 열반 설법이 있었다.

우리 전통에서도 흔히 퇴계 이황(1501~1570)과 같은 스승 모습과 남명 조식(1501~1572)이 보여준 스승 모습으로 대립적으로 묘사된다. 이황은 그야말로 매우 친절한 가정교사의 모습을 지녔다. 반면에 조식은 공자처럼 제자들이 궁금한 것을 물었을 경우에만 대답해 주었다고 한다. 서로 큰 스승이었지만, 제자에게 가르쳐 주는 방식이 서로 달랐다.

8) 쉽게 말하여 '왕따'시키는 방식이고, 학술적으로 말하여 사회적 체면을 깎아내리는 방식이다. 비록 잘못된 행실에 대한 공격이지만, 공공연히 사회적인 처벌로서 『논어』의 선진편에 보면 공자가 택하였던 동일한 방식을 찾을 수 있다.

"노나라 왕실 사람이자 재상인 계씨가 노나라 왕인 주공보다 부유했다. 공자 제자인 염구가 계씨의 집안 신하가 되었는데, 계씨 식읍지의 백성들로부터 세금을 더 많이

과 그런 놀부 유형의 사람과 상종하지 않고 배제시키는 길밖에 없다. 고프먼(E. Goffman, 1922~1982) 교수는 '거리 두기' 또는 '회피하기'로 불렀다. 이것이 남을 음해하려는 동기를 지닌 사람을 도덕적으로 처벌하는 유일한 방식이다. 어느 사회에서도 잠재적인 동기에9) 대하여 아직 법적인 제재를 가하도록 하는 제도를 만들 수는 없다고 본다.10)

고프먼(1967; 진수미 2013)의 제2장에서는 화자인 내 자신의 조율 방식을 두 측면으로 나눈다. 의사소통의 전개에서 내가 남을 대접하는 방식 및 남으로부터 대접받을 경우에 내가 겸손하게 처신하는 방식이다. 이는 상위 개념으로 '행실 규범(rule of conduct)'에 속한다. 그는 이를 연극 의례에 비유한다. 마치 연극이 각본에 씌어 있는 대로 배우들이 말하고 행동하듯이, 비록 문서화되어 있지는 않지만 사회에서 요구하는 상식의 각본대로 의사소통의 참여자들이 각자 자신의 배우 역할을 제대로 해 주어야(관례에 따라야) 한다는 것이다. 이런 상호작용이 불문

거둬들여 계씨를 위해 부를 더해 주었다. 공자가 말하기를 '염구는 왕도를 따르려는 우리 무리가 아니다. 제자들이여, (옛날 전쟁터에서 공격 신호인) 북을 치면서 그를 성토하고 꾸짖어야 옳도다!'라고 하였다(季氏富於周公, 而求也, 爲之聚斂, 而附益之. 子曰, '非吾徒也, 小子鳴鼓而攻之, 可也')."

9) 동기나 태도는 우리말로 마음씨나 마음가짐이라고 말할 수 있는데, 이 마음가짐은 궁극적으로 한 개인의 가치관에 뿌리를 내리고 있다. 이런 가치관이 선천적인 영향을 받는지 아니면 후천적으로 학습되는지에 대해서는 논의가 분분하다. 그렇지만 제도적인 교육이 실시된다는 것은 후천적으로 학습을 거쳐 개인이 인격을 완성한다는 전제가 깔려 있다.

10) 만일 아이와 어른 사이라면 어른이 아이를 가르쳐서 깨우쳐 줄 수 있다. 이는 일방적인 교정 방식이다. 그렇지만 의사소통 참여자들이 더 이상 주종 관계가 아니라 평등하고 대등한 관계라면, 아마 깨우칠 수 있도록 일부러 가르쳐 주는 방법은 고려될 만한 선택지 속에 들어 있지 않을 듯하다. 상대방의 체면을 깎을 수 있기 때문이며, 따라서 또한 자칫 원망을 살 수도 있기 때문이다. 일부에서는 거리가 멀거나 낯선 사람과의 관계에서도 일방적으로 상대방을 가르치거나 교정하려는 '훈계조' 의사소통이 관찰될 수도 있다. 훈계를 받는 일은 반드시 훈계하는 사람에게 훈계할 만한 권위가 주어져 있어야 하고, 그런 권위를 상대방도 인정하는 경우에라야 가능한 일이다. 그렇지만 평등하고 대등한 관계를 다루는 영역에서는 이것이 전형적인 경우가 아니라, 예외적인 경우라고 말해야 할 것이다. 전형적인 경우는 아마 스스로 실수를 깨닫거나, 된통 험한 일을 당하여 고치게 되는 일일 듯하다. 인문학의 전통에서 자유의지를 지닌 주체를 다루는 유일한 방식은 그 주체의 행위나 행동이 습관화되고 관습화되어 있을 경우에라야 이를 전형적이거나 대표적이라고 간주하고서 그 속성을 찾아나갈 수 있다. 이런 관점에서는 예외성은 먼저 전형성(대표성)의 내용이 확보된 뒤에라야 부차적으로 그 속성들의 일부를 바꾸거나 없애는 일을 통하여 설명력을 높이게 된다.

율이더라도 상당한 정도로 의례화되어 있기 때문에, 자칫 '빈말'로 치부될 만한 반응도 실질적인 협력 기능을 발휘하고 있음을 알 수 있고, 선한 인품의 척도로 평가받을 수도 있다. 만일 의사소통 참여자들에게 요구되는 행실 규범이 한쪽에 의해 일방적으로 그리고 공개적으로 위배되면서 불량한 행실을 보일 경우에는 상대방에 대한 모독 행위가 된다. 이때 여기에 대처하여 개인의 선택할 수 있는 반응은 두 가지이다. 첫째, 못들은 척 상대방을 무시하고 거리 두기를 한다. 둘째, 똑같은 정도로 상대방을 비하하고 경멸한다. 그런데 후자의 방식은 종종 서로의 주먹다짐으로 진행할 소지가 있고, 그 결과는 법정에 호소하여 해결하는 길로 이어질 듯하다.

그렇다면 의사소통에서 서로 조율하는 과정에서 찾아지는 간격은, 오직 의사소통 참여자들이 흥부의 마음씨를 지니고 있다고 전제하여 극복될 수 있을 뿐이다. 왜냐하면 의사소통이 결코 강제적이고 억압적인 사회 교류 과정이 아니라, 서로 사교적으로 유대감을 강화시켜 나가는 활동의 하나이기 때문이다. 이러한 조율 상의 간격도 오직 작은 간격들이어야 극복이 쉬워질 것이다.

이런 배경 위에서 클락(1996; 김지홍 뒤침 2009)의 제7장에서는 화자인 내 자신의 의도를 상대방이 제대로 파악했는지를 평가한 뒤에, 만일 상대방이 곡해한 대목이 있다면 고쳐 놓거나 그냥 넘어가거나 곡해한 내용에 맞춰 조율하는 유형들을 논의하였다. 몇 마디의 간단한 발화라 하더라도, 사용 맥락에 따라 어조를 달리하여 여러 가지 다른 기능으로 쓰일 수 있다. 일상언어 철학에서는 이를 속뜻이나 말속에 깃든 힘 (illocutionary force)이라고 부른다. 대화 '인접쌍'의 모습으로11) 이를 보

---

11) 제5장 2절에서 언급된 바 있는데, 상호작용 사회학에서 찾아낸 개념이며, 두 방향의 의사소통 모습으로 이뤄진 일련의 정형화된 표현들을 가리킨다. 쉬글롭·쌕스(Schegloff and Sacks 1973)에서 처음으로 '인접쌍(adjacent pairs)'이라고 불렀다. 가령, 인사하기에 마주 인사하기, 전화 호출에 전화 대답, 호명하기에 대꾸하기, 질문하기에 대답하기, 단언하기에 수긍하기, 요구하기에 약속하기, 고마움 표현에 받아들이기 따위이다. 인접쌍은 사회

이면 다음과 같다. 가령, "앉아요!"라는 외마디 발화라고 하더라도, 상대방이 이 표현의 의도를 받아들이는 방식이 네 가지 이상으로 나온다.

① 상대방이 이를 명령으로 파악할 수도 있고(답변 "예, 그러겠습니다."로 확인 가능함),

② 요구나 권유로 받아들일 수 있으며(답변 "아, 그러죠!"나 "그럴까요?"로 확인 가능함),

③ 제안으로 파악할 수도 있고(답변 "아, 괜찮아요!"로 확인 가능함),

④ 조언이라고 여길 수도 있다(답변 "좋은 생각이네요!"로 확인 가능함).

이런 반응 방식은 일상적인 행동에 대해서도 쉽게 찾아진다. 가령, 젊은 어느 여성이 가까운 친구들이 앉아 있는 자리로 포도주를 담은 유리잔을 갖고 간다. 그런데 본디 을에게 전해 주려고 하였으나, 갑이 자신에게 주는 줄 알고서 선뜻 "고맙다!"고 하면서 받는다. 갑은 이를

'호의를 베풂 → 사례 표현'

의 인접쌍의 관계로 파악한 것인데, 본디 의도가 곡해된 경우이다. 본디 의도가 상대방에게 제대로 파악되고 받아들여지는 경우에는, 전혀 곡해가 없으므로 따로 처리 방식이 필요하지 않다. 그렇지만 일단 곡해가 일어나면 이를 처리하고 극복하는 길을 모색해야 한다. 우선 두 극점이 먼저 선택지로 상정될 수 있다. 그러고 나서 그 사이에 다른 선택지들을 상정할 수 있다. 두 극점의 선택은 ① 상대방이 곡해하였더라도

관계에서 '서로 주고받기'의 언어적인 모습이며, 어느 사회에서든지 관례화되거나 정형화되어 있는 것이 특징이다. 인접쌍이 제대로 구현되어야만 의사소통 참여자들 사이에서 서로 조율하려는 자세가 긍정적으로 평가될 것이다. 인접쌍이 잘 작동함을 확인하고 나서 다음 단계로 넘어가는 것이다.

그 곡해를 고치지 않은 채 원래 의도를 곡해된 내용에 맞춰 조율해 주는 일과 ② 곡해하였음을 밝히고서 본디 의도를 그대로 수행하는 일이다. 이 두 선택지 사이에서 중도의 처리 방식도 두어 가지 상정될 수 있다.

첫째, 본디 의도와는 다르더라도 상대방이 곡해한 부분을 받아들일 만하다고 보아 그대로 인정하는 경우이다. 앞의 포도주 잔을 전달하는 경우에 을에게 주려고 하였지만, 우연히 갑이 자신에게 주는 것이라고 곡해하여 사례 반응을 보인 경우에, 그 여성이 곡해를 그대로 받아들이는 방식이다. 이때 "어, 마셔 볼래?"라고 하거나, "그래, 마셔 봐!"라고 반응을 보일 수 있다. 이는 스스로 원래 의도와 마음을 바꾸는 결과를 초래한다.

둘째, 이에 대립되는 처리 방식이 있다. 갑이 곡해하였음을 명시적으로 표현하여 고쳐 주는 일이다. "아, 이거 을한테 주려는 거야!"라거나 "잠깐, 을한테 먼저 주고, 곧 갖다 줄 게!"라고 답변하는 일이다. 이 경우에는 갑의 체면 손상이 문제시될 수 있다. 이를 경감하기 위해서는, 반드시 포도주 잔을 받는 순서나 위계가 참여자들 사이에 서로 공감되고 확인되어야 한다. 우리 문화에서는 연장자 순서이거나 친분에 따른 위계가 서로 공인될 수 있는 척도이다. 갑의 사회적 체면에 대한 손상을 막아 주기 위해 '차례에 따라 곧 갖다 준다'는 의미의 말(행위 합당성의 근거 제시)을 덧붙여 밝힐 수 있다.

셋째, 선택지를 상대방이 결정하는 경우도 있다. 이 경우에는 포도주 잔을 들고 가되 목표 지점을 결정하지 않은 채 오직 손을 뻗고 술잔을 갖는 사람에 임자가 되는 경우이다. 클락 교수는 이를 '청자의 선택에 맡긴 의미 파악'이라고 부르는데, 의사소통의 흐름에서 흔히 관찰된다. 우리의 의사소통이 언제나 특정한 목적을 지니고 특정한 정보를 전달해 주는 것만이 아니다. 종종 어떤 주제이거나 소재이든지에 상관없이 상대방이 결정하는 대로 화자인 내가 그 결정을 존중하여 조율하겠다는 마음가짐을 표현할 수 있다. 상대방에게 선택권을 주면서, 가령 "뭐 요즘 재미있는 일이 없니?"라고 상대방에게 물을 수 있는 것이다. 뿐만 아니라 심리적으로 가까운 사이에서는 막연하고 애매한 표현을 쓰기 일쑤인데, 이 또한 의미 파악을 청자에 맞추려고 하는 동기에서 나올 수 있다.

넷째, 상대방 청자의 선택을 따르더라도, 참여자들 사이에서 공인을 받도록 요구하는 일이다. 클락 교수는 이를 '좁혀진 의미 파악'으로 부른다. 갑이 포도주 잔을 먼저 받더라도, 갑이 우선적으로 받아야 하는 이유를 참여자들 사이에서 확인하고 공동의 합의를 끌어내는 일이다. 개인의 의미 파악에 대하여 공적인 승인을 받도록 함으로써 참여자들의 공동의 사안으로 승격시켜 놓는 방식이다.

어떤 선택지를 뽑든지 간에 의사소통은 서로를 존중하여 상대방의 '자율성'을 최대한 높이고, 상대방의 '자존심'을 손상 받지 않도록 배려하는 협력관계라는 사실이 거듭 확인되어야 한다. 비유적으로 말하여 흥부의 마음씨를 지니고서 의사소통을 진행해 나가야 하는 것이다. 우리 사회에서는 전통적으로 이를 '인격'이나 '인품'이란 말로 불러왔고, 더 없이 높은 가치를 부여해 왔다. 인간으로 태어난 것은 "인간답게" 살아가기 위한 것이고, 인간답다는 것은 곧 인격이나 인품에 다름 아니다. 일제 강점기 이후 '기능주의'에만 치우친 외래 학문이 우리에게 이식되고 나서는 전통적으로 강조해 온 인간다운 '가치'의 문제가 실종되어 왔고, 인문학 본연의 자리를 다지는 임무를 상실하고 있다. 그렇지만 의사소통을 이끌어가는 근본적인 원리에 대한 탐색을 통하여, 전통적인 가치인 '인품'이나 '인격'을 회복할 수 있는 토대(상호 조율, 상호 배려)를 마련할 수 있는 것이다.

만일 상호조율이 시작 단계에서부터 어긋나 큰 간격을 확인할 경우에는 일단 상대방의 의도를 의심할 수밖에 없다. 만일 상대방이 비협력적이거나 화자인 내 자신을 음해를 하려는 쪽이라면, 개인으로서 이를 극복하거나 처리할 수 있는 방법은 소극적으로 '거리 두기'나 '회피하기'가 결과로서의 선택지일 듯하다. 그렇지 않고 조율 상의 간격이 작을 경우에는 여러 가지 부합 또는 일치를 향한 선택지(극복 방안)들이 다수 존재한다. 가장 손쉬운 방식은 서로 간에 공동의 목표를 제안하면서 합의하는 일이다. 사회에서는 이런 선택을 할수록 인품이나 인격이 높다는 평가를 내림으로써, 인간들 사이의 협력관계를 장려하는 가치를 심어 왔다. 의사소통의 상위 개념은 협력관계이며, 이는 '사회적 존재로서의 개인'을 달리 표현하는 일에 지나지 않는다.

Language Production Processes: An Interdisciplinary Approach

3부 언어화 과정 및 되점검 방식

6장 의사소통 갈래와 서술관점의 수립
1. 의사소통의 갈래(또는 범주)
2. 서술관점의 수립
3. 구성과 해석을 이끌어 가는 심층 틀

7장 청자 반응의 점검과 주제 전개의 전략
1. 청자 반응의 점검
2. 주제 전개의 전략
3. 입말 산출과 글말 산출의 차이

6장 의사소통 갈래와 서술관점의 수립

1. 의사소통의 갈래(또는 범주)

의사소통의 갈래는 대체로 담화의 갈래나 유형과 일치한다. 최근 전산화된 말뭉치를 구축하면서 균형 잡힌 말뭉치에 대한 논의가 진전됨으로써,[1] 담화를 유형화하는 속성들에 대한 논의가 보다 더 구체화되었다. 일상적으로 언어를 매개로 하여 상호작용이 이뤄지는 유형들만 들어 보더라도 그 수를 다 헤아릴 수가 없다. 담화 유형을 가리키는 낱말들이

'조리법, 상표, 편지, 시, 보고서, 소설, 메모, 잡담, 축사, 선언서, 일화, 세미나, 논쟁, 공고, 논문, 설교, 보증서, 사용 안내서, 처방, 신문, 사설,

---

1) 머카씨(1998; 김지홍 뒤침 2010), 『입말, 그리고 담화 중심의 언어교육』(도서출판 경진)의 제2장 '입말, 그리고 갈래의 개념'과 쿡(Cook 1989; 김지홍 뒤침 2003), 『담화, 옥스퍼드 언어교육 지침서』(범문사)의 제9장 '담화 유형과 담화 부분'을 읽어 보기 바란다.

유언, 고지서, 식단표, …'

등과 같이 계속 이어질 수 있기 때문이다. 그렇지만 이런 무한 나열 방식을 벗어나, 의사소통의 구성 요소와 각 요소의 기능을 찾아내어 의사소통의 갈래를 엮어 내려는 시도가 야콥슨(1960) 「언어학과 시학」에서[2] 이뤄졌다. 야콥슨은 먼저 의사소통의 구조적 측면을 여섯 가지 요소로 보았다.

---

2) 의사소통에 대한 수학적 이론이 일찍이 『벨 전화국 기술 학술지』에 셰넌(Shannon 1948) 로 발표된 바 있고, 이듬해 셰넌·위버(Shannon and Weaver 1949), 『의사소통에 대한 수학 이론(*The Mathematical Theory of Communication*)』(Illinois University Press)이 나왔는데, 진 용욱 뒤침(1986), 『통신의 수학적 이론』(통신정책연구소, 비매품)로 번역되었다. 상당량 의 수학 지식을 깔고 있어서 읽어 나가기가 어렵지만, 위버의 해설을 보면 의사소통 당사 자 간에 잡음을 줄이며 정보량을 보존하는 기술이 핵심 논제인 듯하다. 셰넌은 공저 34쪽 에서 일반적 의사소통(통신) 체계에 대하여 다음 그림을 제시하였다.

이런 수학적 구조의 논의가 영향을 입혔는지는 잘 알 수 없다. 언어학자 야콥슨의 논문은 본디 1958년 봄에 인디애나 대학에서 개최되었던 문체 학술대회의 총평 논문으로 발표 되었었고, 다시 쉐뵉 엮음(Sebeok 1960), 『언어에서의 문체(*Style in Language*)』(MIT Press) 에 실렸다. 우리말로는 세 분이 번역한 바 있다. ① 김태옥 뒤침(1977), 『언어과학이란 무엇인가』(문학과지성사)에 들어 있고, ② 신문수 엮고 뒤침(1989), 『문학 속의 언어학』 (문학과지성사)에도 들어 있으며, ③ 권재일 뒤침(1989), 『일반언어학 이론』(민음사)에도 들어 있다. 의사소통 기능들을 처음으로 구조·기능주의 관점에서 논의했다는 점에 의의 가 있겠지만, 실용성에서 문제가 많으므로, 일찍부터 언어교육에서는 이를 받아들이지 않았다. 후술 참고.

어떤 의사소통이든지 간에 최소한 의사소통이 일어나려면 먼저 기본 전제로서 어떤 상황이 있어야 하고, 이 상황 속에서 발신자와 수신자 (의도된 청자)가 서로 접촉을 해야 한다. 그뿐만 아니라 서로 간에 전달할 내용이 있고 그 내용을 담을 수 있는 상호 이해 가능한 기호 체계(주로 자연언어)가 있어야 한다. 야콥슨은 각 구성 요소마다 다음처럼 대표적인 여섯 가지 기능들을 상정하여 놓았다.

```
                              지시 기능
                              시적 기능
         감정 표현 기능--------------------------------명령 수행 기능
                              친교 기능
                              상위 언어 기능
```

물론 발신자(화자)가 감정 표현의 기능만을 지니는 것은 아니다. 중간에 있는 여러 기능들을 동시에 다 겸하여 전달해 줄 수 있기 때문이다. 또한 수신자(의도된 청자)가 오직 명령 수행의 기능만을 떠맡는 것도 아니다. 발신자(화자)의 의도를 어떻게 가늠하느냐에 따라서, 다양한 기능이 수신자(청자)에 의해 수행될 수 있기 때문이다. 각 구성 요소마다 상정된 대표 기능은 더 쉽게 다음과 같이 문장의 유형으로 바꿔 표현할 수도 있겠다.

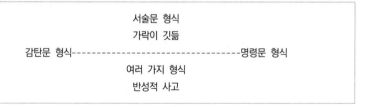

```
                              서술문 형식
                              가락이 깃듦
         감탄문 형식--------------------------------명령문 형식
                              여러 가지 형식
                              반성적 사고
```

감정 표현 기능은 주로 감탄문 형식으로 나오고, 지시 기능은 주로 서

술문 형식을 빌리게 되며, 명령 수행 기능은 명령문이나 청유문 형식을 띠게 된다. 시적 기능은 가락을 이용하여 노래를 부르듯이 하는 방식이다. 상대방과 우의를 토답게 하려는 친교 기능은 기타 여러 가지 서법으로 표현될 수 있다. 서술이나 청유나 약속이나 감탄 등 필요할 때마다 청자의 감정에 맞춰 선택할 수 있다. 상위 언어 기능은 언어와 참여자, 그리고 의사소통 자체를 반성하여 얻을 수 있는 탈-상황적 기능이므로, 모든 구성 요소들을 대상으로 하여 이뤄진다. 이를 따로 표시할 수가 없으므로, 잠정적으로 언어 기호와 관련을 지어 놓았을 뿐이다.

구조·기능적 관점으로부터 나온 야콥슨의 통찰력은, 의사소통 참여자들이 지녔을 잠재적인 목적들을 유형화하는 데에 크게 기여하였다. 그렇지만 이런 통찰력이 지닌 한계점은 셰넌 모형이 그러하듯이 마치 '기계적으로 저절로' 의사소통이 이뤄지듯이 전제하므로, 여러 층위가 동시에 작동하는 의사소통의 실상을 크게 왜곡해 버리며, 일부의 모습도 너무 복잡하게 서술해 놓았음에 있다. 따라서 여러 가지 의문이 일상언어 철학의 깔린 속뜻(illocution) 찾기 및 새로운 언어교육 흐름으로부터 제기되었다.

첫째, 오스튼은 아무리 짤막한 외마디 발화라고 하더라도 억양과 더불어[3] 그 속뜻이 여러 가지로 깃들 수 있음을 처음으로 깨닫고, 인간의 의사소통을 모두 최종적으로 귀결되는 행위와 관련하여 세 층위로 재구성해야 한다고 보았다. "앉아요"라는 외마디 발화가 말해지는 맥락

---

3) 벅(2001; 김지홍 뒤침 2013), 『듣기 평가』(글로벌콘텐츠)의 100쪽에 영어 억양의 여섯 가지 기능을 다음 도표로 나타내었다.

감정 표현 기능	열정·의심·혐오와 같이 화자가 지닌 태도상의 의미를 표현하는 데 이용된다
문법구조 표시 기능	글말에 있는 구두점처럼 발화의 문법 구조를 표시하는 데 이용된다
정보 표시 기능	문장 억양과 같이 임의의 발화에 대한 두드러진 부분을 나타낸다. 따라서 더 높은 음높이는 중요한 정보를 표시해 준다
텍스트 전개 기능	글말의 단락처럼 담화의 더 큰 덩이가 대조되거나 일관되도록 도와주는 데 이용된다
심리적 기억 기능	정보를 더 처리하기 쉬운 단위로 묶어 주는 데 이용된다. 가령, 낱말의 목록이나 신용카드 번호를 더 쉽게 기억하도록 단위들로 묶게 된다
지시 표지 기능	특정한 집단의 사람들에 의해서 일종의 개인별 확인 표지로 이용된다. 가령, 설교자나 뉴스 해설자들이 종종 인식 가능한 억양 유형을 이용한다.

에 따라서 명령·청유·의문·서술 등 여러 가지 방식으로 이해되는 것이다. "아름답구나"라는 감탄 형식도 감탄문만이 아니라 또한 서술문으로도 이해할 수 있고, 같이 공감해 주기를 바라는 요구로도 해석될 수 있으며, 어조를 올림으로써 반문하는 것으로도 이해되는 것이다. 이런 다양한 해석들을 결정할 수 있는 것이 바로 발신자와 수신자(의도된 청자)가 공유하고 있는 발화 맥락이며, 그 맥락에 대한 해석이다. 따라서 의사소통 구성 요소마다 고유한 대표 기능을 부여하는 일 자체가 잘못된 것이며, 잠재적인 해석 가능성 중에서 맥락에 대한 해석 지침에 의해 특정한 기능이 지정되는 것임을 알 수 있다.

둘째, 이런 여섯 가지 기능이 의사소통을 결과적으로 분류하여 나온 것일 뿐, 일상생활에서 개개인의 의사소통을 하려는 목적과 긴밀히 관련될 수 없다는 자각이 언어교육(특히 의사소통 중심 언어교육: *CLT, Communicative Language Teaching*)을 맡는 주체들에 의해서 생겨났고, 이어 새롭게 담화를 다루는 흐름에서도 야콥슨의 복잡한 기능들을 비판하면서 더욱 간략하게 묶어야 한다는 자각이 생겨났다. 리틀우드(1981)의 제4장과 제5장에서는[4] 언어교육을 뒷받침해 주기 위해서 의사소통의 목적(언어 사용이나 언어 기능)이 다음 두 가지 축으로 구분되어야 한다고 보았다.

① 기능적 의사소통 활동(functional communication activity)
② 사교적 상호작용 활동(social interaction activity)

이어 브롸운·율(Brown and Yule 1983)에서도[5] 용어를 간단히 각각

---

4) 리틀우드(Littlewood 1981; 안미란 뒤침 2007), 『의사소통(적) 교수법』(한국문화사)으로 나와 있다.

5) 브롸운·율(1983), 『담화 분석(*Discourse Analysis*)』(Cambridge University Press)이다. 이들은 언어교육이 궁극적으로 담화교육이 되어야 한다고 보는데, 담화도 크게 '정보 전달용' 기능과 '상호 사교적' 기능을 통해 현장 학교 수업에서 가르쳐야 하는 것이다. 이들이 스코

① 정보전달(transactional) 의사소통

② 상호작용(interactional) 의사소통

으로 고쳐 부른 바 있다. 정보 전달용 의사소통과 상호작용의 사교적 의사소통도 칼로 두부를 나누듯이 따로 구별되는 것이 아니다. 크든 작든 일부 서로 겹쳐 있으며, 오직 1차적 초점이 무엇인지에 따라서 나뉠 수 있을 뿐이다. 이를 브롸운·율(1983; 김지홍·서종훈 뒤침 2014)에서는 입말과 글말의 주요 기능을 구분하면서 다음과 같은 그림으로 나타내었다.

의사소통 기능의 두 끝점

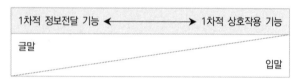

이러한 논의들에 힘입어 의사소통이 크게 두 가지 목적을 지니고 있음을 깨닫게 되었지만, 의사소통을 과연 몇 가지 갈래로 나누어야 하는지에 대해서는 따로 알려 주는 바가 없다. 20세기 기술 문명의 발전으로 컴퓨터로 많은 언어 자료를 처리하고 가공하면서 새로운 분야가 생겨났는데, 크게 인간의 지능을 모의하려는 보다 순수한 흐름 및 사전 편찬과 언어교육에 도움을 주려는 실용적인 흐름으로 나뉜다. 흔히 전자는 자연언어 처리(*Natural Language Processing*)라고 부르고, 후자는 말

틀런드 중등학교에서 말하기 교육을 시행했던 연구가 앤더슨·브롸운·쉴콕·율(Anderson, Brown, Schillcock, and Yule 1984; 김지홍·서종훈 뒤침 2014), 『모국어 말하기 교육: 산출 전략 및 평가』(글로벌콘텐츠)으로 나와 있고, 이를 제2 언어로서 영어 교육에 적용한 책이 브롸운·율(1983; 김지홍·서종훈 뒤침 2014), 『영어 말하기 교육』(글로벌콘텐츠)로 나와 있다. 모두 두 갈래의 의사소통 중에서 전보 전달 영역을 교육하고 향상시키고자 했던 중요한 업적이며, 현행 과제 중심 언어교육(TBLT)의 초석을 놓았다.

뭉치 언어학(*Corpus Linguistics*)라고 부른다. 이들 중 특히 후자 쪽에서 언어교육과 관련하여 '균형 잡힌' 말뭉치를 확보할 필요성이 꾸준히 제기되어 왔다. 이는 사회생활에서 언어를 매개로 의사소통을 하는 유형들에 대한 논의로 이어진다. 머카씨(1998; 김지홍 뒤침 2010: 30쪽 이하)에서는6) 담화교육을 시행하기 위한 목적으로 의사소통의 범주를 다음과 같이 다섯 가지 유형으로 제시하여 다루었다.

담화교육을 위한 의사소통 갈래

구현 유형	유형별 목표	전형적인 사례
정보 전달 유형	정보 제공	관광 안내소에서 여행 정보를 얻음
전문 직업 유형	정보 제공	회사의 판매 회의, 개개인이 나누는 업무 이야기
학교 수업 유형	협력 동기	작은 모둠별 수업에서의 담화
공적 교제 유형	협력 과업	잔치 음식을 함께 준비하는 구성원들의 담화
사적 친밀 유형	협력 동기	집안일을 의논하는 어머니와 딸의 담화

위 도표에서 언급한 갈래 또는 범주가 유일무이한 것은 결코 아니다.7) 이는 분류의 목적과 목표의 설정에 따라 담화들을 가르는 방식이 다양하게 제시될 수 있음을 나타낼 뿐이다. 의사소통의 범위가 우리 사회생

---

6) 김지홍(2010), 『언어의 심층과 언어교육』(도서출판 경진)에서는 언어교육이 발전해 온 단계별 방향으로도 유형이 구분될 수 있다고 보았다. 초기에는 일반 목적(general purpose)의 언어교육이 시행되었는데, 여기서는 일상생활과 관련된 언어 자료들과 상상력을 기르는 문학 자료들이 주된 갈래를 형성하였다. 이어 일반 목적의 언어교육만으로는 사회생활에서의 필요성을 충족시켜 주지 못한다는 비판을 수용하여 특정 목적(special purpose)의 언어교육이 실시되었는데, 주로 직업과 관련된 취업 목적의 언어 자료들과 상급 학교에 진학하기 위한 학업 목적의 언어 자료들이 주된 갈래를 형성하였다. 이들 갈래 또한 의사소통 범주를 구성할 수도 있을 것으로 판단된다. 최근에 부각된 비판적 지성의 힘 길러주기는 주로 '비판적 담화 분석(CDA)'로 불리는데, 205쪽 각주 8)과 §.11-1(311쪽 이하)을 보기 바란다.

7) 클락(1996; 김지홍 뒤침 2009: 22쪽)의 제1장에서는 분류 기준을 달리하여 담화가 사용되는 현장을 중심으로 나눈다. ① 사적인 현장, ② 공적인 현장, ③ 기관적 현장, ④ 규범적 현장, ⑤ 허구적 현장, ⑥ 다른 사람의 중개에 의해 매개된 현장, ⑦ 혼자 스스로의 독백 현장 등이다. 한편, 언어교육을 위하여 유럽 자문위원회(Council of Europe 2001), 『언어 학습 참조용 유럽 공통 얼개(*Common European Framework of Reference for Language*)』(Cambridge University Press)에서는 다음처럼 여섯 가지 유형으로 나누었다.

활의 범위가 거의 일치할 것이기 때문에, 우리 사회생활을 나누는 범주인 정치·경제·사회·문화·예술과 체육 등의 소재로도 나눌 수 있는 것이다. 그럼에도 불구하고, 의사소통 유형에 따른 목표를 보면, 크게 정보를 전달해 주는 영역 및 서로 협력하면서 상호작용을 하는 영역으로 나뉘고 있음을 알 수 있다.

2. 서술관점의 수립

의사소통의 첫 단계는 의사소통 상대방과의 공통기반 및 정보간격을 가늠하여 뭘 말해 줄 것인지를 판단하고 결정하는 일이다. 이를 '의사소통 의도'(이하에서 이를 간단히 줄여서 '의도'로만 부름)의 수립이라고 말할 수 있다. 그렇지만 의도가 세워졌다고 하더라도 곧장 언어 표현으로 이어지는 것은 아니다. 어떻게 표현해야 할지에 대하여 결정해야 하는 것이다. 이는 크게 두 가지 단계로 이뤄진다. 하나는 일련의 사건을 누구 또는 어느 것에 초점을 맞추어 서술해 줄지를 결정하는 일이다. 다른 하나는 앞의 결정에 뒤이어 어떤 언어 표현 방식을 선택할지를 결정하는 일이다. 이런 일련의 과정을 합쳐 여기서는 '서술관점의 수립'으로 부르고자 한다.

서술관점에 대한 본격적인 논의는 '비판적 담화 분석(critical discourse analysis)'의 흐름을 이끌어 온 일련의 페어클럽(Fairclough 1989, 1995, 2003, 2010) 등에서 다뤄졌다.[8] 대중매체에서 자주 쓰이는 글말을 놓고서 페

주요범주	사례
사실정보 내주기/요구하기	묘사하기, 보고하기, 질문하기, 대답하기
태도 표현하기/묻기	찬성/반대, 유식/무지, 능력, 허락
설득하기	제안하기, 요구하기, 경고하기
사교적으로 되기	주의를 끌기, 말을 걸기, 인사하기, 소개하기
담화를 구조화하기	열어가기, 요약하기, 주제 바꾸기, 매듭짓기
의사소통 수정하기	이해가 안 되었음을 신호하기, 도움 호소하기, 풀어 말하기

어클럽 교수는 글말을 일관되게 유지해 가는 서술관점이 책임질 주체를 알게 모르게 가리고 숨겨 버리는 사실에 주목한다.9) 가령, 랭커스터에서 발행되는 지방 신문에서 다음과 같은 기사를 보기 바란다(페어클럽 2001; 김지홍 뒤침 2011: 111쪽).

〈 채석장의 자갈돌을 도로에 흘리는 문제 〉

미들버로우 채석장에서 나오는 덮개 안 씌운 트럭들이, 와튼 마을을 통과하는 동안에 여전히 도로에 자갈돌들을 흘리면서 다니고 있음을, 지역의회 의원들이 9월 개최된 지방의회 회의에서 전해 들었다. 의회 소견서가 채석장 관리자에게 발송되었다. 의원들은 개선이 이뤄질 것으로 희망하고 있다.10)

여기서 평면적으로만 보면, 두 개의 문장으로 이뤄진 심상하고 따분한 기사 도막으로만 보일 뿐이다. 그렇지만 담화 상황을 재구성한다면, 누

---

8) 페어클럽 교수의 저작 중에서 현재 세 권이 번역되어 있다. 페어클럽(1995; 이원표 2004 뒤침), 『대중매체 담화 분석』(한국문화사); 페어클럽(1989; 개정판 2001; 김지홍 2011 뒤침), 『언어와 권력』(도서출판 경진); 페어클럽(2003; 김지홍 2012 뒤침), 『담화 분석 방법: 사회 조사연구를 위한 텍스트 분석』(도서출판 경진)이다. 페어클럽(1995), 『비판적 담화 분석』이 개정되어 방대하게 페어클럽(2010)으로 나왔는데, 모두 22개의 장으로 되어 있다. Fairclough(페어클럽, 페어클러프)라는 발음을 잘못 읽어 '페어클라우'로 쓰는 경우가 있다. 철자 gh가 [f] 발음을 나타낸다는 사실을 고려하지 못한 잘못이다. 비판적 담화 분석을 우리의 담화 환경에 적용한 책은 최윤선(2014), 『비판적 담화 분석: 담화와 담론이 만나는 장』(한국문화사)로 나와 있다. 이를 읽기 교육에 적용한 글은 김유미(2014), 「비판적 담화 분석을 활용한 읽기 교육 연구」(서울대학교 박사논문)를 보기 바란다.

9) 제4장의 3절에서는 능동적인 표현이 책임질 주체가 주어로 나와야 하지만, 문법상 수동적/피동적인 표현은 그런 주체가 출현하지 않을 수도 있음을 언급했다. "철수가 영이를 사랑한다."는 표현에서 사랑하는 사건을 일으키는 주체는 주어 자리(철수가)에 나와 있다. 그렇지만 동일한 사건을 언급하면서도 다음과 같이 결과 상태만을 드러낼 수 있다. "영이가 사랑받는다." 여기서는 누가 영이를 사랑하는지에 대하여 알 수 있는 언어 정보가 없다. 영어의 신문 기사나 공문서에서는 '결과 상태'만을 객관적인 양 표현하는 수동 구문을 자주 쓰는 것으로 잘 알려져 있다. 이런 자잘한 선택도 또한 서술관점의 하위 갈래에서 다뤄질 수 있다.

10) 《Lancaster Guadian》 신문에 실린 1986년 9월 12일자 원문은 다음과 같다. 제목 Quarry load-shedding problem, 기사 내용 Unsheeted lorries from Middlebarrow Quarry were still causing problem by shedding stones on their journey through Watton village, members of the parish council heard at their September meeting. The Council's observation have been sent to the quarry management and members are hoping to see an improvement.

가 누구에게 쓰고 있고, 누가 어떤 일을 하고 있는지에 대하여 찾아낼수 있다. 신문 기사의 작성자는 비록 일선 기자이겠지만, 편집부의 방침 및 신문사의 발행인이 내건 사시(社是)에 따라 수정되고 시각 자료와 더불어 총체적으로 재편집되는 것이다. 이런 측면에서 이 기사를 재구성하기 위하여 몇 가지 사건이 들어 있는지를 찾아내어야 한다. 이 기사에서 다루고 있는 소재를 중심으로 하여, 원인 사건과 결과 사건이 있고, 또한 이 결과 사건이 피해를 일으키기 때문에 시정을 요구하는 사건(해결책)도 이어져 있다.

첫째, 트럭 운전자들이 도로에 자갈돌들을 흘리면서 다니고 있다.
둘째, 채석장 관계자는 채석 운반에 대해 책임을 지고 있다.
셋째, 도로에 흘린 자갈돌 때문에 마을 주민들이 피해를 받고 있다.

그리고 이와 관련하여 일어난 사건도 다음과 같이 재구성될 수 있다.

넷째, 주민들이 공공기관에 민원을 제기하였다.
다섯째, 지방의회로 대표되는 당국에서 그 민원이 정당함을 인정하였다.
여섯째, 지방의회에서 채석장 관리자에게 '소견서'를 보냈다.
일곱째, 지방의회 의원들은 문제가 시정되어 해결될 것으로 믿고 있다.

마지막으로 이 기사를 다루고 있는 지방 신문의 기사를 써서 전해 주는 사건이 있다.

여덟째, 랭커스터 수호자 신문에서 마을 주민들과 관련된 특정 기사를 보도한다.

먼저 재구성된 이들 사건을 놓고서도 대중 매체에서는 기득권층의 마음에 들도록 조정이 이뤄진다.

- 누가 사건을 일으키는 원인 제공자로 표현되어 있는가?
- 누가 대상자들을 놓고서 사건을 일으켜 실행하는 사람으로 표현되어 있는가?

여기서 '누가'는 숨겨져 있다. 겉으로 무생물인 '트럭들'로 표현되고 있지만(자연계에서 일어나는 사건으로 취급), 한 걸음 더 나아가 우연히 '덮개를 안 씌운' 것이 원인으로 주목되고 있다. 사건을 의도적인 중대한 과실로 보는 것(불법을 고의로 저지름)이 아니라, 작고 우연한 실수처럼 표현되고 있는 것이다. 설사 트럭들을 운전하는 운전자에게 책임을 묻는다고 하더라도, 이는 피상적인 책임에 불과하다. 도로에 자갈돌을 흘리지 않도록 해야 할 본질적인 책임은 두 사람의 주체에게 있다. 운송 조건을 계약하는 채석장 관리인에게 있고, 또한 교통사고가 일어나지 않도록 미리 막아야 할 도로 관리 주체인 행정 당국의 책임자에게 있다. 그렇지만 짤막한 기사 속에는 이런 책임 주체들이 전혀 드러나 있지 않다. 한 사건을 신문 기사로 보도하기 위하여 미리 그런 주체들을 면담하고 취재하였을 것으로 판단되지만, 그런 책임 주체들은 의도적으로 철저히 숨겨져 있다고 의심하게 만든다(누가 숨겼는지, 왜 숨겼는지를 검토하는 것은 또 다른 차원의 문제임).

당장 주민들한테 피해를 주는 사건도 우회적으로 표현되어 있다. 마치 막연한 소문을 전해 듣는 양 미약하거나 무시할 수 있을 사건으로 취급되어 있다. 해결 방안을 보도하는 문장에도 이런 의도가 들어가 있다. 잘못된 사안에 대하여 관리 당국에서는 응당 시정 명령을 내려야 한다. 그럼에도 불구하고 지방의회에서는 '소견서(observation, 관찰 내용)'만을 발송하였고, 잘못된 일에 책임을 지고 고쳐야 할 사람이 마치 편지 수신인 듯이 표현되고 있으며, 더욱이 강제성이 없이 희망하는 상태로만 언급되어 있다. 이는 매우 의도적인 조처이며, 철저히 잘못을 저질러 책임질 관련자들을 숨기려는 서술 관점을 선택한 것이다. 친-기업 및 친-관료의 기득권들을 옹호하는 관점으로 조정되어 있는 것이다.11) 이 기사의 제목으로 뽑은 명사구 '~하는 문제'도 주민들의 안전을 위협하는 사건으로 서술하는 것이 아니라, 하나의 대상이나 사물처럼 표현하고 있다. 기사 내용이 조정되어 있듯이 이 또한 제목도 정태적인 하나의 대상물인 듯이 취급되어 있으므로, 무심코 이를 읽는 독자들은 그대로 그런 서술관점을 당연한 듯이 여길 뿐, 아무런 의문도 제기하지 않게 된다. 결과적으로 응당 누려야 할 시민들의 권리가 짓밟히더라도 스스로 그 사실도 의식하지 못하는 셈이다.

이런 서술 관점은 기득권을 누리고 있는 작은 공동체를 옹호하는 일 뿐만 아니라, 국가라는 큰 공동체에서도 빈번하게 일어난다. 미국 사회를 비판해 오고 있는 참스키 교수는 이런 것들을 묵시적인 '동의의 조작(manufacture of consent)' 과정이라고 부른다.12) 다시, 페어클럽 교수가 인용하는 영국의 주요 일간지 《데일리 메일(*Daily Mail*)》의 포클랜드 전쟁 기사 보도를 놓고서, 서술관점 속에 숨겨진 이념과 의도를 찾아보

---

11) 그렇다면 동일한 사건을 다르게 서술하는 관점에 대해서도 다룰 수 있을 것이다. 만일 이 보도 기사와 반대의 서술관점을 택하여 이를 재서술한다면, 적어도 다음 네 가지 핵심 요소가 들어가야 할 것이다. ① 교통사고 위험을 일으키는 도로 현장에 대한 사실이 먼저 제시된 뒤에, ② 그런 현장 사실을 일으키는 근본적인 원인들과 관련 책임자들을 적시한다. ③ 불법을 제멋대로 저지르는 사람들 때문에 늘 불안한 주민들이 제기한 민원 내용을 요약한다. ④ 관련 당국인 지방의회에서 사실을 인정하고, 책임을 묻는 일련의 조치들을 명기하고, 시행 완료 시한과 불이행에 따른 제재 조치들도 함께 언급해 주어야 할 것이다. 이런 서술에서는 주민들이 능동적으로 자신들의 생활을 보호하는 쪽으로 표현되어 있으므로, 이를 주민들의 안전에 관한 서술관점이라고 말할 수 있을 것이다. 그렇다면 앞에서 다뤄진 보도 기사는 주민들의 안전은 안중에 없는 반-주민 또는 주민 무시의 서술관점으로도 부를 수도 있다. 왜 특정 언론 매체가 주민들을 무시하고 기업이나 관료들을 두둔하는지에 대한 또 다른 물음이 이어 제기될 수 있다. 이런 점들 때문에 이를 '비판적'이라는 수식어를 붙이는 것이다.

12) 참스키(2002 개정판, 박수철 2003 뒤침), 『노암 촘스키의 미디어 컨트롤』(모색)와 미츨·쇼펠 엮음(Mitchell and Schoeffel 2002; 이종인 2005 뒤침), 『촘스키, 세상의 물음에 답하다: 권1, 권력이 여론을 조작하는 방식에 관하여』(시대의창)를 참고하기 바란다. 또한 439쪽 '부록 1' 각주 87)에 우리말로 번역된 참스키 교수 책자들의 목록 참고.

기로 한다(페어클럽 2001; 김지홍 뒤침 2011: 115쪽 이하).[13]

〈 공수 전투단의 새 지도자 〉

"그이는 임무를 잘 완수해 낼 거예요!" 소령부인이 말한다

제2 공수 전투단 신임 대장의 부인이 어젯밤 남편의 안위에 대한 걱정을 말했다.

따스한 햇살 아래 4살 난 아이와 함께 놀면서, 제니 키이블은 자기 남편이 다시 전쟁터에 나가지 않았으면 좋겠다고 말했다.

이어 "저는 그이와 병사들이 임무를 잘 완수하기를 기도합니다. 하지만 부대원들이 전투에 꼭 나가야 한다면, 그이는 자기 능력의 최대치를 발휘하여 임무를 완수해 낼 겁니다. 그이와 제2 공수 전투단이 승리할 것을 확신하거든요."라고 말했다.

40세의 독실한 천주교 신자인 크뤼스토풔 키이블 소령은 1982년 5월 동 포클랜드 구스그린을 탈환하는 전투에서 부대원들을 이끌고 진격하다가, 적군이 쏜 자동소총을 맞고 순직한 허어벗 조은즈 대령의 직위를 이어받을 예정이다.

어제 오후에 아이들을 위하여 평상시의 분위기를 유지하려고 애쓰면서, 제니 키이블의 가족과 친구들은 그녀의 옛 고향으로 소풍을 나섰는데, 남 잉글랜드 쏠즈베리 평원의 매딩튼에 있는 튜더 왕조의 쇠락한 건물로 된 사제관의 정원으로 모두 다 모였다.

키이블 소령은 … 공수 전투단을 이끌고 전쟁터로 나갈 것이다

---

[13]

The Paras' new leader
He'll do his job well says major's wife

THE wife of the new CO of the 2nd Parachute Battalion spoke last night of her fears for her husband's safety.

As she played in the sunshine with her four children, Jenny Keeble said she hoped her husband would not have to go into battle again.

She said: "I pray he and his men have done enough. But if they do go on I know that he is a man who will do his job to the best of his ability and I am certain he and the 2nd Parachute Battalion will succeed.

Major Christopher Keeble, a 40-year-old devout Roman Catholic, is to succeed Colonel Herbert Jones who died leading his men against an Argentine machine-gun post in the battle for Goose Green.

Yesterday Jenny Keeble's family and friends gathered around in the garden of her old vicarage home—a rambling Tudor building at Maddington on Salisbury Plain—for a picnic afternoon as she tried to maintain an air of normility for the children's sake.

*Major Keeble ... will lead
the paras into battle*

포클랜드 전쟁은 1982년 4월 2일 아르헨티나가 자국과 가까운 포클랜드 섬을 회복하겠다고 선언하면서 침공한 전쟁이다. 당시 영국의 대처 수상이 강력하게 대응을 하여 탈환함으로써 전쟁 2개월 만에 아르헨티나군의 항복으로 종료되었다. 그 결과 아르헨티나의 갈티에리 군사 독재정권이 몰락하게 되었고, 반대로 영국병을 앓던 영국에서는 자긍심을 회복한 사건이다.

겉으로 보기에, 글상자의 인용은 전사한 지휘관의 자리에 새로 임명된 공수 전투단(낙하산 전투부대)의 신임 지휘관을 취재한 기사이다. 제목뿐만 아니라 매우 정감적으로 약간의 미소를 띠면서 매력을 끄는 남성 얼굴 사진이,[14] 바쁜 시간에 샅샅이 들여다보지도 못할 독자들을 위하여 그렇게 배치되어 있다. 그런데 기사의 실제 내용은 새 지휘관을 전쟁터로 보내고 싶지 않은("전쟁터에 나가지 않았으면 좋겠다") 평범하고 독실한 종교인으로서 가정주부이자 아내, 그리고 부모와 함께 놀기를 좋아하는 어린이들의 안타까운 마음에 관한 서술이다. 다섯 개로 된 단락들도 서로 겹쳐 읽기를 통하여 일관된 덩잇글의 주제를 향하여 전개되고 있다. 전쟁을 수행하여 적군을 쳐부수려는 딱딱하고 무미건조한 이념의 문제를,[15] 선뜻 공감이 가고 눈이 촉촉하게 젖을 법한 감성적 호소력을 지닌 글로 바꾸어 놓아, 이념적 거부감을 없애고 있다. 이는 결코 단순한 신임 전투 지휘관 임명에 관한 기사가 아니다. 죽음도 불사할 결심으로 나라의 명령에 따르려는 신임 전투 지휘관을 전쟁터로 내보내는 '아내의 초조한 심정'에 초점을 모았다. 서술관점은 곧 가

---

14) 이 사진에 대한 인상적 기술은 문화에 따라서 달라질 수 있다. 미소를 띠었는지, 냉소를 띠었는지에 대해서도 문화적 해독 방식이 다를 듯하다. 페어클럽 교수는 의도적으로 선택된 이 사진에서 앞을 주시하는 소령의 눈매, 심각한 얼굴 표정, 심각하게 냉소를 짓는 입술 등에 주목하여 서술해 놓고 있다.

15) 이 점이 또한 포클랜드 전쟁의 정당성을 논증하려는 다른 서술관점으로 수립될 수 있다. 그렇지만 임의의 섬을 점유하는 정당성은 결코 본유적인 것이 아니다. 주로 역사와 문화적인 배경 위에서 국제적인 관례와 상호 체결된 조약에 따라 판정되어야 하는 복잡다단한 문제이다.

녀린 군인 아내의 마음이며, 침략 당한 전쟁에서 영토를 탈환하고 이기기 위하여 애국심을 지닌 영국 시민이 모두 공유해야 하는 이념으로 전형화되어 있다(의심 없이 하늘이 준 절대 이념으로 관념하도록 유도함). 이는 전형적인 영국 시민이 취해야 할 행동 및 전형적이지 못한 영국 시민의 행동을 이항 대립으로 깔아 놓으면서 이념적 비판을 봉쇄하고 있다.

이런 이념에 따른 여러 가지 내용들이 밑바닥에 아주 당연한 진리인 양 깔려 있다. 과연 신임 전투 지휘관의 아내가 이상적이고 좋은 아내이며, 소박한 행복에 젖는 아내인가? 여기서는 실증적인 증거를 한 마디도 제시하지 않는다. 더 정확히 말하여 더 자세히 취재하여 따져본 뒤에 결정할 수 있는 사안일 뿐이다. 그렇지만 '나라를 위해 전쟁터로 남편을 내보내야 하는' 군인 아내의 전형적인(상투적인) 독해 방법이 이 기사 내용을 일관되게 관통하고 있다. 다시 말하여, '어쩔 수 없음, 군인으로서 탁월한 능력을 지닌 남편(에 대한 신뢰), 그 안위에 대한 걱정, 애써 평상심을 유지하려는' 따위의 어구를 통하여, 그런 독해 방법이 이미 참값을 지녔음을 함의하고 유도해 나가고 있는 것이다.

과거 식민지 확장 시절에 이 섬은 너무 멀고 실제 이익도 많지 않으며 제대로 지킬 수도 없어서 이미 프랑스나 스페인에서도 포기했었다. 그런 섬을 자기 나라 영토라고 점유해야 하는 정당성에 관한 물음은 전혀 제기되지 않는다. 또한 전쟁 수행의 정당성에 대한 의문도 철저히 봉쇄되어 있다. 포클랜드 전쟁은 영국이 권리를 되찾는 당연한 일임이 '적군의 총에 순직한 전임자'와 '독실한 천주교 신자'인 신임 지도자이라는 표현만으로 전제해 놓고 있는 것이다.

이 전쟁은 영국병을 고치려고 강성 노동자 단체(특히 탄광노조)들을 탄압하면서 여러 곳에서 빈발하던 폭동들 때문에 부정적 여론이 들끓었던 당시에, 과거 대영제국의 영광 및 향수를 불러일으키면서(현재 병을 앓고 있는 영국이 다시 도달해야 할 이상적인 목표와 서로 겹쳐짐), 나라밖의 전쟁 승리 하나에만 모든 여론의 초점을 모으도록 해 준 호재였다. 당시 대처 정부에서는 외교적 수완도 함께 발휘하여 그 전쟁을 승리로 이끌었으며, 결과적으로 일거양득의 효과를 보았다.

이 기사 속에 깃들어 있는 방식에 따라 읽는다면, 이미 여러 군인들이 아르헨티나의 부당한 침략 때문에 순직하였고, 어떤 희생을 치르고서라도 빼앗긴 영토를 탈환해야 한다는 마음가짐을 지니게 될 것이다. 결과적으로 '애국심'이라는 의심 없는 자기희생 정신을 부추기는 것이다. 공동체 구성원들에게 이런 부류의 행동을 요구하는 정반대의 경우도 찾을 수 있다. 이슬람 극단주의자들의 소위 자살 테러에 관한 일이다. 전쟁은 특정한 적군을 마주하여 싸우는 것이지만, 테러는 불특정한 다수의 선량한 시민들을 겨냥하여 무차별적으로 죽이는 일이다(공포감을 일으키기 위한 목적). 아마 포클랜드 전쟁 당시에 영국 내부에 있던 소수 의견들도 분명히 있었을 것이다. 그런 것들이 어떤 주장이었고, 그 주장에 무슨 근거를 내세웠는지에 대해서도 같이 따져볼 수 있어야 한다.16) 그렇지만 해당 논의에서는 그런 부분들이 조금도 들어있지 않다. 그럼에도 불구하고, 유사한 사례들을 통하여 공동체의 상위 이념적 가치가 정당한지를 따지는 내용을 충분히 재구성해 볼 수 있을 것이다.

---

16) 만일 비판적 담화 분석을 중고등학교의 국어교육에 도입하려고 한다면, 반드시 하나의 사건의 원인과 결과에 대한 다수 의견과 소수 의견이 나란히 실려 있어야 할 것이다. 페어클럽(2001; 김지홍 뒤침 2011)의 제9장에서는 '학교에서의 언어교육'이란 부제를 붙여 놓고, 중등학교의 언어교육이 실용적인 목적을 수행하기 위한 절차들을 논의하고 있다. 비판적 담화 분석이 중등학교 교실수업에서 성공을 거두려면, 교사들 쪽에서는 적절한 소재들을 찾아내는 일이 선행되어야 하고, 동시에 학생들 쪽에서는 많은 책을 읽고 토론하는 습관이 같이 수반되어야 한다. 비판적 담화 분석이 공리공담이 아니라, 현실적인 문제와 갈등들을 가닥 잡고 재구성하는 일이기 때문이다.

3. 구성과 해석을 이끌어 가는 심층 틀

서술관점은 청자 또는 독자들에게 거부감 없이 접근하기 위한 산출 전략의 첫 번째 측면이다. 이어서 하나의 언어 표현을 선택하는 일이 뒤따라야 한다. 임의의 표현은 크게 직접 표현과 간접 표현으로 나뉜다. 직접 표현은 축자(literal) 표현으로도 불린다. 간접 표현은 다시 우회적 표현과 비유 표현으로[17] 대분된다. 수사학에서 다뤄져 온 비유 표현은 가짓수가 엄청 많다. 김봉군(1999, 제4판)『문장 기술론』(삼영사)의 제6장에서는 '비유법·강조법·변화법' 아래 모두 21개의 하위 갈래들을 다루고 있다. 엄청난 숫자이며, 그런 분류가 과연 무슨 도움이 될지 의아하다. 그렇지만 소쉬르가 내세운 언어 조직 방식인 계열관계 및 통합관계가 궁극적으로 비유의 두 축임을 깨닫고서, 야콥슨(1956)「언어의 두 측면과 실어증의 두 유형」에서는[18] 이를 각각 은유와 환유로 파악하였다. 계열관계로 구현되는 은유는 "내 마음은 호수이다!"에서 내 마음의 속성과 호수의 속성이 서로 계열적인 선택 관계에서 동일성을 지니게 된다. 내 마음의 속성이 '조용하다, 잔잔하다'라는 선택과 산으로 둘러싸인 작은 호수의 속성이 '조용하다, 잔잔하다'라는 선택이 서로 합치될 수 있는 것이다. 이에 반해 통합관계로 구현되는 환유는 "수양대군 드디어 왕관을 쓰다!"에서 왕관은 옛날 왕이 지녔던 여러 가지 권한과 속성(이것들이 일직선으로 나열되어 통합적 관계로 간주됨) 중에서

---

17) 비유에 대한 논의는 '인지 언어학' 영역에서 활발하게 전개되어 왔고, 현재 15권이 넘는 번역본이 나와 있어서 도움이 크다. 레이코프·존슨(Lakoff and Johnson 2003 개정판; 노양진·나익주 뒤침 2006 수정판), 『삶으로서의 은유(≒우리 곁에 두고 살고 있는 은유)』(박이정)와 레이코프·존슨(1999; 임지룡·윤희수·노양진·나익주 뒤침 2002), 『몸의 철학: 신체화된 마음의 서구 사상에 대한 도전』(박이정), 그리고 케베췌쉬(Kövecses 2002; 이정화·우수정·손수진·이진희 뒤침 2003), 『은유: 실용 입문서』(한국문화사)와 케베췌쉬(2005; 김동환 뒤침 2009), 『은유와 문화의 만남: 보편성과 다양성』(연세대 출판부)도 참고하기 바란다.

18) 권재일 엮고 뒤침(1989), 『일반언어학 이론』(민음사)에는 제2장으로 들어가 있고, 신문수(1989), 『문학 속의 언어학』(문학과지성사)에는 제I부의 제7장으로 들어가 있다.

가장 사람들 눈에 잘 띄는 대표적인 한 가지 속성이므로 이를 선택한 것이다. 이런 관점에서 언어 형식을 선택하는 표현 방식을 다음 그림처럼 나타낼 수 있다.

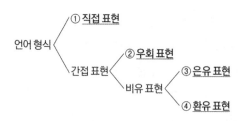

적어도 언어가 표현되고 전달되는 형식은 밑줄 그어 놓은 네 가지 선택지가 있다. '직접 표현·우회 표현·은유 표현·환유 표현'이다. 직접 표현은 소리와 뜻 사이에 상징적인(비-자연적인) 결합으로 이뤄진 내용이다. 들판에 있는 어떤 특정한 대상을 가리켜 우리말 소리로는 '나무'라고 부르고, 영어에서는 'tree'라는 소리를 쓴다. 소리와 뜻 또는 소리와 대상과의 관계는 필연적이지 않고, 사회에서 약속된 대로 쓰인다. 이런 표현을 언어 공동체에서 서로 약속한 직접 표현이라고 부른다. 그렇지만 언어를 쓰는 데에는 직접 표현만을 쓰는 것이 아니라, 간접 표현들도 매우 중요한 몫을 맡고서 자주 쓰이고 있다.

우회 표현(우설 표현, 에둘러 말하기)은 대상이나 사건으로부터 일정 거리를 두고 달리 표현하는 방법이다. '죽다'라는 직접 표현을 쓰지 않고, 대신 '세상을 버리다, 떠나다, 떠나가다, 다른 세상으로 가다, 하늘로 가다, 신선이 되다'와 같이 말하는 일도 직접 일컫는 것을 꺼려 에둘러 표현하는 방식이지만(금기어 표현 방식), 긴밀한 사회적 유대를 지속해 나가기 위하여 상대방에게 듣기 싫은 표현을 삼가고 변죽만 울리는 일도 우회 표현의 중요한 부분이다. 가령, 상대방이 잘못한 일에 대하여 그에게 직접 "잘못이다"라고 표현하기보다는, 오히려 "일이 자칫 꼬일까 걱정된다"거나 "다른 방식도 고려해 볼 수 있지 않을까?"라고 넌지시 말하는 일도 또한 상대방의 사회적 체면을 보호하는 측면에서 매우 중요한 선택이다.

미시사회학 또는 상호작용 사회학에서는 언어 표현을 통하여 구성원들 사이에 유대가 강화되거나 뒤틀리는 관계들을 다루는데, 이미 제5장의 2절에서 언급한 상호 공평성(equity)의 원리 및 체면(face)의 원리가 직접 간여한다. 공평성 원리는 생물학적으로 공생의 원리의 연장선 위에 수립되어 있으며, 우리말로 표현하여 '서로 주고받는' 원리이거나 '서로 주거니 받거니' 원리로 말할 수 있다. 언어를 매개로 하여 이뤄지는 의사소통에서는 보다 더 체면의 원리에 의해 민감히 규제된다. 체면(face)의 개념은 자율성(autonomy) 및 자존감(self-respect)의 토대 위에 세워져 있다. 상대방의 체면을 높여 주려면, 어떤 판단이든 어떤 결정이든 상대방이 내리는 듯이 양보하여 표현해 주어야 한다. 또한 임의의 표현을 선택하더라도, 감정이입(empathy)을 통하여 상대방의 자존심을 높여 줄 수 있는 쪽의 표현을 선택해야 하는 것이다. 이것이 바로 의사소통에서 참여자의 인격 또는 인품 측면(상대방 배려)에 관련된 요소들이다. 우리 문화에서 전통적으로 익숙히 강조해 온 것이다. 그렇지만 상대방의 처지를 먼저 고려하고 상대방의 처신을 배려하여 언어 표현을 선택해야 한다는 엄연한 사실이, 광복 이후의 나라 안에 가득 퍼진 천박한 '기능주의' 흐름에 의해 가려져 버렸다. 기본값(default 최소값)만을 지닌 기능만이 능사가 아니다. 여기에 가치와 품격이 더 추가되어야 비로소 인간다움을 느낄 수 있는 의사소통이 되는 것이다.

우회 표현을 하게 되는 또 다른 동기는, 자신의 의도를 철저히 숨기려는 정치적 측면이 있다. 명시적이고 구체적인 표현을 하면, 신실한 사람의 경우에 언행일치를 보여야 하므로, 오히려 미래 시점에서 다른 선택을 할 수 없도록 막아 버리는 울타리가 될 소지가 있다. 이를 흔히 '자승자박(스스로 노끈으로 자신을 옭아 묶음)'이라고 표현해 왔다. 이런 결과를 맞지 않으려고, 보다 더 애매하고 우회적인 표현을 선택하여, 어떤 해석이라도 뒤따라 나올 수 있도록 신경을 쓰는 경우가 있다. 가장 전형적인 것이 우리 사회에서 정치인들의 발언이다. 그럴 수도 있고, 그렇지 않을 수도 있는 애매하고 우설적인 표현을 일부러 선택하는 경우가 비일비재하다.

현재 비유 표현에 관한 '인지 언어학'의 연구 성과에 힘입어, 비유는 익숙하고 가시적인 체험(경험) 영역('원천 영역'으로 불림)으로부터 막연하고 낯선 영역('표적 영역'으로 불림)으로 확장하는 필수적이며 중요한 도구로 다뤄지고 있으며, 비유적 사고에 대한 신경생리학적 토대를 추구하는 연구들이 이어지고 있다.[19] 우리의 두뇌신경체계는 단지 구조적인 뇌세포의 연접부(synapses)로만 이뤄진 것도 아니고, 전기·생리화학적 특성 및 매개 물질에 관한 복잡한 것들이 여러 가지 복합 층위들에서 한꺼번에 맞물려 있는 소우주 그 자체이다. 따라서 이런 환원적 태도를 놓고서 동시에 낙관론과 비관론들이 모두 관찰될 수 있는데, 그 선택은 연구자의 배경과 가치관에 따라 이뤄질 듯하다.

한편, 실제 삶의 현장에서 이와 같은 비유적 표현들이 어떻게 건설적으로 사회생활을 구성해 내고 어떻게 비관적으로 우리의 사고 유연성을 막아 버리는지에 대한 논의를, 레이코프 교수는 여러 책자들을 통하여[20]

---

19) 레이코프·존슨(2003 개정판; 노양진·나익주 뒤침 2006), 『삶으로서의 은유』(박이정)의 '후기 2003'에서는 이 책이 처음 1980년에 출간된 뒤 그 이후 20년 동안의 발전을 개관해 주고 있다. 비유의 신경생리학적 환원에 대한 논의도 자세히 언급되어 있으므로, 관련 문헌들은 그곳을 참고하기 바란다.
20) 미국 공화당의 가치를 비판하고 민주당의 가치를 옹호하는 레이코프 교수 책들이 다수 번역되어 있다.
　　레이코프(2006; 나익주 뒤침 2007), 『프레임 전쟁: 보수에 맞서는 진보의 성공전략』(창작과비평사)
　　레이코프(2002; 손대오 뒤침 2010, 개정판), 『도덕, 정치를 말하다』(김영사)
　　레이코프(2004; 유나영 뒤침 2006), 『코끼리(≒미국 공화당)는 생각하지 마』(삼인)
　　레이코프(2006; 나익주 뒤침 2010), 『자유는 누구의 것인가?』(웅진지식하우스)
　　레이코프(2008; 나익주 뒤침 2012), 『폴리티컬 마인드: 21세기 정치는 왜 이성과 합리성으로 이해할 수 없을까』(한울 아카데미)

자신이 생활하고 있는 미국 정치 현장을 분석하여 보여 준다. 레이코프 (2006)『생각을 이끌어 나가는 핵심 논점들(*Thinking Points*)』을 의역하여 나익주 뒤침(2007)『프레임 분석』으로 번역되어 있다. 본디 프레임 (frame)은 인간 사고의 심층에서 작용하는 개념 구성 틀 또는 해석 틀을 가리키며, framing(틀 부여하기)은 심층의 해석-구성 틀을 언어 또는 기호로 부여해 놓는 일인데, 다음과 같은 다섯 가지 특징을 지닌다(번역본 61쪽 이하).

① 무의식적으로 깃들게 된다.
② 무엇이 상식으로 관념되고 유지되는지를 결정해 준다.
③ 반복을 통해 두뇌 속에 스며들어 고정되므로, 강화 내지 세뇌 작용이 일어난다.
④ 표면에 드러난 틀은 가치관 또는 믿음체계로 불리는 심층의 틀에 의존하며, 반대 입장의 구성-해석 틀이 활성화되지 못하도록 억제한다.
⑤ 일단 뿌리가 내려 정착되면 상당 기간 동안 지속되어 나간다.

따라서 만일 현실의 정치 맥락에서 부동층의 유권자들은 혼성된 복합 개념들을 지닌 사람이므로(보수주의+진보주의),21) 구체적인 맥락과 관련된 여러 가지 사건들이 제시되어야만 비로소 생각과 판단을 온전히 갖출 수 있다.

자유나 평등이라는 추상적 개념 자체도 엄격히 정의되고 딸림 실천 사항들이 논리적으로 도출되는 것이 아니라, 어떤 측면에 강조점을 두고 근본 속성으로 규정하느냐에 따라 결과가 정반대로 나올 개연성도

---

21) 레이코프 교수는 사회생활을 통합적으로 이끌어 가는 우리의 가치관이나 믿음체계가 본디 추상적인 개념이기 때문에, 일관되고 명료하게 정의되지 않은 채 서로 대립적인 속성들에 걸쳐 확인될 수 있다고 전제한다. 따라서 혼합된 복합 개념을 지닐 수밖에 없는 우리들은 운명적으로 'bi-conceptuals(이중 또는 혼성 개념주의자)'들이다.

배제할 수 없다. 더군다나 단순히 반대 주장을 하는 것만으로도 예기치 않게 거꾸로 기존의 심층 틀을 강화시킬 수 있다. 이런 일이 미국의 현장에서는 사실임을 나익주 뒤침(2010) 『자유는 누구의 것인가』(웅진 지식하우스)에서 구체적으로 논의하고 있다. 추상적인 개념으로 주어진 '자유'는 보수주의자의 시각에서 정의하는 내용 및 진보주의 시각에서 정의하는 내용이 서로 충돌할 수 있기 때문에, 자유는 그 개념을 정의하고 규정하는 협력 공동체의 몫일 수밖에 없다.

그럼에도 불구하고 우리에게 익숙한 체험들의 개별적인 요소들을 유사한 것들끼리 모아가면서 복합적이고 추상적인 개념 보따리(보수주의 : 진보주의)를 만들 수 있다.[22] 이런 추상 개념들도 매우 간단한 비유로 표상될 수 있는데, 보수주의는 '엄격한 아버지 모습'을 지향하고 있지만, 진보주의는 '자애로운 어머니 모습'을 지향하고 있다고 요약한다. 비록 느슨하더라도 미국 정치 현실에서 작동하는 이들 대립 속성을 다음의 도표와 같이 묶어 줄 수 있다.

보수주의(개인주의)	진보주의(자유주의)
급진적, 권위적, 우익, 극우파, 개인주의, 능력 위주, 특정 계층의 이익, 개인적 책임, 힘의 우위를 통한 패권주의, 강한 부성(父性), 강력한 힘을 통해 유지하는 민주주의, 부분적이고 직접적인 인과성에 초점을 둠	자유, 평등, 관용, 다양성, 감정이입, 공감, 공익 우선, 사회적 책임, 존엄성, 자애로운 모성(母性), 창의성, 좌익, 극좌파, 풀뿌리 민주주의, 전체적으로 복합적이고 간접적인 인과성에 초점을 둠

이렇게 대립적으로 양분해 놓을 수 있는 심층의 구성-해석 틀(frame) 및 스스로 구성-해석 틀을 부여하는 일은, 현재 미국 사회에서 '불법 이민'의 문제라는 동일 현상을 놓고서도 서로 다르게 생각하고 서술해

---

22) 잘못된 함의를 주기 일쑤인 비트겐슈타인 'family resemblance(느슨한 유사성)'가 바로 동일한 상황을 가리켜 주고 있다. 이 용어를 '가족 유사성'으로 번역하기 일쑤이다. '가족 끼리 서로 닮았다'고 해서 뭐가 어쨌다는 것인지, 더 이상 생각을 진전시킬 수 없다. 직접 적인 축자 번역으로는, 우리말에서 본뜻을 찾아내기 어렵다. 오직 '아주 느슨하게 비슷 함'이나 '미약한 유사성'으로 묶일 수 있다고 언급해 주어야 마땅하다.

놓도록 이끌어 가고 있다. 보수주의 쪽에서는 불법 이민을 범죄자로 취급하며, '값싼 노동'이라는 시각을 통하여 접근한다. 반면에 진보주의 쪽에서는 미국 사회에서 3D 업종이나 기층을 떠받치는 데에 필요한 일을 해 주는 고마운 사람이지만, 정당하게 고용되는 것이 아니라 '불법 고용' 때문에 착취당한다고 보며, 자유무역 때문에 불법 이민이 생겨난다는 시각을 견지하는 것이다.

	'불법 이민'(범죄자)의 시각	'불법 고용'(고마운 사람)의 시각
현상	미국인의 직업 기회를 빼앗아 간다 사회복지 혜택으로 주정부에 짐이 된다 납세자의 주머니에서 돈을 꺼내간다	적은 급료와 탈세를 위해 밀입국자를 쓴다 산업재해를 방치, 노동자를 다치게 한다 불법 이민자를 착취한다
처방	이민자를 색출하여 출국시킨다 단기간만 합법적으로 일하게 허용한다 기본권도 제한하며 시민권을 안 준다	불법 고용주를 찾아 벌금을 부과한다 불법 노동자를 합법적으로 일하게 한다 내국인과 똑같이 정당한 임금을 받게 한다
틀	값싼 노동 때문에 불법 이민이 생긴다	자유무역 때문에 불법 이민이 생긴다

만일 레이코프 교수의 주장이 올바른 노선 위에 있다면, 정보를 전달해 주는 의사소통에서 우리가 선택할 수 있는 일련의 생각의 틀과 개념 연합들은, 더 이상 하얀 백지 위에 점을 찍는 일이 아니다. 이미 이전 세대로부터 많든 적든 어느 정도의 윤곽 속에 들어 있고 예측 가능한 것임을 알 수 있다. 즉, 사고의 진행이 자의적인 것이 아니라, 오히려 이미 익숙히 전개해 온 대로 따르든지, 조금 변형을 주어 수정하든지, 기존 노선을 명백히 반증하며 새로운 길을 탐색하는 정도가 그 후보인 것이다. 이런 점 때문에, 언어교육의 핵심은 기존의 담화들을 놓고서 비교하고 분석하면서 같음과 다름을 유형화하여 재구성하는 일을 줄곧 연습시켜 줌으로써, 한 개인의 주체적 식견을 키워 주어야 함에 있다. 결코 낮은 차원의 의사소통 기능(고작 기술 훈련의 기능주의 시각)에 머물러서는 안 되는 것이다.

7장 청자 반응의 점검과 주제 전개의 전략

일관된 주제를 지니고서 하나의 통일된 담화를 진전시켜 나가는 일은 자동적으로 이뤄지는 것이 아니라, 산출자가 나름대로 전략을 세워 단계별로 진행 또는 전개해 나가야 하는 일이다. 이런 전개과정은 한 방향의 의사소통이 아니다. 입말 상황의 경우에는 전형적으로 듣는 사람을 마주하고 있기 때문에, 반드시 듣는 사람의 반응을 살피면서 현재 말해지고 있는 내용에 대한 이해 여부를 실시간으로(거의 동시에) 점검해 주어야 한다. 흔히 말하기 교육에서는 '능동적 청자'라는 개념을 내세워,[1] 화자의 발화에 대하여 적극적으로 반응을 보이고, 자신의 이해에 대하여 원래 화자에게 되물어 확인하는 일을 장려한다.

---

1) 앤더슨·브롸운·쉴콕·율(1984; 김지홍·서종훈 뒤침 2014), 『모국어 말하기 교육』(글로벌콘텐츠); 브롸운·율(1983; 김지홍·서종훈 뒤침 2014), 『영어 말하기 교육』(글로벌콘텐츠); 루오마(2001; 김지홍 뒤침 2013), 『말하기 평가』(글로벌콘텐츠); 벅(2001; 김지홍 뒤침 2013), 『듣기 평가』(글로벌콘텐츠)를 참고하기 바란다.

1. 청자 반응의 점검

의사소통이 진정한 협동활동이라면, 두 방향의 의사소통이 전형적이다. 여기서 두 방향은 화자와 청자가 얼굴을 마주 보면서 말을 하고 있을 때, 두 사람이 서로 화자와 청자의 역할을 바꿀 수 있다는 뜻이다. 미시사회학에서는 발언권을 차지하는 주먹구구 원리를 내세운 바 있지만(294쪽 제10장의 각주 19를 보기 바람), 실제 대화에서는 기계적으로 발언권이 오가는 것이 아니다. 왜냐하면 상호작용 목적의 의사소통에서 청자는 임의의 발화를 놓고서 늘 그 발화가 뜻하는 바 또는 발화 의도에 대하여 원래 화자에게 되묻고 확인할 적극적인 권리가 주어져 있기 때문이다.

또한 듣는 사람을 배려하는 화자라면, 이야기하려는 주제나 소재에 대하여 청자가 얼마나 알고 있는지를 미리 확인하여 '정보 간격'을 확정한 뒤에 발화를 시작해 나가게 된다. 이런 자명한 점검 조건이 실제 의사소통에서는 소홀히 취급되기 일쑤이다. 왜냐하면 협동활동 내지 협력과정으로서 상호작용 목적의 의사소통이 심리적 거리가 가까운 사람들 사이에서는 막연한 표현만으로도 충분히 서로의 의도(유대감 강화)를 전달해 줄 수 있기 때문이다.

영국에서 입말 말뭉치(CANCODE, 캐임브리지-노팅엄 담화 말뭉치)를 확보하고 일상 대화를 분석한 머카씨(1998; 김지홍 뒤침 2010: 243쪽 이하)에서는, 의도적으로 막연하고 애매한 표현들을 자주 쓰고 있음을 처음으로 주목한 바 있다.[2] 우리말로 '거시기, 머시기' 표현에 해당하는

---

2) 영어 입말을 분석할 경우에 방법론이 문제시될 수 있는데, 머카씨 교수는 자주 브뤄질(Brazil 1995), 『입말의 문법(*A Grammar of Speech*)』(Oxford University Press)를 인용하고 있다. 한편 말뭉치 자료를 이용하여 콜린즈 코빌드(Collins COBUILD) 사전의 편찬을 이끌었던 씽클레어(Sinclair, 1933~2007) 교수의 글들도 중요한 전거이다. 씽클레어(2003), 『일치 현상 해석하기(*Reading Concordances*)』(Pearson Longman)과 씽클레어(2004), 『덩잇말을 신뢰하시오: 언어, 말뭉치, 담화(*Trust the Text: Language, Corpus and Discourse*)』(Routledge)를 읽어 보기 바란다. 최근 발간된 허브스트 외 엮음(Herbst, Faulhaber, and

데, 압도적으로 'thing(거, 것)', 'sort of(일종의)'와 같이 일반적이고 형식적인 낱말들을 이용한 표현이 입말에 압도적으로 잦게 쓰였다. 이 현상은 여러 가지로 해석될 수 있을 듯하다. 먼저 심리적으로 거리가 가까운 사람들 사이에서는 공통기반이 두드러지기 때문에 변죽만 울리면서 애매하게 말하더라도 충분히 무엇을 의미하는지 알아차릴 수 있다. 거꾸로 가까운 사람들 사이에서 너무 세세하고 정확하게 말한다면, 마치 가르치려 든다거나 또는 너무 잘난 척한다는 오해를 살 소지가 있다. 루오마(2001; 김지홍 뒤침 2013)『말하기 평가』(글로벌콘텐츠)에서는 이런 현상을 '의미의 개방성'이란 개념 아래 다루기도 하였다.

그렇지만 의사소통이 언제나 심리적으로 거리가 가까운 사람들 사이에서만 일어나는 것이 아니다. 사이가 성글거나 또는 사회적 거리가 차이가 나는 사람들 사이에서도 의사소통을 해야 될 경우가 흔하다. 따라서, 일반화하여 말한다면, 어떤 발화를 전달해 주더라도 화자는 얼굴을 마주 보고 있는 상대방 청자의 반응을 점검해 놓을 필요가 있는 것이다. 청자의 반응은 입말 형태이거나 비-입말 형태로 나오며, 적극적으로 원래 화자에게 이해 질문을 도로 던져 확인할 수 있다. 문화권에 따라서 입말 형태를 선호하여 군말로서 추임새를 요구하는 경우도 있다.[3] 아니면 상대방의 얼굴 표정과 눈동자에 의해서, 아니면 끄덕이는 고갯짓에 의해서 상대방이 화자인 나 자신의 발화를 전념하여 따라오고 있음을 확인할 수 있다. 이런 모습을 클락(1996; 김지홍 뒤침 2009:

Uhrigh 2011), 『언어에 대한 구절론적 견해: 고(故) 싱클레어 교수에게 바침(The Phraseological View of Language: A Tribute to John Sinclair)』(De Gruyter Mouton)에 15편의 논문이 실려 있다. 우리나라에서도 인공지능의 하위 분야로서 말뭉치 구축에 여러 분야의 학자들이 전력해 왔고, 문화관광부에서 주관하는 '21세기 세종 계획'에 국어학 전공자들도 일부 중요한 기여를 해 왔다. 한국어 말뭉치를 어떻게 분석해야 할지를 다룬 임홍빈·이홍식 외(2002), 『한국어 구문 분 방법론』(한국문화사)를 읽어 보기 바란다.

3) 일본 사람들의 대화에서는 맞대응해 주는 군말(추임새)을 정규적으로 내보내는 일이, 상대방에게 전념하고 주목하고 있음을 보여 주는 일로 관념하기 일쑤이다. 우리나라 문화와는 조금 다른 특성이다.

제8장 4절)『언어 사용 밑바닥에 깔린 원리』(도서출판 경진)에서는 다음과 같이 명시적인 그림으로 보여 주고 있다(번역 372쪽).

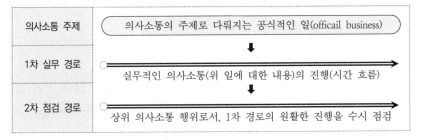

〈 두 가지 경로로 이뤄지는 입말 담화의 진행 〉

의사소통 주제	의사소통의 주제로 다뤄지는 공식적인 일(officail business)
1차 실무 경로	실무적인 의사소통(위 일에 대한 내용)의 진행(시간 흐름)
2차 점검 경로	상위 의사소통 행위로서, 1차 경로의 원활한 진행을 수시 점검

청자의 배경지식을 고려하면서 발화를 해 나가는 경우는 일찍부터 종교 지도자들이 직접 보여 주었던 방식이다.『논어』를 보면, 공자도 '인(仁)'이라는 개념을 듣는 사람을 중심으로 하여 따로따로 규정해 줌을 알 수 있고, 부처도 깨달음을 얻고 나서 듣는 청중들에 맞춰 설법한 것들을 흔히 '방편품'으로 부른다. 모두 청자 또는 청자들의 관심과 수준에 맞춰 말해 주는 것이다. 그렇지만 청자한테 맞춰 말해 주는 일이 결코 쉽지 않다. 왜냐하면 미리 발화 이전에 어떤 말을 하면 상대방이 어떻게 알아듣고 어떻게 반응하리라고 화자가 머릿속에서 예상을 해 놓아야 하기 때문이다.

이런 측면에서 보면, 청자의 반응을 점검하는 일은 한 시점 한 시점마다 이뤄지는 것이 아니라, 오직 미리 청자 또는 청자들의 이해에 관한 기댓값과 예상 반응들을 화자가 발화하기 이전에 준비하고 있을 적에라야, 임의 시점에서 점검한 청자의 반응을 놓고 비교하여 적절한 평가를 내릴 수 있는 것임을 알 수 있다. 그렇다면 의사소통에서 의도가 정해짐과 동시에, 청자가 어떻게 이해하고 어떤 반응을 보일지를 화자는 미리 예상해 두어야 한다. 이에 따라 수시로 그 기댓값대로 청자가 반응하는지 여부를 점검할 수 있으며, 만일 기댓값이 어그러질 경우에는 본디 의사소통 의도를 바꿀지 여부에 대하여 판단하고 결정해야 한다.

2. 주제 전개의 전략

의사소통의 주제를 어떻게 전개시킬지(진전시킬지)에 대한 논의는 주로 글말을 중심으로 하여 이뤄져 왔다. 이는 상대적으로 거시적 모습의 언어 재료를 놓고서 검토해야 주제의 전개과정을 포착할 수 있기 때문이다. 심리학자·전산학자·언어학자들로부터 19편의 글들을 모아 엮어 놓은 워커·조쉬·프륀스(Walker, Joshi, and Prince 1998)『담화에서 중심소 전개 이론(*Centering Theory in Discourse*)』(Clarendon)에서는, 이를 담화의 중심이 되는 요소(≒주제)가 전개되어 나가는 모습으로 규정하고, 영어·이탤리 어·터어키 어·일어 등의 담화 자료들을 놓고 보편성을 추구해 나가고 있다. 이들이 '중심소 전개(centering)'로 부르는 개념은 자연언어를 다루는 쪽에서 더욱 세분하여 각각 주제와 초점이란 개념으로 구분해 놓는다. 주제는 하나가 일관되게 유지되어야 하지만, 초점은 한 발화나 문장 속에서도 둘 이상이 나올 수 있는 것이다.[4]

그런데 담화가 전개되어 나가는 방식은 산출자의 입장에서 하나의 주제를 계속 진전시켜 나갈 것인지, 아니면 다른 주제를 도입할 것인지를 생각(판단·결정)해야 한다. 만일 새로운 주제를 도입할 경우에는 앞

---

4) 우리말 주제에 대해서는 임홍빈(2007),『한국어의 주제와 통사 분석: 주제 개념의 새로운 전개』(서울대 출판부)를 참고하기 바란다. 종전의 주제에 대한 개념을 임홍빈 교수는 '유표적 주제'로 부르고 있고, 문장 속의 요소가 모두 '무표적 주제'로 보지만, 청자의 처리 시각에서 설정될 수 있는 차원은 전혀 고려되고 있지 않다. 의사소통은 두 방향으로 일어나며, 전형적으로 청자는 자신이 처리하는 담화가 일관된 주제를 놓고 단계별로 전개되고 있을 것이라는 기대를 지닌다. 주제와 초점의 관계에 대해서는 박철우(2003),『한국어 정보구조에서의 화제와 초점』(역락)을 참고하기 바란다.

의 주제와 관련성이 있는지 여부에 따라 다시 나뉠 수 있다. 그렇다면 주제의 진전 방향을 다음과 같이 네 가지로 정리할 수 있다.

① 지속적인 전개(continue)
② 전환 조짐(retain, 전환을 위한 준비)
③ 부드러운 전환(smooth shift)
④ 급격한 전환(rough shift)

반대로 청자 또는 독자의 입장에서는 주의력 집중의 측면에서 다음 세 방향으로 주제의 진전을 파악할 수 있다. 미리 전환되는지를 알 수 없고, 오직 지금까지 이해해 온 바에 근거하여 전환 여부를 판정할 수 있을 뿐이기 때문에, 전환에는 하위 구분이 이뤄질 수 없다.

① 형제 관계의 진전(sibling)
② 계속 심화 진전(push only)
③ 다른 주제로 빠져나옴(pop only)

중심소 전개 이론에서는 주로 주어 위치에 나오는 명사들을 주목하면서 통계적인 처리를 해 나가고 있다.

그런데 담화의 전개가 크게 미시적 연결을 보이는 경우 및 거시적으로 얽히는 경우를 나눠 놓아야 하기 때문에,5) 모든 것을 중심소 전개로

---

5) 미시적 연결은 통사 결속(cohesion)으로 부르며, 흔히 언어 형식으로 된 다섯 가지 기제를 다룬다. ① 지시표현(특히 대명사), ② 어휘 사슬, ③ 생략, ④ 대동사 이용, ⑤ 접속사이다. 그렇지만 담화는 미시적 연결이 이뤄진 덩이를 대상으로 하여 다시 서로 얽히어야 한다. 이를 의미 연결(coherence)라고 부른다. 심리학에서는 수식어를 붙여서 각각 지엽적 연결과 전반적 연결로 부르지만, 잘못이다. 왜냐하면 전자가 주로 언어 기제를 통하여 연결되지만, 후자는 머릿속의 배경지식을 가동하여 추론 작업을 통해 가동되기 때문이다. 이용하는 매체가 서로 다른 것이다. 자세한 논의는 김지홍(2010), 『언어의 심층과 언어교육』(도서출판 경진)을 읽어 보기 바란다.

만 설명하는 일은 한계가 있다. 킨취(1998; 김지홍·문선모 뒤침 2010) 『이해: 인지 패러다임 Ⅱ』(나남)의 71쪽 이하에서도 동일한 문제를 지적하고 있다. 더욱 쉽게 다음처럼 글말의 단위를 묶는 일로 표현할 수 있다. 문장과 문장을 묶어서 단락을 만드는데, 이 과정을 통사 결속이라고 부르며, 여섯 가지 언어 기제를 통하여 이뤄진다. 그렇지만 단락과 단락을 묶어서 전체 일관된 글을 만들려면 다른 기제를 써야 하는데, 이는 머릿속에 들어 있는 배경지식을 이용한 추론 과정으로 대표된다.

클락(1996; 김지홍 뒤침 2009)의 제11장에서도 실시간의 상황에 맞춰 즉시 변통해 나가면서 입말 의사소통의 주제를 전개해 나가는 방식을 다음처럼 논의하고 있다.

① 다음으로(next)
② 심화 전진(push)
③ 빠져 나옴(pop)
④ 잠시 일탈(digress)
⑤ 본래 주제로 복귀(return)

①은 소재들로 도입된 사건들이 병렬되는 방식을 가리킨다. ②는 흔히 글말에서 부연 설명이라고 부르는 것으로, 점차 하나의 주제를 더 깊이 다뤄 나가는 방식이다. ③은 두 가지 하위 선택이 있다. 새로운 주제로 옮겨갈 수도 있고, 아니면 작별 인사를 나눌 수도 있다. 후자의 경우는 입말 담화가 종결되는 방식이다. 그리고 ④와 ⑤는 두 사람 이상의 참여자 사이에 입말로 진행되는 담화가 잠깐 샛길로 빠져나갔다가 곧 원래의 주제로 돌아오는 일이 허다하다는 점을 반영해 준다. 그렇더라도 심리적 거리가 가까운 사이에서는 주제가 아무런 예비 단계가 없이 수시로 바뀔지언정, 상대방 청자는 기꺼이 그런 전환을 받아들여 협력하면서 능동적인 반응을 보일 것이다. 결과적으로 보면, 새로 틈새에 끼

어든 주제와 합쳐 동시에 둘 이상의 주제가 참여자들 사이에서 다뤄질 수도 있는 것이다.

친밀한 사람들끼리 이뤄지는 친분을 쌓기 위한 입말 의사소통의 경우에는, 주제 전개 전략을 굳이 미리 짜 놓을 필요가 없이, 주먹구구 방식의 간단한 제시 방법을 따를 경우도 있다. 이른바 두괄식 전개 방식과 미괄식 전개 방식이다. 전자는 결론이 먼저 내세워지고, 이어 입증/논증이 뒤따른다. 후자는 앞의 방식과 거울 영상처럼 대립된다. 청자가 가장 쉽게 이해하는 방식은 전자이며, 입말 의사소통의 대종이 이런 방식으로 전개되는 것으로 알려져 있다. 입말 의사소통의 말뭉치들을 분석하면, 압도적으로 접속 구문(and나 but을 이용하는 병렬 구문)이 많이 쓰이고, 반면에 글말로 된 말뭉치에서는 내포 구문들이 빈번히 자주 나타난다고 지적한다. 입말 전개 방식이 접속 구문에 의존하는 특성은 무계획성으로 해석하기도 한다(루오마 2001; 김지홍 뒤침 2013: 제2장 1절). 즉석에서 보내고 받는 특징 때문에, 최근 전자기기를 이용하여 주고받는 통신 언어(카톡, 전자서신 따위)는 정제되지 않은 입말 형식을 띠기도 한다(감정 표현의 기호들도 다수 쓰임). 이와는 달리 연설이나 공식적인 모임에서의 입말은 사뭇 글말의 형식을 따르는 수가 많다. 따라서 일률적으로 입말의 주제가 진전되거나 전개되는 방식을 어느 한쪽으로 몰아 특성화할 수는 없을 듯하다. 오직 여러 가지 방식이 의사소통 상황에 맞추어 신속히 적의하게 선택될 뿐이다.

3. 입말 산출과 글말 산출의 차이

담화에 대한 개론서에서는 입말과 글말의 차이점들을 첫 부분에서 다루는 경우가 많다. 비록 이들이 모두 언어에 속하지만, 입말이 쓰이는 상황 및 글말이 쓰이는 상황이 전형적으로 서로 다르기 때문에6)

양자를 구별해 줄 필요성을 느끼는 것이다. 담화 연구의 초기에는 입말과 글말이 서로 근본적인 차이를 담고 있으리라고 짐작하고, 그 특성들을 규명하려고 노력하기도 했었다. 그렇지만 우리가 쉽게 경험하는 의사소통 상황이 입말다운 글말도 있고, 글말다운 입말도 있기 때문에, 서로 뒤섞여 있는 경우를 전달 매체나 이용 도구만으로는 가를 수 없다는 인식이 점차 일반화되기에 이르렀다. 정보화 시대에는 이른바 통신 언어 속에 속할 수 있는 다양한 매체와 도구들이 계속 새롭게 출현하고 있다. 따라서 최근에는 변이체(variation)나 언어 투식(register)이라는 상위 용어로써 입말과 글말의 혼종 성격까지 분석하게 된다.[7]

입말과 글말은 매체로서 각자 고유한 특성을 띨 수 있다. 전형적인 입말 사용상황은 참여자들이 같이 물리적 환경을 공유하므로, 우리의 다섯 감각기관을 다 이용하여 직접 보고 직접 들을 수 있다. 그렇지만

---

6) 머카써(1998; 김지홍 뒤침 2010, 제2장)에서는 입말 말뭉치를 분석하여 찾아지는 낱말들의 성격과 문법 특징들을 다음과 같이 제시한 바 있다.

낱말 성격	손으로 가리키기 표현처럼 행동이 수반됨	this, that, the, here, over, there, down
	담화를 전개하기 위한 표지가 많음	• 시간 벌기 군말: oh, well, er, uhm • 동의 수긍 표현: right, oh yeah, sure • 담화 진행에 동참함: 'not to worry'
	내용이 없이 두루 쓰이는 형식 낱말이 많음	stuff, thing
	실사 밀집도가 40% 미만임	
문법 특징	시작 어구의 생략이 잦음	there is, you, I
	주어와 동사 사이에 축약이 있음	we're, you've, I'm, he's
	솔직하고 속된 표현, 고정된 표현들이 쓰임	give yourself a hernia(속어, '피똥 쌀 걸!')
	발화의 지속 상태에서 짧은 침묵이 허용됨	

7) 특히 바이버(Biber) 교수의 저작들이 그러하다. 바이버(1988), 『입말과 글말에 두루 걸친 변이 내용(*Variation across Speech and Writing*)』(Cambridge University Press)과 바이버 (1995), 『언어 투식 변이의 차원들: 범언어적 비교(*Dimensions of Register Variation: A Cross-linguistic Comparision*)』(Cambridge University Press)를 보기 바란다. 필자는 언어 투식의 변이를 유발하는 속성이 격식성(formality) 및 공식성(Publicity)라고 판단한다. 격식성과 공식성이 높을수록 우리나라 말에서는 '-습니다'라는 말투를 쓰게 되지만, 격식성이 낮다면 반말투에다 '요'를 덧붙여 말하기 일쑤이다. 공식성은 화자가 이미 언급한 내용이 자신의 체면 손상(신뢰 추락)이 없이는 취소될 수 없는 특성이며, 민주적인 의사소통을 공동의 몫으로 공유되는 데에 결정적인 몫을 한다. 우리나라 공영방송 텔레비전의 9시 뉴스는 분명히 입으로 말을 하기 때문에 입말이지만, 격식성과 공식성이 모두 높기 때문에 글말의 속성을 그대로 지니고 있다. 다만 코미디언들이 말하는 변이체는 공식성은 그대로 보존되지만 격식성이 낮다는 점에서 9시 뉴스와는 말투가 달라지게 된다.

글말의 전형적인 사용상황은 공간상으로든 아니면 시간상으로든 필자와 독자가 서로 떨어져 있는 경우이다. 참여자들이 서로 접촉하고 있으므로 입말로 이뤄지는 행위를 즉각적으로 지각할 수 있지만, 반면에 글말은 종이에 적힌 내용이 전달된 뒤에 읽을 사람이 그 내용을 열어보고 나서야 비로소 전달내용이 전해진다. 입말은 말하는 대로 즉시 곧장 사라져 버린다. 그러나 글말을 항상 필요할 때마다 지속적으로 볼 수 있다. 입말을 참여자들이 동시에 지각하고 즉석에서 이해할 수 있지만, 글말은 전형적으로 다 완성된 뒤에라야 글말에서 의도된 특정한 독자에게 읽히게 된다.

이런 사용상황 및 매체의 특성은 또한 그 매체를 통제하는 속성과도 긴밀히 관련된다. 입말은 치밀한 사전 계획이 없이도 생각나는 대로 즉석에서 산출할 수 있고, 상대방의 반응을 점검할 수 있기 때문에 소재 선택의 범위와 변동 폭도 상대적으로 크다. 그렇지만 글말은 문화권마다 조금 다르더라도 전형적으로 특정한 양식이나 형식들이 이미 주어져 있는 경우가 많다. 우리나라에서는 은행에서 돈을 빌릴 때에 은행에서 정한 서식을 채워 넣어야 한다. 그렇지만 미국에서는 특별한 서식이 없이 자신이 대출에 관련된 배경과 목적 등의 내용을 편지 형식으로 써 넣기도 한다. 그 결과, 입말은 범위가 열려 있어 자유롭게 표현할 수 있다. 그렇지만 글말은 부지불식간에 모종의 선행 형식의 영향권 아래 놓여 있다고 말할 수 있다.

아마도 입말과 글말의 가장 중요한 차이점은, 즉석에서 상대방의 반응을 관찰 점검할 수 있는지 여부에 있을 듯하다. 오직 전형적인 입말 사용상황에서라야 상대방 청자의 반응을 금방 점검 확인하여 다음 발화로 진행할지 여부를 즉각 결정할 수 있는 것이다. 더 나아가 입말 사용상황에서라야 비로소 즉석에서 두 방향의 의사소통이 전개될 수 있다. 전형적으로 글말의 사용상황은 이런 가능성이 차단되어 있다. 청자의 입장에서는 입말이 항상 억양과 어조를 동반하기 때문에,[8] 화자의 발화를 직접 들으면서 언어 요소 이외에도 감정적 상태까지를 가늠하며 직접 느낄 수 있는 장점이 있다. 글말에서는 이런 점이 원천적으로 차단되어 있다. 최근에 전자기기를 이용하는 통신 언어에서 다양한 감정 표현의 기호들을 같이 쓰는 것은, 입말의 특성을 통신 언어에 적용시킨 사례이다. 입말 사용상황은 또한 화자로 하여금 제 때에 즉각 언어 산출을 해 내도록 하는 시간상의 압박감이 동반된다. 이를 해소하는 방식이 굳어진 표현 또는 정형화된 표현을 이용하는 것이다.9)

옹(Ong 1982; 이기우·임명진 뒤침 1996) 『구술문화와 문자문화』(문예출판사)에 따르면, 글말은 인쇄술의 발달로 보편화되기 이전에는 기억을 보조해 주는 수단으로서만 가치가 인정됐었으며, 따라서 법정에서의 증명도 직접 입으로 말하는 것에 더 무게가 실렸었다고 한다. 그러나 인쇄술의 보급과 더불어 글말에는 독자적인 기능과 몫이 생겨났다. 오늘날 어느 나라에서이든지 법정에서 글말의 증거력은 입말을 뛰어넘어 더 우선적으로 작용하게 된다. 그런 만큼 글말은 더 이상 입말의 하위 부속품이거나 종속적인 지위에 있는 것이 아니라, 오히려 독자적인 생명력을 지니고 있다고 간주되고 있다.

이런 지위의 글말을 산출하려면 반드시 전제 조건으로서 이미 수립되

---

8) 말소리 자체가 복합적인 정보를 담고 있는데, 개인별 음색, 음높이, 성량, 발화 속도, 강세, 또렷한 조음 따위이다. 이들도 분명히 고유한 연구 영역들이 되겠지만, 개개인의 고유한 특성을 다루지 않는 현재의 담화 연구에서는 두루 감정의 상태들로만 포괄하여 언급하는 수준에 머물고 있다.

9) 굳어지거나 정형화된 표현들에 대한 개관은 슈밋 엮음(Schmitt 2004), 『정형화된 담화 연결체: 습득·처리·사용(*Formulaic Sequences: Acquisition, Processing and Use*)』(John Benjamins)을 참고하기 바란다. 클락(1996; 김지홍 뒤침 2009)의 제7장과 제10장에서는 닫힌 유형의 표현과 열린 유형의 표현으로 구분하여 다음과 같이 제시한 바 있다. 닫힌 유형의 표현이 굳어진 표현 또는 정형화된 표현에 해당한다.

유형	과제	이용하는 표현이나 절차	사례
닫힘	지엽적 과제	거의 고정되고 정형화된 표현 이용함	극장 매표, 군 제식 훈련, 인사치레
	최소협동 과제	정규화되어 있는 인접쌍 표현을 이용함	질문-대답, 제안-수용, 요구-거절
열림	확대된 과제	예비 단계를 거쳐 본 단계로 진행함	예비 질문, 예비 요구, 예비 연결체
	공동목표 수립 과제	자유롭게 서로 합의하는 확대된 절차를 이용함	청자 능력, 자발성, 상호신뢰를 토대로 하여 공동 목표를 세움

어 있는 형식들을 잘 익히는 과정이 필요하다. 학교 교육에서 글쓰기는 철저히 '읽고 요약하기'에 바탕을 둔 기초 단계를 거쳐야 하는 것이다. 말을 하듯이 글을 쓰게 되면, 횡설수설의 모습이거나 이해가 불가능한 잡설이 되기 십상이다. 입말 사용환경에서는 참여자들에게 공유된 상황 정보가 굳이 언어로 표현되지 않더라도, 눈치껏 서로에게 쉽게 이해될 수 있다. 그렇지만 글말에서는 전형적으로 언어 사용상황이 공유되는 것이 아니므로, 언어 이해를 위하여 반드시 상황에 대한 언어적 표현이 더 추가되어야 하는 것이다. 이런 현격한 사용환경의 차이 때문에 입말 처럼 그대로 글말로 옮겨 놓아서는 이해를 여러 가지로 방해한다. 입말 말뭉치를 이용하는 많은 연구들에서 반드시 인용하는 입말의 사용상황 을 먼저 제시해 주는 일이, 바로 해석을 용이하게 하려는 목적 때문이다. 만일 그런 예비 진술이 없다면, 녹취 기록 내용에 대하여 어떻게 일관되 게 해석해 나갈지 지침을 얻을 수 없게 되어, 그 내용의 재구성에 시간이 더 소요될 것이다.

4부 언어 산출과 관련된 분야

8장 언어 심리학에서의 논의

9장 일상언어 철학에서의 논의

10장 미시사회학에서의 논의

11장 언어학, 언어교육, 글쓰기에서의 논의
   1. 언어학에서의 논의
   2. 언어교육과 글쓰기 분야에서의 논의

8장 언어 심리학에서의 논의

　'언어 심리학'이라는 분야는 역사가 그리 오래지 않다. 1960년대에
특히 미국 쪽에서 행동주의 심리학이 다루는 '자극과 반응'에 대한 단순
한 관찰 기제만으로는, 고등 정신을 지닌 인간을 제대로 다룰 수 없다는
자각이 생겨나면서 시작되었다. 이른바 외부 관찰자에게 접근이 허용되
지 않더라도 '블랙박스' 내부를 다루어야 한다는 자각이다. 그 선봉에는
이른바 경험주의/행동주의 언어학 또는 구조주의 언어학의 한계를 비판
하면서, 이성주의 언어학/생성문법을 내세운 참스키(Chomsky, 1928~)
교수가 있다.[1] 당시에 금기시되거나 경원시되던 '블랙박스'를 해체하
고, 그 일부로서 머릿속 언어(I-language) 또는 '심층 구조(deep structure)'를
상정하였다. 언어의 이해와 처리에 심층 구조가 중추의 역할을 맡는데,

---

1) 당시 하버드 대학의 행동주의 심리학자 스키너(Skinner)가 쓴 엄청난 분량의 전문서적
　『언어 행동(*Verbal Behavior*)』을 놓고서, 31세의 소장학자 참스키가 비판적으로 논파한
　서평이 첫 포문이다. 참스키(Chomsky 1959), 「Review of B. F. Skinner, 'Verbal Behavior'」,
　『언어(*Language*)』 제35호(26~58쪽)를 보기 바란다.

외부에서 관찰 가능한 표층 구조의 언어 표현물은, 언제나 심층 구조가 변형된 것에 지나지 않는다고 보았던 것이다.

그런데 인간 정신의 내적 구조를 다룰 수 있는 방식이 또한 우연히 '수학기초론' 분야에서 괴델의 불완전성 입론(incompleteness theorem)을 다루는 과정에서[2] 튜링(Turing, 1912~1954)에 의해 입력과 출력의 거대한 흐름도 형태를 지닌 연산주의(computation) 모형이 결정적인 영향을 미치게 된다. 특히 임의의 생각 또는 임의의 사고를

'입출력 장치·저장고·연산 처리기'

로 이뤄진 매우 단순한 모형을 상정하여, 연산 처리기 속의 프로그램을

'X→Y'

(임의의 입력물이 들어오면 특정한 출력물을 내보낸다)

라는 모습으로 표현해 놓았다.[3] 이는 미국 철학계에서 곧 큰 반향을 불러 일으켜, '기능주의'라는 이름을 지니게 되었다.[4] 즉, 지능을 지닌

---

2) 데이뷔스(Davis 1965), 『결정 불가능성: 결정 불가능 명제들, 해결 불가능 문제들, 연산 가능한 함수들에 관한 기본 독본(*The Undecidable: Basic Papers on Undecidable Propositions, Unsolvable Problems and Computable Functions*)』(Raven Press)에 괴델, 쳐취, 튜링, 로써, 클리니, 포우스트의 논문들이 모아져 있다.

3) 튜링의 업적에 대한 평가가 허큰 엮음(Herken 1994), 『보편 튜링 기계: 반 세기 동안의 연구(*The Universal Turing Machine: A Half-Century Survey*)』(Springer-Verlag)에서 전문적으로 다뤄져 있다. 일반 독자들을 위해서는 쉬버 엮음(Shieber 2004), 『튜링 검사: 지능의 특질로서 언어 행위(*The Turing Test: Verbal Behaviour as the Hallmark of Intelligence*)』(MIT Press)에서 튜링 이전 시기에 있던 씨앗이 되는 생각과 3편의 튜링 논문, 그리고 이에 대한 반향들을 20편의 개별 논문들로 엮어 놓았다. 우리말로는 이정모(2009), 『인지과학: 학문 간 융합의 원리와 응용』(성균관대학교 출판부) 제3장에서 자세히 읽을 수 있다. 'X → Y'는 입력물이 들어오면 출력물이 나온다는 단순한 방식이다. 그렇지만 이 연산 형식의 뿌리는 '함의 관계'이며, 임의 사건의 내적·외적 변화를 가리킨다. 이 연산 형식에 역연산을 추가하면 필요·충분 조건으로 된 계산 형식(calculation) 'X ⊨ Y'가 나온다.

4) 미국 철학계를 강타하였던 '기능주의'는, 이를 앞장서서 전파해 나갔던 하버드 대학 철학

개체가 뉴런의 신경계를 지녔든, 아니면 실리콘 칩을 지녔든 상관없이, 만일 동일한 입력물을 집어 넣을 적에 동일한 출력물을 내보낸다면, 두뇌가 무엇으로 이뤄져 있든지 간에 소략하게 같은 수준(동일 기능)의 지능을 나타낸다고 보았다.

연산주의 가정이 인간 정신을 다루는 '정상(normal)' 과학의 반열에 들어서면서, 좀 더 가다듬어진 형태로 포더(Fodor 1981, 1983)에 의해서 '단원체(modularity)' 가정으로 불리기 시작하였고,[5] 새롭게 통합학문으로 부각되는 인지과학과 연관되어 깊이 있기 논의되기 시작하였다.

한편, 뉴얼·싸이먼(Newell and Simon 1972)『인간의 문제 해결력(*Human*

자 퍼트넘(Putnam)이 보여 준 중대한 전환에서 그 핵심과 한계를 잘 살펴볼 수 있다. 특히 퍼트넘(1988; 김영정 뒤침 1992), 『표상과 실재: 마음에 인지적/계산적 접근 방법은 왜 성공할 수 없는가?』(이화여자대학교 출판부)에 들어 있는 1백쪽 분량의 번역자 후기에서 정연하게 정리된 내용을 읽을 수 있다.

5) 포더(1981; 이영옥·정성호 뒤침 1991), 『표상: 인지과학의 기초에 관한 연구』(민음사)과 포더(1983), 『마음의 단원체 속성(*The Modularity of Mind*)』(MIT Press)를 보기 바란다. 특히 후자에서 단원체(modularity 單元體)란 자족적이고 독립적인 자율처리 체계를 가리키는 용어인데, pp. 47~101에서는 아홉 가지의 단원체 속성을 상세히 논의하였다.

① 입력 체계가 영역 특정적이다.
② 입력 체계 작동은 강제적/기본적이다.
③ 정신 표상의 중앙 연산체계에 제한적으로만 접근이 가능하다.
④ 입력 체계들의 작동은 신속하다.
⑤ 정보상으로 입력 체계들이 알껍질(capsule) 속에 들어 있다.
⑥ 입력 분석기는 '얕은(shallow)' 출력물을 내보낸다.
⑦ 입력 체계들이 고정된 뇌신경 구조물과 연합되어 있다.
⑧ 입력 체계들이 손상받는 경우에 특징적이며 특정한 장애 유형을 보여 준다.
⑨ 입력 체계들의 개체 발생 단계는 특징적인 보폭과 연결방식을 드러낸다.

포더는 1975년 『사고의 언어(*The Language of Thought*)』(Harvard University Press)를 출간한 이후에 앞의 책들을 위시하여 꾸준히 인지과학의 철학적 기반을 마련하는 책들을 발간해 왔다(포더 1990, 1998a, 1998b, 1992, 1998, 2002). 그리고 약호 'LOT2'로 불리는 포더(2008), 『사고의 언어를 다시 찾아서(*The Language of Thought Revisited*)』(Clarendon)를 출간하였다. 진화심리학자 핑커(Pinker 1997; 김한영 뒤침 2007, 『마음은 어떻게 작동하는가』, 동녘사이언스)를 비판하면서, 포더(2000), 『정신을 그런 방식으로 작동하지 않는다: 연산주의 심리학의 범위와 한계(*The Mind Doesn't Work That Way: The Scope and Limits of Computational Psychology*)』(MIT Press)를 출간하기도 했다. 단원체 가정에 대한 설명은 조명한(1989), 「언어처리 이론으로서의 단원성의 문제」, 이정모 외, 『인지과학: 마음·언어·계산』(민음사)에서 읽을 수 있다. 포더의 단원체 속성은 언어 산출 문제와 관련하여 하뜰·타페 엮음(Härtl and Tappe 2003), 『개념과 문법 사이의 매개방식(*Mediating between Concepts and Grammar*)』(Mouton de Gruyter)에서 다뤄진다.

Problem Solving)』(Prentice-Hall)에서는 연산주의 방식으로 인간이 친숙히 사용하는 '상징체계'를 구현할 수 있음을 실증해 줌으로써[6] 더욱 인간의 정신/마음을 모의하는 데에 더욱 강력한 영향력을 미쳐 왔다.[7] 퍼어스(Peirce, 1839~1914)에 따르면, 상징체계란 두 개의 층위가 서로 특정한 방식으로 결합되어 있는 실체이며, 자연 세계 그 자체가 기호학으로 표상된다. 퍼어스(1894)에서는[8] 형식 및 내용이 결합하는 방식을 크게 세 가지로 나누었다.

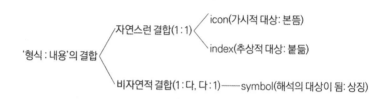

---

6) 뉴얼(1927~1992)의 유일한 저서가 뉴얼(1990; 차경호 뒤침 2002), 『통합 인지 이론』(아카넷)으로 번역되어 있다. 물리적 상징체계에 대한 개관은 베르뮈데즈(Bermúdez 2010; 신현정 뒤침 2012), 『인지과학: 마음과학의 이해』(박학사) 제6~7장에서 읽을 수 있다. 굳이 '상징(symbol)'이란 개념을 쓰는 이유가 있다. 인간의 의사소통 방식과 동물의 의사소통 방식 사이에 커다란 질적 차이가 있음을 드러내려고 하기 때문이다. 상징 중에 가장 두드러진 것이 인간의 언어 사용이다.

한편, 카네기 멜른 대학에 있는 앤더슨(Anderson)이 충실히 뉴얼의 모형을 인간의 인지 전반에 적용해 오고 있는데, 특히 ACT(사고의 적응 통제력, Adaptive Control of Thought)으로 불렸던 앤더슨 모형은 앤더슨(1998), 『사고의 원자 구성성분(*The Atomic Components of Thought*)』(Lawrence Erlbaum)으로 바뀌어 불리면서 Rational(이성적인/합리적인)이 더 추가되어 현재 ACT-R로 불리고 있다. 수학적인 논의 전개들이 도처에 많이 들어 있어서 필자로서는 그 수리적 내용을 충실히 이해할 수 없었다. 우리말로는 신현정(2000), 『개념과 범주화』(아카넷); 박태진(2009), 「제9장 지식의 조직」, 이정모 외(2009 제3개정판), 『인지 심리학』(학지사); 앞의 신현정 뒤침(2012), '제10장 3절 대량 모듈 가설'을 참고하기 바란다.

7) 가장 쉽게 읽을 수 있는 개론서이자 명쾌한 번역서로서, 존슨-레어드(Johnson-Laird 1988; 이정민·조혜자 뒤침 1991), 『컴퓨터와 마음: 인지과학이란 무엇인가』(민음사)가 있다. 특히 존슨-레어드(1983), 『정신 모형들: 언어·추론·의식의 인지과학을 향하여(*Mental Models: Towards a Cognitive Science of Language, Inference, and Consciousness*)』(Harvard University Press)에서는 인간의 인지 작용을 '감각 인상·명제 표상·정신 모형'이라는 3원 접근법을 채택하여 다룬다(존슨-레어드 2005, 「정신 모형의 역사」도 참고하기 바람). 같은 해에 같은 이름으로 겐트너·스띠븐즈 엮음(Gentner and Stevens 1983), 『정신 모형들(*Mental Models*)』(Lawrence Erlbaum)에서도 14편의 논문이 정신 모형의 문제를 다루고 있다.

8) 필자가 참고하고 있는 글은 하우저·클로쓸 엮음(Houser and Kloesel 1998), 『퍼어스 필수

눈으로 볼 수 있는 대상을 놓고 다룰 적에 '본뜸(icon)'이 되고, 눈으로 볼 수 없는 대상을 놓고 다룰 적에 '붙듦(index, 가리킴)'가 된다. 비록 이들의 결합이 '1:1'로 포착되어 자연적 결합을 하지만, 이와는 달리 자연적인 결합을 벗어나서 형식 및 내용이 '1:다', 또는 '다:1'로 결합되는 비-자연적인 것도 있다. 이들 결합에는 반드시 해석 지침이 수반되어야 한다. 이런 기호 작용의 가장 전형적인 것이 바로 인간의 언어이며, 이를 상징체계라고 부른다. 따라서 상징체계를 기계가 구현하려면 반드시 형식·내용·해석지침이 들어 있어야 한다.

현대의 기호논리학 또는 상징논리학은 이런 요구를 구현해 주는 쪽으로 발전해 왔다. 기호논리학의 공리계(axiomatic systems)는 기호 표현과 담화세계의 관계를 다루는데, 기호 표현은 크게 두 개의 구성성분을 담고 있다. 낱개의 요소와 그 요소들의 결합을 드러내는 연산식이 첫 번째 구성성분이고, 이들 산출물을 담화세계와 연결시켜 주는 해석 규칙이 두 번째 구성성분이다. 만일 후자의 몫을 '참·거짓'이라는 진리값으로만 규정할 경우에는 수학과 같은 순수학문이 된다.[9] 그렇지만 담화세계의 다양성을 기호 작용이 드러내는 방식을 밝히고자 한다면 인문학이 되며, 이런 기호를 이용(사용)하는 주체를 부각시킨다면 사회학 또는 사회과학이 된다.

적어도 1980년대 중반까지는 연산 방식(computation)에 따라서 충실히 인간의 사고 또는 정신작용을 전반적으로 모의할 수 있을 것이라고 믿어 왔다. 그렇지만 복잡한 다원적 정신작용을[10] 단일하게 연산 방식으

독본(*The Essential Peirce*)』(Indiana University Press)의 제2권의 제2 논문 「What Is a Sign?」이다. 출간 연도가 1894년으로 나와 있다.

9) 수학은 기본적으로 함수 관계를 다룬다. 함수 관계란 정의역 및 치역(=공변역) 사이에서 '재귀성·대칭성·추이성'을 중심으로 도출되는 관계이다. 따라서 앞의 공리계에서 낱개 기호들과 기호들의 연결을 도맡은 영역이 정의역이 되고, 기호들의 결합체와 해석 규칙을 따라 이를 담화세계에서 확인하는 과정이 진리값 또는 치역(=공변역)이라는 용어로 표현된다.

10) 우리가 인간의 정신작용 영역을 '진·선·미'(가령 미쓰 코리아의 수상부문도 그러함)로

로만 포착할 수 없다는 반대 생각이, '자유 연상'을 다뤘던 전통을 이어받으면서 구체화되기 시작하였다. 뤼멜하앗·머클랠런드 외(Rumelhart, McClelland, and the PDP Research Group 1986) 『병렬 분산 처리(*Parallel Distributed Processing*, I~II)』(MIT Press)에서는 특정한 제약이 만족됨에 따라 여러 층위로 활성화가 퍼져 나가는 연결주의 모형이, 인간 정신을 모의하는 방식임을 주장하였다.11) 이 모형이 급격히 영향력을 발휘하면서, '병렬 분산 처리(PDP)'라는 이름뿐만 아니라, 여러 층위로 그물처럼 연결되어 있다는 비유를 써서 '연결주의(connectionism)'라고도 불리며, 그물짜임의 연결을 촉진하는 제약 조건이 만족되어야 비로소 연결이 이뤄지므로 '제약 만족(constraint-satisfaction)' 이론으로도 불리며, 그런 제약들이 만족됨으로써 그물짜임을 잇는 줄들을 따라 활성화가 확산되어 나가므로 '활성화 확산(spreading-activation)' 이론으로도 불린다.12)

특히 언어 처리에만 국한하여 살펴보면, ① 순수히 연산주의 또는 단원체 가정에만 의존하여 연구를 진행하는 참스키(Chomsky) 교수 계열이 있다. 인지심리학의 출범에 불을 당긴 참스키 교수는 1990년대 이후

부르거나 '지·덕·체'(대체로 초등학교 교육 목표를 내세울 경우의 사례임)로 부를 때, 이미 복합적인 다원 체계를 전제하고 있다. 소략하게 진선미라는 3원 영역은 칸트의 '순수이성·실천이성·판단력'으로 재구성된다. 오늘날 두뇌 작용의 연구에서 이런 다원 체계에 대한 접근은, 독자적인 작동영역인 '단원체(modularity)'들로 표상될 뿐만 아니라, 2차 뇌로 불리는 변연계와 3차 뇌로 불리는 대뇌 사이에 연결된 작동으로도 언급된다.

11) 특이하게 제2권에서 선형(linear) 대수학 방법론(1차 방정식 모형)이 다뤄진다. 그렇지만 직관적으로 창의적이고 비약적인 사고는 비선형적(non-linear)인 것으로 이해된다(고차 방정식 모형). 아마도 논의가 깊어진다면, 상투적이고 고정된 인간사고 및 창의적이고 획기적인 사고 사이에 어떤 경계선이 도입되어야 할 것으로 믿는다.

12) 연결주의 가정은 곧장 언어 처리와 관련하여 많은 연구들을 촉진시켜 놓았다. 낱개 소리들의 연결체를 다루는 음운·형태론에서는 흔히 최적성(optimality) 이론으로 불리는 두드러진 분야가 있고, 낱말의 생성을 다루는 산출 쪽에서는 활성화 확산이론으로 불리며, 덩잇글을 이해하는 과정을 다루는 분야에서는 제약만족 이론으로 부른다. 특히 콜로라도 대학교 심리학과 킨취 교수가 기대고 있는 의미론은 잠재태 의미론(Latent Semantics)으로 불리는데, 특이하게도 언어학을 발전시켜 온 핵심 영역인 통사론을 전혀 도입하지 않은 채 언어 현상을 다루고 있다. 랜도어 외 엮음(Landauer, Mcnamara, Dennis and Kintsch eds. 2006), 『잠재태 의미 분석에 대한 소백과(*Handbook of Latent Semantic Analysis*)』(Lawrence Erlbaum)을 보기 바란다.

의 연구에서 마아(Marr 1982)의 시지각 청사진을[13] 깔고서, 연산-표상 층위와 생물학적 구현 층위를 다루고 있는데, 앞의 층위에서는 특히 경계 접면(interfaces)들의 여러 제약을 설명해 주는 데에 주력하고 있다.[14] ② 이와는 달리 언어 산출을 다루는 델(Dell 1986)과 언어 이해를 다루는 킨취(Kintsch 1998)에서는 연결주의 가정에 따라[15] 덩잇글을 처리하는 과정에서 작업기억 속에 활성화되어 있는 일정 범위의 그물짜임들이 추가되고 강화되거나 또는 쇠잔해지고 사라지는 방식으로, 특정한 상황모형을 구성하여 장기기억 속에 저장한다고 본다. ③ 그렇지만 두 가정이 모두 배타적으로 작동하는 것이 아니라 서로서로를 도와주고 연합될 수 있다고 볼 수도 있다. 이는 핑커(Pinker)와 그의 제자 마커스(Marcus 2008)에 의한 혼성(hybrid) 접근으로 대표된다.[16]

---

13) 출간을 앞두고 고인이 된 마아(1982), 『시지각: 인간 표상 및 시각 정보의 처리에 대한 연산주의 탐구(*Vision: A Computational Investigation into the Human Representation and Processing of Visual Information*)』(NY: W. H. Freeeman & Co.)이다. 필자는 정찬섭(1989), 「시지각 정보처리 계산 모형」, 이정모 외, 『인지과학: 마음·언어·계산』(민음사)을 놓고 여러 차례 읽었지만, 여전히 세부 사항들을 쉽게 이해할 수 없었다. 마아 24쪽에서는 시지각을 붙들기 위하여 세 가지 층위를 가정한다.
  ① 연산 이론(computational theory)
  ② 표상 및 흐름도(representation and algorithm)
  ③ 물리적 구현방식(hardwar implementation)
그런데 참스키 교수는 ①과 ② 층위를 한데 합쳐 표상-연산 층위로 부르며, ③의 층위를 생물학적으로 진화를 거치면서 두뇌 속에 구현되는 '진화생물학'에 관심을 둔다. 특히 브로콜라쥬 또는 즉석 땜쟁이 작업으로 불리는 진화 방식으로서, 오로지 언어 기관을 만들어 내기 위하여 진화가 이뤄진 것은 아니며, 우연히 진화적 압력에 의해서 특정 기관이 전용되었다는 시각이다.
14) 참스키 교수의 전문 서적들이 여러 권 번역되어 있다. 이선우 뒤침(2000), 『언어에 대한 지식: 그 본질, 근원 및 사용』(아르케); 박명관·장영준 뒤침(2001), 『최소주의 언어 이론』(한국문화사); 김양순 외 5인(2006), 『언어설계와 국면』(경진문화사)이다. 특히 참스키 교수의 이런 변환은 그의 글들이 실린 삐아뗄리-빨라리니 외 엮음(Piattelli-Palmarini, Uriagereka and Salburu 2009), 『여러 정신과 언어에 대하여(*Of Minds and Language*)』(Oxford: Oxford University Press) 및 삐아뗄리-빨라리니·버어윅(Piattelli-Palmarini and Berwick 2012), 『빈약한 입력물로부터 생겨나는 풍부한 언어들(*Rich Languages from Poor Inputs*)』(Oxford: Oxford University Press)에서 읽을 수 있다.
15) 델(Dell 1986), 「A Spreading-Activation Theory of Retrieval in Sentence Production」, 『심리학 비평(*Psychological Review*) 제93권(pp. 283~321)과 킨취(Kintsch 1998; 김지홍·문선모 뒤침 2010), 『이해: 인지 패러다임, I~II』(나남)의 번역자 해제를 보기 바란다.
16) 핑커·미흘러 엮음(Pinker and Mehler 1988), 『연결주의와 상징(*Connections and Symbols*)』

언어 산출에 대한 심리학에서의 논의는 1980년대에 들어서야 진작되기 시작하였다.[17] 영어권을 중심으로 하여 중요한 '말실수(slips of tongue)' 자료들이 이미 상당한 정도로 구축되어 있었기 때문에,[18] 말실수의 원인을 해석하는 과정에서, 서로 경합하는 다른 이론들을 설명력의 척도로써 검증하거나 반박할 수 있는 바탕이 되었다. 그런데 당시 연산주의의 영향을 받아 르펠트(Levelt 1989; 김지홍 뒤침 2008)『말하기: 그 의도에서 조음까지』(나남)에서 다뤄진 언어 산출은, 순수히 단원체들의 입출력 관계로 표상되어 있다.

1980년대까지는 언어 산출의 과정 및 언어 이해의 과정이 서로 반대의 과정일 것으로 막연히 짐작되었다. 그렇지만 덩잇글 이해를 중심으로 한 언어 이해의 과정과 주로 입말을 대상으로 이뤄진 언어 산출의 과정에 간여하는 두뇌 하위 부서들이 동일하지 않음이 밝혀졌고,[19] 언

(MIT Press)과 핑커(1997; 김한영 뒤침 2007),『마음은 어떻게 작동하는가』(동녘사이언스)와 핑커(2007),『사고의 재료: 인간 본성을 살펴보는 창문으로서의 언어(The Stuff of Thought: Language as a Window to Human Nature)』(Viking)와 마커스(Marcus 2008),『대수적 정신: 통합 연결주의와 인지과학(The Algebraic Mind: Integrating Connectionism and Cognitive Science)』(MIT Press)을 보기 바란다.

17) 최근에 언어심리학의 발전에 기여해 온 논문들을 모아 놓은 총서들이 출간되어 뒷사람들이 공부하는 데에 도움을 준다. 단 psycholinguistics를 심리언어학이나 언어심리학으로 번역하는데, 여기서는 조명한 외(2003),『언어심리학』(학지사)을 따라 '언어심리학'으로써 나가기로 한다. 하알리 엮음(Harley 2011),『언어심리학(Psycholinguistics)』(Sage) 6권의 총서 중, 제1권에 2008년까지 나온 언어 산출에 관한 10편의 중요 논문이 들어 있고, 그 책의 엮은이가 개관하는 논문도 도움이 된다. 알트먼 엮음(Altmann 2002),『언어심리학: 심리학에서 비판적 개념들(Psycholinguistics: Critical Concepts in Psychology)』(Routledge) 6권의 총서 중에서 제5권에 입말 산출에 대한 9편의 논문이 들어 있다.

18) 특히 프롬킨(V. Fromkin, 1923~2000) 교수가 엮은 프롬킨(1973),『언어 증거로서의 말실수(Speech Erros as Linguistic Evidence)』(Mouton); 프롬킨(1980),『언어 수행에서의 실수들: 말하기의 혀·듣기의 귀·쓰기의 펜·수화의 손놀림 실수들(Errors in Linguistic Performance: Slips of the Tongue, Ear, Pen, and Hand)』(Academic Press)이다.

19) 물론 언어가 형식과 내용의 결합체이므로, 내용에 어울리는 형식을 뽑는 언어적 절차는 동일할 것이다. 그렇지만 언어화 이전 단계의 처리 내용과 언어 표상을 더 높은 층위로 재해석하여 읽어가는 후속 처리 단계들에서는 고유한 부서들이 상정되어야 할 것이다. 예를 들어, 처리과정 및 처리 결과 상의 차이를 하나씩 들 수 있다. 첫째, 영국 심리학자 배들리(Baddley) 교수에 의해 주도된 이른바 '작업기억(working memory)'의 연구가 오직 이해 과정에서만 상정되었고, 산출 과정에서는 전적으로 배제되었다. 개더코울·배들리(Gathercole and Baddley 1993: 99),『작업기억과 언어(Working Memory and Language)』

어를 이해할 때에는 점차적으로 불확실성을 줄여 나가는 과정이므로[20] 최종 단계에서 원래 화자의 의도와 언제나 부합/일치되는 것은 아니라는 점도 또한 그러하다.

언어심리학의 연구와 논의는 먼저 실험실에서 이뤄지는 제한된 연구로부터 시작하여, 더 나아가 실제로 언어 사용이 이뤄지는 실시간 연구

(Psychology Press)에서는 더욱 명시적으로 다음처럼 언급하였다.
"결국 작업기억과 언어 산출 사이에 관련성에 관해서는 상대적으로 직접적인 증거가 거의 없다(As a consequence, there is relatively little direct evidence concerning the relationship between working memory and language production)."
그렇지만 이를 강하게 해석한다면, 이른바 '점진적 산출(incremental production)'로 불리는 현상, 즉 머릿속에서 쉴새없이 부분적으로 일부 서로 겹치면서 입밖으로 내보낼 소리를 처리하는 현상을 설명하기 위하여, 르펠트(1989)에서 상정된 임시저장고(buffer)의 존재와는 정면으로 충돌하여 모순이 생겨날 수 있다. 따라서 배들리의 주장은 재해석될 필요가 있다. 최근 배들리(2007), 『작업기억·사고·행위(*Working Memory, Thought, and Action*)』(Oxford University Press)에서는 작업기억과 연관된 영역을 더 넓혀 놓았다. 감정 요소와의 관련성, 장기기억 및 구체사례(episodic) 기억과의 관련성, 의식·자유의지·행위와의 관련성이 추가되어 있다. 그렇지만 여전히 산출 과정과의 관련성은 다뤄지고 있지 않다.
둘째, 이해의 과정이 킨취 교수의 구성통합 모형에 따라
'표면구조 → 덩잇글 기반(미시구조+거시구조) → 상황모형'
으로 이행하는 것이라면, 청자 또는 독자가 만들어 놓는 다양한 상황모형들도 원래 화자나 집필자의 의도와 크든 작든 변동 폭이 들어 있기 마련이라는 점도 또한 분명히 산출 및 이해 과정의 차이를 드러내 준다.

20) 이 개념은 정보이론의 선구자 섀넌·위버(Shannon and Weaver 1949; 1998 재판: 21쪽), 『의사소통의 수리 이론(*The Mathematical Theory of Communication*)』(University of Illinois, 원래 1948년 섀넌의 논문은 부정관사 a로 되어 있었지만, 위버가 해설을 덧붙이면서 유일성을 표현하는 정관사 the로 바뀌었고, 진용옥 뒤침(1985), 『통신의 수학적 이론』[통신정책연구소]이 출간되었는데, 한국학술정보 KISS 홈페이지에서 책명을 검색하여 pdf파일로 내려받을 수 있음)에서 원래 의사소통 경로 사이에서 일어나는 '바람직스럽지 않은 불확실성'을 줄이는(reducing undesirable uncetainty) 계량적 정보량을 가리키기 위하여 썼다. 발신자와 수신자 사이의 전달 경로 상의 잡음(noise)을 줄이거나 제거하는 일과 관련된 개념이다. 최근에 그란트(Grant 2007), 『불확실성과 의사소통: 새로운 이론적 탐구(*Uncertainty and Communication: New Theoretical Investigation*)』(NY: Palgrave)에서 다각도로 검토되고 있다.
그런데 이와는 달리, 그롸이스(Grice 1971), 「의도와 불확실성(Intention and Uncertainty)」, 『영국 학술원 논총(*Proceedings of the British Academy*)』 57호(pp. 263~279)에서는 화자의 내적 실천 의지를 가리키는 개념으로 썼다. 믿음·의지·의도·실천·행위들 사이에서 관찰될 수 있는 특성이다. 우리말에서 '식언하다'라는 표현에서처럼 실천이 뒤따르지 않는 의도가 있을 수 있고, 또한 외적인 장애에 의해 행위가 일어나지 않는 경우도 있다. 불확실성은 이런 불일치 사례들을 가리키는 용어이다. 이 책에서도 이 용법으로 쓰고 있다.

로 진행하게 된다. 언어심리학이 정상적인 일반 사람들을 대상으로 하여 크게

'언어습득·언어산출·언어이해'

라는 3대 분야를 다룬다고 할 때에(언어 병리는 별도의 학문으로 취급됨), 이 중에서도 특히 언어 산출에 관한 실시간 연구는 가장 제약과 어려움이 많은 분야이다. 이런 한계에도 불구하고 여러 학문분야에서 학제적인 연구들을 통하여 상당한 성취가 이뤄져 있고, 큰 밑그림에는 어느 정도 합의가 이뤄져 있는 듯하다. 즉, 언어 산출 연구자들 사이에서는 산출 과정에 긴밀히 관련된 부서가 적어도 다음과 같이 세 부문으로 나뉘어 다뤄지고 있고, 이들을 통합하여 스스로 점검할 수 있는 재귀적 체계가 수반되어 있다. 이런 네 가지 부서는 동시에 작동하는 특성을 지니지만, 편의상 하나씩 단계별로 설명해 줄 수 있다.

① 언어화 이전의 개념 표상(preverbal conceptual representation)을 마련하는 일
② 문법 형식을 갖춘 언어 표상(linguistic representation)으로 배열해 놓는 일
③ 말소리 형태나 글자 형태로 된 지각 표상(perceptual representation)을 내보내는 일
④ 산출된 물리적 대상을 스스로 점검하는 재귀적 점검체계

첫 번째 단계는, 서로 다른 연구 시각에 따라서 때로 언어화 이전의 전달 내용(preverbal message)이나 의사소통 의도 결정하기(decision of communicative intentions) 또는 말할 내용 정하기('what to say' 뭘 말할지)라고도 불린다. 이 단계는 현재 뇌손상 환자들에 대한 임상보고나 또는 내성적인 성찰 방식 이외에는, 달리 외적인 경험적 증거를 손쉽게 얻어낼 수 없는 난공

불락의 연구 영역이며, 보다 더 긴 발화 덩어리의 산출에 대한 실시간 연구는 현재로선 엄두조차 낼 수 없다. 그렇지만 초기에 구축된 풍부한 말실수 자료들로부터 많은 도움을 받아 왔고, 상대적으로 가장 연구가 활발하게 이뤄진 분야인 두 번째 단계는('how to say' 어떻게 말할지), 관련 학문들의 연구들을 토대로 심리학 실험실에서 구성된 여러 가지 실험 성과들을 근거로 하여 발화 휴지나 어휘 접속21) 등의 하위 영역에 걸쳐 비교적 자세한 지도가 그려져 있다. 세 번째 단계로서 입말을 산출하는 경우에만 국한할 때, 목청의 부드러운 근육 운동을 일으키도록 명령을 전달하는 신경계 작동방식에서, 적어도 두 가지 다른 가설이 서로 경합 하고 있다. 위 부서들이 동시에 작동을 해 나가든, 아니면 단계별로 점차 적으로 일정 부분 겹쳐 나가면서 작동을 하든, 마지막 재귀적 점검체계 는 자신의 산출물(말소리나 글자)을 가장 먼저 듣거나 보면서 실수를 자 각하고 즉석에서 스스로 고쳐나갈 수 있다.

언어 산출에 관한 최근의 논의로서 유럽 학자들을 중심으로 하여 나 온 다음의 두 저서가 눈길을 끈다. 하아틀·타페 엮음(Härtl and Tappe 2003) 『개념과 문법 사이의 매개방식(*Mediating between Concepts and Grammar*)』 (Mouton de Gruyter)과 페크먼·하벨 엮음(Pechmann and Habel 2004) 『언어 산출에 대한 여러 학문간의 접근(*Multidisciplinary Approaches to Language*

---

21) 켐픈·하이버즈(Kempen and Huijbers 1983: 197쪽), 「문장 산출과 이름 부르기에서 어휘 처리과정: 낱말들에 대한 간접 선발(The lexicalization process in sentence production and naming: Indirect election of words)」, 『인지(*Cognition*)』 제14호(pp. 185~209)에서 한 낱말의 하위 두 층위를 각각 lemma와 lexeme으로 처음으로 짝을 지워 놓았다. 전자는 통사·의미 정보값을 지닌 부서이고, 후자는 형태·음운 정보값을 지닌 부서이다. 산출시 어휘 접속에 서는 통사·의미값을 먼저 뽑아내고(lemma selection) 이어 형태·음운값을 활성화시키게 된다(lexeme activation). 여기서 lemma라는 용어가 르펠트 교수에 의해 수용되고 일반화되 기 시작하였다. 비록 우리나라 언어심리학에서는 '레마'를 외래어로 쓰는 경우가 있지만, 독자들이 무슨 뜻인지 알아차릴 수 없다. 여기에서는 더 쉽고 분명하게 이해할 수 있도록 한 낱말의 '통사·의미값'으로 새겨 놓기로 한다. 인디프뤼·르펠트(Indefrey and Levelt 2004), 「The Spatial and Temporal Signature of Word Production」, 『인지(*Cognition*)』 제92권 (pp. 101~144)에서는 세 단계로 좀 더 분화되는데, 인출할 목표낱말에 대한 방해낱말 (distractor 오류낱말)로서 의미 교란 효과가 가장 크다고 보고하였다.

Production)』(Mouton de Gruyter)에서 볼 수 있다. 특히 후자에는 르펠트 (1989)의 가정을 놓고 공통된 용어들을 쓰면서 발전시키거나 논박하는 후속 연구로서22) 18편의 논문이 인지심리학·언어심리학·언어학·음성 음운론·컴퓨터 과학·신경심리학·신경학·기호학 등의 여러 분야 연구 자들에 의해 수년 간에 걸쳐 이뤄진 내용을 싣고 있다. 또한 전자에서도 포더 교수의 단원체 가정을 수용하여23) 여러 학문들 사이에서 접점을 찾아내려는 노력들을 담고 있다는 점에서, 르펠트(1989)에서 깔고 있는 기본 전제 및 가정들과 서로 긴밀히 협응하며 발전해 나갈 수 있다.

먼저 정상 과학의 지위에 있는 르펠트 교수의 산출 모형을 보기로 한다.24) 기호학에서 언어는 형식 및 내용의 두 층위가 결합되어 있는

---

22) 개릿(Garrett)이 쓴 개관 글에 다음처럼 명확히 언급되어 있다.
"1996년 독일의 대학 및 연구소 연합체에서는 독일 학술연구 평의회에 야심찬 과학적 기획을 입안하였다. 언어 산출의 여러 다양한 측면들을 탐구하는 것으로, 르펠트 교수 가 이룩한 이정표의 저작물 1989년『말하기: 그 의도에서 조음까지』에서 마련된 일반 얼개 속에서 이를 수행하는 것이다(In 1996, these groups proposed to the DFG an ambitious scientific enterprise. They proposed to investigate several different aspects of human language production, and to do so within the general framework set out by W.J.M. Levelt in his landmakr 1989 book 『Speaking: From Intention to Articulation』)."
그렇지만 단지 르펠트의 가정을 확증하는 것만은 아니고, 많은 부분에서 그 가정과 정반 대가 되는 결론도 다수 들어 있으므로, 하나의 목소리만 찾아내는 일은 어렵다고 씌어 있다(Readers … will not find one voice, but … the different threads of the discussions).

23) 이 책의 맨 앞에 실린 개관 논문 2쪽에서 다음처럼 명시적으로 언급하고 있다.
"특히 '겹겹이 정보 감싸기'라는 생각은 컴퓨터 과학에서 근본적이다. 프로그래밍의 많은 표준 기술들이 이 특성에 뿌리를 두고 있다. 단원체 속성은 인공지능 및 전산언어 학에서 핵심 역할을 떠맡는다(In particular the idea of information encapsulation has become fundamental to computer science. Many standard technologies of programming are based on this feature. Modualrity also plays a key role in artificial intelligence and computational linguistics)."

24) 우리나라에서도 조명한(1985), 『언어심리학: 언어와 사고의 인지심리학』(민음사)으로부 터 시작하여, 이정모 엮음(1996), 『인지심리학의 제문제 I: 인지과학적 연관』(성원사); 이정모·이재호 엮음(1998), 『인지심리학의 제문제 II: 언어와 인지』(학지사)를 거쳐서, 조명한 외(2003), 『언어심리학』(학지사)과 이정모 외(1999, 2003 제2 개정판, 2009 제3 개정판), 『인지심리학』(학지사)와 이정모(2009, 2010 보급판), 『인지과학』(성균관대학교 출판부)에 이르기까지, 많은 책자들에서 언어 산출에 대한 충실한 개관을 자세히 살펴볼 수 있다. 특히,
도경수·이정모(2003), 「언어 산출」, 조명한 외, 『언어심리학』(학지사)
이정모·이재호(2003), 「언어 II: 산출, 언어와 사고, 장애」, 이정모 외(제2 개정판), 『인

것으로 가정한다. 물론 기호작용이나 기호사용 전반을 다루려면, 이 도구를 이용하는 주인(기호 사용 주체)을 포함해 놓아야 하므로, 이런 두 층위의 기호 결합체가 모든 것을 말해 줄 수는 없다. 그렇다 하더라도, 손쉽게 설명하는 방안으로만 보면, 언어 산출에서는 내용이 먼저 갖춰지고 나서, 그 뒤에 형식이 따라오는 셈이다. 반면에 언어 이해에서는 소략하게 말하여 형식을 먼저 접하고 나서 내용을 추론하여 새기게 된다. 이런 직관 때문에, 과거에는 언어 산출과 언어 이해가 동일한 경로를 정반대로 밟아 나가는 것으로 관념한 적이 있었다. 르펠트 교수도 초기에는 언어 산출을

(1) 개념 잡기 → 언어 형식 갖추기 → 말소리 만들어 내기
   (Conceptualization → Formulation → Articulation)

라는 세 개의 단원체를 상정했었다. 그렇지만 르펠트(1999)에서는 더욱 간략히 '수사-의미-통사' 체계를 하나로 보고, '형태-음운-음성' 체계를 다른 하나로 통합하였고, 두 체계를 매개해 주는 부서로서 '통사·의미값' 및 '형태·음운값'을 지닌 머릿속 어휘부가 덧붙어 있다. 이들의

지심리학』(학지사)
  이재호(2009), 「언어의 산출과 장애」, 이정모 외(제3 개정판), 『인지심리학』(학지사)들은 모두 이 분야의 전문적인 글이다. 필자가 여기서 서술하는 내용과 서로 보완하며 읽을 수 있다. 아직 언어 산출 분야에서 어떤 글도 이 글의 본론 쪽에서 다루게 될 다음 내용이 하나씩 명시적으로 다루어져 있지는 않다.
  ① 장기기억에 기반을 둔 배경지식을 활용하면서
  ② 적합한 담화모형을 수립하고
  ③ 상대방과의 정보간격을 가늠하여
  ④ 의사소통 의도를 결정할 뿐만 아니라
  ⑤ 서술관점의 확립한 뒤(주로 목적을 지닌 사건의 책임자 부각 여부와 관련됨)
  ⑥ 간접 표현을 할지 직접 표현을 할지를 선택한다
이런 '다중 처리' 과정은, 비유적으로 여러 종류의 악기가 한데 어우러지는 '교향곡 연주' 과정이라고 말할 수 있다. 지휘자는 '자아' 또는 '재귀의식'이다. 필자는 조명한 외(2003)과 이정모 외(2009)에서 전반적으로 다뤄진 내용들이 모두 어려움 없이 다중 처리의 산출 과정과 맞물려들 것으로 본다.

차이는 르펠트(1989; 김지홍 뒤침 2008: 34쪽)과 르펠트(1999)을 비교하면 곧 드러난다.

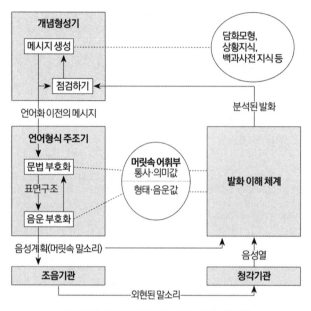

〈그림 1〉 르펠트(1989)의 언어 산출 청사진

〈그림 1〉에서 산출 체계는 왼쪽에 일직선상으로 세 부서가 위 아래로 이어져 있다. 개념 형성기와 언어형식 주조기와 조음기관이다. 이른바 산출 관련 단원체(modules)들이다. 입력과 출력으로 이뤄진 연산과정은 ↓방향의 화살표 실선으로 표시되어 있다. 그런데 오른쪽에도 타원과 발화 이해 체계와 청각기관이 있고, 가운데에는 머릿속 어휘부가 그려져 있다. 오른쪽에 있는 맨 위의 타원은 장기기억에 들어 있는 배경지식(르펠트는 '지식 창고'라고 부름)을 총괄하여 말하며, 점선으로 표시된 것은 첫 단계에서 의사소통을 하기 위하여 개념(또는 '의사소통 의도')을 형성할 때 동원되는 것임을 나타낸다.

중간에 있는 음영 글상자 두 개(문법부호화·음운부호화)가 머릿속 어휘부의 매개에 의해 점선으로 이어져 있다. 언어형식 주조기와 발화 이해 체계에 핵심 역할을 어휘부가 맡고 있음을 상징하는 것이다. 이는 통사 중심의 언어학을 주장하는 참스키 모형과는 판이하게 다르며, 오히려 전산언어학과 연합된 어휘 중심의 언어학 모형을 보여 준다.[25]

어휘부가 점선으로 두 개의 하위 부서로 나뉜 것은, 결정적으로 말실수 자료들을 해석하는 데에서 비롯된 것이다. 하나는 통사·의미 정보를 담고 있고, 다른 하나는 형태·음운 정보를 담고 있다. 전문용어로 이를 각각 lemma(통사·의미값)와 lexeme(형태·음운값)로 부른다(Kempen and Huijbers 1983). 정상적인 산출 과정에서는 '통사·의미값'에 먼저 접속하여 명제 얼개를 구성할 뿐만 아니라, 이어 '형태·음운값'도 활성화해 내어야 한다.

이 방식이 언어형식 주조기 속에서 일어나면서, 각각의 표상을 만들어 내게 된다. 이를 '문법 부호화' 과정 및 '음운 부호화' 과정으로 불렀다. 문법 부호화 과정에서 나온 출력물을 '표면구조(surface structure)'로

---

25) 직접적으로 브뤼즈넌(Bresnan) 계열의 어휘 기능문법(Lexical Functional Grammar, LFG)을 받아들인 것이다. 어휘 기능문법에 대해서는 신수송(1991), 『통합 문법 이론의 이해: 어휘 기능 문법』(한신문화사)를 읽어보기 바란다. 이는 모든 것을 어휘부로 환원할 수 있다는 강한 '환원주의(reductionism)'에 속한다. 또한 비슷한 흐름으로서 지금까지도 특히 HPSG라는 약자로 불리는 핵어 중심(Head-Driven) 구구조 문법(Phrase Structure Grammar)이 상당한 영향력을 지니고 있다. 폴러드·쌔그(Pollard and Sag 1994), 『핵어 중심 구구조 문법(HPSG)』(University of Chicago Press)를 읽어보기 바란다.

이런 환원주의 입장에서는 문장의 산출과 이해에 어휘가 모든 열쇠를 쥐고 있다고 가정하기 때문에, 어휘의 모습은 어떻게 표상되어야 할지가 큰 논제가 된다. 이에 대해서는 두 권의 책이 번역되어 있어 도움이 된다. 푸스읍스끼(Pustejovsky 1995; 김종복·이예식 뒤침 2002), 『생성 어휘론』(박이정)과 제킨도프(Jackendoff 1990; 고석주·양정석 뒤침 1999), 『의미 구조론』(한신문화사)를 읽어보기 바란다.

비록 아무리 어휘가 많은 정보를 담고 있더라도, 통사론에 관련된 정보는 여전히 통사론에서 다뤄져야 한다는 '통사부·어휘부' 양립 입장이 있다. 특히 기능범주 핵어들인 일치소·시제소·양태소·종결소 따위의 정보는 어휘로 표상되기가 아주 어려운 내용들이다. 만일 모두 어휘로 나타낼 수 있었더라면, 통사론 자체가 존재하지도 못했을 것이다. 개인적으로 필자가 옳다고 보는 입장이다. 특히 공동 연구를 꾸준히 출간해 오고 있는 레빈·뢰퍼포엇호봅(Levin and Rappaport-Hovav)의 연구들이 대표적이다. 레빈·뢰퍼포엇호봅(2005), 『논항 실현 방식(Argument Realization)』(Oxford University Press)와 뢰퍼포엇호봅·도론·지클 엮음 (Rappaport- Hovav, Doron and Sichel 2010), 『어휘 의미론·통사론·사건 구조(Lexical Semantics, Syntax, and Event Structure)』(Oxford University Press)를 보기 바란다.

부르는데, 이 표면구조가 '음운 부호화' 부서로 들어가서 여러 가지 음운 변화들을 자동적으로 구현하게 된다. 이는 앞의 그림에서 '음성 계획'으로 불린다. 이 정보가 마침내 맨 아래에 그려져 있는 조음기관(발성기관)으로 들어가 근육운동을 일으키도록 전기적 신호(또는 근육운동의 명령이나 지령)를 보내게 된다. 그 출력물이 우리가 들을 수 있는 외현된 말소리이다. 오른쪽에 있는 부서들은 산출물을 이해하는 과정에 동원되며, 아주 소략하게 그려져 있을 뿐이다. 앞의 그림은 다시 르펠트(1999)에서 더욱 간략히 〈그림 2〉처럼 수정되었다.[26]

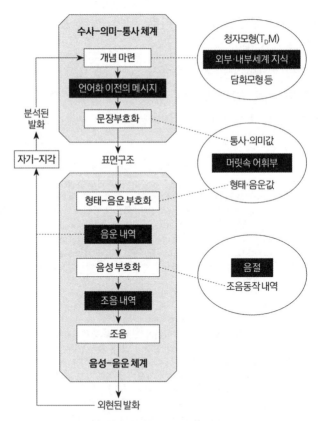

〈그림 2〉 수정된 언어 산출 청사진(르펠트 1999)

수정된 이 그림에서는 언어 산출이 정상적인 사람에게서 아무런 어려움 없이 일어나는 과정이므로, 기호학에서 다루었던 직관을 반영하여 더욱 간략히 내용과 형식으로 대분해 주고 있다. 내용 부분에 해당하는 것이 음영 글상자의 윗부분 '수사-의미-통사체계'이며, 형식에 해당하는 것이 아랫부분 '음성-음운체계'이다. 왼쪽에 그려져 있는 역방향의 화살표 실선은 자기 점검체계 또는 재귀적 감지체계를 나타내며, '자기-자각'으로 부르고 있다. 더 앞에 제시된 첫 그림에서는 이 부분을 명시적으로 드러내지 않았지만, 뒤의 그림에서는 이를 더욱 분명히 표시해 주고 있다.

그런데 머릿속 어휘부의 위치가 두 그림 사이에 다르게 배치되어 있다. 더 앞에 제시된 그림에서는 어휘부가 언어형식 주조기를 가동시키는 열쇠로 간주되었다. 그렇지만 이번 그림에서는 어휘부가 두 개의 단원체를 매개해 주는 역할을 맡고 있는 모습으로 되어 있다. 좀 더 자세히 살펴보면, 어휘부의 두 하위 부서가 나뉘어 두 단원체 사이에 걸쳐 있다. 통사-의미값을 갖고서는 문법 부호화 산출물인 표면구조를 만들고, 이 표면구조가 형태-음운 부호화 과정에서 말소리들에 대한 정보를 가공해 나가는 것이다(물론 이 과정은 일반사람들이 자각할 수 없는 무의식적 진행 과정이며, 흔히 절차지식으로 불림).

어휘부의 역할은 비단 둘로 나뉜 단원체들을 이어 주는 기능에만 국한되지 않는다. 르펠트 외(1999)와 인드프뤼·르펠트(2004)에서는27) 본

---

26) 르펠트(1999), 「Producing spoken language: a blue print of speaker」, Brown et al. eds., 『언어에 대한 신경-인지(The Neurocognition of Language)』, Oxford University Press. 또한 김지홍(2011), 「르펠트의 언어 산출 모형에서 몇 가지 문제」, 『언어』 제36권 4호(887~901쪽)도 함께 읽어보기 바란다.

27) 르펠트·후를로프스·메이어(Levelt, Roelofs, and Meyer 1999), 「발화 산출에서 어휘 접속에 대한 하나의 이론(A Theory of Lexical Access in Speech Production)」, 『행동 및 두뇌 과학(Behavioral and Brain Sciences)』 제22권 1호(pp. 1~38) 및 인드프뤼·르펠트(Indefrey and Levelt, 2004), 「낱말 산출의 공간적 그리고 시간적 지시신호(The Spatial and Temporal Signature of Word Production)」, 『인지(Cognition)』 제92권(pp. 101~144)를 보기 바란다.

격적으로 어휘 접속의 과정을 다루었는데, 활성화 확산이론과 맞물릴 수 있는 모형을 모색하고 있다.[28] 또한 어떤 개념이나 의사소통 의도를 확정한 다음에, 문장을 만들어 내기 위하여 머릿속 어휘부에서 알맞은 층위의 낱말을 선택해야 한다. 이때 '상의어 문제(hyperonym problem)' 가[29] 생겨난다. 한 낱말은 잡동사니처럼 아무렇게나 여기저기 흩어져 있는 것이 아니다. 그보다는 하의어·상의어와 같은 위계로[30] 짜여 있

---

28) 후를로프스(Roelofs 1997), 「발화 산출에서 낱말 형태 입력/부호화에 대한 위버 모형(The WEAVER model of word-form encoding in speech production)」, 『인지(Cognition)』 제64권 (pp. 249~284)에서 논의된 '활성화 및 검증을 통한 낱말 형태 입력(word-form encoding by activation and verification, 줄여서 WEAVER로 부름)' 모형을 수정하여 위버 플러스 (WEAVER+)로 받아들인다.

29) 본디 르펠트(1989)에서는 접요사 '-o-'가 없이 'hypernym'으로 썼었고, 'superordinate'이라 고도 불렀다. 여기서는 새롭게 접요사를 집어 넣었다.

30) 본디 상의어 문제는 르펠트(1989; 김지홍 뒤침 2008)의 제6장에서 심도 있게 다루어진 바 있다. 어휘들이 위계화되어 있다는 생각은 1960년대부터 분류학 및 심리학에서 과연 언어가 사고에 영향을 미치는지 여부를 확증하려는 목적으로 연구가 진행되었었다. 또한 그 결과가 장기기억 속에 저장된 사고의 모습으로도 응용되었었다. 가령, 어느 문화에 특정한 낱말이 없더라도 이름이 없는 대상을 지각하고 기억하는지 여부를 알아보는 것이 다. 결론은 비록 낱말이 없더라도, 대상 지각과 기억 회상이 분명히 가능하다는 것이었다. 버얼린(Berlin 1992), 『민족-생물학적 분류법: 전통 사회들에서 동·식물에 대한 범주화 원리(Ethnobiological Classification: Principles of Categorization of Plants and Animals in Traditional Societies)』(Princeton University Press)와 롸슈(Rosch 1978), 「범주화의 원리들(Principles of Categorization)」, 롸슈·로이드 엮음, 『인지 및 범주화(Cognition and Categorization)』(Lawrence Erlbaum); 롸슈(1988), 「일관성들 및 범주화: 역사적 관점(Coherences and Categorization: A Historical View)」, 케쓸(Kessel) 엮음, 『언어 발달 및 언어 조사연구자들(The Development of Language and Language Researchers)』(Lawrence Erlbaum) 등에 따르면, 인간 언어에서 공통 된 가장 기본적인 낱말들은, 분류학에서 generic(종별) 층위에 있는 상당히 추상화된 항목들 이다. 이 층위는 연구자에 따라서 basic(기본) 층위, natural kind(자연종) 층위, prototype(원 형) 범주 등으로 달리 불린다.

그런데 분류학에서는 이 층위 위와 아래로 두어 개 정도의 층위를 더 설정한다. 맨아래 층위로의 분화는 어느 언어에서이든지 매우 자세하고 안정적이다. 따라서 기본 층위의 아래 층위를 하위 층위(subgeneric)라 부른다. 그리고 더 아래 있는 차하위(sub-subgeneric) 층위를 구체적인 경험으로 대상을 확인하는 경험층위라고 부른다. 필자는 이들 층위와 기억의 종류가 서로 맞물릴 것으로 본다. 문장은 차하위 층위의 개별경험에 연관되고, 따라서 장기기억 중에서 구체사례(episodic)기억 속에 저장된다. 그렇지만 일반명사는 기 본층위의 개념들과 연관되고, 따라서 장기기억 중에서 일반의미(semantic) 기억 속에 저 장될 것으로 본다. 김지홍(2010a), 『언어의 심층과 언어교육』(도서출판 경진)의 제2장을 보기 바란다. 우리말로 씌어진 이런 위계에 논의는 신현정(2000), 『개념과 범주화』(아카 넷)과 신현정(2011), 『개념과 범주적 사고』(학지사)와 테일러(Taylor 1989; 조명원·나익 주 뒤침 1999), 『인지 언어학이란 무엇인가: 언어학과 원형 이론』(한국문화사)에서 자세 히 읽을 수 있다.

을 것으로 상정된다. 알기 쉽도록 예를 들어보이면,

(2) '철수⊂소년⊂사람⊂동물⊂피조물'

과 같이 그물짜임을 이루고 있으며, 하의어일수록 항목들이 더 많아지
는 것이다. 만일

(3) "_____이/가 영이를 좋아한다."

라는 문장에서 빈칸에 채워질 명사를 고른다면, 이미 맥락이 주어져 있으
므로 아마 영이와 짝이 될 수 있는 명사를 최적의 항목으로 뽑을 것이다.
그렇지만 애초에 개념을 형성하는 과정에서 백지 상태로 임의의 어휘
항목을 선택한다면, 상의어와 하의어들 중에서 어떤 항이라도 모두 후보
가 될 수 있다. 그렇지만 '아수라장 접속'이[31] 올바른 견해가 아니므로
제외해야 한다면, 어떤 제약이 찾아져야 할 것이다. 이런 어휘 층위들
사이에서는 각 항목마다 구별을 가능하게 만드는 변별자질들이 있을 것
이다. 개념 형성과정에서 특정한 부대 조건이 미리 주어져 있지 않다면,
이 후보들 중에서 가장 구체적인 명세내역을 지닌 항목을 인출하는 것이
최적의 선택이 된다. 그런데 이런 결정은 저절로 이뤄지는 것이 아니다.
상위에서 이를 판단하는 부서나 또는 이 선택을 매개해 주는 부서가 있어
야 한다. 비록 이런 점이 제대로 부각되어 있지는 않지만, 이는 결코 단순
하고 단조로운 연산주의(입력→출력) 가정에서는 적절히 다뤄질 수 없으
며, 다원주의 또는 다층위 작동방식을 전제로 해야만 한다.

---

31) 르펠트 외(1999: 275쪽)에서는 이를 '아수라장처럼 낱말의 자발적 활성화(pandemonium-
like spontaneous activation of words)'로 불렀고, 아무렇게나 되어 있는 데에서 한 항목을
뽑아낸다는 출처로서 심리철학자 데닛(Dennett 1991), 『설명된 의식(Consciouness explained)』
(Brown)을 거론하였다.

한편, 타페·하아틀(Tappe and Härtl 2003: 6쪽)에서는 언어 산출에 관련된 여러 단계의 부서들을 다음처럼 상정하였다. 아마 언어 산출 과정에서 아직 연구의 초점이 덜 모아진 부분들에 대하여 조망하기 위한 의도적 조치로 생각된다.

(4) 개념 지식 → 관련 정보 모아놓기 → 언어화 이전의 준비 → 문법적 실현

이 중에서 언어화 이전의 준비 단계 및 그 앞 부서들에 대한 연구는 실로 어려움이 많다. 쉽게 접속하여 명시적으로 다룰 수 있는 '도구'가 아직 우리에게 주어져 있지 않고, 많은 부분 간접적인 방식이나 전통적인 내성 기법으로만 탐구해 나가야 하기 때문이다. 따라서 르펠트의 연구에서는 상대적으로 논증을 더 잘할 수 있는 '문법적 실현'과 이 이후에 이어지는 음성적 실현에 주로 초점이 모아져 있다. 그렇지만, 그 이전의 단계들을 다루기 위해서 타페·하아틀(2003)에서는 개념 지식과의 접합면(interface) 또는 매개방식(mediating)을 이루는 관련 부서들을 부각시키고 있다.

여기에 담긴 16편의 논문을 다음 세 부분으로 나누어 놓았다. 제1부는 비언어 구조와 언어구조 사이의 매개방식(7편), 제2부는 사건 개념화 및 언어화 사이의 매개방식(5편), 제3부는 어휘부 기능의 매개방식(4편)이다.32) 물론 이 논문들이 모두 통일되거나 일관된 가정과 목소리를

---

32) 있을 수 있는 모든 어휘 접속 방식을 다음 그림에서와 같이 다섯 가지 유형으로 제시하였다.

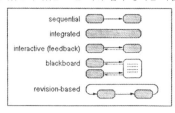

① 연산주의의 선조적인 방식(일련의 '입력→출력' 흐름으로 이뤄짐)
② 통합된 방식
③ 되점검을 통한 상호작용 방식
④ 상위 부서로 자료를 전송하여 정보를 종합하는 칠판을 이용하는 방식
⑤ 계속하여 수정해 나가는 방식

내는 것이 아니다. 일차적으로 후속 연구의 토대를 마련할 수 있다는 점에서 매우 소중한 의미를 지닌다. 제1부에서는 시지각 처리와 언어 산출 사이에서 찾아지는 시간별 연합을 실험들을 통해 다루고, 의미 분야에서 행위주 속성의 부각과 어순 뒤섞기와 선조화 과정을 다룬다. 제2부에서는 사건 분할과 사건구조와 언어생성의 관점들을 논의하며, 제3부에서는 어휘부의 처리과정에 대한 여러 시각들을 다루고 있다. 전통적인 용어를 써서 구분한다면, 제1부와 제2부는 거시언어학에 속하며, 제3부는 미시언어학에 속한다.

페크먼·하벨(Pechmann and Habel 2004)에서는 17편의 논문을 싣고 있는데, 서로 상충되는 주장들도 함께 들어 있다. 가령, 언어화 이전의 개념 형성 단계가 점진적(incremental)으로 일어나는지, 아니면 확정된 비점진적 방식으로 일어나는지에서부터 서로 시각들이 엇갈린다. 그렇지만 대부분의 논의는 주로 르펠트에서 다루는 영역들에서 더욱 세부적인 주제들을 다루고 있다. 주제 부각, 초점 드러내기, 어순 변동, 수화 및 장애인에게서 관찰되는 현상, 연결주의 산출 가정의 장점, 산출 과정의 전기생리학적 탐구, 두뇌 작동의 역동성, 형태 입력 과정, 글말 산출에 관련된 형태와 음절과 자소, 말실수와 작업기억 등이다.

언어 심리학에서의 산출 과정에 대한 논의는 현재 우리 머릿속 의식이나 작동을 들여다 볼 수 있는 혁신적 도구나 설비가 없이는 여전히 제한적인 후반부 영역만을 다룰 수밖에 없고, 더군다나 이 영역도 실시간 연구가 불가능하여 첩첩산중의 느낌을 받는다.

9장 일상언어 철학에서의 논의

철학에서 일상언어에 대한 관심은 주로 영국에서 서로 영향을 주고 받음이 없이 두 곳에서 일어났다. 케임브리지 대학과 옥스퍼드 대학이다. 케임브리지 대학에서는 후기 비트겐슈타인(Wittgenstein, 1889~1951)의 저작물들에서 그러하지만, 그는 모든 열쇠를 '삶의 형식(forms of life)'에 돌려 버림으로써, 엄격한 논증을 거쳐 단계별로 확립할 수 있는 후속 연구로 이어지지 못하였다.[1] 또한 마치 종교의 경전 속에 있는 경구를 연상시키는 서술 방식도, 그를 잇는 학파나 뚜렷한 흐름을 만들어 놓지 못하게 만든 요인으로 판단된다. 객관적이고 단계별로 진행되는

---

1) 오늘날 담화 영역에서는 언어 및 이에 관련된 비언어 실체들의 관련을 다루고 있으므로, 삶의 형식이 실체적으로 관여되고 있음이 자각되고 있고, 또한 어떤 방식으로 얼마나 관련되는지를 심층적으로 논의되고 있다. 담화가 '어떤 일을 위해 이용됨'을 자각하고 특히 담화를 통한 지배 이념을 고착하거나 확산하는 일을 정면으로 부각시켜 비판하는 '비판적 담화 분석(Critical Discourse Analysis)'에서는, 언어가 텍스트로 확대되고 텍스트가 담화나 담론으로 확대되는 과정에서, 경제·정치·사회·문화 등의 운영 원리들이 직접적으로 간여하게 되고, 이를 명시적으로 드러내려고 노력한다. 제11장의 논의를 보기 바란다.

명시적 서술이 아니라, 오히려 한 개인의 자각이나 깨우침을 통한 '이심전심'의 비법을 연상시키기 때문이다.

그렇지만 옥스퍼드 대학에서는 오스튼(Austin, 1911~1960)을 비롯하여 그의 후배 그라이스(Grice, 1913~1988)와 스트로슨(Strawson, 1919~2006), 그리고 제자 써얼(Searle, 1932~)[2] 등이 뚜렷하게 학파를 이루며 연구를 확산시켜 나갔다. 이들의 연구는 흔히 화행 이론(speech act theory)으로 불린다. 이는 독일의 사회철학자 하버마스(Harbermas, 1929~)에게도 영향을 주고, 미국 쪽에서 형성되어 나온 화용론(Pragmatics)과도 접합이 이뤄졌다. 현재로서는 연구 영역이 화용 행위와 화용론과 담화론과 미시사회학과 텍스트 언어학 사이에 많은 부분들이 서로 겹쳐져 있다. 개인적으로 필자는 이들을 '거시언어학'으로 한데 모을 수 있을 것으로 본다. 이와 대립되는 미시언어학은 오직 언어 형식만을 대상으로 연구하지만, 거시언어학에서는 언어와 비-언어를 모두 다루게 된다. 비-언어는 손짓·몸짓·얼굴 표정뿐만 아니라, 또한 청자의 예상 반응을 포함한 화용 맥락을 비롯하여, 담화 이면에 깔려 있는 이념까지도 다루게 된다. 그렇다면 거시언어학에서는 몇 가지 축을 나누어 놓아야 할 것이다.

철학의 흐름을 매우 엉성하게 그릴 경우에, 흔히 분수령은 근대를

---

2) 써얼(Searle 써를)은 우리나라에서 번역본이 이미 7권이나 나올 만큼 대중적인 철학자이다. 써얼이 다루는 주제 또한 언어에만 국한되지 않고, 다양하게 사회철학과 심리철학과 인지과학에까지 확대되어 있다. 언어학 쪽에서는 speech(발화) act(행위)를 줄여 화행(話行)으로 부른다. 철학 쪽에서는 더러 '언화 행위'로 번역하는 경우가 있다. 화행 이론(speech act theory)과 관련하여 써얼(1969; 이건원 뒤침 1987), 『언화 행위』(한신문화사); 써얼(1965; 정대현 뒤침 1984), 「언어행위란 무엇인가?」, 이정민 외, 『언어과학이란 무엇인가』(문학과지성사)가 있다. 또한 다음 책들이 번역되어 있다.
    써얼(1983; 심철호 뒤침 2009), 『지향성: 심리철학 소론』(나남)
    써얼(1986; 김용관 뒤침 1987), 『심리철학과 과학』(소나무)
    써얼(1998; 심철호 뒤침 2000), 『정신, 언어, 사회』(해냄)
    써얼(2001; 김기현 외 4인 뒤침 2001), 『합리성의 새로운 지평(제1, 3, 6, 9장이 번역됨)』(철학과현실사)
    써얼(2004; 정승현 뒤침 2007), 『마인드』(까치)
    써얼(2007; 강신욱 뒤침 2010), 『신경생물학과 인간의 자유』(궁리)
    써얼·김기현(2000), 「분석철학의 현주소: 존 설과의 대담」, 철학문화연구소, 『철학과현실』 48호(138~162쪽)

열어 놓은 계몽철학으로부터 시작하게 된다. 중세의 천문학이 망원경과 같은 도구의 발명으로 새로운 관측을 하게 되고, 이에 따라 바빌로니아 천문학을 물려받은 중세의 천문관은 점차 붕괴되기 시작하였다.[3] 갈릴레오나 뉴튼은 수학을 이용하여 자연세계를 새롭게 설명하였는데, 이런 합리성을 철학에서도 적극적으로 받아들여 추구하려는 시도가 칸트가 살던 시대를 전후하여 시작되었다. 비록 칸트가 철학이 다뤄야 할 영역을 정신과학이란 말로 새롭게 이름을 붙였지만, 현대에 들어서면서 프로이트가 정신과학이 다루던 내용들을 심리분석이라는 이름으로 다루게 되면서, 다시 철학의 정체성에 대한 혼란이 빚어졌다.

이 혼란을 수습하는 여러 가지 대안들이 나타났다. 그 중 하나가 철학이 사고의 명증성을 다루기 위해 혼란스런 언어를 분석하여 바르게 세워 놓아야 한다는 생각인 이른바 분석철학이다. 분석철학은 자연언어에 대한 불신을 밑바닥에 깔고 있으며,[4] 엄격히 정연한 인공언어 체계로 우리가 경험하는 세계를 분명하게 기술하고 설명해 놓을 수 있을 것으로 보았다. 이를 극단적으로 부각시켜 모든 언어 진술마다 검증 절차를

---

3) 뤄쓸(Russell 1935; 김이선 뒤침 2011), 『종교와 과학』(동녘)과 뤄쓸(1945; 최민홍 뒤침 1973), 『서양 철학사(상, 하)』(집문당)에서 이런 전환을 읽을 수 있다.

4) 가령, 뤄쓸(Russell 1937, 제2판), 『수학의 원리(*Principle of Mathematics*)』(N. N. Norton & Comp.) 제5장 '양화범위 표시하기(denoting)' §.57에서 자연언어의 불분명함을 계사 is를 예로 들고 있다. 편의상 '존재하다'는 뜻의 해석은 일단 여기서 제외해 놓는다. 영어 표현 "Socrates is human(소크라테스는 사람이다)"은 명시적으로 최소한 다음의 세 가지 형태로 번역되어야 한다.

① Sorates is human(소크라테스는 인간이다: 소크라테스 및 인간은 '동일성' 관계를 지님)
② Socrates has humanity(소크라테스는 인간 속성을 지닌다: 소크라테스 및 인간속성은 '포함' 관계임)
③ Socrates is a man(소크라테스는 한 명의 사람이다: 이 또한 중의적인 해석을 받는데, 하나는 is-a로 묶어 원초적(원시적) 클라스 개념을 표시한다[소크라테스는 사람 집합에 속한다]. 다른 하나는 a-man으로 묶이어 개체를 표시한다[소크라테스는 사람 집합에 속한 하나의 원소이다])

이런 자연언어의 중의성은, 클라스의 클라스(class of classes, '집합족') 관계를 중심으로 하여 수학을 재구성하려는 시도에 짐스러운 장애 요소가 될 뿐이었다. 따라서 자연스럽게 불신을 받는 자연언어를 벗어나서, 사고의 전개를 정연하고 투명한 인공언어에 기대고자 하였던 것이다.

붙여 판단해야 한다는 주장을 이른바 '논리 실증주의'라고 부른다.5)

이와 맞서서 나온 일상언어 철학은 실추된 자연언어의 가치와 위상을 회복시키는 과정에서 부각된 흐름이다. 분석철학이 소수의 엄격한 논리에만 국한하여 진술체계를 재구성하려는 시도는 곧장 난관에 부닥치게 된다. 급기야 인공언어에서 극대화하고자 하려는 논리체계는, 거꾸로 자연언어의 다양한 후보들 가운데에서 소수를 선택하여 극대화한 것이라는 역설적 자각에 이르게 되었다. 자연언어의 구체적인 사례를 통하여 이 점을 간단히 보여 줄 수 있다.6) 우리말에서 연결어미 '-고'는 공간적인 대상이나 사건을 나열하는 데에도 쓰이고, 시간적으로 이어지는 사건들을 연결하는 데에도 쓰인다.

---

5) 필자는 한국분석철학회에서 회원들의 글을 모아 1991년 펴낸 『비트겐슈타인과 분석철학의 전개』, 1993년 『실재론과 관념론』, 1995년 『철학적 자연주의』, 1996년 『인과와 인과 이론』, 1999년 『언어·표상·세계』 등 여러 책자들(모두 철학과현실사에서 간행)로부터 크게 도움을 입었다. 많은 수의 훌륭한 번역서들이 있다. 에이어(Ayer 1936; 1946 제2판; 이영춘 뒤침 1959), 『언어와 진리와 논리』(문교부)가 다시 1946년 제2판을 대상으로 하여 한국연구재단의 명저 번역으로 송하석 뒤침(2010), 『언어, 논리, 진리』(나남)로 출간되어 있다. 분석 철학의 주장을 이해하는 데 도움이 된다. 송하석 교수의 해제 230쪽을 보면 에이어가 24세 때 완성한 '논리 실증주의'의 선언서(메니페스토)인 이 책을, 1970년 어느 대담에서 스스로 "가장 중요한 결함은 그 책의 모든 것이 옳지 않다는 것"(233쪽)이라고 회고한 바도 있음을 적고 있다.

6) 이 논점은 그라이스(Grice 1978), 「논리와 대화에 관한 추가 주석(Further Notes on Logic and Conversation)」, 그라이스(1989), 『낱말 사용 방법 연구(Studies in the Way of Words)』(Harvard University Press) 제3장에 들어 있다. 영어에서도 접속사 and가 공간 나열, 시간 나열 등의 기능을 갖고 있고, or도 배타적 이접, 포괄적 이접의 기능으로 더 나뉜다. 이들을 각각 다른 and1, and2, ...로 보거나 or1, or2, ...로 보는 것이 아니라, 하나의 접속사가 맥락 조건에 따라 추가 기능을 갖게 되는 것으로 설명하는 것이 그라이스의 요지이다. 이런 논지 전개는 2001년 출간된 그의 유저 『이성의 여러 측면(Aspects of Reason)』(Oxford University Press)에서도 동일한 논지 전개를 적용한다. 칸트의 주장과는 달리, 인간에게는 오직 단 하나의 이성만이 존재할 뿐이고, 맥락에 따라서 순수이성과 실천이성으로 분화되고 해석될 수 있다는 주장이다.

그라이스는 오스튼의 생각을 더욱 발전시킨 것으로 평가를 받기 때문에, 윌슨·스뻐버(Wilson and Sperber 2012), 『의미와 관련성(Meaning and Relevance)』(Cambridge University Press)의 서문(p. x)에서 "Paul Grice, the founder of modern pragmatics(현대 화용론의 창시자인 폴 그라이스)"로 기리고 있다. 주요 논문 20편이 1989년 나온 그의 유저에 모아져 있고, 가치에 관한 강연도 1991년 『가치의 복합 개념(The Conception of Value)』(Oxford University Press)으로 나와 있다.

(1) 철수가 중학생이고, 동수가 대학생이다(→ 공간상의 나열)

(2) 영이가 결혼을 하고, 아기를 낳았다(→ 시간상의 나열)

(1)은 이른바 공간 나열의 기능을 하는 접속문이며, 서로 순서가 뒤바꿔어도 전체 표현에 아무런 지장이 없다. 그렇지만 (2)는 시간상으로 계기적 사건을 표현하는 접속문이며('-고 나서'로 대치될 수 있음), 순서가 뒤바뀐다면 자칫 오해를 빚을 만한 해석이 나온다. 이런 접속어미들을 놓고서 우연히 소리만 같을 뿐이지, 각각

'-고$_1$, -고$_2$, …'

등 엄격히 별개의 것으로 나뉘어야 한다고 주장할 수 있다. 분석철학이나 논리실증주의의 주장을 수용할 경우에는, 언어 형식에 기능이나 의미가 오직 '1:1'로 대응해야 하고 중의성이나 애매성을 없애야 하므로 더욱 그러하다. 실제로 일부 언어학자들이 그런 주장을 한 경우도 있다. 만일 이런 처지에 서면, 접속사들을 무한정하게 남발해 버리는 일을 통제할 수 없고, 또한 이들 사이에 막연하게 느껴지는 직관적 동질감을 포착해 줄 길이 없게 된다. 가령,

(3) 문 닫고 들어와!

(4) 꼼짝 말고 손 들어!

라는 관용 표현에서는 뭐라고 말해야 될 것인가? 시간 해석(-고$_2$)을 부여하여 읽으면, 당장 모순이 생겨난다. (3)에서 만일 문을 닫아 버리면 더 이상 안으로 들어갈 수 없게 되고, (4)에서 꼼짝도 하지 않으면 손을 들 수도 없게 되기 때문이다. 이런 접속어미를 '-고$_3$'이라고 딱지를 붙여, '모순스런 접속어미'라고 불러야 할까? 그렇지 않다.

그라이스의 해결책을 따르면, 동일한 하나의 접속어미 '-고'에 지나지 않는다. 모종의 기본 의미를 상정한 뒤에, 다시 도출 의미가 딸려 나오는 방식을 택하는 것이다. 즉, '공간 나열'(대상일 경우)이 기본 의미라면, '사건 나열'(사건일 경우)은 사건 발생 순서에 따라 언어로 표현하는 자연스런 지침(이를 '대화 규범'이라고 부름)에 따라 도출되는 것으로 설명할 수 있다. 이는 결코 어려운 것이 아니라, 누구나 쉽게 그리고 매우 당연하게 여기는 '상식'(경험한 대로 언어로 표현함)에 입각해야 한다. 자연계에서 일어나는 사건들의 순서와 언어로 표현된 사건들의 순서가 일치한다는 상식적 원리이다. 단, 크게 강조해야 할 것은, 비록 자연계의 발생 순서와 역순이 되더라도, 임의의 요소를 가장 두드러진 위치인 앞에 초점으로 내세울 수 있다. 흔히 이를 지각이 쉽게 이뤄질 수 있도록 임의 요소를 맨 앞으로 끌어들이는 주제화 또는 초점화라고 부른다.

이제 (2)는 기본 의미를 바탕으로 하여 앞의 해석 지침에 따라, 사건이 일어난 순서대로 우리가 이해하는 방식이며, 이를 (5)로 나타낼 수 있다.

(5) 공간 나열+사건 발생 순서=시간 나열

그리고 (3)과 (4)는 화용적 동기로 말미암아, 가장 중요한 사건이 전체 앞쪽으로 이동한 것에 지나지 않는 것이다. 이를 다음 (6)처럼 나타낼 수 있다.

(6) 공간 나열+화용적인 강조=주제나 초점이 되어 앞으로 이동

일상언어 철학에서는 자연언어의 질서를 제대로 찾아내려고 하며, 이 과정에 인간의 인식 방식에 대한 해석 지침들을 대화 규범(maxims)으로

세워 놓게 된다. 이 규범 또한 누구나 능숙히 자연언어를 쓰고 있으므로 매우 상식적인 바탕 위에 수립되어야 한다.

그렇다면 이제 서구 사회에서 언어(또는 철학에서는 '명제'로 대표하여 부름)를 사고와 동일시하던 흐름이 옳은지에 대하여 의문이 제기될 수 있다. 다시 말하여 '언어' 그 자체의 본질과 역할에 대하여 물음을 던지지 않을 수 없는 것이다.

언어가 무엇이고, 우리의 삶에서 어떤 기능을 하는지에 대하여 규정하는 방식은, 문화권에 따라 차이가 났었던 듯하다. 가령, 우리 문화에 영향을 준 유교 경전을 예로 들어 보면, 선진 시대의[7] 『주역』과 『논어』와 그 이후의 『자치통감 강목』에서도 동일한 태도를 파악할 수 있다. 『주역 전의 대전』 '계사'(상)에 보면

(7) "글로는 말을 다할 수 없고, 말로는 뜻을 다할 수 없다."

(書不盡言, 言不盡意)

고 하였다. 또한 『논어』 '공야장'에서는 공자가 사람을 평가할 적에

(8) "그 말을 듣고 나서 그의 행동을 관찰한다."

(聽其言, 而觀其行)

---

7) 중국 문명을 크게 양분할 경우에 진나라를 전후하여 나누는 관례가 있다. 즉, 진나라 시황제가 중국을 통일하기 이전인 고대로부터 춘추·전국 시대까지를 통틀어 선진(先秦 진 시대보다 앞선) 시대라고 부른다. 진나라가 멸망한 뒤로부터 시작하는 시기는 다시 세분되어 불린다. 진나라 시황제의 분서갱유 이전의 자료들이 최근에 죽서(竹書) 형태로 여러 차례 발굴되어 옛 자료들의 연구에 새로운 전기가 되었다. 최남규 뒤침(2012), 『상해박물관 장 전국(戰國) 초(楚) 죽서, 3권 총서』(소명출판)에 있는 역주자 서문들을 읽어 보기 바란다. 주역에 관한 초나라 죽서는 복모좌(2006)이 압권이다.
일단, 한나라 시대에 중국 문명에 새로운 터 다지기 작업이 시작되었는데, 흔히 중국 민족은 '한족', 그 말을 '한어'로 부르는 것도 한나라 시대의 유습 때문이다. 한(漢)은 원래 한나라 태조 고황제(유방)가 한중(漢中) 출신이므로 나라 이름으로 세웠고, 이를 마치 민족 이름인 양 확대하여 쓰게 되었다.

고 했다. 『자치통감 강목』 한나라 문제 6년(B.C. 174년) 가의(賈誼)가 올린 상소를 보면

(9) "말하는 것을 듣고 반드시 그 일삼는 것을 관찰하면 감히 망언을 하지 못한다."

(聽言之道, 必以其事觀之, 則莫敢妄言)

라고 언급하고 있다. 이는 모두 말이나 그 말을 입밖으로 내보내는 의도 또는 생각보다도, 모든 가치평가가 실천이나 행동을 위주로 하여 이뤄져야 한다는 속뜻이 깔려 있다. 말만 앞세울 것이 아니라, 그보다는 오히려 행동으로 실천하도록 요구하는 것이다.

명나라 때 양명학을 창도한 왕수인(1472~1528)도 참된 앎은 행동으로 나와야 하였고, 이를 양지(良知, 진실한 앎)라고 불렀다. 마치 이런 가치를 반영해 주려는 듯이, 우리말에서도 실천이나 행동이 뒷받침되지 않는 '빈말' 계열(소위 'lip service'로 불리며 우리 문화에서는 부정적 가치를 매김)의 표현들을 부지기수로 찾을 수 있다. 말보다는 실천을 중시했던 것이며, 오늘날에도 역시 참이다.

서구 문명에서는 플라톤의 이데아 논의에 대한 영향 때문인지, 언어를 사고 그 자체로 다루려는 전통이 있다. 이승도 저승도 아닌 경험을 초월한 제3의 세계(=그승)를 다루려면, 수학(기하)이든 자연언어이든 특정한 도구를 이용할 수밖에 없다. 서구의 중세시대에도 보편언어로서의 지위를 누리던 라틴 어의 학습에 따라 언어 그 자체에 대한 독자성과 사고와의 연관성이 꾸준히 탐구되어 왔던 듯하다.[8] 근대 합리성

---

8) 가령, '포르 르와얄' 문법 또는 일반 이성 문법(Grammaire générale et raisonnée)으로 불리는 경우가 그러한데, 아르노·랑슬로(1660; 한문희 뒤침 2011), 『일반 이성 문법』(지만지)를 읽어보기 바란다. 특히 번역 34쪽에서 인간의 이성 작업을 크게 '생각하고, 판단하고, 추리하는' 기능으로 보았음이 흥미로운데, 이런 기능이 보편적으로 개별 언어에 반영되어 구체화되어야 함을 함의한다.

의 주춧돌을 마련해 놓은 칸트 또한 언어를 또는 더 엄격히 말하여 '명제'를 사고의 도구로 보았다. 그는 궁극적으로 명제가 두 가지로 분류된다고 보았다. 순수한 형식의 관계만을 따지는 '분석명제'와 우리 경험을 동원하여 판단할 수 있는 '종합명제'이다. 물론 이 구분은 콰인(1953; 허라금 뒤침 1993)『논리적 관점에서』(서광사) 제2장 '경험주의의 두 가지 독단'에서 전체적인 언어체계를 고려하지 않고서는 그런 구분이 성립되지 않는다는 심각한 비판을 받는다.

그러나 다른 한편으로 옥스퍼드 철학자 오스튼(Austin, 1911~1960)은[9] 서구 철학에서 전통적으로 사고를 대상으로 한 언어를 constative(참·거짓 지향 언어)로 규정하고, 이와는 달리 당장 참·거짓을 따질 수 없고 차후 행위를 실행해 줌으로써 참이나 거짓으로 되는 언어를 performative(수행 지향 언어)가 있음을 자각하였다. 이는 곧 상위 개념으로 act(행위)[10] 아래 모두 포섭된다. 참·거짓은 판단 행위이며, 수행은 실천 행위이기 때문이다. 언어를 사고와 연결 짓지 않고 행위와 관련 짓는 일은, 우리 문화 전통에서 실천을 중시하던 흐름과 일부 겹쳐질 수 있다. 곧 언어에 대한 판단과 가치 부여를 최종적으로 어떤 기준에서 시행할 것인지를

---

9) 매우 창의적인 철학자로 알려져 있지만, 모두 사후에 엄슨(Urmson)과 워녹(Warnock) 등이 유고들을 모아 펴낸 책들이 있다. 한창 2차 대전 중이었음에도 그롸이스나 스뜨로슨 등의 후배들과 매주 정규적으로 모여 아리스토텔레스, 라이프니츠, 칸트 철학들을 놓고서 토론을 벌였다. 또한 프레게(Frege 1884)『산수의 기초』도 영역한 바 있다. 그가 하버드 대학에 초청받아 윌리엄 제임스 기념 강연을 했던 내용을 1962년 엄슨이 편집 출간한『낱말 작동 방법(How to Do Things with Words)』(Oxford University Press)이 우리 말로 언어학자와 철학자에 의해 번역되었는데, 특이하게도 모두 책 이름을 바꾸었다. 장석진(1987),『오스틴 화행론』(서울대학교 출판부); 김영진(1992),『말과 행위: 오스틴의 언어철학, 의미론, 화용론』(서광사)이다. 이 책 이외에 워녹 엮음(1964),『감각과 감각 자료(Sense and Sensibilia)』(Oxford University Press); 엄슨·워녹 엮음(1961, 1979 제3 확대판),『철학 논문집』(Clarendon)이 있다. 그의 글들은 읽어 나가기가 결코 녹록지 않다.

10) act(단일한 행위)와 action(일련의 지속적 행위)에 대한 명확한 구분은 클락(1996; 김지홍 뒤침 2009: 36쪽, 131쪽)에서 언급되어 있다. 하나의 사건 또는 행위를 단일한 것으로 볼지 지속적인 것으로 볼지 여부는 기계적으로 결정되는 것이 아니다. 오직 언급하는 주체의 주관적 판단을 드러내어 줄 뿐이다(101쪽 §.3-2의 역주 24 참고). 또한 같은 계열의 유사 용어들인 activity(반복 활동), behavior(관찰 가능한 행동), conduct(행실) 등에 대한 내포의미들도 그곳의 역주들을 보기 바란다.

물을 적에, 실천 중심의 언어관 및 옥스퍼드의 화행 이론 사이에는 일부 공통점이 생겨나는 것이다. 이 점은 화행 이론에 영향을 받은 독일 사회 철학자 하버마스를 논의하는 대목에서 다시 그 근거를 언급할 것이다.

오스튼이 언어를 행위로 여기는 시각 전환에서 가장 중요한 것은, 보이는 층위 및 안 보이는 층위를 연결 짓는 지혜이다. 임의의 발화 행위는 언제나 세 가지 층위의 행위 복합체로 일어난다. locution(언어 행위)와 illocution(말에 깃든 속뜻 파악 행위)과 perlocution(속뜻을 알아차려 실천으로 옮기는 행위)이다. 더 쉽게 표현하면,

(10) 표면 발화 → 속뜻 파악 → 실천 완료(마지막 단계에서 만족스러움 여부를 따짐)

로 이어지는 복합체인 것이다. 전통적인 참·거짓 판단은 마지막 단계인 언제나 실천 완료에서 이루어지므로, 언어(또는 명제)와 사고를 동일시 하였던 논의들도 모두 다 수용할 수 있는 큰 그릇이 된다. 이때 참·거짓 은 만족스러운지/적합한지(happy, felicitous라고도 불렀음)를 따지는 기준 에 의해서 확장된다. 말에 깃든 속뜻은 그 뒤 언어 기능으로도 불리며, 크게 언어에 관여하는 서법들과 관련하여 통합되거나 세분되는 쪽으로 계승되었다. 스텐포드 대학 심리학자 클락(Clark 1996; 김지홍 뒤침 2009) 『언어사용 밑바닥에 깔린 원리』(도서출판 경진)의 제5장에서는 말속에 깃든 속뜻을 크게 여섯 가지 기능의 행위로 보았다.

① 단정 행위
② 명령 행위
③ 약속 행위
④ 감정 표출 행위
⑤ 선언 행위

⑥ 선고 행위

⑦ 판결 행위

인간의 삶과 사회 행위들은, 결국 이런 개별 행위들을 놓고서 복합적으로 짜이고 얽히면서 전개되어 나가는 것이다.[11] 삶의 내용들이 사건들의 매듭과 엉김으로 이뤄져 있다고 할 때, 이들 매듭을 이름 붙여 주어야 할 경우에는 이런 행위 표지들을 이용할 수 있다.

그런데 오스튼의 첫 전환은, 그의 후배 그롸이스에 의해서 보다 역동적으로 실제 언어 사용을 설명하는 쪽으로 확장되어 나갔다. 언어 표현을 세 층위로 구분하는 정태적인 방식이, 마침내 화자의 의도를 중심으로 하여 재구성되는 것이다.[12] 그렇다면 의사소통 의도(이하 '의도'로만 줄임)를 어떻게 표현할지에 대한 문제가 부각된다.[13] 이를 다루는 것이 바로 대화 참여자들 사이에 협동 작업을 가능케 하는 그롸이스의 '대화 규범(maxims)'이다.[14] 대화 규범은 의도를 사용하려는 사람들이 상식적

---

11) 물론 이 항목들이 결코 배타적으로 하나씩 배당되는 것은 아니다. 하나의 명령문이라 하더라도, 대화 참여자들에 의해서 여러 가지 기능으로 이해될 수 있다. 번역 209쪽에서는 11가지 후보를 언급하고 있다. 명령, 요구, 약속, 위협, 경고, 제안, 기원, 충고, 저주, 감탄, 추천들이다. 그렇다면 대화 참여자들 사이에서 임의의 발화가 어떤 기능을 두드러진 것으로 파악하는지가 중요한 초점으로 부각된다. 이것이 바로 협동 과제로서 의미 파악하기 과정이다(클락의 제7장에서 다뤄짐). 이는 청자 쪽에서 자신이 파악한 의미를 반응으로 표현해 줌으로써, 화자와의 사이에 일치 여부를 확인하고, 비록 달리 파악한 의미라고 하더라도 화자의 관용에 따라 수용 여부 및 일후 전개 방식이 달라질 수 있는 것이다. 이런 역동적 과정을 담화 진행기록(discourse record)으로 부르며, 대화 참여자들 사이에 실시간으로 기억되어야 하는 공유지식이다.

12) 그의 유저(1989)에 들어 있는 그롸이스(1969), 「화자의 의미와 의도들(Utterer's Meaning and Intentions)」에서 처음 화자의 의도를 발화 의미(또는 speaker's meaning)로 언급한 바 있다. 일후 화자의 의미란 용어는 더욱 분명하게 '화자의 의도'라는 말로 불리게 된다. 의도를 중심으로 논의를 진행함으로써, 비로소 언어적 표현뿐만이 아니라 비-언어적 표현도 동시에 같이 다루게 된다. 이는 언어 사용에 대한 연구에서 언어와 비-언어를 함께 다룰 수 있는 중요한 전환점이 된다.

13) '의도'는 언제나 간접적으로 관찰되고 추정될 뿐이다. 의도를 마치 객관적 대상인 것처럼 다룬 쉬퍼(Schiffer 1972), 『의미(Meaning)』(Clarendon)의 논의에 대하여, 그롸이스 자신은 전혀 동의하지 않았음은 두말할 것도 없다. 따라서 우리가 의도를 다루려면, 반드시 의도를 확인하는 중간 과정이 필수적으로 도입되어야, 서로 간에 합치되거나 동의할 수 있음을 잊어서는 안 될 것이다.

으로 손쉽게 이용할 수 있는 지침이다. 그롸이스는 칸트의 논의에 따라 자연스럽게

(11) '질(quality)·양(quantity)·관련성(relevance)·방식(manner)'15)

---

14) 흔히 말뜻도 통하지 않으며 왜곡된 일본 용어 '격률(格律)'을 쓰는 경우를 본다. 일본에서 칸트 책을 번역하면서 격언과 법률을 합쳐 만들어 놓은 것이지만, 엉뚱한 조어법이다. 오늘날의 용어로 표현한다면, 본디 칸트는 유전자에 의해서 발현되는 인간 속성을 범주 (category)로 불렀고, 사회 공동체에서 정해 놓은 규범이나 준칙을 maxim(규범)이라고 불렀으며(그롸이스는 규범을 일부러 상대방이 알아차릴 수 있도록 어기는 것을 flaw 또는 flouting[규범 위배]이라고 불렀음), 개인의 성향이나 특성으로 발현되는 것을 schema (개인별 개념틀)로 불러 구분하였다. 선배인 오스틴과 더불어 같이 칸트를 공부하였던 그롸이스로서는, 상식에 바탕을 둔 칸트의 구분을 받아들여 언어 사용의 모습을 설명하는 일이 매우 자연스러웠을 것이다.

15) 이 항목들의 번역도 그롸이스의 의도를 제대로 살리지 못하고 엉뚱한 번역 용어를 쓰는 경우를 본다. ① '질'은 참되게 말하는 것이며, ② '양'은 더도 덜도 아닌 알맞은 분량으로 말하는 것이다. 물론 공손성(정중성) 원리나 특수한 담화 상황에서는 그 맥락 때문에 양의 규범이 충족되지 않을 수 있다. ③ '관련성'은 앞뒤 발화들이 서로 유기적으로 긴밀히 짜얽혀 있다고 보는 것이며, 협동 원리에 따른 해석에서 매우 중요한 구실을 한다. 특히 스뻐버·윌슨(Sperber and Wilson 1986; 김태옥·이현호 뒤침 1993), 『인지적 화용론: 적합성 이론과 커뮤니케이션』(한신문화사)에서는 관련성(번역본에서는 '적합성'으로 바꿔 번역하였지만, 관련성에 대한 판정 결과를 가리키는 간접적 용어이므로, 여기서 필자는 따르지 않는다)만을 극대화하였다. 이들은 또한 최근 윌슨·스뻐버(2012), 『의미 및 관련성(Meaning and Relevance)』(Cambridge University Press)도 출간하여 화자가 의도한 의미(speaker's intended meaning)·맥락·언어 의미 사이에 있는 관계들을 다룬 이들의 주요 논문 15편을 한데 모아 놓았다. ④ '방식'은 말하는 '태도'로도 번역될 수 있는데, 불분명한 표현을 피하고, 중의성을 피하며, 장황하지 않게 간략히 말하고, 순서대로 말해야 하는 것이다.

최근 영국에서 입말 말뭉치를 분석하면서, ④ '방식' 중에서 불분명한 표현을 피하라 (Avoid obscurity of expression)는 지침과는 '정반대'의 화용 상황들이 알려지기 시작하였다. 일부러 애매하고 불분명하게 말해야 하는 상황에 대한 보고이다. 우스개 소리로 표현하여 '거시기, 머시기'로 말해야 하는 상황이다. 머카씨(MacCarthy 1998; 김지홍 뒤침 2012), 『입말, 그리고 담화 중심의 언어교육』(도서출판 경진) 제2장 5절에 보면, 친밀한 사이에서 일어나는 우연한 대화들을 분석하고 있다. 그 대화의 특징들 중에는 구체적으로 대상을 가리키는 실사들을 쓰기보다는 상황에 따라 가리키는 내용들이 달라지는 허사를 쓰는 비율이 압도적으로 높으며, 직접 명시적으로 이야기하기보다는 간접적이고 애매하게 말하는 일이 잦음을 지적하고 있다. 너무 명시적이고 구체적으로 말을 한다면 하나하나 가르치면서 어린애처럼 취급받는 기분을 느낄 수도 있고, 상대방이 능히 판단하고 결정할 수 있는 영역들까지 침해해 버린다는 오해를 살 수 있기 때문이다. 흔히 서로 잘 아는 사이에는 '눈으로 말한다'고 한다. 이는 눈짓 자체가 단서만을 제공함으로써 상대방의 자율적 협력 내지 참여를 기대하고 독려한다는 뜻이다. 따라서 상대방을 존중하거나 배려한다는 점에서 상위 차원에서는 여전히 협력/협동 원리를 준수하고 있음을 알 수 있다. 이런 측면은 또한 대화 규범을 재해석해 주어야 하는 공손성의 논의와도 맞물려 있다. '불분명하게, 애매하게'라는 용어는 자칫 오해를 받을 수 있고 혼란을

이라는 하위 항목들이 언어 사용에서 매번 참조되며, 이를 토대로 서로 간에 긴밀히 협동하고 있다고 가정하였다.16) 여기서 상식에 바탕을 두어서 매우 평범하고 자명하게 꾸며진 이 대화 규범은 상위-언어 또는 절차지식(procedural knowledge)에 해당되며, 대화 참여자들이 서로 협동하면서 하나의 발화를 산출하고 해석할 때에 부지불식간 동원되고 활용된다. 단적으로 말하여, 언어 사용을 올바르게 이해하려면 언어 사용을 관장하고 있는 이런 상위 원리들을 주목해야 한다는 자각이다. 이런 입체적인 측면에 대한 깨우침은, 일상적인 언어 사용의 단면을 총체적으로 부각시켜 주는 전기를 마련함으로써, 이 단면들을 이어나가면서 전반적인 담화 또는 담론 흐름을 다룰 수 있도록 해 준다.

오스튼은 언어 사용에서 청자와 화자 사이에 '표면 발화 → 속뜻 파악 → 실천 완료'라는 세 가지 층위가 제대로 성립할 수 있도록 '만족(felicity)'의 원리를17) 내세웠다. 이는 대화 참여자들이 모두 흥부의 마음을 지니고 성실히 의사소통에 참여할 경우에라야 바람직스런 결과를 낳는다. 그렇지만 우리의 의사소통 현실에서는 그렇지 않은 경우도 허다하다. 이를 포착하기 위하여, 그롸이스는 대화 규범을 일부러 어그러뜨리기(flouting 위배하기)로 설명한다. 대화 규범의 일부를 상대방이 쉽게 알아차릴 수 있도록 위배한다는 점에서(따라서 상대방을 속이는 것이

초래할 수 있으므로, 좀 더 엄격하게 'underspecified(덜 명시적으로)'라는 용어를 쓰는 경우가 있다. 과불급(過不及)에서 불급(미치지 못함)에 해당하는데, 우리말로는 아마 '헐렁한 표현'이나 '느슨한 표현' 정도를 상정해 볼 수 있을 듯하다.

16) 네 가지 대화 규범은 대화 참여자들 사이에 서로 협동하기 위한 목적으로 이용된다. 따라서 그롸이스가 제시한 대화 원리를 흔히 '협동 원리'라고 부른다. 이 협동은 일부러 상대방이 자각할 수 있도록 명시적으로 임의의 대화 규범을 어길 경우에도, 상대방이 그 위반 내용을 이내 깨우칠 수 있다는 점에서 더 높은 층위의 협동이 이뤄지고 있는 셈이다.

17) "있는 것을 있다고 하고, 없는 것을 없다"고 하는 아리스토텔레스의 진리관(참·거짓 판정에 대한 상응론: 『형이상학』 제4권 3장과 4장의 '모순율' 논의 대목임)을 벗어나서(김여수, 1977, 『언어와 문화』, 철학과현실사, 12쪽), 더욱 융통성 있게 행동이나 실천의 측면에서 만족스러운지 여부를 진리를 결정하는 일이다. 이는 진리관 자체가 달라짐을 의미한다.

아님), 더 높은 층위에서는 여전히 대화 참여자들 사이에 협동이 이뤄지고 있다. 예를 들어, 우리말에서 만일 어조를 길게 늘여뜨리며

(12) '잘~ 났다!'

라고 한다면(또는 비꼬거나 욕하는 어조로 말한다면), 이는 방식의 규범에서 정상적인 어조로 말하지 않고 이를 어겨 이례적인 어조로 말을 하는 셈이다. 따라서 직접 표현인 "잘 났다."(긍정 가치)를 가리키는 것이 아님을 쉽게 알 수 있고, 어조의 이례성에 따라 반대의 표현인 '반어법'으로 해석될 수 있도록 작동하는 것이다.

그라이스의 대화 규범도 공손한 표현에서도[18] 작동하기 위해서는 수정될 필요가 있음이 지적되어 왔다. 우리말에서 '좀'은 어원적으로 '조금'이란 부사어가 줄어들었음을 누구나 쉽게 깨닫는다. 그렇지만 전화를 받는 상대방에게

---

[18] 우리말에서 '공손하다'는 표현을 쓴다. 공손을 표현하는 방식은 남 또는 남과 관련된 일을 높여 주거나, 반대로 화자인 나와 관련된 것을 낮추는 일이다. 그렇지만 영어에서 'polite'은, 매끄럽게 잘 닦는다(made smooth, polished)라는 어원이 말해 주듯이, 언어 표현 방식이 번드르르하게 꾸며져 있음을 가리킨다. 따라서 인사치레의 표현에는 군더더기와 같은 장식들이 같이 들어 있을 수 있음을 알 수 있다. 공손성에 대한 본격적인 연구는 미시사회학을 이끌었던 고프먼(Goffman)의 체면에 대한 논의가 같이 다뤄진다. 브라운·레빈슨(Brown and Levinson 1987), 『공손성: 언어 용법에서의 몇 가지 보편성(*Politeness: Some Universals in Language Usage*)』(Cambridge University Press)에서는
① 무례하게 표현하기(bald on record),
② 적극적인 공손표현,
③ 소극적인 공손표현,
④ 암시적으로 표현하기(off record)
로 구분한 바 있다.
공손성에 대한 논의는 왓츠·이데·이히릭 엮음(Watts, Ide and Ehlich 1992), 『언어에서의 공손함: 역사·이론·실천 연구(*Politeness in Language: Studies in its History, Theory and Practice*)』(Mouton de Gruyter); 왓츠(2003), 『공손함(*Politeness*)』(Cambridge University Press); 언어 공손성 연구모임(Linguistic Politeness Group 2011), 『공손성에 대한 담화 접근(*Discursive Approaches to Politeness*)』(Mouton de Gruyter)도 나와 있다.

(13) "지금 좀 와 줄래?"

라고 요청할 수 있다. 이 표현에서 '좀'은 결코 이런 축자적인 뜻이 들어 있지 않다.19) 오히려 상대방에게 지우는 부담을 덜어 주는 표현이고, 상대방 쪽에서 그 요청을 거절할 수도(화자로서는 거절을 당할 수도) 있으며, 그 결정권이 상대방에게 달려 있음을 함의한다.

우리말에서 잘못 쓰는 것으로 비난받거나 오해를 사는 표현 중에서 화자 자신의 일이면서 추측이나 짐작을 나타내는 형태소 '-겠-'을 쓰는 일이 있다. 화자인 내가 미리 기차표를 예매하고 내일 고향을 떠나야 하는 상황에서, 윗사람인 할아버지에게 다음처럼 말할 수 있다.

(14) "제가 내일 떠나야겠습니다."
(15) "제가 내일 떠납니다."

이들 표현에서 (14)에 '-야 하다/되다'에서 비롯된 응축 구문과 선어말 어미 '-겠-'이 더 들어 있다. '떠나야 하다/되다'라는 구문에서 후행 동사 '하다/되다'의 주어는 화자가 떠난다는 상황이다. 양태를 나타내는 '-겠-'은 두 가지 기능이 있다. 이와 관련된 동사의 주어가 화자 자신이면 화자의 의지를 나타내지만, 화자가 아니면 추측이나 짐작을 나타낸다. 여기서는 그 주어가 화자가 아니다. 따라서 '-겠-'은 의지를 나타내는 것이 아니라, 짐작이나 추측을 가리키게 된다. 그런데 화자가 자기 자신의 일을 마치 남의 일처럼 추측하거나 짐작한다는 것은 자기 모순

---

19) 필자의 직관으로는 '조금'이란 뜻이 유지되기 위해서는 '조금만'이나 이를 줄인 '좀만['쫌만' 청소년층]'처럼 강세 보조사가 더 붙어야 할 것으로 본다. 청소년 층에서 들을 수 있는
  (16) "쫌만 줄래요?"
  는 분량이 적음/작음을 가리킨다. 그렇지만 "좀 줄래요?"는 상대방이 느낄 법한 부담을 줄여 주는 표현으로 고정되어 있고, 분량의 크고 작음/많고 적음과는 상관이 없다.

이라고 지적하면서, (14)의 표현을 잘못되었다고 비난하는 이들이 있다.

그러나 이는 잘못된 비난이나 착각에 불과하다. 공손성의 원리가 작동되는 방식을 제대로 파악하지 못하였기 때문에 빚은 실수인 것이다. 만일 화자가 할아버지한테 단정적으로 (15)의 표현을 쓴다면, 상대방에게 통보를 하는 것이다. 이는 상대방에게 아무런 결정권도 넘겨 주는 것이 아니며, 경우에 따라 불손하게 들릴 수 있다.[20] 공손한 표현이 되려면, 화제가 되고 있는 일이나 사건에 대하여 결정권을 상대방에게 넘기는 형식을 갖추어야 한다.[21] 이를 체면을 높여 주는 원리, 또는 그 하위 원리인 자율성(autonomy)을 높여 주는 원리로 부른다. 내 자신의 일이면서 마치 상대방이 자율적으로 결정할 수 있도록 하는 표현을 채택함으로써, 결과적으로 상대방을 높여 주고 있는 것이다.

여기서 우리는 그롸이스의 대화 규범 중에 '방식'(=표현 방식)에 관한 내용이 좀 더 구체적으로 다룰 필요가 있음을 알 수 있다. 협동하면서 대화가 진행되는 방식을 다룬 클락(Clark 1996; 김지홍 뒤침 2009: 제7장, 제10장)에서는, 대화의 진행이 한걸음에 모두 이뤄지는 것이 아니라, 대화 참여자들이 서로 간에 부분부분 매듭을 지어 놓으면서 진행된다는 사실을 찾아내었다. 그 매듭은 일반적으로 지금까지 진행되어 온 내용

---

20) 우리말에서는 웃어른에게 부드럽게 표현하는 방식을 택하지 않고, 박절하게 통보를 하는 형식은 자칫 '불손하게 느껴질 수' 있다. 상대방을 전혀 배려하지 않기 때문이다. 영어에서도 비슷하지만, 이런 표현을 hedge라고 부른다. 번역자에 따라 '책임 경감 표현, 완화 표현, 울타리 표현' 등으로 다양하게 쓰인다. 말하는 사람이 떠맡아야 할 책임(참임을 증명하는 몫)을 줄여 놓는 것이다. 한마디로 그 요체는 단정적인 표현이나 참·거짓으로 된 범주적 표현을 피하는 일이다. 우리말에서는 청자쪽의 배려에 초점이 모아져 있으나, 영어에서는 자신의 말에 대하여 화자쪽에서 져야 할 책임에 초점이 있다.

21) 더욱 공손하게 표현하려면, 상대방인 할아버지에게 허락을 받는 다음 형식으로 나올 수 있다.

　(17) "제가 내일 떠나도 되겠습니까/괜찮겠습니까/될지 허락해 주시겠습니까?"

　이는 명시적으로 상대방에게 결정권이 있다고 상정하고, 상대방으로부터 허락을 받는 형식이 된다. 여기에서도 '-겠-'이라는 형태소의 유무가 전혀 다른 상황을 만들어 놓게 된다. 즉, '-겠-'이 있으면 공손한 표현이다. 그렇지만 '-겠-'이 없으면 사실 표현이 된다. 공손한 표현은 마치 상대방이 결정을 내리는 데에 권한을 지닌 듯이 전제하여 말하는 것이다.

에 대한 정리 또는 평가로 표시될 수 있다.22) 각각의 매듭은 이미 대화 진행 방식이 고정되어 있는 절차를 이용하거나, 또는 그렇지 않을 경우에 서로 간에 그런 절차를 합의하여 공동 목표를 설정함으로써, 서로 간에 의사소통이 끊이지 않고 죽 이어져 나간다. 일상생활에서 우리들이 나누는 대화는 크게 자명한 방식 및 합의하는 방식 두 가지로 나뉜다. 만일 이를 세분하여 각각 두 가지로 더 나누면, 다음 도표에서와 같이 모두 네 가지 절차와 이에 상응하는 과제를 짝지을 수 있다.

절차와 과제 방식의 성격	의사소통 진행 절차	의사소통 과제의 분류
자명한 방식	고정된 절차(융통성이 제약되어 있음)	지엽적인 과제
	정규적 절차(융통성이 있고 가변적임)	최소 협동 과제
상호합의 방식	자명한 예비 단계를 통해 합의하는 절차	확대된 과제
	처음부터 공동목표를 합의하는 절차	협력하여 의미를 수립하는 과제

먼저 우리가 제일 쉽게 서로 의사소통을 하는 방식은, 이미 고정된 절차를 이용하여 매우 지엽적인 과제를 수행하는 일이다. 군대의 제식 훈련에서 소대장이 소대원들에게 내리는 명령과 구호나, 극장의 매표소에서 표를 사기 위하여 주고받는 이야기들이나, 음식점에서 음식을 주문하는 일이 대표적이다. 이 경우에 고정된 절차에 따라 지엽적인(즉, 누구든지 의사소통 목적과 진행을 뻔히 알 수 있는) 과제를 실천하는 것이다.

그러나 우리가 사회생활을 하는 데에는 언제나 고정된 의사소통 상

---

22) 이를 전문 용어로 closing section(종결 마디, 클락의 용어)으로 부르거나, formulation(내용 정리, 머카씨의 용어)으로 부를 수 있다. 특히 머카씨(McCarthy 1998; 김지홍 뒤침 2012 개정 증보판), 『입말, 그리고 담화 중심의 언어교육』(도서출판 경진)을 보면, 말뭉치(corpus, 전산처리 언어자료) 분석을 통해서 영국 화자들(대부분이 20대 이상에 해당함)에게서 평가가 이뤄지는 평범한 방식이 관용표현이나 속담 등이 자주 이용됨을 찾아내었다. 이는 문화적으로 속담이나 관용표현들 속에 거의 '가치'가 스며들어가 있기 때문이다. 따라서 아무렇게나 속담 또는 관용표현을 쓰는 것이 아니다. 의사소통 진행과정에 그런 표현이 필요한 대목들이 있는 것이다.

황만 있는 것이 아니다. 이럴 경우에 몇 가지 하위 유형들이 있다. 자명한 예비 단계를 거쳐 요청을 하거나 제안을 하는 것이다. 가령, 가게에 가서 물건을 사기 위하여 예비 단계로 점원에게 자신이 구매할 물건이 있는지 여부를 물을 수 있다("여기 충전용 건전지도 파나요?"). 점원이 긍정적 대답을 할 경우에는, 세부 사항에 대하여 요청을 하거나("네 개 주세요!"), 상대방 화자인 나(구매자)에게 제안을 할 수 있다("최근 나온 인기 제품을 써 보실래요?"). 아니면, 어떤 조건을 제시하여 그 조건에 대답하도록 요구하거나("삼색 파장 형광등이 얼마죠?"), 관습적인 형식을 써서 요청을 할 수도 있다("솔[＝담배] 하나 주세요!").

앞의 사례들보다 더 역동적인 것은 의사소통의 진행 절차와 채택할 과제를 서로 간에 합의해야 하는 경우이다. 이는 화자는 더 큰 목적을 세우기 위하여 상대방에게 의사를 타진하고, 서로 간에 추론을 하면서 공동 목표에 합의하는 일로 이뤄진다. 그 밑바닥에는 상징적인 상거래 원리인 공평성(equity) 원리가 작동하게 된다. 이 과정에서 화자는

① 그 일의 합당성을 입증해 주어야 하고,
② 상대방 청자에게 부가되는 의무가 최소한의 것임을 확신시키며,
③ 그 의무에 대한 보상으로 자신이 갚게 될 보상 내용을 드러내고,
④ 이를 통하여 상대방에게도 이익이 됨을 확신시켜 주어야 한다.

그렇지만 이런 의사소통이 제대로 잘 일어나려면, 상대방 청자가 공동 목표를 받아들여 실행하는 데에 걸림돌이나 장애가 없어야 한다. 따라서 예상 가능한 걸림돌을 우선 제거하려면, 예비 단계를 거쳐 다음 단계로 진행하게 된다. 이런 단계를 위하여 다음처럼 관례적인 표현법들이 이용된다. 청자에게 넘겨주는 자율성(＝청자 결정권)의 정도에 따라서, 낮은 정도와 중간 정도와 높은 정도를 구분할 수 있다. 이는 거꾸로 상대방에게 의무감이 깃들어 있는 언어 표현에서부터, 전적으로 화자가

상대방으로부터 허락을 얻어 내어야 하는 언어 표현까지 걸쳐져 있다.

마지막으로 의사소통의 처음에서부터 공동 목표를 합의하여 세워 놓고 줄곧 협력하면서 의사소통을 진행해 나가는 방식은, 모든 것이 활짝 열려 있다. 오직 자유의지를 지닌 참여 주체들이 착한 마음으로 적극적으로 의사소통에 참여하여, 서로 도와주려는 의도(배려)에서 열쇠를 찾아 나가야 하고, 그런 의도가 언어로 표현되는 방식에 예의 주시해야 할 것이다.

여기서 다룬 의사소통 절차·방식·과제·걸림돌 제거 등은 언제나 언어 표현 밑에 깔려 있는 작동 원리이다. 대체로 대화 참여자들이 무의식적으로 이런 원리들을 이용하고 있는 것으로 판단된다. 따라서 최근 언어교육에서는 이런 측면을 부각시켜 의사소통이 바람직하게 진행되어 나가도록 하려는 목표로 '언어 사용에 대한 자각(awareness)'의 문제로 부르기도 한다(Fairclough 1992). 이렇게 찾아진 상위 원리들이 과연 본격적으로 어떤 분야에서 논의해야 할 것인지는 연구 관점에 따라서 달라질 수 있다. 미시사회학의 분야이든, 언어심리학 분야이든, 일상언어 철학 분야이든, 아니면 필자가 전공하는 국어교육 분야이든, 어느 분야에서도 접근이 가능하다. 그렇지만 요체는 반드시 입체적인 시각을 견지해야 된다는 점이다. 이는 겸손하게 언어 사용과 관련된 여러 분야의 저작물들을 진지하게 검토하면서, 받아들일 것은 받아들여야 함을 뜻한다. 이른바 통합/융합 학문이나 학제적인 성격을 띠는 일이다.

다음 절로 넘어가기 전에 언어와 행위의 관계를 포괄적으로 살펴보기로 한다. 독일의 사회 철학자 하버마스는[23] 이런 화용 행위(하버마스는 이를 '의사소통'이라고 부름) 이론을 수용하여, 인간의 행위들 속에서 어떻게 연관되는지를 다룬다. 김재현(1996: 44쪽)에서는 다음처럼 도표

[23) 하버마스의 저작물도 우리말로 여러 권 번역되어 있고, 그의 사회 철학을 다룬 전문서적들도 많이 나와 있다. 필자는 김재현 외 11인(1996), 『하버마스의 사상: 주요 주제와 쟁점들』(나남)을 읽으면서 그의 사회 철학에 대한 큰 지도를 그릴 수 있었다.

로 나타내었는데, 인용자가 조금 수정하였다.[24]

(18) 인간 행위 전반에 대한 하버마스의 밑그림

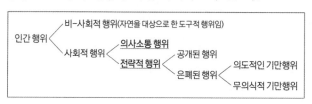

여기서 비-사회적 행위는 자연을 대상으로 하여 우리의 목적에 맞춰 자연을 이용하거나 활용하는 도구적 행위이므로, 사회 철학에서 다루는 주요 대상이 아니다(자연과학에서 다룸). 이에 짝이 되는 사회적 행위는 크게 의사소통 행위 및 전략적 행위로 나뉜다. 의사소통 행위는 이해(理解)를 지향하는 인간의 행위이다. 반면에 전략적 행위는 어떤 목적을 성취하거나 성공을 지향하는 이익 성취 행위이다. 전자는 상호 이해를 통하여 합의에 도달하는 과정이며, 하버마스는 이를 '의사소통의 합리성'이라고 불렀다. 그러나 후자는 미리 설정된 이익을 얻어내기 위하여 끊임 없이 어떤 영향력을 행사하게 되며, 합목적성을 띤 행위가 된다. 전략적 행위는 다시 공개된 행위와 은폐된 행위로 나뉘고, 은폐된 전략적 행위는 의도적으로 상대방을 속이려는 행위인지, 아니면 무의식적인지로 더 나뉜다.

이 도표에서 밑줄로 된 의사소통 행위는 언어 중심적이며 언어 지향적이다. 반면에 전략적 행위에서는 비-언어 요소들이 중심적이며, 언어는 보조적으로 동원되거나 작동한다. 철학에서 언어와 사고를 한데 다루던 전통이, 하버마스가 다룬 사회 철학의 도표에서는 오직 행위를 중심으로 하여 삶의 전개 방식이 표상되어 있다. 더욱 중요한 것은, 우리

---

24) 김재현(1996), 「하버마스 사상의 형성과 발전」, 김재현 외, 『하버마스의 사상: 주요 주제와 쟁점들』(나남) 제1장에 실려 있다.

삶이 오직 언어에만 집중되거나 언어로부터 모든 것이 도출되어 나오는 것이 아니라는 점에 있다. 보다 더 충실하게, 그리고 더 전면적으로 사회 관계를 통한 인간의 삶이 부각되어 있음을 알 수 있다.

그런데 문제는 사회적으로 얽혀 삶을 전개하는 두 가지 축인 의사소통 행위 및 전략적 행위가 배타적으로 선명하게 나뉘는 것이 아니라는 사실에 있다. 정호근(1996: 128)에서는25) 이들 양자가 서로 뒤섞이고 혼용될 수 있음을 다음처럼 지적하였다.

"오직 상호 이해 지향적 … 의사소통 행위에, 그럼에도 불구하고 목적론적 행위 구조가 그 근저에 있다는 점이다. … 그렇다면 행위 지향에 따른 유형론은 더 이상 행위의 분류를 위한 유력한 기준의 자질을 가질 수 없을 것이며, 오히려 목적론적 구조가 각 행위를 포괄하는 구조로 간주되어야 할 것이다."

이는 이해를 지향하는 의사소통 행위 및 이익을 성취하려는 전략적 행위가 나란히 배타적으로 병렬되는 것이 아니라, 오히려 어느 하나가 더 심층의 작동 원리임을 의미한다. 이는 이익을 성취하려는 전략적 행위이다. 만일 그렇다면, 이는 놀부 사회의 구성원들이 흥부의 탈을 쓰고 의사소통을 한다고 비유하여 말할 수 있다. 이런 시각이 반드시 그르다고 할 수는 없다. 경제라는 하부구조가 더 근본적이고 실질적임을 맑스가 지적한 이래,26) 더 많은 이익을 추구하고자 하는 인간 욕망의

---

25) 정호근(1996), 「의사소통적 합리성과 권력, 그리고 사회 구성」, 한림대 인문학 연구소, 『인문학 연구』 제2~3집이며, 또한 김재현 외(1996), 『하버마스의 사상』(나남) 제3장으로 실려 있다.

26) 비단 맑스만이 이런 발상을 하였던 것은 아니다. 기원전 3세기에 이미 맹자는 인간들이 도덕을 갖추려면 1차적으로 반드시 입에 풀칠하는 문제가 해결되어야 한다고 주장하였다. 『맹자』의 등나라 문공(상)에 보면
"백성들이 도덕적으로 되는 데에는 일정한 재산이 있어야 한결같은 마음이 생겨나는 것이오, 일정한 벌이가 없는 이는 한결같은 마음이 없습니다(民之爲道也, 有恒産者, 有

존재를 있는 그대로 받아들여야 한다는 속뜻을 지닐 수 있기 때문이다.

그럼에도 불구하고 왜 하버마스의 사회 철학에서는 상호 이해를 지향하는 '의사소통 행위'를 굳이 독립된 항목으로 세워 놓았을까? 이는 의사소통 기능을 친분을 쌓은 일과 정보를 전달하는 일로 두 가지로 나누는 전통에서 그 이유를 찾아볼 수 있을 것이다. 셰넌·위버(Shannon and Weaver 1949)의 정보 통신 이론의 영향 아래, 구조주의 언어학자 야콥슨(Jacobson, 1896~1982)은 여섯 가지 의사소통 기능을 구성 요소별로[27] 지정한 바 있다. 곧, '발신자·수신자·접촉·관련 상황·전달 내용·기호 체계'에 대응하는 각 요소마다 주도적인 기능을 다음처럼 상정할 수 있다.

① 감정 표시 기능

② 명령 기능

③ 친교 기능

④ 지시 기능

恒心, 無恒産者, 無恒心)."

이탈리아에서 공산당을 만들고 맑스주의를 받아들인 그륌씨(Gramsci, 1891~1931)는, 경제적인 하부구조뿐만 아니라, 또한 이념적인 문화/가치도 인간의 행위를 규정하는 중요한 인자임을 지적한 바 있다.

만일 우리가 머클린(MacLean)의 세 겹 두뇌 가설을 받아들인다면, 필자는 이 두 주장이 모두 합리적으로 수용될 수 있다고 본다. 경제적 하부구조(최소 노력의 최대 이익)를 좇는 특성은 2차 뇌의 작용으로부터 나오는 것이고, 이념/가치(온전한 보람)를 좇는 특성은 3차 뇌의 작용으로부터 나온 것으로 본다. 변연계의 2차 뇌는 경제성을 추구하지만, 대뇌로 불리는 3차 뇌는 온 정성을 다 쏟아 특정한 가치를 추구하는 것이다. 전자는 이기적인 구심점으로 모든 행위가 모아지지만, 후자는 이타적인 원심점으로 많은 행위가 일어나는 것이다. 다시 말하여, 우리 개개인이 사회적 관계를 통하여 삶의 목적을 추구하는 일에는, 적어도 두 가지 이상의 가치가 병존하거나 공존할 수 있다고 본다. 이런 양면성은 카느먼의 의사결정 체계가 체계 1과 체계 2로 나란히 작동하고 있다는 통찰과도 서로 정합적으로 맞물린다.

27) 야콥슨(1960), 「언어학과 시학」인데, 다음 세 종류의 번역이 있다.

김태옥(1977), 「언어학과 시학」, 이정민 외(1977), 『언어과학이란 무엇인가』, 문학과지성사

신문수 엮고 뒤침(1989), 『문학 속의 언어학: 로만 야콥슨』, 문학과지성사

권재일 뒤침(1989), 『일반 언어학 이론』, 민음사

⑤시적 기능

⑥상위 언어 기능

이들 세세한 기능 중에서 직접적으로 이익 성취 또는 전략적 행위와 관련되는 것을 찾아내기란 쉽지 않다. 순수한 언어 형식에 깃들어 있는 고유한 기능들이기 때문이다. 이런 여러 가지 기능을 일반사람들이 직관적으로 쉽게 깨닫고서 언어를 쓰는 도중에 의식해 내기란 상당히 어려운 일이다. 따라서 언어교육에서는[28] 이런 기능들을 크게 두 가지 정도로 줄여 놓았다. 하나는 친분 쌓기 기능이고,[29] 다른 하나는 정보 전달 기능이다. 상대적으로 친분 쌓기 기능은 이익을 다투거나 특정한 목적을 전제하지 않고 이뤄진다. 이른바 '잡담'으로 불리는 것에서부터, 서로 간에 친구 사이로 지내기 위하여 나누는 정담(情談)들이 이런 부류에 속한다.

정보를 전달해 주는 의사소통과 친분을 쌓은 의사소통은 하버마스의 '상호 이해'라는 개념으로 통합될 수 있다. 그런데 상호 이해란 의사소통의 결과 마침내 도달하게 되는 상태이다. 의사소통이 진행되는 도중에는 언제나 미시사회학 또는 상호작용 사회학의 토대를 다진 고프먼(Goffman, 1922~1983)이 '체면(face)'의 원리가 작동한다. 상대방과의 사회적 접촉에서 우리는 상대방의 체면을 위협하는 행위를 하거나 또는 거꾸로 체면을 보호해 주는 행위를 하는 것이다. 이는 앞에서 나눈 '친분 쌓기' 의사소통의 전개 모습을 설명해 주는 중요한 지침이다. 체면

---

28) 원래 영국 스코틀랜드 중학교 학생들에게 말하기 교육을 효과적으로 실시하기 위하여 연구를 진행한 앤더슨·브롸운·쉴콕·율(1984; 김지홍·서종훈 뒤침 2014), 『모국어 말하기 교육: 산출 전략 및 평가』(글로벌콘텐츠)에서 다뤄졌다. 그렇지만 통상적으로 출간 연도에서 조금 앞선 동일 저자의 브롸운·율(Brown and Yule 1983), 『담화 분석(*Discourse Analysis*)』(Cambridge University Press)를 출처로 인용한다.

29) 우리 문화의 전통에서는 너와 내가 공감하여 더불어 즐거움을 누린다는 가치로 요약될 수 있다. 이를 흔히 '여민락(與民樂, 백성과 함께 즐거움을 누린다)'이나 '여민동락(與民同樂, 백성과 더불어 같이 즐거움을 누린다)'으로 표현해 왔다.

은 다시 ① 상대방의 자율성을 높여 주는지 여부와 ② 상대방의 자존심을 높여 주는지 여부로 재구성할 수 있는데, 이를 다음 장에서 다루어 나가기로 한다.

10장 미시사회학에서의 논의

사회학은 크게 사회의 전체 구조를 다루는 거시사회학과 개인들 사이의 상호작용을 다루는 미시사회학으로 나뉜다. 전자는 특히 계량할 수 있는 수치들을 다루므로, '양적·정량적·통계적'이라는 수식어가 붙는다. 반면에, 후자는 어떤 사건에 대한 설명을 덧붙여 놓는다는 의미에서 '질적·정성적·해석적'이라는 수식어가 붙는다. 의사소통 연구와 긴밀히 관련되는 분야는 후자 쪽이다.[1]

---

1) 필자가 이 분야 지식을 얻기 위해서 개관서로서 다음과 같은 방대한 책자의 번역서들을 읽을 수 있었다.

터너(Turner 1997; 정태환 외 뒤침 2001), 『현대 사회학 이론』(나남)

터너(2008; 박형신 외 뒤침 2010), 『현대 사회이론의 흐름』(도서출판 한울)

뤗저(Ritzer 2003; 한국 이론 사회학회 뒤침 2006), 『현대 사회학 이론과 그 고전적 뿌리』(박영사)

뤗저(2004; 김왕배 외 뒤침 2006), 『사회학 이론』(한울출판사)

휴잇(Hewitt 2000; 윤인진 외 뒤침 2001), 『자아와 사회: 상징적 상호작용주의 사회심리학』(학지사)

이외에도 강수택(1998), 『일상생활의 패러다임: 현대 사회학의 이해』(민음사)를 통해서 현상학에 영향 입은 사회학자 슈츠(Schutz, 1899~1959)로부터 비롯되는 개개인의 구체적 삶과 생활 단편에 초점이 모아지는 역사적 배경도 배울 수 있었다. 뤗저(2004; 김왕배 거시적 사회이론을 전개한 하버드 대학의 파슨즈(T. Parsons, 1902~1979)에 맞서서, 이는 미드(G. H. Mead, 1863~1931)가 이끄는 '시카고 학파'로 불렸던 학자들에 의해서 발전되었고, 미드의 제자 블루머(Blumer 1937) 『상징적 상호작용주의: 관점과 방법(*Symbolic Interactionism: Perspective and Method*)』(University of California Press)에 의해 '상징적 상호작용'이라는 멋진 이름이 붙기도 하였다. 이들은 인간 또는 인간들의 행위/행동이[2)]

외 뒤침 2006: 478쪽)에 보면, 여기서 서술할 미시사회학 또는 '상징적 상호작용' 이론은, 환원주의적 행동주의 및 거시사회학인 구조기능주의와 대립하는 흐름으로 기술되어 있다.

사회학 또는 사회와 관련된 영어 형용사는 두 가지가 쓰인다. social(사람들 간 관계의)과 societal(사회구조 측면의)이다. 필자가 이해하는 구분 기준은 대체로 다음과 같다. 전자가 미시사회학에서 다루는 인간들 사이의 관계를 가리키므로 '사교적, 사회적'으로 번역된다. 그렇지만 후자는 거시사회학에서 다루는 사회 전반적인 구조 측면을 가리키므로, '사회구조적, 사회 전반의'와 같은 말로 번역할 수 있다. 전자일수록 해석적·질적 연구 방법을 따르게 되고, 후자일수록 통계적·양적 연구 방법을 따르게 된다. 물론 양자가 서로 통합되는 방식도 있겠지만(특히 언어교육의 연구에서는 혼합 방식을 선호함), 해석적·질적 연구법을 따르는 경우에는 사회학을 'sociology'라고 쓰고, 통계적·양적 연구법을 따르는 경우에는 사회과학 'social science'라는 말을 쓰는 듯하다. 일각에서는 아무리 사회과학이라고 불러도 생물 유기체를 다루는 soft science(물컹과학; 물리학 같은 hard science[엄밀과학]에 대립됨)에도 못미치며, 숫자나 통계로 위장된 사이비 과학에 지나지 않는다고 폄하하는 이들도 있다.

그렇지만 '사회학'의 영역에서는 인간들의 행위를 다루되 자유의지(free will)의 구현이라는 상위 개념을 추구한다. 이와는 달리 '사회과학'의 영역에서는 자연계를 지배하는 인과율(causality)이란 상위 개념을 추구하므로, 과학의 반열에 들어간다고 반론을 펴기도 한다. 필자는 이런 궁극적 문제가 논증이나 반증을 거쳐 확립될 수 없고, 오히려 연구자의 가치관을 그대로 반영해 주는 것으로 믿고 있다.

2) 우리말에서 '행위'와 '행동'은 조금 다른 뜻을 지니고 있다. '행동거지(行動擧止: 행동의 시작과 멈춤)'란 구절에서 알 수 있듯이, 행동은 반드시 외적으로 누구에게나 관찰될 수 있는 사건에 해당한다. 이른바 미국의 행동주의에서 의도하던 사건이다. 우리말에서 쓰이는 동작(動作)이나 거동(擧動)도 또한 모두 외적 관찰 대상들이다. 그렇지만 '사고 행위'라는 이음말에서 암시받을 수 있듯이, 행위는 좀 더 가리키는 영역이 넓고, 오직 내성을 통해서 알 수 있는 내적인 두뇌 작용까지도 가리킬 수 있다. 이런 점을 염두에 둔다면, 행위와 행동을 싸안는 상의어로서 '행위'를 선택할 수 있다. 1세기 경 허신(許愼)이 쓴 『설문 해자』에 보면 행(行)은 어원이 '큰 네 거리 길'을 상형하여 사람이 걷거나 내닫는 일(人之步趨)을 뜻하며, 위(爲)는 어미 원숭이(母猴)를 그린 상형문자라고 나와 있어서, 우리말에서 지금 쓰이는 뜻과 아주 멀어져 있음을 알 수 있다.

사회학에서는 미국 행동주의자들이 외적 관찰이 가능한 행동(behaviors)에 초점을 맞출 때에, 미드(G. H. Mead, 1863~1931)가 내적인 측면까지 포괄하는 act(행위)에 대해 깊은 관심을 쏟았다. 사후에 그의 글 31편을 모아 펴낸 미드(1938), 『인간 행위에 대한 철학 (*The Philosophy of the Act*)』(University of Chicago Press)이 나와 있는데, 책 제목에 모두 유일성/보편성을 가리키는 정관사들이 붙어 있음에 주목하기 바란다. 유일한 하나의 행위란 인간 행위를 포괄하는 것이고, 유일한 하나의 철학이란 인간 행위를 작동시키는

1차 관심거리이며, 인간들 사이의 관계를 드러내 주는 이런 행위/행동들이 중요하게 말(언어)을 통해서도 이뤄진다는 점에 주목한다.

말을 통하여 인간 관계를 맺고 행위/행동을 실행하는 측면에 대한 연구는 특히 고프먼(E. Goffman, 1922~1982)에서 중요하게 다뤄진 바 있다.3) 현재 미국 조쥐타운 대학 언어학자 테는(D. Tannen, 1951~)이 충실히 고프먼의 틀(frame) 개념을 발전시키고 있는 것으로 알려져 있다.4) 또한 가핑클(H. Garfinkel, 1917~2011)에게서 시작된 하위 문화집단이나 소집단을 대상으로 한 연구에서도 일상적인 대화의 분석에 주의를 쏟았다. 특히 쌕스(H. Sacks, 1935~1975)와5) 그 동료들의 연구가 그러하다.

원리가 보편적이라고 상정함을 뜻하는 것이다.
3) 고프먼의 저작 중에 세 권의 책이 번역되어 있다. 고프먼(1959; 김병서 뒤침 1987), 『자아 표현과 인상 관리: 연극적 사회 분석론』(경문사); 고프먼(1964; 김용환 뒤침 1995), 『오 점: 장애의 사회 심리학』(강원대학교 출판부). 후자는 다시 윤선길·정기현 뒤침(2009), 『스티그마(=낙인): 장애의 세계와 사회 적응』(한신대학교 출판부)로 번역되었다. 고프 먼(1967; 진수미 뒤침 2013), 『상호작용 의례: 대면 행동에 관한 에세이』(아카넷)가 최근 나왔다. 동일한 주제를 확대한 콜린즈(2005; 진수미 뒤침 2009), 『사회적 삶의 에너지: 상호작용 의례의 사슬』(한울)도 번역되어 있다. 후자에서는 고프먼의 개념들이 어떻게 발전되고, 뒷 사람들의 연구에 어떻게 이어지는지를 알 수 있는데, 가령, 54쪽에서는 고 프먼의 '상호작용 의례(interaction ritual)' 개념에 마키아벨리 측면과 뒤르껭(뒤르카임)의 기능주의 측면이 공존한다고 서술하였는데, 이를 받아들여 콜린즈는 유동적인 '상호작 용 의례 사슬(chains, 연쇄)'이란 개념으로 확대하였다.
    이곳에서의 논의와 관련하여 필자는 고프먼(1974, 1986 재판), 『틀 분석: 경험의 조직화 에 대한 논문집(Frame Analysis : An Essay on the Organization of Experience)』(Northwestern University Press)과 고프먼(1981), 『말하기의 형식들(Forms of Talk)』(University of Pennsylvania Press)과 그의 마지막 글(1982), 「상호작용 질서: 미국 사회학회 회장 취임 연설문(The Interaction Order: American Sociological Association)」(1982 Presidential Address)이 중요하 다고 판단한다. 고프먼의 틀에 대한 개관 및 언론학에서의 발전은 이준웅(2000), 「프레임, 해석 그리고 커뮤니케이션 효과」, 『언론과 사회』 통권 제29호(85~153쪽)에서 살펴볼 수 있다. 한편, 필립스(J. Phillips 1983), 「고프먼의 언어적 전환: 말하기의 형식들에 대한 논평(Goffman's Linguistic Turn: A comment on Forms of Talk)」, 『이론, 문화, 사회(Theory, Culture and Society)』 제2권 1호(pp. 114~116)에서 "이 책은 전적으로 사회언어학이다(the book is all socio-linguistics)"라고 썼지만, 필자는 고프먼이 일관되게 연극적인 모습으로 인간들의 사회질서를 탐구해 온 것으로 판단한다.
4) 테는 엮음(1993), 『담화에서 틀 부여하기(Framing in Discourse)』(Oxford University Press) 에 8편의 논문이 모아져 있다. 틀은 레이코프(Lakoff) 교수가 이끄는 인지언어학의 한 갈래에서는 무의식적인 심층의 틀 형성(deep framing)이란 개념으로 수용되며, 이를 명시 적으로 드러냄으로써 미처 깨닫지 못한 부분들이 드러날 수 있다. 또한 틀은 하나의 대상 을 드러내기 위하여 화자가 어떤 배경을 선택하는지와도 관련된다.

이런 흐름을 '소집단 연구방법(ethnomethodology)'이라고 번역하지 않고, 왜곡된 일본 용어를 비판 없이 받아들여 민속방법론이나 민족지라고 부르는 일이 있다. 그렇지만 결코 이는 민족에 대한 연구도, 민속에 대한 연구도 아니다. 단지 작은 집단 또는 하위 문화집단을 대상으로 한 연구인 것이다.

릿저(2004; 김왕배 외 뒤침 2006: 500~501쪽)에는 '상징적 상호작용'에 대한 일곱 가지 기본 원칙을 다음처럼 서술하였다.

(1) 상징적 상호작용의 기본 원칙

① 하등 동물들과 달리 인간은 사고 능력을 갖고 있다.

② 사고 능력은 사회적 상호작용에 의해서 형성된다.

③ 사람들은 사회적 상호작용을 통해서 사고를 가능케 해 주는 의미와 상징을 배운다.

④ 의미와 상징은 인간 고유의 행위 및 상호작용을 수행하게 해 준다.

⑤ 사람들은 상황에 대한 해석에 근거하여 행동하고, 상호작용에서 의미와 상징을 수정할 수 있다.

⑥ 사람들은 가능한 여러 가지 행위 경로를 검토하고 유불리를 평가한 뒤 하나를 선택할 수 있다.

⑦ 행위와 상호작용이 뒤얽힌 유형이 집단과 사회를 구성하는 것이다.

이 기본 원칙이 언제나 의미와 상징을 통하여 매개된다. 이 점은 사회학 또는 사회 질서에 대한 원칙이 될 뿐만 아니라, 또한 의사소통에

---

5) 1964년부터 1968년까지 쌕스 교수가 강의했던 내용들이 제퍼슨 엮음(Jefferson 1995), 『대화에 대한 강의록(*Lectures on Conversation*)』(Wiley-Blackwell)으로 출간되어 있다. 또한 보우든·짐머먼 엮음(Boden and Zimmerman 1991), 『대화 및 사회구조: 소집단 관찰지 연구와 대화 분석(*Talk and Social Structure: Studies in Ethnography and Conversation Analysis*)』(Polity Press)도 같은 계열의 연구이다. 이는 하임즈(D. Hymes, 1927~2009)에서 시작된 사회언어학과 연관이 깊은데, 봉빌런(Bonvillian 2002; 한국사회언어학회 뒤침 2002), 『문화와 의사소통의 사회언어학』(한국문화사)을 읽어보기 바란다.

관한 원칙이 되기도 한다. 단, 이 중에서 ⑥과 ⑦은 의사소통을 가능하게 만들어 주는 더 큰 영역을 언급하고 있다. 따라서 이를 '거시언어학(macrolinguistics)'의 원리로 부를 수 있다. 인문학에서는6) 이를 믿음 또는 가치(이념)의 문제로 부른다.7) 우리 인간은 궁극적으로 자신이 일관되게 갖고 있는 이념이나 가치에 따라서 말도 하고 행동도 하는 것이기 때문이다. 두 인간이 서로 소통할 수 있는 유일한 수단은 전적으로/배타적으로 언어 그리고 행동/행위이다. 두 개체 사이를 잇는 경로가 오직 두 가지뿐인 것이다.

고프먼은 사람들이 사회적/사교적 만남을 갖는 경우에, 그 밑에 깔려 있는 구조를 드러내는 데에 관심이 있었다. 이는 '상황 정의'나 '상호작용 의례'로 불리다가8) 사회 구성원들에게 관심의 초점을 만들어 주는

---

6) 몇몇 대학에서는 '인문 과학'이란 이름을 걸고 연구소를 운영하는 경우가 있다. 기호학을 창시한 소쉬르나 퍼어스의 통찰력을 빌지 않더라도, 인문학은 크게 인문에 관한 형식(forms)과 내용(contents)을 다루는 학문임을 알 수 있다. 여기서 '형식'은 과학적으로 포착되고 명시적 구조가 논의될 수 있다. 그렇지만 인문의 내용(humanities)은 그 경계가 활짝 열려 있을 뿐만 아니라, 형식과의 결합 방식도 상징적·비자연적·사회적으로 불릴 만큼, 불가피하게 가변적이고 융통성이 깃들어 있다. 이는 단순한 과학화의 범위를 훨씬 벗어나 버린다. 언어학도 일부 언어 형식을 다루는 쪽에서 '언어 과학'이란 명칭을 선호하기도 하였었다. 그렇지만 형식이 맺어져야 할 우연한 내용은 한낱 과학의 영역을 초월해 버린다.

일상언어 철학자 그라이스(Grice 1991), 『가치의 복합 개념(*The Conception of Value*)』(Oxford University Press)에 따르면, 무한한 삶의 영역에 하나의 질서가 부여되려면, 먼저 인간이라는 주체가 죽음 또는 유한성을 자각해야 한다. 그 깨우침과 더불어 무한한 영역에서 선택을 통하여 질서가 부여되면서, 가치체계 또는 믿음의 체계가 고정되는 것이다. 이때 이 자각은 필연적인 것이 아니라, 오직 우연히 매우 미약한 확률로만 발생하는 일이다. 결코 결정론적으로 다룰 수 있는 대상이 아니다. 이런 우연성을 우리 문화 전통에서는 '마음 내는 일'이란 뜻으로 발심(發心)이라고도 말해 왔다. 죽음 또는 유한성을 자각하고 이에 따라 선택을 위한 질서를 다듬는 일, 즉 가치나 믿음체계가 생겨나는 과정은, 결단코 필연적이거나 결정론적인 사건이 아니다. 오직 자유의지(free will)에 따른 결과에 지나지 않는다. 이것이 바로 과학이란 이름을 남발하여 '인문 과학'이라고 부를 수 없는 근본적인 이유가 된다.

7) 기호학을 창시한 퍼어스(Peirce 1877), 「The Fixation of Belief」, 하우저·클로즐 엮음(Houser and Kloesel 1992), 『퍼어스 필수 독본: 철학 논문선(*The Essential Peirce: Selected Philosophical Writings*), 제1권』(Indiana University Press), pp. 109~123에서는 '믿음 고정의 과정'이란 역동적인 용어를 썼다.

8) 1950년대에는 고프먼(1959; 김병서 뒤침 1987: 48쪽, 59쪽, 214쪽)에서 '상황 정의(definition of the situation)'란 말을 썼고, 1960년대에는 고프먼(1967)에서 '상호작용 의례(interaction

복합성격의 '틀(frames)'이라는 용어로9) 정착된다. 틀은 의사소통 참여
자에 의해 자신의 관점대로 부여된다. 이를 '틀 부여하기(framing)'이라
고10) 불렀다. 이 개념은 대중매체에서 어떤 커다란 사회적 논란거리를

---

ritual)'를 썼으며, 1970년대 이후부터 틀(frame)이란 용어를 썼다. 콜린즈(2005; 진수미
뒤침 2009: 55쪽)에서도 이런 점을 부정적으로 지적하는데, "게다가 글마다 용어를 바꾸
어 축적된 연구가 이론으로 발전하는 모습이 보이지 않는 면도 있다". 그렇지만 이런
비판은 '상징성'에 대한 이해가 제대로 터득되지 않았음을 드러낼 뿐이다.

9) 고프먼(1986), 『틀 분석』의 7쪽을 보면, '틀'이란 용어를 베이츤(Bateson)의 논문을 출처로
언급하였다. 베이츤(1972; 서석봉 뒤침 1989), 『마음의 생태학』(민음사), 195쪽을 보기
바라며, 서석봉 교수는 '테두리'로 번역하였다. 틀(frame)은 최상의어로서 틀을 둘러싼
상위의 틀(무대 위에 또 다른 무대), 예행연습, 조목조목 따지기, 겉꾸림으로 ~인 척하기,
자기 폭로 등만 아니라, 또한 비공식적으로 무대 뒤에서 일어나는 관계 등을 포괄하여
모두 다 가리키는 말이다.
    그런데 유사하게 쓰이는 상의어 계열이 아주 많음에 유의해야 한다. 심리학이나 인지
과학에서 말하는 개인별 개념틀(schemata)이나 기억 조직 꾸러미(memory organization
packets)나 구성원의 공유자원 기억(resource memory)이나 인공지능에서 자주 얘기하는
각본(scripts '연극 대본'의 비유임), 또는 심지어 프랑스 사회학자 부르디외의 습성체계
(habitus 아비투스)까지도 얼마간의 차이를 무시한다면 상당 부분 서로 겹쳐져 있다. 최
상위 범주인지, 중간 범주인지, 최하위 범주인지 여부와 개인을 지향하는지, 사회나 관계
를 지향하는지 여부, 고정적인지 가변성이 허용되는지 여부에 대한 차이 정도가 있을
뿐이다.
    전통적으로는 최상위 범주를 가리키기 위하여 믿음·태도·가치·이념 따위의 말을 써
왔다. 이런 상위 개념들이 궁극적으로 우리 인간들로 하여금 행동을 하도록 만들고, 의사
소통을 하도록 만드는 가장 밑바닥의 동인이 되는 것이다. 비유하자면, 장님들이 코끼리
를 매만지면서 자신들의 경험 내용을 말로 표현하듯이, 서로 다른 학문분야의 전공자들
이 우리 인간 두뇌 속에 들어 있는 일관되고 정합적인 상위 개념들을 가리키기 위하여,
불가피하게 여러 가지 용어들을 동원하고 있는 것이다. '나'라는 한 명의 인간이 '김모'라
는 이름으로도 불리고, '아들'로도 불리며, '남편'으로도 불리고, '형님'으로도 불리며, '아
버지'라고도 불린다. 기능이나 관계에 따라 구별하여 달리 불리는 것이지만, 결국 동일한
실체의 인간에 지나지 않는다.
    비록 서로 다른 낱말들로 불리더라도, 그 내포의미에 주목하여 통일성을 찾아내어야
한다. 필자의 경험으로는 크게 공간 및 시간 통합 방식이 있는데, 다음처럼 적어도 네
가지를 상정할 수 있다.
    ① 공간의 수평 축으로 넓어지는 '미시 → 거시' 차원이 있고(역방향의 현미경 확대 차
        원도 가능함),
    ② 공간의 수직 축으로 깊어지는 '표면 → 기저' 차원이 있으며,
    ③ 시간 변화상 '개별적 다수 요인 → 융합적 소수 요인'으로 바뀌는 화학적 차원이 있고,
    ④ '얼음 → 물 → 증기'처럼 위상이 바뀌는 물리적 차원이 있다.
어떤 방식으로든지 이질적으로 보이는 논의들을 놓고서 합리적으로 상위의 질서를 부여
해 줄 수 있을 때라야, 비로소 한데 모아지면서 상승효과를 거둘 수 있는 것이다.

10) 의도적이고 적극적인 측면을 드러내 주려면 '틀 짓기'보다 '틀 부여하기'로 번역하는 것
이 낫고, '해석 틀 부여해 놓기'라고 번역하면 더욱 선명해진다. 이준웅(2000: 89쪽)에서
는 "상황을 규정하는 전체적 상호작용의 의미를 파악할 수 있게 하는 맥락에 대한 지식"

놓고서 언론사에서 어떤 해설이나 전문가 의견 등을 같이 전달해 줌으로써, 특정한 방향으로 시민들의 의견을 이끌어 갈 수 있다는 점에서, 이미 언론학이나 의사소통 분야에서 심도 있게 다뤄져 오고 있다. 틀을 부여하는 하위 방식들은 네 가지 거론된다. 고프먼은 음악의 음조에서 가져온 비유를 쓴다(Goffman 1986, 44쪽의 고프먼 각주 14를 보기 바람). 먼저 기본적인 방식으로 '기본조(key)'가 있고, 이를 변화시킨 '변조(keying)'가 있으며, 다시 이를 변화시킨 '재변조(rekeying)'가 있다. 마지막으로 참여자들을 속이기 위한 '위조(fabrication)'가 있다. 이런 하위 방식의 구현에는 비단 언어뿐만 아니라 시각 정보, 추상적 가치, 태도, 관습과 같은 요소도 중요한 몫을 맡는다.11)

고프먼(1981)『말하기의 형식들』에서는 대화에서 찾아지는 상호작용(주고받음) 또한 다음의 세 가지 축의 융합체로 분석한다.12)

(2) 상호작용 분석의 세 가지 축

이라고 설명하였다. 인지 언어학(cognitive linguistice)의 대부 중 한 사람인 레이코프(Lakoff, 1941~) 교수는 프레임을 사고방식을 이끌어 가는 '심층의 얼개'로 본다. 가령, 미국의 보수진영 대 진보진영의 대립을 '엄격한 부모상' 대 '자애로운 부모상'을 중심으로 재구성을 해 놓았다. 216쪽 §.6-3의 각주 20)과 나익주 뒤침(2007), 『프레임 전쟁: 보수에 맞서는 진보의 성공전략』(창비); 나익주 뒤침(2010), 『자유는 누구의 것인가: 왜 진보와 보수는 서로 가지려고 하는가』(웅진지식하우스)를 읽어보기 바란다.

11) 대중매체에서 이용하는 해석 틀을 부여하는 장치들은 여러 가지인데, 필자는 마치 전두환 시절 언론 통제용 '방송 지침'을 보는 듯한 느낌을 받는다. 가령, 기틀린(Gitlin 1980)을 인용하여 이준웅(2000: 95쪽 이하)에서는 1960년대 신좌파 학생운동을 공익에 해로운 위험 집단으로 각인시키는 데에 다음과 같은 틀 부여 장치를 이용하였다고 한다.
　① 운동권의 언어·복장·나이·목표 등을 사소한 것으로 치부하고,
　② 운동권을 극단주의자로 취급하며,
　③ 운동권 내부의 갈등을 크게 강조하고,
　④ 운동권을 일탈적이며 주변적 인물로 여기며,
　⑤ 운동권 세력과 그 효과를 과소 평가하고,
　⑥ 제도권의 발표에 의존하고 공산주의 존재를 더불어 강조하며,
　⑦ 시위의 폭력성을 크게 부각시키고,
　⑧ 정치인과 관료들의 반응에 무게를 둠 따위이다.

12) 모두 5편의 글이 들어 있다. 앞의 3편은 자신의 이론을 수립하는 쪽에 초점이 있고, 강의 및 라디오 이야기에 대한 뒤의 2편의 글은 앞의 이론을 실질적으로 응용하는 쪽에 초점이 있다.

① 상호작용 의례 갖추기 과정(process of ritualization)

② 참여 얼개(participation framework)

③ 의례 속으로 끌어들여 자리 잡도록 하는 능력(embedding capacities, 내포 능력)

이는 소집단 연구방법에서 다뤄져 온 대화 분석의 모습과는 전혀 다른 모습이다. 소집단 연구방법론에서는 실제로 생생히 일어나고 있는 대화에서 상호주관적으로 구성되는 모습에 초점을 모았고, 따라서 인접쌍을 이용한다든지 말할 차례가 자연스럽게 어떻게 뒤바뀌는지를 놓고서 명확히 기술한 뒤에, 그 속에 내재된 규칙들을 찾아내고자 하였다.13) 고프먼은 역동적인 실제 대화를 다루려는 이런 경향과는 달리, 고정되어 있고 씌어진 대본들을 놓고서 연구를 전개해 나가며, 거기에서 비언어적인 대응을 포함하여 사회적 상호작용이 어떻게 전개되는지에 관심을 모았다. 아마 당시 관용적으로 쓰이던 conversation(대화)라는 용어를 피하고, 일부러 talk(말하기, 이야기)이라는 낱말을 학술 용어로 쓴 것도, 이런 차별성을 부각시키기 위한 조치일 것으로 본다.14) 가령, 그 책 68쪽 이하에서 "Do you have *the time*?"이란 물음에 있을 수 있는 반응으로, 모두 여섯 가지 부류의 12가지 사례들을 적시해 놓

---

13) 고프먼 교수(1981)는 52쪽에서 소집단 연구방법을 규범적이고 정태적인 측면만을 포착한다고 보아 다음처럼 부정적으로 평가한다.

"말하기에 대한 우리의 기본 모형이 응당 대면담의 짝과 그 사슬로 되어야 하는 것은 아니다. 오히려 반응 움직임(흐름) 연결체인데, 그 계열에서 각각이 그 나름의 지시내용을 다듬어 내고, 진술-응답 속성과 관련하여 기능의 변수 균형을 조율하여 맞춰 나간다 (our basic model for talk perhaps ought not be dialogic couplets and their chaining, but rather a sequence of response moves with each in the series carving out its own reference, and each incorporating a variable balance of function in regard to statement-reply properties)."

14) 하지만 그의 책 서문에서 명백히 '시험적인 시도(tryouts)'라고 언급하면서, 자신이 채택하여 쓰고 있는 다수의 용어들에 대해서 명시적인 정의들을 내리지 않은 채 유보해 놓았다. 그는 정의를 먼저 내려 놓기보다는 전형적인 예시들을 보여 주는 일을 더 선호하므로, 다른 연구자들에 의해서 반쯤만 조리된 이론(half-theory)이란 평가를 받는다.

고 있다(시간, 시계, 잡지 이름, 기회, 시폭 등등). 다시 말하여, 위 질문에 어떻게 대답을 하느냐에 따라서, 중의적인 해석을 지닌 위 질문이 상대방에게 어떻게 이해되고 해석되는지를 파악할 수 있는 것이다. 이 일을 가능하게 해 주는 것이 바로 '상위 개념틀(meta-schema)'이다.

비록 혼자 중얼대는 '독백담(self-talk)'이 이전의 연구에서는 전혀 주목도 받지 못하고 무시되어 온 발화 도막이었지만,15) 고프먼의 상호작용 얼개 속에서는 '인상 관리' 전략에 따라 특정한 기능을 수행하며(자신이 잘못을 깨닫는 만큼 정상적인 정신을 갖고 있음을 인지시킴 따위), 그만큼 의례화된 것임을 알 수 있다. 이 측면은 클락(1996; 김지홍 뒤침 2009: 제8장)에서 의사소통 전개에서 적어도 두 개의 층위가 발화 도중에 나란히 작동함을 분명히 해 놓음으로써 비로소 일반화되었다. 즉, 1차적이며 공식적인 실무기능을 지닌 층위 및 2차적으로 그 실무기능을 점

---

15) 이는 반사적으로 나오는 것처럼 간주되는 '외마디 반응(response cry)'의 하나이다. 'Good God(어머나!, 아뿔사!)'라는 감탄사도 주위 참여자에게 그 상황에 끼어들어 그 자신의 반응을 개시/조율하도록 요청하는 기능이 있고, 'shit!(제기랄!)' 같은 욕설조차 1차적 기능을 넘어서서 그 욕설을 듣는 참여자들에게서 모종의 기능을 전달해 주고 있다. 설사 주위에 혼자만 있다고 하더라도, '푸!', '이크!', '우~', '윽!', '아이쿠' 따위도 무의식적으로 상호작용 의례를 갖추듯이 발화하기는 마찬가지라고 보았다. 미국의 언어학자들은 영어 어형이 독립할 수 있는지 여부를 욕설 fuck 또는 fucking이 중간에 끼어들 수 있는지 여부로써 판단하기도 한다.

   이런 군말들이 무의미한 것이 아니라, 의사소통의 진행에 중요한 몫을 맡고 있다는 사실이 훗날 언어심리학자들의 연구에서도 밝혀졌다. 북미 화자들에게서 '음~(um)'과 '어~(uh)'는 스스로 발언권을 계속 유지하려는 뜻을 전달하고 있다. 어림잡아 발화 도중의 공백은 '1초의 한계'(물리적 시간이라기보다는 심리적인 시간임)를 중심으로 둘로 나뉜다. 의사소통 진행상 1초 이내로 후속 발화가 이어진다면 무의식적으로 'uh(어~)'를 쓴다. 그렇지만 1초가 넘을 것으로 스스로 판단한다면, 자신이 적합한 언어 표현을 모색하고 있는 중임을 드러내기 위하여, 'um(음~)'이라는 군말을 쓴다. 이 경우 상대편 참여자들에게 적절한 표현의 인출에 도움을 달라는 요청의 표시로도 해석될 수 있다. 클락(1996, 김지홍 뒤침 2009)의 404쪽과 414쪽 이하를 보기 바란다.

   최근 우리나라 청소년들의 언어 사용 모습에서 욕설들을 달고 산다고 우려를 많이 한다. 필자도 또한 이런 욕설들이 그들의 마음 가짐을 나쁘게 만듦을 부정하지 않는다. 응당 욕설들을 삼가도록 교육해야 한다. 그러나 이 현상을 권력 관계 확인이라는 다른 측면으로도 살펴볼 수 있다. 이는 그 집단 속에서 주먹다짐으로 위계를 정하는 것이 아니라, 욕설들의 정도로써 구성원들 사이에서 어떤 위계 질서를 계속 유지하고 있다는 간접적 표지가 될 수 있다. 욕설을 더 많이 쓰는 비율과 내부 구성원들 사이의 지배권의 강도가 비례한다. 또한 그런 동아리에 끼어 들기 위해서는 서로 동질감을 느낄 수 있도록 많든 적든 간에 그런 욕설을 일부러 뒤섞는 측면도 없지 않을 것이다.

검하는 상위 기능의 층위가 동시에 작동하거나 가동된다. 점검 기능을 지닌 2차 경로는 서로 간에 의사소통의 진행 도중에 생겨나는 난점과 곡해 따위를 시정하고, 때로 경로를 벗어난 흐름까지도 제 경로로 되돌릴 수 있게 해 준다. 따라서 이해 과정과 마찬가지로 명백히 산출 과정에서도 '작업기억'에 상응하는 부서가 반드시 요구됨을 알 수 있다.16)

대화에서 역동적으로 변화되거나 유지될 수 있는 참여자들의 '입장/처지 설정(footing, 참여자의 역할에 대한 설정)'을 다루면서, 참여 주체들에 대하여 화자와 청자란 표현 대신에 추상적인 용어로 '산출 구성형식(production format)'과 '참여 구성형식(participation format)'으로 부르면서 다음처럼 세분해 놓았다. 말하기에서 남의 말을 인용할 경우에

① 원저자(author)가 있으며,
② 정부 대변인처럼 특정인을 위해 대신 말해 주는 실행자(animator)도 있고,
③ 주연 배우(principal)도 있고,
④ 발언권을 얻어 참여할 수 있는 방청자(overhearer)와
⑤ 그렇지 못하는 몰래 엿듣는 사람(eavesdropper 염탐꾼)도 있다.

발화의 복합구조를 만들어 내는 참여(간여) 주체들에 대한 고프먼의 이런 직관은, 1990년대에서부터 입말 뭉치들을 전산 처리하면서,17) 인용

---

16) 함·브뤼든캄프(Hamm and Brendenkamp 2004), 「Working memory and slips of the tongue」, 페크먼·하벨(Pechman and Habel) 엮음, 『언어 산출에 대한 여러 학문 간의 접근 (*Multidisciplinary Approaches to Language Production*)』(Mouton de Gruyter)에서도 산출에 관련된 작업기억을 논의한다. 이는 평소에 저자가 주장하는 바에 대한 우군인 셈이다.

17) 흔히 이를 말뭉치 언어학(corpus linguistics) 또는 전산 언어학(computational linguistics)으로 부른다. 우리말로는 서상규·한영균(1999), 『국어 정보화 입문』(태학사); 계량 언어학회 엮음(2001), 『계량 언어학, 1집』(박이정); 배희숙 뒤침(2000), 『통계 언어학』(태학사)을 보기 바란다. 북쪽의 연구도 남쪽에서 영인되어 나왔는데, 안성득(1997, 2001 영인), 『수리 언어학』(역락)과 문영호(1993, 1994 영인), 『응용 언어학』(한국문화사)이 있다.
오늘날 사전 편찬학은 대부분 말뭉치를 활용하고 있다. 개관서로는 유현경·남길임

형식 또는 유사 인용 형식이 논제로 부각되면서 확고한 기반을 갖게 되었다. 머카씨(MacCarthy 1998; 김지홍 뒤침 2012) 『입말, 그리고 담화 중심의 언어교육』 제8장에서는 영국에서 수집된 입말 자료에서 찾아지는 인용문 또는 유사 인용문들을 다루고 있다. 그런데 그 자료들을 전산 분석하면서 통계적으로 유의미하게 많은 인용 구문 사례들이 단순히 남의 말을 인용하는 것이 아님을 발견하였다. 더구나 명백히 입 밖으로 나온 바도 없어서 결코 인용이라고 말할 수 없으며, 따라서 다만 남의 마음에 대한 추정이라고 볼 수밖에 없는 것들도 상당한 비율로 인용 구문 형식을 지니고서 자주 나타난다는 사실이 밝혀졌다.

그렇다면 첫째, 왜 추정을 인용의 형식을 빌어 이용하는 것인지 그 동기가 찾아져야 한다. 둘째, 단순히 남의 말을 인용하는 기능 이외에 다른 중요한 기능이 무엇인지 논의되어야 마땅하다. 머카씨 교수는 피상적인 인용이 남의 말을 끌어와서 쓰는 기능 이외에도, 심층적으로는 다음 네 가지 기능을 갖고 있다고 보았다.

(3) 명백한 남의 말 인용 기능 이외에, 인용 형식이 지닌 다른 기능
  ① 현재 상황에서 무대를 마련하는 기능(=주제 도입 또는 무대 마련 기능)
  ② 현재 담화에서 초점을 부각하여 극적으로 생생하게 만드는 기능(=초점 부각 기능)
  ③ 담화에서 언급된 내용을 반복하여 매듭 짓는 기능(=매듭 짓기 기능)
  ④ 자신의 주장에 대하여 입증을 하는 기능(=신뢰성 입증 기능)

(2008), 『한국어 사전 편찬학 개론』(역락); 홍종선 외 6인(2009), 『국어 사전학 개론』(제이&씨); 도원영·박주원 엮음(2011), 『고려대 한국어 대사전과 사전학』(지식과교양); 서태길 외 4인 뒤침(2008), 『사전 편찬의 원리와 실제』(제이&씨)를 읽어보기 바란다. 자연계열의 전산학과 또는 컴퓨터 학과에서도 자연언어 처리(natural language processing)를 다루며, 균형 잡힌(balanced) 말뭉치 구축에 힘을 쏟는다. 여러 군데에서 구축된 말뭉치 자료들이 누리집으로 이용 가능하다. 특히 일반인들은 국립 국어원(www.korean.go.kr)에서 모아 놓은 말뭉치 자료를 자유롭게 이용할 수 있다.

이런 이유 때문에 '현장성'(=현재 상황과의 관련성)을 살려 주려는 목적으로, 인용 형식은 진행형 '-ing'나 역사적 현재시제의 모습을 띤다. 영국에서는 30대 이하의 젊은이들에게서는 say처럼 go라는 동사도 자주 인용동사로 쓰인다. 또한 마치 담화의 '디딤돌'(발판)을 마련해 놓듯이, 남의 생각이나 의견도 추정하여 자신의 발화 속에 도입하게 된다. 머카씨는 이를 비-현실태(irrealis, 오직 '실현되지 않음'의 의미로만 썼음)가 담화 속에 녹아 들었다고 본다. 때로 다른 연구자들은 이런 모습의 인용을 '자유로운 간접 보고(free indirect reporting)'나 또는 이야기 속에 '녹여놓은 인용(narratised quote)'이라고도 부른다.

앞에서 언급한 인용 형식의 심층 기능 중에서 마지막 항목 ④ '신뢰성 입증 기능'은 의사소통 진행을 촉진시키는 데에 매우 큰 몫을 맡고 있기 때문에 크게 주목할 필요가 있다. 대화 또는 담화가 매끄럽게 계속 이어져 나가려면, 참여자들 사이에 언급 내용을 놓고서 의식적으로든 무의식적으로든 반드시 합당성(합법화)이 찾아져야 하며, 그런 합당성이 상대방 쪽에서 기꺼이 수용되어야만 한다. 페어클럽(Fairclough 2003; 김지홍 뒤침 2012: 225쪽)『담화 분석 방법』에서는 이를 '합법화 전략'으로 부른다. 여기에는 다음처럼 네 가지 방식이 있다. 그런데 이는 결코 고정되어 있는 것이 아니라, 의사소통에 참여하고 있는 사람이 담화 진행 상황에 비춰서 가장 효과가 있을 것으로 판단한 전략을 즉석에서 임의로 선택하여 쓰게 된다.

의사소통에서 이용되는 합법화 전략

권위 확보(authorization)	전통·관습·법의 권위성 및 제도적 권위를 지닌 사람에게 기댄다
합당성 부여(rationalization)	제도적 행위의 유용성 및 사회에서 인지적 효력을 부여한 지식에 기댄다
도덕적 평가(moral evaluation)	사회 구성원들에게 받아들여진 가치체계에 기댄다
신화로 만듦(mythopoesis)	서사이야기를 통해서 그럴 듯하게 전달하여 합법화를 꾀한다

따라서 전통문법에서 다뤄온 인용 형식은, 그 용어가 가리키듯이 고유하게 남의 말을 따오는 피상적인 목적 이외에도, 여러 가지 중요한 기능들이 깃들어 있다. 즉, 현재 화자 자신이 전달하고 있는 의사소통 내용들을 놓고서 합법화를 꾀하려는 의도가 깔려 있고, 결과적으로 상대방으로부터 전달내용의 수용과 신뢰를 얻어내려는 것이다. 바로 이런 특성 때문에, 입밖으로 나온 내용이 아닌 추정 내용이라도 종종 발화 속에 인용의 모습으로 도입하는 것이다.

더 쉽게 말하면, 남들로 하여금 화자 자신의 발언 내용이 상대방을 속이려는 의도가 없고, 언제나 참이며, 실질적으로 믿어도 해가 되지 않음을 확신시켜 주려는 전략이다. 이것이 전략이므로 그 전략이 이루려는 목적에 대하여 상대방 쪽에서는 꼼꼼히 점검하고 추정하고 평가하게 된다. 그런 만큼 이런 전략이 탄로나지 않은 채 소기의 목적을 성취할 수 있도록 하려면, 언어와 표현 구조(오스튼의 '언표 내적 힘')가 불가피하게 복잡해진다. 한마디로, 들키지 않도록 여러 겹으로 포장해 놓는 셈이다.

한편, 대화 분석론에서는 오늘날에는 상식으로 간주되는 알려진 '인접쌍'이라든지 발언 순서 얻어내는 규칙들을 처음으로 찾아내었다. 인접쌍(adjacent pairs)은[18] 대화에서 서로 주고받는 행위들로서

---

18) 쉬글롭·쌕스(Shegloff and Sacks 1973), 「대화 매듭짓기의 논의를 열면서(Opening Up Closings)」, 『기호학(*Semiotica*)』 제8권 4호(pp. 289~327; Baugh and Sherzer 엮음, 『사용 중인 언어: 사회언어학 독본(*Language in Use: Readings in Sociolinguistics*)』, Prentice-Hall 에 수정하여 재수록됨)에서는 인접쌍의 다섯 가지 속성을 지닌다고 보았다.
    ① 인접쌍은 순서 있는 두 개의 발화로 이뤄지는데, 첫 번째 짝과 두 번째 짝이다.
    ② 두 부분들이 서로 다른 화자에 의해 발화된다.
    ③ 두 부분들이 어느 게 먼저 나오고, 어느 게 뒤에 나오는지를 명시해 주는 유형이 있다.
    ④ 두 번째 부분의 형식과 내용은 첫 번째 부분의 유형에 달려 있다.
    ⑤ 첫 번째 짝 부분이 주어지면, 다음 발화로서 두 번째 짝 부분이 조건적으로 관련되고 기대된다.

(4) 인접쌍의 사례(화살표 '⇨'로 짝의 관계를 표시함)

① 한 사람이 제안을 하면 이에 반응하여 수용하거나 거절하는 행위

(제안 ⇨ 수용 또는 거절)

② 어떤 평가를 내리면 거기에 대해 동의하거나 반대하는 행위

(평가 ⇨ 동의 또는 반대)

③ 누군가를 비난하면 이에 대해 부인하거나 인정하는 행위

(비난 ⇨ 인정 또는 부인)

④ 질문을 하면 대답하거나 회피하는 행위

(질문 ⇨ 응답 또는 회피)

들이 된다. 이는 형식이 거의 투식화되어 일반적으로 예측 가능한 의사소통 협동행위에 해당한다. 따라서 일상적인 대화 모습들이 인접쌍들의 사슬로 분석될 수 있다. 가령 클락(1996; 김지홍 2009 뒤침: 제7장)에서는 한 대목의 전화 통화를 예시해 주고, 그 흐름을

(5) 인접쌍들의 연결체로 기술할 수 있는 전형적인 전화 통화의 사례(연결체는 '〉'로 표시)

'전화 호출 ⇨ 전화 받기 〉 인사하기 ⇨ 인사받기 〉 질문 ⇨ 대답 〉 단언 ⇨ 수긍 〉 요구 ⇨ 약속〉 약속 ⇨ 수긍 〉 감사 표현 ⇨ 받아들임 〉 작별인사 ⇨ 맞작별 인사'

로 구조화해 놓았다. 그렇지만 이런 전개 방식은 '철칙'이 아니라 참여자 서로 간에 적극적인 협력을 전제로 하는 협동과정이다. 중간에 인접쌍의 흐름이 무위로 돌아갈 경우, 새로운 공동 목표를 서로 합의함으로써, 충분히 다른 방식으로도 대화가 복구되어 전개될 수 있는 것이다. 따라서 인접쌍 연결체는 오직 고정적이거나 정형화되어 있는 대화 상황들만을 대상으로 하여 설명하기에 적합할 뿐이다. 또한 일정 시간에

걸쳐 녹음되거나 녹화된 한 대목의 대화를 분석하고 분류하여, 그 흐름을 서술하려고 한다면, 충분히 그 몫을 다할 수 있다. 그렇지만 임의의 협동 의사소통 과제를 제안하더라도, 상대방에게서 나올 수 있는 반응은 여러 가지이며, 적어도 다음 네 가지 갈래 이상을 상정할 수 있을 것이다.

(6) 화자의 제안을 놓고서 상대방으로부터 나올 수 있는 반응
  ① 응락: 첫 번째 화자의 공동 목표를 받아들이고 의사소통 진행에 협력한다.
  ② 변경: 첫 번째 화자의 제안을 받아들이되, 그 목표를 수정하여 조금 바꾼다(바꾸도록 역제안한다).
  ③ 거절: 첫 번째 화자의 제안을 합당한 이유를 대면서 받아들이지 않는다.
  ④ 회피: 상대방에게 의사소통을 협동하여 진행할 수 없음을 그럴 듯한 이유를 들면서 통보하여 협동활동을 빠져나간다.

이런 예상 반응들은 결코 규칙화되거나 예측되지 않는다. 오직 참여자들이 해당 상황과 맥락에 따라 그들의 자유의지(free will)에 바탕을 두고 내려지는 결정일 뿐이다. 이는 현재 진행되고 있는 역동적인 의사소통 전개 상황에서, 상대방이 취할 반응의 후보들을 부분적으로 예상하는 데에 의의가 있다. 그런 예상이 적중할 수 있으려면, 반드시 상대방의 마음속에 들어 있을 마음가짐이나 태도 또는 습관 따위를 고려하지 않을 수 없는 것이다.

발언 순서 전환의 규칙도 그 범위가 엄격히 권력이나 힘이 대등한 참여자들을 대상으로 공평성(equity)이 유지될 경우에만 유효하다.[19] 그

---

19) 여러 책자에 재수록된 대표적 논문으로 쌕스·쉬글롭·제퍼슨(Sacks, Schegloff and Jefferson 1974), 「A simplest systematics for the organization of turn-taking in conversation」, 『언어 (Language)』 제50호(pp. 696~735)의 704쪽에 규정한 발언 순서 전환의 규칙을 다음처럼

러나 이런 조건이 지켜지지 않는 경우가 흔하다. 가령 우리나라 문화에서는 보다 더 권력(또는 지배력)을 많이 지닌 사람이 발언 순서를 정해 주거나, 주도적으로 의사소통 진행을 이끌어 가는 경우가 많다. 즉, 어른이나 연세가 높은 이를 대접해 주는 일을 미덕으로 여기고, 주도권에 대한 이양(포기)을 참여자들이 거부하지 않고 받아들인다. 그래야 문화적으로 어려움 없이 공동체의 일원으로서 인정받게 될 것이다. 비유적으로 표현하여, 중앙방송과 지방방송이란 말을 쓴다면, 중앙방송의 우위성을 참여자들이 기꺼이 인정할 준비가 되어 있는 것이다.

그렇지만 우리 문화와는 조금 다르게, 일본 문화에서는 권력을 더 많이 지닌 이가 대화를 마무리 짓는 역할을 하여, 맨 마지막 순서에 발언을 하며 담화 진행 내용을 정리하는 것으로 알려져 있다. 그뿐만 아니라 성별 간의 차이도 어디에서나 흔히 목격된다. 테는(Tannen) 교수의 연구에 따르면[20] 민주적이라고 알려진 미국 문화에서조차 남녀

요약할 수 있다.

> 1) 어떤 발언 순서든 간에, 첫 발언 순서 구성 단위의 맨 처음 전환과 관련된 지점에서,
> ⓐ 만일 지금까지 발언 순서가 '현재 화자가 다음 화자를 지정할' 수 있다면, 그렇게 지정된 사람이 권리를 지니고 다음 발언을 이어가야 한다. 다른 사람은 아무도 그런 권리나 의무를 갖고 있지 않다. 이 지점에서 발언 순서가 바뀐다.
> ⓑ 만일 앞의 조건과 달리, '현재 화자가 다음 화자를 지정할' 수 있게 되어 있지 않다면, 꼭 그런 것은 아니나 참여자가 누구이든지 스스로 나서서 다음 화자가 될 수 있다. 즉, 맨 처음 발언하는 사람이 발언 순서를 차지할 수 있다. 이 지점에서 발언 순서가 바뀐다.
> ⓒ 만일 앞의 조건 및 결과와는 달리, 다음 발언을 나서서 잇는 사람이 아무도 없다면, 꼭 그런 것은 아니나 현재 화자가 말을 계속해 나갈 수 있다.
> 2) 만일 앞의 ⓐ도 ⓑ도 작동하지 않고, ⓒ를 따라 현재 화자가 계속 말을 한다면, 다음 전환 관련 지점에서 전환이 일어날 때까지 앞의 규칙들이 새로 반복 적용된다.

이런 규칙이 잘못된 것은 아니지만, 그렇더라도 현학적으로 느껴진다. 보통 사람들이 대화를 주고 받는 일에, 과연 위와 같은 규칙을 내재화하고 있을까? 위 규칙이 과연 심리적 실재임을 증명할 수 있을까? 필자는 아닐 것으로 판단한다. 마땅히 주먹구구식으로 더 간단하고 쉬운 규칙이 마련되어야 할 것이다. 그뿐만 아니라, ① 부지런히 틈만 나면 일단 끼어들어/참견하여 다른 사람들로부터 발언권을 보장받는 경우도 있고, ② 현재 화자의 이야기 중에 시빗거리를 포착하여 현재 화자의 발언을 중단시키면서 끼어들어 발언권을 확보하는 경우도 있다. 그렇지만 위의 규칙에서는 이런 경우의 전환을 전혀 포착해 내지도 못한다.

20) 우리나라에는 성별 간의 대화/담화 특성 내지 차이를 다룬 그녀의 책들이 다음처럼 7권

성별에 따라서[21] 발언 순서의 배분이 대등하지 않은 것으로 알려져 있다.[22] 따라서 그들이 매우 합리적으로 찾아낸 발언 순서 전환 규칙도 상황과 맥락에 따라 적용 여부가 다양한 모습으로 달라질 수 있는 것이다.

이나 번역되어 있다.

　이용대 뒤침(1992), 『내 말은 그게 아니야』(사계절)

　신우인 뒤침(1993), 『말 잘하는 남자? 말 통하는 여자!』(풀빛)

　정명진 뒤침(2002), 『남자를 토라지게 하는 말 여자를 화나게 하는 말』(한언)

　이은희 뒤침(2003), 『일터에서의 남 대 여 대화의 법칙』(예문출판사)

　남재일 뒤침(2003), 『사랑한다면 그렇게 말하지 마: 뻔뻔한 여자 대 냉정한 남자』(생각의 나무)

　남재일 뒤침(2006), 『널 사랑해서 하는 말이야』(생각의 나무)

　문은실 뒤침(2006), 『가슴으로 말하는 엄마 머리로 듣는 딸』(부글북스)

21) 성차별 금지라는 가치 때문에 성별 간에 구별이 이뤄지는 것도 금기시되는 경우도 있다. 차별과 구별을 제대로 구분하지 않고 뒤섞어쓰는 폐단이다. 남녀 간의 차이는 흔히 주차장에서 후진 주차를 할 경우에도 관찰되고(공간 파악에 대한 성별 차이), 함께 어떤 영화를 본 뒤에 그 영화에 대하여 말을 하도록 하는 실험에서도 자주 보고된다(중요한 항목으로 기억하는 성향의 차이). 실험 보고들에 따르면, 남성일수록 영화의 큰 줄거리만을 기억하는 경향이 있고, 여성일수록 영화의 세부 장면들을 대화 주제로 삼는 경우가 많다. 만일 이것이 사실이라면 이 사실을 낳는 것이 단지 호르몬 차이인지, 아니면 장기간에 걸쳐서 호르몬이 구성해 온 두뇌 배선의 차이로부터 나온 것인지, 아니면 문화적으로 성장 과정에서 습득되는 것인지에 대해서도 연구되어야 할 것이다.

22) 또한 올더슨(Alderson 2000; 김지홍 뒤침 2015, 『읽기 평가 2』(글로벌콘텐츠) 586쪽 제9장 〈도표 9-9〉에 있는 인용글에서도 흥미로운 남녀 차별의 이중 기준이 다뤄지고 있다.

11장 언어학, 언어교육, 글쓰기에서의 논의

1. 언어학에서의 논의

언어학에서 언어 사용과 관련된 논의는 화용론·텍스트 언어학[1]·담

---

1) 아마 많이 읽힌 번역서가 보그랑데·드뢰쓸러(1981; 김태옥·이현호 뒤침 1995), 『텍스트 언어학 입문』(한신문화사)일 것이다. 텍스트 언어학 쪽은 주로 독일어 전공자들이 번역 서와 저서들을 많이 냈다. 파터(1994; 이성만 뒤침 1995), 『텍스트 언어학 입문』(한국문 화사); 하이네만 외(1991; 백설자 뒤침 2001), 『텍스트 언어학 입문』(역락). 우리나라에서 조직된 한국 텍스트 언어학회 엮음(2004), 『텍스트 언어학의 이해』(박이정)도 펴냈고, 고영근(1999), 『텍스트 이론: 언어 문학 통합론의 이론과 실제』(아르케)도 나와 있다. 국어교육 전공자들 사이에서 '서로 얽힌 텍스트 속성(intertextuality)'을 밝히려는 박사 논문과 책들도 다수 출간되어 있다. 필자가 이해하기로는 언어교육에서 일반화되어 있 는 용어가 텍스트 교육이 아니라 '담화교육'이다. 특히 영국에서는 모국어 교육을 '담화 교육'과 동일시한다. 쿡(Cook 1989; 김지홍 뒤침 2003), 『담화: 옥스포드 언어교육 지침 서』(범문사)를 보기 바란다. 따라서 필자는 텍스트 언어학을 국어교육에 적용하는 논의 들은 모두 다 '담화교육' 아래 충실히 다뤄질 수 있을 것으로 본다. 언어교육 쪽에서 CLT 란 약호로 불리는 '의사소통 중심 언어교육'과 그 최근 이름인 TBLT(과제 중심 언어교 육)도 모두 담화교육에 속한다. 담화교육에 대한 개관은 외국어 교육 또는 제2언어 교육 만 하더라도 아마 단독 저서의 분량을 훨씬 웃돌 것이다.
텍스트(text)라는 외래어를 필자는 '덩잇글, 덩잇말'로 한때 써 보았지만, 아직도 마땅한 용어를 찾지 못하였다. 심리학이나 교육학에서 텍스트를 교재나 교본으로 번역한 경우 가 있는데, 가르칠 교(敎)와 전혀 무관하다. 북한에서는 '본문'으로 번역하였는데, 서론·

화 등에서 다뤄지며, 영역들이 서로 다수 중첩되어 있다. 여기에서는
담화 이론에 초점을 모으되, 서로 대립적인 두 흐름을 다루기로 한다.
특히 담화론의 거장들인 위도슨(H. Widdowson, 1935~)과 페어클럽(N.
Fairclough, 1941~) 사이에 벌어졌던 논쟁이다. 둘 모두 영국 학자인데,
서로의 노선을 공격한다. 필자는 그 글들을 읽으면서 서로 다른 두 흐
름의 지향 성격을 확실히 깨달을 수 있었다. 이를

(1) 순수한 일원주의 담화 : 실용적인 다원주의 담화

사이의 대립으로 정리할 수 있다. 위도슨 교수는 '의사소통 중심 언어
교육(*Communicative Language Teaching, CLT*)'로 불리는 최근 언어교육을
주도해 온 핵심 학자이다.[2] 페어클럽 교수는 '비판적 담화 분석(*Critical*

본론·결론 따위를 연상시켜서 마땅하다고 할 수 없다. 아마 가장 그럴 듯한 후보로, 국어
시험에서 쓰는 '지문(地文)'이 있다. 이는 문제를 풀기 위해 근거해야 할 '바탕글'(또는
바닥글)이란 뜻을 담고 있다. 그렇지만 텍스트는 그 자체로 언어 정보 및 비-언어 정보
(extra linguistic information)를 모두 다 포괄하기 때문에 반드시 적절하다고 말할 수는
없다.
　필자가 이해하는 언어교육 쪽의 관례적으로 구분 방법은, discourse(담화)를 언어 산출
측면을 가리키기 위해 쓰고, 대신 text를 언어 이해 측면을 가리키기 위해 쓴다. 어떻든
간에 연구자에 따라서는 최상의어로 담화를 쓰기도 하고, 텍스트를 쓰기도 하므로, 연구
자마다 자신이 쓰는 용법에 정의를 내려 주어야 한다. 필자는 여기서 담화를 최상의어로
쓰고 있고, CDA(비판적 담화 분석)에서처럼 사회 질서를 다루는 포괄적인 용어로 본다.
대신 텍스트는 하의어로서 언어뿐만 아니라 우리에게 관찰될 수 있는 감각 자료까지
포함하는 대상으로 보며, 이 중에서 언어만을 골라낸다면 언어 정보가 된다. 즉, 원뿔을
가로로 절단한 동심원으로 보면 담화에 사회 질서까지 들어 있는데, 여기에서 진부분
집합으로 텍스트가 있고, 다시 더 작은 진부분 집합으로 언어가 있는 셈이다.
　제7차 국어과 교육과정에서는 엉뚱하게 text를 글말(문어, 문자언어)로 discourse를 입
말(구어, 음성언어)로 번역해 놓았다. 입말과 글말 차이에 대한 피상적 개념으로는 결코
궁극적인 구획을 할 수 없다. 그렇다면 저녁 9시 텔레비전 뉴스는 입말인가, 아니면 글말
인가? 국어과 교육과정 집필진처럼 피상적인 실행 수단에나 집착한다면 그릇된 대답만
되풀이할 것이다. 반드시 내재적인 실체를 포착해 주어야 옳다. 바이버(Biber 1988), 『입
말과 글말에 걸쳐 있는 변이(*Variation across Speech and Writing*)』(Cambridge University
Press)와 바이버(1995), 『언어 투식 변이의 차원들: 여러 언어들 사이의 비교(*Dimensions
of Register Variation: A Cross-linguistic Comparison*)』(Cambridge University Press), 바이버
외(2002), 『입말과 글말 영어에 대한 롱먼 학습자 문법』(Longman) 등에서는 방대한 말뭉
치 자료를 동원하여 일관되게 입말과 글말의 차이가 피상적인 언어 투식 변이에 불과함
을 증명하고 있다.

Discourse Analysis, CDA'으로 불리는 영역을 이끌어 온 거장이며, 화란 학자 폰대익(T. van Dijk, 1943~) 교수와 더불어 양대 산맥을 이루고 있다.

먼저 담화(discourse) 그 자체에 대하여 언급하고 나서, 이어 비판적 담화 분석(CDA)을 다루기로 한다. 앞의 대립 관계에서 일원주의 담화 또는 순수한 담화로 불릴 수 있는 영역이다.3) 미국에서 'discourse(담화)' 란 말을 처음 학술 용어로 쓴 것은 참스키 교수의 스승인 해뤼스(Harris 1952) 「담화 분석(Discourse analysis)」에서이다. 그곳에서는 단일한 문장 을 넘어선 언어 구성 영역에서도 자신이 주장하는 기술언어학의 틀이 지속될 수 있는지, 그리고 문화로 불리는 비-언어 영역과의 상관을 다 룰 수 있는지가 큰 관심사항이었다. 그는 하나의 '담화' 속에 내재된 원리로서 분포 또는 결합에 대한 분석을 통하여 두 물음이 해결될 수 있으리라 기대하였다.

담화의 내재적 결합 원리를 명시적으로 다룬 업적은 체계-기능 언어 학(*Systemic Functional Linguistics, SFL*)을4) 창시한 영국 언어학자 핼러데이

---

2) 위도슨 교수의 책은 문체 쪽으로 오직 한 권만이 번역되어 있다. 위도슨(1975; 최상규 뒤침 1999), 『문체학과 문학교육』(예림 기획). 담화와 관련하여 위도슨(2004), 『텍스트, 맥락, 숨겨진 산출 목적: 담화 분석에서의 비판적 논제들(*Text, Context, Pretext: Critical Issues in Discourse Analysis*)』(Blackwell Publishing)이다. 여기서 'pre-text'(숨겨진 산출 목적) 는 어떤 담화 또는 텍스트의 해석 방식을 결정짓는 숨겨진 목적을 가리킨다. 또한 위도슨 (1979), 『응용 언어학에서의 탐구(*Explorations in Applied Linguistics*)』(Oxford University Press)와 쿡 엮음(Cook 1995), 『응용 언어학에서의 원리와 실천: 위도슨 교수 기념 논총 (*Principle and Practice in Applied Linguistics: Studies in Honour of H.G. Widdowson*)』(Oxford University Press)도 참고하기 바란다.

3) 개인적으로 필자는 순수히 일원론적인 담화 전개 구조를 충실히 개관할 수 있는 것으로 다음 책들을 선호한다. 워커·조쉬·프륀스 엮음(Walker, Joshi, and Prince 1998), 『담화에 서 중심 전개 이론(*Centering Theory in Discourse*)』(Clarendon)과 그뢰이써·건스바커·골 드먼 엮음(Graesser, Gernsbacher, and Goldman 2003), 『담화 처리의 소백과(*Handbook of Discourse Process*)』(Lawrence Erlbaum). 비록 오래 전에 심리학자들의 글을 일관되게 모아 엮은 것이지만 이정모·이재호 엮음(1998), 『인지 심리학의 제문제 II: 언어와 인지』(학지 사)도 기초를 다지는 데 도움을 준다. 킨취(1998; 김지홍·문선모 뒤침 2010), 『이해: 인지 패러다임, I~II』(나남)도 일반 독자들을 염두에 두면서 큰 흐름을 이해할 수 있도록 충실 히 그리고 풍부히 역주들을 달아 두었다. 또한 김지홍(2010), 『언어의 심층과 언어교육』 (도서출판 경진)도 읽어보기 바란다.

4) 가장 잘 알려진 이 분야의 개론서는 '체계'라는 표현이 삭제되어 있음이 눈길을 끈다. 핼러데이·매씨슨(Halliday and Matthiessen 2004 제3판), 『기능 문법 개론(*An Introduction*

(M. A. K. Halliday 1925~)에 의해 이뤄졌다. 지금도 널리 인용되는 것이 핼러데이·허싼(Halliday and Hasan 1976) 『영어에서의 결속성(*Cohesion in English*)』(Longman)인데, 여기에서 문장과 문장을5) 잇는 언어적 기제 다섯 가지가 본격적으로 다뤄졌다. ① 지시표현, ② 대치(대용표현 포함), ③ 생략, ④ 접속사, ⑤ 어휘 사슬이다.6) 현재 어느 언어에서나 가장 많이

---

to Functional Grammar』(Hodder Education). 마이클 앨리그잰더 컥우드 핼러데이(Michael Alexander Kirkwood Halliday, 1925~)는 1960년대에서부터 참스키(1928~) 교수의 형식주의 언어학이 우리가 매일 쓰는 언어 및 언어 사용의 본질과 실상을 드러내지 못한다고 보아 반대 입장을 분명히 하였고, 호주에서 언어교육에 대한 바탕을 마련해 놓기도 하였다. 최근에 컨티뉴엄(Continuum) 출판사에서 핼러데이 총서 10권을 발간하였다.
   1권(2005) 『문법에 대해』,
   2권(2002) 『텍스트와 담화의 언어학적 연구』,
   3권(2003) 『언어와 언어학에 대하여』,
   4권(2004) 『이른 시기 어린이의 언어』,
   5권(2004) 『과학의 언어』,
   6권(2006) 『계산학적이며 양적인 연구』,
   7권(2005) 『영어에서의 연구』,
   8권(2006) 『중국어에서의 연구』,
   9권(2007) 『언어와 교육』,
   10권(2007) 『언어와 사회』
이다. 본문에서 언급한 핼러데이·허싼(1976)과 기능문법 개관서나 핼러데이(1985), 『입말과 글말(*Spoken and Written Language*)』(Oxford University Press) 등은 아마 출판사의 저작권 때문에 총서에 포함되지 않은 듯하다.
5) 문장은 글말에서 쓰는 단위이고, 발화(utterance)는 입말에서 쓰는 단위이다. 발화는 늘 상황이나 맥락과 더불어 나오기 때문에, 결코 문장보다 크지 않고, 주어진 정보에 의해서 복원 가능한 요소들은 생략되기 일쑤이다. 여기서는 예시를 하기 위하여 '편의상' 문장으로 통일하여 논의를 전개하고 있다. 서구에서는 수사학 전통이 주로 문장을 대상으로 하여 이어져 왔다. 따라서 문장들이 모여 문단이 되고, 문단들이 모여 전체 덩잇글이 되는 관계를 알기 쉽게 서술해 주는 이점이 있다.
6) 이 영역은 통사론·언어심리학·화용론 등과도 겹친다. 그 중에서도 통사론에서는 지시표현을 놓고서 가장 활발하게 논의가 집중되어 있었고, 특히 대명사가 가리키는 대상에 대한 연구가 방대하게 쌓여 있다. 이는 1980년대에 참스키 교수의 지배-결속 이론이 주로 대명사 부류를 놓고 활발하게 전개되었기 때문이며, 또한 이 현상이 언어 그 자체가 계층적으로 구조화되어 있음을 극명하게 보여 주는 대표적인 경우였기 때문이다.
  필자가 담화론의 용어 cohesion을 '결속'이라고 번역한 이유도, 통사론에서 binding(결속)과 똑같은 역할을 하기 때문에 두 분야를 아우를 수 있도록 고려한 것이다(Cook 1989; 김지홍 뒤침, 2003, 『담화: 옥스퍼드 언어교육 지침서』, 범문사, 234쪽의 역주 3을 보기 바람). 어떤 이는 이를 영어 사전에 있는 낱말을 따라 맹목적으로 응집(凝集)이라고 쓰지만 잘못된 용어이다. '엉길 옹(凝), 모일 집(集)'은 한 점에 모인다는 뜻이다. 그렇지만 문장은 한 점에 모이는 것이 아니라, 그와는 반대로 펼쳐져 나간다. 한자어로 말하면, 전개(展開)되어 나간다. 따라서 응집과 전개는 서로 정반대 방향을 가리킨다. 따라서 국어

쓰인다고 알려진 것이 지시표현 및 어휘 사슬이다.[7] 지시표현은 주로 대명사에 의해서 실행된다. 그 대명사의 종류는 귀에 들리는 것에서부터 귀에 들리지 않는 것에 이르기까지 다양하다. 우리말은 귀에 들리지 않는 '공범주 대명사(empty pro)'를 쓴다.

(2가) 철수가 도서관에 갔다. 철수가 영이를 찾았다.

나) 철수가 도서관에 갔다. ___ 영이를 찾았다.

다) 철수가 도서관에 가서 ___ 영이를 찾았다.

위 문장에서 (2가)는 별개의 두 사건이 표현되어 있다. 연결이 이뤄지지 않은 것이다. 그러나 (2나)에서는 밑줄 부분이 공범주 대명사 'pro'로 채워져 있는 형상인데,[8] 이런 지시표현 덕택에 두 사건이 밀접하게

과 교육과정에서 쓰는 응집성이란 용어가 얼마나 잘못인지 잘 깨달을 수 있다. cohesion (결속성)은 문장들이 전개되어 나가면서, 서로서로 탄탄히 묶여야 한다. 한자어로 '결속' (結束)되어야 하는 것이다.

참스키 문법에서의 논의는 김용석(1993), 『통제 이론』(한신문화사)와 김용석(1996), 『대용화 문법론』(한신문화사)을 보기 바란다. 한국어에 관한 논의는 양동휘(1988), 『한국어의 대용화』(한국연구원)와 임홍빈(1987), 『국어의 재귀사 연구』(신구문화사)를 보기 바란다. 뒤이은 언어심리학 및 담화에서의 연구는, 대명사 부류의 지시내용을 찾는 일이 좁은 영역에서만 이뤄지지 않고, 대화 참여자들의 머릿속에 있는 배경지식 속에서도 찾아져야 함을 더 명백하게 밝혀 주었다.

그 다음으로 2000년대에 들어서서 생략에 대한 연구가 활발해졌다. 통사론쪽에서 생략에 대한 연구는 임창국 엮음(2007), 『생략 현상 연구: 범언어적 관찰』(한국문화사)을 보기 바란다. 국어학 쪽의 연구에서는 1980년대부터 접속문에 대한 연구가 다양하게 진행되어 왔는데, 크게 접속문의 구조와 접속 어미의 의미들에 대한 연구로 나뉜다. 자세한 것은 김지홍(2010), 『국어 통사·의미론의 몇 측면: 논항구조 접근』(도서출판 경진)의 제7~8장을 보기 바란다. 50개가 넘는 방대한 숫자의 한국어 접속어미를 놓고서 그 수를 줄이려는 시도는 서태룡(1988), 『국어 활용어미의 형태와 의미』(국어학회, 태학사)를 보기 바란다.

7) 김지홍(2010), 『언어의 심층과 언어교육』(도서출판 경진), 102~104쪽을 보기 바란다.

8) 영어의 경우에는 언제나 소리값을 지닌 대명사를 실현시키도, 악센트가 주어져서는 안된다. 이런 차이는 자연언어들 사이를 분화시켜 주는 매개인자(parameter)의 차이로 서술된다. 엄격히 구조에 의존하는 영어에서는 참스키 교수가 want to가 wanna로 축약되는 경우와, 그런 축약 형태를 전혀 허용하지 않는 경우의 대립 환경을 제시해 줌으로써, 큰 공범주 대명사 'PRO'의 존재를 확립해 놓았다. 결정적인 사례를 통한 존재성의 증명인 것이다. 그러나 우리말에서는 아직 작은 공범주 대명사 'pro'를 설정해 주어야만 해결

이어진 것으로 느껴진다. (2다)는 접속 어미 '-아서'를 써서 두 사건이 이어져 있음을 명시적으로 표현한 것이다. (2나)와 (2다)의 사이에 있는 언어 표현의 차이만큼, 만일 실세계에서 차이를 찾는다면, (2나)는 중간에 다른 사건들이 들어 있을 수도 있다. 그러나 (2다)는 뒷 사건을 위해서 앞 사건이 일어난 듯이 표현하고 있으므로, 비록 중간에 여러 사건들이 있을 수 있더라도 손으로 모래를 쥐듯이 다 빠져나가 버리고, 오직 두 사건만이 서로 매우 긴밀한 연관을 지닌 듯이 느껴진다.

(3) 철수가 도서관에 갔다. 영이를 찾았다. 그러나 애타게 찾는 사람은 보이지 않았다.

(3)에서는 공범주 대명사에 아무런 표시도 해 놓지 않았지만, 명사와 명사 구절에다 밑줄이 그어져 있다. 이 두 표현은 같은 대상인 '영이'를 가리키고 있다. 어휘 사슬은 명사이든 동사이든 상관없이, 앞에서 도입한 낱말을 뒤에 이어지는 문장에서 다른 낱말로 표현하는 관습을 가리킨다. 영어의 글말을 대상으로 하여 호이(Heoy 1991) 『덩잇글에 있는 어휘의 유형들(*Patterns of Lexis in Text*)』(Oxford University Press)에서는 어휘 사슬(lexical chain)을 이루는 기본규칙들을 다루고 있다.9) 어휘 교육은

될 수 있는 그런 대립 환경을 찾아 놓지 못한 것으로 알고 있다. 우리말과 같이 화용적인 특성으로 생략이 잦은 언어에서는, 더더욱 화용적 생략과 공범주 대명사의 구분을 확연히 붙들어 내기가 어려울 듯하다. 따라서 잠정적으로 현재로서는 한국어 자료에 의해 입증하여 pro라는 공범주 대명사를 집어 넣은 것이 아니라, 오히려 언어의 매개인자들을 고려하면서 설정해 놓았다고 말해야 옳겠다.

9) 이는 영어에만 국한되는 것이 아니다. 한문에서도 마찬가지이다. 한 사건이나 대상에 대한 다양한 측면을 보여 주려는 동기가 깃들어 있는 것으로 판단한다. 따라서 어휘 사슬에 대한 개념이 없으면, 그리고 낱말이 다르므로 지시대상도 따라서 달라진다고 착각한다면, 전문 서적으로서 영어 책이든 한문 책이든 번역하는 데에 큰 오류를 빚을 소지가 있다.

한문에서는 공자가 쓴 노나라 역사책 『춘추』를 잘 이해할 수 있도록 좌구명이란 사람이 '전(傳)'으로 부르는 관련 사건 이야기(해설)를 주석으로 자세히 적어 놓았다. 거기에서는 특히 한 사람의 이름이 계속 다르게 바뀌어 제시된다. 자(字)나 호(號)나 관직 이름이나 조상 이름이나, 대신할 수 있는 간접 호칭들로 바꾸어 놓는 것이다. 이를 문자를

반드시 담화가 전개되는 얼개 속에서 가르쳐야 함을 깨달을 수 있다. 영어에서는 일찍부터 '유관어휘 총괄 사전'으로 불릴 수 있는 thesaurus (유관어휘 모음)가 발달되어 자연스럽게 논문을 쓸 적에 자주 이용된다. 그렇지만 아직 우리말에서는 어휘 사슬을 만들어 내는 것을 선호하거나 지향하지 않는다.[10] 필자는 우리 문화에서 고유한 글말의 전통이 세워 져 있지 않았기 때문으로 판단한다.

그런데 비록 동일한 언어 형식을 쓰더라도 가리키는 대상이 전혀 다

바꾸어 중복을 피한다는 뜻으로 '변문(變文)'이나 '피복(避複)'이라고 말한다. 서경(또는 상서)에서도 주서 강고(康誥) 5절을 보면 보예(保乂 보호하여 다스리다)·지훈(知訓 가르 침을 알다)·강보(康保 편안히 보호하다)로 낱말을 조금씩 바꿔썼는데, 주석에서 이를 "날 줄과 씨줄을 엇얽어서 문채로움을 이룬다(經緯以成文)"고 설명해 놓았다. 이런 전통은 또한 『자치 통감』에서도 그러하다. 가령, 『자치 통감 강목』한나라 태조 11년(기원전 196 년) 가을 7월에, 임금이 옛날 초나라 국무총리였던 설공에게 질문하자, 대답을 하면서 "왕년(往年, 지난 해)에는 팽월을 죽였고, 전년(前年, 앞 해)에는 한신을 죽였습니다. …" 라는 대목이 있다. 그 주석을 보면, "지난 해와 앞 해는 같은 말이다. 글을 쓸 때 같은 낱말을 서로 피하여 쓸 따름이다(往年與前年同也, 文相避耳)."라고 하였다. 한문 수사학에 서의 전통이 매우 오래된 것임을 알 수 있다. 6세기 경에 유협(劉勰)『문심 조룡』'연자편 (練字篇)'에서는 낱말(글자) 선택의 어려움을

"글자 하나 바꾸는 것이 구를 바꾸는 것보다 더 어렵다."

고 토로한 바 있다. 글자를 바꾼다는 것은 중복을 피하여 다른 낱말을 찾아낸다는 것인 데, 이것이 쉽지 않음을 말한다.

10) 수년 전에 필자가 지도한 어느 박사논문에서 시범적으로 '어휘 사슬'을 써 본 적이 있었 다. 일부 심사자들이 거부감을 보였고, 오직 하나의 용어로만 일관되게 써 나가도록 지적 받은 일이 있었다. 필자는 이 현상을 보면서, 세 가지 점을 생각하게 되었다.

첫째, 우리말에서 매우 다양한 형태론적 실현이 어감 차이를 불러일으키므로, 일단 낱 말이 다르면 내포의미가 다를 것이라는 믿음을 지닐 수 있다. "「아」해 다르고, 「어」해 다르다"는 속담이 이 현상을 잘 드러내 준다.

둘째, 후핵성 매개인자 때문에 선행하는 어휘 항목들보다는 오히려 동사에 이어져 있 는 '-고'~'-며' 따위 어미들의 교체만 허용될 개연성이 높다.

셋째, 우리 문화에는 고유하게 글말 전통이 수립되어 본 적이 없어서, 한 대상이 실제 상황에서 여러 측면으로 구현될 수 있다는 사실에 대하여 깊은 성찰이 없다. 이런 측면은 비록 한문을 많이 읽었던 시대에서도 출중하게 한학에 뛰어난 이들이 많았음에도, 한문 에 깃들어 있는 수사학 전통이 제대로 뿌리 내리지 못했음을 의미한다.

한마디로 줄여, 필자는 이것이 21세기를 살아가는 한국 땅의 인문학자들에게 공통적으 로 대면하고 성찰해야 할 과제 중 하나라고 본다. 참고로, 글쓰기를 돕고자 하는 노력으 로 남쪽에서 김일성 종합대학 교수진 외(2006), 『우리말 글쓰기 연관어 대사전(상, 하)』 (황토출판사)를 간행하였고, 어휘론을 전공했던 故김광해 교수의 업적을 이어받아 낱말 어휘정보처리 연구소 엮음(2010), 『(넓은 풀이) 우리말 유의어 대사전(7권)』(도서출판 낱 말)이 나와 있다. 어휘 사슬 확장은 비단 국어교육 전공자뿐만 아니라, 우리나라 지식인 들이 모두 함께 고민해야 할 과제이다.

른 뜻을 지닐 수 있다. 이를 대용 표현을 통하여 확인할 수 있다. 우리말에서 동사나 동사구를 대신하는 표현 '그러하다'를 살펴보기로 한다.

(4가) 동수가 순이를 사랑한다. 병태도 그러하다.
나) 명수가 아내를 사랑한다. 순태도 그러하다.

(4)에는 대용 표현 '그러하다'가 나와 있다. (4가)에서는 목적어와 동사로 이뤄진 동사구를 대신하고 있고, (4나)에서도 그러하다. 그렇지만 (4가)에서는 삼각관계의 해석이 나온다. 동수와 병태가 순이를 놓고서 싸움을 하는 것이다. 그렇지만 (4나)에서는 1차적으로 남편과 아내의 관계만이 있으며, 따라서 순태도 결혼한 관계임이 함의되어 있고, 순태가 자신의 아내를 사랑하는 해석이 나온다.11) 이는 언어 해석에 반드시 상황이나 맥락에 대한 지식이 동원되어야 함을 일깨워 준다. 따라서 문장과 문장이 결합하여 하나의 작은 단락/문단을 이루는 영역을 벗어나서, 다시 작은 단락들이 모여서 서로 연결되거나 결합할 수 있는 더 큰 영역을 다뤄야 하는 것이다. 이 영역은 적어도 언어학과 무관한 다른 학문 분야(특히 구조주의를 따르는 문화 인류학이나 심리학에서의 실시간 기억 연구 등)에서 나란히 진행되어 온 서사 이야기 또는 민담들에 대한 분석과도 자연스럽게 합류가 이뤄진다.12)

---

11) 물론 상황에 따라서 2차적인 해석으로 앞에서와 같이 삼각 관계의 해석이 유도될 수 있는 경우도 있겠다. 여기서는 일단 전형적인 사례(1차 해석)들을 대상으로 하고 있다.

12) 인간의 실시간 기억을 연구하여 기억 연구의 아버지로 일컬어지는 영국 심리학자 바아틀릿(Bartlett, 1886~1969)도 기억에 대한 연구 재료로 서사 이야기를 자주 이용하였다. 가령 '유령들의 전쟁(The war of ghosts)'이나 '아버지보다 한 수 위가 되려고 하는 아들(The son who tried to outwit his father)' 따위의 이야기를 듣고 나서, 인종별로/문화마다 사람들이 무엇을 삭제하고 무엇을 기억하며 무엇을 변형하고 무엇을 추가하는지 등을 면밀히 연구하였던 것이다. 그는 인간 기억의 본질을 '재구성하기'로 파악하여, 뒷날 구성주의라는 사조에 실질적으로 이론적 뒷받침을 마련해 놓았는데, 그는 동시대의 독일 심리학자 에빙하우스(Ebinghaus, 1855~1905)의 실험 접근법이 분명한 한계를 지닌다고 보았었다. 바아틀릿의 연구는 다음의 절에서 구성주의 흐름으로 진척된 쓰기 연구를 논의하는 자리에서 언급될 것이다.

먼저, 러보웁·윌리츠끼(Labov and Waletzky 1967) 「서사 이야기 분석: 개별 경험의 구연 내용들(Narrative Analysis: Oral Versions of Personal Experience)」, 헤음(Helm) 엮음, 『언어 및 시각 예술에 대한 논총(Essays on the Verbal and Visual Arts)』(University of Washington Press)에서[13] 그 진행 방식이

도입 → 갈등(꼬임) → 평가 → 해결 → 마무리

로 이뤄지는데, 다음처럼 마름모 꼴의 그림을 그려 놓고 첫 출발점(화살표)에서 시계방향으로 한 번 돌고 나면, 간단한 한 대목의 서사 이야기가 끝이 난다고 보았다.

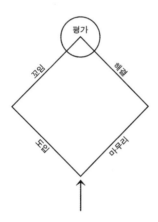

또한 트뢰바쏘·폰덴브룩(Trabbaso and van den Broek 1985) 등에서도[14]

---

13) 이는 폴스뜬·터커 엮음(Paulston and Tucker 2003), 『사회 언어학: 필독 논문선(Sociolinguistics: The Essential Readings)』(Blackwell Publishing)에 제5 논문으로 다시 수록되어 있다. 또한 쉬글로프 교수가 30년 뒤에 이 논문의 가치를 평가한 Schegloff(1997), 「〈Narrative Analysis〉 Thirty Years Later」도 제6 논문으로 같이 들어 있어서 이 논문의 가치를 아는 데에 도움을 준다.

14) 김소영(1998), 「덩이글의 문장 통합: 인과 연결망 모델의 접근」, 이정모·이재호 엮음, 『인지 심리학의 제문제 II』(학지사)와 김소영(2003), 「텍스트의 이해와 기억」, 조명한 외 11인, 『언어 심리학』(학지사)에서 관련 내용을 자세히 읽을 수 있다.

다양한 인과 그물로 이야기가 짜이는 방식들을 연구하였는데, 단일한 이야기 구조·연속적 구조·위계를 지닌 구조 등을 다루었다. 그 구조를 이루는 구성 항목들로서

배경(S), 가능게 함(E), 반응(R), 목표(G), 동기(M), 시도(A), 결과(O), 물리적 원인(phi), 심리적 원인(psy)

등을 상정하였다. 김소영(1998: 265쪽)에서는 시간상 일직선 화살표로 전개되는 과정에서 다시 되돌아 와서 반복되거나 건너뛰어 전개될 수 있는 가능성을 원호 화살로 표시해 놓았다. 또한 김소영(2003: 266쪽)에서는 가상하여 인과 그물짜임의 예시를 다음처럼 보여 주었다. 단, 원으로 된 숫자들은 연쇄 고리 위에 있는 각각의 마디를 나타낸다.15)

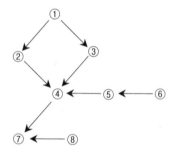

이런 연구들에서는 전반적인 이야기 흐름의

구조·변형·창조

---

15) 민담을 연구하는 쪽에서는 이를 음소나 형태소란 용어가 기본 단위를 가리키므로, 또한 이야기의 기본 단위라는 뜻으로 화소(話素, motif)란 말을 쓴다.

모습을 찾아내려고 한다. 이런 영역은 흔히 의미 연결(coherence)이라고 불리지만, 연구자에 따라서 다양하게 다른 이름으로도 불린다. 어원상 앞의 문장 결속(cohesion)과 뿌리가 동일하며, 둘 모두

'함께(together)+붙다(to stick)'

로 되어 있다. coherence를 일관성이나 통일성으로도 번역하는데,16) 전체 단락들이 모두 상위 개념상 일관되게 연결되어 통일성을 줄 수 있어야 하는 것이다. 여기서는 '의미 연결'이란 용어를 써 나갈 것이다.

coherence(의미 연결)이란 말 대신에, 더러 전통적인 용어로서 '추론'이란 이름을 쓴 경우도 있고,17) 언어교육에서는 '내용 단락'이라는 이름을 쓰기고 하며(서종훈 2009), 최근에 킨취(Kintsch) 교수는 '거시구조'라는 이름을 쓰기도 하였다.18) 언어 심리학에서는 앞의 문장들에 대한 결속을 local coherence(지엽적 연결)이라고 부르고, 이들을 대상으로 한 상위의 연결을 global coherence(전반적 연결)이라고도 불렀다.19) 모두

---

16) 이는 의미 연결에 대하여 평가를 내린 결과를 가리킬 수 있다. 김지홍(2010: 103쪽), 『언어의 심층과 언어교육』(도서출판 경진)에서는 다음과 같이 표현한 바 있다.
   의미 연결+평가=일관성 또는 통일된 단위체
   (coherence+evaluation=consistancy or unity)

17) 막연하게 추론이란 말을 쓰지 않고, 추론의 내용을 엄격히 하위 개념으로 나눠 놓기도 한다. 킨취(Kintsch 1993), 「덧잇글 처리에서 정보 더해 놓기 및 정보 덜어내기: 추론 (Information Accretion and Reduction in Text Processing: Inference)」, 『담화 처리과정 (*Discourse Processing*)』 제16권(pp. 193~202)에서는 다음처럼 추론 과정을 명시적으로 드러내었다.

처리 방향 자각 여부	인출	생성
무의식적인 자동 과정	교량 추론, 연상 정교화	유사 영역에서 이행 추론
의식적인 통제 과정	교량 지식에 대한 탐색	논리적 추론

18) 내용 단락에 대해서는 서종훈(2009), 「학습자의 문단 인식 양상 연구」(경상대학교 박사논문)을 보기 바란다. 거시 구조에 대해서는 킨취(Kintsch 1998; 김지홍·문선모 뒤침 2010), 『이해: 인지 패러다임, I~II』(나남)에 있는 뒤친이 해제를 읽어보기 바란다.

19) 엄격히 말하여, 문장 결속은 주로 언어 기제에 의존하고 있으나, 의미 연결은 머릿속 배경지식에 의존하고 있으므로, 두 방식을 촉발하는 요소가 서로 다르다. 대립적으로

소단락들을 묶어 주는 상위 구조에 대한 내용이다.

그런데, 문제는 소단락들을 묶어 주는 데에 관여하는 고정된 언어 기제가 없다는 점이다. 친절한 글일수록 앞의 단락과 뒤의 단락이 어떻게 이어져 있는지에 대하여 일부러 구체적인 연결 관계를 언어로 표현해 줄 수 있겠지만, 이는 결코 필수적이거나 의무적인 사항이 아니다. 가령, '서론·본론·결론'이라는 용어는 큰 단락들의 연결 관계를 드러내어 주는 낱말들이다. 또한 '결론을 말하면, 요약하여, 따라서' 등도 마찬가지로 앞의 언급 내용을 한데 정리하여 놓는 역할을 한다. 하나하나 나열할 때 쓰는 표현 '첫째, 둘째, …' 등도 상위 단락들 사이의 연결을 표시해 주므로 중요한 담화 표지에 속한다. 일반적으로 이런 것들을 싸잡아서 거시구조를 드러내는 담화 표지라는 뜻으로 '거시 표지'라는 용어를 쓴다. 이와 대립되는 '미시 표지'는 문장 결속에서 구체적으로 등장하는 접속사와 같은 부류들을 다 가리킨다. 그렇지만 거시 표지가 반드시 담화의 전개 속에 들어 있어야 하는 것은 아니다. 일부러 숨길 수도 있고, 논란이 되지 않는 한 명시적으로 표현하지 않고 그대로 진행될 수도 있는 것이다.

이런 점을 부각시키기 위하여, 위도슨(Widdowson 2004) 『텍스트·맥락·숨겨진 산출 목적: 담화 분석에서의 비판적 논제들(Text, Context, Pretext: Critical Issues in Discourse Analysis)』(Blackwell Publishing)의 제4장에서는 명시적으로 coherence(의미 연결)를 '언어 외적(extralinguistic)' 정보라고 말하였다. 그렇다면 언어 이외에 어디에서 coherence(의미 연결)를 찾아낸다는 말인가? 건스바커·기본 엮음(Gernsbacher and Givón 1995: 62쪽) 『자발적 텍스트에서의 의미 연결(Coherence in Spontaneous Text)』(John Benjamins)에서는 coherence(의미 연결)를

말하면 전자는 언어 내적 기제이지만, 후자는 언어 외적 기제인 것이다. 따라서 언어 심리학에서 적용 영역만 다른 동일한 하나의 원리로 보아 local(지엽적)과 global(전반적)이라고 구별한 것은 잘못임을 알 수 있다.

'해당 텍스트에 대하여 구조화된 정신 표상'

(a structured mental representation of the text)

이라고 정의한 바 있다. 의미 연결(coherence)을 부여해 주는 것이 우리 머릿속에 있는 정신 표상(또는 배경지식)이라면, 의미 연결은 배경지식의 심도에 따라 해석자마다 편차가 생길 것임을 예상할 수 있다.

의미 연결에 대한 자각의 정도와 관련하여, 언어교육에서는 그 연결을 알려 주는 담화 표지(discourse markers)들과의 상관 관계에 대한 흥미로운 연구를 진행한 바 있다. 문장들을 결합시켜 주는 담화 표지들을 '미시 표지'라고 부르고, 문단들을 연결시켜 주는 담화 표지들을 '거시 표지'라고 부른다. 쇼드론·뤼처드즈(Chaudron and Richards 1986)에서는[20] 대학생들 중에서 제2 언어로 영어를 쓰는 학생들을 두 집단(각각 71명과 81명)으로 나누어 놓았다. 그리고 미국 역사에 관한 담화를 뽑아 원래의 담화 및 그 속의 담화 표지들을 변경한 담화 변이체들을 만들어서(310쪽 각주 21을 보기 바람) 공분산 분석(ANCOVA)을 통하여 그들의 이해 정도를 측정하였다.

① 윤색이 없이 원문 그대로 제시한 담화
② 미시 표지들을 추가해 놓은 담화
③ 거시 표지들을 추가해 놓은 담화
④ 미시 표지와 거시 표지들을 모두 다 추가해 놓은 담화

이 네 가지 담화 변이체를 놓고서[21] 그들이 세웠던 가정은 다음과 같다.

---

20) 필자는 누년(Nunan 1992), 『언어학습에서의 연구 방법론(Research Methods in Language Teaching)』(Cambridge University Press) 제2장 5절에서 자세히 인용하여 다룬 내용에 근거하고 있다. 원래의 논문은 『응용 언어학(Applied Linguistics)』 제7권 2호(pp. 112~127)에 실려 있고, 입말 형태인 강의로 실험이 진행되었지만, 여기서는 서술의 편의상 상의어인 담화로 실험이 진행된 듯이 써 놓았다.

가정 1: 제2 언어 학습자들이 담화 표지가 전혀 추가되지 않은 원래의
　　　　 담화보다, 미시 표지들이 추가될 경우에 이해를 좀 더 잘할 것이다.

가정 2: 제2 언어 학습자들이 오직 미시 표지들만 있는 담화보다는 거시
　　　　 표지들이 들어간 담화를 좀 더 잘 이해할 것이다.

가정 3: 제2 언어 학습자들이 거시 및 미시 표지가 모두 들어가 있는 담화
　　　　 를 가장 잘 이해할 것이다.

그들의 논문에서 보고한 결론은, 거시 표지들이 충실히 들어가 있을

---

21) 예를 들어 강의 형태로 제시된 변이체들이 다음처럼 제시되어 있다.

① 윤색 없는 기본 내용
"The United States came into existence officially in 1783 after eight years of war…"
(8년에 걸친 전쟁 뒤 1783년에 공식적으로 미국 합중국이 존재하게 되었습니다…)
"By 1803, the original thirteen colonies had doubled in size…"
(1803년까지, 원래의 13군데 식민지들이 크기가 곱절이 되었습니다…)

② 미시 표지가 들어간 내용
"*Well*, the United States came into existence officially in 1783 after eight years of war…"
(그런데, 8년에 걸친 전쟁 뒤 1783년에 공식적으로 미국 합중국이 존재하게 되었습니다…)
"*And so*, by 1803, the original thirteen colonies had doubled in size…"
(그래서, 1803년까지, 원래의 13군데 식민지들이 크기가 곱절이 되었습니다…)

③ 거시 표지가 들어간 내용
"*To begin with*, the United States came into existence officially in 1783 after eight years of war…"
(무엇보다도, 8년에 걸친 전쟁 뒤 1783년에 공식적으로 미국 합중국이 존재하게 되었습니다…)
"*What we've come to by now was that* by 1803, the original thirteen colonies had doubled in size…"
(지금까지 우리가 다뤄온 바는 1803년까지, 원래의 13군데 식민지들이 크기가 곱절이 되었다는 것이었습니다…)

④ 거시 및 미시 표지가 둘 모두 들어간 내용
"*Well, to begin with*, the United States came into existence officially in 1783 after eight years of war…"
(자, 무엇보다도, 8년에 걸친 전쟁 뒤 1783년에 공식적으로 미국 합중국이 존재하게 되었습니다…)
"*And so, what we've come to by now was that* by 1803, the original thirteen colonies had doubled in size…"
(그래서, 우리가 지금까지 다뤄온 바는 1803년까지, 원래의 13군데 식민지들이 크기가 곱절이 되었다는 것이었습니다…)

때에 가장 학습자들의 이해력이 높았다. 반면에 미시 표지는 이해력을 높이는 데에 도움이 되지 않았다. 흥미로운 것은 거시 표지와 미시 표지를 모두 집어 넣은 경우에, 거시 표지들만 들어 있는 경우보다 이해 및 회상률이 더 낮았다는 지적이다.

담화의 의미 연결(coherence)에 대한 관심은 2000년대에 들어서 계속 급증하고 있다.[22] 언어로 표현된 덩이들을 묶어 주는 방식들이 얼마나 보편적이고, 어느 정도로 문화에 의존하는지에[23] 대한 물음도 진지하게 제기되고 있다. 가장 손쉬운 연결방식은 '결론 먼저 제시하고 이어서 증명'으로 표현되는 두괄식 접근이다(연역 방식으로도 불림). 이에 따른 변형으로 '주장 → 입증'이나 '단정 → 사례 제시' 등도 같은 계열이다. 페어클럽(1995; 이원표 뒤침 2004)에서는 뉴스의 보도에서 길거리 목

---

[22] 앞에서 언급되지 않은 것으로, 존벤저민즈(John Benjamins) 출판사에서 모두 편저 5권이 출간되었다.
   ① 버블릿츠·렝크·뷘톨러 엮음(Bublitz, Lenk and Ventola 1999), 『입말과 글말 담화에서 의미 연결성: 의미 연결성을 창조하고 기술하는 방법(Coherence in Spoken and Written Discourse: How to Create it and How to Describe it)』(JB)
   ② 라우워즈·뷘피어 엮음(Louwerse and van Peer 2002), 『주제학: 학제적인 연구(Thematics: Interdisciplinary Studies)』(JB)
   ③ 엔씽크·자워 엮음(Ensink and Sauer 2003), 『담화에서 틀 부여하기 및 관점 세우기 (Framing and Perspectivising in Discourse)』(JB)
   ④ 아이유머·스텐스트룀 엮음(Aijmer and Stenström 2004), 『입말과 글말 말뭉치에서 담화 전개 유형들(Discourse Patterns in Spoken and Written Corpora)』(JB)
   ⑤ 슈밋 엮음(Schmitt 2004), 『정형성을 갖춘 연결체들(Formulaic Sequences)』(JB)
[23] 문화에 따라서 선호하는 수사학이 달라짐도 또한 잘 알려져 있다. 가령, 스페인 문화에서는 화려체를 선호하고, 첫 부분에 많은 공을 들여 수사적 표현을 잔뜩 쓴다. 중국 문화에서는 대립적인 전개 방식을 통하여 반대의 속성들을 지적하는 표현법을 선호한다. 필자의 경험으로는 학문 분야와 하위 갈래에 따라서도 논지 전개 방식이 조금씩 다를 것이다. 언어학에서 참스키 문법에 익숙하여 논문을 쓰는 사람들은 자신의 머릿속에서 골라낸 한 가지 사례를 제시하여 이론화하고, 그 이론을 다른 예외들을 추가하면서 계속 수정해 나가는 방식을 쓴다. 아무도 그런 논지 전개 방식에 대하여 시비를 거는 사람이 없다. 그런 만큼 생성문법 공동체의 구성원들에게 거부감 없이 수용되는 방식이다. 따라서 참스키 방식대로 씌어진 언어학 논문은, 마지막 결론 부분을 먼저 살펴보고 나서 논지 전개를 재구성하는 것이 이해의 첩경이 된다. 한편, 영어 교육 쪽에서는 미국 교육 연구회·미국 심리학회·교육 측정 국가 협의회에서 공동으로 펴낸(1999 개정판) 『Standards for Educational and Psychological Testing』을 따르도록 강력히 권고받는다. 이는 이순묵·이봉건 뒤침(1995), 『설문·시험·검사의 제작 및 사용을 위한 표준』(학지사)로 번역되어 있다.

소리를 같이 방영하는 방식도, 이런 두괄식 표현의 변이체라고 지적한 바 있다. 학문적으로는 이미 가설-연역적 접근법이24) 여러 학문들에서 보편적으로 받아들여지고 있다.

이제, 담화를 갖고서 일을 하는 실용적인 '다원주의 담화'를 살필 차례 이다. 이는 비판적 담화 분석(CDA)로 불린다. 영국의 페어클럽(Fairclough, 1941~) 교수와25) 화란의 폰대익(von Dijk, 1943~) 교수가26) 가장 핵심

---

24) hypothetical deductive system(가설-연역적 접근법)은 귀납법과 연역법이 연합된 형태이다. 먼저 귀납법을 통하여 궁극적인 가설을 상정한다. 이어 이 가설이 임의의 대상에 적용하더라도 충분히 타당성을 입증받을 수 있도록 여러 영역들을 놓고 검증해 나가는 절차이다.

25) 페어클럽 교수의 책 중에서 다음 세 권이 번역되어 있다. 페어클럽(1995; 이원표 뒤침 2005),『대중매체 담화 분석』(한국문화사); 페어클럽(2001; 김지홍 뒤침 2011),『언어와 권력』(도서출판 경진); 페어클럽(2003; 김지홍 뒤침 2012),『담화 분석 방법』(도서출판 경진). 특히 뒤의 두 권에 들어 있는 뒤친이의 해제들을 읽어보기 바란다.

26) 번역서로서 폰대익(1978; 정시호 뒤침 1995),『텍스트학』(민음사)가 유일하다. 화란 발음은 '투인 아드리아누스 폰대익'이다. 초기에는 순수 담화쪽의 저술들을 선보였다. 대표적인 것으로 폰대익(1980),『거시구조: 담화·상호작용·인지에서 전반적 구조들에 대한 학제적 연구(Macrostructures: An Interdisciplinary Study of Global Structures in Discourse, Interaction, and Cognition)』(Lawrence Erlbaum, 서종훈 교수가 번역 중임)과 1983년 심리학자인 킨취(Kintsch) 교수와의 공저『담화 이해의 전략들(Strategies of Discourse Comprehension)』(Academic Press). 4권의 총서인 폰대익 엮음(1985),『담화 분석의 소백과(Hanbook of Discourse Analysis)』(Academic Press)에는 법학·사회학·인공지능·심리학·언어학·철학·병리학·아동학 등에 걸쳐 53편의 논문이 들어 있다.

그렇지만 1990년대에 들어서면서 담화로써 일을 하는 실용적인 다원주의 담화 쪽의 저술을 출간하기 시작하였다. 이는 2004년 쓰인 "텍스트 문법으로부터 비판적 담화 분석까지(From text grammar to critical discourse analysis)"에서도 확인할 수 있다(http://www. discourses.org/download/articles). 이들은 다음과 같으며, 최근의 저작들도 같이 적어 둔다.
폰대익(1993),『사회 지도층의 담화와 인종 차별(Elite Discourse and Racism)』(Sage),
폰대익 엮음(1997),『구조 및 과정으로서의 담화: 학제적 담화 연구 개관, 1권(Discourse as Structure and Process: A Multidisciplinary Introduction 1)』(Sage),
폰대익 엮음(1997),『사회적 상호작용으로서의 담화: 학제적 담화 연구 개관, 2권(Discourse as Social Interaction: A Multidisciplinary Introduction 2)』(Sage),
폰대익(1998),『이념: 학제적 접근(Ideology: A Multidisciplinary Approach)』(Sage),
폰대익(2009a),『담화와 권력(Discourse and Power)』(Palgrave Macmillan),
폰대익(2009b),『사회와 담화: 사회적 맥락들이 텍스트와 말하기에 어떻게 영향을 미치는가(Society and discourse : how social contexts influence text and talk)』(Cambridge University Press),
폰대익(2010),『담화와 맥락: 사회인지적 접근(Discourse and Context: Sociocognitive Approach)』(Cambridge University Press),
폰대익(2011),『담화 연구들: 학제적 접근 개관(Discourse Studies: A Multidisciplinary Introduction)』(Sage).

적인 학자로 알려져 있다. 필자는 아직 폰대익의 방대한 저작물들에 대하여 소개하고 요약할 만한 공부가 충분히 되어 있지 않다. 대신 몇 년 동안 페어클럽의 책들을 번역해 오고 있으며, 여기서는 페어클럽의 근본적인 생각들을 필자 나름대로 이해한 골자들로 서술해 놓기로 한다. 개인적으로 비판적 담화 분석을 공부하면서 말의 비중을 어디에 둘 것인지에 대한 생각을 많이 하게 되었다. 페어클럽은 말이

'말을 위해 있는 것이 아니다. 일을 하기 위하여 존재한다.'

는 생각을 견지하고 있다.27) 위도슨과 페어클럽 사이에 벌어진 담화를 둘러싼 논쟁은 『언어와 문학(*Language and Literature*)』이라는 학술지를 중심으로 전개되었다. 먼저 위도슨이 1995년 제4권 3호(pp. 157~172)에 「담화 분석: 비판적 서평(Discourse analysis: a critical View)」를 실었다. 이에 대한 답변으로 페어클럽 교수가 1996년 제5권 1호(pp. 49~56)에 「핸뤼 위도슨의 '담화 분석: 비판적 서평'에 대한 대답(A reply to Henry Widdowson's 'Discourse analysis: a critical view')」을 실었고, 이어 위도슨 교수의 재반응이 같은 학술지의 같은 호수에 페어클럽 교수의 답변 바로 뒤(pp. 57~69)에 「페어클럽에 대한 대답, 담화와 해석: 짐작과 반박(Reply to Fairclough: Discourse and interpretation: conjectures and refutations)」이란 제목으로 실리었다.28)

위도슨 교수는 학술지를 달리하여 『응용 언어학(*Applied Linguistics*)』

---

27) 비록 명시적으로 언급한 바는 없지만, 필자는 이것이 비트겐슈타인이 말한 삶의 형식과 도 근본 지향점이 같다고 본다. 즉, 삶을 지향하는 언어인 것이다.

28) 이런 논쟁 속에 다른 학자들도 가세하였다. 동일한 학술지 제6호(pp. 83~103)에 페어클럽 교수를 두둔하면서 툴런(Toolan 1997), 「무엇이 비판적 담화 분석이고, 사람들이 이에 대하여 왜 악담을 하고 있는가?(What is Critical Discourse Analysis and Why are People Saying such Terrible Things about it?)」를 실었고, 또한 제11호(pp. 153~160)에 웨버(Weber 2002), 「헨뤼 위도슨의 비판적 실천(The cirtical practices of Henry Widdowson)」가 게재되었다.

에서도 페어클럽 교수의 다른 책자들을 비판하였다. 1995년 제16권 4
호(pp. 510~516)에 「페어클럽 『담화와 사회 변화』에 대한 서평(Review
of Fairclough, Discourse and Social Change)」을 실었고, 1998년 제19권 1호
(pp. 136~151)에 「비판적 담화 분석의 이론과 실천(The Theory and Practice
in Critical Discourse Analysis)」을 실었다. 특히 담화를 통해서 이뤄지는
사회적 지배이념의 고착을 비판하도록 권장하는 페어클럽 교수의 시도
를 못마땅하게 생각하여 137쪽에서

> "어떤 개념이든지 간에 흔히 손이 닿는 대로 취해 온 일종의 기묘한 합작품"
> (a kind of *ad hoc* bricolage which takes from theory whatever concept comes
> usually to hand)

이라고 힐난하였다. 합작품이란 담화 분석에 사회학이나 지배 이념의
개념을 도입한 것을 가리킨다. 담화가 순수히 일원론적이며 자족적인
성격을 다루는 것이 아니라, 오히려 가려져 있는 사회적 지배 이념을
드러내는 도구로 쓰인다는 점을 비판한 것이다. '비판적'이란 꾸밈말은
숨겨지거나 가려져 있는 지배 이념을 밝게 드러내어 시비를 논한다는
뜻을 담고 있다.
　필자는 이런 대립을 쉽게 다음처럼 대립시켜 표현할 수 있을 것으로
본다. 위도슨은 말은 말 나름대로의 질서를 존중해 주는 입장이다.29)

---

29) 따라서 위도슨(2004), 『텍스트·맥락·숨겨진 산출 목적: 담화 분석에서의 비판적 논제들
　　(*Text, Context, Pretext: Critical Issues in Discourse Analysis*)』(Blackwell Publishing)에서는
　　담화 이론을 세우기 위하여 심각하게 다른 학문 영역을 기웃거리지 않는다. 1973년 에딘
　　브뤄(Edinburgh) 대학 박사논문에서부터 계속하여 일관되게 '언어 그 자체'에만 몰두하
　　여 내적 질서를 탐구해 왔다. co-text(앞뒤 언어 맥락)이라든가 pretext(텍스트의 숨겨진
　　산출 목적)과 같은 용어들도 그런 노력의 산물이다. 결국 이는 '낭만적 개인주의'만을
　　옹호하는 셈이고, 지식인의 사회적 책임에 대하여 물음을 받을 적에 적의한 답변을 해
　　줄 수 없으며, 오직 '방임주의' 입장을 취하는 일에 다름 아니다.
　　　그렇지만 페어클럽의 책들은 심각하게 프랑스 사회학자 부르디외와 푸코, 독일의 사회
　　철학자 하버마스, 이탈리아 맑스주의자 그롬씨 등에서 전반적인 사회 이념이나 질서에

'순수한 일원주의'이다. 그렇지만 페어클럽은 말을 통해서 일을 한다, 또는 일을 하기 위하여 말을 한다는 입장이다(단, 여기서 일은 삶과 같이 넓은 뜻을 지님). 대립적으로 표현하여 '실용적 다원주의'라고 말할 수 있다.[30] 위도슨은 담화 각편의 전개에 초점을 둔다. 그렇지만 페어클럽은 담화 하나하나가 한데 묶이어 담론이 되고, 다시 담론이 묶이어 상위의 갈래를 이루는데, 그런 갈래를 갈래로 묶어 주는 밑바닥에 깔린 질서를 '이념'이라고 파악하고, 이념의 실체를 명시적으로 드러내고, 그 이념이 담화 각편으로 구현되는 방식을 드러내려고 한다. 따라서 페어클럽은 불가피하게 담화 및 사회 관계의 역학을 다루지 않을 수 없다.

그렇다면, 두 입장이 모두 다 충분한 근거를 지니고서 나름대로의 가치를 지니며, 단지 어떤 측면에 더 가중치를 두어 부각시킬지에 따라 관점이 나뉘는 것으로 보아야 할 것이다. 이를 종전의 용어로 미시적 차원과 거시적 차원으로 서술할 수도 있다. 어느 차원으로 보든지 간에, 궁극적으로는 우리 삶을 대면하면서 우리의 생활 속에 뿌리를 내려야 할 것이다. 다시 말하여, 말과 일은 모두 삶의 한 부분일 따름이다. 결과적으로 논의 범위가 언어에만 한정될지, 언어를 통해 이뤄지는 사회관계를 더 근원적인 것으로 여길지를 놓고서 각자 유용성의 선택이 이뤄지는 것이다(연구자 개인의 신념과 선택 문제).

페어클럽(2003; 김지홍 뒤침 2012) 제1장 3절에서는 언어와 텍스트와 담화의 관계를 다음처럼 정의한다. 언어는 낱말이나 문장이든 간에 언

대한 논의를 받아들인다. 따라서 한 개인의 자유를 극대화하기 위하여 담화를 통해 이뤄지는 사회적 지배 이념을 비판하여 뛰어 넘도록 강력히 권고한다. 특히 신자유주의·정보 사회·세계화·다국적 기업 등의 담화로 위장된 지배 이념들을 공격하는 일을 실천해 오고 있다.

30) 이를 순수한 일원주의를 옹호하는 시각에서 용어를 만들어 낸다면, 각각 전통적으로 언급되어 온 '본질주의 대 도구주의'라고 말할 수도 있다. 여기서 이런 이름 붙이기가 어떤 가치나 이념이 깃들어 있음을 알 수 있다. 필자는 통합적이며 실용적인 다원주의를 옹호하고 있으므로, 이들을 순수한 일원주의 대 실용적인 다원주의라고 이름을 붙였다.

어로 이뤄져 있는 것을 가리킨다. 텍스트는 글말과 입말의 구분 없이 실제 사용 중인 언어를 가리키는데, 시각적인 정보까지도 포함된다. 그렇지만 담화는 더 큰 차원에서 언어 사용을 가능하게 하는 밑바닥의 질서(사회적 관계)를 포함하여, 언어와 텍스트를 모두 포괄하는 상의어이다. 담화는 개인별로 융통성 있게 크든 작든 바뀌고, 다른 담화와 뒤섞일 수 있는 단계에서는 담화(discourses, 개별 담화들)로 불리지만, 공동체 구성원들에게 받아들여지고 어느 정도 고정되어 이념을 만들어 내는 데에 관련되는 경우에는 '담론'(Discourse 또는 복수형태가 될 수 없는 discourse)으로 불린다. 제2장 5절에서는 이를 사회 관계와의 대응시켜 다음과 같이 나타내었다.

〈 담화의 계층 구조 〉

개개의 사회적 사건(social events)	⇨ 언어/텍스트로 구현됨	상부	
사회적 실천관행(social practices)	⇨ 담화 질서로 고정됨	⬍	
일반적 사회구조(social structures)	⇨ 담론으로 밑바닥에 잠복해 있음	하부	

왼쪽 칸에 있는 사회 현상들의 내적 관계는 다음처럼 동심원이나 원뿔의 가로 절단면의 모습으로 나타낼 수도 있다(페어클럽 2001; 김지홍 뒤침 2011: 304쪽 역주 9를 참고하기 바람).

앞의 글상자에서 개개의 사회적 사건·사회적 실천관행·일반적 사회구조는, 각각 상황 층위·제도적 층위·사회구조 층위와 대응한다. 더 큰 동심원일수록 더 깊이 깔려 있으며, 자각하기가 더 어려워질 것이다.

따라서 이를 더 정확히 그린다면 원뿔로 이뤄진 세 층위로 표상해 주어야 하는데, 제일 위에 있는 층위만이 바다 위에 떠 있는 빙산처럼 구체적인 경험 대상이 되며, 아래 층위들은 내성 또는 성찰에 의해서 자각이 될 뿐이다. 즉, 누구나 쉽게 자각하는 것은 의사소통 상황을 일으키는 상황 층위이며, 개개의 사회적 사건이 된다. 여기서 대화 참여자들 사이에 발화를 통해 사회적 사건이 진행되어 나가는 것이다. 그렇지만 이는 아무렇게나 팔자걸음을 걷는 것이 아니라, 일정한 변이 폭을 허용하는 심층의 제도적(또는 기관적) 담화 질서에 의해 인도된다. 이런 담화 질서들도 궁극적으로는 일반적 사회구조라는 보편적인 질서에 뿌리를 두고 있기 때문이다.

만일 소쉬르의 이분법으로 말하면 개개의 사회적 사건은 파롤(개인별 변이체)에 해당하고, 사회적 실천관행과 사회구조는 랑그(사회 구성원들 사이의 공통 속성)에 해당한다. 페어클럽 교수의 이런 접근 방법은, 비록 칸트(Kant, 1724~1804)에 대한 인용이 없지만, 칸트가 한 인간을 세 층위로 파악하였던 방식을 연상시킨다. 그는 인간 유전자가 만들어 내는 보편적인 속성들을 범주(categories)로 부르고, 구성원들이 공유하는 공동체 요소들을 규범(maxims)으로[31] 부르며, 개인이 각자의 체험에 따라 형성하게 되는 것들을 개인별 개념틀(schemata)로 불렀다. 여기서 사회적 실천관행은 세 가지 층위로 다음처럼 재분석될 수 있다.

개별 정체성 모습(style) ⇨ 개개인의 존재 방식(ways of being)		개인
하위 담화(discourses) ⇨ 공통된 표상 방식(ways of representing)		⬍
기본적인 갈래(genre) ⇨ 공통된 행위 방식(ways of acting)		집단

---

31) 아리스토텔레스의 『수사학』에 처음 쓰인 maxim(격언, 경구)은 우리한테 지혜를 전해 주는 격언이나 잠언의 뜻을 지녔었다. 그런데 중세의 강단(스콜라) 철학자들에 의해 이 말이 axiom(공리)이란 뜻으로 확장되었다. 칸트도 중세 철학자들의 뜻으로 썼기 때문에, 백종현 뒤침(2006), 『순수 이성 비판, I~II』(아카넷)에서는 '준칙'으로 불렸다. 법칙에 버금가는(준하는) 것으로서 규범들과도 통한다.

이런 얼개 위에서 사회적 질서와 담화와의 관계는 직접 대응되기보다 오히려 내재적 분석을 통해서 결과적으로 서로 긴밀성이 드러날 수 있다. 이를 다음과 같이 나타낼 수 있다.

일반적 사회구조 사회적 실천관행 사회적 사건 ─┌ 행위와 행위들의 사회적 관계 ├ 사람들의 정체성 └ 세상에 대한 표상	**외부 층위** (사회 층위)
담화(개별 정체성 모습, 하위 담화, 갈래) 텍스트/언어 ─┌ 의미 ├ 문법과 어휘 └ 음운/철자	**내부 층위** (언어 층위)

그렇다면 이제 담화가 어떤 방식으로 사회 질서를 표상하는지에 대한 논의가 이어져야 할 것이다. 점강적인 진행방식을 통하여 차례대로 갈래와 텍스트 짜임들의 내재적 질서를 분석하고, 서로 얽힌 담화 속성들을 다루며, 서사 이야기 구조를 다룬 다음에, 마침내 미시언어학 영역을 논의하게 된다. 가장 미세하게 '절'(또는 철학과 심리학에서는 '명제')을[32] 분석하는 자리에서는 특히 종결 서법이나 양태(단정 아니면 가능성)에 초점이 모아진다. 이것들이 상위 차원에서 지배 이념이나 권력이 행사되는(평가와 가치가 깃들어 있는) 언어적 방식이기 때문이다. 뿐만 아니라, 하나의 절 속에 행위 주체가 명시적으로 표현되는지(능동 표현 따위), 아니면 행위 주체에 대한 언급이 사라지고 오직 결과 상태나 대상만이 부각되는지(수동 표현 따위)를 드러내는 서술관점도, 이념을 고정되고 당연한 것처럼 여기도록 유도하는 방식이므로, 화자의 표현 의도를 포장하는 방식을 직접 드러내어 주는 단서가 된다.

---

32) 체이프(Chafe 1994; 김병원·성기철 뒤침 2006)에서는 입말을 기본으로 보므로, 사고의 기본 단위를 '억양 단위(intonation unit)'라고 부른다.

더욱 중요한 것은 명사와 동사(동사로 투영된 절이나 문장) 사이의 구분이다. 동사가 투영하여 만들어 내는 문장은 구체적인 사건들을 개별적으로 언급한다는 점에서, 논의되는 사건들을 여러 측면을 그대로 드러내 줄 수 있다. 그렇지만 이것이 명사화되거나 완전히 명사로 바뀌면, 결과 상태나 대상물만이 진리인 듯이 당연히 전제되고, 다른 사람들이 그 존재성과 사실성 여부를 문제 삼지 못하도록 만들어 버릴 소지가 있다. 아무렇게나 저절로 표현하고 아무렇게나 명사화 표현을 쓰는 것이 아니다. 부지불식간에 더 깊은 밑바닥에서는 ① 구체적 사건을 경험하여 비로소 참인지 여부를 깨우치도록 표현하거나, ② 아니면 애초에서부터 부인할 수 없는 참값임을 전제하도록 표현할지에 대한 중요한 차이가 들어 있는 것이다.

필자가 보기에, 아직 기억 부서와의 관련성까지 언급하지 못하였지만, 이런 차이점에 대한 논의는 아마 페어클럽 교수가 처음일 것으로 판단된다. 또한 어휘 선택과 관련해서도 종결 서법 및 양태에 대한 논점과 일맥상통하는 가치 및 평가의 동기가 숨겨져 있음을 구체적 사례를 들면서 논의해 나가고 있다. 결국 마치 참인 양 전제되거나 가정된 가치(이념)를 비판적으로 드러내어 공개 토론마당에서 논의 대상으로 삼는 일이, 언어 자각임과 동시에 비판적 담화 분석이 된다.

이런 생각들을 염두에 두고서 페어클럽(2001; 김지홍 뒤침 2011)과 페어클럽(2003; 김지홍 뒤침 2012)에서는 다양하게 구체적인 담화 사례(연설, 대담, 신문 기사, 정부 서식 따위)들을 놓고서, 어떻게 비판적으로 적용하고 실천할 수 있는지를 매우 미세하게 현미경 시각으로 보여 주고 있다. 그 중에서도 현재 우리 사회에서 무감각하게 관심 없이 흘려버리는 거대한 다국적 기업들의 이익에 봉사하며, 시민들의 권리를 보호해야 할 국가적 의무를 당연히 포기하도록 만들어 가는 신자유주의 내지 작은 정부 지향의 흐름을 예리하게 초점 모아 비판하고 있다.

1970년대 초반에 프랑스의 지성 푸코와 미국의 지성 참스키가 화란에서 한데 모여 텔레비전 방송으로 자유로운 토론을 벌인 바 있다.33) 1960년대에서부터 월남 전쟁을 반대하면서 미국 정부를 비판해 왔고, 지금도 미국 정부와 사회의 문제에 대하여 날카롭게 비판을 출간해 오고 있는 참스키 교수는, 당시 자신이 전공하는 언어학과 사회적 비판 운동 사이에 필연적 관련성이 있는지 여부를 묻는 사회자의 질문에 부정적인 답변을 한 적이 있다. 아마 형식 언어학의 한계에만 관심을 집중할 경우에는, 실천적이며 실용적인 특성이 결코 큰 주제로 부각될 수 없다. 그렇지만 페어클럽 교수의 책들을 통해서 언어와 사회 사이에 자연스런 연결이 들어 있음을 깨달을 수 있다. 다시 말하여, 언어학을 공부하는 실천적 지성이 자신의 전공 지식을 통해서 자연스럽게 사회에 대하여 무슨 일을 어떻게 해야 할지에 대하여 많은 시사점을 보여 주는 것이다.

비판적 담화 분석에 있는 논의들이 언어 산출과 관련하여 무엇을 알려 줄 수 있는 것일까? 개인적으로 필자는 우리가 언어·텍스트·담화를 의식하든 그렇지 않든 간에 언제나 쓰고 있었지만, 자기 반성을 통하여 왜 그런 언어·텍스트·담화를 쓰고 있는지를 제대로 밝은 눈을 갖고 드려다 볼 수는 없었다. 그렇지만 이제 이런 비판적 담화 분석의 논의들을 통하여, 우리의 의도와 도구로서의 언어·텍스트·담화를 더욱 분명하게 깨달으면 깨달을수록, 의식적으로 그리고 합목적적으로 산출 과정에서 이 도구를 더욱 잘 활용할 수 있을 것으로 본다.

---

33) 1971년에 화란 텔레비전을 통해서 그들 사이의 토론이 중개된 바 있다. 또한 뒤에 그 내용이 책으로 출간되었는데, 최근 이종인 뒤침(2010), 『촘스키와 푸코, 인간의 본성을 말하다』(시대의창)로 번역되어 있다. 또한 장영준 뒤침(2009), 『촘스키, 변화의 길목에서 미국을 말하다』(시대의창)와 장영준 뒤침(2011), 『촘스키, 러셀을 말하다』(시대의창)도 같이 읽어보기 바란다. 현대 한국 사회의 병폐를 말할 적에, 한국에는 지식인들만 있지, 지성인이 없다는 이야기를 종종 듣는다. 지식인들에게 사회적 책임을 묻고 있는 것이다. 두뇌 속의 인지 부서들의 접합 경계면(interfaces)에 대한 조건들을 다루고 있는 촘스키의 최근 언어학 책자들의 번역은 241쪽 각주 14)를 보고, 비판적 지성의 실천은 438쪽 각주 87)을 보기 바란다.

2. 언어교육과 글쓰기 분야에서의 논의

언어교육의 상의어로 더러 응용 언어학이란 말이 쓰이기도 한다. 언어교육에서는 산출과 관련하여 크게 말하기와 글쓰기 영역이 있고, 입말과 글말의 공통점과 차이점을 다루는 하위 영역이 있다. 글쓰기는 서구에서 수사학의 전통과 함께 오랜 역사를 지니고 있다.[34] 반면에 말하기에 대해서는 1980년대에 스코틀랜드 어느 중학교 학생들을 대상으로 하여 '정보를 전달'해 주는 말하기가 구조적인 틀을 중심으로 교육될 수 있음이 처음으로 입증되었다.[35] 그 이후 지금까지 비록 30년이나 흘렀지만, 압도적인 숫자의 글쓰기 연구 축적물에 비해서는 비교

---

[34] 서구 수사학의 논의를 가장 잘 정리해 놓은 것으로 김봉군(1999, 제4판), 『문장 기술론』(삼영사)이 있다. 그 제4판 서문에 이 책이 나오기까지 20년이 걸렸다고 씌어 있다. 어떤 이는 글쓰기 방법 연구사에서 1960년대 이전에는 특별한 방법이 없는 것처럼 서술하였는데 잘못이다. 연면히 수사학 전통이 이어져 오고 있었다. 그런데 유별난 것을 좇는 유행처럼 우연히 글쓰기의 새로운 흐름들을 소개하는 번역본과 전문 연구서들이 숫적으로 헤아릴 수 없이 많이 출간되고 있기 때문에, 마치 수사학 전통이 옛날 엽견처럼 취급될 우려가 있지만, 인문학에서 '온고지신(溫故知新: 옛날을 알고 또 새로운 것도 받아들임)'의 지혜를 새길 필요가 있다. 최근 희랍어 원전에서 번역된 아리스토텔레스 저작들이 우리에게 여전히 소중한 자산이 됨을 느낀다.

[35] 앤더슨·브롸운·쉴콕·율(Anderson, Brown, Shillcock, and Yule 1984; 김지홍·서종훈 2014 뒤침), 『모국어 말하기 교육: 산출 전략 및 평가』(글로벌콘텐츠)에 그 내용이 들어 있고, 이를 제2 언어로서 영어교육에 적용한 사례가 브롸운·율(Brown and Yule 1983; 김지홍·서종훈 2014 뒤침), 『영어 말하기 교육』(글로벌콘텐츠)이다. 전자에서 이용되었던 자료들은 앤더슨(1995), 「대면담에서 의미 연결을 타개해 나가기(Negotiating coherence in dialogue)」, 건스바커·기본(Gernsbacher and Givón) 엮음, 『자발적인 텍스트에서 의미 연결(Coherence in Spontaneous Text)』(John Benjamins)에서 자세히 분석되고 있어서 크게 도움이 된다.
　이 연구는 두 가지 중요한 기여를 하였다. 첫째, 말하기도 또한 '정보 전달용' 과제를 통해서 교육될 수 있음을 처음으로 증명하였다. 둘째, 현재 언어교육의 주류를 이루고 있는 과제 중심 언어교육(Task-based Language Teaching, 이른바 의사소통 중심 언어교육[CLT]의 최근 흐름임)에서 다뤄지는 중요한 논제인 과제의 등급화 원리를 처음으로 구현하였다. 첫 번째 업적에서는 일후에 의사소통을 지배하는 공평성 원리와 체면의 원리가 분명하게 다뤄짐에 따라서(클락 1996; 김지홍 뒤침 2009, 『언어 사용 밑바닥에 깔린 원리』, 도서출판 경진), 친분 쌓는 말하기도 정보 전달용 말하기와 마찬가지로 중요하게 교육되어야 함을 깨닫게 되었으므로, 강한 의미로 정보 전달만을 교육해야 한다고 해석되어서는 안 된다. 의사소통 중심 언어교육(CLT) 흐름에서 시행하는 전반적인 말하기 교육에 대해서는 바이게잇(Bygate 1987; 김지홍 2002 뒤침), 『말하기: 옥스포드 언어교육 지침서』(범문사)를 읽어보기 바란다.

할 수 없을 정도로 영성(零星)하며, 독자적인 이론이나 이론가도 잘 찾아지지 않는다.

이하에서는 글쓰기 분야에서 특히 인간의 기억 특성을 기반으로 하는 구성주의 글쓰기 논의를 다루기로 한다. 먼저 구성주의는 바아틀릿 (Bartlett 1932, 재판 1995)『기억하기 : 실험 및 사회 심리학 연구(*Remembering: A Study in Experimental and Social Psychology*)』(Cambridge University Press)의 재구성 개념을 통하여 이론적 뒷받침을 얻는다.36) 바아틀릿(1886~1969)의 저서는 킨취(Kintsch) 교수의 개관을 추가하여 60년 뒤에 다시 출간되었다. 그런데 이름부터가 고정적이고 정태적인 기억(memory)이 아니라, 역동적이며 유동적인 '기억하기(remembering)'로 썼음에 주목하기 바란다. 이는 기억 그 자체가 추가되어 갱신되거나 점차 쇠잔해지는 지속적이며 역동적인 과정임을 함의하고 있다. 바아틀릿은 독일 심리학자 에

---

36) 필자는 스피뷔(Spivy 1997; 신현재 외 4인 뒤침 2004 개정판),『구성주의와 읽기·쓰기』(박이정)에서 정리된 구성주의를 읽고 많이 배울 수 있었는데, 기억 연구의 아버지로 칭송받는 바아틀릿(Bartlett, 1886~1969)을 자세히 다루고 있어 도움이 된다. 필자가 이해하기로는, 구성주의가 많은 호응을 얻게 된 데에는 여러 사람의 기여가 있었다. 기억 연구에서 심리학자 바아틀릿, 어린이 인지 발달에서 피아제(Piaget, 1896~1980), 사회적 상호작용을 통한 인지 발달에서 유물주의 심리학자 뷔고츠키(Vigotsky, 1896~1934), 명제를 통한 언어 구성방식을 극명하게 밝혀 준 심리학자 킨취(Kintsch, 1932~) 등이다. 국어교육의 글쓰기 분야에서는 유행처럼 구성주의 글쓰기라든지 과정 중심 글쓰기를 거론한다. 그렇지만 양자가 서로 배척적인 것이 아니라, 점진적으로 구성되어 나간다는 측면에서 상호 보완적인 개념으로 본다.

글쓰기 쪽에서는 로렌스 얼바움(Lawrence Erlbaum) 출판사에서 간행한 것들 중에서 글쓰기의 심리학적 과정을 다룬 브라이어터·스까다말리어(Bereiter and Scardamalia 1987), 『글 짓기 심리학(*The Psychology of Written Composition*)』; 지속적인 수정을 통하여 글쓰기를 완성하는 캘퓌·퍼퓨모 엮음(Calfee and Perfumo 1996), 『교실 수업에서 글쓰기 자료철: 정책과 실천, 전망과 재난(*Writing Portfolios in the Classroom: Policy and Practice, Promise and Peril*)』; 논술 갈래의 글짓기 과정을 다룬 레뷔·뢴스들 엮음(Levy and Ransdell 1996), 『글쓰기의 과학: 이론·방법·개인 편차·적용(*The Science of Writing: Theories, Methods, Individual Differences, and Applicaitons*)』; 스미쓰(Smith 1994, 제2판), 『글쓰기와 필자 (*Writing and the Writer*)』 등도 글쓰기의 연구에 중요한 기여를 하였다.

필자는 그뢰브·캐플런(Grabe and Kaplan 1996; 허선익 뒤침 2008), 『쓰기 이론과 실천 사례』(박이정); 플라워(Flower 1993 제4판; 원진숙·황정현 뒤침 1998), 『글쓰기의 문제 해결 전략』(동문선); 매코미스키(McComiskey 2000; 김미란 뒤침 2012), 『사회 과정 중심 글쓰기: 작문 교육 패러다임의 전환』(도서출판 경진)에서도 많이 배울 수 있었다. 또한 의사소통 중심 언어교육의 글쓰기와 관련하여 트뤼블(Tribble, 1996; 김지홍 뒤침 2003), 『쓰기: 옥스포드 언어교육 지침서』(범문사)도 읽어보기 바란다.

빙하우스(Ebbinghaus, 1855~1909)가 실험실 조건에서 연상주의 가정 위에서 기억을 연구하려는 일이나[37] 미국 심리학자 왓슨 등의 강한 행동주의 가정을 비판하여, 실시간으로 이뤄지는 기억의 연구에 연구의 초점을 맞추었고, 서사 이야기를 환기해 내는 실험들을 통하여 그 변용의 모습에 예의 주시한 바 있다.

그는 사람들이 시각 자료의 의미를 구성하는 과정이나 글말 담화를 지각하는 과정이 비슷하게 연결 과정이며, 전체 유형에 짜맞추는 경향이 있다는 점에 주목하였다. 곧, 사람들이 민담을 듣고 무엇을 기억하고 무엇을 빠뜨리며, 무엇을 더 추가하고, 무엇을 바꾸는지에[38] 주의를 기울여 연구를 진행하였다. 그는 지각하고 인식하고 기억하는 일을 매개해 주는 과정을 '재구성(reconstruction)'이라고 불렀다. 그리고 기억이 부분들의 연상작용에 의해서 일어나는 것이 아니라, 거꾸로 전체적인 유형이나 형상이 먼저 촉발되어 인과적 추론을 통하여 점차 이를 가다듬어 가게 되는 것으로 보았다.[39] 이는 자연스럽게 덩잇글에서 의미를

---

37) 연상주의에서는 부분들끼리의 결합에 초점을 모으게 된다. 그렇지만 바아틀릿은 전체적인 유형이나 윤곽이 먼저 발생한다고 보았다. 이런 전체적 유형이나 윤곽이 한 개인을 넘어서서 집단적 경향을 보이는 사회 전체로 확대하여 사회적인 스키마를 상정하기도 하였다. 바아틀릿(1923), 『심리학과 원시문화』에서는 사회적 집단 경험을 강조하였지만, 반면에 바아틀릿(1932), 『기억하기』에서는 개인에 더 많은 강조점을 두었다고 한다.

38) 현대판 아리스토텔레스를 연상시키는 피아제(J. Piaget, 1896~1980)의 용어로는 동화와 조절이다. 만일 이런 모습으로 처리할 수 없는 자료가 많이 쌓이면, 개인이 세워 놓은 개념틀이 서서히 변증법적 재조정 과정을 거쳐 모순된 자료들을 처리할 수 있도록 바뀌면서 새로운 균형 상태를 이룬다고 본다. 피아제는 60대에 들어서면서 역동적이고 변증법적으로 재구성되어 새로운 균형 상태에 이르는 과정에다 관심을 집중하였다. 그가 타계하던 해에 출간된 마지막 저서(1980)도 『변증법의 기본적 형식들』이었고, 사후에 출판된 책 두 권(1991, 1992 영역)이 『의미의 논리에 대하여(Towards a Logic of Meaning)』와 『형태 및 범주(Morphemes and Categories)』였음도 상위 사고의 자기 조정 기능에 골몰하였음을 잘 드러내어 준다. 이런 관심사 전환의 시발점이 되는 피아제(1974, Coltman 1980 영역), 『모순 조정에서의 실험들(Experiments in Contradiction)』(University of Chicago Press)을 보기 바란다. 간단히 피아제를 읽어보려면 보든(Boden 1994; 서창렬 뒤침 1999), 『피아제』(시공사)를 참고하기 바란다. 피아제 책은 초기의 아동 인지 분류 쪽에 번역이 7권 나와 있다(김재은 1983; 성옥련 재번역 1996; 송명자·이순형 1985; 송명자·류웅달·김상윤 2000; 오세철 1980; 김태수 1986; 박전규 1990; 김억환 1984). 그의 말년 관심사인 상위 인지의 조정 기능과 관련된 책자 20권도 충실히 우리말로 번역될 필요가 있다.

39) 전체 형상(gestalt) 심리학에 맞닿는 이 주장은 오늘날 흔히 배경 및 초점으로 불린다.

파악하고 나서 계속 더 큰 다른 정보와 연결하려고 노력한다고 보았는데, 이를 'effort after meaning(1차 의미 파악 후 다시 더 큰 해석에 맞춰 놓는 노력)'이라고 불렀다(바아틀릿 재간본 20쪽, 44쪽 이하). 오늘날 해석학이나 문학 연구에서는 이해 및 해석으로 구분하여 부르거나, 또는 1차적(표면적) 해석 및 2차적(심층적) 해석이라고 불러 구분해 놓는데, 해석이나 2차적(심층적) 해석이 전체 모습을 찾아내는 노력인 것이다.

현재 기억 연구에서는 누구든 앳킨슨·쉐프륀(Atkinson and Schiffrin 1968)의[40] '다중기억' 모형에 대한 가정을 받아들이며, 감각기억·단기기억(작업기억)·장기기억·영구기억 등을 구분한다. 특히 언어의 이해와 산출 과정에서는

작업기억(working memory), 장기기억(long-term memory), 장기 작업기억 (long-term working memory)

등의 중요성을 강조한다. 기억의 재구성 과정을 떠맡는 부서는 '작업기억'이며, 그리고 장기기억에 관련된 인출구조들을 수립해 놓고서 이를 작업기억처럼 이용하는 '장기 작업기억(LTML)'이다. 장기기억은 다시 서술지식 기억과 절차지식 기억으로 나뉜다. 서술지식 기억은 다시 구체사례(episodic) 기억과 일반 의미기억으로 나뉜다.[41]

전체적인 배경이 초점을 어떻게 부각시키는지에 대한 첫 단서가 되는 것이다. 비록 부분에 대한 정보들을 제공해 주더라도, 이해를 완성하기 위해서는 그 부분들을 통합하는 전체 얼개를 동시에 부지런히 찾아나가게 되는 것이다. 순수 언어학에서는 계층성을 중심 원리로 가정하는데(김지홍, 2010, 『국어 통사·의미론의 몇 측면: 논항구조 접근』을 보기 바람), 아마도 계층성의 원리가 우리로 하여금 전체 형상을 인출하게 만들어 주는 동인으로 보인다.

40) 앳킨슨·쉐프륀(1968), 「인간 기억: 하나의 제안 체계 및 그 제어 과정(Human memory: A proposed system and its control processes)」, 스펜스·스펜스(Spence & Spence) 엮음, 『학습 및 동기에 대한 심리학, 제2권(The Psychology of Learning and Motivation, vol. 2)』 (Academic Press). 자세한 설명은 이정모 엮음, 『인지 심리학의 제문제 I: 인지과학적 연관』 (성원사)의 제2부, 그리고 이정모 외 16인(2009, 제3 개정판), 『인지 심리학』(학지사)에 들어 있는 박태진 "기억"과 김성일 "기억 과정"을 읽어보기 바란다.

작업기억은 단기기억에서 발전되어 나온 것으로, 주어진 자료를 처리하기 위하여 일시적으로 작동하며 용량에 제한이 있다.[42] 전-전두엽에 자리 잡은 작업기억은 르두(LeDoux 2002; 강봉균 뒤침 2005) 『시냅스와 자아: 신경세포의 연결방식이 어떻게 자아를 결정하는가?』에 따르면 세 종류가 있다. 그 중에서 외측 전-전두엽에 있는 것은 오직 영장류에만 있고, 나머지 복측(안와) 전-전두엽과 내측 전-전두엽에 있는 것들을 다른 동물들에게서도 찾아진다고 하였다. 인간에게서 전-전두엽은 사춘기를 지나야 발달이 완전해지는 것으로 알려져 있다.

인간에게서 찾아지는 작업기억에 대한 연구는 배들리(Baddley, 1934~)

---

41) 이정모(2009), 『인지과학: 학문 간 융합의 원리와 응용』(성균관대학교 출판부) 447쪽(그림 10-4)에서는 샥터 교수의 기억 분류를 소개하였다. 기억은 단기기억(작업기억)과 장기기억으로 나뉘고, 장기기억이 서술지식 기억과 비-서술지식 기억으로 나뉜다. 전자는 구체사례 기억과 의미기억으로 나뉜다. 후자는 절차지식 기억과 지각 점화와 조건 형성과 비-연합 학습으로 나뉜다. 서술지식 기억은 두뇌 지도에서 내측 측두엽, 간뇌, 편도체, 대뇌 신피질이 관계되고, 비-서술지식 기억 중에 절차지식 기억은 기저핵과 소뇌에 간여하고, 지각 점화는 감각 특수 연합피질 부분이 관련되는 것으로 표시되어 있다.

그런데, 세계에 대한 배경지식이 어떻게 기억 속에 저장되는지에 대한 복잡한 문제(배경지식 표상의 문제로 불림)를 논외로 하여, 오직 언어의 이해 및 산출 과정에 관련되는 기억 부서들만을 놓고 도표를 그려본다면, 아마 다음과 같을 것으로 본다. 여기서 장기기억 아래 들어 있는 하위의 삼원 기억 체계가 핵심적이고, 윗층에 자리 잡은 '재귀적 조정체계'가 중요하다. 후자는 의식적이며 능동적으로 스스로를 점검 제어하는 부서로서 소위 '자아(self)'의 한 측면이 된다. 언어 산출과정에서 상정되는 무의식적인 재귀적 감지체계(proprioception)와는 전혀 종류가 다른 것인데, 스스로 의식이나 자각할 수 없기 때문에 연구자에 따라서 재귀적 감지체계를 임시저장고(buffers)라고도 부른다.

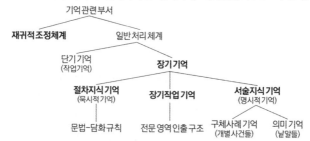

42) 밀러(Miller 1956), 「The magical number seven, plus or minus two: Some limits of our capacity for processing information」, 『Psychological Review』 63(pp. 81~97)에서 숫자를 덩이로 묶어 처리하는데 덩이의 크기가 대략 7±2 정도라고 하였다. 문장의 처리에서도 일시적인 처리에 용량 제한이 상정된다. 킨취(1998, 김지홍·문선모 뒤침 2010), 『이해: 인지 패러다임, I~II』(나남)에서는 대략 5~6개 정도의 문장이 일시에 처리된다고 보았다.

교수의 의해 주도되었다. 배들리(1986) 『작업기억(Working memory)』 (Clarendon)에서는 작업기억이 두 가지 재료를 처리하게 된다. 즉,

① 언어 처리(음운순환회로 phonological loop)
② 비-언어 처리(시공간 그림판 visuospatial sketchpad)

이다. 이를

③ 중앙처리기(central executive)

가 매개하는데, 나머지 요소들을 과감히 생략한 '검박한(parsimonious)' 모형을 상정하였다.43) 30년 뒤에 나온 배들리(2007) 『작업기억·사고·행위(Working Memory, Thought, and Action)』(Oxford University Press)에서는 중앙처리기의 발전된 모습으로 '주의 집중 제어계(attentional control system)'와 '구체사례 임시저장고(episodic buffer)'를44) 싸안는 확장된 여러 부서 모형(multicomponent model)을 제시하였다. 장기 작업기억(LTWM)이란 긴 덩잇글을 처리하는 경우에 계속 동원되어야 할 배경지식을 설명하기 위하여 에뤽슨·킨취(Ericsson and Kintsch 1995), 「장기 작업기억(Long-term working memory)」, 『Psychological Review』 제102권 2호(pp. 211~245)에서

---

43) 확대되기 이전의 1986년 작업기억 모형에 대해서는 조명한(2001), 「작업기억과 언어처리의 개인차」, 이정민 외, 『인지 과학』(태학사)을 읽어보기 바란다.

44) 구체적 사례들의 기억을 가리키는 episodic memory(구체사례 기억)는 영장류들에게만 가능한 것으로 알려져 있고, 털빙·르파쥬(Tulving and Lepage 2004)에서 '뒤를 돌아보는 (palinscopic) 기억'으로 불렀다. 이는 인간만이 자신의 경험을 반추하면서 미래를 기획할 수 있는 특별한 능력을 지녔음을 함의한다. 따라서 구체사례 기억들이 어떻게 유기적으로 작동하는지에 대한 연구는 기억 연구에서 매우 중요한 주제에 속한다. 배들리 교수도 어느 텔레비전 면담에서 구체사례 기억(또는 일화 기억으로 번역함)의 중요성을 누차 강조한 바 있다. 배들리 외 엮음(Baddeley, Conway, and Aggleton 2002), 『일화 기억: 연구의 새 방향들(Episodic Memory: New directions in research)』(Oxford University Press)을 참고하기 바란다.

주장된 것으로, 주로 이해 대상에 관하여 계속 장기기억 속에 축적해 둔 '인출구조(retrieval structures)'를 가리킨다.

구성주의의 주장은45) 또한 언어 처리가 자의적으로 이뤄지는 것이 아니라, 그보다는 엄격히 명제들을 바탕으로 하여 큰 얼개(거시구조)를 형성해 나가는 과정이다. 최근에는 연결주의(활성화 확산이론)에 영향을 받아, 그물짜임의 강도를 강화시켜 놓은 것만이 마지막까지 기억 속에 남아서, 궁극적으로 상황 모형을 만들어 주기 위하여 비-언어 정보들과 더불어 재구성이 이뤄진다는 구성-통합(construction-integration, CI) 모형에 의해서도 크게 뒷받침된다.46) 구성-통합 모형은 단지 언어 처리만을 겨냥한 것이 아니라, 우리가 스스로 자각할 수 있는 보편적인 이해 과정에도 적용된다고 가정하고 있다(더 엄격히 말하여 '희망'하고 있다).

입말과 글말 사이에는 공통점도 있고 차이점도 있다. 기억의 보조 수단으로만 간주되던 글말의 지위가, 서구 사회에서 인쇄 문화의 보급과 더불어 독자적인 몫을 떠맡게 되었다.47) 우리 문화에서도 어느덧

---

45) 구성주의를 논의한 번역서로서 글래써쓰펠트(Glasersfeld 1995, 김판수 외 6인 1999), 『급진적(＝근원적) 구성주의』(원미사); 슈미트(1987; 박여성 뒤침 1995), 『구성주의』(까치); 강인애(1997), 『왜 구성주의인가?: 정보화 시대와 학습자 중심의 교육 환경』(문음사)도 참고할 수 있다. 단, 급진적 구성주의는 '근원적' 구성주의로 써야 옳다. radical(근원적, 근본적)이란 수식어는 경험들을 구성하는 상위의 이론조차 구성할 수 있다는 뜻으로 쓴 것이기 때문이다. 그렇지만 상위 이론(칸트의 용어로는 범주와 규범에 해당함)일수록 일반적이고 보편적이어서, 결코 구성의 대상이 되지 못한다.

46) 기억을 기반으로 하여 명제들로써 덩잇글의 의미를 재구성한다는 주장은 킨취(Kintsch 1974), 『기억에서의 의미 표상(The Representation of Meaning in Memory)』(Lawrence Erlbaum)에서 처음 다뤄졌다. 이어 폰대익·킨취(1983), 『담화 이해의 전략들(Strategies of Discourse Comprehension)』(Academic Press)로 더욱 구체화되었다. 최근에는 언어의 이해 과정이 단지 언어만을 대상으로 일어나는 것이 아니라, 우리가 스스로 자각할 수 있는 인지 과정의 전반에 확대 적용될 수 있다고 주장하면서 이를 '구성-통합(CI) 모형'으로 불렀다. 언어 이해 과정은 크게
'명제 → 덩잇글 기반(미시구조+거시구조) → 상황 모형'
이 동시에 층위별로 작동하면서 정교하게 되어(세 층위의 동시 가동임), 마지막으로 이해 주체가 구성해 놓은 상황 모형이 장기기억 속에 저장된다고 보았다. 자세한 것은 킨취(1998; 김지홍·문선모 뒤침 2010), 『이해: 인지 패러다임, I~II』(나남)과 뒤친이 해제를 읽어보기 바란다.

47) 언어교육 쪽에서는 글말 문화가 정착하는 과정을 언급할 적에는 흔히 옹(Ong 1982; 이기

'글말'(가령, 각서 따위의 문서)의 증거력이, 가령 재판 과정에서 입말보다 더욱 월등함을 당연히 여기기에 이르렀다. 그렇다면 입말 산출 과정과 글말 산출 과정은 각자의 몫이 다른 만큼 고려사항들이 달라질 것임을 예측할 수 있다.

입말과 글말을 나누어 놓는 여러 가지 잣대들이 있다. 그 중 하나가 실사와 허사 사이의 빈도를 측정하는 '실사어휘 밀집도(lexical density)'이다. 글말일수록 그 밀집도가 높고, 입말일수록 상대적으로 허사 사용이 더 많다. 문장 구조도 또한 입말일수록 '병렬 구조'가 압도적이며, 글말일수록 '내포 구조'가 많아지고 복잡해진다. 상대적으로 입말일수록 현장 상황에 간여되는 표현 관점이 쉽게 찾아지며, 글말일수록 현장 상황을 벗어난 표현 관점들을 쓰는 일이 많아진다. 바이버(1988, 1995)에서는 이런 차이들이 담화 상황에 따라 표현을 달리하게 되는 '언어투식(register, 말투)'의 변이 모습이라고 결론을 짓는다.

비록 결정적인 것은 아니라고 하더라도, 만일 입말과 글말 사이에 어떤 유의미한 차이가 있다면, 그 차이는 과연 어디에서 나오는 것일까? 이는 입말로 의사소통하는 전형적인 경우에 언제나 참여자들이 서로 얼굴을 마주 보면서 얼굴 표정·어조 따위의 비언어적 정보도 내어 주면서 진행하기 때문에, 화자가 의도한 전달내용이 청자에게 제대로 이해되었는지를 곧바로 확인하고 점검할 수 있다(상대방의 얼굴 표정만

우·임명진 뒤침 1996), 『구술문화와 문자문화』(문예출판사)와 머클루언(McLuhan 1962; 임상원 뒤침 2001), 『구텐베르크 은하계』(커뮤니케이션북스)를 자주 거론한다. 필자의 경험으로 보아 입말과 글말 사이에 차이점을 가장 심도 있게 다룬 업적은 핼러데이(Halliday 1985), 『입말과 글말(*Spoken and Written Language*)』(Oxford University Press)와 호로뷔츠·쌔뮤얼즈 엮음(Horowitz and Samuels 1987), 『입말과 글말 이해하기(*Comprehending Oral and Written Language*)』(Academic Press)이다. 그리고 입말과 글말은 서로 근본적인 차이가 있는 것이 아니라 다만 '언어 투식상'의 변이일 뿐이라는 주장이 설득력이 있다. 바이버(Biber 1988), 『입말과 글말에 걸쳐 있는 변이(*Variation across Speech and Writing*)』(Cambridge University Press)와 바이버(1995), 『언어 투식 변이의 차원들: 여러 언어들 사이의 비교(*Dimensions of Register Variation: A Cross-linguistic Comparison*)』(Cambridge University Press)를 읽어보기 바란다.

으로도 가능함). 만일 화자가 의도한 바를 청자가 제대로 알아차리지 못했다고 판단한다면, 다시 새로운 언어 표현을 선택하여 전달할 수도 있고, 전달이 제대로 이뤄지기 위한 토대로서 다시 상대방과의 공통기반 및 정보간격을 확인해 나갈 수도 있다. 입말과 글말이 서로 갈리는 핵심 속성은, 두 방향으로 오가는 의사소통 과정마다 즉각 매번의 전달 내용의 성공 여부를 점검하고 확인하여 쉽게 고쳐갈 수 있다는 점이다. 일각에서는 이런 속성을 조금 현학적으로 말하여 '사회적 구성주의'라는 이름표를 붙여 놓기도 한다.[48] 그렇지만 전형적으로 한 방향의 의사소통으로 간주되는 글말에서는 필자와 독자가 서로 시간과 공간상으로 떨어져 있어서 그런 확인 점검 과정이 차단되어 있다. 따라서 화자가 청자와의 정보간격(information gaps)을 제대로 가늠하도록 훈련시키는 일이 언어교육에서는 중요하게 된다.[49]

그런데 구성주의에서는 읽기와 쓰기가 뚜렷이 나뉘지 않는 특징이 있다. 읽고 이해한 내용을 중심으로 곧장 그것을 산출에 이용한다고 가정하기 때문이다. 글쓰기는 완전히 백지 상태에서 시작하는 것이 아니다. 자신의 경험과 배경지식이 동원되어야 하고, 읽은 내용이 자연스럽게 쓰기로 이어져야 한다. 읽기와 쓰기가 공모 작용을 일으킨다(서로 힘을 얻음). 그러나 만일 학습자들이 어떻게 뭘 써야 할지 막막히 느낀다

---

48) 물론 이것 말고도 사회구조와 관련되는 담론 차원까지도 다루게 된다. 이와 맞서는 개념이 개인적 구성주의 또는 인지적 구성주의이며, 피아제(Piaget)로 대표된다. 사회적 구성주의에서 사회를 구성하는 것을 무엇으로 보는지에 따라서 또한 여러 하위 갈래들이 구분될 수 있다. 자세한 것은 스피뷔(Spivey 1997; 신헌재 외 뒤침 2002), 『구성주의와 읽기·쓰기』를 읽어보기 바란다.

49) 이를 다음처럼 가상적인 사례를 놓고서 제시할 수 있다. 어느 중학교 2학년 학생들을 데리고, 진주 박물관으로 야외 견학을 나갔다 온 뒤에, 국어 시간에 그 일을 놓고서 받아볼 사람들을 달리하여 편지를 쓰도록 요구할 수 있다. 첫째 멀리 떨어져 있는 자기 삼촌에게 편지를 쓰도록 한다. 둘째, 작년에 서울로 이사간 친구에게 편지를 쓰도록 한다. 셋째, 부산에 살고 있는 초등학교 5학년 사촌동생에게 편지를 쓰도록 한다. 이때 이들 세 종류의 편지들에 공통점도 있고, 받는 사람의 취미를 생각하면서 서로 달리 부각시켜야 할 차이점도 있을 것이다. 이런 과정을 흔히 글쓰기 교육에서 '독자층(readership)'을 달리한 글쓰기 훈련이라고 불린다. 우리나라의 국어교육에서도 정보간격을 가늠하기나 독자층을 달리하여 글쓰기 등을 특히 강조하여 훈련시켜 줄 필요가 있다.

면, 이는 먼저 덩잇글을 읽고 요약하기 과정이 선행되지 않았기 때문에 생겨나는 공황 상태일 수 있다. 따라서 구성주의 글쓰기 과정은 몇 가지 유사하거나 다른 덩잇글 자료들을 요약하고 재구성하면서 일관되게 재생성해 내도록 권장하게 된다. 이 과정에서 글을 전개하기 위해 기대어야 하는 뼈대(=상위 구조)도 함께 학습하게 되는 것이다.

물론 글의 갈래마다 선호되는 상위 구조들은 차이가 있을 것이며, 이를 갈래별 글쓰기로 훈련시킬 수 있다.50) 얼마나 많은 갈래들을 대상으로 삼아야 하는지에 대해서는, 학습자 조건과 학습 목표에 따라서 상당한 편차를 보일 수 있을 것이다. 가령, 문학에서는 가락글(=운문)과 줄글(=산문) 사이에 질서가 다르고, 줄글 내부에서도 하위 갈래에 따라서 서로 다른 관례나 질서들을 따라야 한다. 대체로 글쓰기를 학술적으로 연구하는 쪽에서는 이른바 창작으로 불리는 문학류의 글쓰기를 다루지 않고, 대신 즐겁게 문학을 체험하는 일을 목표로 한다.51) 글쓰기에 대한 일반 모형들은 기술문·설명문·논술문 등을 대상으로 한다.

---

50) 언어교육 쪽에서 갈래에 대한 논의는 스웨일즈(Swales) 교수에 의해서 주도되었다. 스웨일즈(1990), 『갈래분석(*Genre Analysis*)』과 스웨일즈(2004), 『조사연구 갈래들(*Research Genres*)』 (둘 모두 Cambridge University Press)을 참고하기 바란다.

51) 학습자들에게 글쓰기를 가르치는 일 또한 작가나 시인을 만들기 위한 것은 아니다(이는 대학 문예창작과에서 가르치는 일임). 글말의 역할이 중요한 현대 일상생활에서 요구되고 글감들을 미리 대비하여 훈련하기 위한 것이다. 김지홍(2010), 『언어의 심층과 언어교육』(도서출판 경진) 102쪽에서는 글말을 가르치는 영역들을 명시적으로 다음처럼 나타내었다.

'비판적 지성'을 기르는 교육을 추가하여, 이 도표를 다음처럼 조정할 수도 있다.

혼히 이를 참된 실생활(authenticity) 글말 능력을 키워 주는 교육으로 불린다. 이런 글쓰기는 크게 구성주의 또는 과정 중심 글쓰기52) 범주로 다 포괄할 수 있다.

버롸이어터·스까다말리어(Bereiter and Scardamalia 1987: 10쪽)『글쓰기 심리학(*The Psychology of Written Composition*)』(Lawrence Erlbaum)에서는 지식을 서술하는(telling) 일과 지식을 변형하는(transforming) 일을 구분한다. 그리고 후자의 많고 적음에 따라 글쓰는 능력에 개인차가 나타난다고 보았다. 플라워(Flower 1993; 원진숙·황정현 뒤침 1998)『글쓰기의 문제 해결 전략』(동문선)에서는 글쓰기 얼개를 짜고 언어로 옮기며 점검해 나가는 일련의 문제 해결의 과정으로 파악하고, 자신의 글을 계속 점검하며 고쳐 나가는 과정 중심의 글쓰기를 강조한다.53) 그뢰브·캐플런(Grabe and Kaplan 1996; 허선익 뒤침 2008)『쓰기 이론과 실천 사례』(박이정)에서는 거시적 텍스트 언어학의 성과를 반영하여 수준별 글쓰기를 논의하고 있다. 레뷔·뢴스덜 엮음(Levy and Ransdell 1996)『글쓰기의 과학: 이론·방법·개인 편차·적용(*The Science of Writing: Theories, Methods, Individual Differences, and Applicaitons*)』(Lawrence Erlbaum) 19편의 글들에서는 이런 글쓰기의 전환들을 종합적으로 다루고 있다.

최근 번역된 매코미스키(McComiskey 2000; 김미란 뒤침 2012)『사회 과

---

52) 이재승(2002),『글쓰기 교육의 원리와 방법: 과정 중심 접근』(교육과학사), 20쪽에서 과정 중심 글쓰기가 '의미를 구성'해 나가는 일이라고 설명하면서, "글을 쓰는 과정에서 자신이 기존에 가졌던 지식이 새롭게 생성되거나 변형, 확장되는 과정을 거치게 된다. 이 과정이 곧 의미 구성 과정이다."라고 썼다. 24쪽에서는 개인마다 의미 구성의 과정이 다르다는 점도 중요하게 고려됨을 적어 놓고 있다. 또한 34쪽에서 글쓰기 연구사를 정리하면서, 심리학적 측면이나 철학적 측면이나 수사학적 측면에서 정리한 경우들을 예로 들었고, 자신은 '형식·인지·사회' 관점으로 나누는 삼분 방식을 택하였다. 과정 중심 글쓰기의 장점 및 주의 사항들에 논의도 눈여겨 볼 만하다.

53) 이재승(2002), 73쪽 이하에서는 플라워·헤이즈의 모형이 개인의 인지 관점에서 사회적 인지 관점으로 바뀌었다고 서술하면서, 그 차이를 서로 다른 그림(각각 그곳의 그림 2와 그림 3)들로 제시하고 있다. 그러나 필자가 보기에는 두 모형의 근원적 차이가 기억 모형을 도입함에 따라 관련 대목들을 인출하여 스스로 따져 보면서 글을 써 나가는 데에 있는 듯하다. 그렇다면 이는 담화 각편과 그 내적 담론 구조들을 고려하면서 글쓰기를 진행해 나가는 일에 지나지 않는다.

정 중심 글쓰기: 작문 교육 패러다임의 전환』(도서출판 경진)에서는 페어클럽 교수의 비판적 담화 분석 모형이54) 글쓰기에 적극 활용되어야 함을 강조하여 눈길을 끈다. 이는 글쓰기가 사회적 과정임을 강조하는 것이다. 이는 '제멋대로 읽고 제멋대로 쓴다'는 비난을 받기 일쑤인 개인의 자의적 구성과정을 일정 범위로 제한시켜 줄 수 있는 기법이기도 하며, 또한 집단 글쓰기나 협동 글쓰기의 개념과도 정합적으로 맞물릴 수 있다.

그런데 여기서 놓치지 말아야 할 중요한 핵심점이 있다. 담화 또는 담론 질서는 결코 일직선의 수평적 전개 방식이 아니라, 표층과 중간층과 심층으로 뿌리를 내리듯이 서로 얽혀 있는 수직적 실체라는 사실이다. 더 깊이 깔려 있을수록 공동체의 믿음체계 또는 이념/가치관과 맞물려 있고, 표층으로 갈수록 언어와 텍스트 또는 담화에서 개인 차원의 변이들이 관찰된다. 이들 여러 층위는 결코 하나씩하나씩 단선적으로 단조롭게 가동되는 것이 아니다. 개인별 자각의 폭이나 심도 여하에 따라서 동시에 작동하고 가동시켜야 하는 것이다. 이런 동시에 나란히 제대로 가동되려면, 325쪽의 각주 41)에서 제시한 기억의 도표에서 '재귀적 조정체계'가 매우 중요한 역할을 하는 것이다. 연구자에 따라서는 이를 미약하게나마 '자기 성찰'(내성)로 부르든지, 또는 상위 인지나 초인지라고도 부른다. 그런데 이런 복잡한 과정은 결코 임시 저장소(buffers)들을 상정하여 조정되는 것이 아니다. 처음에서부터 붙박이처

---

54) 언어교육 쪽에서는 '언어 자각(language awareness)'이란 용어를 써 왔다. 이 용어는 호킨 즈(Hawkins 1984, 1987 개정판), 『언어에 대한 자각: 개관(Awareness of Language: An Introduction)』(Cambridge University Press)에서 처음 쓰였다. 이어 페어클럽 엮음(1992), 『비판적 언어 자각(Critical Language Awareness)』(Longman)과 제임즈·개릿 엮음(James and Garrett 1992), 『교실 수업에서의 언어 자각(Language Awareness in the Classroom)』 (Longman)과 뵌리어(van Lier 1996), 『언어 교육과정에서의 상호작용: 자각·자율성·참된 실생활 속성(Interaction in the Language Curriculum: Awareness, autonomy and authenticity)』 (Pearson Education)으로 이어졌다. 자각과 비판의 개념을 정합적으로 표현하면, 먼저 언어와 언어 사용을 자각하고 나서 그 밑바닥에 숨겨져 있는 이념이나 가치 체계를 비판한다고 말할 수 있다.

럼 스스로 생각을 열어가고, 생각에 마침표를 찍는 의식적인 작동 과정 속에 언제나 꼭 들어가 있어야 하는 것이다. 배들리 교수의 생각과는 달리, 필자는 이 측면이 언어 산출 체계에도 작업기억이 들어 있어야 함을 필수적 요구사항으로 파악한다.

대화를 한다고 하여, 또는 급우(동료)가 고쳐 준다고 하여, 이것이 반드시 사회적인 것만은 아니다. 무늬만 두 방향의 의사소통을 한다고 사회적이라고 이름을 붙여 줄 수는 없다. 반드시 '사회적'이라는 속성이 들어 있어야 하는 것이다. 이는 사회구조를 반영해 주는 고정된 담화란 의미에서 '담론' 또는 '담론 질서'를 자각하고 활용하는 것을 의미한다. 맥코미스키(2000; 김미란 뒤침 2012)에서 작문 교육이 세 가지 차원의 복합된 모습으로 가르쳐야 된다고 주장한다. ① 언어가 확장되는 텍스트 차원, ② 텍스트가 의사소통 상황에 맞물리면서 변동하는 차원, ③ 권력이나 이념 관계가 깔려 있는 담론 차원이다. 필자는 이들이 수직적으로 '표층·중간층·심층'의 방식으로 짜얽혀 있어야 한다고 본다. 쉽게 눈에 띄는 것은 표층에 있는 텍스트 차원이지만, 더 깊이 깔려 있는 권력이나 이념의 실체를 놓쳐서는 안 된다.[55] 언어교육은 이런 수직적인 깊이를 더욱 잘 자각할 수 있도록 장려하고 돕는 일을 지속적으로 실천해야 하는 것이다.

---

55) 구체적인 실제 사례로서, 번역서 34쪽에서는 동캘리포니어 대학에서 어느 학부생이 지저분한 화장실 상태에 대하여 관계자에게 청결히 해 주도록 하는 요청 편지의 사례를 들고 있다. 텍스트 차원이나 수사학적 차원에서 흠 잡을 데 없었지만, 정작 아무 효과도 거두지 못한 실패작이었다. 밑바닥에 깔아 놓은 묵시적 권력 관계가 편지를 읽는 사람으로 하여금 부지불식간에 거부감이 일어나게 만들었기 때문이다. 이런 권력 관계는 미시사회학에서처럼 자율성을 높이고 자존심을 보호하는지를 되돌아보게 함으로써 좀 더 명시적으로 논의를 할 수 있을 것이다.

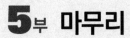

5부 마무리

이상에서 '언어 산출'과 관련하여 필자는 여러 단계의 과정(층위)들이 긴밀히 동시에 작동하고 있음을 제한된 독서의 범위 내에서 다루어 보았다. 이 책의 이름을 학제적 접근으로 내세운 동기가 있다. 비록 동일하게 언어 산출 과정을 다루고 있는 여러 분야의 학문이 있지만, 아직 서로 긴밀히 논의가 맞물려 진행되는 것 같지는 않다. 부족한 대로 이책에서는 필자의 전공 분야인 국어 교육을 중심으로 하여, 언어 심리학과 언어 철학과 미시사회학과 수학기초론 등의 분야를 능력이 닿는 범위 안에서 서로 유기적으로 맞물려 들 수 있도록 서술해 보았다. 이는 필자의 좁은 이해 범위가 올바르다는 뜻이 결코 아니며, 필자의 서술이 오류일 개연성을 배제할 수도 없다. 이를 촉발한 동기는 오랜 기간 국어교육을 가르쳐 오는 동안에 뿌리 학문들에 대한 갈증 때문이었다.

능력이 제한된 필자의 독서 범위 속에서만 보면, 여러 학문의 결과들을 한데 모아 서술해 놓은 책이 꼭 필요하지만, (과문하여 단정할 수 없으나) 아직 이런 노력을 담고 있는 글을 우리말이나 영어에서 잘 찾을 수 없었다. 그런 만큼 이 논의는 시론적인 성격을 띨 수밖에 없다. 다시 말하여 이것이 한계이면서 동시에 장점일 수도 있는 것이다. 다른 연구자가 이런 통합적인 접근을 해 주기를 하냥 기다리기에는 이제 필자에게 남은 세월이 많지 않다는 조급함 때문에, 마치 목마른 사람이 우물을 파듯이, 제 능력을 돌아보지도 않은 채 무리하게 목차에 제시되어 있는 대로 가닥을 세워 흩어진 논의들을 얽고 묶어 보았다. 이런 과정에서 필자에게 호소력을 지닌 기본적인 틀은 인류 지성사에서 문·사·철을 아우르는 통섭 또는 융합 흐름의 고전 사상들이었고, 특히 서구 계몽주의 선구자들의 저작이 그러하였다. 이제 각 장의 서술 내용을 요약하여 마무리로 삼고자 한다.

제1부 '언어화 이전의 언어 산출 관련 요소'에서는 생각의 재료와 기억을 다루고, 기억의 분류를 다루었으며, 현재 서로 대립하고 있는 기억의 신경-생리학 경합 이론을 언급하였다. 제1장 '생각의 재료와 기억'에서는 세 가지를 다루었다. 첫째(제1장), 계몽주의 시대로부터 우리 생각을 구성하고 있다고 주장되고 있는 감각 재료와 추상 재료이다. 둘째(제2장), 이런 재료들이 주로 대뇌 피질에 자리 잡고서 우리가 이용하고 있는 여러 기억들을 유지해 주는데, 현재 심리학에서 받아들여지고 있는 다중기억들의 종류를 살펴보았다. 셋째(제3장), 머릿속에서 어떻게 신경-생리학적으로 기억이 생겨나게 되는지에 대하여 노벨상을 받은 크뤽 및 에들먼으로 대표되는 상반된 경합이론을 개관하였다.

계몽주의 시대에서부터 본격적으로 우리들이 생각 또는 사고가 무엇으로(어떤 재료로) 이뤄져 있는지에 대한 의문에 답변이 제시되기 시작하였다. 여기서는 크게 두 종류의 재료들이 지적되었는데, 연구자들에 따라 다른 이름으로 불리더라도 거의 같은 외연을 지닌다. 하나는 감각 인상(impressions), 심상(images), 감각 재료(sense data), 재귀적 감각질(qualia), 지각 재료(percepts) 등으로 불리는데, 신체 감각 기관들을 통해 받아들인 것들을 가리킨다. 다른 하나는 관념(ideas), 통상 개념(notions),

개념(concepts), 명제(propositions) 등으로 불리는데, 감각 재료로 바꿀 수 없다는 측면에서 추상적인 재료라고 말할 수 있다. 이들은 오늘날의 연구에서도 그대로 유효하게 수용되어 쓰이고 있다.

그런데 생각을 구성하는 재료들은 물과 기름처럼 나뉘어 있는 것이 아니라, 복잡하게 여러 영역들의 매개를 통하여 뒤얽혀 있다. 이런 복합적인 재료들의 뒤얽혀 있는 방식들이 킨취(1998)에 따르면 크게 네 가지 정도의 그물짜임으로 제안되어 있다. 첫째, 자유연상에 의해서 이뤄지는 연상(연합) 그물짜임이다. 둘째, 속성(자질) 체계에 의한 그물짜임이다. 셋째, 그물의 매듭 또는 교점들에 유목의 이름들이 표시되어 있는 의미 그물짜임이다. 넷째, 명제 형식의 추상적인 그물짜임이다. 마지막 방식에는 각본·틀·개념틀·기억 꾸러미 등 연구자들에 따라서 여러 가지 다른 이름들이 붙여져 있다. 스트룹(Stroop) 교수의 간섭 자극 연구는 감각 재료와 추상 재료가 뿔뿔이 아무렇게나 흩어져 있는 것이 아니라, 서로 유기적으로 관련되어 있음을 암시해 준다. 우리가 혼자만 있으면서도 전화를 받을 경우 종종 의식도 못한 채 머리 숙여 절을 하거나 손짓을 하면서 통화를 하는 일이 쉽게 관찰된다. 이것도 생각·언어·운동신경계 부서들이 긴밀히 연합하여 동시에 작동하는 사례이다.

어떤 방식으로든 생각 또는 사고의 재료들이 모종의 유기적 그물짜임을 이루고 있다고 할 때에, 이들 단위 사이에서 일어나는 작용 또는 운용에는 현재 크게 두 가지 가정이 제안되어 있다. 1960년대 생각의 흐름도가 명시적으로 단계별로 표현될 수 있다는 튜링(Turing)의 연산주의 제안은 이어 우리 머릿속에 독립적인 단원체(modularity)들이 있다는 가설로 이어졌다. 제한된 과제들에서 연산주의 가설이 많은 영향력을 발휘하여, 급기야 생각 또는 사고를 탄생시키는 물질들이 다르더라도 동일한 정신(마음) 작용이 생겨난다는 초기 퍼트넘의 기능주의도 제안되기에 이르렀다. 컴퓨터의 연산 방식에 의존한 인간 사고의 모의는 점차 양자 사이의 차이들을 더욱 분명하게 드러내었다. 1980년대 중반에는 머릿속 그물짜임의 교점들 사이에 제약이 만족되면 그물짜임의 활성화가 확산되어 나간다는 연결주의(본디 이름은 '병렬분산처리')가 제안되어 연산주의의 한계를 대체하려는 시도들이 이어졌다. 핑커(Pinker)나 마커스(Marcus) 등은 연산주의와 연결주의를 모두 다 수용하여 인간 정신의 다양성을 모의하려는 혼합주의를 시도하고 있다.

본격적인 기억 연구를 열어 놓은 에빙하우스(Ebinghaus)는 기억의 그물짜임에 초점을 맞추어 무의미 자극물들을 이용하여 어떻게 연상 작용이 일어나는지를 구명하였다. 그렇지만 이런 접근을 비판하면서 바틀릿(Bartlett)은 우리 인간이 이용하는 기억이 부분적이기보다는 전체적인 형상과 관련하여 유기적으로 재구성된다고 보아 이야기 재구성 과정들을 연구하였다. 오늘날 구성주의로 불리는 흐름은 부지불식간에 인간 기억이 재구성 과정이라는 바틀릿의 결론에 기대고 있다.

1960년대에는 우리의 기억이 적어도 감각 등록기·단기 저장고·장기 저장고 등 여러 가지 다른 기억들이 있어야 한다고 주장되었다. 이는 언어 처리와만 관련하여 다룰 적에 작업기억과 장기기억이라는 부서들로 발전하였다. 특히 장기기억은 절차지식 기억과 서술지식 기억으로 나뉘고, 다시 후자는 구체사례 기억과 의미 기억으로 나뉜다고 알려져 있다. 그런데 작업기억은 일찍부터 용량이 제한되어 있음이 지적되었는데, 이런 특징 때문에 언어 이해력 수준을 나누어 놓는 데에 '억제 기제 효율성' 가설도 등장한 바 있다. 그렇지만 대용량의 언어 자극물을 효율적으로 처리하기 위해서는 용량이 제약되어 있는 매개부서만으로는 불가능하므로, 1990년대에는 장기기억을 작업기억으로 이용한다는 논의가 시작되었는데, 특히 장기기억 속에 영역별 '인출구조'들을 만들어 둔다고 가정한다.

현재 우리가 주관적으로 느끼는 기억을 신경생리학으로 규명하려는 움직임에는 크게 두 가지 흐름이 잘 알려져 있다. 모두 노벨 생리의학상 수상자들에 의해 주도되는 흐름이다. 하나는 크뤽이 주도하는 환원론적 기억 기반이며, 다른 하나는 에들먼이 주도하는 통합주의 시각의 기억 기반이다. 비록 서로가 서로의 접근을 조롱하지만, 복잡하고 다양한 인간 기억의 실체를 구현해 주려면 서로의 지혜들을 모아나가는 일이 필요하다. 심리학자 윌리엄 제임스의 시각은 에들먼의 통합주의 속으로 녹아들어 있다.

제2장 '개념과 명제와 언어'에서는 첫째, 생각의 단위 또는 사고의 단위가 무엇인지에 대하여 개관하고, 둘째 사고의 단위로서 '절' 또는 명제의 형식을 소개하였으며, 셋째, 우리말 동사들의 투영 사례를 들어이들 명제가 자의적으로 아무렇게나 흩어져 있지 않고 일정한 위계를 지니고서 연합해 있음을 실증해 보여 주었다.

의사소통에 초점을 맞추기 위하여 사고의 재료 중에서 추상적인 재료를 대상으로 하여 논의를 진행할 경우에, 생각의 단위 또는 사고 단위를 결정해 주어야 한다. 추상적인 재료를 언어에만 국한시킬 때에, 세 가지 후보가 제안될 수 있다. 첫째, 낱말이고, 둘째, 구절이며, 셋째, 동사가 투영하는 절 또는 명제이다. 이들 세 가지 후보들의 여러 장점과 단점들을 검토한다면, 가장 융통성 있는 후보는 마지막 후보일 수밖에 없음을 알 수 있다. 다만 이런 단위를 의사소통 과정에 적용하기 위하여, 수학이나 논리학에서 쓰는 복잡한 형식보다 간략하고 소박한 '절' 단위의 접근법이 제안될 수 있다.

의사소통을 다루기 위해 제안될 수 있는 '절' 또는 명제는 개념상 원초적 집합 모습(원시적 관계 그물)으로 상정된다. 이 개념은 다시 집합의 집합(관계들의 상위 관계)으로 계속 모순 없이 확장될 수 있다. 이는 우리가 실생활에서 경험하는 낱개의 사건과 대응될 수 있다. 사건들의 연결 및 다른 연결들과의 얽힘은 담화 세계로 이끌어 간다. 언어 형식을 빌어 표현하면, 담화는 문장들이 모여 미시구조 또는 문단을 이루고, 문단들이 모여 거시구조 전체 덩잇글을 이루는데, 이 전체 덩잇글 밑에 여러 가지 가치와 이념들이 깔려 있다고 본다. 비판적 담화 분석은 가려져 있는 그런 이념들을 명시적으로 드러내어 비판하려는 노력이다. 담화의 미시구조는 언어적 기제들에 의해 엮이지만, 거시구조는 한 개인의 배경지식 속에 들어 있는 수사학적 구조나 계층적인 사고방식에 의해서 유도된다.

절 또는 명제는 핵어로서 동사들이 투영되어 만들어진다. 그런데 동사들은 아무렇게나 있는 것이 아니라, 유기적으로 서로 얽히어 있다. 이를 우리말의 감각동사와 감정동사 무리들을 통하여 예증할 수 있다. 가령,

'덥다 → 뜨겁다 → 더워하다, 뜨거워하다'

의 관련성이나

'기쁘다 → 즐겁다 → 기뻐하다, 즐거워하다'

사이의 관련성에서 공통된 질서를 찾아낼 수 있다. 따라서 내부 감각동사, 외부 자극물 지각동사, 내부 감정동사, 외부 자극에서 유발된 감정동사, 교감 묘사동사 등의 부류를 확보하여, 관련된 의미자질을 표시해 줄 수 있다. 임의의 사건은 또한 외부 사건의 매개에 의해 사역 구조(복합사건 연결체)를 갖출 수도 있다. 이 경우 우리말에서는 '-아게 하다/만들다' 또는 '-아하게 하다/만들다'의 구문을 지니게 되며, 상위문 동사의 의미자질에 따라 사역의 직접성 여부가 구별될 수 있다. 이런 의미자질은 필요할 경우에 특정한 명제를 투영해 주는 실체가 되며, 사건들이 어떻게 복합화되어 하나의 낱말로 정착되는지를 명시적으로 깨달을 수 있다.

제3장 '마음의 갈래와 작동에 관련된 논의'에서는 첫째, 인류 지성사에서 가장 포괄적으로 마음을 논의하였던 성리학을 개관하고, 둘째, 현

대 심리철학에서 의식과 심신 인과의 문제를 다루었으며, 셋째, 논리화 과정의 완벽성에 대한 믿음이 어떻게 독단론(유아론)과 배타주의에 빠질 수 있는지를 검토하여, 겸손한 회의주의 태도로 서로를 존중하고 협력하려는 인격적 의사소통의 바탕을 마련해 놓았다.

성리학은 인류 지성사에서 처음으로 일원론적 세계관을 분명하게 구현하였던 흐름이다(서구에서는 현대에 와서 프레게에 의해 처음 시작됨). 비록 도출 층위와 만물이 개별화되는 현상 층위를 따로 벌려 놓지 않음으로써 서로 혼재되는 악순환을 경계하여 제거하지는 못하였지만, 물질들에서 찾아지는 위상이 마음에서 어떻게 적용될 수 있는지를 모색하였다는 점에서, 오늘날 새롭게 추구되는 생태학적 자연주의의 초기 모형으로 평가된다. 성리학의 세부 논의에서는 매우 다양한 갈래들이 추구되지만 거시적으로 지도를 그려본다면, 전혀 생각을 작동시키지 않는 무극에서부터 첫 생각의 작동을 가리키는 태극이 생겨나고, 이 태극이 기호학적 두 가지 속성으로 발현됨으로써 비로소 '이·기'(곁·김)의 형이상학적 질서가 갖추어진다. 이는 생명을 지닌 존재에 적용될 경우에 '심·성' 또는 '성·정'으로 표현될 수 있는데, 인간의 마음에 적용하기 위하여 더 자세한 층위들이 다음처럼 제시될 수 있다.

'심 → 성 → 정 (→ 의) → 욕 (→동물의 본능)'

만일 이를 서구의 이성과 감성의 이분법에 대응시키려면 통합적으로 사단과 칠정으로 제시할 수도 있다.

그렇지만 필자의 생각에 위의 접근법에 몇 가지 한계도 들어 있다. ① 하나의 연역 이론 체계가 다른 경합 이론과 비교하여 어떻게 선택될 것인지에 대한 상위의 판단 개념을 상정함으로써 서로 간에 합의할 수 있다는 생각에 이르지는 못하였다. ② 또한 마음의 작용이 어떻게 하여 우리 몸을 비롯한 물질세계에 인과관계 또는 인과력(심신 인과)을 발휘하는지가 문제가 됨을 자각하지도 못하였고, 따라서 물질 현상계와 정신 사유계를 맞물려 주는 문제에 답변을 시도하지도 못하였다. ③ 주관적이고 1인칭적인 서술만이 가능한 '나'를 중심으로 하여, 내 자신을 인간의 대표로 삼고서 인문학적 접근(독단론이나 유아론에 치우칠 위험을 수반함)만이 당연한 것처럼 치부한 점이다. 사회가 먼저 존재하는지, 아니면 인간들이 모여서 사회가 되는지의 여부는 사회학 또는 사회과학 중심 접근이냐 인문학 중심 접근이냐로 나뉜다. 이는 둘 중 어느 하나의 배타적인 선택이 아니다. 오히려 어느 것으로부터 출발하여 다른 영역의 복합 문제들까지 제대로 설명해 내는지에 대한 선후 문제일 뿐이다. 이런 점에서 성리학의 마음 논의는 사회학(미시 사회학) 또는 사회과학(거시 사회학)의 복합 관점이나 거시적 관점을 논의의 첫 출발점으로 삼지 못하였다고 말할 수 있다. 아마 이는 예(禮)라는 상위 개념이 동시에 사회도 규제하고(周禮) 개인도 규제해(儀禮) 놓았기 때문일 듯하다.

마음과 몸을 별개의 실체로 보는 심신 이원론은 물리세계의 인과율에 따른 마음 작용을 설명할 수 없다. 따라서 물리세계에서 인과관계가 성립한다는 강한 인과율을 준수하기 위하여, 심신 부수현상론, 심신 수반론, 미시차원으로의 환원론, 기능적 환원론들이 검토될 수 있다. 여기서는 김재권 교수의 최근 주장이 다른 주장들의 한계들을 어떻게 극복할 수 있는지를 검토하면서 기능적 환원론을 서술하였는데, 심신 인과관계는 더 낮은 차원의 범주들이 복합적으로 동시에 작동하면서 일어나는 관계이다. 이는 신경생리학적 탐구도 통합주의적으로 연구되어야 함을 함의한다.

오늘날 수학기초론에서는 두 가지 이상의 공리계가 양립 가능하므로, 상호간에 간결성이나 우아성(인간에게 쉽게 인식됨)의 기준으로 선택된다는 사실을 알려 준다. 따라서 아무리 완벽한 논리성을 갖추고 있더라도 그것만이 유일하다는 논증을 보장받을 수 없고, 인류 문화사에서 꾸준히 견지해 온 '겸손한 회의주의'만이 우리들이 합리적으로 선택할 수 있는 사고방식임을 명증해 준다. 인류 문화사에서 논리화의 완벽성에 대한 추구는 자기 신념의 강화라는 긍정적 측면도 있지만, 자칫 독단주의와 배타주의로 흐르기 쉬운 부정적 측면도 있다. 후자는 역사 기록에서 읽을 수 있는 여러 독재자들의 저지른 반인륜적인 만행들과 연결되어 있다.

의사소통 행위 자체는 두 방향으로 이뤄지는 협력 행위이며, 상호신뢰와 상호존중(배려)이 바탕에 깔려 있다. 남을 무시하는 독단적 태도로는 일방적인 명령과 억압만 있을 뿐이다. 중세 세계관이 무너지면서 우리가 믿을 수 있는 새로운 질서를 찾으려던 계몽주의 지성인들이 인류 지성사에서 처음으로 마주하게 된 것은 우리가 지닌 인식 기관 그 자체와 한계성 및 그런 기관을 통한 불충분한 인식의 결과이다. 이는 불가지론의 논의로 흘러가기보다, 오히려 개별 주체들로서의 인간들 사이에서 공유되는 공통된 인식에 대하여 새롭게 물음을 던지게 만들었다. 오늘날 현상학에서 유행시킨 '상호주관적 인식'의 뿌리도 여기에서 말미암는다.

필자의 개인적 선호에 따른 선택으로, 이 절에서는 아리스토텔레스와 주희의 세계관에 주목하여 그들이 어떤 배경에서 자신들의 논리적 완벽성을 상정하였는지를 살펴보았다. 현재 ⅓정도만이 전해진다는 아리스토텔레스의 저작들 중에는 위작들도 섞여 있지만, 6권으로 된 '사유 도구(organum, 학문/논리 도구)'와 『자연학 후편(형이상학)』과 『영혼론』, 『생성소멸론』 등을 통하여 일관된 사고의 구성과정을 추적할 수 있다. 그는 대상들이 존재하게 되는 실체의 문제에서부터 시작하여, 생성과 소멸, 작용과 운동의 질서를 다루고 난 뒤에, 이런 질서에 대한 궁극적인 원인을 논의하였다. 여기서 궁극적 원인은 운동도 하지 않고 생멸도 없으며, 보편적으로 적용되는 하나의 존재라고 보았는데, 이런 점이 논리적 완벽성을 부여해 준다. 이 점이 중세 신학의 도구로 그가 환영받았던 이유로 보인다.

주희는 오랑캐의 외침으로 서울을 남쪽으로 옮겨가는 수치스런 시대를 살면서, 중국에서 내려온다고 관념되는 사상에 토대를 두고서, 당시 접할 수 있었던 이질적인 여러 생각들을 받아들이면서 일관된 질서를 부여하려고 평생을 노력하였다. 그는 외동아들로 태어나 18세에 아버지를 여의고 이듬해 과거에 급제하였지만, 40일 간의 중앙정부 벼슬과 8년의 지방 벼슬을 제외하고서는 한 평생을 오로지 학문에 다 바쳤다. 그의 신유학에 대한 뿌리와 우주관은 『주역 전의 대전』에 실린 『주역 본의』와 57세 때 지은 『역학 계몽』에 명시적으로 드러나 있다. 우리가 접하는 주위 생태환경에서 바뀜(變)과 달라짐(易)을 벗어나는 대상은 어떤 것도 존재하지 않는다는 전제를 밑바닥에 깔고 있는 주역의 서술방식(뤄쑬의 함의 관계와 동일함)은, 불가피하게 사고의 전개상 몇 단계의 도출과정을 상정할 수밖에 없다. 무극과 태극과 상과 수와 상극·상생의 음양과 8괘의 배합에 따른 64괘로서, 궁극적으로 우리가 매일 접하는 삼라만상과 대응을 보이는 데 이르기까지 계속 도출되어 나간다. '역'은 크게 바뀌고 달라지는 이치를 따지는 의리학(義理學)과 인간이나 사회의 미래를 미리 예언하려는 상수학(象數學)으로 대분된다. 후자(상수학)는 자신의 앞날을 궁금하게 여기는 속성이 예언에 대한 평가 척도도 없이 전자(의리학)에 더해진 것에 불과하다.

이런 접근에서는 스스로 자신의 미래를 결정하는 자유의지의 개념은 상정될 수도 없다. 자유의지를 지닌 개체들이 감정이입을 통하여 서로를 긍정적으로 이해하고 공감하는 바탕들에 대해서도 적극적으로 독자적인 영역을 마련해 놓을 수 없었다. 오직 태어나고(生) 자라고(成) 이울고(衰) 없어지는(退) 무심한 우주의 주기가 일부 인간들의 체험에 의해서 확인될 뿐이고, 철저히 논증되거나 반증되는 계기가 허용되지 않는다. 우리의 삶도 빈부, 화복, 길흉의 대립 축 사이를 오가는 자취이므로, 일방적으로 어느 한 끝점에 머물지 않도록 경계하고 마음을 닦는 일이 우주 질서와 인생을 조화시키는 방식이다.

아리스토텔레스가 바로 눈앞에 존재하는 대상들의 밑바닥 실체에 대한 물음을 던지면서, 더 멀리 상정되어야 할 형이상학적 존재에 도달하였다면, 주희는 바로 눈앞에서 확인할 수 있는 바뀌고 달라지는 현상 자체를 가장 근본적이라고 관념함으로써, 북송 시대에 유행하던 변역(變易) 질서의 논의를 받아들여 단계별로 가닥 잡는 사고체계를 확립할 수 있었다. 어느 접근에서도 논리적 완벽성에 구멍이 나 있을 개연성에 대해서는 진지하게 물음을 던지지 못하였다. 이는 문화사적으로 고전 세계관이 최초로 형이상학적 영역을 다루면서 지닐 수밖에 없었던 일반적인 한계로 보인다.

제2부 '언어화되기 전의 결정 과정'에서는 첫째(제4장), 의사소통 의도가 마련되기 위하여 그런 결정이 내려지는 과정과 그 결과를 수시로 수정할 수 있는 상위 의도를 다루었고, 둘째(제5장) 의도가 세워지기 위해 주어져야 하는 공통기반과 정보간격, 그리고 의사소통 진행 과정에서 점검 확인되어야 하는 상호조율에 대하여 논의하였다.

제4장 '의사소통, 결정 과정, 상위 의도'에서는 첫째, 의사소통에서 결정 과정이 어떻게 일어나는지를 다룬 논의를 포괄적으로 소개하고, 둘째, 그 의도를 결정하는 데에 의사소통 상황에 대한 판단이 선행되고 나서 단계별로 의도가 결정되는 점을 논의하였으며, 셋째, 이런 결정이 제대로 가늠되지 않았음을 청자 반응으로부터 확인할 경우에 수시로 상위 의도에 의해서 수정될 수 있어야 하므로, '재귀의식' 자체가 인간 정신 또는 인식의 중요한 특징이 됨에 주목하였다.

의도에 대한 앤스컴 교수의 연구 이후, 써얼(Searle) 등의 심리철학자들은 줄곧 의도가 두 단계로 상정될 수 있음을 논의해 왔다. 그렇지만 사밀(내밀)하고 주관적인 의도의 특성상, 외적으로 관찰 가능한 자료들과 관련지어 검박하게 제약해 놓는 방안이 보다 바람직할 수 있다. 그라이스(Grice)는 언어 그 자체가 비-자연적 결합체이기 때문에 그 결합을 가능하게 해 주는 내적 주체로서 의도를 상정하였고, 이를 의사소통 의도라고 불렀다. 의사소통의 여러 측면들이 다뤄지는 화용 또는 담화 영역에서는 비-언어적인 재료들의 서로 긴밀히 어우러지는 측면을 다루기 위하여 내적인 실체로서 의도가 상정될 수밖에 없다.

르두(LeDoux) 교수와 다마지우(Damasio) 교수의 두뇌 신경생리학 연구에서는 제2의 두뇌에 자리잡은 1차 감정회로들이 우리의 판단과 결정에 큰 영향력을 미친다고 지적한다. 또한 카느먼(Kahnemann) 교수와 하드먼(Hardman) 교수의 심리학 연구들에서도 우리가 결정을 내릴 때에 합리적인 과정을 따르기보다는 여러 가지로 치우친 비-합리적인 결정들을 내린다고 주장한다. 이를 '어림 판단'(주먹구구 판단)으로 부를 수 있는데, ① 한 개인이 지닌 고정 관념에 이끌려 결정을 내리게 되는 고정 관념 치우침이 있고, ② 기억에 생생히 남아 있어 쉽게 이용할 수 있는 기억 활성 치우침이 있으며, ③ 처음 제시된 예시 기준에 이끌리어 거기에 맞춰 결정을 내리는 예시 치우침이 있다. 판단을 내리는 데에 영향을 주는 요인으로 틀 부여 효과, 과신(또는 고집)의 정도, 경험한 뒤 치우침 등도 찾아내었다. 사람들은 신중하게 여러 정황들을 다 검토하면서 판단을 내리는 것이 아니라(카느먼 교수의 '체계 2' 결정), 신속하게 단편적인 정보만으로, 또는 단서 하나에만 의존하여 어림 판단을 내리는 경향이 있는 것이다('체계 1' 결정). 마카크 원숭이 연구에서 모방을 가능하게 해 주는 실체로서 상정된 '거울 뉴런'이라는 새로운 신경 생리학 개념은, 유아의 의사소통에서 관찰되는 감정이입의 실체를 논의할 수 있게 해 주며, 순식간에 일어나는 판단과 결정에 서로 정합적으로 관여하는 요소들로 간주할 수 있다.

의사소통 상황에 대한 판단과 결정은 상대방 청자와의 공통기반 및 정보간격에 대한 가늠을 통하여 이뤄지지만, 화자의 짐작이 언제나 실제와 일치되는 것은 아니다. 따라서 화자는 기대된 청자의 반응을 점검 확인하면서, 자신의 짐작이 옳았는지 여부를 평가해야 한다. 만일 잘못 가늠되었다면 신속히 의도를 수정하거나 포기하여 새로운 의도를 마련함으로써 이에 따라 의사소통을 계속해 나갈 수 있다. 이렇게 급박한 상황을 이끌어 가기 위하여 일부에서는 또 다른 의도를 설정하여 자칫 '의도 층위의 무한 남발'을 빚을 소지를 열어 놓는다. 의도의 층위가 많아지면 많아질수록 신속히 의사소통을 진행하지 못할 뿐만 아니라, 당연히 신경생리적인 작동에 에너지가 더 많이 들어가면서 의사소통 자체가 '골치 아픈' 일로 전락할 우려마저 있다. 실시간 의사소통에 반드시 단절이 자주 관찰되어야 하겠지만, 이런 기대는 명백히 '관찰의 타당성'을 위배하고 있다.

이런 의도의 남발을 막기 위하여 외부에서 관찰 가능한 단서가 없이는 의도의 층위를 제약시켜 놓는 것이 논의를 모아가는 데에 핵심이 될 듯하다. 필자는 자기-지시적인 재귀의식을 가동시키면서 기대된 청자의 반응 여부를 평가함으로써, 그 간격에 따라 전략적으로 본디 의도 층위를 재가동시킬 수 있을 것으로 가정하며, 이를 '전략적인 상위 의도'라고 불렀다. 만일 기대된 반응에 큰 차이가 없이 본디 의도를 상대 청자가 알아차렸다고 믿을 근거가 있다면 따로 상위 의도를 가동시킬 필요가 없는 것이다.

제5장 '공통기반과 정보간격과 상호조율'에서는 첫째, 믿음체계, 공유된 공통기반, 정보간격의 가늠과 관련된 논제를 다루었고, 둘째, 상호조율에 관하여 전반적 논의를 하였으며, 셋째, 화자 쪽에서 조율을 하려고 의도하였으나 실패하였을 경우를 '조율 상의 간격'으로 부르고 이를 극복하는 방법들을 논의하였다.

의사소통 상황에서 의사소통 의도가 결정되는 과정은 화자가 의사소통을 시작하려는 동기만으로 이뤄지는 것은 아니다. 의사소통 상황에 대한 판단과 더불어, 다른 참여자와 공유된 공통기반을 토대로 하여, 있을 수 있는 정보간격을 가늠해야 한다. 여기서 공유된 공통기반은 흔히 문화인류학에서 언급되는 보편적 범주들을 토대로 하여 구축되겠지만, 공통기반의 목록이 예시는 할 수 있되 제약 없이 늘어날 수 있다.

따라서 공통기반을 논의하는 데에는 크게 내부 구성원인지 여부에 따라서 차이를 둘 수 있다. 내부 구성원들은 하위 집단에서 공유하는 문화 또는 가치체계들을 공유하고 있다. 설사 이방인끼리라고 해도 우리 문화에서는 '통성명'이라는 절차를 통해서 서로 결속될 수 있는 공통요소들을 찾는 경향이 있으며, 이는 넓은 의미에서 협동원리에 근거를 둔다. 정보간격이란 '나는 알고 있지만, 너는 그렇지 않은 정보'라고 말할 수 있다. 참여자들이 공통의 관심사를 지닌 경우에는 정보간격이 클수록 의사소통 가치가 비례하여 커질 수 있다.

공통기반은 '내부 구성원'인지 여부에 대한 판정에 따라 쉽게 구획될 수 있겠지만, 개인들 사이의 일상생활 경험의 차이로 말미암아 생겨나는 정보간격은, 의사소통 상황에서 언제나 짐작이나 추정을 해야 하는 것이다. 더욱이 이는 일방적인 짐작에 지나지 않는다. 따라서 발화가 전달되면서부터 상대방 청자 쪽의 반응을 면밀히 점검 확인하고(얼굴 표정도 포함함), 상대방 쪽에서 주의를 계속 기울이고 있는지를 평가함으로써, 정보간격이 제대로 가늠된 것인지 여부를 알 수 있다. 만일 정보간격을 제대로 가늠하지 못하였다고 스스로 평가한다면 재빨리 수정할 필요가 있다. 때로 정보간격을 미리 가늠하는 관례적 절차를 이용하기도 한다. 의사소통을 진행하기 전에 미리 상대방에게 질문을 던져 확인을 해 보는 것이다. 가령,

"철수가 어제 휴가를 떠났다는데 <u>알고 있니?</u>"

라고 물어봄으로써 정보간격(<u>알고 있니?</u>)을 확인할 수 있다. 이는 정보간격의 확인이자 또한 의사소통에서 다룰 주제의 도입을 예고해 주는 복합적인 성격을 지닌다. 공유된 공통기반과 정보간격의 가늠은 어느 의사소통 상황에서나 필수적으로 깔려 있는 기본적인 고려사항들이며, 의사소통의 갈래에 따라서 일정한 정도의 공통기반과 정보간격이 미리

전제될 수도 있다.

클락 교수는 의사소통의 상호조율 과정에는 몇 가지 전제가 깔려 있다고 본다. 첫째, 서로 경쟁이 아니라 협동하고 있다. 둘째, 참여자들이 충분한 능력을 지니고 있다. 셋째, 의사소통과 관련된 문제를 쉽게 풀수 있다. 넷째, 즉각적으로 그 문제를 풀 수 있다. 그는 이를 해결 가능성의 전제와 충분한 능력의 전제로 부른다. 의사소통은 단발의 행위가 아니라, 일정 시간 동안 지속해 나가는 일련의 연속 행위들이다. 언어를 이용하는 의사소통에서는 관례화된 두 가지 해결책을 이용한다. 첫째, 긴밀하게 상호조율 형식으로 이뤄진 언어적 절차들을 이용하는 것이다. 이를 위하여 발달되어 온 의사소통 진행 관례들을 다음과 같이 도표로 제시할 수 있다.

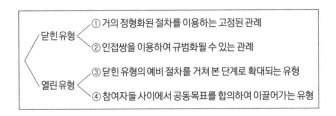

의사소통의 흐름은 한꺼번에 모두 덩어리로 진행되는 것이 아니다. 항상 마디별로 잘라서, 필요한 만큼의 지속 시간 뒤에 그 마디를 종결짓고, 이어서 다시 새로운 마디를 만들어 이어나가는 것이다. 지속적인 의사소통 행위가 마디(section)별로 진행되는 것이다. 각 마디는

'시작 → 본체 → 종결'

의 형식을 지닌다. 마치 서로 간에 악수를 할 경우에, 시작 단계는 손을 내미는 단계로 이뤄지고, 본체는 굳게 상대방의 손을 잡고 몇 번 흔들

며, 그러고 나서 종결하기 위하여 손의 근육에서 힘을 빼면서, 서로 손을 푸는 행위로 이뤄지는 것과 같다. 그런데 의사소통에서 종결 마디는 명시적으로 제시되는 것이 아니라, 지금까지의 진행 내용에 대한 평가로 대신하여 이뤄질 수 있다. 따라서 이런 위치에서는 자연스럽게 가치를 함의하고 있는 속담이나 경구가 쓰일 수 있다. 만일 평가를 담고 있는 종결마디가 참여자들 사이에서 수용된다면, 앞의 주제나 화제에 대한 의사소통을 종결되고, 다시 다른 화제나 주제를 제안하거나 도입하면서 의사소통의 방향이 재설정되는 것이다.

의사소통 과정에서 아무리 상대방의 마음을 가늠하여 확정하더라도, 결과적으로 상호조율이 제대로 일어나지 않거나 실패할 수 있는데, 이를 조율 상의 간격으로 부르기로 한다. 흔히 우리말에서 "열 길 물속은 알아도, 한 길 사람 마음속은 알 수 없다!"고 하며, 심지어 "내 마음 나도 몰라!"라고도 한다. 모두 상호조율의 문제와 관련하여 중요한 통찰을 담고 있다. 비록 상대방의 마음을 알 수 없더라도, 상대방이 일관된 생각과 행동을 한다면, 의사소통에서 상대방의 반응을 주시하고 평가하여 상대방의 마음을 역추적할 수 있다. 스스로 자신의 마음을 모르겠다는 말은, 어떤 사안에 대하여 판단과 결정이 이뤄지지 못하거나 어려운 상태를 가리킨다(판단·결정의 보류 상태).

조율 상의 간격은 상대방의 반응 의도에 따라 '큰 간격'과 '작은 간격'으로 나눌 수 있다. 만일 큰 간격이 관찰된다면, 두 가지 원인에서 말미암을 수 있다. 하나는 화자인 내 자신이 공통기반과 정보간격을 제대로 가늠하지 못하였기 때문이다. 다른 하나는 상대방의 마음가짐이 협력하는 방향과 반대쪽에 있기 때문이다. 첫 번째 원인은 서로의 공통기반을 확보하기 위하여 예비 단계로서 몇 가지 질문들을 던지면 그 답변들을 통하여 조정될 수 있다. 그렇지만 두 번째 원인은 의사소통이 실종되거나 파괴되는 결과로 이어진다. 우리 문화에서는 이를 놀부의 마음씨로 부른다. 놀부와는 협력할 수도 없고 상종할 수도 없으므로, 고프먼 교수가 제시한 처방은 소극적 해결책으로서 '거리 두기' 또는 '회피하기'이다. 아마 적극적 해결책은 사회적 격리 내지 집단 따돌림일 것이다. 전통적으로 홍부의 마음씨를 우리 문화에서는 '인격' 또는 '인품'으로 불러왔다. 의사소통에 대한 다양한 논의들도 결국은 서로의 '자율성과 자존심'을 존중해 주는 인품을 갖춘 행위(배려의 문화)로 모아질 수밖에 없다. '작은 간격'은 화자인 나의 의사소통 의도에 대한 상대방의 곡해를 다루는 네 가지 처리 방식으로 진행할 수 있다.

제3부 '언어화 과정 및 되점검 방식'에서는 첫째(제6장), 의사소통의 갈래(또는 범주)와 서술관점의 수립에 대하여 다루는데, 광의의 서술관점은 언어 사용의 심층에 깔려 있는 구성 틀 및 해석 틀을 포괄한다. 둘째(제7장), 의사소통이 매끄럽게 흘러가기 위해서는 수시로 상대방 청자가 화자인 나의 의도를 제대로 알아차렸는지를 점검하고 확인하여야 하며, 또는 일정 시간에 걸쳐 일관되게 의사소통이 진행되어 나가기 위한 주제 전개 전략을 다루었다.

제6장 '의사소통 갈래와 서술관점의 수립'에서는 먼저 의사소통의 갈래가 사회적 삶의 모습만큼 다양하고 많으며, 어느 문화권에서이든지 작은 갈래들을 일상언어의 낱말들로 친숙히 불러 왔음을 전제하였다. 의사소통의 갈래 또는 범주를 의사소통의 여섯 가지 구성요소와 이에 따른 여섯 가지 기능으로 나누려는 시도가 처음으로 언어학자 야콥슨에 의해 이뤄졌다. 그러나 구성요소가 각각 하나의 고유한 기능을 지닐 수도 없고, 한 마디 발화에서도 여섯 가지 기능들이 서로 중첩되어 있었기 때문에, 일단 분류의 목적을 달성하겠으나 실용의 목적은 전혀 엄두도 못낸다. 언어교육에서는 크게 정보 전달용 의사소통과 친분을 도탑게 하는 상호작용 의사소통으로 대분하여 왔다. 이들 두 갈래도 초점이 어디에 있느냐로 나뉠 뿐이며, 서로 배타적인 선택 범주는 아님에 유의할 필요가 있다.

어떤 의사소통 갈래의 행위를 선택하든지 간에 의사소통이 일어나도록 하기 위해서는 서술관점을 세울 필요가 있다. 매우 협소하게 보면, 서술관점은 하나의 담화가 누가 누구에게 어떤 일을 하기 위하여 발화되고 있는지를 따지는 일이다. 이는 친숙하게 수사학에서 6하 원칙으로 다뤄온 바 있다. 임의의 발화는 논의하고 있는 사건에 대하여 누가 책임이 있는지를 놓고서, 책임 소재를 일부러 가린 채 전달될 수도 있고, 명시적으로 책임 소재를 밝힐 수도 있다. 하나의 발화만을 다룬다면, 상대방 청자에게는 이런 협소한 서술관점이 의도를 탐색하는 데에 효과적일 수 있다. 그렇지만 그런 표현 방식을 검토하여 찾아낸 서술관점은 다시 큰 시각에서 그 참여자가 속한 특정한 집단(국가 및 국제기구까지도 포함함)의 기득권과 이념(또는 중립적으로 가치관)을 옹호하는 데에서 비롯되는 경우가 많다. 이런 점을 비판하려는 흐름이 '비판적 담화 분석'이며, 현대 사회에서 특히 교묘하게 대중매체들이 통계 따위의 과학적 수단을 무기로 하여 '동의의 조작' 과정을 서슴없이 실행해 오는 사례가 많다(439쪽 참스키 교수와 216쪽 레이코프 교수의 저작 참고).

이런 상황에서는 한 개인의 천부인권적 권리를 부지불식간에 부당하게 빼앗기고도 제대로 깨닫지 못하는 수도 적잖이 있다. 이 점이 학교 교육에서 비판적 사고(살아 있는 지성)를 장려해야 하는 근거이기도 하다. 심층의 이런 측면들을 전면적으로 드러내고 명시적으로 다루기 위해서는 사고의 밑바닥에 작용하는 개념 구성 틀과 해석 틀을 예시하면서, 사회의 현실 문제나 현안을 구성원들 사이에 토론하고 합일점에 이르도록 하는 훈련의 터전이 학교 교육에서 마련되어야 하고, 서술관점의 영역에서 가능한 복수의 세계관들에 대해서도 비교하거나 대조하면서 주도면밀하게 다뤄나가야 할 것이다.

제7장 '청자 반응의 점검 및 주제 전개의 전략'에서는 만일 두 방향의 의사소통이 멈춤이나 간격이 없이 지속적으로 이어져 나가려면, 화자인 나 자신이 내 발화에 귀를 기울이고 있는 상대방 청자의 반응을 수시로 점검하고 확인하는 일이 필요하다. 또한 의사소통이 협력 관계로

서 진행되어 나가기 때문에, 청자도 또한 적절한 반응(언어적 및 비-언어적 반응)을 보이면서 적극적으로 자신의 이해 방식이 올바른지에 대하여 원래 화자에게 되물을 수 있다. 심리적으로 서로 가까운 사람들끼리 주고받는 의사소통에서는 흔히 애매한 표현들이 자주 쓰이는데, 이런 현상은 두 가지 측면으로 해석되고 있다. 첫째, 두 사람 사이의 공통기반이 두드러지기 때문에 그러할 수 있고, 둘째, 화자 자신이 너무 구체적이고 명시적으로 이야기하는 일이 뜻하지 않게 상대방의 판단과 지식을 무시하는 결과(상대방을 깔봄)를 빚을 수 있으며, 이런 오해를 피하려 하기 때문이다. 이런 점을 고려하면서 클락 교수는 의사소통 경로를 1차적인 실무 경로와 2차적인 점검 경로가 나란히 가동되어 나간다고 보았다.

일단 협력 관계의 참여자들과 더불어 의사소통을 진행시켜 나가려면 서로 합의되거나 묵시적 동의를 얻은 주제를 놓고서 일관되게 전개해 나가는 전략이 뒤따라 가동되어야 한다. 일부 심리학 연구에서는 통사 결속의 관계만을 놓고서 중심소 전개(centering) 이론을 주장하였지만, 더 거시적인 의미 연결 관계를 고려하면서 의사소통을 진전시켜 나가려면, 머릿속의 배경지식 또는 정신모형에 의지하여 큰 줄거리를 잡아 놓아야 한다. 화자 쪽에서는 이런 주제 진전의 전략이 주제 유지와 주제 전환의 두 부류 아래 다시 자잘한 세부 갈래를 상정할 수 있다. 반면에 상대방 청자 쪽에서는 오직 발화 흐름에 의존하여 주제 전환 여부를 판단할 수밖에 없으므로, 크게 주제의 유지와 주제의 전환 정도로 대분할 수 있다. 담화 연구에서는 어느 문화에서나 청자에게 가장 명시적으로 주제 전개의 방향을 알려 주는 '두괄식' 전개를 선호하는 것으로 알려져 있다. 입말의 경우에는 접속 구문과 반복 표현이 글말에 비해 상대적으로 두드러짐을 확인할 수 있는데, 이를 입말 산출의 무계획성(즉각성)으로 해석하기도 한다. 이에 반하여 글말 산출에서는 보다 더 계획적으로 의도를 명시적으로 드러낼지 숨길지에 대하여 미리 고려할 수 있다는 점에서 구문 상으로 입말 산출과 다른 여러 특징들도 찾아진다.

비록 겉으로 입말 및 글말 산출물이 구별되는 듯이 보이지만, 이것들이 언어를 표현하는 매체에 의해 구별되기보다는 전형적인 입말 산출 상황과 전형적인 글말 산출 상황에서 일반화되는 보편적 속성들로 재구성되어야 한다. 이를 언어 투식(말투)이나 변이체로 부르는데, 격식성 여부 및 공식성 여부, 그리고 즉석 변통의 가능성 여부가 주요 인자로 다뤄져야 마땅하다. 글말은 인쇄 문화가 보편화되기 이전에는 기억을 보조해 주는 수단처럼 부차적으로 치부되었으나, 오늘날에는 독자적인 몫을 차지하고 있으며, 인류 문화/문명의 존속에 불가결한 도구가 된다. 또한 법정 증거력의 측면에서 글말은 입말을 압도한다. 전형적으로 입말은 즉석 변통이 가능하기 때문에 새로운 상황이나 사태에 맞춰 쉽게 해결책을 담아 놓을 수 있다. 이는 순간적으로 언어 표현을 마련해야 하는 산출 상의 압박감을 동반하기 때문에, 굳어진 표현이나 정형화된 표현을 자주 이용하여 해결하는 일이 두드러지다. 그렇지만 글말은 이미 문화 역사적으로 공동체에서 인정된 형식과 전개 방식이 있고, 전통이란 이름으로 특정한 방식이 선호되기 때문에, 글말의 산출 교육에서는 글말 읽기를 통한 이해와 내재화 과정이 수반되어야 한다.

제4부 '언어 산출에 관련된 분야들에서의 논의'에서는 필자가 중요하다고 판단한 여러 학문 영역의 논의들을 나름대로의 이해 범위 속에서 서술해 놓았다. 여기에는 첫째(제8장) 언어심리학이 있고, 둘째(제9장) 일상언어 철학이 있으며, 셋째(제10장) 미시사회학이 있고, 마지막(제11장)으로 언어학, 언어교육(응용 언어학), 글쓰기 분야가 있다.

제8장 '언어심리학에서의 논의'는 전산언어학의 흐름을 수용하면서 언어 산출과 언어 이해의 측면에 대한 논의를 요약해 놓았다. 비록 1980년대에 들어서서 언어 산출에 대한 심리학의 논의가 본격적으로 시작되었지만, 인간 정신과 의식 작용을 다루려는 대담한 가정들에 힘입어서 언어 산출은 중요한 기여를 해 오고 있다. 먼저 1960년대에 엘

런 튜링(Turing)의 연산주의 가정이 수용되면서 포더(Fodor)의 단원체(modularity) 가설이 세워졌고, 미국 철학계에서는 컴퓨터 비유를 빌린 이른바 '기능주의'도 세력을 얻게 되었다. 그렇지만 인간 사고의 복잡성과 신속성, 여러 일을 동시에 처리할 수 있는 다중 처리의 가능성에 대한 설명은 점차 병렬 분산 처리(또는 활성화 확산, 연결주의) 가정도 중요한 대안으로 검토하도록 만들었다.

언어 심리학에서 언어 산출을 다루는 흐름에는 연산주의 가정을 따르는 르펠트(Levelt) 모형과 병렬 분산 처리 또는 연결주의 가정을 따르는 델(Dell) 모형이 있었다. 어느 흐름도 완벽히 단일한 가정만으로는 실시간의 언어 산출을 설명하는 데에 난점들에 부닥치게 된다. 따라서 이후의 발전 모형은 서로를 참고하면서 장점들을 수용해 나가고 있다. 여기서는 현재 정상 과학의 위치에 있는 르펠트(1989; 김지홍 뒤침 2008)가 다뤄졌는데, 이 모형을 중심으로 연결주의 가정을 수용해 나가는 변화의 모습을 추적하였다. 르펠트 교수가 1990년대 제안한 모형은 더욱 쉽고 가지런한 모습을 띠며, 다음 쪽에 있는 그림과 같다.

흔히 기호학에서는 언어의 상징체계가 형식과 내용의 결합체라고 말한다. 이 그림에서 산출 과정은 내용이 먼저 결정된 다음에 차츰 형식을 대응시켜 나가는 모형으로 표현되어 있다. 이 둘 사이를 매개시켜 주는 것이 낱말 창고(또는 어휘부서)이다. 두 부서를 매개해 주기 위하여 낱말 그 자체가 내용과 형식의 결합체로 상정되며, 이 그림에서는 각각 통사·의미값(lemma)과 형태·음운값(lexeme)으로 언급되어 있다.

낱말 창고에서의 작업도 꼭 쉬운 것만은 아니다. '상의어 문제'로 불리는 결정 사항이 있고, 내용을 결정하기 위해 핵어인 동사가 자신이 거느리는 논항들을 모두 채워 넣더라도, 통사의 고유한 업무가 남아 있다. ① 관점 설정과 ② 시제 표현과 ③ 양태 표현과 ④ 서술 서법 등의 결정이다. 통사론에서도 이런 일들이 유기적으로 어떻게 일어나는지에 대한 통합적 설명이 없고, 산출과정에 대한 심리학의 논의에서도 이를 아직

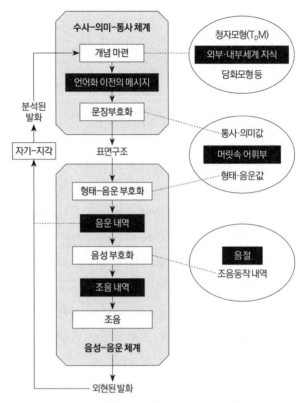

수정된 언어 산출 청사진(르펠트 1999)

논의한 바 없다. 그럼에도 불구하고, 가장 핵심적인 이런 통사 요소들이 반드시 의사소통 의도가 결정되는 도중이나 또는 서술관점을 결정하는 바로 다음 단계에서 의식적이든 무의식적이든 일괄 결정되어야 할 것이다. 르펠트의 후기 발전 내용들은 낱말 창고에서의 처리가 연결주의 모습을 받아들이는 쪽으로 이뤄지고 있다('WEAVER+'로 불림).

앞의 그림에서 단계별로 제시된 모든 일들이 순조롭게 끝나는 경우에, 마지막 단계는 외현된 발화에 대한 자기 자각 또는 자기 점검체계를 가동시키면서 동시에 상대방의 반응을 관찰해야 한다. 이 일은 흔히 무의식적으로 작동하는 것으로 설정되는 임시저장고(buffers)들로는 감당할 수 없는 것이다. 이는 산출 과정에 불가피하게 '여러 부서들의 동시 작동방식'을 상정하도록 만드는 주요한 요인들이 된다.

한편 연결주의(병렬 분산 처리, 활성화 확산) 모형도 일단의 지지를 얻으면서 발전되어 왔는데, 가장 뚜렷한 업적은 언어 이해의 측면에서 살펴볼 수 있다. 킨취(Kintsch) 교수는 연결주의 모형을 특히 제약 만족 과정으로 부른다. 교점들이 그물짜임을 이룰 적에 특정한 조건들이 만족되면 강화가 일어난다. 이런 일련의 과정을 거쳐 최종적으로 연결 강도가 높은 것들만이 작업기억에 남아, 비언어 자료들과 연합하여 상황 모형을 만든 뒤에 장기기억에 보존된다고 본다. 이 모형은 한국연구 재단의 명저번역 사업에 도움을 받은 킨취(1998; 김지홍·문선모 뒤침 2010)로 집약되어 있다. 현재 잠재태 의미분석(latent semantics analysis)의 지원을 받으면서 인간의 이해에 대한 자동 처리과정을 추구해 나가고 있다. 활성화 확산에 기댄 델(Dell) 교수의 모형은 계속하여 필자가 공부하고 추가해 나갈 과제이다.

언어 산출 과정에 대한 심리학의 연구에서 가장 큰 약점은 언어화 이전의 단계에서 이미 많은 일들이 일어나는데, 이를 제대로 다루지 못한다는 한계이다. 아마 초기에서부터 '말실수' 자료들을 설명하기 위한 모형 구축의 영향 때문에 그럴 수도 있다. 만일 이를 산출 초기 단계로 부른다면, 초기 단계에서는 적어도 두 가지 중요한 논제를 다루어야 한다. 첫째, 인간사고(의식)에 대한 논의이다. 언어를 산출하기 위하여 우리의 사고(의식)가 어떻게 촉발되고, 어떤 모습으로 형성되며, 무슨 결정들이 내려지는지를 다루어야 한다. 둘째, 담화 또는 담론 모형이다. 여기서는 언어 그 자체에 대한 논의뿐만 아니라, 언어 사용상황과 청자에 대한 변인들도 중요하게 다뤄져야 한다. 언어에서 텍스트로 발전하고, 텍스트에서 담론으로 발전할수록 권력 관계나 지배 이념의 문제가 깊이 도사려 있다. 이런 것들도 충분히 다뤄진 다음에라야, 의사소통 의도가 결정되고, 서술관점과 표현 방식이 선택되며, 마지막으로 언어로 표현되는 단계를 다룰 수 있다.

제9장 '일상언어 철학에서의 논의'에서는 자연언어를 비하하고 고치려고 했던 논리실증주의를 비판하면서 영국을 중심으로 생겨난 '일상언어 철학'의 논의를 소개하였다. 일상언어 철학에서는 전통적으로 언어가 그 자체로 진리를 드러내는 도구일 뿐만 아니라, 더욱 중요한 것이 언어 그 자체가 '행위'(사고 행위)라는 점에 주목함으로써 전환이 일어난다. 언어는 진리와 대응되는 것이 아니라, 더욱 포괄적으로 어떤 행위를 지향하며, 그 행위는 구성원들 사이에서 만족 조건에 따라 평가될 뿐이다. 진리 또한 '주장하는 행위'에 다름 아니다. 또한 언어(발화) 행위는 단선적이지 않고 늘 두 가지 이상의 행위가 복합되어 있다.

오스튼(Austin)의 화행 이론은 이런 전환의 시발점이다. 이를 실제의 언어 사용 현장으로 적용하려면 언어 사용 규범에 대한 질서를 붙들어야 하며, 자유의지에 따라 그 질서를 일부러 상대방이 알아차릴 수 있도록 위배할 수도 있다. 이런 점을 역동적으로 설명하기 위하여 그롸이스(Grice)의 대화 규범 중에서 표현 방식(manner)에 대한 논의들이 계속 발전되어 왔다. 클락(Clark 1996)에서는 다음과 같은 방식으로 의사소통이 진행된다고 보았다.

절차와 과제 방식의 성격	의사소통 진행 절차	의사소통 과제의 분류
자명한 방식	고정된 절차(융통성이 제약되어 있음)	지엽적인 과제
	정규적 절차(융통성이 있고 가변적임)	최소 협동 과제
상호합의 방식	자명한 예비 단계를 통해 합의하는 절차	확대된 과제
	처음부터 공동목표를 합의하는 절차	협력하여 의미를 수립하는 과제

의사소통에 참여하는 구성원들이 서로 간에 어떤 방식으로 어떤 절차를 통하여 임의의 과제를 공동의 목표로 진행해 나가더라도, 각 과제들마다 매끄럽게 진행되기 위해서는 반드시 상위 차원에서 의사소통 진

행을 방해함직한 요인들을 자각하면서 그 요소들을 제거하여 긴밀하게 협동해 나가야 한다. 이를 다음 도표에서와 같이 몇 가지 가능성으로 제시할 수 있는데, 의사소통이 신중할수록 예비 요청 방식을 통해 걸림돌을 미리 제거해 나가게 된다.

걸림돌 제거	예상되는 걸림돌	걸림돌 없애려는 관례적 표현(예비 요청)
화자 주도적	청자에게 의무감 없애기	"거기 후추통 좀 건네 줄래요?"
	청자의 능력과 자발성 고려	"우리 지금 식사하러 나가실까요?"
조건 충족 후	청자가 지닌 지식	"철수가 어디 있는지 아세요?"
	청자의 물리적 실행 조건	"충전용 건전지가 팔아 줄래요?"
청자 주도적	청자의 의향을 타진	"여기 와서 이 옷 좀 입어 볼래요?"
	청자에게 허락 받기	"그 신발 어디서 샀는지 물어 봐도 되나요?"

보다 더 심각하게 화행 이론을 인간의 모든 행위에 적용시켜 나간 경우를 우리는 독일 사회철학자 하버마스(Harbermas)에서 볼 수 있다. 그는 인간 행위를 전반적으로 다음처럼 상정하였다.

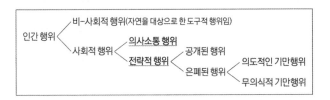

특히 인간의 사회적 행위는 크게 이득 취하는 것을 목표로 삼는 '전략적 행위'와 그렇지 않은 '의사소통 행위'로 나뉜다. 후자는 상호 이해를 지향해 나간다. 그렇지만 언제든지 이득을 취하려는 전략적 행위에 의해 간섭 받고 교란될 수 있다. 필자는 머클레인(McLane)의 두뇌 형태 분류에 따라 전략적 행위는 욕망(경제성)을 지향하는 제2의 뇌(변연계)에 의해 설명될 수 있고, 의사소통 행위는 모든 것을 희생하여 보람(가치)을 찾는 제3의 신생뇌에 의해 설명될 수 있을 것으로 본다. 쉽게 대립적으로 말한다면, 경제 원칙(놀부 원칙)으로 설명되는 영역과 동시에 온갖 정성을 쏟아 보람 느끼는 희생 원칙(흥부 원칙)으로 설명해야 하는 두 가지 부류가 있는 것이다. 이 양자 사이를 매개해 주는 부서가 다마지우(Damasio 1994)의 감성적 결정 부서인데, 아직은 두 부서들 사이의 간섭 가능성만 논의되었고, 매개 부서를 통하여 설명하려는 시도는 없는 듯하다.

그럼에도 이해를 지향하는 의사소통 행위와 이익을 추구하려는 전략적 행위가 일부 서로 겹칠 수도 있는데, 언어교육에서는 이를 각각 친분 쌓는 행위와 정보를 전달하는 행위로 나눈 바 있다. 친분 쌓는 행위는 반드시 이익을 얻어내려고 전략적으로 이루어지는 것만이 아니다. 감성적으로 서로 끌리고 서로 정을 나누는 행위 그 자체로 독자적이며 독립적으로 간주할 수 있다. 이를 확대경을 대면, 미세하게 의사소통 과정에서 서로의 체면(face)에 대한 문제가 부각될 수 있다.

제10장 '미시사회학에서의 논의'에서는 거시적이고 개별 인간들이 들어 있지 않은 구조사회학에 반발하고, 개개인의 행위들에 초점을 모아 어떻게 다른 구성원과 관련을 맺는지를 연구하는 흐름을 요약하였다. 사회학은 크게 사회 전반(societal)의 구조를 다루는 거시사회학과 개인들 사이에(social) 상호작용을 다루는 미시사회학으로 나뉜다. 후자 쪽에서는 주로 '상징적 상호작용' 이론으로 불리는 흐름이 인간들의 의사소통에 긴밀하게 주목하여 왔고, 특히 고프먼(Goffman 1981)의 논의가 중요하게 다뤄진다. 그는 대화를 통한 상호작용이 단순하지 않고, 언제나 세 가지 축이 융합된 채 이뤄진다고 보았다.

① 상호작용 의례 갖추기 과정(process of ritualization)
② 참여 얼개(participation framework)
③ 의례 속으로 끌어들여 자리 잡도록 하는 능력(embedding capacities, 내

포 능력)

설사 혼자서 뇌까리는 듯한 독백담(self-talk)조차 상호작용 의례 속에서
보면 화자가 스스로 자신의 인상 관리 전략을 실행하고 있음(예행 연습)
을 찾아낼 수 있다. 이런 혜안은 의사소통이 언제나 두 가지 경로를
통해 나란히 진행된다는 모형을 낳게 된다. 하나의 경로는 1차적인 실
무 경로인데, 이전까지 다뤄온 의사소통 모습들이 관련되는 경로이다.
동시에 실무 경로를 확인 점검하는 재귀적 경로가 있는데, 이를 2차적
인 점검 경로라고 부른다. 뿐만 아니라, 이런 복선적인 경로를 가동시
켜 나가는 참여자들은 더 이상 단순히 '너'와 '나'가 아니다. 너와 나의
역할은 실질적으로 다양한 역할들의 융합으로 결과된 내용에 불과하기
때문이다.

대화에서 역동적으로 변화되거나 유지될 수 있는 참여자들의 '입장/
처지 설정(footing, 참여자의 역할에 대한 설정)'을 다루면서, 고프먼 교수
는 참여 주체들을 놓고서 화자와 청자란 표현 대신에 '산출 구성형식
(production format)'과 '참여 구성형식(participation format)'으로 부르면서,
다음처럼 세분해 놓았다. 말하기에서 남의 말을 인용할 경우에 원저자
(author)가 있으며, 정부 대변인처럼 특정한 사람을 위해 대신 말을 해
주는 실행자(animator)도 있고, 주연 배우(principal)도 있다. 또한 발언권
을 얻어 참여할 수 있는 방청자(overhearer)와 그렇지 못하는 몰래 엿듣
는 사람(eavesdropper 염탐꾼)도 있다.

발화의 복합적인 구조를 만들어 내는 참여 주체들에 대한 고프먼의
직관은, 1990년대에서부터 입말 뭉치들을 전산 처리하면서, 인용 형식
또는 유사 인용 형식이 실질적인 논제로 부각되자 확고한 기반을 갖게
되었다. 머카씨(McCarthy 1998)에서는 영국에서 수집된 입말 말뭉치를
분석하여, 인용문 또는 유사 인용문들을 다뤘는데, 통계적으로 유의미
하게 많은 사례들이 단순히 남의 말을 인용하는 것이 아님을 밝혀내었

다. 더구나 명백히 입 밖으로 나온 바도 없어서 결코 인용이라고 말할
수 없고, 따라서 다만 남의 마음에 대한 추정이라고 볼 수밖에 없는
것들도 상당한 비율로 자주 인용 구문의 탈을 쓰고 나타난다는 사실이
드러났다. 따라서 피상적인 인용 이외의 중요한 기능들을 지니고 있는
데, 머카씨 교수는 다음처럼 요약하였다.

① 현재 상황에서 무대를 마련하는 기능(=주제 도입 또는 무대 마련 기능)
② 현재 담화에서 초점을 부각하여 극적으로 생생하게 만드는 기능(=초
　점 부각 기능)
③ 담화에서 언급된 내용을 반복하여 매듭짓는 기능(=매듭짓기 기능)
④ 자신의 주장에 대하여 입증을 하는 기능(=신뢰성 입증 기능)

위의 기능들 중에서 특히 마지막 기능은 의사소통의 진정성을 유지해
주기 때문에 더욱 중요하다. 페어클럽(Fairclough 2003)에서는 이를 의사
소통의 '합법화 전략'으로 다루게 된다. 그곳에서 거론된 합법화 전략
은 다음과 같은데, 의사소통 참여자들이 즉석에서 실시간으로 판단하
고 즉각적으로 대응해 내어야 하는 전략에 해당된다.

권위 확보(authorization)	전통·관습·법의 권위성 및 제도적 권위를 지닌 사람에게 기댄다
합당성 부여(rationalization)	제도적 행위의 유용성 및 사회에서 인지적 효력을 부여한 지식에 기댄다
도덕적 평가(moral evaluation)	사회 구성원들에게 받아들여진 가치체계에 기댄다
신화로 만듦(mythopoesis)	서사이야기를 통해서 그럴 듯하게 전달하여 합법화를 꾀한다

미시사회학 중에서 이른바 '소집단 관찰해석(ethno-graphy)'이나 '소집단
관찰방법론(ethno-methodology)'으로 불리는 흐름에서도, 대화 분석에 주
력하여 인접쌍, 발언순서 얻어내기, 청자의 반응 등에 대한 얼개들을
밝혀낸 바 있다.

제11장 '언어학, 언어교육, 글쓰기 분야에서의 논의'에서는 필자가 전공하는 친숙한 분야이므로, 이들을 모두 아울러 함께 요약해 놓았다. 언어학에서는 언어 사용과 관련하여 화용론, 텍스트 언어학, 담화론 등이 일정 부분 서로 겹치면서 발전이 이뤄져 왔다. 특히 담화 쪽에서는 1990년대에 영국을 중심으로 하여 순수한 일원주의 담화 및 실용적인 다원주의 담화 사이에 논쟁이 벌어진 바 있었다. 위도슨(Widdowson) 교수와 페어클럽(Fairclough) 교수가 그 중심에 있다. 위도슨 교수는 의사소통 중심 언어교육을 이끌어 가는 중심 학자로서 담화 그 자체를 자족적으로 그리고 독립적으로 본다. 그렇지만 페어클럽 교수는 말은 일을 하기 위하여, 즉 삶을 살아가기 위하여 존재하는 것이라고 보고, 인간의 자유를 억누르고 지배하는 부당한 권력과 이념을 부각시켜 비판적으로 검토해 나가려고 한다.

순수한 일원주의 담화 쪽에서는 발화나 문장을 서로 얽어 주는 규칙들을 다섯 가지 찾아내었고, 이를 통사 결속(cohesion)이라고 불렀다. 그 결과, 작은 단락을 이루게 되더라도, 이 작은 단락들도 또한 더 확장되어 크게 연결되어야 한다. 이를 의미 연결(coherence)이라고 부른다. 통사 결속은 어느 언어에서나 언어 자체로 형성된 기제들이 있다. 지시표현·어휘 사슬·대용표현·생략·접속사들이며, 모든 언어에서 지시표현과 어휘 사슬이 가장 압도적으로 많이 쓰이는 것으로 알려져 있다.

그렇지만 작은 단락들을 묶어 주는 특별한 언어 기제는 없고, 수의적으로 언어 표현을 써서 나타날 수 있다. 언어교육에서는 일찍이 이를 담화 차원에서 통사 결속을 매개해 주는 미시표지 및 의미 연결을 이끌어 가는 거시표지로 나누어 놓고, 제2 언어 학습자들을 대상으로 하여 그들의 이해 정도를 실험 측정하여 그 결과들을 보고한 바 있다. 미시표지들은 학습자들의 이해에 큰 도움을 주지 않지만, 거시표지들은 전체 덩잇말·덩잇글의 이해에 상당히 많은 기여를 한다. 미시표지와 거시표지를 서로 뒤섞은 담화 형식은, 오히려 핵심적인 거시표지만 들어 있는 경우보다 더 낮은 이해력을 보여 주었다. 이 사실은 말을 듣거나 글을 읽을 적에 이해 주체들이 거시적 담화 표지에 매우 민감히 반응하면서, 그 표지들을 중심으로 자신이 처리한 내용을 재구성한다는 사실을 함의한다.

작은 단락들을 잇거나 묶어 가는 과정을 일반적으로 추론이라고 부르는데, 폰대익(van Dijk 1980)에서는 '거시구조'라 부르기도 하였다. 언어 처리와 관련하여 킨취(Kintsch 1993)에서는 추론이 크게 다음과 같은 방식으로 작동한다고 보았다.

처리 방향 자각 여부	인출	생성
무의식적인 자동 과정	교량 추론, 연상 정교화	유사 영역에서 이행 추론
의식적인 통제 과정	교량 지식에 대한 탐색	논리적 추론

추론의 가장 단순한 모습은, 결론을 먼저 제시하고 곧 이어 증거를 대 주는 '두괄식'(연역적 제시법) 방식이다. 이것이 조금 변형되면 '주장 → 입증'이나 '단정 → 사례 제시' 또는 방송 뉴스 보도에서 '뉴스 → 길거리 목소리' 등으로 나타나기도 한다.

그런데 앞의 순순한 일원론적 담화를 벗어나서, 담화로 일을 하고 삶을 살아간다는 '실용적인 다원주의 담화'는 특히 영국의 페어클럽 교수와 화란의 폰대익 교수에 의해서 주도되어 왔고 비판적 담화 분석(Critical Discourse Analysis, CDA)으로 불린다. 여기서는 페어클럽 교수의 저작들 (2001, 2003; 김지홍 뒤침 2011, 2012)을 중심으로 다루었다. 페어클럽 교수는 언어·텍스트·담화 사이의 구분이 동일하게 사회에 대한 세 가지 층위를 반영해 주는 것으로 본다. 이를 다음처럼 동심원으로 나타낼 수 있다(더 정확히 말하면 원뿔로 이뤄진 세 층위로 표상해 주어야 하는데, 제일 꼭대기 윗층위만이 바다 위에 떠 있는 빙산처럼 구체적인 경험 대상이 되며, 하위 층위들은 모두 내성 또는 성찰에 의해서 자각됨).

제일 작은 동심원은 표층(원뿔의 꼭대기)에 있는 상황 층위이다. 의사소통 참여자들에게 누구나 쉽게 자각될 수 있고, 제일 먼저 지각되는 대상이다. 이 상황은 일정한 변이를 허용하면서 일정한 질서를 따르게 된다. 이를 중간 층위에 있는 제도적 층위라고 부를 수 있다(미시사회학자 고프먼은 '의례화된 절차'라고 부름). 제도적 층위도 또한 궁극적으로는 어느 사회에서나 보편적으로 찾아질 수 있는 사회구조 층위에 의해 인도되고 구조화된다. 이런 존재론의 위상은 그대로 언어의 옷을 입게 되면, 다음 도표와 같이 나타낼 수 있다.

개개의 사회적 사건(social events)	⇨ 언어/텍스트로 구현됨	상부
사회적 실천관행(social practices)	⇨ 담화 질서로 고정됨	↕
일반적 사회구조(social structures)	⇨ 담론으로 밑바닥에 잠복해 있음	하부

한 개인을 바라보는 이런 입체적인 시각은, 비단 비판적 담화 분석에서만 찾아지는 전유물이 아니다. 극심히 혼란스럽던 시대에 근대정신을 확립해 놓은 철학자 칸트(Kant, 1724~1804) 또한 비슷한 생각을 한 바 있다. 오늘날 우리가 쓰는 친숙한 용어로 칸트의 생각을 바꾼다면, 인간 유전자가 만들어 내는 보편적인 속성들(하부 층위)을 범주(categories)로 부르고, 구성원들이 공유하는 공동체 요소들(중간 층위)을 규범(maxims)으로 부르며, 개인이 각자의 체험에 따라 형성하게 되는 것들(상부 층위)을 개인별 개념틀(schemata)로 불렀다. 페어클럽 교수의 논의에서 명시적으로 칸트를 인용한 바는 없지만, 결과적으로 매우 비슷한 내용을 주장

한다. 이를 도표로 보이면 다음과 같다.

개별 정체성 모습(style)	⇨ 개개인의 존재 방식(ways of being)	개인
하위 담화(discourses)	⇨ 공통된 표상 방식(ways of representing)	⇕
기본적인 갈래(genre)	⇨ 공통된 행위 방식(ways of acting)	집단

인간이 사회 속에서 존재하는 모습은 동심원을 이루는 여러 층이 포개어져 있는 상태이다. 여기서는 다만 서술의 편의상 표층(개인 차원)과 중간층(매개 차원)과 심층(사회 차원)이라고 부르기로 한다. 그런데 이런 존재의 실상이 그대로 대응을 보이며 담화로 실현되는 것은 아니다. 비록 언어 또는 담화가 입말로 실현되는 경우에는 그 자체가 오직 일직선으로 이어진 연결체(앞뒤 연결체)에 지나지 않지만, 그 실상은 계층적으로 몇 가지 층위로 나뉜다는 점에서, 언어 또는 담화를 예리하게 층위별로 분석해 낼 수 있어야 한다. 이런 시각에서 비언어 층위와 언어 층위인 사회 질서와 담화 질서를 다음처럼 나타낼 수 있다.

일반적 사회구조		
사회적 실천관행		외부 층위
사회적 사건 ┌ 행위와 행위들의 사회적 관계 ├ 사람들의 정체성 └ 세상에 대한 표상		(사회 층위)
담화(개별 정체성 모습, 하위 담화, 갈래)		내부 층위
텍스트/언어 ┌ 의미 ├ 문법과 어휘 └ 음운/철자		(언어 층위)

이런 관점에서 몇 가지 중요한 논제들은 다음과 같다. ① 왜 명사 표현이 있고, 절 표현이 있는지에 대한 물음, ② 종결 서법과 양태 요소들을 통하여 이념이나 권력 관계가 은밀히 부호화되는 방식, ③ 어떤 사태를

자연스럽고 당연한 듯이 하나의 사실처럼 포장하는 표현 방식들에 대한 자각이다. 이런 비판적 담화 분석을 통해서만이, 한낱 지식이 '지성'으로 승화하는 것이고, 사회의 가치에 책임을 진 비판적 지성의 역할을 실천으로 옮기는 터전이 마련되는 것이다.

응용 언어학은 여러 갈래가 있겠지만, 주로 언어교육을 뜻한다. 그런데 아쉽게도 말하기 교육은 충분히 독자적 가정이나 이론을 이룰 만큼 성숙되어 있지 않다. 다만 서구의 수사학 전통을 이어나가는 글쓰기 교육에서는 오늘날 구성주의 또는 과정 중심의 글쓰기 흐름이 주도적으로 논의되고 있다. 이는 기본적으로 인간 기억에 대한 가정으로부터 뒷받침을 받는다. 인간의 기억은 재구성(reconstruction) 과정이라는 바아틀릿(Bartlett 1932)의 주장과 앳킨슨·쉬프륀(Atkinson and Shiffrin 1968)의 다중기억 이론 위에서, 필자는 언어 산출 및 이해 모형과 관련하여 최소한 다음과 같은 기억의 갈래가 상정되어야 한다고 본다.

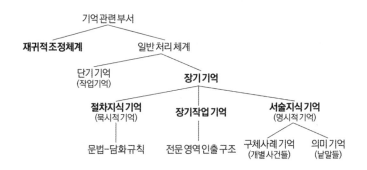

언어 산출과 이해 과정에서는 반드시 일반 처리 체계 및 재귀적 조정 체계가 동시에 가동되어야 한다. 전자는 작업기억이란 이름으로 친숙히 불리는 단기기억과 우리의 경험들을 쌓아 놓고 있는 장기기억이 동시에 공모해야 하는 부서들이다. 장기기억에는 절차지식 기억과 서술지식 기억이 있어야 하며, 이 둘 사이를 매개해 주기 위하여 에뤽슨·킨취

(Ericsson and Kintsch 1995)에서 주장한 장기 작업기억이 들어 있어야 한다. 절차지식 기억이란, 문법 규칙과 담화 전개 규칙들을 위시하여, 일반인들이 스스로 느낄 수 없는 암묵적이고 묵시적인 지식 체계들을 뜻한다. 서술지식 기억에는 우리가 구체적으로 경험하는 개별 사건들에 대한 기억과, 그 개별 사건들을 부류로 묶어 주고 일반화해 줄 뿐만 아니라, 위계적인 분류도를 형성하고 있으리라고 믿어지는 추상적인 기억도 존재한다. 각각은 구체사례 기억(일부에서는 잘못된 용어로 '일화'[시시한 이야기] 기억으로 번역함)과 의미 기억으로 불린다. 털빙·르파쥬(Tulving and Lepage 2004)에서는 전자를 뒤를 돌아보는(palinscopic) 기억으로, 후자를 앞만 내다보는(proscopic) 기억으로 불렀는데, 오직 유인원에게서만 뒤로 돌아보는 기억이 발견되며, 이를 토대로 하여 미래를 예측하는 능력을 갖는다고 보았다.

구성주의에서는 글쓰기 과정이 단선적이지 않고 여러 겹으로 반복되면서 스스로 수정이 일어나는 과정으로 본다. 또한 읽기 과정과 쓰기 과정이 서로 간에 긴밀히 영향을 주고받는 것으로 가정한다. 따라서 쓰기란 읽기와 긴밀히 맞물려야 하며, 여러 변이체들을 읽고 분석하면서 통일된 방식으로 '의미를 재구성하는 과정'이 크게 부각된다. 언어교육에서 추구하는 글쓰기의 갈래는 다음 도표로 요약할 수 있다.

여기서 일반 언어교육에서 초점을 모아 연습시키는 부분은 윗 줄에서부터 시작할 수 있는데, 글말의 갈래별로 몇 가지 수준을 더 나눌 수도

있다. 또한 글쓰기 과정에서 어떤 변인에 더 가중치를 두는지에 따라서, 학습자 변인·글 갈래 변인·글쓰기 목적 변인 등으로 나누어 살펴볼 수 있다. 최근에는 사회적 구성주의 모습에 따라서 비판적 담화 분석(CDA)을 수용한 글쓰기 교육 모형들이 추구되고 있는데, 여기서는 하부에 깔려 있는 권력 관계나 지배 이념들에 특히 초점을 모으도록 강조한다(McComiskey 2000; 김미란 뒤침 2012).

Language Production Processes: An Interdisciplinary Approach

부록

〈부록 1〉 두뇌·기억·언어

들머리
1장. 세 겹 두뇌의 진화
2장. 기억의 신경생리학: 환원주의와 통합주의의 갈등
3장. 인간이 이용하는 기억의 분류
4장. 생각 또는 정신작용의 기본 재료:
　　　감각 재료 및 추상 재료
5장. 언어의 작동방식, 그리고 기호학적 접근
6장. 개념과 명제와 언어의 관계
7장. 언어가 작동하는 실례: 보편 언어와 개별 언어
8장. 언어, 사회 관계, 비판적 담화 분석

〈부록 2〉 언어의 산출과 이해에 대한 '다중 처리' 모형

1. 들머리
2. 정신작동 요소와 다중기억 모형
3. 생각의 단위와 작동방식
4. 입말 산출 과정: 르펠트 모형
5. 덩잇글 이해 과정: 킨취의 구성-통합 모형
6. 과제 연속물을 이용하는 담화교육
7. 마무리

두뇌·기억·언어*

들머리

인간의 언어에 대한 연구에서는 진화론상으로 현생 인류(크로마뇽인)
의 출현과 더불어 인간의 말소리(자음과 모음으로 나뉨)가 생겨났다고
보는 쪽이 일반적이다. 대략 5만 년 전후에 인간 목청이 비로소 성대
하강과 더불어 만들어진다.[1] 목젖과 바짝 붙어 있던 후두개는 숨길과
식도를 분리해 주는 기능을 하였다. 그런데 후두개가 밑으로 목의 중간

---

* 이 첫 번째 부록은 올해 저자가 학부생들과 대학원생을 대상으로 하여 강의 자료로 썼던
것이다. 본문과 중복되는 부분이 없지 않으나, 산출 과정과 이해 과정을 함께 다룰 수
있도록 의도하였다.

1) 이는 언어 진화학자 필립 리버먼(Philip Lieberman)의 일관된 주장이다. 최근 그의 책들
가운데 유일하게 한 권이 번역되어 나왔는데, 리버먼(1991; 김형엽 뒤침 2013), 『언어의
탄생』(글로벌콘텐츠)을 보기 바란다. 또한 리버먼(2006), 『언어의 진화 생물학에 대하여
(*Toward an Evolutionary Biology of Language*)』(Harvard University Press)과 22편의 글이
모아져 있는 나잇·스터덧케네디·허포드 엮음(Knight, Studdert-Kennedy, Hurford 2000),
『진화론상에서의 언어 탄생(*Evolutionary Emergence of Language*)』(Cambridge University
Press)도 참고하기 바란다.

위치로 내려감으로써 입(구강)을 통과한 뒤에 숨길과 식도가 하나의 길로 통합된다. 이 통합은 인간에게 목구멍의 울림통(후두강)을 만들어 준다. 이것이 형식과 내용의 결합을 다루는 기호학에서, 이른바 '형식으로서의 말소리(sound as a form)'가 탄생하는 순간이다.

그렇지만 이처럼 성대(울대막)가[2] 하강하여 말소리가 탄생하기 전에 이미 상당히 오랜 기간 동안 대뇌(제3의 뇌)의 발달로 '내용으로서의 경험 기억(memory as a content)'이 복잡하게 축적되어 왔다. 내용에 해당하는 기억 체계가, 형식으로서의 말소리보다 먼저 풍부하게 갖춰져 있어야 하는 것이다. 성대 하강의 진화론적 압력은 2백만 년 전부터 제3의 두뇌가 점차 누적적으로 발달함과 동시에 엄청나게 복잡다단한 기억 내용을 가지런히 정리해 놓을 필요성으로부터, 그리고 그 생존 및 여가 생활에 서로 소통할 절실한 필요성이 공모하여, 결국 성대 하강의 실마리로 작용한다고 생각해 봄직하다.

---

2) 소리를 만들어 내는 성대(vocal cord)는 아주 부드럽고 말랑말랑한 근육으로 이뤄져 있고, 순식간에(1초에 120회 이상) 붙고 떨어지면서 작은 공기 덩이들(puffs)을 내보낸다. 이 공기 덩이들이 후두강과 구강에서 일정하게 파장을 이루면서, 주기파를 갖는 모음이 만들어진다. 성대가 결코 현악기의 줄처럼 생긴 것은 아니다. 그렇지만 현악기의 '띠, 줄'과 같은 비유를 인간의 목청에 적용하여 써 온 지 이미 오래되었다. 따라서 비유적 용어 사용으로 간주한 채 새로운 용어를 만들어 쓰지 않는다.

1장. 세 겹 두뇌의 진화

진화론의 시각에서 인간 두뇌의 발달에 대하여 잠깐 훑어보기로 한다. 흔히 언급되는 바로는 급격한 기후 변화로 인하여 아프리카 동쪽 지구대의 숲들이 점차 사라지자 나무에서 내려와 풀들 사이에서 생활하면서 직립하게 되는 2백만 년 즈음부터, 인류 종(직립 인류)의 두뇌에서 몇 가지 진화적 변화가 일어난다. 인간의 아래턱뼈가 작아지고 머리뼈의 봉합이 사춘기 이후에 이르러서야 끝나게 되면서, 영양가 높은 부드러운 음식물을 섭취하고 또한 불로 익혀 먹기 시작하면서, 제3의 두뇌(대뇌 피질)가 발달하게 된다. 인류 종의 두뇌는 한꺼번에 발달한 것이 아니다.[3) 먼저 바다에서 등뼈를 지닌 동물이 진화를 하고, 다시 육지에서 등뼈의 척수에 뇌간과 제1뇌(작은 뇌, 소뇌)가 발달하는데, 흔히 원시 파충류(기어다니는 짐승, 길-짐승)에서부터 관찰된다고 하여 '파충류의 뇌(reptilian brain)'라고도 한다. 제1뇌는 우리가 의식하지 못하더라도 저절로 우리 몸의 신진대사를 관장하게 된다(자율 기관).

여기에 다시 이 두뇌를 둘러싸고 있는 '테두리 뇌(limbic system)'가 생긴다. 이를 두 번째로 진화한 2차 뇌라고[4) 부른다. 테두리 뇌는 8개의 하위 기관들을 묶어 놓은 개념이다. 일본에서는 해괴하게 '갓 변(邊)', '소매 끝 연(緣)'을 붙여 '변연 체계' 또는 '변연계'라는 알쏭달쏭한 말을 지어 내었지만, 우리나라 사람들이 한자의 뜻을 새기지 못한 채 맹종하고 있는 듯하다. 머클레인은 테두리 뇌가 진화상 젖먹이 짐승(포유류)들에서부터 찾아진다고 하여 '원시 포유류(paleomammalian)의 뇌'로 부른

---

3) 두뇌에 관한 번역서들이 아주 많이 나와 있지만, 두뇌에 관한 개관으로서 우리나라 심리학자들이 펴낸 성영신·강은주·김성일 엮음(2004), 『마음을 움직이는 뇌, 뇌를 움직이는 마음』(해나무)을 읽어 보기 바란다.
4) 뤼즈텍(Restak 1984; 김현택·류재욱·이강준 뒤침 1994), 『나의 뇌, 뇌의 나 II』(예문지) 73쪽 이하에서 글상자 속에 들어 있는 머클레인(MacLean, 머클린) 교수의 '세 겹 두뇌' 설명을 보기 바란다.

다. 여기에는 욕망 및 감정에 관련된 8개 기관들이 들어 있다. 최근 다마지우 교수의 연구에서는 우리가 어떤 결정을 내릴 적에 감정의 변수들이 가장 크게 작동한다고 주장한다.[5] 특히 제2의 뇌(테두리 뇌)에서는 두 가지 경로로 정보를 입력하게 된다. 하나는 제3의 뇌(대뇌, 피질)로 부르는 통로를 거쳐 정보가 입력되는데, 이 경우 우리가 스스로 감각이나 의식을 자각할 수 있다. 그렇지 않고, 그대로 신체에 있는 신경체계로부터만 입력되면, 우리는 의식하지 못한 채로 무의식적인 신체 반응만을 보일 뿐이다.[6]

진화상으로 유인원에게서 제일 늦게 발달한 뇌를 제3의 뇌로 부른다. 인간을 기준으로 하여, 가장 큰 두뇌 부서이므로, 큰뇌 또는 대뇌(대뇌 피질)라고 부른다. 머클레인 교수는 '신 포유류(neomammalian)의 뇌'라고 불렀다. 그런데 큰뇌는 명함 두께로 된 6층위의 뇌세포 신경들이 수평 및 수직 그물짜임을 이루고 있다.[7] 특히 두뇌 세포들의 수직 짜임은 제3의 뇌를 제2의 뇌와 제1의 뇌로 연결해 주고, 전체로서 하나의 두뇌처럼 작동하게 해 주는 중요한 기능이다.[8] 이런 제3의 신생뇌(대뇌

---

5) 안토니오 다마지우(Antonio Damasio) 교수의 3부작 중에서 두 권이 번역되어 있다. 다마지우(1994; 김린 뒤침 1999), 『데카르트의 오류: 감성, 이성, 그리고 인간의 뇌』(중앙문화사)와 다마지우(2003; 임지원 뒤침 2007), 『스피노자의 뇌: 기쁨, 슬픔, 느낌의 뇌과학』(사이언스북스)에서는 욕망과 감정을 떠맡는 제2의 뇌에서 최종적인 판단과 결정이 일어남을 여러 임상적 증거들을 통해 입증하고 있다.

6) 특히 '편도체'라는 기관이 떠맡는 '공포 감정'에 대한 연구로 유명한 조지프 르두(Joseph LeDoux) 교수의 글들을 읽어 보기 바란다. 르두(2002; 강봉균 뒤침 2005), 『시냅스와 자아: 신경세포의 연결방식이 어떻게 자아를 결정하는가?』(소소)와 드두(1998; 최준식 뒤침 2006), 『느끼는 뇌: 뇌가 들려주는 신비로운 정서 이야기』(학지사)가 번역되어 있다. 특히 전자는 두뇌에 관한 개론서의 역할도 겸하고 있다. 르두 교수는 자극과 이에 대한 신경운동 체계의 반응이 ① '감각기관→제1의 뇌→운동신경계'의 보다 원시적 방식과 ② '감각기관→제1의 뇌→제3의 뇌→제2의 뇌→운동신경계'의 의식화된 방식이 전후로 복잡화하면서 작동하게 된다고 주장한다.

7) 호킨즈(Hawkins 2004; 이한음 뒤침 2010), 『생각하는 뇌, 생각하는 기계』(멘토르)에서는 인공지능과 두뇌 과학의 접점에 대한 논의를 읽을 수 있다. 특히 여섯 층위(L1~L6)로 된 피질을 놓고서 제6장 7절 이하에서 자세히 다루고 있으며, 감정이나 정서의 역할을 기억의 강도와 관련시키고 있는 대목도 눈길을 끈다. 톰슨(Thompson 1985; 김기석 뒤침 1989), 『뇌: 신경과학 입문』(성원사)의 29쪽에도 6층으로 이뤄진 대뇌 피질의 그림을 다루고 있다.

피질)가 발달하려면 구조적으로 아래턱뼈가 작아져야 한다. 그래야 아래턱뼈를 움직이는 근육들이 작아져서, 피질들을 계속 덧붙여 놓을 수 있도록 두개골의 봉합이 더 늦게 이뤄지는 것이다. 원숭이 부류는 대략 3살 전후에 완전히 두개골이 봉합되지만(더 이상 대뇌 피질이 추가하여 들어갈 공간이 없게 됨), 인간은 사춘기(12살) 전후에 이르러서야 두개골이 완전히 봉합된다고 알려져 있다.

그런데 이렇게 뇌가 발달해 왔다고 하더라도,[9] 뇌가 발달해서 어떻다는 것인지에 대해 대답을 해 주어야 한다. 이는 주로 의식 또는 인지를 중심으로 하여 논의가[10] 이뤄져 왔는데, 오늘날 '인지과학'이라는 복합 학문이 연구 목표로 삼는 영역이다. 옛날 희랍 시대에서부터 아주 소박하게 인간의 능력을 세 개의 부서가 복합되어 있는 것으로 보았다. 다시 말하여, 진·선·미(또는 반대 개념인 위·악·추)로 이뤄져 작동하는 실체이다. 이런 삼차원 개념은 칸트의 책에서도 그대로 반영되는데, 필자는 각각 순수이성·실천이성·판단력이 큰 틀에서 서로 대응하는 것으로 이해한다.

---

8) 회백색 물질(회백질)로 이뤄진 제3의 뇌는 신피질로도 불린다. 피질(lobe)은 때로 엽(葉, 두정엽, 측두엽, 전두엽 따위)이라는 말로도 번역한다. 언어를 사용할 적에 백색 물질(백질)로 이뤄진 제2의 뇌(테두리 뇌, 변연계)와 제3의 뇌(피질)사이의 유기적인 관련에 대해서는 특히 핑커(Pinker 1999; 김한영 뒤침 2009: 588쪽, 603쪽, 610쪽, 635쪽, 665쪽 등),『단어와 규칙: 스티븐 핑커가 들려주는 언어와 마음의 비밀』(사이언스북스)을 읽어 보기 바란다.

9) 최근 등장한 새로운 학문분야 이른바 '진화심리학'이다. 인간의 심리적 특성과 행위들이 진화의 산물이라고 보는 것인데, 여기서 심리는 단순히 감정만이 아니라 더 포괄적인 마음이나 정신작용을 의미한다. 언어학 쪽에서는 하버드 대학 심리학과로 자리를 옮긴 핑커 교수가 대표적이다. 핑커(Pinker 1997; 김한영 뒤침 2007),『마음은 어떻게 작동하는가: 과학이 발견한 인간 마음의 작동 원리와 진화심리학의 관점』(동녘사이언스)을 읽어 보기 바란다. 전반적으로 인간 행동 또는 행위와 관련하여서는 버스(Buss 2004; 김교헌·권선중·이홍표 뒤침 2005),『마음의 기원: 인류 기원의 이정표 진화심리학』(나노 미디어)을 읽어 보기 바란다.

10) 가장 쉽게 읽히는 개관서는 염색체의 구조를 밝혀 노벨상을 수상한 크뤽(Crick 1994; 과학세대 뒤침 1996),『놀라운 가설』(한뜻출판사)이다. 또한 그의 동료 코크(Koch 2004; 김미선 뒤침 2006),『의식의 탐구: 신경생물학적 접근』(시그마프레스)도 읽어 보기 바란다. 이들은 한결 같이 우리 의식이나 인지가 반드시 신경생물학적 근거를 지녀야 한다는 가정을 세우고서, 이를 '의식의 신경과학적 근거(NCC)'라고 불렀다.

사고 또는 정신이 작동하려면 적어도 머릿속에 어떤 표상들이 떠올라야 한다. 이런 표상은 주로 감각 표상과 개념 표상으로 나뉜다. 흔히 큰 범주에서 감각자료와 언어자료로도 부르지만, 단순한 대상들이 아니라 여러 내용들과 관계들이 복잡하게 뒤얽혀 있는 복합물들이기 때문에, 인간 기억에 대한 엄격한 신경생리학적 뒷받침이 없다면 결코 만만히 다뤄 나갈 수 없다. 이런 표상들 사이에 어떤 추론(연결)이 이뤄지는 것이 사고 또는 정신의 두 번째 작동 단계이다. 이 과정에서 표상들 사이에 적합성과 관련성에 대한 판단과 결정이 일어나면서, 여러 가지 취사선택이 이뤄진다. 이런 일은 마지막으로 결정 내리기 또는 의사결정 단계로 진행됨으로써, 사고 또는 정신작용에 작은 한 매듭이 이뤄지게 된다.11)

이런 정신작용이 적합하게 일어나기 위해서는 인간 두뇌 속에 들어 있는 기억들이 작업기억 속으로 인출되어야 한다. 따라서 의식 또는 인지에 대한 논의는, 하부구조로서 기억들과 이 기억들을 조정하고 통제하면서 새롭게 정보를 가공해 나가는 '작업기억(working memory)'을 중요하게 다뤄야 한다. 현재 알려지기로는 우리가 여러 가지 다른 종류의 기억들을 이용하는데, 이를 '다중기억 이론'이라고 부른다. 이제 기억의 생리적 기반과 기억의 종류에 대하여 알아보기로 한다.

---

11) 다양하게 16편의 글이 모아져 있는 하드먼·마키 엮음(Hardman and Macchi 2003), 『사고 과정: 추론·판단·결정 내리기에 관한 심리학적 관점(*Thinking: Psychological Perspective on Reasoning, Judgment, and Decision Making*)』(John Wiley & Sons)에서는
    '표상 → 추론 → 판단 → 결정'
    이 사고 과정의 단면이며, 이 주기가 계속 반복되면서 발전해 나가는 것을 사고가 진행되는 것으로 본다.

2장. 기억의 신경생리학: 환원주의와 통합주의의 갈등

살아 있는 사람은 말을 한다. 그렇지만 죽은 시체는 말이 없다. 이런 자명한 사실로 말미암아, 말을 하는 일이 살아 있는 사람의 두뇌 속에서 신경 생리학적인 기반을 두고 일어나고 있음을 아무도 부정할 수 없다. 언어 산출 과정이 물론 그러한 신경 생리학적 기반을 통하여 일어나고 있겠지만,12) 그런 과정들은 우리가 전혀 자각할 수 없는 무의식 차원의 영역들까지 가동되고 있으므로, 일반적으로 인문학의 영역에 포함시켜 다뤄 오지 않았다. 흔히 이를 우리가 스스로 자각할 수 있는지 여부에 따라 낮은 수준의 처리와 높은 수준의 처리라고 불러 구분하기도 한다. 가령, 낮은 수준의 처리는 우리가 말소리를 낼 때에 다수의 발성기관들이 어떻게 협업을 펼쳐 나가는지에 대한 내용들이다. 이런 것들에 대해서는 전혀 의식적으로 자각할 수 없다. 오로지 우리는 결과적으로 낱개 소리에 대한 자각 정도만 스스로 의식하여 알 뿐이다. 이를 높은 수준의 처리라고 부르는데, 말소리 자각으로부터 낱말과 문장과 덩어리 발화와 어떤 이야기 주제와 상황과 상대방의 의도까지 모두 포괄할 수 있는 매우 광범위한 용어이다.

그런데 최첨단 학문으로서 두뇌 신경 생리학을 다루는 자연과학에서도 인문학에서나 관찰될 법한 논쟁이 벌어지고 있음을 생생히 바라보면서, 이런 논쟁이 두루 인간의 인식 조건에서 비롯된 것일 수 있음을 느끼게 된다. 즉, 환원주의와 이를 거부하는 비환원주의의 대립이다. 배타적인

---

12) 연산주의와 연결주의를 혼성하여 혼합 접근을 주장하는 핑커(S. Pinker 1997; 김한영 뒤침 2007), 『마음은 어떻게 작동하는가』(동녘사이언스)에서는 이런 과정을 '역설계 공학(reverse engineering)'으로 불렀다. 마치 시계를 다 분해하고 나서 다시 재조립하는 방식이다. 그런데 정신의 단원체 가설(연산주의)을 주장한 심리철학자 포더(J. Fodor 2000), 『인간 마음은 그런 식으로 작동하는 것이 아니다(The Mind doesn't Work that Way)』(MIT Press)를 써서 직접 핑커의 접근 방식을 비판한다. 그러자 핑커를 옹호하고 포더를 반박하면서 언어학자 제킨도프(R. Jakendoff 2002)가 『언어(Language)』 제78호 1권(164~170쪽)에 서평을 실은 바 있다.

이름 때문에 전자가 기본적임으로 암시할 수 있으므로, 후자에 고유한 이름을 붙여 통합주의로 부르는 것이 온당하다.13) 이 절에서는 환원주의 대 통합주의가 여러 계층들의 존재와 계층 간의 서로 다른 역할을 인정하는지 여부에서 길이 갈린다는 점에 초점을 모아 다루어 나갈 것이다. 인문학이나 사회학에서는 흔한 이런 현상이, 첨단 학문으로 불리는 일부 두뇌 신경 생리학의 접근법에서도 똑같이 관찰됨이 흥미롭다.

이런 대립을 쉽게 이해하는 방식은, 먼저 우리 의식이 어떻게 출현하는지에 대하여 신경생리학적 설명을 보여 준 윌리엄 제임스(W. James 1890; 정양은 뒤침 2005)의 논의를 검토하는 것이다. 그는 우리 의식이 한 무리의 위계화된 신경망이 일정한 문턱값을 넘어 활성화될 경우에 생겨난다고 보았다.14) 낱개의 신경이 그 자체로 자극을 받더라도 그것

---

13) 여기서 언급하는 사람들은 모두 노벨상 수상자들로서, 크뢱(F. Crick), 에들먼(G. Edelman), 캔델(E. Kandel)이다. 그런데 이들이 쓴 책들이 우리말로 다수 인문학 전공자들에 의해서도 번역되었다는 사실이 특기할 만하다. 일각에서는 우리나라 인문학의 위기를 소리 높여 외치고 있다. 앞으로 꾸준히 여러 학문에 걸쳐서 통합적인 공부를 해 오는 인문학자들이 많이 나오는 한, 점차 그런 위기감은 상당 부분 잦아들 것으로 믿는다. 크뢱(1994; 과학세대 뒤침 1996), 『놀라운 가설』(한뜻); 캔델(2006; 전대호 뒤침 2009), 『기억을 찾아서』(랜덤하우스); 에들먼(1992; 황희숙 뒤침 2002), 『신경과학과 마음의 세계』(범양사)이며, 크뢱과 공동연구를 했던 코크(Koch 2004; 김미선 뒤침 2006), 『의식의 탐구』(시그마프레스)도 번역되었다.

이 절의 제목에 대해서도 반드시 다음 단서를 붙여 두어야 하겠다. 먼저, 여기서 대립적으로 서술한 두 흐름은, 오직 협소한 필자의 독서 범위 내에서만 이뤄졌음을 밝힌다. 달리 말하여, 두뇌에 대한 신경 생리학적 접근이 오직 두 가지 대립 흐름만 있다는 뜻은 결코 아니다. 두뇌 신경생리학의 발전에 크게 기여한 카할(S. Cajal)이나 헵(D. Hebb)에 대해서는 필자가 오직 간접 인용으로만 접했을 뿐이다. 따라서 필자는 전반적으로 신경 생리학적 기억 연구를 개관할 능력이 한 톨도 없다. 그럼에도 여기서 '대립'이라는 말을 붙인 이유는 크뢱과 에들먼 사이에 서로 상대방을 공격하고 있기 때문이다. 환원주의에서는 상대 쪽을 현대판 '동키호테'라고 기롱하고, 통합주의에서는 상대방을 현대판 '골상학자'라고 조롱하는 것이다. 환원주의 쪽에서는 통합주의 연구자들이 위계 내지 계층 설정이 얼마만큼 허용되어야 할지 아무도 알 수 없으므로(제약 없이 자의적인 계층 설정임), 풍차를 대상으로 마구잡이로 칼을 휘두르며 돌격하는 동키호테로 표현한 것이다.

인문학에서의 통찰력은 이런 대립이 서로 조율되고 합쳐질 수 있는 길을 암시해 준다. 비유를 하자면, 우리는 맨눈으로 사물을 볼 수 있다. 그렇지만 필요에 따라서 볼록렌즈로 대상을 확대하여 자세히 볼 수도 있고(이른바 zoom-in 접근), 거꾸로 오목렌즈를 통하여 더 넓은 전체적인 배경 속에서 작은 대상을 유기적으로 바라볼 수도 있다(대립적으로 zoom-out 접근). 언제나 대상은 변함없이 동일하겠지만, 필요에 따라서 우리가 시각과 범위를 좁게 하여 자세히 살펴보거나 또는 거리를 멀리 두고서 아득하게 대상을 바라볼 수도 있는 것이다.

이 그대로 우리들에게 의식으로 자각될 수 없는 것이다. 이런 생각은 에들먼(1992; 황희숙 뒤침 2002: 136쪽)에서 신경군들이 서로 짝으로 연합하여(classification couple, 분류쌍) 서로 정보를 주고받으면서 안정상태에 이를 때에 비로소 기억이 생겨난다는 주장으로 이어진다.[15] 낱개의 뉴런이 곧장 의식을 만들어 내는 것이 아니다. 오히려 여러 개의 뉴런(군집)이 위계적인 그물짜임을 만들고서 동시에 가동됨으로써 비로소 의식이 생겨난다는 가정이다. 이런 접근을 통합주의 접근으로 부를 수 있는데, 이런 입장에서는 인간의 의식 세계를 모의하기 위하여 계속 위계화된 복잡한 신경망들을 구축해야 할 것이다.

그런데 바다 민달팽이(군소)의 뉴런을 전기적으로 자극하여 새로운 뉴런 돌기가 뻗어나와 시냅스(연접부)를 형성한다는 사실을 밝혀내고,

---

14) 정양은 뒤침(2005), 『심리학의 원리, 1~3』(아카넷) 제6장에서는 우리의 정신 또는 의식이 생겨나는 신경생리학적 기반을 stuff(신경망 단위의 것, 단위 신경망)이란 말을 쓰고, 그 물질적 기반의 기능으로 정신이나 의식이 생겨나므로 하이픈을 중간에 넣고서 mind-stuff이란 복합어를 쓰고 있다. 이를 정양은 교수는 '정신-소자'라는 환원주의 용어로 번역하였다(결국 윌리엄 제임스의 본디 의도와 달라져 버렸음). 소자(素子)는 기본이 되는 입자(알갱이)를 연상시켜 준다. 따라서 이는 통합주의적 '일군의 신경 다발' 또는 위계적인 '일군의 신경망'이 하나의 단위가 된다는 원래 취지를 제대로 드러내어 주지는 못하는 듯하다. 아래 그림은 하나로 통합된 위계적인 신경 그물짜임(신경망)이 있고, 이들이 어떤 일정한 문턱값(threshhold, 역치) 또는 임계값을 넘어서야 비로소 의식이 생겨남을 비유적으로 잘 보여 주고 있다. 단, 제1권 287쪽의 그림을 놓고서 필자가 임의로 설명의 낱말을 덧붙였다.

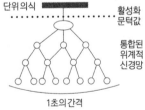

15) 에들먼(2004; 김한영 뒤침 2006), 『뇌는 하늘보다 넓다』(해나무)와 에들먼(2006; 김창대 뒤침 2009), 『세컨드 네이처』(이음)도 나와 있다. 후자는 인간 정신이 자연을 창조해 내었다는 뜻에서 '이차적인 자연'이라고 부른 것이다. 에들먼 교수의 모형에서 의식의 기본 단위인 분류쌍은 아마 '재입력' 회로(김한영 뒤침 2006: 54쪽, 150쪽에서는 '재유입' 회로)를 기반으로 하는 듯하다. 번역자들에 따라서 각자 고유한 낱말들을 채택함으로써 에들먼 교수가 쓰는 용어들이 아직 통일되어 있지 않은데, 이전에 공들여 선택한 용어들을 뒤의 번역에서 검토하는 일도 중요할 것으로 보인다.

이것이 바로 기억의 근거임을 주장한 캔델(2006; 전대호 뒤침 2009)에서는 엄격한 환원주의 입장을 고수한다(그럴 뿐만 아니라 여전히 행동주의 심리학을 강력히 지지하고 있다). 기억이란 곧 뉴런과 뉴런 연접부들 사이에서 벌어지는 신경 생리학적 특성으로 환원되는 것이다. 동일한 태도는 크뤽(1994; 과학세대 뒤침 1996)과 코크(2004; 김미선 뒤침 2006)에서도 찾아진다. 왓슨(J. Watson)과 함께 DNA 구조를 밝혀낸 크뤽(1916~2004)은 오랜 기간을 코크와 함께 인간 의식의 신경생리학적 근거를 밝히는 일에 골몰하였었는데, 타계하기 전까지도 인간의 자아가 전장(claustrum, 담장)에 자리잡고 있다고 굳게 믿었다고 한다(캔델 2006; 전대호 뒤침 2009: 421쪽 이하). 심리철학에서는 '자아(self, ego)'가 여러 속성들의 복합체로 정의된다.16) 따라서 만일 특정한 두뇌 부서만을 배타적으로 자아 부서로 지정해 놓는 일은 그 자체가 모순을 일으킬 수 있다.

비록 노벨상을 수상한 기억 연구라고 하더라도, 그 연구는 매우 낮은 하등동물 차원의 기억을 대상으로 한 것이다. 고차원의 인간 의식을 설명할 단계에까지 이르르려면 갈 길은 아직도 아득히 멀다. 또한 낮은 차원의 기억을 기술하였다고 하더라도, 그런 환원론적인 신경 생리학적 설명을 모두가 따라가는 것도 아닌 듯하다. 현재로서 분명한 사실은, 신경 생리학적 환원주의가 아직 고차원의 의식을 설명하는 데에까지는 이르지 못하였고, 그렇다고 하여 통합주의 접근 방식이 일반 심리학에서 언급하는 개념들을 구현해 주는 것도 아니다. 서로 모색의 단계에 있다고 보는 것이 온당하며, 이들 접근이 서로 모순 없이 조정되거나 통일되려면 미래 어느 시점까지 오래 기다려야 할 것이다.

---

16) '자아'에 대한 심리철학 논의는 특히 써얼(J. Searle) 교수와 김재권 교수의 책들이 도움이 된다. 써얼은 정신이나 마음을 독자적인 영역이나 존재로 간주하지만, 김재권 교수는 최근 수반론에서 한 걸음 더 나아가 조건부 '물리적 환원론' 쪽으로 기울어져 있어 대비된다. 써얼(1983; 심철호 뒤침 2009), 『지향성: 심리철학 소론』(나남); 써얼(2004; 정승현 뒤침 2007), 『마인드』(까치); 김재권(1998; 하종호 뒤침 1999), 『물리계 안에서의 마음』(철학과현실사); 김재권(2004; 하종호 뒤침 2007), 『물리주의』(아카넷)를 참고하기 바란다.

3장. 인간이 이용하는 기억의 분류

기억은 흔히 저장과 인출이라는 두 과정으로 이뤄진다. 기억이란 이 전까지 우주의 본질이라고 여겨지던 '시간' 개념의[17] 형성에도 밑바탕 이 되는 필수 조건이다. 털빙·르파쥬(Tulving and Leparge 2001)에[18] 따르 면, 영장류(그리고 코끼리 등 일부 포유류)만이 자신의 겪은 구체적인 과거 사건들을 되돌아볼 수 있는 기능이 있고, 이를 '뒤돌아보는(palinscopic)' 기억이라고 불렀다. 시간 개념은 이런 기억의 특성이 없었다면 결코 생겨나지 않았을 것이다. 그런데 대다수의 포유류들은 오직 현재 및 매우 근접한 장래 시간 폭의 정보만을 인출하여, 자신이 있는 공간에서 행동으로 옮길 뿐이다. 이를 뒤돌아보는 기억과 대립시켜 그들은 '앞만 내다보는(proscopic)' 기억이라고 불렀다. 다시 말하여, 짐승들은 본능에 따라 오직 현재 시간만을 살고 있을 뿐이다. 과거 경험과 현재 자극 내용을 비교하면서 미래를 계획하거나 반성을 할 수 없는 것이다. 그러 나 인간에게서만은 자신이 겪은 구체적 사건을 기억 속에 저장해 두고, 필요할 때마다 수시로 인출할 수 있으므로, 과거 시점과 현재 자극 사 이에 있는 간격(또는 거리)를 스스로 자각하게 되고, 여기서 비로소 '시

---

17) 칸트는 인간 인식에서 가장 근본적인 개념들을 아리스토텔레스의 용어를 빌어 범주 (categories)라고 불렀는데, 시간 개념도 그런 범주의 한 요소라고 보았다. 곧, 우리가 경험 을 하지 않더라도 이미 주어져 있어야 하는 개념으로 치부하였던 것이다. 그렇지만 신경 생리학적으로 보아 이미 겪은 구체적 사건이 기억 속에서 저장되고 다시 수시로 인출될 수 있어야만 비로소 시간 개념이 생겨나는 것이다. 따라서 기억에 기반하여 생겨나는 시간 개념은 모든 피조물과 공유될 수 없고, 따라서 더 이상 가장 근본적인 범주가 될 수 없다. 물론, 우주 속의 개체들이 상태를 변화시키고 있으므로, 물리적 시간 폭도 있고, 생물학적 시간 폭도 주어져 있어야 한다. 이런 시간 개념은 '방향성'을 지닌 변화라는 공유 특성만을 제외한다면, 심리학적 시간 개념과 시간 폭은 다른 영역이나 다른 축에 있는 시간 폭과 병렬되거나 일치되는 것이 아님을 알 수 있다. 한마디로, 시간 개념은 인간 또는 공동체에서 '재구성해' 놓은 대상일 수밖에 없고, 우리는 모두 공동체 구성원 으로 살아가면서 일정 부분 그런 재구성 내용을 공유하게 되는 것이지, 결코 '대상 자 체'(thing itself)에 깃들어 있는 것은 아니다.

18) 쉐터·스캐뤼 엮음(Schacter and Scarry 2001; 한국 신경인지기능 연구회 뒤침 2004), 『뇌와 기억 그리고 신념의 형성』(시그마프레스)의 제7장 '인간의 과거에 대한 인식은 뇌의 어 느 부분에 있을까?'를 보기 바란다.

간'이란 개념이 생겨나는 것이다.

인간의 두뇌 속에 저장해 둔 기억에 대한 연구는 19세기에 와서야 크게 두 갈래로 시작되었는데, 그 흐름을 열어 놓은 연구자들을 기리기 위해 '기억 연구의 아버지'로 부르고 있다. 한 쪽은 임의의 대상들을 놓고서 자유연상의 기법을 실험실에서 연구한 독일 심리학자 에빙하우스(H. Ebbinghaus, 1855~1909)이다. 일반인들에게는 그의 망각곡선 연구가 널리 알려져 있다. 다른 한 쪽은 그런 부분적이고 기계적인 기억 연구가 결코 인간의 기억을 제대로 드러낼 수 없다고 비판하면서 이미 갖춰 놓고 있는 배경지식과 관련하여 기억을 연구한 영국 심리학자 바아틀릿(F. Bartlett, 1886~1969)이다. 바아틀릿은 새로운 대상들을 미리 머릿속에 갖추어 둔 배경지식과 관련하여 새롭게 정보를 재구성(reconstruction)함으로써 비로소 기억을 하게 된다고 보았다. 오늘날 구성주의로 불리는 흐름들은 크든 작든 결국 인간 기억 그 자체가 재구성된 내용이라는 바아틀릿의 결론에 기대고 있는 셈이다.[19)

의사소통 과정의 연구에 응용할 수 있도록 더욱 발전된 기억 연구로서 최소한 다음 네 단계의 거점 연구들이 있다. 다중기억 가설, 절차지식 기억과 서술지식 기억, 작업기억, 장기 작업기억에 관한 것들이다. 첫째, 앳킨슨·쉬프륀(Atkinson and Schiffrin 1968)에서[20) 주장된 '다중기억' 가설

---

19) 바아틀릿의 연구를 소개하는 글들을 보면, 초기에 그가 전체 형상(gestalt) 심리학을 연구한 일도 인간 기억을 재구성 과정으로 보는 데 일조하였다고 해석하기도 한다. 그의 업적 (1932)은 인간의 이해가 구성-통합(CI) 모형으로 이뤄진다고 주장하는 킨취(Kintsch) 교수의 재판 서문을 덧붙여 케임브리지 대학 출판부에서 다시 1995년『기억하기: 실험 및 사회 심리학 연구(*Remembering: A Study in Experimental and Social Psychology*)』발간되었다. 영어권의 책자에서 흔히 쓰는 memory(기억)이란 말을 쓰지 않고, 굳이 remembering(기억하기, 기억해 내는 일)을 쓴 까닭이 있다. 전자가 정태적이고 고정 불변의 어떤 대상을 암시한다. 정작 우리의 기억은 그렇게 고정되어 있지 않다. 수시로 변동해 나간다. 시간이 흐름에 따라 사그라들고 아스라해지거나 반대로 더욱 강화될 수 있는 것이다. 이런 특성을 가리키기 위하여 정태적인 느낌의 낱말 memory를 피하고, 역동적인 낱말 remembering을 쓴 것이다. 우리말로 바아틀릿의 연구에 대한 개관을 읽어 보려면 스피뷔(Spivey 1997; 신현재 외 뒤침 2004: 제2장),『구성주의와 읽기·쓰기』(박이정)을 참고하기 바란다.

20) 스펜스·스펜스 엮음(K. Spence and J. Spence 1968),『학습 및 동기의 심리학, 제2권(*The Psychology of Learning and Motivation*, Volume 2)』(Academic Press), 89~195쪽에 실린 논문

이다. 인간의 머릿속에 보편적인 기억이 하나 있는 것이 아니라, 적어도 기억체계의 구조적 특징으로 보아 감각 등록기(sensory register)·단기 저장고(short-term store)·장기 저장고(long-term store)가 있어야 하며, 이런 기억들이 한데 얽혀 작동한다는 주장이다. 오늘날 이것들은 각각 감각 기억·작업기억·장기기억으로 불리고 있다.

둘째, 장기기억은 절차지식 기억과 서술지식 기억으로 나뉘는데,[21] 더 발전된 모습으로 털빙(Tulving 1972)에서는 서술지식 기억이 다시 구체 사례(episoic) 기억 및 의미(semantic) 기억으로 나뉨을 밝혔다.[22] 절차지식과 서술지식의 구분은 물건을 생산하는 공장의 콘베이어 벨트와 원료로 비유할 수 있다. 절차지식은 서술지식을 대상으로 하여 새로운 지식을 만들어 내는 상위 지식 또는 하부의 무의식적 지식이다. 절차지식은 대체로 스스로 자각할 수 없지만, 서술지식은 언제나 내성 또는 내관에 의해서 자각이 가능하다. 서술지식이란 어떤 사건이나 대상에 대하여

「Human memory: A proposed system and its control processes」이다.

[21] 이전에도 막연하나마 이런 두 가지 기억이 필요하다는 성찰이 있었고 다음처럼 이름을 붙였었다.

연구자 이름	서술지식(declarative) 기억	절차지식(procedural) 기억
제임스(William James 1890)	primary(1차) 기억	secondary(2차) 기억
롸일(Gilbert Ryle 1949)	what-knowledge(세계지식) 기억	how-knowledge(방법지식) 기억
브루너(Jerom Bruner 1969)	explicit(또렷한 외현) 기억	implicit(막연한 암묵) 기억
털빙 외(Endel Tulving 2001)	자체 지각적 기억(재귀의식 수반)	지각적 기억(재귀의식 없음)

[22] 털빙(1972), 「구체사례 기억 및 의미 기억(Episodic and Semantic Memory)」은 털빙·도널슨(Tulving and Donaldson) 엮음, 『기억의 조직 내용(Organization of Memory)』(Academic Press)의 제10장(381~402쪽)이다. episode는 자신이 겪은 구체적 사건이나 사례인데, 몇 사람들은 '숨을 일, 빼어날 일(逸)' 또는 '꽂을 삽(揷)'을 써서 '일화'나 '삽화'로 번역한다. 숨기고 말하지 않아도 될 시시한 이야기가 일화(逸話)이고, 이야기 흐름 중에 아무렇게나 끼워 넣을 수 있는 자잘한 이야기가 삽화(揷話)이다. 시시하거나 자잘한 이야기는 모두 episode라는 낱말이 원래 의도한 내용과 전혀 관련이 없다. 이는 한 개인이 겪은 생생한 구체적 사건이나 사례를 가리키므로, 자서전적 구체사례(autobiograhical episode)라고 불렸다. 따라서 이를 중심으로 하여 번역 용어를 만들면 '구체사례 기억' 정도가 될 것으로 본다. 30년 넘게 '작업기억'을 연구해 온 영국 심리학자 배들리 교수는 인간 기억 연구의 한 차원 높은 발전 여부는 구체사례 기억에 대한 연구에 달려 있다고 본다(Baddeley, Aggleton, and Conway 엮음 2002, 『구체사례 기억: 새로운 연구 방향들(Episodic Memory: New Directions in Research)』, Oxford University Press).

서술문 형식으로 된 지식이며, 절차지식이란 새로운 지식을 만들어 내는 과정이나 절차에 관련된 상위 지식이다. 인공지능을 다루는 쪽에서는 간단히 조건문 'if ~, then~' 형식의 진술들을 절차지식으로 부른다. 털빙 (1972)에 따르면, 구체사례 기억이 스스로 경험한 구체적 사건(과거의 경험 사건)들에 관한 자서전적 지시내용(autobiographical reference)을 가리킨다. 의미 기억은 전형적으로 언어 사용에 관한 인지적(cognitive) 지시내용을 가리키며, 언어체계 그 자체의 독자성 때문에 구체적 사건과 독립될 수 있는 기억이다(Tulving 1972: 389쪽 이하).23) 그렇지만 의미 기억이 반드시 필수적으로 언어체계에만 국한되는 것은 아님에 주목할 필요가 있다. 더욱 포괄적으로 개념·관계·양·사건·사실·명제들까지 포함하는데, 이것들은 구체적인 사건이나 사례와 관련될 필요가 없다는 점에서 한데 묶인다. 뒷날 이런 두 종류의 기억은 털빙·르파쥬(2001)에서 언어를 기준 삼지 않고, 대신 기능을 고려하면서 각각 '뒤돌아보는 기억'과 '앞만 내다보는 기억'으로 재명명된다.

셋째, 대뇌 피질 전전두엽에 자리잡고 있는 작업기억의 존재이다. 초기에 이는 임의의 자극물을 장기기억으로 옮겨 주도록 상정된 단기기억으로 불렸었는데, 배들리(Baddeley 1986)에서 '작업기억(working memory)'

---

23) 박태진(2003: 171쪽), 「기억」, 이정모 외, 『개정판 인지심리학』(학지사)에서는 양전자 방출 단층 촬영(PET) 자료를 통해서 구체사례 기억과 의미 기억이 각각 대뇌 피질의 서로 다른 두뇌 부서에서 작동됨을 확인할 수 있다고 하였다. 구체사례 기억은 전두엽의 오른쪽에서, 의미기억은 전두엽의 왼쪽에서 혈류가 증가한다. 더욱 진전된 주장은 공포 감정의 연구자로 잘 알려진 르두(LeDoux 2002; 강봉균 뒤침 2005), 『시냅스와 자아』(동녘사이언스)에서 읽을 수 있다. 르두 교수는 작업기억이 전전두엽의 세 곳에 위치해 있고, 각각 복측(안와) 전전두엽·외측 전전두엽·내측 전전두엽임을 지적한다. 이 가운데에 외측 전전두엽에 자리 잡은 작업기억은 오직 영장류에게서만 찾아진다고 한다. 만일 작업기억이 언어의 처리와 관련된다면, 이 일은 곧 '외측 전전두엽'에서 관장되고 있음을 함의하고 있는 있는 것이다. 더군다나 이런 작업기억은 사춘기 이후에야 비로소 완벽히 갖추어진다고 하는데, 그렇다면 머카씨(McCarthy 1998; 김지홍 뒤침 2012), 『입말, 그리고 담화 중심의 언어교육』(도서출판 경진)에서 보고된 어린이 및 성인 사이의 언어 사용 차이점들은 외측 전전두엽에 자리잡은 작업기억 발달 정도와 유관할 것임을 알 수 있다. 앞으로 언어학이나 언어교육으로 대표되는 응용언어학에서는 작업기억의 발달과 관련하여 언어 사용의 질적 차이나 변이 과정에 대하여 심도 있게 다뤄나가야 할 것이다.

(외부의 자극물을 장기기억 속에 저장할 수 있도록 작업하는 부서)으로 불리면서 그 중요성이 크게 부각되었다.24) 단기기억의 폭은 숫자를 한 덩이(chunk)로 묶는 밀러(Miller 1956)의 연구 이후에, 대략 7±2라는25) 묶음 덩이가 받아들여져 왔다. 특히 중등 학생들을 대상으로 한 덩잇글 처리에서도 작업기억에서 대략 5개 가량의 명제를 붙들고 처리가 이뤄진다고 보고하는데(킨취 1998; 김지홍 뒤침 2010), 이 또한 밀러의 기억 덩이 주장을 반영해 준다. 배들리의 작업기억의 구성 모습은 매우 검박하게(parsimonious) 상정되어 있다. 두뇌에서 작동하는 재료가 감각 재료와 추상 재료이므로, 이에 대응하여 오직 감각인상을 조절할 수 있는 '시공간 그림판(visuospatial sketchpad)' 및 말소리 되뇌임이 가능한 '음운 순환 회로(phonological loop)'만이 중앙연산 처리기에 의해 제어된다.26) 또한

---

24) 배들리(1986), 『작업기억』(Oxford University Press)을 보기 바란다. 특히 언어 처리와 관련해서는 개더코울·배들리(1993), 『작업기억과 언어』(Psychology Press)를 참고할 수 있다. 단기기억 또는 작업기억은 연구자의 관점에 따라서 작동되는 시간 폭이 다소 다른데, 대략 250밀리초에서부터 2초 정도의 시간 폭이 거론된다. 최근 작업기억에 대한 20년의 성과들을 종합하여 배들리(2007), 『작업기억·사고·행위(Working Memory, Thought, and Action)』(Oxford University Press)가 나왔지만, 여전히 중앙연산 처리부서가 중요한 역할을 맡고 있다. 이는 에들먼(Edelman 2004, 김한영 2006 뒤침), 『뇌는 하늘보다 넓다』(해냄)에서 전혀 중앙연산 처리부서를 설정함이 없이도, 다양한 두뇌 신경군들이 다른 신경군들과 연결되어 기능적 회로를 형성하고 '상호 재유입'의 상호작용의 결과로서 의식이 출현한다는 주장과 상치된다. 일부에서는 작업기억에서 '자아'의 속성들까지도 부여하기도 하는데, 자아는 스스로 느낄 수 있는 특성(재귀의식)이 있다. 배들리의 작업기억 모형에서는 중앙연산 처리기에 우리가 의식적으로 접속할 수 없다는 점도 문제가 되고, 여전히 산출 과정과 연관될 작업기억에 대해서 침묵하고 거의 배타적으로 이해 처리 과정만을 비대칭적으로 다루는 점도 문제이다.

25) 즉, 5개 내지 9개의 숫자들이 하나의 덩이로 묶이어 기억되는 일이다. 밀러 자신은 이를 신비로운 '마법 숫자'로 불렀다. 밀러(G. Miller 1956), 「The Magical Number Seven, Plus or Minus Two: Some Limits on our Capacity for Processing Information」, 『Psychological Review』 제63권(pp. 81~97).

26) 배들리(2007: 8쪽)에서는 이를 다음과 같은 그림으로 보여 준다. 단, 화살표들을 서로 다르게 그린 데에는 이유가 있다. 음운 순환회로는 말소리들이 꼬리에 꼬리를 물고 반복 순열처럼 순환하고 있다. 이를 한방향 화살표의 짝으로 나타내었다. 가령, 말소리가 abc 로 되어 있다면, "abc abc abc abc..."로 의미 처리가 끝날 때까지 계속 순환되는 것이다. 그렇지만 시공간 그림판의 쌍방향 화살표는 순열에 상관없이 처리 도중에 수시로 오고 감을 나타낸다. 이런 관계를 하나의 쌍방향 화살표만으로도 충분히 나타낼 수 있겠는데, 오른쪽 한 쌍의 한방향 화살표에 맞추기 위해 일부로 쌍방향 화살표를 두 개 그려 놓은 것이다.

작업기억은 언어 산출 과정보다는 비대칭적으로 언어 이해나 언어 처리 과정에만 치우쳐 있다.27) 그런데 작업기억에 용량 제약이 있다는 사실은, 일후 언어 처리에서 이해력이 떨어지는 사람들의 특성을 설명하기 위하여, '억제 기제 효율성' 가설로까지 발전하였다.28) 주어진 언어 자극물들과 부합 또는 일치되지 않는 세계 모형들을 빨리 지워 버리고(억제하고), 대신 새롭게 일치될 수 있는 세계 모형을 재빨리 만들어 내면서, 언어 자극물들과 부합되는 처리를 효율적으로 수행해 나가야 한다. 그렇지만 이런 일을 능동적으로 잘 할 수 없는 사람들은 유독 언어 이해 능력이 떨어진다(언어 처리를 제대로 수행하지 못한다)고 설명하는 것이다.

넷째, 그런데 작업기억의 용량이 제약되어 있음이 사실이라면, 이는 기다란 덩잇글을 처리해 나가는 일반적인 우리의 능력을 제대로 설명해 줄 수 없다. 우리는 장시간 영화나 뮤지컬을 집중하여 보기도 하고, 몇 주에 걸쳐서 장편소설을 읽는 일도 다반사이다. 이런 자명한 사실들을 작업기억의 용량 제약은 결코 제대로 설명해 줄 수 없다. 따라서 용량이 제약된 작업기억 모형을 뛰어 넘어 새로운 어떤 작업기억이 요청되는

27) 개더코울·배들리(1993: 99쪽)에서 작업기억과 언어 산출 사이의 관련성에 대하여 "직접적인 증거는 상대적으로 거의 없다"고 보았다. 그렇지만 당시만 하더라도 반대 견해가 이미 명시적으로 논의되고 있었다. 연산주의 관점에서 언어 산출 과정을 논의한 르펠트(1989; 김지홍 뒤침 2008), 『말하기: 그 의도에서 조음까지, I~II』(나남)에서는 임시저장고(buffers)들을 상정하였다. 이는 분명히 작업기억(또는 그 후보)에 속한다. 또한 의사소통 의도를 결정하고 언어 주조기를 통과하여 발화가 만들어진 뒤에, 마지막으로 상대방의 반응을 점검하고 확인하는 과정이 들어 있어야 한다. 이 과정이 동시에 작동하거나 진행되려면 응당 작업기억의 존재가 요청될 수밖에 없는 것이다. 바아즈·게이쥐(B. Baars and N. Gage 2007; 강봉균 뒤침 2010: 47쪽), 『인지, 뇌, 의식: 인지 신경과학 입문서』(교보문고)에서는 오로지 한 가지 작업기억만이 있는 것이 아니라, 영역마다 특정한 작업기억과 일반적인 작업기억이 둘 모두 있어야 한다고 서술하고 있다. 얼굴을 마주 보는 의사소통에서 언어 산출은 비언어적 요소도 함께 이용하게 되므로, 두 종류의 부서가 모두 함께 가동되어야 할 것으로 보인다.

28) 김선주(1998), 「글이해 능력의 개인차: 억제기제 효율성 가설을 중심으로」, 이정모·이재호 엮음, 『인지심리학의 제문제 II: 언어와 인지』(학지사)를 읽어 보기 바란다.

것이다. 에뤽슨·킨취(1995)에서는 이런 요청을 자각하고 장기기억을 일부 작업기억으로 이용하는 '장기 작업기억(long-term working memory, LTWM)'이 존재한다고 주장한다. 다시 말하여, 장기기억 속에 기다란 분량의 덩잇글 이해와 관련된 배경지식으로서 위계화된 인출구조들이[29] 다수 저장되어 있다고 가정한다. 이는 '전문가 지식 체계'에 대한 연구 등으로 쉽게 뒷받침된다. 이른바 전문가들은 자신이 관여하는 영역에서 임의의 대상들을 재빨리 그리고 아주 쉽게 이해할뿐더러, 또한 그런 대상들을 즉석에서 능동적으로 수정하고 재구성하기도 한다.

그런데 필자가 보기에 에뤽슨·킨취(1995)에서 장기 작업기억 속에 들어 있다고 주장된 '인출구조'는, 이해 또는 처리와 관련된 배경지식의 일부라는 점에서, 두 영역이 상당히 겹치는 것으로 판단된다. 더군다나 그들이 주장하고 있는 장기 작업기억은 선천적으로 타고 나는 것이 아니라, 부단히 이해 주체가 스스로 일정 기간에 걸쳐서 능동적으로 구축하거나 수립해 놓아야 하는 것이다. 어떤 의미에서 보면, 연구자들 사이에서 약방의 감초처럼 거론되어 온 배경지식이나 세계모형이라는 막연한 개념을, 장기 작업기억에 들어 있는 '인출구조'가 좀 더 구체적으

---

29) 에뤽슨·킨취(K. A. Ericsson and W. Kintsch 1995), 「Long-term working memory」, 『*Psychological Review*』 제102권(pp. 211~245)에서는 장기 작업기억에 들어 있는 인출구조의 모습을 비유적으로 다음 그림처럼 나타내었다. 단, 일부 빈 칸들이 그대로 남아 있었던 것을 필자가 이해하는 범위 내에서 명시적으로 이름들을 만들어 적어 놓았다.

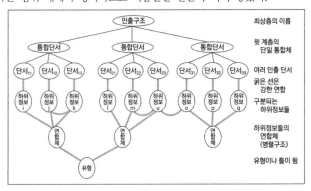

로 언급해 주는 대안일 수 있다. 인간 기억의 특성이 '재구성' 과정임을 밝힌 바아틀릿의 결론을 그대로 받아들인다면, '다중기억' 가설에서 장기기억 그 자체가 수시로 사그려져 가거나 반대로 더욱 또렷이 각인될 수 있는 인출구조들로 이뤄져 있을 개연성이 높다. 그렇다면 문제는 장기기억과 장기 작업기억(LTWM) 사이에 얼마만큼 개별적이고 자족적인 독립성이 있는지를 제대로 설명해 줄 수 있는지에 모아진다.

아직 장기기억의 실체에 대해서는 너무 범위가 넓은 탓인지 본격적인 진전이 이뤄진 것 같지 않다. 우리 인간 생활상의 거의 모든 대상들이 장기기억과 명시적이든 묵시적이든 관련이 이뤄져 있기 때문이다. 거꾸로 보면, 장기기억에 대한 연구의 발전 과정에서 장기기억을 더욱 세분화해 나갈 필요가 생길 개연성도 높다. 이런 관점에서는 '장기 작업기억'의 존재가 그런 발전 방향의 첫걸음일 수도 있다. 다시 말하여, 방대한 장기기억의 범위와 대상들을 놓고서 크게 '자아의 동일성'을 유지시켜 주는 기억들을 상대적으로 고정적인 영구기억으로 분류하고, 여타의 기억들을 위계화된 그물짜임으로서 장기 작업기억이나 또는 상위 범주의 이름이 붙은 '인출구조'들로 분화시켜 줄 수 있는 것이다.

언어 산출 과정과 관련하여 다중기억 가설이 지닌 함의는 다음과 같다. 언어 산출 과정은 산출자가 스스로 의식할 수 있는 범위가 크게 차이가 난다는 점에서 상당 부분 '절차지식' 기억에 속한다. 절차지식 기억에 대한 자각은 교육이나 훈련을 통하여 점차 통제되고 제어될 수 있다. 특히 의사소통 의도가 결정되는 과정에 대한 자각은 사람에 따라 변동 폭이 클 것이다. 물론 자극과 반응 이론으로 설명할 수 있도록 단순하게 생각 없이 말을 내뱉을 수도 있다. 하지만 더욱 신중한 사람일수록 절차지식을 반추하면서 용의주도하게 의사소통 목표와 의도를 계획하고, 상대방의 반응에 따라서 계획을 실천하는 전략을 바꿀 수 있을 것이다. 이런 변동 폭은 두 극점 사이를 잇는 실선에서 임의의 지점에 놓인 것일 수 있다. 신중한 언어 산출 계획 및 전략의 채택에서는 서술지식에 속하는 구체사례 기억 및 의미 기억도 함께 고려되어야 공통기반과 흥미로운 주제들을 제시해 줄 수 있다.

비록 현재의 작업기억이 언어 산출과 관련하여 어떤 역할을 해야 하고 어떤 몫을 떠맡고 있는지에 대하여 합의가 이뤄져 있지 않은 실정이지만, 언어 산출이 오로지 즉물적으로 즉석에서 이뤄지는 것이 아니라면, 작업기억이 반드시 필요하다. 왜냐하면 다음과 같이 일련의 언어 산출 과정을 뒷받침해 주는 일이기 때문이다. 언어 산출은 매우 빠른 시간 안에 복잡하게 여러 단계가 순환 점검되면서 일어나는 것이다. 상대방과의 공통기반과 정보간격을 예상하는 데에서부터 시작하여, 의사소통 의도를 결정하고, 서술관점을 수립하며, 언어 표현 형식을 채택하여 발화를 구성하고, 상황에 적절한 말소리로 표현해 준 뒤에, 자신의 발화에 대한 상대방의 반응을 확인 점검하면서 동시에 자신의 원래 의도와 표현 내용을 재평가하는 일이다. 이는 단 한 번의 순환이 아니라, 의사소통의 성공 여부에 대한 자기평가에 따라 필요하다면 지속적으로 순환하면서 일어나야 하는 과정이다. 자신의 언어 산출에 대한 스스로의 평가는 '자유의지'의 구현이며, 어떤 단계에서이든지 재귀의식이 가동되어 있어야만 비로소 가능하다.

이런 점에서 우리들의 언어 산출 과정이 단순히 기계의 단추를 누름으로써 스피커를 통해 소리가 흘러나오는 일(기계적 과정)과는 근본적으로 다름을 분명히 해 둘 필요가 있다. 따라서 진지하게 언어 산출 과정에 관련된 여러 층위의 복잡한 부서들을 동시에 작동시키면서 알맞게 조율해 나가려면, 장기기억과 외현된 발화 사이에 중간 매개영역이 있어야 한다. 만일 이 점이 사실이라면, 그 영역은 산출 과정에 관련되는 작업기억에 다름 아니다. 지금까지 작업기억의 논의는 우연히 언어 산출 과정과 연합해 오지 않았기 때문에, 일방적으로 언어 이해 과정에만 치우쳐 온 것임을 알 수 있다.

4장. 생각 또는 정신작용의 기본 재료:
감각 재료 및 추상 재료

인간의 생각 또는 사고에 대한 본격적인 탐구는, 서구에서 중세 암흑기를 벗어나 갈릴레이나 뉴튼과 같은 과학자들이 근대를 열어 가면서 이에 발맞춰 나온 계몽주의 전통으로부터 시작된다. 이는 흔히 영국 중심의 경험론과 대륙 중심의 합리론으로 거론된다. 경험론 쪽에서는 존 로크(J. Locke 1689) 『인간의 이해 능력에 관한 논고(인간 지성론)』와 데이빗 흄(D. Hume 1740) 『인간 본성에 대한 논고』가 그러하고, 합리론 쪽에서는 데카르트(R. Decartes 1637) 『방법 서설』과 라이프니츠(G. W. Leibniz 유고 출간 1765) 『인간의 이해 능력에 관한 새로운 논고』와 칸트(I. Kant 1787) 『순수 이성 비판』 등이 그러하다.[30]

갤러버더·코쓸린·크뤼슨 엮음(Galaburda, Kosslyn, and Christen 2002) 『두뇌 작동 언어(*The Language of the Brain*)』(MIT Press)에서는 우리 인간의 두뇌 속에서 표상되는 재료가 크게 언어적 표상 및 비언어적 표상으로[31] 나뉘어 모두 23편의 글들이 들어 있다. 언어적 표상과 비언어적

---

30) 로크의 책(An Essay Concerning Human Understanding)은 아마 일본 번역의 영향으로 『인간 오성론』이라고도 하지만, 추영현 뒤침(2011)에서는 『인간 지성론』(동서문화사)으로 번역하였고, 정병훈 외 2인 뒤침(2014), 『인간 지성론』(한길사)으로 번역하였다. 필자는 개인적으로 『인간의 이해 능력에 관한 논고』로 번역한다. 흄의 책은 이준호 뒤침(1994), 『인간 본성에 관한 논고, 1~3』(서광사)로 나와 있다(뒤친이의 종합적인 해설은 2005년 살림출판사에서 나온 판본의 앞부분에 들어 있음). 데카르트 책은 이현복 뒤침(1996), 『방법 서설』(문예출판사)과 원석영 뒤침(2012), 『철학의 원리』(아카넷)로 나와 있다. 칸트의 3부작이 모두 새롭게 백종현 교수에 의해 번역되었는데, 백종현(2009), 『순수이성 비판, 1~2』(아카넷)가 있다. 백지 상태에서 후천적 경험에 의존하여 지성을 수립하려는 로크를 비판하면서 본유적 능력을 옹호한 라이프니츠 책은 불어에서 영어로 3종이 번역되어 있다(P. Remnant and J. Bennett, 1981, *New Essays on Human Understanding*, Cambridge University Press).

31) representation(표상)을 축자적으로 재현(再現) 또는 복제라고 번역하지 않는 까닭은 칸트로부터 찾아진다(독일어로 Vorstellung). 칸트는 비록 세계에 있는 물 자체(thing itself)의 본질에 대해서는 우리가 알 수 없지만, 세계로부터 오는 자극들이 우리 감각기관을 거쳐 머릿속에 들어오면 많든 적든 일정하게 재구성 과정을 거쳐 자리를 잡게 된다고 보았다. 따라서 우리 머릿속에서 우리 스스로 자각할 수 있는 정신적 대상들을 가리켜 흔히 '표

표상은 데이빗 흄(1740)에서 생각의 재료(또는 인간의 지각)를 각각 ideas (관념)와 impressions(인상)로 구분했던 내용과 그대로 일치한다.[32] 이들은 또한 오늘날 연구자들에 따라서 각각 concepts(개념)과 percepts(지각)으로 불리거나, 또는 propositions(명제)와 qualia(재귀적 감각질)로도[33] 불리기도 하며, notions(통상 개념, 통념)과 sense data(감각 재료)/images (감각인상)로도 쓰인다. 어떤 용어를 쓰든지 그 범위들이 서로 간에 공통 분모들이 있는 유의어들이다. 철학이나 심리학이나 사회학 등에서는 '명제'란[34] 말을 자주 쓴다. 관념, 개념, 명제, 통념, 추상 개념과 같은 용어들에서 공통되게 모두 포함해야 하는 요소는 일반 명사(terms)를 포함하는 자연언어이다. 자연언어 그 자체가 그대로 명제 또는 관념과 투명하게 일치되는 것은 결코 아니다. 논리 실증주의에서는 비록 자연언어를 불신하는 극단적 풍조가 팽배했었지만, 이런 태도를 비판하면서 일상언어 철학에서 자연언어가 우리의 직관과 통찰을 찾아낼 수 있다고 보아 긍정적이고 적극적인 시각으로 자연언어를 옹호하면서 다루어 왔다.

상'이라고 부른다.

32) 흄은 『인간 본성에 관한 논고』에서 일관되게 서로 구분되는 용어들을 썼다. 관념(ideas)은 사고 작용(thinking)을 하고, 인상(impressions)은 감각 작용(feeling)을 한다. 관념들 사이에는 추론(reasoning)이 일어나며, 인상들 사이에서는 추리(inference)가 일어난다. 그렇지만 이 양자를 통괄하는 상위 부서에 대한 필요성은 느끼지 못하였던지 정신모형(mental model)과 같은 부서의 상정은 찾을 수 없다. 그럼에도 관념들을 연합하는 원리(연합원리)로서 유사성·인접성·인과성을 상정하거나 인과율 자체도 본유적인 자연법칙이 아니라 오히려 '원인-결과 인접성·원인 선행성·원인-결과 불변 연결'에 의해 드러나는 관찰 경험의 산물이라는 주장들은 오늘날에도 우리들로 하여금 성찰하고 반성하게 만드는 그의 혜안이다.

33) 김재권(2004; 하종호 뒤침 2007), 『물리주의』(아카넷) 247쪽, 251쪽, 257쪽에 보면, qualia (감각질)는 의식 경험의 질적인 특성이며, 신경생리학적인 내용으로 기술(환원)될 수 없다. 엄격히 말하면, 단순한 감각이 아니라, 그런 감각을 느끼고 있음을 깨닫는 의식 내용인 것이다.

34) 일본인 서주(西周 니시 아마네, 1829~1897)가 만들었다고 하는 번역 용어 '명제'는 '명령문으로 된 표제'라는 뜻을 담고 있다. 명제는 결코 명령문이 아니다. 왜냐하면 그 형식이 참과 거짓을 따지려면 언제나 서술 단정문으로 되어야 하기 때문이다. 그렇지만 그 뜻을 새기지 못한 채 '명제'란 말이 그대로 굳어져 통용되고 있다. 비록 불편하더라도 이 글에서도 또한 그대로 proposition을 '명제'라고 번역하여 쓰기로 한다.

그런데 이들 감각 재료와 추상 재료는 각각 따로따로 작동하는 것이 아니다. 아주 복잡하게 여러 계층들에 의해서 서로 뒤얽혀 있고, 또한 제2차 뇌에 자리한 감성 영역들과도 긴밀히 연합되어 있다. 킨취(Kintsch 1998; 김지홍·문선모 뒤침 2010: 97쪽 이하)『이해 인지 패러다임 I』(나남)에서는 인지과학 또는 심리학에서 우리가 스스로 인식할 수 있는 정신 내용을 표상하는 방식을 다음처럼 네 가지로 정리하였다. 첫째, 연상 그물짜임이다. 이는 가령 '주사기'라는 자극물이 주어지면, 사람에 따라 '병원'을 연상하기도 하고, '간호원'을 연상하기도 하며, 또는 병원에 입원한 '친척'이 떠오르기도 할 것이다. 이른바 자유연상(free association)에 기반한 주장이며, 가장 오래된 형태로서 아리스토텔레스까지 거슬러 올라간다고 한다. 둘째, 속성(자질) 체계이다. 이는 특히 언어학에서 낱소리를 음성자질의 복합체로 표상하는 일에서 영향을 받은 것이다. 가령 짝이 되는 낱말 총각과 처녀는 모두 [+사람,+미혼,+젊음]이라는 공통 속성(자질)을 나눠 갖지만, 성별에서만큼은 각각 [+남성]과 [-남성]으로 대립하는 경우와 같다. 뷔즈닙스끼(Wisniewski 1995)에서는 바로 이런 속성들이 심리적 구성 내용물이며, 하나의 속성으로 구성되는 것은 더 큰 계층의 맥락·목표·경험에 달려 있다고 주장한다. 셋째, 의미 그물짜임이 있는데, 이름표가 붙은 그물의 마디의 연결은 엄격히 유목 포함관계(class inclusion) 등에 의해 제약되어 있다. 가령, 'IS-A'(~의 하나이다, 정체정 지정) 또는 'PART-OF'(~의 부분이다, 관계 지정)과 같은 관계로 그물들이 짜여 있다고 보는 것이다. 이들 그물 사이에도 몇겹의 위계들이 주어져 있다. 넷째, 각본(script)·틀(frame)·개념틀(schema[35]) 도식·기

---

35) maxim은 원래 아리스토텔레스의 『수사학』에서 인간 행동에 대하여 지혜와 통찰을 담은 경구나 잠언을 가리켰다. 이런 뜻이 점차 확장되어 중세 스콜라 철학자들은 인간들이 지닌 주관적 행위 원칙과 같은 뜻으로 썼다고 한다. 칸트도 이런 용어 사용을 받아들여, 인간을 탐구하는 세 가지 계층 중 두 번째 층위로 규정한다. 곧, 인류 공통의 차원에 적용되는 범주(category)가 있고, 문화 공동체에 적용되는 규범(maxim, 백종현 교수는 '준칙'으로 번역하였고, 일본에서는 '격언＋법률'을 합쳐 '격률'이라고 하는데, 격언과 법률은 결코 합쳐질 수 없다는 점에서 잘못임을 알 수 있음)이 있으며, 개인별 체험에 적용되

억 꾸러미(MOPs) 등으로 불리는 표상 방법이 있다. 이는 특히 인공지능 연구자들에 의해 선호되는 방식으로서, 쉥크·에벌슨(Schank and Abelson 1977)에서 제시한 '음식점 각본' 따위가 자주 인용된다. 마치 연극이 '각본'에 따라 공연되듯이, 음식점에 가서 누구나 실행하게 되는 일련의 행동이 적혀 있는 명시표에 비유된다. 그렇지만 이 방식은 자유의지를 지닌 인간이 모든 사태를 임의적으로 바꿀 수 있다는 특성을 따라가기에는 너무 고정적·정태적이며 융통성이 적다는 단점이 있다.

킨취 교수는 우리 정신이 명제 그물짜임으로 이뤄져 있다고 가정한다. 이때 명제는 자연언어에서 동사와 동사가 거느리는 명사들로 만들어져 있고, 미시적인 짜임과 거시적인 짜임 및 상황모형 등으로 얽히어 있다. 킨취 교수는 논설류의 글읽기 과정이 문장들로부터 미시구조를 만들고, 미시구조들로부터 거시구조를 만들며, 이 거시구조를 시지각 재료와 유기적으로 관련되게 만들고 나서(상황 모형 구성) 장기기억에 '인출 구조'들로 저장해 놓다고 보았다. 우리가 일련의 어떤 정보를 하나의 재료에만 의지하여 기억하고 인출하기보다는, 오히려 이용할 수 있는 모든 감각 재료들을 모두 같이 동원함으로써 기억과 인출이 더 쉬워지도록 촉진하는 것이다.[36]

는 개념틀(schema, 일본에서는 그림과 공식을 합하여 '도식'으로 번역하였지만, 결코 그림만도 아니고 수학 공식만도 아니며, 추상적 명제들도 들어 있음)이 있다. schema(개인별 지식 개념틀)는 인간 기억 연구의 아버지로 칭송받는 영국 심리학자 바아틀릿(Bartlett)과 아동의 인지 발달 단계(인지 분류학)를 밝힌 스위스 심리학자 피아제(Piaget)에게 채택된 뒤에, 미국 쪽으로 건너가서 인공지능 연구자들 사이에서 크게 보급된 바 있다.

36) 그런데 이런 일들이 두뇌의 고유 영역에서 독립적이며 자족적으로 일어나는지, 아니면 상위에 있는 어떤 부서가 있어서 그 부서의 제어를 받는지(옛날에는 또 다른 자아나 초자아로도 불렸음)에 대해서 의문이 제기될 수 있다. 현재로서는 튜링(Turing)의 생각을 계승하여 평면적으로 각 부서마다 독립적이고 자족적인 성격을 부여하는 단원체(module) 접근 방식이 있고, 입체적으로 각 영역들을 위에서 통합 관리하는 상위 부서 접근 방식이 있다. 전자에 대해서는 포더(Fodor 1983), 『마음의 단원체 속성(The Modularity of Mind)』(MIT Press)과 다수의 연산주의(computationism) 논의들이 있다. 비록 연산주의를 비판하면서 나왔지만 연결주의(connectionism)에서도 어떤 제약이 만족되면 교점들 사이에 활성화가 확산되어 그물짜임이 이뤄지며, 따로 제3의 부서를 상정할 필요를 느끼지 않는다는 점에서 평면적인 동일 부류의 접근으로 묶인다. 후자에 대해서는 존슨레어드(P. Johnson-Laird 1983), 『정신모형: 언어·추론·의식의 인지과학을 향하여(Mental Models:

의사소통과 관련하여 중요한 심리학 실험 보고들이 있다. 가장 초기의 연구는 스트룹(Stroop) 교수가 시지각 자료 및 언어 자료 사이에 일치되지 않는 자극들을 제시하여37) 실수를 유발하는 정도나 지연 반응의 정도를 측정하는 실험이다. 그 결과는 색깔과 그 색깔을 가리키는 언어 사이에 긴밀한 연관성을 깨닫게 해 주었다. 이런 실험을 흔히 그의 이름을 따서 '스트룹 효과'라고 부른다. 그런데 이런 자극물들 사이에 불일치 실험은 유치원 학생들을 대상으로도 이뤄졌다. 가령, 얼굴 및 몸짓으로 전달해 주는 자극물(가령 찡그리거나 괴로운 표정과 몸짓)과 말로 전달해 주는 자극물(행복한 옛날이야기) 사이에 불일치를 극대화하는 경우에, 어린이들은 비언어 자극물로부터 더욱 진실한 정보를 얻는 경향이 아주 높다고 한다. 따라서 귀로 듣는 옛날이야기의 내용과 상관없이, 오직 불행한 이야기로만 받아들인다. 반면에, 사춘기를 넘은 학생들을 대상으로 하여 실험을 진행할 경우에는, 불일치되는 감각 자극물을 일단 접어 두고서, 언어 자극물로부터 기본적인 정보를 얻어 처리하는 것으로 알려져 있다. 물론 이런 실험 보고들은 이례적으로 두 영역의 자극들이 일부러 내용상 괴리되거나 일치하지 못하도록 꾸며 놓은 것으로, 두 영역 서로 긴밀히 연합되어 있음을 드러내려는 목적을 품고 있다. 앞으로 발달 단계의 어느 시점에서 이런 전환이 시작되는지에 대하여 심층적인 연구들이 이어져야 할 것이다.

흔히 두 사람이 얼굴을 마주 보는 의사소통 상황에서는 두 영역에서의 처리가 동시에 일어난다고 알려져 있다.38) 그렇다면 두 영역에서의

Towards a Cognitive Science of Language, Inference, and Consciousness)』(Harvard University Press)와 겐트너·스티븐즈 엮음(D. Gentner and A. Stevens 1983), 『정신모형(Mental Models)』(Lawrence Erlbaum)과 스퍼버 엮음(D. Sperber 2000), 『상위 표상: 여러 학문의 관점(Metarepresentation: A Multidisciplinary Perspective)』(Oxford University Press)을 참고할 수 있다.

37) 밀러(Miller 1991; 강범모·김성도 뒤침 1998: 210쪽 이하), 『언어의 과학: 그림으로 이해하는 언어와 정신의 세계』(민음사)에 화보 자극물들이 실려 있어 도움이 된다.

38) 가령, 더욱 극단적인 시지각 처리 과정이 있다. 흔히 테니스 운동 선수들의 몸놀림이

산출 처리가 동시에 일어나는 경우에, 전형적으로 두 영역의 자극들이 서로 부합되거나 일치되도록 제시 간격에서 시간상 적절히 조율되어야 한다는 교훈을 암시해 준다. 비언어 자극물에 대해서는 대체로 무의식적으로 받아들이면서 처리되다가 이례적인 자극일 경우에 주의력이 모아지지만,[39] 언어 자극물에 대해서는 주의를 집중하지 않고 막연히 흘려듣는 처리과정에서부터 좀 더 의식적이며 비판적인 능동적 처리까지 여러 단계에 걸쳐 일어나는 것이다.

언어 산출 과정과 관련하여 생각의 재료에 대한 논의를 살펴보면, 의사소통 의도가 결정된 뒤에 산출 단계에서부터 언어적 경로 및 비언어적 경로를 모두 염두에 두고서 산출 전략이 마련되어야 하고, 양자가 조화롭게 통합되는 방식으로 산출이 이뤄져야 한다고 매듭지을 수 있다. 언어 산출이 비록 발화(입말) 또는 글말이 화자 또는 집필자 외부로 방출되어 나오더라도, 그 산출이 상대방에게 제대로 이해되고 소통되었는지를 확인하는 과정이 같이 맞물려 있어야 하므로, 산출은 언제나 상대방의 반응에 대한 '점검 확인'까지 포함되어야 하는 것이다.

대표적인 경우이다. 그들은 상대방 공이 날아오는 것을 시지각으로 처리한 뒤에 거기에 반응하는 것이 아니다. 오직 무의식적으로 손놀림이 먼저 공을 받아치는 쪽으로 특화되어 있다. 이를 영어로는 근육기억(muscle memory)이라고 부른다. 망막과 시각 저장고에 모아진 정보가 시상 하부의 처리에서 대뇌 피질로 정보가 가는 것이 아니라(따라서 스스로 의식할 수 있는 것이 아니라), 대신 곧장 근육 운동을 일으키는 경로로 전달되어 선수들이 미처 시지각을 의식적으로 느끼지 못한 채 신체 반응을 일으키는 것이다.

이런 처리와 관련하여, 얼굴을 마주 보는 의사소통에서는 상대방의 얼굴 표정이나 몸짓 따위가 특정한 정보를 전달해 주는데, 이는 흔히 '감성적 처리'들과 긴밀히 관련된다고 한다. 우리가 어떤 사람을 처음 만나고자 할 경우에 자신의 매무새를 깔끔히 단장하는 것도 이런 처리와 부합될 수 있다. 상호작용 사회학의 흐름을 이끌었던 고프먼(E. Goffman 1959; 김병서 뒤침 1987), 『자아표현과 인상관리: 연극적 사회분석론』(경문사)에서는 자아의 개념을 가면을 쓰고 연극을 하는 일에 비유하고, 이런 일을 특히 '자아 인상 관리'라고 부른 바 있다.

39) 신체 언어와 관련하여 선업들이 다음처럼 출간되어 있다. 김영순(2004), 『신체 언어 커뮤니케이션의 기호학』(커뮤니케이션북스); 김영순·김연화(2007), 『몸짓 기호와 손짓 언어: 교사-학생 간 비언어 의사소통 연구』(한국문화사); 한국기호학회 엮음(2002), 『몸의 기호학』(문학과지성사); 성광수 외 12인(2003), 『몸과 몸짓 문화의 리얼리티』(소명출판); 암스트롱 외(D. Amstrong et al. 1995; 김영순 외 뒤침 2001), 『몸짓과 언어 본성』(한국문화사).

5장. 언어의 작동방식, 그리고 기호학적 접근

먼저 언어를 다루는 시각부터 언급해 나가기로 한다. 언어학의 모태
는 흔히 기호학(semiotics)이라고 부른다. 언어학의 아버지라고 불리는
소쉬르(1857~1913)는 명시적으로 인간의 정신 그 자체가 기호학의 대상
이며, 이 기호의 본성을 잘 드러내어 주는 것으로 '자연 언어'를 주목하
였다. 미국의 첫 철학자로 숭앙되는 퍼어스(Peirce 퍼어스 1839~1914)도
그의 선집을 보면, 40대에 논리(Logic)에 대한 글들을 써 오다가 50대부
터 기호(sign)에 대한 글이 나오기 시작하는데, 아마 논리의 상위 개념으
로 기호학을 생각했던 것으로 보인다. 현대(또는 근대)를40) 열어놓은 선
구자들이 다 같이 인간 정신 영역의 최상위 개념을 기호로 귀착시켰던
일은, 우연치곤 너무 기이하다.

　기호는 형식과 내용이라는 두 가지 층위를 갖는 대상을 가리킨다.
더 쉽게 '껍데기와 속살', 또는 '겉과 속'을 함께 지닌 대상이라고 말할
수 있다. 그런데, 기호학에서 주목하는 기호는 두 가지 종류로 나뉜다.
하나는 형식과 내용이 1 : 1 대응 관계를 이루는 것이고, 다른 하나는
1 : 다 또는 다 : 1의 관계를 이루는 것이다. 앞의 것은 자연 대상을 사진
찍듯이 그대로 모방하여 그린다는 뜻으로 모상(模像 icon, 본뜸 관계)이라
고 말할 수 있다. 형식과 내용이 결합되는 방식은 연구자에 따라 유연성
(motivation 有緣性)·자연성(naturalness)·필연성(necessity)·연상 관계(association)
등으로 달리 부른다. 그런데 형식과 내용이 1:1로 대응이 유지되지만,
그 형식이 누구에게나 자연스럽게 곧 그 내용으로 이어지지 않는 경우
가 있다. 이를 퍼어스는 형식과 경험이 1:1로 대응한다고 규정하고 색인
(index, 붙듦 관계)라고 불렀다.41) 아마 퍼어스는 인공언어로서 논리학이

---

40) 문학사나 역사를 다루는 경우에는 근대와 현대를 나누는 경향이 있지만, 언어학이나
　　논리학에서는 '근대 언어학, 근대 논리학'이 없으므로 '근대'라는 변별 특징을 내세울
　　수 없다는 점을 적어 둔다. 근대에 대해서는 27쪽 제1장에 있는 각주 3)을 보기 바란다.

일관되게 색인(붙듦)의 필연적인 연결 고리들이라고 보았던 듯하다. 필자는 쉬운 사례로 배가 고팠을 때 나는 '꼬르륵~~!' 소리를 들어 주는데, 특정한 소리와 현실 세계의 사건이 언제나 1:1 대응 관계를 맺는다. 특정한 그 소리를 기호로 표시하여 '~~~~~'으로 약속하면, 형식과 내용이 늘 1:1 대응을 이루는 것이다. 그렇지만 형식과 내용이 1:1 대응 관계를 이루지 못하는 경우를 상징(symbol)이라고 부르는데, 여러 형식에 하나의 내용이 대응할 수도 있고(가령, 사랑이란 동일한 하나의 주제를 다루는 다수의 문학 작품 예들), 하나의 형식에 여러 내용이 대응할 수도 있다(가령, 낱말의 다의성이 대표적임). 이렇게 결합되는 방식을 여러 가지 용어로 언급한다.

자의성(arbitrariness)·비자연성(non-naturalness)·우연성(contingency)·무연성(un-motivatedness 無緣性)

등으로 부른다. 인간이 이용하는 자연언어는, 무의식적이거나 본능적으로 지르는 비명 소리 정도를 제외하고서는 모두 상징의 속성을 지닌다. 따라서 인간의 언어는 모두 상징이라고 단순화시켜 말할 수 있다. 상징에서는 형식과 내용의 관계가 필연적이지 아니하므로, 그 관계를 찾아나가는 노력이 들어가야 한다. 이 노력은 단순하고 직접적인 이해의 축(정형화된 상징)으로부터 시작하여, 더 깊고 우원한 해석의 축(새롭게 탐색해 나가야 할 상징)으로까지 뻗어 있다. 이제 이 관계를 다음과

---

41) 그의 선집 제2권에 제2 논문(55세 때 집필)이 「What is a Sign?」인데, 7쪽에 지나지 않는 매우 짤막한 글이다. 여기서 그는 기호가 icon·index·symbol 세 갈래로 나뉜다고 적고 있다. 두 번째 index는 필자의 판단에 책자 끝에 있는 색인(찾아보기, 索引 삭인, 줄로 당김)의 비유로부터 가져온 것으로 본다. 색인의 항목이 '형식'이고, 그 항목이 가리키는 쪽수에 있는 내용이 곧 그가 주장하는 '사건 경험'에 대응하기 때문이다. 더러, 지표나 지시 등으로 번역하는 경우도 보았지만, '형식'과 '경험'이 1:1로 대응하는 관계를 드러내기에는 미흡한 듯하다. 필자는 피어스의 세 갈래를 두 갈래로만 줄이겠다. 곧 1:1 대응이 되느냐, 그렇지 않느냐로 나뉘는 것이다. 이는 언어학에서 자주 쓰는 자질 이론의 기법을 응용하는 것이다.

같이 나타내기로 하겠는데, 형식과 내용 사이에 1 : 1 대응 관계를 의도
적으로 추구해 나가는 '인공언어'는 이 글의 논의에서 제외되고, 오직
상징의 대표적 사례인 '자연언어'만이 다루어진다.

(1) 기호('형식:내용'의 결합 관계)
　　1 : 1 대응 관계(자연스런 결합) → 모상(模像, 본뜸) 및 색인(붙듦)
　　1:多, 多:1 관계(비자연적 결합) → 상징

　　이제 언어와 언어 사용에 관련되는 특성들을 한데 모아 그림을 그려
보기로 한다. 언어의 형식은 매우 다양하게 하위 층위로 나뉠 수 있
다.42) 말(＝입말)과 글(＝글말)이라는 표현 매체를 따로 나누어 살펴보
면,43) 입말과 글말이 작은 단위에서부터 시작하여 더 큰 단위로 진행되

---

42) '언어'를 상위 층위의 용어로 보고, 그 하위 층위에 입과 귀를 이용한 언어와 손과 눈을
이용한 언어를 각각 '입말'과 '글말'로 부르기로 한다. '글'의 어원으로서, 순 임금 때 삼강
오륜을 가르쳤던 설(偰)로부터 나왔다는 주장을 필자는 개인적으로 제일 가능성이 높다
고 본다.

43) 입말과 글말을 깊이 있게 다룬 연구들이 많이 나와 있다. 필자가 번역 원고로 학부생들에게
읽히고 있는 핼러데이(Halliday 1985), 『입말과 글말(*Spoken and Written Language*)』(Oxford
Univ. Press)에서는 '실사 어휘의 밀집도(lexical density)'라는 잣대로써 입말과 글말을 나눈다.
또한 입말일수록 동사를 많이 사용하고, 글말일수록 명사 표현들이 더 많아짐도 지적한
다. 아마 첫 전문가 국제학술회의 결과물인 호로뷔츠·쌔무얼즈(Horowitz and Samuels
1987) 엮음, 『입말과 글말 이해하기(*Comprehending Oral and Written Language*)』(Academic
Press)에서 췌이프·대니얼뷔츠(Chafe and Danielewicz), 「입말과 글말의 속성들(Properties
of Spoken and Written Language)」에서는 여러 특징들에 대한 복합적인 결합(정도의 차이)
을 놓고서 입말과 글말을 규정한다. 한편, 바이버(Biber 1988), 『말하기와 글쓰기에 두루
걸친 변이(*Variation across speech and writing*)』(Cambridge Univ. Press)를 기본으로 하여,
바이버(1995), 『언어 투식 변이의 여러 차원: 여러 언어들의 비교(*Dimensions of Register
Variation: A Cross-linguistic Comparison*)』(Cambridge Univ. Press)로 확대되고, 마침내 동료들
과 더불어 바이버(1999), 『입말·글말 영어의 롱맨 문법(*Longman Grammar of Spoken and
Written English*)』(Longman)와 바이버(2002), 『입말·글말 영어의 롱맨 학생 문법(*Longman
Student Grammar of Spoken and Written English*)』(Longman)이라는 엄청난 작업이 출간되었
다. 그들은 3만 8천 종의 텍스트로부터 4천만 낱말(40 million words)을 추려낸 방대한
말뭉치를 놓고서, 입말과 글말을 실체를 규명하였다. 입말과 글말의 밑바닥에는 '언어
투식(register 의사소통 목적에 따라 달라지는 기능적인 말투 변이임)'이란 잣대가 작용한다
고 결론을 짓는다. 필자는 언어 투식도 또한 의사소통의 관점에서 보면, 정보 간격을
좁혀 갈 수 있는 두 방향의 의사소통인지, 그렇지 않은지 여부에 의해서 달라질 것으로

어 나갈 수 있다.

(2-가) 입말: 소리 → 형태 → 낱말 → 구 → 발화 → 발화 덩이 → 전체
덩잇말
나) 글말: 문자 → 형태 → 낱말 → 구 → 절 → 문장 → 문단 → 전체
덩잇글

이 단위들의 화살표 배열에서 왼쪽으로 갈수록 형식에 무게가 실려 있
고, 오른쪽으로 갈수록 내용에 무게가 실려 있다. 언어교육이 모국어(모
어) 교육과 비-모국어(비-모어) 교육으로 나뉠 때에, 후자는 형식에 대
한 학습에 초점이 모아질 것이고, 전자는 내용에 대한 학습에 초점이
모아질 것이다. 이 초점에 따라 평가의 잣대도 달라지는데, 형식에 초
점을 모은 학습에서는 반드시 정확성에 의해서 평가가 이뤄진다. 그렇
지만 내용에 초점을 모은 학습에서는 흔히 융통성 있고 '능대 능소하
다'고 얘기되는 능통성(또는 유창성)의 잣대를 쓰게 될 것이다. 형식에
초점을 모으는 교육을 '언어 기술' 중심의 교육(기능교육)이라고 부르고,
내용에 초점을 모으는 교육을 '의사소통' 중심의 교육(가치교육)이라고
부른다. 하지만 이들은 가중치 부여나 강조의 정도에 따라 달라지는
것이며, 두부모 가르듯 분명히 나뉘는 것은 결코 아니다. 비-모국어
교육의 낮은 단계에서는 모국어 교육의 배경지식들을 잘 이용해야 학
습 효과를 거둘 수 있고, 내용에 초점을 모으게 되는 높은 단계에서는
모국어 교육과 비슷한 속성들을 많이 나눠 갖게 된다.

언어가 기호로서 형식 및 내용이 결합되어 있다고 하더라도, 그 언어

믿는다. 어떤 관점을 취하든지 간에 입말과 글말을 궁극적인 개념으로 파악하는 것은,
마치 신발을 신은 채로 가려운 발등을 긁고 있는 것과 같이 너무 피상적인 것임에 틀림없다.
중고교의 국어과 교육과정은 잘못된 억측을 전파하고 있다. 그렇지만 여기서는 이해의
편의를 위해서, 임시로 입말과 글말을 해체시키지 않은 채 마치 독립된 개념처럼 취급하기
로 한다.

단위들이 복합체를 이룬 연결 고리들의 동기를 파악하려면, 이해와 해석(혹은 표면 해석과 심층 해석)의 과정을 거치게 된다. 흔히 '앞뒤 문맥'으로 번역될 수 있는 co-text를 다루는 차원에서는 이해의 문제가 중심이 된다. 그렇지만 언어 형식 속에 깃들어 숨어 있거나 또는 표현되지 않은 내용들을 찾아내기 위해서는 '사용 맥락'이라고 일컬어지는 context(con-text)를 다뤄야 하며, 그 결과를 앞의 낮은 차원의 이해와 구분하기 위하여 해석이라고 부른다.[44] 1차적인 이해는 언어 형식과 내용에 의해서 제약되므로 이해자들 사이에 공통분모를 찾아낼 수 있다. 그렇지만 2차적인 해석은 숨어 있거나 표현되지 않은 내용을 추론하여 파악해야 되므로, 해석자의 기량과 통찰력에 따라 크게 차이가 날 가능성이 언제나 열려 있다. 그렇지만, 그런 광막한 가능성을 적절히 통제하거나 조절해 줄 수 있는 개념이 '의사소통 의도'(문학에서는 작품의 '주제')이다.

그런데 더욱 복잡한 것은 의도를 밑에서 떠받치고 있는 복합적 개념틀(schemata)이다.[45] 언어 사용과 관련해서, 1970년대에 심리학자 털뷩(Tulving)은 기억을 짜얽는 두 가지 기억 창고를 제안하였다.[46] 구체적인 개별사례 기억 창고(이를 episodic memory라고 하며 일화 기억이라고도 번역함)와 일반적인 의미 기억 창고(semantic memory)이다. 이들은 모두

---

44) 이는 특히 위도슨(Widdowson 2004), 『텍스트·맥락·해석 구실: 담화 분석에서의 핵심 논제들(*Text, Context, Pretext: Critical Issues in Discourse Analysis*)』(Blackwell)의 제4장 'Context and co-text'에서 강하게 주장되었다. 그는 이를 더 대립적으로 언어표현 내부의(intra-linguistic) 정보를 이용하는 일과, 언어표현 외부의(extra-linguistic) 정보를 이용하는 일로 표현한다. 한편 생성어휘론에서 푸스욥스키는 cotext(앞뒤 문맥)를 coersion(앞뒤 맥락을 통하여 '낱말 뜻 고정하기')이라고 부른다.

45) 심리적 연상 작용과 그 효과를 깊이 연구했던 바아틀릿(Bartlett 1886~1969)은 바아틀릿(1935), 『기억해 내기: 실험적·사회학적 심리학 연구(*Remembering: A Study in Experimental and Social Psychology*)』(1995년에 다시 킨취가 재출간 서문을 쓰고 Cambridge Univ. Press에서 나옴)를 썼는데, 복합적인 개념틀은 제10장 'A Theory of Remembering'에서 기억을 설명하기 위해 상정된 개념이다.

46) 털뷩·크뢰익 엮음(Tulving and Craik 2000), 『기억에 대한 옥스포드 소백과(*The Oxford Handbook of Memory*)』(Oxford Univ. Press)은 기억 연구에 대한 큰 지도를 제공하려는 목적으로 이 분야에서 처음 펴낸 소백과(handbook)임을 서문에서 밝히고 있듯이, 인간 기억에 대한 현재 연구 성과를 알 수 있어 도움이 크다.

단정 서술문 형식으로 표시될 수 있기 때문에 '서술지식'이라고 불린
다. 이 서술지식들을 입력물로 하여 'if … then …(입력이 들어오면 출력을
내보냄)'의 연산과정들로 재구성하는 지식을 '절차지식'이라고 부른다.
더 쉽게 말하면, 서술지식은 풍부히 체험하고 경험한 것들을 하나하나
가리키며, 절차지식은 그것을 다른 사례에다 응용하거나 종합하는 일
(새로운 지식이 나옴)을 말한다. 이런 기억 창고들은 어떤 과정을 통해서
어떤 방식으로 채워지는 것일까? 이는 순수히 심리학적 물음만이 아니
다. 매우 생경하지만 이는 언어 단위에서 왜 하필 낱말이 존재하고, 문
장이 존재하는지에 대한 물음과 궤를 같이 한다.

　우주 속에서 사건(상태들의 변화)들은 오직 세 가지 범주에 의해 일어
난다. 인과율과 본능이다. 동물의 본능을 자연적 인과율의 하위 개념으
로 설정한다면, 무생물에 적용되는 인과율과 생물에 적용되는 인과율
로 말할 수도 있다. 이것 이외에 의도는 인간이 일으키는 사건들과 관
계된다. 그런데 사건이란 늘 복합 사건들로 존재하고, 하나의 사건이
다른 사건과 이어져 있는 기다랗고 거대한 복합체이다. 이를 '복합사건
연결체'라고 부르기로 한다. 우리는 늘 복합사건 연결체 속에(또는 문학
적으로 말하여 '삶의 한가운데', 수리철학에서는 '함의 관계'로) 놓여 있다.
이를 기억 속에 집어넣기 위하여, 의식하든 그렇지 않든 간에 그 복합
사건 연결체들을 분절하고 도막을 내어 놓아야 한다. 이 과정에서 개념
(명제) 또는 언어라는 거르개가 작용한다. 언어학에서는 '육하' 원칙을
언어현상 설명에 적합하도록 고쳐 놓은 '의미역 구조'로써 개개의 명제
들을 표상한다. 그 의미역 구조는 아무렇게나 놓여 있지 않고 어떤 질
서 위에 차례가 잡혀 있다. 복합사건 연결체들로부터 분절되어 나온
도막들의 연결은, 궁극적으로 자연의 변화를 설명하는 인과율(물리계
인과율과 생물계 인과율) 또는 그런 복합사건을 일으킨 특정 행위자의
의도라는 포장지로 묶어 놓는다. 이것이 우리가 체험하는 개별사례 기
억에 대한 소략한 묘사이다. 일반화된 의미 기억은 반드시 개별사례를

대상으로 하여 이뤄진다. 이는 개별사례 기억들을 놓고서 상위 의식 또는 상위 인식으로서 많든 적든 일반화 또는 추상화를 진행시켜 나간 다.47) 체험이 다양해질수록 일반화의 가능성은 더 높아진다.

이런 내용들을 그러모아 다음과 같이 한 장의 그림으로 나타낼 수 있다(〈그림 2〉). 네모 칸이 언어에 관련된 것이고, 타원이 우리 머릿속 기억에 관련된 것이다. 언어는 전형적으로 형식과 내용 두 층위의 결합 이기 때문에, 전적으로 형식만 있다거나 아니면 전적으로 내용만 있는 극단적인 경우는 언어 대상으로 다루기에 적합하지 않다. 따라서 사선 을 꼭지점 사이에 이어 놓지 않았다.48)

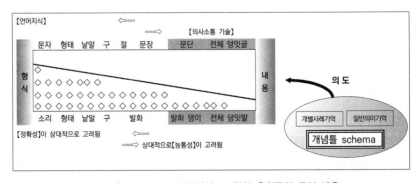

〈그림 2〉 상징으로서의 언어와 그 하위 층위들의 구성 내용

---

47) 참스키(Chomsky 2000), 『언어 및 정신에 대한 연구에서의 새로운 지평(New Horizons in the Study of Language and Mind)』(Cambridge Univ. Press)에서 언어 능력과 수학적(추 상적) 사고 능력이 별개의 것임을 인정하지만, 진화론상으로 추론할 경우에 언어 능력이 먼저 발달해야 뒤에 수학적인 고도의 사고 능력이 발현될 것이라고 추측한다. 이런 점으 로 미뤄 볼 때, 참스키 교수는 언어 능력이 낮은 단계의 추상화 능력으로부터 높은 단계 의 추상화 능력까지 범위가 넓게 분포하는 것으로 이해하는 듯하다. 김지홍(2000), 「참스 키 교수의 내재주의 언어관」(『배달말』 27호)를 참고하기 바란다.

48) 이 그림을 놓고서 필자는 더러 학생들에게 가장 중요한 것 한 가지만 고르도록 요구한다. 학생들의 답변은 다양하다. 그렇지만 필자가 뜻하는 것은 의도가 가장 중요하다는 사실 이다. 이는 '마차·말·마부'로 이뤄진 다음 그림으로 비유를 할 수 있는데(일부러 본문의 그림과 맞춰서 그려 놓았음), 이들 세 가지 요소 가운데 뭘 잡아야 나머지 두 개가 저절로 따라올 것인지에 대한 물음이다. 그 답은 마부이다. 아주 가까운 사람끼리 나누는 의사소

언어교육에서 흔히 쓰면서도 제대로 정립되어 있지 않은 개념이 있다. 소위 기술(skill)과 전략(strategy)에 대한 구분이다(올더슨 2000; 김지홍 뒤침 2015, 『읽기 평가 2』, 글로벌콘텐츠, 549쪽 이하 §.9-3 '전략'에서 자세히 논의됨). 다시 기술(skill)은 지식(knowledge)과 대립되는데, 기술은 반드시 연습에 또 연습을 해서 체득되는 대상이지만, 지식은 한 번만 듣거나 보면 단박에 깨닫게 되는 것으로서 굳이 연습을 필요로 하지 않는다. 국어교육에서는 '능력'이란 말로 쓰이므로, 자칫 이런 구분이 흐려질 우려가 없지 않다. 여기서 문제는 '전략'이다. 전략이란 도대체 뭘 말하는가? 전략이란 용어가 전형적으로 전쟁을 전제로 하므로, 이를 교육에 응용하는 것을 꺼려하는 사람들에 의해서 최근 인지 활동(cognitive activity)라는 용어도 쓰이고 있다. 전략은 임의의 목표를 달성하기 위하여 미리 준비한 방식이 현장에서 문제가 생길 경우에 새로운 해결 방식을 찾아내는 종합 능력이다. 따라서 하위 영역에 대한 실행을 이끌어가는 개별 기술(또는 기능)과는 서로 구분되어야 하는 것이다. 위 그림에서 기술은 네모 칸에 관련된 연습 활동이다. 인지 활동이란 용어로 보편화될 수 있는 전략이란, 타원과 관련되어 설정된 목표를 달성하기 위한 종합적 연습 활동이며, 기본적으로 무의식적인 절차지식을 의식적으로 붙들게 만들고, 그런 절차지식들을 확장해 나가는 일을 가리킨다.

통은 주제가 제멋대로 자주 바뀌는 특징을 지닌다고 알려져 있다. 왜 그럴까? 그 까닭은 서로 공유된 배경지식이 많기 때문에, 화자가 말을 채 다 끝마치기도 전에 청자는 미리 그 의도를 알아차리기 때문이다. 불교에서 '마음에서 마음으로 전해 준다'는 설화에서 가섭이 빙그레 웃었던 염화시중(拈華示衆)의 미소는, 결국 말에 의해 매개되지 않고서도 전달자(부처)의 '의도 알아차리기'에 다름 아니며, 서로 간에 공유 경험이 없다면 불가능하다.

6장. 개념과 명제와 언어의 관계

기억의 신경생리학적 기반이 아직 어떻게 구성되어야 하는지에 대한 합의가 없더라도, 우리는 스스로 내성하면서 생각의 단위들이 있다고 자각한다. 생각의 단위들은 영어로는 흔히 notions(통상적인 일반 개념)나 concepts(특정 분야에서 정의를 하여 쓰는 기본 개념)라는 낱말들을 쓴다. concepts는 둘 이상이 모여 복합적으로 되면 conception(복합개념 형성 과정, 복합 개념)이란[49] 낱말도 쓴다. 개념 또는 복합개념은 감각 재료와 추상 재료로 이뤄졌을 것이지만, 이하에서는 일단 이 글에서 다루려는 언어 산출에만 초점을 모으기 위하여 후자만을 선택적으로 논의하기로 한다. 언어학 개론 수준에서는 언어와 사고의 관련성들을 다루는데, 이는 언어 발달의 과정에 따라 논점이 분명히 달라져야 할 것이다. 여기서는 초점이 흩어지지 않도록 하기 위하여, 풍부한 경험을 지니고 상당한 정도의 배경지식을 쌓은 정상적인 어른을 가정하고서 논의를 전개하기로 한다. 그런 어른이라면

'일상 생활 〉 경험 〉 복합개념 〉 배경지식 〉 언어'

---

[49] 동음이의어로도 취급될 수 있겠으나, 흔히 영어 사전에서는 다의어로서 conception에 '임신하다'는 뜻도 집어넣고 있다. 한자어로 '평미레 개(槪)'와 '생각 념(念)'이 결합된 낱말이 언제부터 쓰였는지는 잘 알 수 없다. 『설문 해자』에는 '所以木气斗斛也(되질하는 데에 곡식을 평평하게 밀어주는 작대기)'로 씌어 있다. '평미레[平+밀+개/에)'란 되에 잔뜩 담은 곡식을 평평하게 밀어 주는 나무 막대기로서, 기준 또는 표준을 가리킬 수 있다. 북경 『한어(漢語) 대사전』 4권 1197쪽이나, 대만 『중문 대사전』 5권 427쪽, 429쪽이나, 제교철자 『대한화 사전』 6권 502쪽을 보더라도 유용한 정보를 전혀 얻을 수 없다. '개념'(되에 잔뜩 담은 곡식을 평미레로 밀듯이, 가지런히 표준화해 놓은 생각)이란 낱말은 아마 개화기 시절 일본인들에 의해 쓰였을 법하며, 일부 유의어로서 관념(觀念)과도 통할 듯하다. 개념이 무엇인지 형식적으로 정의하는 일은 이 글의 소관 사항이 아니다. 아마 무정의 용어로서 뤄쓸(1937, 개정판), 『수학 원리』에서 상정한 원초적 집합 개념(class-concepts)과 관련되어야 할 듯하며, 개념을 정의해야 하는 까닭은 프레게의 합성성 원리(compositionality)를 따라 생각이 전개되기 때문이라고 말해야 할 것이다.

와 같은 층위를 상정할 수 있을 것이다. 이를 동심원으로 나타낼 수도 있겠는데, 가장 밑바닥에 있는 큰 원이 왼쪽 항목이 되며, 가장 높이 있는 작은 원이 오른쪽 항목이 될 것이다. 언어 산출과 언어 이해를 아우르는 언어 사용은, 배경지식과 복합개념과 언어 사이를 오가면서 이뤄지는 정신 활동이라고 말할 수 있다. 이런 언어 사용은 경험과 일상생활의 구체적 단편들을 상기해 주는 촉매제가 되거나 더 광범위한 가능세계들을 구성해 줄 수 있다. 이하에서는 먼저 생각이나 사고 단위를 규정하고, 이것이 언어로 표현될 경우에 '절' 또는 명제에 해당됨을 보이며, 우리말의 감각동사 부류를 예로 들어서 하나의 동사가 몇 가지 개념(또는 명제)들을 동시에 얽어 내장하고 있음을 보이기로 한다.

1) 생각 또는 사고 단위

논의를 한데 모아가기 위하여, 일단 두뇌 작동의 추상적 재료를 중심으로 다루되, 이를 대략 '언어'와 유사한 대상이라고 간주하기로 한다. 그렇다면 생각의 단위 또는 사고 단위를 물을 경우에, 생각의 단위는 언어에서 과연 어떤 단위와 관련되는 것일까? 이 물음에 대하여, 언어학의 분절 방식에 따라 적어도 다음 세 가지 후보를 답변으로 상정할 수 있다.

첫째, 가장 소박하게 낱말이다.
둘째, 좀 더 큰 구(XP, 최대투영의 구절) 또는 이음말(collocation, 연어)이다.
셋째, 동사가 투영되어 나온 최소 단위인 절 또는 명제이다.

첫번째 답변이 아마 가장 흔한 것이고, 누구에게나 자명한 듯이 보일 듯하다. 왜냐하면 일반 사람들이 머릿속에 쉽게 떠오르는 것이 하나의 낱말들일 것이기 때문이다. 이런 입장은 또한 일상언어 철학의 흐름을 열어 놓은 옥스퍼드 철학자 오스튼(Austin, 오스틴)과 그라이스(Grice)에 의해서도 제안될 법하다. 왜냐하면 이들이 펴낸 책들이 모두 낱말 (words)에 초점이 모아져 있기 때문이다.50) 그렇지만 일상언어 철학에 서는 한 낱말을 단서로 하여 맥락이나 상황을 통하여 그 낱말 속에 깃 든 함의들을 찾아내는 일에 노력을 쏟았다.51) 그럴 뿐만 아니라 오늘날 언어학의 토대를 세운 소쉬르는 언어학을 기호학의 하위 분야로 보았 다. 기호는 언제나 대립체계 속에 존재한다는 점에서, 한 낱말이 제시 된다고 하더라도, 계열체로서 유무 대립이나 이항 대립을 통하여 표면 에 드러나지 않은 다른 항과 짝을 맺으며, 또한 통합체로서 더 상위 교점의 항과도 결합하게 마련이다. 언어는 체계로 존재하기 때문이다.

화용 상황에서 생략은 언제나 복원 가능성을 전제로 일어난다. 화자 는 청자와 얼굴을 마주 보는 상황에서 지리하게 공통된 정보를 발화하 는 것이 아니라, 오히려 서로 간에 정보간격이 있다고 믿어지는 대상만 을 골라 발화하는 것이다. 따라서 복원 가능성이란 공유된 정보에 속하 는 것일 수밖에 없다. 이런 모습이 일찍이 그라이스의 대화규범(maxims) 에 의해서 예측하는 바이다. 설사 그런 가능성을 제대로 찾지 못한다고 하더라도, 임의의 낱말이 외연의미 및 내포의미를 동시에 지니고 있으 므로,52) 각각 "X가 있다"(외연의미, 존재지시)나 "X이다"(내포의미, 속성지

---

50) 오스튼(1962)는 '낱말들의 작동 방법(how to do things with words: do things는 operate을 뜻함)'이지만 축자 번역을 하지 않은 채 장석진 뒤침(1997), 『오스틴: 화행론』(서울대학 교 출판부)로 나오고, 김영진 뒤침(1992), 『말과 행위』(서광사)로 나왔다. 유작인 그라이 스(1989)도 '낱말들의 운용법에 대한 연구(studies in the way of words)'이다. 또한 뷔고츠 키(Vygotsky 1934; 데이비드 켈로그·배희철·김요호 뒤침 2011), 『생각과 말』(살림터)에 서도 낱말을 사고 단위로 본다.

51) 가장 많이 인용되는 사례가 뷧건슈타인의 '원시 언어' 사례이다. 이영철 뒤침(1994: 23쪽 이하), 『철학적 탐구』(서광사)에서는 어느 공사장에서 십장과 일꾼 사이에서 "석판!"이라 고 외치는 경우를 제시한다. 이 낱말이 맥락에 따라서 건축 재료(부재)를 지고서 빨리 올라오도록 요구하는 것일 수도 있고, 아니면 다치지 않게 피하라는 경고일 수도 있다. 결국 언어의 의미는 국어사전 속에 있는 것이 아니라, 그 언어가 쓰이는 맥락에 따라서 결정되는 것이다.

52) 킨취(Kintsch 1998; 김지홍·문선모 뒤침 2010), 『이해: 인지 패러다임 II』(나남)의 제6장 5절에서 제시한 비유적 의미 확장에 대한 심리학 실험보고를 보면, 한 낱말의 의미는

410

정)의 모습을 기본값으로 배당받게 된다. 따라서 이런 점들을 고려한다면, 소박하게 낱말이라고 느끼고 대답하는 경우라 하더라도, 실제적으로는 임의의 낱말을 통하여 범위가 더 확대되는 것이라고 매듭지을 수 있다.

둘째 답변은 두 가지로 나뉠 수 있다. 임의의 최대투영 구절(XP)은 생성문법에서 당연히 주어져 있는 것처럼 치부되는 언어형식의 기본 단위이다. 이 형식은 중간투영을 허용하는 점에 특징이 있고, 중간 교점을 제외하고서는 어디에서든지 확장이 가능하다. 이런 형식이 마련된 동기는, 필자의 생각에 가장 작은 자족 형식인 명사구(NP) 및 문장(CP)으로부터 나오며, 이것들이 융통성 있게 변형될 수 있도록 보장해 주기 위한 조치로 이해된다.53) 1990년대 이후의 논의는 전통문법에서 허사로 취급되던 것들까지도 일관되게 최대투영 구절(XP)의 모습을 지니는 것으로 다뤄졌다. 제약된 구조가 더욱 너른 언어 영역들에 적용될 뿐만 아니라 이전에 제시되지 못하던 설명력도 더 갖추었다는 점에서, 사고 단위가 될 개연성이 높은 후보이다. 그렇지만 이 투영은 최종적으로 어말어미(complementizer에서 첫 글자 C를 따서 표지를 삼음)의 투영으로 마감된다는 점에서, 세번째 답변과 동일한 결론에 이른다.

항상 원래 의미와 확장된 의미가 동시에 인출된다. 적어도 둘 이상의 의미가 한꺼번에 작업기억에 인출되어, 주어진 언어의 앞뒤 맥락에 대하여 적합성 경쟁을 벌이고, 그 중 하나의 의미가 선택되는 것이다. 따라서 한 낱말의 의미 해석 과정에서 소박하게 원래 의미가 먼저 적용되고, 그 의미가 해석상 여의치 않을 경우에 순차적으로 확장된 의미를 적용시킨다는 소박한 직관은 더 이상 유효치 않다. 이 때문에 부당한 속뜻이 스며들지 않도록 용어 자체를 바꾸어 각각 외연의미와 내포의미로 부르는 것이다.

53) 자세한 설명은 김지홍(2010), 『국어 통사·의미론의 몇 측면: 논항구조 접근』(도서출판 경진)의 제1부 논의를 보기 바라며, 그곳 40쪽에서는 두 층위의 계층을 이루는 구조가 언어 형식뿐만 아니라, 또한 우리의 일반적인 사고 전개의 모습으로도 널리 적용될 수 있음을 다음의 예들로 제시하였다.

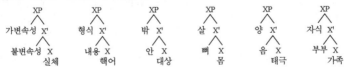

생성문법에서는 명사구와 문장이 최소한의 자족형식임을 기술하는 것으로 만족할 뿐, 정작 왜 그러한지에 대하여 아직 설득력 있는 설명을 제시해 주지 못하였다. 필자는 아마도 우리가 장기기억 속에 갖고 있는 두 종류의 서술지식 기억으로부터 나올 것으로 본다. 즉, 의미 기억과 구체사례 기억에 대한 구분인데, 하나의 사건은 언제나 경험 가능한(따라서 진위 판단도 가능한) 문장 형식을 취한다. 반면에 필수 논항들까지도 지워질 수 있는 명사구들에서는 구체적인 사건이 일반화되고 추상화되어 의미 기억 속에 들어 있을 것으로 판단된다. 비판적 담화 분석에서는 임의의 개념이 문장 형식을 충실히 갖추어 표현될수록 상대방으로 하여금 참과 거짓을 판단할 수 있도록 만들어 주지만, 반면에 문장이 아닌 명사절이나 명사구 형식으로 제시될수록 언제나 참으로 간주되어 상대방으로 하여금 늘 주어져 있는 사실처럼 믿게 만들어 놓는 효과가 있음을 지적한다. 문장 형식일수록 판단의 대상이 되지만, 명사구 형식 쪽으로 다가갈수록 따지지 말고 덥석 믿게 만드는 효과를 지니는 것이다.[54]

---

54) 이런 사실은 페어클럽(N. Fairclough 2003; 김지홍 뒤침 2012: 제5장),『담화 분석 방법: 사회 조사연구를 위한 텍스트 분석』(도서출판 경진)에서 처음 본격적으로 다루어졌다. 우리말에서 예를 들어 보이면 다음과 같은데, 하나의 문장이 명사 절을 거쳐 명사구까지 표현될 수 있다.

　① 철수가 영이를 사랑하고 있다 → 현재 진행 사건(듣는이가 추체험하여 참이나 거짓을 따질 수 있음)
　② 철수가 영이를 사랑하고 있는 것 → 명사절(문장 정보가 모두 보존되나, 마치 명사처럼 기능하며, 이것에 대한 평가 서술이 이어질 수 있음)
　③ 철수가 영이를 사랑하고 있음 → 명사절(시간 표현이 보존되며 상태를 표시함)
　④ 철수의 영이 사랑 → 명사구(참이나 거짓을 따질 수 없이 오직 해당 사건의 골격만 표현되며, 마치 세계 속의 대상물처럼 주어져 있음이 속뜻으로 깔림)
　⑤ 철수의 사랑 → 명사구(가능 관계만이 표현되고, 실세계의 대상처럼 사실로 주어짐)
　⑥ 사랑 → 명사(추상성만 표시됨)

여기서 하나의 사건을 가리키는 문장 ①이 명사절 ②를 거쳐 명사구나 단독 명사로 될수록, 현재 상황에서 듣는 이가 직접 진위 여부를 확인할 수 있는 가능성이 열어지며, 점차 추상성이 높아져 간다. 그런 만큼 적용 범위가 더욱 확장되는데, 임의 시점에서 임의 세계에 다 적용될 수 있는 것이다. 명사구 쪽으로 표현될수록 그 표현이 가리키는 대상이 참이 되어 마치 주어져 있는 것처럼 사실로 느끼게(착각하게) 된다. 이런 표현을 쓰는 의도는 한 언어 표현의 합법화 목적을 달성해 줌으로써(그 책의 제5장 2절에서 다뤄짐),

둘째 답변에서 이음말로 보는 입장은, 전산 처리된 말뭉치로써 처음 코빌드(COBUILD) 사전의 편찬을 주도했던 씽클레어(Sinclair, 1933~2007) 교수의 주장이다.[55] 그는 이음말(연어)을 '미리 짜인 단위'로 부르는데, 관용적 결합원리에 지배를 받는다. 이전의 언어학 단위를 낱말에서 낱말보다 조금 더 큰 단위인 이음말이라고 주장하는 것이다.[56] 이것이 보다 더 큰 단위로 결합되기 위하여 다시 '개방적' 선택원리가 적용되며, 비로소 화용과 담화를 포함하는 거시언어학의 세계를 구성한다. 이는 전통적으로 언어 형식이 '낱말과 문법'이라는 직관을 수정하여 이음말

화자의 의도나 화자가 추구하는 이념을 부지불식 간에 상대방에게 심어 놓을 수 있다.

55) 씽클레어(1991), 『말뭉치·용례·이음말(*Corpus, Concordance, Collocation*)』(Oxford Uinversity Press); 씽클레어(2003), 『용례 해석(*Reading Concordance*)』(Pearson); 베이커 엮음(Baker 1993), 『텍스트와 처리기술: 씽클레어 회갑기념 논문집(*Text and Technology: In Honour of John Sinclair*)』(John Benjamins)를 보기 바란다.

56) 근본적으로 형식을 염두에 둔 이런 주장을 수용하면 처리가 복잡해질 수 있다. 가령, 우리말에서 '기 막히다'라는 표현의 다의적 어휘 확장에 대한 설명이 힘들어진다. '기 막히다'라는 표현은 직관적으로 '기도가 막힌다'(숨이 막히다)라는 축자적인 의미에서부터 시작하여, 다음과 같이 앞뒤의 환경에 따라 여러 가지 뜻으로 해석될 수 있다. 축자적인 뜻일수록 '기 뚫리다'는 대립 표현이 가능하지만, 비유적일수록 이런 대립이 성립되지 않는다. 만일 어떤 기 치료사가

① "얼굴이 붓는 것은 기(가) 막힌 증세입니다."

라고 말한다면, 축자적인 뜻으로 고정되어, 우리 몸 속에 흐르는 어떤 힘이 장애물을 만나 막혀 있다는 해석을 받으며, '기 뚫다'는 표현과 대치될 수 있다. 그렇지만

② "생사람을 억지로 도둑으로 몰아가니 기막히네!"

에서는 '어이없다'는 뜻으로 고정되며, 한 낱말로 인식되어 국어사전에서는 띄어 쓰지도 않는다. 또한

③ "기막힌 사연, 기막힌 인생"

에서는 이례적이거나 평탄치 않은 사건이나 삶을 가리킨다. 여기서도 결코 '기 뚫리다'와 짝을 이룰 수 없다. 그리고 다음처럼 부사의 구실도 한다.

④ "기막히게 좋은 제품이구나!"

에서는 '말로 표현할 수 없을 만큼 대단히'라는 뜻을 갖게 된다. 만일 이런 경우들을 이음말로 처리한다면, 다의어적인 확장 의미로 볼 적에, 적어도 세 종류의 틀이 주어져야 할 것이다. 먼저 두 개의 축이 설정되고('기 막히다/뚫리다'의 틀 및 부사의 구실의 틀), 그 축 사이의 어느 지점에 자리잡는 틀이 있어야 한다. 그렇지 않다면 모두 별개의 이음말로 처리되어야 하며, 어휘 항목만 끝없이 늘어날 것이다. 필자의 판단에, 씽클레어 교수의 이음말 접근 방식은 오직 낱말 형식의 묶임만을 고려한 것이지, 좀 더 심각하게 의미 처리까지 고려되어 있지 않다. 따라서 그 복잡성이 더욱 가중될 것으로 보이며, 의미 관계를 먼저 제어하는 것이 더 나은 해결책일 것이다. 물론 이런 약점도 대용량의 기계적 처리로 신속하게 해결한다고 방어한다면 문제가 되지 않을 수도 있다.

과 문법이라고 재해석하는 셈이다. 낱말이 범위가 낱말들의 연결체로 확대된 것에 다름 아니다. 이런 답변에서도 첫째 답변에서 살펴보았듯이 지향점이 궁극적으로 거시언어학 영역을 향하고 있음을 확인할 수 있다.

셋째 답변은 가장 많은 분야에서 상정되는 것이다. 수학기초론, 철학, 심리학, 인공지능, 사회학, 언어교육 등이다. 그런 만큼 이를 표현하는 용어만 해도 스무 가지가 넘는다.57) 언어의 산출 및 이해 과정에서도 명제를 기본 단위로 본다. 심리학의 논의에서는 명제의 '심리적 실재성'을 입증하기 위하여, 비록 한 문장으로 표현되어 있다고 하더라도 복합 명제로 이뤄진 것을 처리하는 시간과 '단일 명제'로 이뤄진 것을 처리하는 시간이 서로 차이가 나며, 인출 회상에서도 그러함을 증명해 왔다.58) 이때, 수학이나 논리학에서 다루는 엄격한 의미의 명제가 아니라, 아주 느슨하게 '절(clause)' 단위로 이뤄진 것인데,59) 이런 느슨한 의미의 명제가 심리적 실재라는 주장이다. 이 글에서도 이런 입장을 그대로 따르기로 한다.

명제의 형식은 프레게(G. Frege 1879)에60) 따라, 양화사를 머리에 얹고

---

57) 르펠트(1989; 김지홍 뒤침 2008, 1권: 59쪽)에 이미 18개가 올라 있다. 주기, 심층 절, 착상, 정보 벽돌, 정보 단위, I-표지, 전달내용, 음운 절, 명제구조, 문장, 분출, 표면 절, 통합체, 어조 집단, 어조 단위, 총체 개념물, 발언기회 구성단위, 최대투영 구절들이다. 이밖에도 종결 가능 단위(T-unit), 단순 개념(simplex), 억양 단위, 정신 언어, 최소 진술문, 의사소통 최소단위 등도 추가될 수 있다.

58) 킨취(1998; 김지홍·문선모 뒤침 2010), 『이해: 인지 패러다임』(나남)의 제3장에서는 회상 실험·읽기시간·점화연구의 세 가지 측면에서 명제의 심리적 실재성을 확인하고 있다.

59) 언어학에서는 절(clause) 단위라고 부르기도 하고, 절이 하나의 억양 단위로 묶이므로 췌이프(Chafe 1996; 김병원·성기철 뒤침 2006), 『담화와 의식과 시간: 언어 의식론』(한국문화사)에서는 '억양 단위'로도 불렀다. 전통문법에서는 막연히 단순한 문장이란 뜻으로 '단문'이라고 부른 적도 있지만, 단문이 아무런 제약도 없이 임의의 논항을 문장 형식(내포문)으로 구현할 수 있기 때문에, 단순하다는 개념 자체가 잘못된 것이다.

60) 프레게(G. Frege 1848~1925)는 하이주누엇 엮음(Heijenoort 1967)에서는 '현대 학문의 아버지(the forefather of modern sciences)'라고 극찬되기까지 한다. 아마 최상위 개념인 판단 (judgement)만을 제외하고서, 엄격히 일원론적인 사고 전개 방식을 완벽히 형식화해 놓았기 때문으로 짐작된다. 긴 부제가 달린 『개념 표기법: 순수사고를 위하여 산술 형식언어에 바탕을 둔 하나의 형식 언어(*Begriffsschrift: a formula language, modeled upon that of*

서 일원론적 표상 방식으로 나타낼 수 있다. 이는 양화된 술어 논리로 불리며, 오늘날 우리가 기대어 학문을 해 나가는 '가설-연역적 접근' 방식이 프레게의 틀을 그대로 물려받고 있다. 매우 소략하게 큰 지도를 말한다면, 이 접근 방식은 언어학자들에게 친숙한 기호학 접근에서 '형식과 내용'의 결합을 명시적으로 표시해 주는 방식에 다름 아니다. 기호학에서는 형식이 다시 단위와 단위들의 결합체로 나뉘고, 그런 결합체들은 모두 내용과의 대응 여부를 묻게 된다. 동일한 사고절차를 따르고 있지만 논리학이나 수학에서는 용어들을 특별히 만들어 쓰는데, 이를 공리계(axiomatic system)라고 부른다. 공리계는 '무정의 용어(undefined terms)'들과 이들을 결합시키는 연산자와 참값을 따지는 의미해석 규칙 및 담화세계로 이뤄져 있다. 이는 고등학교 수학에서 익숙히 다루던 정의역과 치역의 결합인 셈이며, 이런 결합을 놓고서 특별한 관계인 함수라고 부른다. 이렇게 번역된 명제 형식들은 추론 및 함의 관계를 명시적으로 밝히는 데에 이바지해 왔다.[61]

그렇지만 특이하게 이런 사고의 진행 과정을 상위 차원에서 감시할 상위 인식은 도입되지 않는데, 괴델(Gödel, 1906~1978)이 증명하였듯이 변항을 도입하는 순간에 명제 형식은 자기 모순을 빚기 때문이다.[62]

---

arithmetic, for pure thought)』은 하이주누엇 엮음(1967), 『프레게로부터 괴델까지: 1879년 ~1931년 사이의 수리논리학 자원 독본(From Frege to Gödel: A Source Book in Mathematical Logic, 1878~1931)』(Harvard University Press)에 영어로 된 완역을 볼 수 있고, 기취·블랙 엮음(Geach and Black 1970), 『고틀롭 프레게의 철학 논문 번역선(Translations from the Philosophical Writings of Gottlob Frege)』(Basil Blackwell)에도 일부(제1장)가 들어 있다. 프레게 저작의 우리말 번역은 현재 두 권이 나와 있다. 프레게(1884; 박준용·최원배 뒤침 2003), 『산수의 기초』(아카넷)와 프레게(1893; 김보현 뒤침 2007), 『산수의 근본 법칙 I』(울산대학교 출판부).

61) 자연언어를 명제 형식의 언어 또는 논리 언어로 번역해야 하는 이유를 데이빗슨 (Davidson 1980; 배식한 뒤침 2012), 『행위와 사건』(한길사), 246쪽 이하에서 '카자일에 답함'을 보면, 명제들 사이의 성립하는 함의나 함축관계를 명시적으로 드러내어 계산하려는 것이라고 분명히 서술해 놓고 있다.

62) 뤄쓸(Russell 1903, 1937 제2판), 『수학의 원리(The Principle of Mathematics)』(Norton) 제3 장에서도 형식 함의(formal implication)은 그 자체로 판단이 완벽히 이뤄질 수 없음을 지적한 바 있다. 따라서 오직 실질 함의(substantial implication)들만으로써 자신의 수학

화용론이나 담화론에서는 화자와 청자가 공유하는 것으로 믿어지는 상호 공통기반을 확정하는 경우에 이러한 모순이 생겨나며, 특히 이를 '무한 퇴행(infinite regression)'의 역설이라고 부른다. 의사소통이 제대로 이뤄지기 위해서는 이를 극복하는 전략들을 세워야 한다.[63] 이를 피하는 방식들 중 하나가 타아스키(A. Tarski, 1901~1983)의 진리 모형에서 주장되고, 데이빗슨(D. Davidson)이 적극 옹호한 상항들로만 이뤄진 1계 명제 논리식(first-ordered logic)이다.[64] 물론 영어에서 'such that(다음처럼 참값을 지닌 항들이 있음)'으로 번역되는 추상화(abstraction) 연산의 딸림-함수(g-function)도 언제나 진리값이 부여되는 항들이므로, 논리식은 좀 더 확장될 수 있다. 의사소통이 일어나는 현실세계에서는 이미 치역이 정해져 있고, 담화세계(discourse domain)라고 불린다. 따라서 정의역에서 계산되는 '형식'의 완결성을 추구하기보다는 오히려 치역들의 세분화에 무게가 실린다. 정의역을 플라톤의 이데아(제3 세계)라고 본다면,

---

원리를 구성하고 있다. 연산주의에서도 입력이 들어가면 출력이 나오는 관계를 똑같이 함의 관계의 기호를 쓰고 있으며, '→'를 연산(computation)으로, '⊢'을 계산(calculation)으로 구분하여 부른다. 충분 조건만 적용되는 것을 연산이라 하고, 필요·충분 조건이 적용되는 것을 계산이라 하는 것이다. 필자는 뤄쑬의 함의 관계가 주역에서 말하는 변화 또는 변역(變易)과 동등하다고 본다. 즉, 사건의 내적 또는 외적 변화를 표상해 주는 것이다. 괴델의 완벽성 정리(1930)와 형식 함의의 미결정성 증명(indecidable proposition)은 모두 하이주어늦 엮음(1967) 속에 영역되어 있다.

63) 클락(H. Clark 1996; 김지홍 뒤침 2009), 『언어사용 밑바닥에 깔린 원리』(도서출판 경진) 제4장에서 무한 퇴행을 극복하는 재귀적 공통기반 따위 여러 가지 방식들이 검토되고 있지만, 자족적으로 완벽한 해결책은 없다. 다만, 상식적으로 서로 공통된 믿음을 공유한다고 생각하고서, 의사소통에 지장이 없는 한 의심을 삭감할 뿐이다. 이런 상식적 접근이 바로 일상언어 철학자 그라이스(P. Grice)가 택한 방식이다.

64) 상항은 언제나 참값을 지닌 존재들을 다루기 때문에 모순이 생겨나지 않는다. 그렇지만 변항이 도입될 경우에 양화 범위가 전체가 될 수도 있고, 하나가 될 수도 있다. 전칭 양화사의 참값을 보장해 줄 수 있는 방식이 논리식 속에 자체적으로 들어 있지 않다는 것이 문제이다. 대상세계를 따지지 않고, 대신 도출 과정에 엄밀성을 따지는 간접적인 방식을 추구한 수학자가 바로 튜링(A. Turing)이다. 상항만으로 된 1계 논리식의 진리 모형은 타아스키(Tarski 1956), 『논리, 의미, 상위-수학(Logic, Semantics, Meta-mathematics)』 (Hockett Publishing Co.)를 보기 바란다. 데이빗슨(D. Davidson, 1917~2003)의 책 중에서 최근에 한국연구재단의 명저 번역사업으로 데이빗슨(1980; 배식한 뒤침 2012), 『행위와 사건』(한길사)과 데이빗슨(1984; 이윤일 뒤침 2011), 『진리와 해석에 관한 탐구』(나남)가 출간되었다.

치역은 오히려 아리스토텔레스의 분류학이 적용되는 현실계이자 경험 세계이다. 따라서 형식의 완결성이나 완벽성에 치중하기보다는, 주어진 내용으로서 삶의 세계에 대한 분류가 더 요청된다고 말할 수 있다.

언어 산출에 대한 전제로서 '생각의 단위'가 무엇인지에 대하여 다루었다. 일단 생각은 언어로 이뤄진다고 전제하고서, 이 물음을 언어의 기본단위에 대한 물음으로 환원할 수 있었다. 그런데 소박한 낱말이나 구절이라는 답변도, 실제 작동을 위하여 이것보다 더 큰 단위가 함의되어 있음을 확인하였고, 그 단위를 '절(clause)' 또는 명제라고 불렀다. 그렇다면 이제 낱말보다 좀 더 큰 단위인 절 또는 명제가 무엇이며, 다른 것과 어떤 연관을 갖는지에 대하여 묻고, 대답을 해야 할 것이다.

2) 언어 단위로서 '절(clause)' 또는 명제

프레게(1879)에서는 함수와 논항이란 말을 쓰고 있지만, 자연언어에서는 전형적으로 각각 동사와 명사에 해당한다. 수학에서 함수란 재귀성·대칭성·추이성을 만족시키는 특정한 관계를 가리킨다. 그런데 이 함수는 아직 채워지지 않은 홈을 지니고 있으며, 이 홈이 채워져야만 비로소 참·거짓 값을 가질 수 있다. 그는 이 홈을 채울 수 있는 항을 논항(argument)으로 불렀고, 폴란드 논리학자들은 자리(place 또는 tuple)라고 불렀다. 특히 이 결합 형식은 언제나 실세계에서 가리킬 수 있는 대상의 숫적 범위를 표시하는 양화 연산자에 의해 묶여 있어야 한다. 어떤 식형도 양화 연산자가 표시되어야 하며, 설사 수량을 따질 수 없는 상항(constant)조차 일관되게 그런 형식을 지녀야 하는 것이다. 이를 진리값을 따질 수 있도록 닫혀 있는 식형(closed formulae)이라고 부른다.

명제는[65] 칸토어(Cantor, 1845~1918)의 집합 개념에서도 쉽게 도출된

---

65) 소흥렬(1979), 『논리와 사고』(이화여자대학교 출판부)를 보면, 생각의 최소 단위인 명제는 실제 세계에서의 어떤 사실을 진술하는 것이다. 따라서 참과 거짓을 판정할 수 있는 원자

다. 소략하게 말하여, 집합(set)은 동사에 해당되고, 원소(element)는 명사에 해당된다. 원소는 집합을 전제로 하고, 집합은 또한 원소를 상정해야 한다. 명사와 동사를 철학적으로 표현하면, 각각 개별자와 보편자에 대응한다. 이들은 반드시 서로 긴밀히 짜이고 합쳐져야 한다. 즉, 보편자와 관련 없는 개별자가 있을 수 없고(개별자는 다수의 보편 속성을 지니고서 '속성들의 다발'로서 존재하거나 또는 우리들에게 드러남), 개별자가 전혀 없는 보편자도 존재할 수 없는 것이다. 보편 속성은 반드시 개별 대상을 통해 구현되는 것이다. 때로 보편자를 추상적 존재로 보고 개별자를 경험할 수 있는 구현체로 여기기도 한다. 뤄쓸(Russell 1903)에서는 이러한 관계를

class-concept(원초적 집합 개념),[66]

진술문인 것이다. 추론을 가능하게 하는 삼단논법과 생략된 모습의 삼단논법(enthymeme)을 아리스토텔레스가 확립한 뒤로, 중세시기에는 명제들 사이에서 개념상으로 성립하는 논리적 관계들을 엄격히 따졌다(소흥렬 1979, 제5장). 이때의 명제는 시간을 초월한 절대불변의 것을 가리켰었다. 무시제 표현인 것이다. 그렇지만 뤄쓸(Russell 1905)과 스트로슨(Strawson 1950) 사이에 벌어진 논쟁으로 말미암아 추상적인 명제가 시간과 공간에 따라 달라지는 실제적인 모습을 다루게 되었다. 이를 명제와 구분하여 진술(statement)이라고 부른다. 정대현 엮음(1987), 『지칭』(문학과지성사)에 실린 뤄쓸과 스트로슨 글들을 참고하기 바란다.

66) 필자는 2012년 한 해 동안 경상대학교 수학교육과 조열제 교수(한림원 정회원)의 도움 아래 전체 제7부로 이뤄진 천재의 걸작 중에서 제3부까지 한 문장씩 번역하면서 자세히 읽을 수 있었다. 깊이 감사드린다. 뤄쓸은 일반적인 용어인 set(집합)이나 aggregation(모음)이란 낱말을 쓰지 않고, 독특하게 class(클라스, 부류, 계층: 수학에서는 번역 없이 '클라스'라고 부름)란 말을 쓰고 있다. 그렇지만 왜 그런 선택을 하였는지에 대해서 어디에서도 명시적인 언급을 하지 않고, 통상적인 개념(notions)처럼 도입되었다. 따라서 오직 읽는 사람이 해석을 해야 할 몫일 뿐이다.
   필자의 생각으로는, set(집합, 칸토어 Mengenlehre의 영어 번역)이란 용어를 쓴다면, 개체들만이 들어 있어서 마치 죽은 시체들만 있는 고요하고 정적인 세계처럼 느껴질 소지가 있다고 본 듯하다. 이들이 살아 있는 사람들처럼 복잡한 관계를 맺으려면 반드시 연산(operation, 2013년 학술원 발간 책자에서 박세희 교수는 operator를 벡터에서 벡터로 가는 '작용소'로 번역하고 있으므로, '작용'으로도 번역될 수 있음)이 주어져야 한다. 가령, 철수와 영이가 서로 연인이라는 관계로 맺어지거나, 동향이라는 관계로 맺어지거나, 라면을 즐겨 먹는다는 관계 또는 청바지를 입고 다닌다는 관계나 미혼자라는 관계 등으로 복잡하게 얽히고 맺어질 수 있다. 이런 관계들을 포착해 주는 특정한 관계가 함수(function) 또는 표현(representation, 우리 개념과 사고를 드러내고 나타냄)이라고 불린다. 아마도 뤄쓸은 set(집합)이라는 용어는 임의의 연산이 이뤄져 도출되는 이런 가능한 관계들을

classes(집합),

classes of classes(상위 집합으로서 관계[relations] 또는 함수[functions])

를 통하여 일관되게 명제 논리식을 계산할 수 있는 개념들을 구현하고
있다. 그의 수학체계는 맨 뒤에 있는 집합들에 대한 집합들(classes of
classes)을 다루며, 이 관계는 언제나 '재귀성·대칭성·추이성'의 속성들
을 이용하여 일관성(비모순성)을 확정 짓게 된다.

명제와 자연언어 사이에는 쉽게 번역되는 부류도 있고, 그렇지 않은
부류도 있다. 특히 후자 때문에 논리 실증주의에서는 자연언어가 불신
을 받기도 하였다. 가령, 영어의 정관사 the는 뤄쓸(Russell)에 따르면 존
재성 및 유일성의 조건이 녹아 있지만(특칭 연산자 iota operator),[67] 자연
언어는 결코 스스로 그런 사실을 드러내지 못한다. 일상언어 철학자
오스튼(Austin)의 분석에 따르면, 영어의 조동사 can은 언제나 '원하다,
선택하다' 따위의 동사로 이뤄진 조건문으로 재번역된다.[68] 뿐만 아니

연상시켜 주지 못한다고 파악하였을 듯하다. 따라서 임의의 연산이 들어가 있는 어떤
집합을 드러내기 위하여, 일부러 다른 낱말인 class(클라스)를 선택하였을 것으로 보인다.
따라서 『수학의 원리』에서 미리 전제된 개념이 class-concepts(원초적 집합 개념, 클라스-개
념체)이다. 이들은 모두 어떤 연산 가능성(특히 실질 함의[substantial implications] 관계)을
자신 속에 녹여 지니고 있는 대상들이 된다. 필자의 생각에 이를 자연언어로 번역하면,
임의의 속성을 지닌 대상들(entities with a property)이 그 후보가 될 것이다.
  조열제 교수는 수학 연산을 가능하게 만드는 전제 개념으로 '거리'(복합개념임)가 기본
적이며 필수적이라고 본다. 만일 인간의 정신작용이 유사성과 차별성을 찾아내는 과정
이라면, 거리 개념이 성립되기 위해서 응당 서로 차별적인 두 점(또는 지점)이 미리 주어
져 있고, 두 점 사이에 모종의 공통기반에 기대어 거리가 주어질 수 있는 것이다. 그렇다
면 '거리'는 임의의 연산이 주어져 있는 서로 떨어져 있는 동질적 개체들을 가리키는
개념이 될 수 있다.

67) 정대현 엮음(1987), 『지칭』(문학과지성사)에서 하종오 교수가 번역한 뤄쓸(1905), 「표시
    에 관하여(On denoting, 지시 구절의 속성에 대하여)」를 읽어 보기 바란다.
68) 사후에 편집된 오스튼(1961), 『철학 논문선(*Philosophical Papers*)』(Clarendon)의 제7장 'IFs
    and CANs'를 보기 바란다. 자연언어가 그대로 명제 형식의 논리형태를 갖출 수는 없다.
    제1장 6절에서는 우리말의 감각동사·감정동사·교감 묘사동사들이 새로운 명제들이 더
    추가되면서 의미가 표상됨을 논의하였다. 가령, 우리말에서 '덥다 : 뜨겁다 : 더워하다 :
    뜨거워하다'는 비록 사전에 한 낱말로 등록이 되어 있지만, 이를 개념상으로 다루려면
    체계적으로 명제들이 추가되는 형식을 제공해 주어야 함을 다루었다.

라, 자연언어마다 고유하게 동사 의미구조의 변동 폭이 개별적으로 달라진다. 다의어적 관점에서 볼 때, 한국어의 '보다'는 시지각동사(사진을 보다)에서부터 시작하여, 행위동사(시험 보다, 사위 보다)를 거쳐 시도를 나타내는 보조동사(가 보다, 먹어 보다)뿐만 아니라 추측동사(비가 오는가 보다, 눈이 내릴까 보다)로까지 변동된다. 그렇지만 영어 'see'는 시지각동사에서부터 이해를 가리키는 인지동사로만 변동된다. 이런 특성들 때문에 자연언어로부터 개념언어 또는 보편언어(또는 논리학자 만테규 R. Montague는 '중간언어'라고[69] 부름)로 쉽게 곧장 번역될 수 없고, 반드시 재조정 과정을 거쳐야 한다. 그 까닭은 자연언어의 단서를 통하여 관련된 개념들을 정합적으로 재구성하여, 논리적 추론과 명제들의 함의 관계를 명시적으로 도출해 내려는 목적 때문이다. 재조정이나 재구성이 필요한 만큼, 자연언어는 많든 적든 간에 안개에 휩싸여 흐릿하게 존재한다고 말할 수 있다. 따라서 자연언어의 '재번역'이 매우 중요해지는 것이다.

이런 사고 전개 방식을 자연언어에 적용할 경우에, 전형적으로 동사를 중심으로 하여 이뤄진다. 그렇지만 이는 명사 또한 명사 구절로도 확장된다. 그런데 그 방식이 마치 동사가 빈 홈들을 채워 나가는 것과 같다고 하여, 이를 촘스키(N. Chomsky) 교수는 핵어(head)라고 부른다. 곧, 모든 언어 표현은 하나의 핵어를 지니고, 그 핵어가 요구하는 논항으로 이루어지는 것이다(Frege의 '방법론적 일원론' 형식을 따름). 전통적으로 동사는 현실세계에서 사건과 대응하고, 명사는 현실세계에서 대

---

69) 프레게의 마지막 제자가 카아냅(Carnap) 교수이며, 카아냅의 뛰어난 제자가 만테규(1930~1971)라고 한다. 그는 초기에 자연언어를 직접 논리언어로 번역하는 일에 집중하다가, 이런 일이 불가능함을 깨달았다. 대신 중간 매개언어로서 내포논리(intensional logic)를 통하여 논리식으로 번역하는 일이 가능함을 입증하였다. 파어티(Partee) 교수는 촘스키의 보편문법과 만테규의 내포논리 언어가 동일한 것으로 보았다. 만테규 교수의 글들은 사후에 토머슨 엮음(Thomason 1974), 『형식 철학: 뤼쳐드 만테규 논문선(*Formal philosophy: selected papers of Richard Montague*)』(Yale University Press)로 발간되었다. 우리나라에서는 특히 이기용 교수와 이익환 교수가 만테규의 내포논리를 소개하는 데 앞장섰다. 이익환(1984), 『현대 의미론』(민음사)를 읽어 보기 바란다.

상과 대응한다. 그렇지만 이들은 별개의 두 개체가 아니라, 집합과 원소의 관계로 묶여 있다. 달리 말하여 존재(Being) 및 존재자(being)의 관계이다. 존재를 언급하면 보편 개념인 집합이 되고, 존재자를 언급하면 대상 개념인 원소가 되는 것이다. 그렇다면, 핵어로서 동사가 비어 있는 홈을 채우고 하나의 자립 형식을 만들어 낸다면, 이는 현실세계에서의 낱개의 사건에 대응한다. 홈이 채워지는 과정을 생성문법에서는 투영(projection)이라고 부른다. 투영된 결과는 현실세계에서 우리가 경험할 수 있는 하나의 단위 사건(낱개 사건)에 대응한다. 이제 물음은 단위 사건이 정의될 경우, 다음에 무슨 일을 할지에 모아진다. 다시 말하여, 낱개의 사건들이 어떻게 이어지며, 어떻게 통합되는지에 대한 물음이 제기되는 것이다. 이는 거시언어학 또는 담화에서 다루는 주제가 된다.

거시언어학 또는 담화에서는 크게 두 가지 영역을 다룬다. 발화(문장)와[70] 발화(문장)가 결합되는 미시영역 및 덩어리진 단락들이 결합되어 전체 덩잇말(덩잇글)을 이루는 거시영역이다. 미시영역은 발화들을 묶어 주는 언어 기제에 의해 엮인다. 핼러데이·허싼(Halliday and Hasan 1976) 『영어에서의 통사 결속(Cohesion in English)』(Longman)에서 논의된 지시 표현·어휘사슬·대치·생략·접속사들을 이용하는 것이다. 그렇지만 거시영역은 특정하게 마련된 언어 기제가 따로 존재하지 않는다. 대신 장기기억에 있는 배경지식에 따라 추론을 하면서, 해석 주체가 스스로 덩어리들을 한데 묶어 가게 된다. 최근 언어심리학에서는 이런 구분을 고려하지 않은 채, 영역의 크고 작음만을 나누어 local coherence(지엽적 연결 속성)나 global coherence(전반적 연결 속성)으로 부르는 경우도 있다.

---

70) 언어가 경험되는 단위는 입밖으로 나온 말소리 연결체와 종이 위에 씌어 있는 글자 연결체들이다. 이들을 각각 입말과 글말이라고 부른다. 하나의 명제 또는 절이 입말로 나올 경우에 '발화'라고 부르고, 글자로 적혀 있을 경우에 '문장'이라고 부른다. 옛날에서부터 글로 적힌 문헌들이 문화의 중심에 자리잡고 있었기 때문에, 문장이 더 중요한 것처럼 느껴질 수도 있다. 그렇지만 문장이 지켜야 하는 질서와 말소리로 나오는 발화가 지켜야 하는 질서들이 고유하게 따로 있으므로, 최근에는 각각 독립된 영역들로 다루기도 한다. 이 주제는 제8장에서 논의하게 된다.

그렇지만 처리 도구가 다름을 드러내지 못하는 한계가 있다. 응당 원래의 용어를 살려 cohesion(통사결속)과 coherence(의미연결)을 서로 구분해 놓는 것이 바람직하다.

담화는 언어를 매개로 한 미시영역과 거시영역을 다루지만, 거시영역을 일관되게 이어주고 추론이 일어나도록 하는 힘은, 그 밑바닥에 깔려 있는 이념이나 가치와 밀접히 맞물려 있다. 따라서 그런 이념이나 가치를 명시적으로 부각시켜 비판적으로 다루는 흐름이 최근 비판적 담화 분석(critical discourse analysis, CDA)이란 이름으로 자리잡았다. 특히 영국의 페어클럽(Fairclough) 교수와 화란의 폰대익(van Dijk) 교수에 의해 주도되어 왔다.[71] 이 관점에서 서면, 우리가 일상생활에서 접하는 많은 의사소통들이 결국 이념이나 가치체계의 갈등이나 부합이나 새로운 적응의 모습에 지나지 않는다. 표면상으로는 언어 표현들로 수식되어 있지만, 이것들이 심층에 있는 이념이나 가치체계의 반영일 뿐이다. 그렇다면 의사소통 모습으로서 언어 산출의 과정은 심층에 깔고 언어로 외현되지 않는 이런 이념이나 가치체계들도 스스로 자각하고 있어야 할 것이며, 얼굴을 마주 보는 의사소통에서도 상대방의 반응을 통하여 이런 심층의 신념이나 태도들을 짐작해 나가야 할 것이다.

명제를 다루는 논의들은 계속 상위에 있는 계층들을 더욱 분명히 다루면서 발전해 나가고 있다. 이런 일은 인간 정신 기능의 특성에 의해

---

71) 페어클럽 교수의 책들 중에서 세 권이 번역되어 있다('페어클라우/페어클로'는 잘못된 발음이며 www.forvo.com에서 확인할 수 있음). 페어클럽(1995; 이원표 뒤침 2004), 『대중매체 담화 분석』(한국문화사); 페어클럽(2001; 김지홍 뒤침 2011), 『언어와 권력』(도서출판 경진); 페어클럽(2003; 김지홍 뒤침 2012), 『담화 분석 방법: 사회 조사연구를 위한 텍스트 분석』(도서출판 경진). 아쉽게도 아직 폰대익 교수의 책들은 우리말로 번역되어 있지 않다(www.forvo.com에서 van Dijk의 화란 발음을 들을 수 있음). 폰대익(2004), 「덩잇글 문법에서부터 비판적 담화 분석으로의 전환: 간략한 학문적 자서전(From Text Grammar to Critical Discourse Analysis: A brief academic autobiography)」에서는 언어학자가 심리학, 사회학, 문화 비판으로 점차 학문상의 발전을 하게 되는 전환점들을 적어 놓고 있다. 최근에 폰대익(2008), 『담화와 권력(Discourse and Power)』(Palgrave Macmillan)이 나왔다. 그의 누리집에서 비판적 담화 분석에 대한 책과 글들을 다수 내려받을 수 있다(http://www.discourses.org).

가능해질 듯하다. 뤄쏠(1937) 『수학의 원리』에 따르면, 이런 특성을 표현하는 중요한 개념들 중 하나가 다음 기능이다.

[[하나(one 일자) ⇄ 여럿(many 다자) ⇄ 전체(whole)] ⇄ 하나 ⇄ 여럿 ⇄ 전체] …

'하나·여럿·전체'의 변증법적 상하 관계이며, 신라 원효스님의 논설도 이를 다룬다고 한다.[72] 이는 연구자에 따라 내포하기(embedding), 겹겹이 싸기(encapsulation), 포개어 놓기(nesting), 계층화(hierachy) 등으로 불린다. 이는 한 방향으로 작용하기도 하고, 또한 역방향으로도 작용할 수 있다. 그렇지만 일반 사람들에게는 끝없이 전개되는 상위 계층으로 올라가는 일이나 하위 계층으로 내려가는 일에 익숙지 않다.[73] 대신 어느 정도 안정된 숫자의 계층들을 선호하고 요구한다. 분류학에서는 이 점이 흔히 낱말들에 관한 위계로 포착된다. 그 위계는 기본 층위를 중심으로[74]

---

72) 김상일(2004), 『원효의 판비량론 비교연구』(지식산업사)와 김상일(2012), 『대각선 논법과 역』(지식산업사)에서 읽을 수 있는데, 괴델의 초월수 논리(대각선 증명의 논리)를 원효스님이 먼저 깨닫고 구현하였다고 주장한다. 그런데 만일 그 주장이 옳다면, 초월수의 저작권은 본삼매의 궁극적 열반을 처음 설파한 2600년 전의 부처에게로 돌아가야 할 것이다.

73) 수학자 박재걸 교수의 「Functions and Background of Definition of Binary Operations」(2011, 경상대학교 수학과 특강원고)를 보면, 수학의 설계에서도 이런 과정이 핵심적이다. 수학에서는 순방향을 합성(composition), 역방향을 decomposition(분해)으로 부른다. 또는 집중화(concentration), 단순화(simplification)로도 부른다. 한국학중앙연구원의 김형효 교수는 불교를 해설하는 강의에서 인류 지성사의 전개가 오직 구성(순방향, construction) 및 해체(역방향, deconstruction) 두 방향밖에 없다고 하였다. 그렇다면 학문 분야별로 비록 다른 용어를 쓰고 있지만, 인간 정신의 공통된 작용 방향들을 언급하고 있는 것임을 알 수 있다.

74) 테일러(Taylor 1989; 조명원·나익주 뒤침 1999), 『인지 언어학이란 무엇인가: 언어학과 원형 이론』(한국문화사)과 신현정(2000), 『개념과 범주화』(아카넷)의 제4장을 읽어 보기 바란다. 이 분야에서는 뢰슈(E. Rosch)의 글들이 많이 읽힌다. 뢰슈는 이런 층위들이 생각을 만들어 낸다고 가정하고 연구를 진행하였었다. 그렇지만 뢰슈(1988), 「Coherence and Categorization: A Historical View」, F. Kessel ed., 『The Development of Language and Language Researchers: Essays in Honor of Roger Brown』(Lawrence Erlbaum)에서는 개념을 만들어 내는 데에 관여하기보다는 이해를 촉진하는 방편으로 보아야 한다고 반성하고 있어서 주목된다.

그런데 이런 층위의 문제는 언어의 산출과 이해에도 관련된다. 일단 임의의 의사소통 소략하게 하위로 2개 층위, 상위로 2개 층위가 설정된다. 하위 층위는 어느 언어에서이든지 대체로 고정되고 안정되어 있지만, 상위 층위는 구성 주체의 관점에 따라 다양하게 변동될 수 있다.

이상에서 절(clause) 또는 명제가 사고의 기본단위로서 자연언어에서 전형적으로 동사와 동사가 거느리는 명사들로 만들어짐을 살펴보았고, 또한 명제들이 더 연결되어 더 큰 덩어리로 되며, 담화라는 분야에서 이런 확장 관계를 다룸을 알 수 있었다. 이런 확장 경로는 단순한 외길이 아니라, 복합적인 여러 경로를 통해 지지되는 과정이다. 보편성과 개체, 추상성과 구체물, 전체와 하나, 상위 계층과 하위 계층 사이의 내포화 과정 등이 동시에 작동되어 귀결되는 일이다. 인류 지성사에서는 이런 짝 관계를 모순으로 파악하거나 또는 정합적 의존 관계로 파악하기도 하였다. 그렇지만 이런 명제들의 작동방식도 설사 아무리 모순스럽더라도 명제로 표현될 수밖에 없다는 어려움이 있다. 즉, 우리가 혼동스러움을 벗어나려면 불가피하게 낮은 차원이나 높은 차원이라는 수식어를 붙여 쓸 수밖에 없는 것이다. 후자일수록 명제에 대한 명제, 즉 상위 차원의 명제가 된다. 이제 구체적으로 낮은 차원의 명제가 자연언어에서 '동사'와 어떻게 관련되는지를 우리말의 일부 동사들의 사례를 들어 유기적이고 체계적으로 짜여 있음을 보이기로 한다.

의도가 정해지면, 의도를 언어로 표현하기 위하여 어휘항목을 인출해야 한다. 이때 더 상위층위의 어휘항목도, 더 하위층위의 어휘항목도 아닌 꼭 알맞은 층위의 어휘항목을 적시에 뽑아내어야 한다. 르펠트(1989; 김지홍 뒤침 2008), 제6장 2절에서는 이를 어휘항목 및 통사-의미값(lemma) 접속에 관련된 '상의어 문제'로 부른다. 그는 이 문제를 해결하기 위하여 '유일성·변별적 핵심자질·구체적 명세내역 관련 원리'들이 긴밀히 공모해야 한다고 보았다. 그런데 대체 이런 상위 원리들은 어떤 층위/계층에 있는 것일까? 만일 '자아' 층위가 설정된다면 이보다 더 낮은 층위일까, 아니면 대등한 층위일까? 또한 언어 이해 과정에 작동하는 추론에서도 특히 정보 더해 놓기에 층위의 문제가 관여한다. 정보를 더해 놓은 일은 더 높은 층위에 있는 개념을 언어로 표현해 주는 것인데, 얼마만큼의 상위 계층에 있는 개념과 낱말을 인출해야 하는지 아직 어디에서도 결정된 일이 없다.

7장. 언어가 작동하는 실례: 보편 언어와 개별 언어

1) 명제를 투영하는 동사의 분류:
우리말 감각동사·감정동사·교감 묘사동사의 사례

필자는 자연언어가 스스로 짜임새 있는 내적 질서를 구현하고 있음을 보여 주기 위하여, 가장 적임인 사례들이 '감각동사' 무리들이며, 버금 후보로 '감정동사'가 있다고 본다. 일부에서는 이들을 '심리(psychological) 동사'라고 부르지만, 심리는 우리 의식과 거의 같이 쓰이므로, 결코 적절한 이름이 될 수 없다. 좀 더 구체적으로 우리말에서는 '감각동사, 감정동사, 교감/감정이입 묘사동사'가 체계적으로 낱말 형태들로써 정연히 대립을 보여 준다. 가령, 다음의 감각동사 사례들을 보기 바란다.

① 덥다 : 뜨겁다
춥다 : 차겁다

이는 우리가 느끼는 촉감 중에 온도와 관련된 동사이다. 국어를 전공하는 학생들에게 이들의 차이를 말해 보도록 하면, 제대로 대답해 주는 경우가 드물다. 국어사전에서 이런 구분을 제대로 풀어 주는 것도 아니다. 이들은 공통된 소리를 나눠갖고 있다. 'ㅂ : 겁'의 형태적 대립이 그 것이다. 이들 사이의 차이를 말해 주려면, 동사가 문장을 투영하는 핵어이므로, 이 동사들로 문장을 만들어 보면 간단해 진다. '덥다, 춥다'는 이 온도를 느끼는 경험 주체만 있으면 된다. 이를 논항구조 접근법에서는[75] 전형적으로 온도를 경험하는 주체(경험주 의미역)가 채워진다. 이

---

75) 머릿글 8쪽 이하도 보기 바람. 더 자세한 논의는 김지홍(2010), 『국어 통사·의미론의 몇 측면: 논항구조 접근』(도서출판 경진)을 읽어 보기 바란다. 의미역(semantic role)이란 용어는 한 사건을 구성하는 항들에 붙은 의미 딱지이다. 가령, 수사학에서 다루는 '6하 원

를 경험주 의미역을 지닌 논항이라고 부른다. 이는 <u>내부 감각동사들을</u> 가리키게 된다. 이를 명제 형식으로 번역한다면 오직

"나는 느낀다 & 느낌은 특정 온도이다"

와 같다.76) 그런데 '뜨겁다, 차겁다'는 경험주 의미역만으로 홈이 다 채워지지 않는다. 반드시 온도라는 촉감을 느낄 수 있는 외부 대상이 주어져 있어야 한다. 다시 말하여, 개념상 경험주 의미역과 대상 의미역이 필수적으로 구현되어야 한다. 이들은 <u>외부 대상 지각동사인 것이</u> 다.77) "나에게는 이것이 뜨겁다, 나는 그것이 차겁다"와 같은 표현으로 되는 것이다.78) 이를 명제 형식으로 번역하면,

---

칙' 중 '왜'를 제외하면 하나의 사건을 구성하는 항들을 찾을 수 있다. 배경으로서 '언제, 어디서'가 있고, 사건으로서 '누가, 무엇을, 어떻게'가 있다. 여기서 '무엇을'은 대상을 가리키는 의미 역할을 하므로 '대상 의미역'라고 부른다. '누가'는 대상에 변화를 일으킨다면 '행위주 의미역'이라고 부르고, 그렇지 못하면 '경험주 의미역'이라고 부른다. 가령 "철수가 사진을 본다"에서, 사진에는 아무런 변화도 생겨나지 않는다. 따라서 이 구문에서 '철수'는 경험주이다. 그렇지만 "철수가 영이를 때렸다"에서는 영이에게 변화가 생겼다(얻어맞았다). 이때에는 '철수'가 대상에 변화를 일으켰으므로 행위주라고 부른다. '어떻게'는 문법상으로 사격들로 나온다는 점에서 '사격 의미역'으로 통칭되지만, 그 내부 항들은 연구자들마다 조금씩 숫자가 달라진다. 흔히 목표 의미역, 기점 의미역, 처소 의미역 따위가 설정된다.

76) 데이빗슨의 사건 논항 표현을 따르면 내부 감각동사는

"∃x (느끼다 [나, x] & 높다[기준 온도, x]"

와 같고, 외부 대상 지각동사는

"∃x (느끼다 [나, x] & <u>있다[대상, x]</u> & 높다[기준 온도, x]"

와 같을 것이다. 외부대상을 서술해 주는 명제가 하나 더 들어가 있어야 하기 때문이다. 여기서는 그런 사건 논항들을 표시하는 일이 번거로울 수 있으므로, 소략하게 명제들의 존재와 관련 논항들만을 적어 두기로 한다.

77) 윌리엄 제임스의 책을 보면, 임의의 perception(감각)에 대해서 스스로 자신이 감각하고 있음을 느낄 적에 분트(Wundt)는 특별히 apperception(스스로 지각함)이라고 명명하였다. 일본에서는 통각(統覺)이란 말을 쓴다. '감각을 통제한다'는 뜻이지만, 결코 그런 감각을 줄이거나 늘이지 못한다. 잘못된 말이다. 그렇지만 심리학자들은 그 뜻도 새기지 못한 채 잘못된 용어를 맹종한다. 우리말에서는 지각(知覺)이라고 불러왔다. 감각하고 있음을 스스로 안다는 뜻이다.

78) 경험주는 언제나 주격 형태로만 실현되는 언어가 있고, 여격 형태로 실현되는 경우가 있으며, 대격 형태로 나오는 경우도 있다. 이런 차이가 언어의 고유한 매개변항이 된다.

426

"나는 느낀다 & <u>외부 대상이 있다</u> & 느낌은 대상의 특정 온도이다"

와 같을 것이다. 그렇다면 내부 감각동사에 외부 대상이 더해지면 <u>외부 대상 지각동사</u>가 되는 것이며, 이를 등식으로 간단히 나타낼 수 있다.

"외부 대상 지각동사＝내부 감각동사＋외부 대상"
"뜨겁다＝덥다＋외부 대상" 또는 "뜨겁다＝[[덥다] 외부 대상]"

언어학의 아버지 소쉬르는 언어가 체계를 이루고 있다는 사실을 처음 밝혀 내었다. 그렇다면, 감각동사의 이런 형태상의 대립을 감정동사로부터도 찾아낼 수 있을 것이다.

② 기쁘다 ： 즐겁다
　슬프다 ： 서럽다

여기서는 'ㅂ ： 겁'이라는 형태가 있는 것이 아니라, '브 ： 겁/럽'이라는 형태가 대립하고 있다. 임의의 닿소리(자음)는 소리가 만들어지기 위하여 반드시 홀소리(모음)와 결합해야 한다. 닿소리 앞에 홀소리가 놓이면 내파음(종성 받침)이라고 부르고, 닿소리 뒤에 홀소리가 놓이면 외파음(초성)이라고 부른다. 동일한 자음이라도 소리가 나는 방식이 두 가지인 셈이다. ①에서는 닿소리 'ㅂ'이 내파음(종성)으로 나온다('읍'처럼 나옴). 그렇지만 ②에서는 닿소리 'ㅂ'이 외파음(초성)으로 나온다('브'처럼 나옴). 따라서 내파음으로 나오든 외파음으로 나오든 동일한 닿소리 'ㅂ'

붜어머·모해넌 엮음(M. Verma and K. Mohanan 1990), 『남아시아 언어에서 경험주 주어 (*Experiencer Subject in South Asian Language*)』(CSLI at Stanford University)를 보기 바란다. 또한 심층구조에서 대상 의미역을 받는 요소가 언어 표현에서 항상 주격을 받아야 하는 경우가 있다. 가장 전형적인 것이 형용사 구문인데, 레븐·뢰퍼포어호밥(B. Levin and M. Rappaport-Hovav 1995), 『비-대격동사 속성(*Unaccusativity*)』(MIT Press)를 보기 바란다.

에 지나지 않는다. 감정동사들은 현대 표기법에서 원형을 밝히지 않기 때문에 글자 형태가 서로 달라져 있다(쁘, 프, 겁, 럽). 그렇지만 이 낱말의 원형을 재구성하면 '깃+브다, 슳+브다'와 '즑+업다/즐ㄱ+업다, 섫+업다'이므로, 공통된 형태소를 찾아낼 수 있다.[79] 따라서 감정동사들에서의 대립 또한 감각동사에서의 대립과 동일한 형태소의 모습을 그대로 유지하고 있는 것이다.

매우 비슷하지만 '기쁘다'와 '즐겁다'가 기본 의미가 어떻게 다른지에 대해서, 명시적으로 밝혀 놓은 본격적인 논의는 과문하여 잘 모르겠지만 아직 없는 듯하다. 왜냐하면 형태소가 정연히 대립한다는 사실을 전혀 주목하지 못하였기 때문이다. 만일 감각동사들의 형태소 대립을 그대로 이용한다면, '기쁘다'는 경험주 의미역이 하나로 충분한 <u>내부 감정동사</u>에 속한다.[80] "나는 기쁘다"라고 말할 수 있다. 따라서 소략하게 명제 형식으로 번역한다면

---

79) 이런 대립이 필요충분조건으로 작용하는 것이 아님에 유의할 필요가 있다. '아프다 : 괴롭다'에서도 동일한 대립 형태소를 찾아낼 수 있다. '앓+브+다'의 결합이기 때문이다. 여기서 '브'와 '롭'이 같은 부류의 형태소 대립으로 파악된다. '괴롭다'는 언제나 외부사건으로 인한 고통을 가리키므로 외부사건이나 대상을 감각하는 동사로 지정하기에 큰 문제가 없다. 그러나 '아프다'는 변동이 심한 듯하다. '~때문에 아프다'라고 흔히 말할 수 있는 것이다. 이는 외부사건이나 대상을 감각하는 경우를 가리킨다. 따라서 '아프다'는 강하게 어느 한 쪽으로 지정해 놓을 수 없다는 점이 부기되어야 할 것이다.

그런데 '믿다'에 접미사가 붙은 '미쁘다[믿+브+다]'와 '미덥다[믿+업+다]'에서도 그런 대립을 찾을 수 있을 것인가? '믿다'는 마음가짐이 일반적으로 외부 사건이나 대상을 두고 일어나므로, 이는 외부사건에 대한 마음가짐 동사 또는 심리(심리상태 견지) 동사로 부를 수 있다. '미쁘다'는 옛 문헌에서 찾을 수 있는 의고적 표현의 낱말이며, '미덥다'는 오늘날에도 자주 쓰인다. 같은 시대에 두 형태소 대립이 있었는지는 잘 알 수 없지만, 같은 부류의 동사로서 아마 형태소의 실현만 '미쁘다'에서 '미덥다'로 바뀐 것이 아닌가 의심해 본다. 특히 '미덥다'는 이음말로서 부정 표현을 얹어 '못 미덥다'의 구문을 더 많이 쓴다. 이는 명백히 외부사건이나 인물 따위에 대한 평가를 가리키는 데 쓰인다.

80) 한자어에서 '감정, 정감, 정서' 따위에 대한 구분은 불분명하다. 1세기 경 허신(許愼)이 펴낸 『설문해자』 해설도 도움이 되지 않는다. 송나라 시대의 성리학자들은 실체와 작용으로 파악하여, 내부에서 지속되는 속성이나 본체를 성(性)이라고 불렀고, 일정 기간 지속되거나 단속적인 느낌을 정(情)이라고 불렀으며, 외부 자극물로부터 느끼는 것을 감(感)이라고 불렀다. 여기서는 이런 구분을 심각히 진행하지 않은 채, 일단 뭉뚱그려 '감정동사'라고만 부르기로 한다.

"나는 느낀다 & 느낌은 특정 감정이다"

일 듯하다. 그렇지만 전형적으로 '즐겁다'는 그 원인을 가리키는 논항이 들어가 있어야 한다. 다시 말하여 "~때문에 즐겁다"처럼 표현되는 것이다. 이때 원인이 바로 앞의 감각동사에서 외부 대상과 짝이 된다. 여기서는 특정한 감정을 외부 대상이 불러일으키기 때문에, '자극물'이라는 상위 개념으로, 외부 대상이나 원인을 함께 묶어 줄 수 있다. 이를 외부 자극으로부터 <u>유발된 감정동사</u>라고 부를 수 있다. 이를 소략하게 명제 형식으로 번역하면,

"나는 느낀다 & 외부 자극이 있다 & 자극은 특정 감정을 일으킨다"

로 될 듯하다. 이런 관계 또한 등식으로 표시해 줄 수 있다.

"유발된 감정동사＝내부 감정동사＋외부 자극"
"즐겁다＝기쁘다＋외부 자극" 또는
"즐겁다＝[[기쁘다] 외부 자극]"

그런데 대체 이런 설명 방식이 무슨 도움이 될까? 흔히 언어학에서는 어떤 표현이 받아들일 수 있지만, 다른 표현은 받아들이지 못하는 경우가 있다. 이때 왜 수용 불가능한지를 임의의 이론이 적절히 설명해 주어야 한다. 이런 설명 여부가 언어현상에 대한 한 이론의 생존을 판가름하는 기준이다. 우리말에서 "즐거운 여행"은 말이 되는데, 왜 "*기쁜 여행"은 이상하게 느껴지는 것일까?[81] 학생들이 운동장에서 "즐겁

---

81) 별표 '*'는 통사적으로 비문(규칙 위반 문장)이나 의미상 이상하게 느껴지는 문장을 가리키는 약속에 지나지 않는다. 이와는 달리 두 표현이 다 가능한 경우가 있고, 이와는 반대로 작동하는 거울 영상의 사례도 있다. 이런 현상이 아직 한 번도 본격적인 논의를 받아

게 뛰어논다"고 말하는데, 왜 "*기쁘게 뛰어논다"고는 말하지 않는 것일까? 여행은 그 자체로 외부 자극이라는 원인(감정 유발 원인)이 될 수 있다. 그렇지만 내부 요인은 아니다. 마찬가지로 뛰어노는 일이란 놀이 자체가 외부 자극으로 감정을 일으키는 원인이 된다. 하지만 그런 놀이가 내부 요인은 아니다.

감각동사와 감정동사는 경험주 의미역이 화자인 나를 중심으로 표현되는 것이다. 그런데 우리는 남의 감각이나 감정도 교감을 통하여 느낄

본 일이 없다. 따라서 여기서는 한낱 시론적 성격만을 지님을 미리 언급해 둔다.

먼저 "즐거운 소식 : 기쁜 소식"을 보기로 한다. 이들이 결코 같은 내포의미를 지니는 것은 아님에 유의해야 한다. 임의의 사건을 표현하는 언어 내재적 논리는 한 사건의 진행 과정과 결과 상태를 분명히 구분해 주는 것이다. '죽다'라는 동사에서 진행 과정이 되려면 '죽기'가 되고, 그 과정이 끝나서 결과 상태가 되려면 '죽음'이 되며, 죽은 결과 상태로서 나온 산출물은 '주검[죽엄]'이 된다. 우리말에서는 접미사 '-기 : -음 : -엄'이 이런 위상들을 각각 표시해 주는 일을 한다(묻다 → 묻기 : 묻음 : 무덤). 만일 영어로 말하면 '-ing : -ed : -er'를 대응시킬 수 있으나(teach라는 동사에서 'teaching : taught : teacher'), 우리말처럼 정연하지 않고 대립 사례들이 소수에 지나지 않는다. 그렇기 때문에 퍼젯스키 (Pezetsky 1996), 『영 형태소가 구문을 바꾸어 놓는 통사론(*Zero Syntax*)』(MIT Press)을 썼던 것이다. 교착어인 우리말에서 '먹다 : 먹이다'의 대립은 굴절어인 영어에서는 'eat : zero+eat'의 대립을 상정해 놓아야 하는 것이다(단, zero는 소리 형식이 없는 사역 형태소임).

이와 같은 사건 위상 분화의 모습에서 보면, '즐거운 소식'은 감정을 일으키는 행위 과정에 초점이 모아져 있다. 그렇지만 '기쁜 소식'은 그런 감정유발 행위가 끝나서 결과 상태에 있는 모습을 가리킨다.

이런 구분이 필요한 까닭은 거꾸로 작동하는 사례들 때문이다. "슬픈 소설/슬픈 영화"는 받아들일 수 있지만, "*서러운 소설/*서러운 영화"는 이상하게 들린다. 그렇지만 "슬픈 인생"도 괜찮고, "서러운 인생"도 여전히 다 쓰일 수 있다. 소설의 경우는 대상물이 된다. 이 대상이 감정을 계속 유발하는 자극물이라면 진행 과정의 표현으로 "나를 슬프게 만드는 소설"이라는 뜻으로 "서러운 소설"이라고 말할 수 있을 듯하다. 그렇지만 특정한 대상이 유발한 감정의 결과 상태만을 가리키려면 "누구든 그 소설을 읽고 나서는 슬픈 감정을 느낀다"는 뜻으로 "슬픈 소설"만을 쓰는 듯하다. 이와는 달리 인생은 특정한 시폭을 지닌 사건들의 연속이며, 그 연속 사건들이 한 개인의 감정을 유발하는 진행 과정으로서 표현될 수도 있고("서러운 인생"), 아니면 결과 상태로서 표현될 수도 있다("슬픈 인생").

아직 어느 누구도 자연언어(우리말)의 이런 사례들을 본격적으로 다루어 보지 못하였다. 이런 형태상의 대립이 부각된 적이 없기 때문이다. 그렇지만 우리말의 내재 논리를 명시적으로 설명해 주는 책임이 국어학자들에게 주어져 있다. 여기서의 시도는 첫 설명으로서 매우 엉성하게 진술된 구석이 많을 줄 안다. 앞으로 필자가 더욱 보강해야 할 부분이다. 여기서는 설사 외부자극에 의해 유발된 감정동사와 내부 감정동사가 두루 다 쓰이는 사례라고 하더라도, 내포의미가 다르다는 점을 부각시킬 수 있다는 정도만으로 그치고자 한다. 본격적인 논리를 갖추고 설명하는 일은 필자가 책임져야 할 앞으로의 과제이다.

수 있다. 흔히 이를 감정이입(empathy)으로 부른다. 우리말에서는 이런 경우를 위하여 묘사(depict) 동사로서 '-어 하다'라는 표현을 마련해 놓았다.[82]

③ 더워하다 : 뜨거워하다
  추워하다 : 차가워하다

이들 사례도 감각동사이다. 그런데 이들은 화자 자신의 감각을 가리키는 것이 아니다. 내가 관찰하고 있는 사람이 있고, 그 사람이 느끼는 감각을 묘사해 주고 있다. 이를 '상대방' 또는 '제3자'라고 부르고, 각각 상대방이나 제3자의 내부 감각과 외부 대상 지각이라고 부르기로 한다. '더워하다, 추워하다'가 핵어로서 문장을 투영한다면, 관찰자로서의 화자와 특정 감각을 느끼는 상대방 제3자가 반드시 주어져야 한다. 이를 소략하게 명제 형식으로 표현하면,

"화자인 나는 상대방을 관찰한다 & 상대방 제3자가 느낀다 & 느낌은 특정 온도이다"

와 같다. 달리 말하여, 관찰 묘사동사 속에 감각동사가 들어 있는 것이다. 비록 표면에서는 "철수가 더워하네!"라고 하여 경험주 의미역이 하나만 있는 것처럼 착각할 수 있으나, 관찰 묘사동사 '-어 하다'의 존재는 관찰 주체가 심층의 표상에 들어가 있어야 함을 명증하고 있다.[83]

---

82) 묘사동사 '-어 하다'의 존재는 부사형어미 구문을 다루는 김지홍(1993), 「국어 부사형어미 구문과 논항구조에 대한 연구」(서강대학교 박사논문)에서 처음 언급되었다. 맞춤법에서는 묘사동사 '-어하다'와 자동적 과정을 가리키는 '-어지다'를 붙여 쓰도록 하여 마치 한 낱말인 양 처리하고 있다. 그렇지만 내재된 규칙 내지 질서를 제대로 파악하지 못하였기 때문에 띄어쓰기나 붙여쓰기에서 좌충우돌하는 결과를 빚고 있다.

83) 물론 "철수가 덥네!"라고 말할 수 있음을 부인하는 것은 아니다. 이는 '더워하네'의 줄임 표현과 대등하며, 상황이 갖추어지면 묘사동사가 그냥 감각동사로만 나올 수도 있다고

또한 "철수가 뜨거워하네!"라고 말할 적에도 '뜨겁다'가 외부 대상 지각 동사이므로, 심층 표상에서 반드시 감각을 일으키는 자극물이 주어져 있어야 한다. 따라서 외부 대상 지각동사의 사건을 관찰 묘사하는 경우에는 심층 표상에서 논항이 필수적으로 세 개가 주어져 있어야 한다. 하나는 관찰자로서 화자가 되고, 다른 하나는 지각을 느끼는 지각 주체가 되며, 마지막 하나는 지각의 대상인 외부 자극물이다. 따라서 이 동사의 의미 표상을 다음과 같은 등식으로 나타낼 수 있다.

"감각사건 묘사동사=관찰 주체+감각 주체+내부 감각동사"
"더워하다=관찰하다+제3자+덥다" 또는
"더워하다=[화자 [제3자 [덥다]]]"

"지각사건 묘사동사=관찰 주체+지각 주체+외부 대상+지각동사"
"뜨거워하다=관찰하다+제3자+자극물+뜨겁다" 또는
"뜨거워하다=[화자 [제3자 [자극물 [뜨겁다]]]]"

이런 모형은 이내 감정동사에도 적용된다. '-어하다'라는 형식을 이용하여 상대방의 감각을 관찰 묘사할 수 있기 때문이다. 맞춤법에서는 이런 정연한 질서를 미처 파악하지 못하였기 때문에, '기뻐하다 : 즐거워하다'나 '슬퍼하다 : 서러워하다'는 하나의 낱말처럼 붙여 놓았다. 제3자가 느끼는 임의의 감정을 관찰 묘사할 수 있기 때문에, '-어하다'의 구성은 규칙적으로 끝없이 새로운 낱말을 만들 수 있는 것이다.[84] '안

봐야 한다. 상황이 다르다면 "덥네!"는 기본값으로서 현재 말하고 있는 화자가 감각동사의 주어가 될 수밖에 없다.

[84] 국립 국어원에서 펴낸 『표준 국어 대사전』에는 붙여쓰기가 일관되거나 통일되어 있지 않다. 따라서 일반 사람들에게 혼란만 부추기고 있다. 사전을 펴내는 전문가들이 우리들의 머릿속에 이런 규칙들이 있다는 사실을 전혀 깨닫지 못하였기 때문이다. 이하에서 '-어 하다'는 한 낱말처럼 붙이지 않고, 사전에 표제 항목으로 올라 있지 않으므로, 비일관적이지만 잠정적으로 띄어 써 놓기로 한다.

타깝다 : 안타까워 하다', '썰렁하다 : 썰렁해 하다'가 역시 완벽히 가능하다. 또한 '못마땅하다 : 못마땅해 하다'도 가능하며, '칠칠치 못하다 : 칠칠치 못해 하다' 또한 가능한 관찰 묘사 표현이다. 이들도 의미 표상 방식을 앞에서와 같이 동일하게 다음처럼 나타낼 수 있다.

"내부 감정 관찰 묘사동사＝관찰 주체＋감정 주체＋감정동사"
"기뻐하다＝관찰하다＋제3자＋기쁘다"또는
"기뻐하다＝[화자 [제3자 [기쁘다]]]"

"유발된 감정 관찰 묘사동사＝관찰 주체＋감정 주체＋외부 자극＋감정동사"
"즐거워하다＝관찰하다＋제3자＋외부 자극＋즐겁다"또는
"즐거워하다＝[화자 [제3자 [외부 자극 [기쁘다]]]]"

만일 위의 사건을 외부의 어떤 힘이나 사건을 매개로 하여 일어나도록 할 수 있다. 이를 사역 구문이라고 부른다. 이를 위해서는 상위문 동사로서 다시 '하다, 만들다'를 이용할 수 있는데, 그 결과 복합사건 연결체를 구성한다. 가령, "뜨거워하게 하다, 뜨거워하게 만들다" 또는 "즐거워하게 하다, 즐거워하게 만들다"와 같다. 내포문을 요구하는 상위문 동사는 서로 동일하지 않다. 그 의미자질의 차이로 말미암아 내포문의 사건이 일어나는 조건이 달라질 수 있다. '만들다'라는 동사는 직접적이며 강제적인 사역 사건을 속뜻으로 함의하는데, 이를 '강제성＋인과관계'의 복합 개념으로 볼 수 있다. 반면에 '하다'라는 동사는 내포문 사건이 일어나는 환경이나 조건을 만들어 준다는 점에서 간접성 또는 매개적인 특성을 속뜻으로 지닐 수 있으며, 이를 '인과적인 환경＋자발적 반응'의 복합 개념으로 나타낼 수 있다. 비록 문장으로만 보면 하나의 문장('복문'으로 부름)이지만, '-아하게 하다/만들다'의 구문은 최소한 세 가지 명제가 모아져 있는 복합사건 연결체인 것이다. 첫째, 내부 감각에 대한 명제, 둘째, 외부 대상이나 사건에 대한 지각 명제, 셋째, 외부사건을 일으키는 명제이며, 외부사건이 직접성 여부에 따라 더 세분될 수도 있는 것이다.

대체로 이런 구문의 문법적 특성이나 형태 특성은 '절차적 지식'에 해당한다. 따라서 비록 모국어 직관을 지녔다고 하더라도, 사람들은 막연히 그렇게 느낄 뿐, 왜 그렇게 복합적인 사건을 표현하는지 명시적으로 설명해 줄 수 없을 듯하다. 오직 우연히 교착어의 특성을 보이는 한국어를 깊이 다루는 경우에라야 그 속내를 제대로 그려낼 수 있다. zero 형태를 쓰는 영어의 경우에 이런 특성들을 찾아내기가 쉽지 않을 것이다. 현재 관련분야에서 줄곧 막연히 '심리동사'라는 포괄적 상위어만을 쓰고 있는 사실도 이를 반증해 준다.[85] 한국어의 교착어적 특성은 이들 동사군을 중심으로 하나의 동심원을 놓고 차츰 확장될 수 있는 부류들을 찾아내어, 이를 명제로 번역할 수 있게 해 줌으로써, 임의의 구문이 실제 사건들을 어떻게 포착하고 표현해 주는지에 대하여 논의할 수 있는 탄탄한 기반을 얻을 수 있다.

이상에서 매우 소략하게 사고의 기본단위로서 명제가 실제 자연언어와 유기적인 관계를 맺고서 어떻게 표상될 수 있는지에 대한 밑그림을 그려 보았다. 비록 아무리 미세한 대립이라고 하더라도, 엄격히 개념상의 차이를 보여 주고, 이를 명제(개념)로 표상해 주는 일이 중요함을 알 수 있었다. 언어 유형론(typology)에서 교착어 또는 부착어로 분류되는 우리말은 어떤 개념에 대한 문법 형태소가 반드시 낱말 속에 붙어 있음을 함의한다. 우리말 감각동사 계열에서 '덥다 : 뜨겁다 : 더워하다

---

85) 흔히 분트(Wundt)의 용어를 받아들여 외부 감각에 대한 스스로의 지각 또는 자각을 perception(감각)에 접두사를 붙여 apperception(지각)이라고 부른다. 일본에서는 '거느릴 통(統)'을 붙여 '통각'이라고 잘못 번역하였다. 감각은 결코 우리가 통제할 수 있는 것이 아니기 때문이다. 아직 심리학이나 심리철학에서는 감각에 대한 자기-지시적 의식 또는 재귀의식을 구분하는 일 정도만 다루고 있으며, 한국어의 감각동사군에서 보여 주는 정연한 확장 대립 과정을 통해 서로 구별 가능한 개념군들을 확립시키지 못한 듯하다.

: 뜨거워하다'는 아무렇게나 쓰이는 것이 아니다. 또한 감정동사 계열에서도 이런 대립이 정연히 찾아진다. '기쁘다 : 즐겁다 : 기뻐하다 : 즐거워하다'이다. 비록 음절이 하나씩만 달라지거나 늘어나지만, 개념상으로는 독립된 명제가 하나씩 더 추가되어 있는 것이다.

재미있는 현상은 우리말에서 이런 정연한 어휘 형태의 대립이 굴절어인 영어에서는 zero(영 형태소) 밖에 설정해 놓을 수 없다는 사실이다. 감각동사의 4분지 계열 대립을 오직 'hot'이란 낱말 하나로만 표시해 주어야 하고, 감정동사의 4분지 계열 대립은 오직 'happy'라는 낱말 하나로만 표시해 주어야 한다. 물론 앞뒤로 이어지는 언어 환경이 변동됨에 따라 우리말에서 보여주는 계열 대립의 측면들을 차츰 표상해 나갈 수 있다. 즉, zero(영 형태소)를 설정해서 3가지 경우를 도출해 내어야 하는 것이다. 그럼에도 불구하고, 도달점은 동일하다. 감각동사의 경우, 나를 중심으로 하여

내부 감각동사 : 외부 대상 지각동사

가 먼저 나뉜다. 이를 바탕으로 하여 다시 제3자의 감각사건을 관찰 묘사하는 경우를 내세울 수 있다. 이를 다음처럼 대립시킬 수 있다.

화자 경험 동사 : 관찰 묘사동사

이런 순차적 절차는 우리의 경험을 '원심력'을 통해 확장시켜 나가는 논리적 방향이며, 일관되게 진행될 수 있다. 이는 감정동사의 경우에도 동일하다.

그런데 감각과 감정동사 군을 제외한다면 임의의 사건이 있다(여기서 '사건'은 대상의 상태나 속성에 대한 것도 포괄함). 이는 언제나 외적 관찰의 결과이기 때문에, 외적 관찰이 기본값이 되어 더 이상 관찰 묘사

의 형태소를 추가시키지 않는다. 오직 내부 경험과 외부 대상을 나누는 동사군에서만 관찰 묘사동사의 형태가 주어져야 할 뿐이다. 즉, 제한적인 관찰 묘사동사의 적용 조건인 것이다. 반면에, 임의의 사건은 언제나 우리가 관찰하는 대상이 된다. 이것이 기본값이다. 그러므로 사건에 대한 관찰 묘사동사를 덧붙이는 일은 생겨날 수도 없는 것이다. 오직 내부 경험과 외부 세계에 대한 경험이 구분될 경우에만 논리적으로 관찰 묘사동사의 존재가 요청되며, 그것도 또한 반드시 감정이입이 가능한 대상에 한정되어야 함을 추론할 수 있다. 임의의 동사들은 또한 외부의 사건을 원인 또는 매개로 하여 해당 동사의 사건이 일어나도록 할 수 있다. 우연히 교착어로 분류되는 우리말에서는 서로 변별되는 형태소들을 이용하여 복합적인 사역 사건으로 표현할 수 있다. 이는 언어 형태소에만 기대어 진행되는 것이 아니라, 우리의 개념상 요구에 따라 필요하다면 언어 형태소를 넘어서 더욱 상세히 진행될 수도 있다.

언어 산출과 관련하여 이런 분석이 갖는 함의를 적어 두기로 한다. 의사소통 의도를 결정하는 과정에서 분명하게 소략한 명제 형식의 사건들을 자각한 다음에, 각 명제 형식에 맞는 어휘를 인출하는 일이 이어질 수 있도록 하는 것이 가장 이상적이다. 그렇지만 이는 절차지식에 속하므로 차츰 훈련을 거쳐 조금씩 자각의 정도를 늘여나가야 할 것이다.

8장. 언어, 사회 관계, 비판적 담화 분석

담화는 문장들이 모여 문단을 이루고(미시구조), 문단들이 모여 전체 덩잇글/덩잇말을 이루며(거시구조), 그 속에 의도(가치와 이념)가 깔려 있는 독립된 실체이다.[86] 이하에서 화용이나 담화에 대한 개관은, 필자가

---

86) 담화 전개 방식에서는 cohesion(미시구조를 형성하는 통사 결속)과 coherence(거시구조를 이루는 의미 연결)라는 용어를 쓰는데, 라틴어 어원이 모두 '서로 달라붙다(to stick together)'는 뜻을 담고 있다. 담화에서는 이 두 기제를 통하여 사건 표현들이 일관성 있게 얽혀 청자나 독자로 하여금 유의미한 해석을 이끌어낸다. 전통적으로 수사학에서는 일관된 방식으로 글을 전개하는 일이라고 불러왔다. 그런데 '응집(凝集)'이란 말의 뜻은 한 점에 엉기어(凝) 모인다(集)는 뜻이다. 학교문법에서는 cohesion을 엉뚱하게 '응집성'이라고 번역하는 것은 잘못이다. 문장과 문장이 얽히어 펼쳐져 나가야 하며, 이를 한자로는 글의 전개(展開, 펼쳐 나감)로 부른다. 만일 한 점에 모아져 있으면(응집되어 있으면) 방향이 거꾸로 되어 결코 전개되어 나갈 수 없는 것이다. 그렇지만 이런 용어상의 자가당착(자기 모순)을 제대로 지적한 경우가 거의 없다. 아마도 일본 사전을 베낀 '영한사전'들을 보면서 궁색하게 뜻도 새겨 보지 못한 채 한자어를 골라내었을 듯하다. 쿡(Cook 1989; 김지홍 뒤침 2003), 『담화: 옥스포드 언어교육 지침서』(범문사)에서 이 점이 처음 지적되었을 뿐이다.

이 글에서는 올바르게 문장과 문장이 서로 얽히어 묶이면서 펼쳐져 나가는 것을 뜻하므로, 생성문법의 결속(binding) 개념과 함께 통합하기 위하여 '통사 결속'이라고 번역해 둔다. 글만을 대상으로 한다면 '문장 묶기'로 부를 수도 있다. 통사 결속을 이룬 결과, '단락'이 나오며, '작은 단락'이나 또는 조금 큰 '내용 단락'으로 귀결된다. 다시 이들을 대상으로 하여 얽어 주는 기제가 coherence(의미 연결, 개념 연결)인데, 학교문법에서 쓰는 '통일성'이란 용어도 어름하고 막연하기는 마찬가지이다. 먼저 글 속에서 '일관성'이 확보되어 판정을 받는 경우에야 내릴 수 있는 판정에만 관련된다는 점에서, 통일성이 직접 문단들 사이의 연결을 가리켜 주는 것은 아니다. 필자는 이를 의미 연결이나 개념 연결로 번역하는 것이 더 낫다고 본다. 왜냐하면 오래 전에서부터 교실 수업에서는 '의미 단락'이란 용어를 써 왔는데, 의미상으로 더 크게 묶는 단락을 뜻하고, 이런 의미 단락들이 논리적 추론 방식에 따라 일정하게 얽혀져야 하기 때문이다. 소주제문들이 얽히는 방식을 고려한다면 '개념 연결'이나 '주제문 연결'이라고도 말할 수 있다. 아니면 coherence를 일관성이라고 번역해 줄 수도 있다.

이제 단락들끼리 일관되고 긴밀하게 얽힌 결과물은 덩잇글 기반(text-base)으로 불린다. 이전에 덩잇글 기반에 붙였던 표찰이 '큰 주제문'(대주제문)에 해당한다. 언어 이해의 마지막 단계로서 우리 기억 속에 집어넣기 위하여, 덩잇글 기반은 다시 감각 재료들과 관련된 상황모형과 결합하여야 한다. 상황모형이 우리 기억의 입력물이 되는 것이다. 담화를 처리하는 이런 절차와 과정들은 다시 본문 속에서 언급될 것이다.

백 걸음 양보하여, 담화와 화용에 대한 올바른 가닥은 현재 학교문법의 서술 수준으로는 엄두도 낼 수 없다. 담화와 화용에 대해서 무엇을 어떻게 다루어야 하는지에 대해서도 아직 제대로 졸가리를 잡지 못하고 있다는 개인적 판단이 든다. 여기에서는 필자가 이해하는 담화와 화용의 핵심 내용을 먼저 서술해 놓고 나서, 담화와 화용 영역에서 무엇을 다루어야 하는지를 개관하기로 한다.

전문 서적들을 번역하면서 배우게 된 지식을 이용하여 채워 넣는다.[87]

1) 화용론 또는 일상언어 철학

오늘날 화용론(Pragmatics)으로 불리는 영역은 적어도 세 가지 흐름이 한데 모아져 있다. 먼저 논리 실증주의 또는 분석철학의 흐름을 비판하면서 발화 행위(speech acts)에 초점을 모은 오스튼(Austin 1976)이 있다. 둘째, 임의의 명제 속에서 맥락에 의존하여 지시내용이 고정되는 지표(indexical) 낱말들에 초점을 모아, 서로 의미론과 영역을 뚜렷이 구분한 바-힐렐(Bar-Hillel 1954)와 만테규(Montague 1968)이 있다. 셋째, 진리 조건과 무관하게 발화 또는 문장들 사이의 속뜻을 다루는 그롸이스(Grice 1988)이 있다. 오스튼의 책 제목

---

87) 화용론은 영미 철학에서 분석철학을 비판하면서 옥스퍼드 대학의 오스튼, 그롸이스, 스트로슨, 오스튼의 제자 써얼 등에 의해서 창도되고, 그리고 케임브리지 대학의 후기 뷧건슈타인의 주장을 가리키는 '일상언어 철학(ordinary language school)'이 그 뿌리이다. 필자는 스텐포드 대학 심리학과 클락(Clark 1996; 김지홍 뒤침 2009), 『언어 사용 밑바닥에 깔린 원리』(도서출판 경진)를 번역하였는데, 요령 있게 정리되어 있다. 텍스트 언어학 또는 담화 영역은 크게 언어 재료의 조직 방식에 중점을 두는 순수 접근과 이를 이용하여 일을 하는 가치 비판 접근으로 나뉜다. 전자는 주로 심리학이나 제2 언어로서의 영어교육 분야에서 활발히 다뤄져 왔고, 후자는 모국어와 사회학과 관련하여 비판적 시각을 고무하는 쪽으로 발전해 왔다. 우연히 필자는 순수 담화 쪽에서 쿡(Cook 1989; 김지홍 뒤침 2003), 『담화: 옥스포드 언어교육 지침서』(범문사)을 번역하였고, 한국연구재단의 명저 번역으로 정상 지위에 있는 언어 산출(화란 심리학자 르펠트 교수) 및 언어 이해(미국 심리학자 킨취 교수)에 관한 책자를 발간하였다. 또한 '비판적 담화 분석(Critical Discourse Analysis)' 쪽에서 페어클럽(Fairclough 2001; 김지홍 뒤침 2011), 『언어와 권력』(도서출판 경진)과 페어클럽(2003; 김지홍 뒤침 2013), 『담화 분석 방법: 사회 조사연구를 위한 텍스트 분석』(도서출판 경진)을 번역한 바 있다. 물론 더 많은 수의 최정상급 저서들도 많이 나와 있다. 예를 들어 생성문법을 만든 참스키(Chomsky) 교수의 사회 비판 책자들은 우리말로 30종이 훨씬 넘게 번역되어 있고(『실패한 교육과 거짓말』이나 『촘스키, 사상의 향연』은 학부 교재로 쓸 만함), 또한 인지 언어학자 레이코프(Lakoff) 교수의 책들도 10종이 넘게 번역되어 있다(『프레임 전쟁』도 독자들에게 비판적 시각을 길러 줌). 경상대학교 도서관에서 빌려볼 수 있는 참스키 교수의 책자들을, 편의상 언론 조작·지성인의 임무·권력기관의 정경 유착·국제관계의 패권주의·신자유주의 실체 폭로 등으로 나누어 제시해 둔다. 그의 언어학 전문서들은 241쪽 각주 14)를 보기 바람.

『*How to Do Things with Words*(낱말들을 운영하는 일)』

과 그라이스의 책 제목

『*Studies in the Way of Words*(낱말들의 운용 방식에 대한 연구)』

① 정경옥 뒤침(2006), 『여론 조작: 매스미디어(=대중매체)의 정치 경제학』, 에코 리브르
② 황의방 뒤침(2005), 『환상을 만드는 언론: 민주사회에서 언론은 어떻게 사고와 사상을 통제하나?』, 두레
③ 이종인 뒤침(2005), 『촘스키, 세상의 물음에 답하다(총 3권): I 권력이 여론을 조작하는 방식에 관하여, II 권력이 세상을 지배하는 방식에 관하여, III 민중이 권력에 저항하는 방식에 관하여)』, 시대의창
④ 박수철 뒤침(2003), 『노암 촘스키의 「미디어 컨트롤」』, 모색(=국가의 대중매체 통제 실상을 해부함)
⑤ 이성복 뒤침(2002), 『프로파간다(=세뇌 목적의 선전)와 여론』, 아침이슬

⑥ 강주헌 뒤침(2012), 『권력에 맞선 이성: 지식인은 왜 이성이라는 무기로 싸우지 않는가』, 청림
⑦ 이정아 뒤침(2007), 『촘스키의 아나키즘(=무정부주의)』, 해토
⑧ 강주헌 뒤침(2005), 『지식인의 책무』, 황소 걸음
⑨ 강주헌 뒤침(2004), 『실패한 교육과 거짓말』, 아침 이슬
⑩ 정연창 뒤침(2001), 『냉전과 대학(大學): 냉전의 서막과 미국의 지식인들』, 당대

⑪ 권기대 뒤침(2014), 『촘스키, 은밀한 그러나 잔혹한: 서양이 저지른 기나긴 테러의 역사』, 베가 북스
⑫ 강주헌 뒤침(2014), 『촘스키, 만들어진 세계 우리가 만들어갈 미래: 미국이 쓴 착한 사마리아인의 탈을 벗기다』, 시대의창
⑬ 강주헌 뒤침(2013), 『촘스키, 누가 무엇으로 세상을 지배하는가: 세상의 진실을 들여다보는 통찰』, 시대의창
⑭ 강주헌 뒤침(2012), 『촘스키, 점령하라: 시위를 말하다』, 수이북스
⑮ 박종일 뒤침(2011), 『학살의 정치학』, 인간사랑
⑯ 강주헌 뒤침(2008), 『촘스키, 우리가 모르는 미국 그리고 세계』, 시대의창
⑰ 유강은 뒤침(2006), 『촘스키, 미래의 정부를 말하다』, 모색
⑱ 송은경 뒤침(2005), 『중동의 평화에 중동은 없다』, 북 폴리오
⑲ 황의방·오성환 뒤침(2003), 『패권인가 생존인가: 미국은 지금 어디로 가는가』, 까치
⑳ 강주헌 뒤침(2004), 『촘스키, 세상의 권력을 말하다』, 시대의창
㉑ 지소철 뒤침(2004), 『해적과 제왕: 국제 테러리즘의 역사와 실체』, 황소 걸음
㉒ 홍한별 뒤침(2003), 『권력과 테러: 노엄 촘스키와의 대화』, 양철북
㉓ 장영준 뒤침(2002), 『불량국가: 미국의 세계 지배와 힘의 논리』, 두레
㉔ 이수현 뒤침(2001), 『미국의 이라크 전쟁: 전쟁과 경제 제재의 참상』, 북막스
㉕ 유달승 뒤침(2001), 『숙명의 트라이앵글: 미국, 이스라엘, 팔레스타인』, 이후
㉖ 김보경 뒤침(1999), 『미국이 진정으로 원하는 것』, 한울

㉗ 김시경 뒤침(2012), 『경제 민주화를 말하다: 극단적 양극화와 반복되는 위기 사이에서 새로운 경제를 꿈꾸다』, 위너 북스
㉘ 백미연 뒤침(2008), 『"그들이 우리의 일자리를 빼앗고 있다!": 이민에 대한 미국 사회의 편견과 신화』, 전략과 문화
㉙ 오애리 뒤침(2007), 『507년: 정복은 계속된다』, 이후
㉚ 이종인 뒤침(2007), 『야만의 주식회사 G8을 말한다』, 시대의창
㉛ 강주헌 뒤침(1999), 『그들에게 국민은 없다(=탐욕과 지배만 있다): 촘스키의 신자유주의 비판』, 모색

가 잘 드러내듯이, 이들은 참과 거짓을 따지는 명제(proposition)에 관심을 쏟는 것이 아니라, 오히려 평범한 일상 낱말에 주목하고 있는 것이다. 반면에 가능세계를 상정하여 내포논리학을 발전시켜 온 쪽에서는 의미론만으로 모두 만족스럽게 진리값을 찾아내지 못하므로, 맥락에 의존하여 지시내용을 갖게 되는 일부 요소들을 화용론이란 이름으로 다루었다.

그렇다면 화용론이란 이름 아래 모여 있는 흐름들은 모두 앞 시대의 언어 분석 방법의 한계를 극복하기 위하여 추구된 시도였음을 알 수 있다. 여기서는 자연언어를 다루려는 목적을 지니고 있으므로 형식 논리학의 한 갈래인 내포의미론에서의 화용론을 제외하기로 한다. 먼저 오스튼(John Langshaw Austin, 1911~1960)의 핵심 논점을 다룬 뒤에, 다음으로 그의 옥스퍼드 대학 후배인 그라이스(Herbert Paul Grice, 1913~1988)의 대화 규범을 언급하기로 한다. 이들이 주도한 흐름을 특히 '일상 언어 학파(ordinary language school)'라고 부르거나 '일상언어 철학'이라고 한다. 굳이 '일상'을 덧붙이는 까닭은 수학처럼 상징 논리학(기호논리학)으로 표현된 '이상적' 언어(ideal language)와 구분하기 위한 것이다.

오스튼은 명제들이 진리값을 갖는 부류와 그렇지 않은 부류가 있다는 점에 유의한 첫 번째 철학자이다. 그는 전자를 진리값(constative) 명제라 부르고, 후자를 수행(performative) 명제라고 불렀다. 그런데 전자 또한 주장이나 단정이라는 행위(acts)를 하고 있기 때문에, 후자의 부류 속에 묶인다고 보아 자신의 주장을 speech acts(발화 행위)라고 불렀다. 발화 행위가 종전에 언어 또는 명제를 다루는 일과 무엇이 다를까? 그는 언제나 발화가 세 층위의 행위로 동시에 일어난다고 보았다. 발화(locution) 행위와 발화에 깃든 속뜻(illocution) 알아차리는 행위와 관련 속뜻을 직접 몸으로 보여주는 실천(perlocution) 행위이다. 이런 일이 만족스럽게 일어날 경우에 적합 또는 만족이라는 상위 가치가 부여된다.

오스튼의 새로운 시각은 자연 언어 또는 일상 언어를 놓고서 다룰 거리를 많이 제공해 준다. 그렇지만 이는 흥부만이 살고 있는 착한 세계에서만 관찰되는 언어에 지나지 않는다. 현실의 세계에서는 많은 속임수들이 언어의 옷을 입고 횡행하고 있다. 따라서 오스튼의 '속뜻'을 좀더 근본적인 개념으로부터 도출될 필요가 있는 것이다. 이런 점에 착안하여 그의 후배인 그롸이스는 '의도'의[88] 개념을 상정한다. '상식적'이란 말을 아주 좋아하는 그롸이스로서는 의도 또한 상식적으로 언어로 표현되기를 기대한다. 이를 위해 그롸이스는 칸트의 범주들을 끌어들인다. 아리스토텔레스의 범주 개념을[89] 빌린 칸트는, 초월적 순수이성이 모양새를 갖추기 위해 모든 사람들에게 맨처음 주어져야 할 네 가지 범주

'양, 질, 관계, 양태'[90]

를 상정하였다. 그롸이스 또한 언어를 사용하는 일도 정확히 그런 범주를 따라야 한다고 보았다. 다만, 언어 사용에 맞추기 위하여 네 가지 범주들의 내용을 조금 조정하였고, 이를 maxim(대화 규범)이라고[91] 불

---

88) 현대적 의미에서 '의도'의 개념을 처음 다룬 사람은 뷧건슈타인의 제자 앤스컴 교수이다. 94쪽밖에 안 되는 앤스컴(1957), 『의도(Intention)』(Basil Blacwell)는 1963년에 다시 미국 코넬 대학 출판부에서 중판이 나오기도 하였다. 원래 그롸이스(1968)에서는 '화자의 의미'란 표현을 썼지만, 점차 '의도'란 말로 통일해 나갔다.

89) 현재 전해지고 있는 아리스토텔레스의 업적 중에서 '사유/논리 도구(organon)'로 묶여 있는 책들 중 '범주론'이 있는데, 약간의 추가 설명을 더해 주면 오늘날 언어학 개론서로서도 충분히 이용될 만하다.

90) 양태 범주는 하나의 사건이 발생하고 변화하며 소멸하는 모습들을 포착하는 개념이다. 세 가지 모습을 다루게 되는데, '가능 : 불가능', '현존 : 부재/결여', '필연 : 우연'이다. 이 개념만을 일상 언어 사용에 적용하기 위하여 manner(방식)이란 말로 바꾸었다. 기존의 언어 형식을 이용하든지 새로운 형식을 이용하든지, 아니면 기존의 언어 형식을 반어법처럼 이용하는 일이다.

91) 일본에서는 격언과 법률을 합쳐서 '격률'이라는 우스꽝스럽고 잘못된 용어를 만들었다. 우리 쪽에서도 한자를 새기지 못하여 이를 맹종하는 경우가 있다. 이 용어는 플라톤의 책에도 나오고, 아리스토텔레스의 책에도 나온다. 본디 격언·잠언·경구·속담 등의 의미를 지녔다. 그러다가 중세 시대로 들어서서 아리스토텔레스의 학문 체계가 뼈대를 이루자, maxim(규범)이 '공리'나 '준칙'이란 뜻으로 상승되었다. 계몽주의 시대의 한 축을 맡고 있는 로크(1689), 『인간의 이해 능력에 관한 논설』(오성론, 지성론으로도 번역됨)에서도 maxim(공리, 준칙)이란 용어를 중세때 용법으로 쓰고 있다. 그롸이스가 뜻하는 maxim은 일부러 위배할(flouting) 수도 있는 것이다. 따라서 이를 제대로 드러내려면 필자의 판단으로는 '규범' 정도가 가장 무난할 듯하다. 여기서는 이를 '대화 규범'으로 부르기로 한다.

렸다. 즉,

'양, 질, 관련성, 방식'

이다. 더욱 중요한 것은 이 대화 규범이 준수될 수도 있고, 위배될 수도 있다. 만일 일부러 이 규범들이 위배되고 있음을 명확히 상대방 청자가 파악하게 된다면, 규범 위배를 통한 새로운 해석이 도출될 수 있다. 가령, 어조를 이례적으로 끌면서 '잘~ 났다!'라고 말하면 반어법이 되는 것이다. 이런 제안에 힘입어 비로소 놀부의 언어 사용도 다룰 수 있게 되었다. 필자는 이를 재해석하여 역동적인 연속 과정을 두 단계로 제시한다.

(1) 정신작용 : 결정과정 ⇒ 의사소통 의도

먼저 이는 우리가 주변 환경 및 주위 사람들과 상호작용하면서 기억속에 정신작용의 실체들을 담아 놓고, 절차지식 기억을 이용하여 이를 작동시키면서 관련된 의사소통 사건이나 사태에 대하여 판단·결정을 내린 뒤에 '의사소통 의도'(이하에서는 줄여서 '의도'로만 부름)를 갖는 전 단계의 과정이 주어져야 한다. 이어 이 의도가 다음 도표에서와 같은 여러 단계의 가지에서 어떤 하나를 선택해야 하는 것이다. 이 선택에 따라 관련된 언어 표현을 짜 놓게 된다.

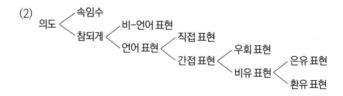

물론 여기서 나눈 두 단계가 시간에 따른 처리 방식이 아니라, 편의상 언어 표현의 선택에 초점을 모으기 위하여 나눈 것일 뿐이다. 삼원 구성체의 정신 모형에서는, 전반적인 과정을 통제하고 검토하는 상위 부서로서 '재귀의식'이 있다. 이 재귀의식은 임의 단계를 순환적으로 재가동시키게 되는 주체인데 두 갈래로 작동한다. 하나는 의도와 최종 선택된 언어 표현을 스스로 점검하면서 고쳐 나갈 수 있다.92) 다른 하나는 상대방의 반응을 관찰하면서 나의 의도를 알아차렸는지를 검토하고 평가하여, 만족스럽지 않을 경우에 다시 고쳐 나갈 수 있는 것이다. 당시 심리학이나 인지과학의 결과들을 접해 보지 못하였던 그라이스의 대화 규범의 작동방식은, 언어 산출 및 이해 과정에서 찾아진 통찰에 비춰서 새롭게 재구성될 필요가 있다.

그런데 스퍼버·윌슨(1986) 『관련성: 의사소통과 인지』에서는93) 관련성만을 유일한 항목으로 치부하였다. 그렇지만 이는 우리의 정신작용이 일관된 속성을 부여한다는 특성의 결과를 최종적으로 확인하는 것

---

92) 언어 산출과 이해에 대한 심리학적 처리과정은 한국연구재단의 서양 명저 번역으로 나온 르펠트(Levelt 1989; 김지홍 뒤침 2008), 『말하기: 그 의도에서 조음까지, I~II』(나남)과 킨취(Kintsch 1998; 김지홍·문선모 뒤침 2011), 『이해: 인지 패러다임, I~II』(나남)을 보기 바란다.

93) 본디 제목이 『*Relevance: Communication and Cognition*』이다. 김태옥·이현호 뒤침(1993), 『인지적 화용론: 적합성 이론과 커뮤니케이션』(한신문화사)에서는 relevance를 '적합성' 으로 번역하였다. 그렇지만 이는 발화들 사이의 관계를 가리키는 것이 아니라, 한 차원 더 나아가 그런 관계에 대한 평가를 한 뒤에 내리는 개념(적합/부적합 판정)이다. 이런 점에서 간접적으로만 연관될 뿐이다.

그런데 문제는 공리 체계에서 무정의 용어(undefined terms)의 숫자를 늘일지, 줄일지에 대한 결정이다. 무정의 용어가 적을수록 도출 과정이 의외로 엄청나게 길어질 수밖에 없다. 따라서 우아성(elegance)의 기준에 따라 일정 정도의 무정의 용어들이 허용되는 것이 우리가 쉽게 파악하는 길을 보장해 준다. 이런 점에서 필자는 네 가지 대화 규범이 하나의 개념으로 환원되는 스퍼버·윌슨(1986)은 올바른 선택이라고 판단하지 않는다. 더욱이 최근에 나온 스퍼버 엮음(Sperber 2000), 『몇 가지 상위 표상: 하나의 복합학문의 관점(*Metarepresentations: A Multidisciplinary Perspective*)』(Oxford University Press)을 보면, 적합성이 결코 최상위 층위에 있는 것이 아니라, 중간 층위에 자리 잡는 도출 개념에 지나지 않는다. 그렇다면 초기에 가정하였듯이 굳이 하나로 환원되어야 할 정당성이 있는 것도 아님을 재확인할 수 있다. 여기서 언급하는 상위 표상은 본문에서 필자가 '재귀의식'으로 부르는 내용과 서로 겹친다.

에 불과하다. 어떻게 하여 일관성이 부각되고 그렇게 파악되는지를 알려 주는 바는 전혀 없다. 이를 가능하게 만들려면 반드시 재귀적 평가 과정이 도입되어야 하며, 이는 존슨-레어드 교수의 삼원 구조의 정신모형(mental model) 등을 상정하게 만든다.

2) 순수한 담화 및 비판적 담화: 상부·하부로 얽힌 질서

앞에서 잠깐 언급한 바 있지만, 언어학의 코페르니쿠스 전환을 이룩한 참스키 교수는 일찍부터 언어학 이외의 분야에서도 많은 저서들을 출간한 바 있고 그 번역본만도 30여 종이 훨씬 넘는다(439쪽). 참스키 교수 자신은 스스로 주도하고 있는 생성문법과 사회 비판적 활동이 오직 '약한' 관련성만을 갖는다고 언급한 바 있다. 그의 언어학이 주로 형식과 구조에 초점을 모으기 때문이었다. 그렇지만 의미에 초점을 모은 언어학과 언어교육도, 참스키 교수의 전환 이후에 60년이나 넘게 발전에 발전을 거듭해 왔다. 그 결과 참스키 교수의 비판적 활동이 오늘날 그대로 '비판적 담화 분석(Critical Discourse Analysis)'으로 묶을 수 있게 되었다. 일찍이 생성문법이 의미에 초점을 두어야 한다고 판단하여 스승을 떠나 새롭게 '인지 언어학'이란 흐름을 창도한 레이코프 교수의 최근 업적들(216쪽)도, 모두 미국 사회 내부의 갈등과 기득권 세력의 끝없는 욕망을 비판적으로 다루고 있다. 왜 이런 전환이 이뤄졌을까? 이를 한 마디로 말한다면,

"말은 <u>삶을 위해서</u> 존재하는 것이다!"

여기서 삶은 크게 일과 사회관계로 이뤄져 있다. 이와는 반대로 말을 위한 말(형식을 위한 형식)은 고고한 상아탑에서나 필요할 뿐이다. 일상생활을 하는 대다수의 사람들에게는 거의 의미가 없다. 언어학도 실용

적인 몫을 맡고자 할진대, 모름지기 의미들의 집적인 사회관계와 일에 초점을 모아야 한다. 본디 말은 일을 하고 관계를 맺기 위해 존재하였고, 원래대로의 목적으로 되돌아가는 것이다. 이것이 비판적 담화에서 핵심점이 된다.

담화(discourse)는 독일 쪽에서는 덩잇글/덩잇말(text)로 부르지만, 동일하게 발화나 문장들이 얽히고 나서, 다시 일관된 이념이나 가치를 배경으로 하여 더 크게 얽힌 구조물이라는 점에 모두 동의한다. 그런데 왜 순수 담화 연구와 비판적 담화 연구로 나뉘는 것일까? 여기서도 '형식 : 내용'의 대립이 재연(再燃)된다. 담화에서 전개 형식들에 초점을 모을 수도 있고, 그 형식을 이용하여 무슨 일을 하려는지에 초점을 모을 수도 있다. 후자에서는 특히 기득권층의 이득 갈취 방식이나 가치 세뇌에 칼을 들이대는데, 이를 '가치' 또는 '이념'의 문제로 부른다.

먼저 순수 담화 연구들에 대하여 간략히 개관하기로 한다. 순수한 쪽의 담화 연구는 형식 언어학에 대한 비판을 하면서 나온 기능주의 언어학(Halliday)과 사회 언어학(Gumperz, Hymes, Schegloff)의 전통을 계속 잇고 있다. 특히 오늘날 심리학자들과 제2 언어교육 전공자들이 주류를 이룬다. 화란 언어학자 폰데익(van Dijk)과 미국 심리학자 킨취(Kintsch)가 함께 1983년 『담화 이해에 대한 몇 가지 전략(Strategies of Discourse Comprehension)』(Academic Press)과 여러 학회에서 교육용 책자로 집필한 그뢰이써·건스바커·골드먼 엮음(Graesser, Gernsbacher, and Goldman 2003) 『담화 처리 소백과(Handbook of Discourse Processes)』(Lawrence Erlbaum)와 응용 언어학 대가 위도슨(Widdowson 2004) 『덩잇글, 맥락, 덩잇글의 숨겨진 산출 동기: 담화 분석에서 몇 가지 비판적 논제(Text, Context, Pretext: Critical Issues in Discourse Analysis)』(Blackwell)가 이런 흐름을 대표할 수 있다.

여기서는 필자가 한국연구재단의 지원으로 번역한 킨취(Kintsch 1998; 김지홍·문선모 뒤침 2010) 『이해: 인지 패러다임, I~II』(나남)을 소개하기로 한다. 현재 콜로라도 주립대학의 명예교수인 킨취 교수는 40년 넘게 언어 이해를 중심으로 하여 언어심리학을 이끌어 온 대가이다. 언어학 또는 언어교육 분야와는 달리 심리학에서는 담화를 우리 머릿속에 저장하는 과정 및 인출하는 과정까지도 유기적으로 다루고 있어서 더욱 도움이 된다. 담화를 처리하기 위해서는 먼저 담화의 최소 단위를 결정해야 한다. 언어학(Chafe 1994)에서는 절-유사(clause-like) 단위로 부르고,94) 철학이나 심리학에서는 명제(proposition)라고 부른다. 일단 심리학적 실재로 입증되는 최소 단위가 결정되면, 본격적으로 그 단위들이 결합하고 연결되는 방식을 다뤄야 한다. 언어에만 초점을 모으는 접근에서는 크게 미시영역(또는 미시구조로 부름)과 거시영역(또는 거시구조)으로 구분한다. 왜냐하면 미시영역에서는 언어 형태들에 의해 최소단위들이 얽히고 짜이기 때문이다. 그렇지만 거시영역을 묶거나 일관성을 부여하게 되는 고정되어 있는 특정 언어 형식은 존재하지 않는다. 오직 머릿속의 배경지식을 가동시켜 짜임새를 부여해 나갈 뿐인데, 이런 과정을 추론(inference)이라고도95) 부른다. 심리학에서는 결코 이것만으로 작업이 종결되었다고 선언하지 않는다. 이런 과정의 결과물이 어떻게 머릿속 기억에 저장되는지, 그리고 어떻게 유관한 기억들을 불러내는지(인출 과정)에 대해서도 진지한 논제로서 다루게 된다. 중간에서 이런 심부름을 하는 두뇌 부서를 각각 '단기 작업기억'과 '장기 작업기억'으로 부르는데, 후자에서는 전문지식의 처리를 위해 장기기억 속에 있는 '인출구조'를 꺼내는 일과 긴밀히 관련된다.

---

94) 췌이프(Chafe 1994; 김병원·성기철 뒤침 2006), 『담화와 의식과 시간: 언어 의식론』(한국문화사)을 보기 바란다.

95) 서구 논리학에서는 추론을 주로 귀납법과 연역법을 이용하여 전개시켜 왔다. 그렇지만 퍼어스(C. S. Pierce, 1839~1914)에서는 언어 표현과 머릿속 정보를 결합하여 새로운 결론을 내리는 추론도 우리 일상생활에서 아주 중요함을 처음으로 지적하였고, 이를 abduction(하나의 사실이 주어지면 배경정보에 근거하여 추론하는 일)으로 불렀다. 그렇지만 언어 이해에서 언급하는 '추론'은 논리 형식을 이용하는 추론과 달리 어림짐작으로 일관성을 찾아나가는 비형식적 추론이다. 일찍이 흄(1739)에서는 관념들 사이의 연결을 reasoning으로, 감각들 사이의 연결을 inference로 구분했던 적이 있었다(29쪽의 각주 8 참고). 그러나 뒷사람들이 서로 뒤섞어 쓰는 듯하다.

킨취 교수는 크게 '덩잇글 기반'을 마련하는 일과 '상황모형'을 만들어 기억 속에 넣는 일을 다루고 있다. 덩잇글 기반은 앞에서 언급한 미시영역과 거시영역으로 나뉘는데, 그 결과물을 각각 미시구조(microstructure)와 거시구조(macrostructure)로 부른다. 덩잇글 기반을 마련하는 일은 두 가지 작용을 통해 일어난다. 정보를 덜어내는 일(reduction)과 정보를 더해 놓는 일(accretion)인데, 이를 '구성 과정(construction)' 또는 추론이라고 부른다.96) 이 구성 과정의 결과물이 덩잇글 기반(text-base)이다.

자연언어의 형태가 이런 구성 과정에 간여하는 방식은 오직 미시구조에 있을 뿐이다. 명제와 명제는 추상적 대상이다. 그럼에도 불구하고 명제들을 서로 붙여 놓으려면 추상적인 도구를 쓸 수밖에 없다. 그 도구가 이른바 결속(cohesion, 통사 결속)이라는 이름으로 불리는 다음 다섯 가지 기제이다. 이 기제에 대한 첫 논의는 핼러데이·허싼(Halliday and Hasan 1976) 『영어에서의 결속 속성(*Cohesion in English*)』(Longman)에서부터이다.

(1) 진화의 역사 위에서 인류가 종의 특성으로서 언어를 획득한 이후에 이를 가능하게 만든 바탕은, 사건 그 자체를 분할하여 '언어의 내적 구조'(주어와 술어로 나뉨)를 표상하게 된 데에 있다. 일련의 사건이 자유의지를 지닌 동일한 사람에 의해 일어날 경우에 동일한 사람을 언어적으로 지정해 줌으로써, 그 사건들이 '왕자풀'(뽄드)처럼 긴밀히 달라붙

---

96) 폰대익(van Dijk 1980), 『몇 가지 거시구조: 담화의 전반적 구조와 상호작용과 인지에 대한 통합학문적 연구(*Macrostructures: An Interdiscplinary Study of Global Structures in Discourse, Interaction, and Cognition*)』(Lawrence Erlbaum)에서 처음 문을 열었고, 계속 정교하게 가다듬어져 왔다. 폰대익 교수의 네 가지 거시구조 형성 규칙은 다음과 같다.
①삭제
②선택(여기에는 그대로 놔두는 zero rule '무위적용 규칙'도 들어 있음)
③일반화
④구성(construction)
더 나아가 킨취(1993: 193~202쪽), 「덩잇글 이해에서 정보 더해 놓기 및 정보 덜어내기: 추론(Information accretion and reduction in text processing: Inferences)」, 『담화 처리(*Discourse Processing*)』제16호에서는 더욱 간단하게 정보 덜어내기와 정보 더해 놓기로 나누었을 뿐이다.

어 있는 것으로 우리가 이해를 하게 된다. 이런 이해의 바탕에는 평소에 체험하였던 사건 연결체를 작업기억에 불러들여 연상을 함으로써 작동하는 것이다. 이것이 이른바 지시표현인데, 영어에서는 소리 형식이 있는 대명사를 통해서 나오고, 우리말에서는 공범주(empty category, 소리 형식 결여됨) 대명사를 쓰게 된다. 단언하건대, 지시표현이 크로마뇽인의 탄생 이후에 단연코 어른들이 제일 많이 이용되는 '언어 표현'을 붙여 놓는 왕자풀이다.

(2) 반면에 어린이들은 접속사를 이용하여 붙여 놓는다. 나이가 더 어릴수록 접속사의 사용이 잦다고 알려져 있고, 어느 정도 나이가 들면 접속사는 반드시 필요한 경우가 아니라면 잘 쓰지 않는 것으로 알려져 있다. 마치 내를 건너는 데에 보폭이 짧으면 징검다리의 폭도 좁게 빽빽히 놓여 있어야 하는 것에 비유할 수 있다. 어른들은 굳이 접속사의 도움이 없이도 명제들이나 문장들 사이의 관계를 스스로 재구성하면서 이해해 나가는 것이다. 이런 일이 가능해지기 위해서는 반드시 사춘기 이후에 완벽히 발달된다는 전전두엽의 작업기억이 잘 갖춰져 있어야 한다.

(3) 두 번째로 어른들이 많이 이용하는 방식은 낱말들의 사슬(어휘 사슬, 낱말 간의 사슬)을 만들어 놓는 일이다. 이는 특히 글말에서 핵심적 속성이다. 고유한 글말 전통이 없이 한문 위주로[97] 글말살이를 해 온 우리 문화에서는 자주 이용되지 않는 듯하다. 그렇지만 한 낱말에 관련된 변이 가능한 낱말들로 명제들 사이에서 사슬을 만들어 놓는 일은 중요하다. 영어 글말을 대상으로 하여 낱말 사슬(lexical chain)을 만드는 기제를 분석한 호이(Hoey 1991) 『덩잇글에서 낱말 사슬의 여러 유형

---

[97] 한문에서도 어김없이 같은 낱말의 반복을 피해야 한다고 강조함은 서구 수사학의 전통과 정확히 일치한다. 아득한 옛적의 『서경』에서뿐만 아니라, 기원전 기록인 전한(前漢) 시대에 이미 "문상피이(文相避耳, 문장에서 같은 낱말을 쓰는 일은 서로 피할 따름이다)"(『자치통감 강목』 BC 194년 가을 7월 기록), 또는 "변문(變文, 문장 속의 낱말을 바꾼다)"이나 "피복(避複, 같은 낱말을 거듭 쓰는 일을 피한다)"(『자치통감 강목』 BC 175년 가의[賈誼]의 상소문)라는 수사학 원리를 명시적으로 언급하고 있다.

(*Patterns of Lexis in Text*)』(Oxford University Press)를 참고하기 바란다.

(4)~(5) 이제 남은 결속 기제는 동일한 유형의 사건을 대상으로 하는데, 하나는 생략이고, 다른 하나는 대용 표현(그러하다, do so)을 쓰는일이다. 생략과 대용이라는 두 기제는 오직 제한적으로 담화에서 동일유형의 사건을 언급해야 하는 경우에만 관찰될 수 있다. 대용 표현을쓰더라도 그 해석은 언어 그 자체로 결정되지 않는다. 가령,

"철수가 영이를 사랑하고, 동수도 <u>그러하다</u>"

에서는 대용 표현 '그러하다'가 남녀 간의 삼각관계를 가리키는 듯하다. 그렇지만 다음 문장에서는 결코 그러하지 않다.

"철수가 아내를 사랑하고, 동수도 <u>그러하다</u>"

비록 언어 구조가 동일하지만, 해석은 삼각관계가 아니라, 자신의 부인을 사랑하는 남편의 관계를 동일한 사건으로 복사하고 있다. 왜 그럴까? 앞에 선행한 문장에서 '철수와 영이'의 관계, 그리고 '철수와 아내'의 관계가 우리 머릿속에서 상이한 배경지식을 끌어내기 때문이다.

덩잇글 기반은 다시 기억 속에 들어가기 위하여 미리 우리가 머릿속에 저장하고 있던 감각 관련 자료들과 유기적으로 합쳐져야 한다. 왜냐하면 계몽주의 시대 이후로 인간 두뇌 속에서 작동하는 재료의 실체는감각 자료와 개념 자료로 대분되기 때문이다. 감각 자료는

impression(감각 인상), image(인상), sense-data(감각 자료), sensibilia(감각물),
percepts(지각물), qualae(재귀적으로 느끼는 감각자료, 복수는 qualia)

등으로 불리어 왔는데, 이 중에서 다섯 가지 감각 자료들을 모아 놓고

서 시지각의 유관 영역(시상하부) 속에서 <u>3차원의 공간 감각</u>을 구성해 내기 때문에(설사 맹인이라고 3차원의 공간 감각을 형성하려면 시지각 피질 및 시상하부를 작동시켜야 함이 밝혀짐), 서구 지성사에서는 이미지즘(심 상주의)의 흐름처럼 압도적 비중으로 시지각 자료에 치중해 왔다. 덩잇 글 기반과 감각 자료를 유기적으로 얽어 통합시켜 놓은 결과를 '상황모 형'으로 부른다. 이는 개인별 편차가 불가피하지만, 모종의 공통기반을 근거로 하여 다양하게 변동될 수 있다. 이를 킨취 교수는 '통합 과정 (integration)'이라고 부르며, 자신의 주장을 구성−통합 모형(CI model) 이 론이라는 이름을 붙였다.

이것이 임의의 덩잇글을 이해하여 장기기억 속에 집어넣는 이해 방식 인 것이다. 비록 서술의 편의를 위하여 순차적으로 단계별 서술을 하였 지만, 구성−통합 과정은 반복 순환 과정이며, 이해력이 빠른 사람은 처음에서부터 몇 후보의 상황모형을 작업기억 속에 불러 대기시켜 놓고 서 점차 가다듬어 나가는 것으로 가정된다. 자신이 받아들이고 있는 덩잇글 자극과 상황모형이 극명하게 차이가 날 경우에는 상황모형을 빨리 없애고 대안이 되는 다른 후보 모형을 만들고 대기시켜야 한다. 이것이 개인마다 이해 능력의 높거나 낮은 현상(개인차)을 설명해 주기 위해 제안된 이른바 '억제 기제(inhibition)' 가설이다.[98] 그렇지만 이해에 대한 연구가 종결된 것은 아니다. 다시 인간이 이용하는 기억의 실체에 대한 복잡한 논의들이 실타래마냥 뒤얽혀 있고, 더욱이 기억을 신경생 물학적으로 구현하기 위한 쟁점은 노벨 수상자들 사이에서도 서로서로 를 비방하는 낮은 수준에 있기 때문이다. 갈 길이 멀고도 아득할 뿐이다.

이제 참된 실학으로서(서구에서는 응용 학문으로 부름) 비판적 담화 분 석을 볼 차례이다. 여기에 깔려 있는 몇 가지 전제가 있다. 하나는 인간 만이 가치를 추구하는 존재이며, 다른 하나는 나와 너와 그가 모여 인

---

98) 김선주(1998), 「글 이해 능력의 개인차: 억제 기제 효율성 가설을 중심으로」, 이정모·이 재호 엮음, 『인지 심리학의 제문제 II』(학지사)를 읽어 보기 바란다.

간은 사회를 이룬다는 전제이다. 개인이 지닌 가치나 믿음(또는 퍼어스의 용어로는 '믿음 고정의 과정[fixation of belief]')은 집단을 이루면 '이념'으로 불린다. 비판적 담화 분석에서는 주로 기득권층과 공적 제도에서 퍼뜨리는 이념들을 대상으로 하여 그것이 허구임을 드러내고자 한다. 따라서 <u>비판적 안목을 갖추려면 임의의 이념에 대립하는 대안 이념이 미리 깔려 있어야 한다.</u> 비판적 담화 분석이란 이념의 대결 현장이며, 억눌린 다수와 억울한 민초들을 해방시켜 주고자 하는 목적을 지닌다. 이런 일에 뛰어들기 위해서는 반드시 대안이 되는 가치체계와 이념에 대한 확고한 배경지식을 지녀야 한다. 이런 흐름을 인류 지성사에서는 지식인의 '비판적 기능'으로 불러왔고, 언어학의 흐름을 바꾼 참스키 교수나, 참스키 교수의 형식주의에 반발하여 인지언어학을 만든 레이코프 교수도 마지막으로 도달한 지점은 비판적 지성의 자리이다. 이는 실학이자 또한 인간을 자유롭게 하는 도덕적 명령이다. 이런 차원에서 담화 또는 화용(언어 사용)은 오직 보편적이고 일반적인 질서와 가치를 반영해 줄 따름이다.

3) 담화의 미시구조 얽기: 통사 결속 기제

여기서는 앞에서 잠깐 언급한 미시구조를 이룩하는 다섯 가지 언어 기제들을 다루기로 한다. 가장 많이 쓰이는 것은 단연 '지시표현'(대상물 가리키기)이다. 영어에서는 대명사를 이용하나 우리말에서는 소리 형식이 없는 공범주 대명사를 이용한다. 다음으로 낱말들 사이에 사슬을 만들어 놓는 방식인데, 특히 글말에서 주로 강조되어 온 기제이다. 세 번째가 나이 어린 화자에게서 찾아지는 접속사를 이용한 방식인데, 접속사들에 분류는 이미 전통적인 수사학에서 설진할 만큼 이뤄져 왔다. 마지막으로 동일한 사건일 경우에 한하여 채택되는 매우 제한된 방식이 있는데, 생략 및 대용 표현을 쓰는 일이다.

(1) 기준점 중심의 지시표현(deixis, 다익시즈)

먼저 간단하게 자의적인 기호의 하나로서 인간 언어의 특징으로 자주 거론되어 온 '가리키는 표현(deixis)'을 살펴보고 나서 통사 결속 기제들을 다뤄나가기로 한다. 이는 주로 화용 쪽에서 논의되어 왔는데, 'to show(보이다)' 또는 'to indicate(가리키다)'의 어원을 지닌 이 용어를, 일부에서는 '직시(直示, 직접 보다, 직접 보이다)'나 화시(話示, 화용상의 보임)로 번역한 경우도 있으나, 우리말 '보다, 보이다'라는 뜻이 언어 형식과 긴밀히 관련되는 것이 아니라는 점에서 다소 문제이다. 이 용어는 본디 손으로 사물을 가리키듯이, 특정 낱말로 대상을 가리킨다는 의미에서 만들어진 것이다. 만일 '가리키는 표현'을 쓸 경우에는 반드시 기준점이 명확히 밝혀져야 하며, 뷜러는 기원(origin)을 의미하는 'origo(지시 기준점)'라는 용어를 썼다. 매우 소박하게 생각한다면 기준점이 줄곧 현재 '화자'가 되겠지만, 좀 더 들어가면 가리키는 표현뿐만 아니라 이동 동사들과 관련하여서도 복합적으로 추가 사항들이 깃들어 있고, 몇 갈래로 변동함을 알 수 있다. 만일 이런 상황을 고려하면, 필자는 개인적으로 deixis라는 용어를 '기준점 중심의 지시표현'으로 번역하는 것이 좀 더 명확해지지 않을까 의심해 본다.

이 논제는 뷜러(Bühler 1934; 지광신·최경은 뒤침 2008) 『언어 이론: 언어의 서술기능』(나남) 제2부 '언어의 지시영역과 지시어'에서 처음 심도 있게 다뤄졌다. 이어 인지언어학을 만드는 데 이바지한 촤알즈 필모어(Fillmore 1997) 『기준점 중심의 지시표현에 대한 강의(*Lectures on Deixis*)』(CSLI at Stanford University)에서도 관련 내용을 읽을 수 있는데, 특히 내용이 확대되어 시간·공간·이동동사도 다루고 있다. 최근의 논의로는, 아마 언어 산출 과정 속에서 기준점과 관련하여 언어 형식으로 달리 표현해야 하는 현상을 놓고서 이를 다룬 화란 심리학자 르펠트(Levelt 1989; 김지홍 뒤침 2008) 『말하기: 그 의도에서 조음까지, 제I권』(나남) 제2장

2절 '상황(=기준점) 중심의 지시표현'일 듯하다. 그곳에서는 '인칭 지시표현, 장소 지시표현, 시간 지시표현'으로 하위 영역을 나누었다. 장소 지시표현에서는 다시 일반 좌표계를 도입하면서[99] 논의를 진행하였는데, 좌표계의 원점이 화자에게 있는 경우를 '내재적 좌표계'로 부르고, 다른 곳에 있는 경우를 '외재적 좌표계'로 불렀다. 이를 비유하면, 화자인 내가 자동차를 운전하면서 항상 맞닥뜨리는 길의 방향을 정하는 선택도 있고, 내 차를 상공에 떠 있는 비행기나 드론을 통하여 내려다보면서(네비게이션 또한 그러함) 내 자동차가 가는 방향을 서술해 줄 수도 있는 것이다. 일상 언어에서는 좌표계의 기준점은 수시로 전환이 일어나고, 문화권마다 다소간의 차이가 관찰된다. 기준점은 시간 표현에서 특히 '참조시(reference time)'라는 용어를 써서 달리 부르기도 한다.

우리말의 자료를 놓고서 이 주제를 보려면 유현경 외(2015) 『우리말 연구의 첫걸음』(보고사)의 제10장 3절 '직시'를 읽어 보기 바란다. 다만, 필자의 생각과 현격히 다른 대목이 있다. '이, 저' 그리고 '그'라는 지시

---

[99] 위치 지시내용과 관련하여 인도 유럽 언어권에서 상정되는 세 가지 좌표계에 대한 예시 도표를 보이면 다음과 같다(김지홍 뒤침 2008: 112쪽).

기준점 / 좌표계	위치 관련 기준점	
	화자 기준점	다른 개체 기준점
좌표계 — 화자 원점	1차적 지시표현 "공이 내 앞에 있다"	2차적 지시표현 "공이 나무 뒤에 있다"
좌표계 — 다른 개체 원점	서로 상충되는 개념이므로 언어 표현도 존재하지 않음	기준점이 외부 대상임 "공이 의자 앞에 있다"

대명사('이것, 저것, 그것' 등의 결합 표현에서는 지시 관형사로 부르거나 또는 그냥 지시사로도 부름)의 제시 방식이다. 일본어와 스페인 어에서는 이렇게 지시 방식이 3원 체계로 이뤄져 있음이 잘 알려져 있다. 일본어는 화자 세력권/영향력이 미치는 범위에 따라 '근칭, 중칭, 원칭'으로 부른다. 일본인 산전효웅(山田孝雄)의 기술 방식이 최현배 문법 속에 이식된 뒤에, 아직까지도 우리나라 학교문법에서 이 점이 전혀 고쳐지지 않은 채 답습되고 있을 따름이다.

그렇지만 3원 체계와는 달리, 우리말이나 영어는 2원 체계이다. 영어에서는 심리적 거리감이라는 추가 요인이 덧붙어 있으므로 우리보다 조금 더 복잡하게 작동한다. 우리말에서는 두 기준점이 두 겹의 계층으로 작동한다. 화자가 좌표계의[100] 원점이 될 경우에, 원점에서 가까운 영역을 '이'로 말하고, 멀리 있다고 느끼는 경우에는 '저' 말한다. 그렇지만 '그'는 작동방식이 이것들과 판이하게 다르다. '그'에는 두 가지 용법이 있다.

　① 화자와 청자가 공유하는 특정한 대상이나 영역을 가리킨다.
　② 선행 또는 후행 대용으로, 임의의 언어 표현을 다시 끌어들여 가리킨다.

"그 책 줄래?"라는 요구를 듣는 사람이 머릿속에 화자와 공유하는 특정한 대상이 들어 있지 않을 경우에는 "그 책이 뭔데?"라고 반문해야 할 것이다. 서로 주고받는 이야기를 시작하면서 "그런 말 들어봤니?"라고 발화하면서 '그런 말'에 대한 부연 설명을 이어나갈 수 있다. 이는 후행

---

100) 사면의 팔방과 위와 아래를 포함하는 시방을 가리키기 위하여 '좌표계'라는 전문 용어를 쓰고 있다. 기준점을 지닌 지시표현은 언제나 수의적으로 구체적 시간과 위치를 지닐 수 있다. '지난 번'에가 '어제 5시'에나 또는 '7월 9일 오후 5시'에로 수시로 바뀌 쓸 수 있기 때문이다. 아주 소략하게만 본다면, 지시 대명사나 지시 관형사의 용법은 좌표계의 한 축만을 써서 일직선 상으로 화자에게서 가깝다 또는 멀리 떨어져 있다고 충분히 서로 구분하여 말할 수 있는 것이다.

대용 표현(cataphora)에 속한다. 또한 특정한 대상이나 사람을 언급하고서, 다시 "그게, 그이가"라고 말한다면, 앞에 이미 나온 언어 표현을 대신하고 있으므로 선행 대용 표현(anaphora)으로 부른다.

유현경 외(2015: 310쪽) 『우리말 연구의 첫걸음』(보고사)에서 다음처럼 결여 형태가 관찰되지만, 아직 이유가 밝혀지지 않은 수수께끼 표현들을 필자의 논의에 따라 분명하고 아주 쉽게 설명해 줄 수 있다. 응당

[[이 : 저] : 그]

처럼 제시되어야 일관되겠으나, 그곳에서 제시한 대로 아래에 인용하고, 다시 결여 형식을 ∅로 표시하여 재배열해 놓기로 한다.

'이 다음/그 다음/*저 다음' ([[이 다음 : ∅] : 그 다음])
'이 때/그 때/*저 때' ([[이 때 : ∅] : 그 때])
'이번/*그번/저번' ([[이번 : 저번] : ∅])

'이 다음'만 있고, '*저 다음'이 없는 것은, '다음'이 가리키는 가시적이고 명시적인 영역을 상정할 수 없기 때문이다. 그러나 청자와 화자가 머릿속에 공유하고 있는 특정 시점이나, 이미 언어 표현에서 이용했던 특정 시점을 다시 도입한다면 '그 다음'이라고 말하게 된다. '이 때'만 있고, '*저 때'가 없으며(화용 상황에 따라 예외적으로 옛날 운동회 사진을 보면서 '저 때'라고 말할 수도 있음), '그 때'가 있는 것도 또한 같은 이치이다. '때'가 가시적이고 명시적 시점을 가리키는 것이 아니므로, 오직 화자가 존재하는 해당 시점이나 청자와 공유하는 특정 시점만을 가리킬 수 있을 뿐이다. 다만, '접때'(과거 일정 시폭의 시간)라는 낱말이 있는데, 새로 들어 있는 받침 'ㅂ'이 시폭의 영역을 붙들고서 가리켜 주는 것으로 설명해야 할 듯하다. 이런 결여 형태와는 달리, 차례를 뜻하는 번(番)

은 '이번'이나 '저번'만이 가능하고, '*그번'은 불가능하다. 종이 위에 목록 형태로 써 놓지 않은 상태에서, 차례는 오직 화자 원점을 기준점으로 하여 일직선 상에서 가까운지 멀리 떨어져 있는지에 따라서만 언급될 수 있다. 이것이 '이번, 저번'만이 모두 가능한 표현이 되는 이유이다. 그렇지만 '*그번'이란 차례는 불가능하다. 전형적으로 화자 중심으로 순서 짓는 방식에는(이것만이 유일무이한 차례 짓기가 됨), 그렇게 정해진 차례에는 청자가 원점으로 작용하여 공유된 특정한 차례란 더 이상 존재할 수 없기 때문이다. 만일 청자 차례가 허용된다면 뒤죽박죽이어서 더 이상 차례라고 표현할 수도 없게 된다.

(2) 지시표현

지시표현은 하나의 문장과 하나의 문장을 묶어 주는 가장 흔하고 가장 많이 쓰이는 언어 기제이다. 동일한 현상을 놓고서 대용 표현이나 조응 표현으로 달리 부르기도 한다. 이 글에서는 '그러하다' 따위를 '대용 표현'으로 부르려고 하므로, 서로 구분을 해 주기 위하여 '지시표현'이란 용어를 선택하였다. 조응(照應, 비추어 응하다)이란 말은 '빛을 비춰 대상과 그림자 사이에 서로 일치하듯이 대응한다'는 뜻을 지닌 듯한데, 제대로 그 뜻을 가늠하거나 새기기가 쉽지 않다. 필자 개인의 판단에는, 두 대상이 서로 동일한 것임을 가리키는 데에는 적합한 낱말이 아닌 듯하다. 지시표현은 담화를 묶는 기제로 다음처럼 쓰인다.

> "철수가 도서관에 왔다"
> "_ 영이를 찾았다"

라는 두 개의 발화가 서로 이어져 말해질 경우에, 한국어를 쓰는 사람이라면 '누가' 영이를 찾았는지 명확히 알 수 있다. 영어를 쓰는 사람이라면

'he(그가)'라는 인칭 대명사를 썼을 것이다. '__' 곳에는 머릿속으로 '철수'가 있다고 여긴다. 우리말에서는 소리값이 없는 공범주 대명사 'e'(empty에서 따왔으나, 일부에서는 pronoun의 앞쪽을 따서 'pro'로도 씀)를 쓰고, 같은 대상임을 가리켜 주는 지표(영어로 index이므로, 편의상 'i'부터 시작하여 아랫첨자 'i, j, k, ...'를 붙여 동일한 대상임을 표시해 줌)를 함께 써서

"철수$_i$가 도서관에 왔다. e$_i$ 영이를 찾았다"
"John$_i$ arrived at the library. He$_i$ tried to find Sue"

와 같이 나타내 준다. 남성 단수 인칭 대명사 'he'가 나와야 하는 영어 표현에서도 동일한 지표를 붙여 줄 수 있다. 이런 표상으로써, 두 문장이 자유의지를 지닌 주체 '철수' 또는 'John'에 의해서 시작된 일련의 사건 연결체임을 알 수 있게 해 준다. 두 문장에 걸쳐 있는 낱말들이 같은 지표로 묶여 있다고 하여 이를 특히 '결속(binding)'이라고 부르고 있다. 필자는 우리말의 이런 방식을 학생들에게 쉽게 설명해 주기 위해서 주인공을 따라가면서 비디오를 찍는 일을 같이 연상시켜 준다. 비디오 기사는 언제나 처음 주인공의 뒤를 바짝 따라다니면서 그 주인공의 행동들을 연달아 찍어야 한다. 첫 화면에 배경과 더불어 주인공이 등장하면, 다음 장면부터는 마치 주인공의 눈이나 되는 듯이 녹화기 기사는 주인공 시각을 중심으로 하여 사건들을 찍어나갈 수 있다. 이런 점이 두 번째 문장에서부터 공범주 대명사를 쓰는 일과 매우 닮아 있다.

"__ 영이를 찾았다"에서 생략이라고 말하지 않고, 굳이 공범주 대명사 e를 표시해 놓는 이유는 이 환경이 '생략 조건'이 되지 못하기 때문이다. 뒤에서 언급되겠지만, 동일한 사건이 반복될 경우에는 ① 생략이 일어나거나 ② 대용 표현 '그러하다'가 쓰일 수 있다. 생략은 반드시 '복원 가능성'을 전제로 하여 일어난다. 공범주 대명사가 쓰이는 환경은 동일한 사건이 '반복'되어 일어나는 것도 아니고, '복원'을 전제로 하는

바도 없기 때문이다. 만일 이런 환경에서 공범주 대명사를 쓰지 않은 채 앞의 두 문장에서 모두 '철수'를 구현할 수도 있다. 이 경우에는 해석이 달라질 수밖에 없다.

"철수가 도서관에 왔다. 철수가 영이를 찾았다"
"John arrived at the library. John tried to find Sue"

우리말에서는 대체로 두 개의 사건(온 사건, 찾는 사건)이 시간상 현격히 떨어져 있어서, 각각 별개의 사건 연쇄 속에 들어 있는 듯이 관념할 가능성이 있다. 영어에서는 반드시 인칭 대명사로 바꿔야 하는 필수 규칙이 작용하기 때문에, 동시에 일어나는 사건이라 하더라도 앞의 John(존 케네디)과 뒤의 John(존 버틀러)이 서로 다른 사람이라고 여길 개연성이 높다. 이런 이유로 통사론의 논의에서는 공범주 대명사 e를 표시해 주는데, 이 대명사의 범주를 더 자세히 구명하여, 흔히 이태리어에서 자주 관찰되는 작은 공범주 대명사 pro를 써 넣기도 한다. 이는 구조가 엄격히 짜인 영어에서 설정하는 큰 공범주 대명사 PRO와 대립된다. 이 글에서는 공범주 대명사의 실체를 더 자세히 다루지 않은 채 넘어가기로 한다.

이미 이런 일반적인 언어 기제에 대해서는 생성문법을 창도한 참스키 교수에 의해서도 이런 지시표현이 어떻게 선행 또는 후행 표현과 결속되고(지표를 받고) 해석이 이뤄지는지를 놓고 결속(binding)이란 개념으로 심도 있게 다룬 바 있다. 심리학자들도 언어 처리와 관련하여 local coherence(지엽적 연결)이란 개념으로 논의가 온축되어 왔으며, 자연 언어의 전산처리 쪽에서도 centering(중심소 전개하기)의 개념으로 다뤄져 왔다.101)

---

101) 언어 이해의 심리학적 과정을 명시적으로 논의한 책은 킨취(Kintsch 1998; 김지홍·문선모 뒤침 2010), 『이해: 인지 패러다임, I~II』(나남)을 읽어 보기 바란다. 전산처리 쪽에서

특히 우리말 자료들을 놓고서 참스키 이론을 적용하려는 양동휘(1988) 『한국어의 대용화』(한국연구원)와 우리말의 독자성을 찾아내려는 임홍빈 (1987) 『국어의 재귀사 연구』(신구문화사) 사이에서 심도 있는 논쟁이 촉발 된 바 있다. 이런 생산적 논쟁 덕택에 우리말의 연구 수준이 크게 향상된 것으로 평가된다. 생성문법의 발전 과정에서 지시표현을 중심으로 한 이론이 어떻게 전개되었는지에 대해서 김용석(1996) 『대용화 문법론: 그 이론적 동향과 한국어의 제현상』(한신문화사)에서 충실히 개관할 수 있다. 최근 김광희(2011) 「대용 표현 연구의 이론과 논점」, 유현경 외 6인 『한국어 통사론의 현상과 이론』(태학사)도 유용한 개관 논문이다.

이런 지시표현을 다룰 경우에, 일반적으로 대명사들만을 논의의 대 상으로 삼고 있지만, 우리말의 표현 관습에 따르면 흔히 사람을 가리키 는 대명사를 쓰기보다는 그 사람과 관련된 직위나 신분이나 고향(가령, '경주ㅅ댁[慶州ㅅ宅], 산청ㅅ댁[山淸ㅅ宅]' 등) 따위를 대신 쓰기도 하며, 옛 날에는 호 또는 자(字)를[102] 대신 부르기도 하였다. 이런 특성을 고려하 면 지시표현의 범위를 대명사에 한정해서는 일부 실상을 드러내지 못 할 수 있다.

는 워커·조쉬·프륀스 엮음(Walker, Joshi, and Prince 1998), 『담화에서 중심소 전개 이론 (*Centering Theory in Discourse*)』(Clarendon)을 보기 바란다.

[102] 지금은 없어진 풍속인데, 옛날 선비들은 자신의 이름 글자와 관련하여 따로 자(字)를 만들어 쓰는 일이 허다하였다. 경상대학교 한문학과에서는 만 20세가 되는 학생들에게 성인식(남자는 관례, 여자는 계례)을 치르면서 '자(字)'를 지어 주는 풍습이 있다. 옛날에 는 '이름(名)'을 소중히 여겼으므로, 함부로 부르지 않았다. 호(號, 남이 불러주는 다른 이름)를 짓는 이유도 마찬가지이다. 특히 임금의 이름 글자들은 직접 부르기를 꺼리기 때문에, 중국의 운서에서는 피휘(避諱, 함부로 불러서는 안 되는) 글자로 맨 처음에 올려 놓기도 하였다. 조선을 세운 이성계는 다시 이름을 '아침 단(旦)'으로 고쳤기 때문에, 조 선조 학자들은 모두 이를 피하여 대신 동일한 의미를 지닌 '아침 조(朝)'로 바꾸어 썼다. 가령, 고려말 조선초에 살았던 제주 사람 고인단(高仁旦)이 때로 피휘하여 고인조(高仁 朝)로 씌어 있는 경우가 있다. 고(故) 양주동 교수가 독학하면서 '인칭 대명사'라는 말이 무슨 뜻인지 알 수 없었다는 글이 있다. 문화 전통이 서로 달랐으므로 그 어려움을 충분 히 공감할 수 있는데, 우리나라에서처럼 신분이나 지위나 당호로써 호칭이나 지칭을 하 는 전통이 서구에서는 거의 없기 때문이다. 서구 문법에 따르면 대명사가 아니라, 오직 고유명사나 집단명사로 분류될 뿐이다.

(3) 낱말 사슬 만들어 놓기

담화를 읽고 엮는 두 번째 빈출 기제가 '낱말 사슬(lexical chain)'을 만들어 주는 일이다. 이는 'thesaurus(유관 낱말 총괄 사전, 관련 어휘 총괄 사전)'라는 도구사전과 함께 활용되어야 가능하다. 그렇지만 글말의 역사와 전통이 세워져 있지 않은 '우리글'에서는 여기에 대한 의식이 아직 갖추어져 있지 않다. 도구사전으로서 우리 쪽에서는 북한 학자들이 공동 작업(김일성 종합대·평양 외국어대·김형직 사범대·사회과학원 교수진)으로 2006년 펴낸『우리말 글쓰기 연관어 대사전, 상~하』(황토출판사)을 필두로 하여, 고(故) 김광해 교수의 연구를 이은 서울대 국어교육연구소·낱말 어휘정보 처리 연구소(2010)『넓은 풀이 우리말 유의어 대사전, 1권~7권』(㈜ 낱말)이 출간되었지만, 아직 일반인들에게 보급되기는 어려운 실정이다. 서구의 수사학 및 한문 문화권에서는 일찍부터 이런 낱말 사슬을 만드는 일이 집중적으로 훈련되어 왔지만, 우리 문화에서는 아직 뚜렷한 자취를 찾기 힘들다. 그럼에도 불구하고 담화를 읽어 짜 나가는 두 번째 빈출 방식이므로, 여기서는 낱말 연쇄에 대한 정상 지위의 업적을 중심으로 하여 소략하게 설명을 베풀어 나갈 것이다.

1970년의 후반 들어서서 담화 연구가 시작된 이래, 낱말 사슬(lexical chain, 어휘 연쇄)에 대한 연구 중 압권은 단연 호이(Hoey 1991)『덩잇글에서 낱말 사슬의 여러 유형(*Patterns of Lexis in Text*)』(Oxford University Press)이다.[103] 서구에서는 신문 등에서 자주 이런 낱말 사슬들을 찾을 수

---

103) 영어에서는 'word, vocabulary, lexicon, lexis, lemma, lexeme' 등의 용어가 쓰이는데, 내포 의미들이 서로 다르다. 우리말에서는 낱말과 어휘 정도만을 구분한다. 낱말들을 모으고 다시 형태소나 관용구를 모아 놓을 경우에 상의어로 '어휘'라는 말을 쓰고 있다. 영어에서는 word와 vocabulary가 각각 낱말과 어휘에 짝이 될 수 있다. 그런데 그 이하의 용어들은 특정한 전제들이 깔려 있다. lexicon은 생성문법에서 쓰는 용어로 통사를 투영하는 선택 자질(논항과 의미역)이 들어 있는 낱말들의 집합을 뜻하고, lexis는 곡용과 활용을 다양하게 하는 개별 낱말들을 따로 세지 않고 오직 낱말 원형만을 하나의 기본단위로 다루기 위해 언어교육 쪽에서 쓰며, 어휘들의 집합체이다. 마지막 두 개의 용어는 심리학에서 쓰는데, 낱말들이 머릿속에 저장될 경우에 반드시 두 개의 기억 창고에 따로 저장된다고

있는데, 낱말 사슬이 확보됨에 따라 독자나 청자는 일관된 주제가 계속 전개되고 발전되어 나간다고 느끼게 된다. 따라서 동일한 낱말을 그대로 반복할 경우에는,[104] 지능지수가 낮다거나 지식이 없는 것으로 오해를 살 소지가 있다. 따라서 서구의 초중등 모국어 교육에서는 글말 교육에서 가르쳐야 할 핵심 중 하나이다. 쿡(Cook 1989; 김지홍 뒤침 2003: 38쪽)『담화: 옥스포드 언어교육 지침서』(범문사)에서는 이를 '품격 있는' 반복이라고 언급하였고, 머카씨(McCarthy 1990; 김지홍 뒤침 2003: 159쪽 이하)『어휘: 옥스포드 언어교육 지침서』(범문사)에서는 다음의 신문 기사를 예시로 제시하였는데, 밑줄 그은 낱말로부터 사슬들이 관찰된다 (학습자들에게 6개의 낱말 사슬을 찾도록 하는 물음이 들어 있음).

바닷가 휴양지가 여전히 최고

영국 사람들에게는 여전히 해변 주위에서 빈둥대는 것이 <u>가장 선호되는</u> 휴가이다. 그리고 <u>태양이 작열하는</u> <u>이국적</u> 휴양지의 대중성에도 불구하고, 우리들은 대부분 집에서 <u>휴가 보내기</u>를 좋아한다. 새로운 유럽 경제 공동체의 조사에 따르면, <u>휴가를 떠나는</u> 영국인들은 거의 60 퍼센트가 해변으로 향해 <u>가고</u>, 이들 중 3분의 1이 <u>외국</u>으로 나간다. 우리들 40 퍼센트는 1년에 휴가를 하루만 가지지만, 21 퍼센트는 여러 차례 <u>휴가를 즐긴다</u>. 지난 해에는 39 퍼센트가 하루의 <u>휴가도</u> 갖지 못하였는데, 그들이 <u>휴가를</u> 낼 수 없었음을 말해 주고 있다.

영국 공영방송(BBC)의 기사를 놓고서 호이(1998)에서는 다음과 같이 낱말 사슬을 예시로 제시하여 분석한 바 있다(선으로 연결됨).

가정하고, 통사·의미값을 담고 있는 것을 lemma(낱말의 통사·의미 정보)로 부르고, 음성·형태값을 지닌 것을 lexeme(낱말의 음성·형태 정보)라고 달리 부른다. 이 글에서는 이러한 자세한 구분이 필요하지 않으며, 순수한 우리말인 '낱말'을 주로 써 나가기로 한다.

104) 필자가 지도한 학생 중에서 박사 논문의 초고에 일부러 '낱말 사슬'을 시도하여 제출한 경우가 있었다. 소설가 겸 문학 교육을 전공하는 심사자 한 분은 이런 사슬 형성에 대하여 매우 부정적으로 반응을 하였다. "왜 굳이 같은 개념을 하나의 낱말로만 쓸 것이지, 여러 개의 낱말로 달리 쓰느냐?"고 반문을 하였고, 그 결과 오직 하나의 낱말로 통일하여 고쳤던 적이 있었다. 우리글에서는 아직 글말 등급이나 수준이 서로 차별화되어 있지 않은 단계일 듯이 느껴진다.

2.2　1 A drug known to produce violent reactions in humans has been used for sedating grizzly bears *Ursus arctos* in Montana, USA, according to a report in *The New York Times*.
2 After one bear, known to be a peaceable animal, killed and ate a camper in an unprovoked attack, scientists discovered it had been tranquillized 11 times with phencyclidine, or 'angel dust', which causes hallucinations and sometimes gives the user an irrational feeling of destructive power.
3 Many wild bears have become 'garbage junkies', feeding from dumps around human developments.
4 To avoid potentially dangerous clashes between them and humans, scientists are trying to rehabilitate the animals by drugging them and releasing them in uninhabited areas.
5 Although some biologists deny that the mind-altering drug was responsible for uncharacteristic behaviour of this particular bear, no research has been done into the effects of giving grizzly bears or other mammals repeated doses of phencyclidine.

① 뉴욕 타임즈 신문 기사에 따르면, <u>사람들</u>에게서 과격한 반응을 <u>만들어 내는</u> 것으로 알려진 <u>약</u>이 미국 서북부 몬테너 주에서 북극곰으로 알려진 <u>회색 곰들을 진정시키기</u> 위해 <u>사용되어</u> 왔다.

② 온순한 동물로 알려진 곰 한 마리가 일부러 자극하지도 않았음에도 공격하여 야영자 한 명을 죽여 잡아먹은 뒤에, 과학자들은 그 놈이 마취제 펜사이클리딘 또는 '가루 약'으로 11차례나 <u>진정되었었음</u>을 발견하였는데, 이는 환각을 <u>불러일으키며</u> <u>복용자</u>로 하여금 가끔씩 분별력 없는 파괴력의 느낌을 준다(=일으켜 놓는다).

③ 많은 야생 <u>곰들</u>이 <u>인간</u> 개발지 주위에 있는 쓰레기 더미들로부터 뒤져 먹으면서 '쓰레기통 열광꾼'으로 되어 왔다.

④ <u>그놈들</u>과 <u>인간들</u> 사이에 잠재적으로 위험한 충돌을 피하기 위하여, 과학자들은 그놈들을 <u>마취시키고서</u> 사람이 살지 않는 지역에 풀어놓아 줌으로써 그 <u>동물들</u>을 자연으로 복귀시키려고 애쓰고 있는 중이다.

⑤ 비록 일부 생물학자들이 향정신성 <u>마약</u>이 이 특정한 곰의 예외적인 행동<u>에 책임이 있음</u>을 부인하지만, 아직 <u>회색 곰들</u> 또는 다른 포유류 동물들에게 펜사이클리딘의 반복 투여를 해 주는 영향을 놓고서 어떤 조사 연구도 실시된 적이 없다.

이런 낱말 사슬이 크게 '낱말 단순 반복' 및 '낱말 혼효 반복'으로 나눔에 주목하고, 호이(1998: 68쪽 이하)에서는 이들을 판정하는 흐름도를 다음처럼 제시한 바 있다.

낱말 반복에 따른 사슬의 종류 찾아내기

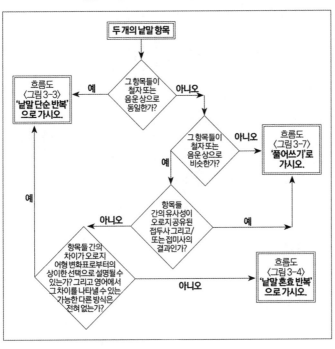

이런 흐름도를 따라 반복되는 실선들이 합쳐진다면 해당 그물의 강도나 문장들 사이의 유대를 표상해 줄 수 있는데, 호이 책 97쪽에서『정치사상의 거장들』이라는 책 속의 일부 본문을 분석하여 문장들 사이의 유대 정도를 다음과 같이 제시한 바 있다.

〈 문장들 사이의 연결 강도의 수치 〉(음영은 유대의 형성 기준치를 넘어서 활성화된 값임)

①	④	⑫	문장	⑯	⑰	⑱	⑲	⑳	㉑	㉒	㉓	㉔	㉕	㉖	㉗	㉘	㉙	㉚	㉛	㉜	㉝	㉞	㉟	㊱	㊲	㊳	㊴	㊵
3	2	2	⑰	1	⑰																							
ø	ø	ø	⑱	ø	ø	⑱																						
2	1	1	⑲	1	2	ø	⑲																					
2	1	1	⑳	1	2	ø	5	⑳																				
4	2	2	㉑	2	4[5]	ø	3	3	㉑																			
1	ø	ø	㉒	ø	1	ø	1	3	2	㉒																		
4	3	2	㉓	2	4	ø	2	3	4	1·	㉓																	
2	2	3	㉔	3	3	ø	1	1	3	1	4	㉔																
2	ø	ø	㉕	ø	1	ø	2	3	1[2]	1	2	ø	㉕															
3	1	1	㉖	ø	2	ø	3	6	2	3	3	ø	4	㉖														
ø	ø	ø	㉗	ø	1	ø	ø	ø	ø	ø	ø	ø	ø	2	㉗													
2[3]	2	2	㉘	2	3	ø	4	5	3[4]	2	3	2	3	6[7]	ø	㉘												
1	ø	ø	㉙	ø	1	ø	2	2	1	ø	1	ø	2	2	ø	2	㉙											
ø	ø	ø	㉚	ø	ø	ø	1	1	ø	ø	ø	ø	1	1	ø	1	1	㉚										
ø	1	ø	㉛	1	ø	ø	1[2]	2	ø	ø	ø	ø	1	1	ø	1	1	2	㉛									
ø	ø	ø	㉜	ø	ø	ø	ø	1	1	ø	ø	ø	ø	2	ø	2	ø	ø		㉜								
1	1	1	㉝	ø	ø	ø	1	1	1	ø	ø	1	2	ø	1	1	1	2	2		㉝							
1	1	1	㉞	ø	1	ø	2	3	1	2	1	ø	1	3	ø	3	4	ø	3	ø		㉞						
ø	ø	ø	㉟	ø	ø	ø	1	ø	1	ø	ø	ø	ø	ø	ø	1	1	1	3	1			㉟					
3	1	1	㊱	1	2	ø	2	2	2	1	5	1	1	ø	2	1	ø	ø	1	1	2			㊱				
1[2]	2	2	㊲	1	2[3]	ø	1	1	2	ø	ø	2	ø	ø	ø	ø	ø	ø	ø	1	ø	ø			㊲			
4	3	3	㊳	2	3[4]	ø	3	4	4	1	4	2	2	3	ø	3	1	ø	ø	ø	1	ø	2	3		㊳		
1	3	3	㊴	1	1	ø	1	2	1	3	2	2	2	3	1	1	ø	ø	ø	ø	1	1	7				㊴	
2	2	ø	㊵	ø	1	ø	1	3	2	2	2	ø	2	4	ø	2	ø	ø	ø	ø	2	ø	1	ø	2	1		㊵

(4) 접속사를 통한 담화 전개

담화를 연구하는 사람들 사이에서는 일찍부터 접속사에[105] 주목을 하고, 미시구조를 형성하기 위한 접속사와 거시구조를 이어주는 접속사들이 글 이해의 방식에 차이를 일으킨다는 사실을 밝혀 왔다. 대표적인 본보기 연구가 쇼드런·뤼춰드즈(Chaudron and Richards 1986)인데, 누넌 (Nunan 1992) 『언어 학습에서의 연구 방법론(*Research Methods in Language Learning*)』(Cambridge University Press) 제2장 5에 자세히 설명되어 있다. 미국 역사에 관한 어떤 강의 내용을 놓고서 접속사(접속 표지)들을 이용

---

105) 우리말에서는 연결 어미들이 접속의 역할을 맡고 있으므로, 따로 접속사라는 범주를 내세우지 않는다. 대신 문장 첫 머리에서 관찰되는 부류들을 '접속 부사'라고 불러 왔다. 이 항목의 서술에서는 이런 언어 간의 차이를 크게 부각시키지 않는다. 대신 모두 '접속' 기능을 하는 요소들을 통칭하여 '접속사'로 부르기로 한다.

하여 네 가지 담화를 만들었다.

① 전혀 윤색을 하지 않은 원래 내용,
② 미시구조를 이루는 접속사('미시 표지'로도 불림)를 집어넣은 내용,
③ 거시구조를 이루는 접속사('거시 표지'로도 불림)를 집어넣은 내용,
④ 미시구조와 거시구조에 필요한 접속사를 모두 집어넣은 내용

그리고 이 실험에 썼던 접속사들은 전통 문법에서 말하는 것뿐만 아니라, 또한 다음 도표에서와 같이 담화 이해를 촉진해 주는 화용 표지(일부에서는 filler[군말]로도 부름)들도 포함되어 있다.

하위 범주	사 례
시간 연결	then(그런 뒤), and(그리고), now(이제), after this(이 일 뒤에), at that time(그때)
인과 연결	because(왜냐하면), so(따라서)
대조적 관계	but(그러나), actually(사실은)
상대적 강조	you see(아시겠지만), unbelievably(믿을 수 없을 만큼), of course(물론)
마디 만들기	well(그럼), OK(좋아요), all right?(괜찮습니까?)

앞에서 변형시킨 네 가지 담화 내용들의 사례는 다음과 같은데, 밑줄 그은 부분이 추가된 부분이다.

① 윤색 없는 원래 담화
"The United States came into existence officially in 1783 after eight years of war …"(8년에 걸친 전쟁 뒤 1783년에 공식적으로 미국 합중국이 존재하게 되었습니다)
"By 1803, the original thirteen colonies had doubled in size …"(1803년까지, 원래의 13군데 식민지들이 크기가 곱절이 되었습니다)

② 미시구조의 접속사를 집어넣은 담화

"*Well*, the United States came into existence officially in 1783 after eight years of war …"(그런데, 8년에 걸친 전쟁 뒤 1783년에 공식적으로 미국 합중국이 존재하게 되었습니다)

"*And so*, by 1803, the original thirteen colonies had doubled in size …"(그래서, 1803년까지, 원래의 13군데 식민지들이 크기가 곱절이 되었습니다)

③ 거시구조의 접속사를 집어넣은 담화

"*To begin with*, the United States came into existence officially in 1783 after eight years of war …"(무엇보다도, 8년에 걸친 전쟁 뒤 1783년에 공식적으로 미국 합중국이 존재하게 되었습니다)

"*What we've come to by now was that* by 1803, the original thirteen colonies had doubled in size …"(지금까지 우리가 다루어 온 바는, 1803년까지, 원래의 13군데 식민지들이 크기가 곱절이 되었다는 것이었습니다…)

④ 거시구조 및 미시구조 접속사가 모두 집어넣은 담화

"*Well*, *to begin with*, the United States came into existence officially in 1783 after eight years of war …"(자, 무엇보다도, 8년에 걸친 전쟁 뒤 1783년에 공식적으로 미국 합중국이 존재하게 되었습니다)

"*And so*, *what we've come to by now was that* by 1803, the original thirteen colonies had doubled in size …"(그래서, 우리가 지금까지 다루어 온 바는, 1803년까지, 원래의 13군데 식민지들이 크기가 곱절이 되었다는 것이었습니다)

공분산 분석(ANCOVA)을 통해 이뤄진 이 연구에서 찾아진 결론은, 오직 거시구조를 표시해 주는 접속사(거시 표지)들만이 결정적으로 담화 이해를 촉진해 준다는 사실이었다. ③과 ④의 담화가 가장 이해가 쉬운 담화였던 것이다. 미시구조를 이루는 접속사들은 담화 이해에 기여하는 바가 거의 없었다. 담화를 읽어 나가는 접속사를 포함한 담화 표지들에 대한 연구는 앞으로 다양한 언어들을 통해서 이전의 표본 연구가 올바른 노선에 있는지 여부를 확인해 나갈 수 있다. 과문하여 아직 우리말에서 이러한 연구가 심도 있게 진행되었다는 소식은 듣지 못하였다.

우리말의 접속 부류들을 놓고서 형태론적 접근을 해 나갈 수도 있다. 만일 그럴 경우에는 해당 형태소들을 놓고 어떤 분류법을 채택하는지가 문제될 수 있다. 페어클럽(Fairclough 2003; 김지홍 뒤침 2013)『담화 분석 방법: 사회 조사연구를 위한 텍스트 분석』(도서출판 경진) 제5장 2절에서는 절 또는 문장들의 의미관계를 중심으로 하여 다음과 같이 접속사들의 상위 범주를 제시한 바 있다.

〈 접속사의 의미관계 〉

하위 범주	실 례
㉠ 인과관계	ⓐ 이유관계: We were late _because_ the train was delayed (기차가 연착되었기 <u>때문에</u> 우리는 지각했다) ⓑ 결과관계: The train was delayed, _so_ we were late (기차가 연착되었고, <u>따라서</u> 우리는 지각했다) ⓒ 목적관계: We left early _in order to_ catch the first train (첫 기차를 타기 <u>위하여</u> 우리는 일찍 출발하였다)
㉡ 조건관계	_If_ the train is delayed, we shall be late (<u>만일</u> 기차가 연착된다면, 우리는 지각할 것이다)
㉢ 시간관계	We were worrried _when_ the train was delayed (기차가 연착되었을 <u>때</u> 우리는 걱정하였다)
㉣ 순접관계	What a day! The train was delayed, _and_ the dog was sick (재수 없는 날이로다! 기차가 연착했고, <u>그리고</u> 개도 아팠다)
㉤ 부연관계	사례 제시 및 재서술을 포함한다. The train was delayed ― it was due at 7:30 and arrived 9:00 (기차가 연착되었다 ― 7시 30분에 왔어야 했는데 9시에 도착했다)
㉥ 역접·양보관계	The train was delyed, _but_ we were still in time (기차가 연착되었지만, <u>그러나</u> 우리는 여전히 시간 내에 도착하였다)

여기서 제시된 하위 범주들이 결코 불변 고정의 것은 아니다. 오직 페어클럽 교수의 개인적 견해를 드러낼 뿐이다. 오늘날 기호논리학에서는 오직 '질료 함의(material implication, 실질 함의)'만이 유일한 논리적 추론 내지 전개 방식이다.106) 이를 받아들이면, 명제들 사이에 성립하는 관계를 다음과 같이 서술해 줄 수 있다. ① 질료 함의로부터 조건관계를 이끌어내고, ② 이 관계가 언제나 관찰되고 경험된다는 전제 아래 인과관계를 확정할 수 있을 것이다. ③ 시간관계도 또한 조건관계와 밀접하게 관련되어 있는데, 결과가 결코 선행 조건보다 먼저 일어날 수 없기 때문이다. 시간이란 개념이 선후관계의 하위 개념으로 설정되는 것이다. ④ 그렇다면 공간적 나열관계와 시간적 순차관계를 양립해 놓는 편이 더욱 바람직할 수도 있다. 앞의 도표에서 인과관계 아래 들어 있는 목적 관계는, 조건관계가 일부러 후속 사건을 일으키기 위하여 설정되어 있지만, 아직 선행 사건이 현실에서 일어나지 않은 상태를 구별하여 가리키기 위한 것이다. 또한 이런 다양한 조건 관계들이 선행 사건과 뒤의 후속 사건의 결과가 서로 공통된 상위의 목적을 위해 수렴될 수 있는지, 그렇지 않은지 여부에 따라, 다시 ⑤ 순접관계와 ⑥ 역접관계로 구분될 수 있다. ⑦ 양보관계는 그런 결합이 느슨하거나 잘 찾아지지 않는 것들을 가리키는 개념이다.

이런 복잡한 관계들을 수학적으로 정의하고 도출할 경우에는 두 집합 사이의 '단사관계, 전사관계, 전·단사관계'를 확정 짓게 된다. 전·단사 관계를 만족시켜 주는 경우를 '필요·충분' 조건이라고도 부른다. 자연 언어의 용법과 달라서 늘 혼동을 야기하지만, '충분' 조건은 관계를 세우기에 충분하지만 '아직 완전한 것은 아니'라는 뜻을 지니고 있다. 완벽해지려면 반드시 '필요' 조건이 더 추가되어야 한다. 수학에서는 맨 처음에 숫자들을 놓고서 실수 집합이 완벽함(흔히 수학에서는 'completeness

---

106) 뤄쓸(Russell 1903, 1937 개정 확대판), 『수학의 원리(*The Principles of Mathematics*)』 (Norton & Co.)를 보기 바란다.

theorem[완비성 정리]'로 번역함)을 귀납적 반복 함수로서 정의해 주고 나서, 순서쌍으로 된 좌표계를 도입하여 거리 및 공간으로 확장해 나가며, 이런 관계가 재확인될 수 있는 범위에서 제3의 추상 공간을 확대하는 작업을 진행해 나간다. 이런 점에서 수학도 시간과 공간을 관계(함수)를 통하여 다루는 학문이고, 언어학도 시간과 공간으로 이뤄진 생태환경 속에서 사건들의 관계를 시·공의 축으로 표현하고, 이를 경험 기억 속에서 인출하여 이해하는 일련의 과정임을 깨달을 수 있다. 수학에서 하지 못하지만 언어학에서 하는 일은, 하나의 사건에 대한 내재적 분석인데, 주먹구구식으로 6하 원칙의 요소들로 표상하는 전통이 있다(의미역 구조).

혼히 인과관계 중에서 '원인'과 '이유'를 제대로 구분해 놓지 못하는 경우가 허다하다. 앞의 도표에서는 원인을 따로 설정해 놓지 않고 있는데, 시간상 원인과 결과의 연결체를 '인과'(영어에서는 causality[원인 속성]이라고도 부름)로 부르기 때문이다. 그렇지만 우리말에서는 '원인'과 '이유'가 마치 형제인 양 함께 자주 쓰이는 듯하다. 원인이란 조건관계에서 늘 시간상으로 선행 사건(=전건)과 후속 사건(=후건) 사이에 일정한 반복이 어느 누구에게나 관찰되어야 하는 관계를 말한다. 즉, 필연적인 반복이나 확률이 높은 반복이 관찰되어야 하는 것이다. 그렇지만 '이유'는 원인관계를 거꾸로 적용한 것이고, 후속 사건이 일어나 있음이 미리 전제되어 있다. 후속 사건이 참값으로 주어져 있으므로, 이를 근거로 하여 원인이 되었을 선행 사건을 찾아내는 일을 이유관계라고 부른다. 이유는 거슬러서 원인을 역추적하는 일이며, '말미암을 유(由)'가 이를 가리켜 준다. 따라서 이유를 언급하는 구문에서는 상대방 또는 일반 사람이 명확하게 이유나 그 까닭을 채 깨닫지 못하고 있다는 함의가 깃들어 있는 것이다.

우리말에서는 대표적으로 '-어서'나 '-때문에'가 인과관계를 표현해 준다. 이유관계는 전형적으로 '-니까'에 의해 표현되며, 이 접속 어미가 투영하는 전형적인 구문은 오직 선행절과 후행절만이 주어져 있는 이항 접속(binary conjunction)으로 구현된다. 이는 인과관계가 다항 접속(mutiple conjunction)을 실현하는 점과 대조가 된다. 아마 인지적으로 참값으로 주어진 후속 사건에 대한 있을 수 있는 원인을 찾는 작업은, 하나의 선행 사건을 찾아내는 것이 가장 효율적이고 적합하다는 제약과 관련이 있을 것으로 짐작된다. 자세한 논의는 김지홍(2010)『국어 통사·의미론의 몇 측면: 논항구조 접근』(도서출판 경진) 제4부 '접속 구문의 구성과 논항구조'를 읽어 보기 바란다.

페어클럽 교수의 도표를 수정하여 우리말의 접속 관계들에 대한 범주를 다음처럼 제시할 수 있다. 너무 논리적으로 일관된 도출 유형에만 치우친다면, 일반인들이 쉽게 알아차리기 힘들기 때문에, '우아성(elegance)'이라는 기준을 내세워 쉽게 일반인들도 알아차릴 수 있도록 작업하게 된다. 단, 우리말 학교문법에서는 '접속사'를 설정하지 않고, 대신 '접속 부사'를 설정하고 있다. 이는 항상 접속 구문을 이끄는 연결 어미들을 지니고 있기 때문에, 접속 구문의 하위 분류와도 서로 겹칠 수밖에 없다. 접속 구문에서 관찰되는 연결 어미들의 논의도 함께 읽어 보기 바란다. 그럴 뿐만 아니라, 접속사들의 사례는 배타적으로 어느 하나의 관계만을 유일하게 가리키는 것이 아니다. 접속 어미가 그러하듯이, 접속사도 또한 앞뒤 맥락에 따라서 두루 여러 관계들을 가리킬 수 있는 것이다. 그렇지만 가장 중요한 것은 이런 접속사들이 미시구조에 간여하는지, 아니면 거시구조를 읽어 주는지에 대한 판단이라고 생각된다.

〈 우리말 접속 부사의 '일부' 사례 〉(또한 서로 중복될 수 있음)

하위 범주	실 례 (공통어 번역)
① 조건관계	그러면(그렇다면, 그렇다고 한다면),[107] 그래야(그렇게 해야)
② 목적관계	그러고자(그렇게 하고자), 그러려고(그렇게 하려고)
③ 원인·이유관계	그래야(그렇게 해야), 그러니까(그렇게 되니까, 그렇게 하니까), 그 때문에, 그 까닭에, 그러므로(그렇게 하므로), 그러기에(그렇게 하기에)
④ 선후·동시관계 (시간관계)	그리고, 그래서(그렇게 하여서), 그러자마자(그렇게 하자마자), 그러면서 (그렇게 하면서), 그런 뒤에(그렇게 한 뒤에), 그런 다음(그렇게 한 다음), 그러고서(그렇게 하고 나서), 그래 갖고
⑤ 순접·부연관계 (시간관계 확장)	그러고(그렇게 하고), 그럼, 그렇고 말고(상대방 의견을 받아들여 동조함)
⑥ 역접·양보관계	그러나, 그런데, 그렇지만, 그랬을망정(그렇게 했을망정), 그렇더라도(그렇게 하더라도), 글쎄말아(상대방 의견에 동의를 유보하거나 새 의견의 추가)

이 도표에서 접속 부사(접속사)들의 형태 구성의 특성은 선행사(ananphora, '그' 앞에 선행한 요소) 또는 후행사(cataphora, '그' 뒤에 나올 요소)를 가리키는 '그'를 씨앗으로 하고 있으며, '그러하다' 및 '그것'으로 대분될 수도 있을 듯하다.

---

107) 본디 형태와 줄어든 형태는 서로 속뜻이 다르다. 통사적 구성을 지닌 본디 형태는 여러 가지 기능을 지닐 수 있다. 그렇지만 줄어든 형태는 특정한 몇몇 기능만을 지닐 뿐이다. 통사 구성에서 어구(phrase)로 줄어들 수 있다. 그러나 낱말은 통사 구성을 위배함으로써 (비통사적 구성) 낱말답게 되는 것이다. '먹을 거리'는 관형형 어미 '-을'이 들어 있으므로, 통사적 구성을 따르고 있다(어간+관형형 어미+명사). 그렇지만 '먹거리'는 동사 어간 '먹-'이 명사 형식에 직접 붙어 있으므로(어간+명사), 통사 구성을 일부러 어기고 있다. 통사 구성을 어겨야 비로소 낱말이 되는 셈인데, 우리말에서는 '사이시옷' 구성도 낱말을 낱말답게 만들어 주는 중요한 형태 표지이다. 통사 구성은 여러 상황에 따라 다양한 의미를 지닐 수 있다. 밭에 씨를 뿌리면서 '먹을 거리를 뿌리고 있다'고 말할 수 있다. 또한 밥상에 올라온 조리된 음식도 '오늘 밥상에 먹을 거리가 풍성하다'고 말할 수도 있다. 그렇지만 낱말 구성은 의미가 특수하게 굳어져 특정한 내용만 가리키게 된다. '먹거리'는 오직 시장에서 사온 먹을 거리를 조리하여 우리가 먹을 수 있는 대상을 가리킬 뿐이다(=음식). 통사 구성은 규칙적이며, 제2의 뇌에서 처리된다. 그러나 낱말 구성은 특수하고 예외적이며, 오직 한 덩어리로서 제3의 뇌에 저장되고 이용될 뿐이다.

(5) 동일 유형의 사건을 묶는 기제: 생략과 대용 표현

주로 접속 구문을 중심으로 하여 시작된 생략 관련 연구가, 2000년에 들어서면서 생성문법의 흐름에서는 논의의 폭과 깊이가 갑자기 늘어나 많은 업적들이 집적되었다. 이런 흐름이 영어학 전공자들을 중심으로 하여 우리말에 대한 생략도 보편적 틀 속에서 진행된 바 있다. 임창국 엮음(2007)『생략 현상 연구: 범언적 관찰』(한국문화사)은 그 결과물 중 하나이다. 그렇지만 초기 표상의 구조적인 짜임새에서 반드시 의무적 이동을 통하여 생겨나는 빈칸과 초기 표상에서부터 생략이나 대용 표현 자체를 요구하는 언어 유형들 사이에 서로 구분을 해 줄 필요가 있다. 이른바 '제자리 이동(move-in-situ)'이란 개념은 필수적 이동을 전제로 한다는 점에서 우리말과 같이 화용 동기로 생략 요소가 도입되어야 하는 언어에 적용하기에는 무기력하다고 판단된다.

화용 동기는 반드시 선행된 언어 표현을 전제로 하지 않을 수도 있다. 만일 어떤 친구가 다른 친구에게 성가신 행동이나 행위를 자주 할 경우에 다음처럼 대용 표현을 쓸 수 있는데, '그러하다'는 대용 표현은 선행한 언어 표현을 가리키는 것이 아니라, 행위를 가리켜 준다.

갑: 어떤 행위를 반복함
을: "그러지 마!" 또는 "하지 말아!"

물론 통사적 환경 속에서 선행 요소나 후행 요소와의 관련성을, 명시적 기제를 통하여 찾아나가도록 제약을 만들어 주는 일도 중요하겠지만, 우리말의 용법과 관련하여 굳이 언어 표현이라는 작은 영역 속에서만 갇혀 있을 필요는 없을 것으로 본다. 이런 생각은 미시구조가 다시 거시구조 속에서 일관성과 해석 가능성을 얻을 수 있기 때문이기도 하다.

생략과 대용 표현은 같이 다뤄질 수 있다. 동일한 유형의 사건이 복사되는 과정이기 때문이다. 얼마만큼 복사가 허용되는지는 언어마다 특성이 수립될 수 있다. 또한 생략 표현이나 대용 표현이 가리키는 범위가 넓은지 또는 좁은지에 대한 해석이 중의적일 수 있다. 아마도 복사 허용 기제에 따라 복원 가능성을 중심으로 선택되어야 할 것으로 본다. 그럴 뿐만 아니라 생략과 대용 표현이 의무적으로 적용되어야 할지, 수의적으로 적용되는지에 대해서도 매개인자를 찾아낼 수 있을 것으로 본다.

언어의 산출과 이해에 대한 '다중 처리' 모형*

1. 들머리

언어 사용은 크게 산출과 이해로 나뉜다. 이 글에서는 언어 사용에 관여하는 여러 부서들의 내용과 작동 과정을 간략하게 소개하고, 언어 교육과 어떻게 연관되는지를 생각해 보려고 한다. 더 정직하게 표현한 다면, 국어교육을 공부하는 필자가 아는 범위에만 국한하여, 언어의 산출 및 이해 과정을 다룬 뒤에, 참된 실생활 자료인 담화를 다루는 과제 중심의 언어교육을 살펴볼 것이다.

여기에는 우선 언급되어야 할 전제들이 있다. 인간의 정신과 그 정신

---

* 이 글은 2012년 9월 22일(토) 전남대학교에서 열린 제55회 한국 일본어 교육학회의 초청 특강 원고에 바탕을 두고 있고, 같은 해 출간된 이 학회의 학술지『일본어 교육 연구』 제62집(1~20쪽)에 실렸다. 변변찮은 필자를 이 학회의 특강에 초청해 주신 경상대학교 일본어교육과 윤강구 선생님의 고마움을 각별히 적어 둔다. 이 글에서는 언어 산출과 이해의 과정이 어떻게 과제 중심 언어교육에 반영될 수 있는지를 살펴보았는데, 이해의 과정을 다루고 있으므로 함께 부록으로 실어 놓는다. 또한 김지홍·서종훈 뒤침(2014), 『모국어 말하기 교육: 산출 전략 및 평가』(글로벌콘텐츠)에도 부록으로 실려 있다.

을 작동시키는 요소들이다. 정신은 궁극적으로 물질적 기반을 지닌 두 뇌로 환원될 것이지만, 여기서는 고유한 정신 영역이 있다고 전제하고, 정신에 대한 논의에서부터 출발하기로 한다.

전통적으로 인류 지성사에서 논의되어 온 영역은 자연과 생물과 사회와 인간이다. 자연은 인과율로 설명되지만, 이를 생물에게 적용하기 위하여 인과율 대신 본능이란 말로 바꿔 쓴다. 그렇지만 인간으로 이뤄진 사회와 개별 인간을 다룰 경우에는, 본능 이외에도 다른 것이 필요하다고 보아, 그것을 인간 정신이라고 부르고 그 본질을 추구해 왔다. 정신이란 말과 동일한 말로서 최근에 '인지'와 인지 주체(cognizer)란 말을 쓰기도 한다. 의식이나 영혼 따위도 인간 정신을 다루는 유의어이다.

그런데, 인간이 먼저인지 사회가 먼저인지에 대해서는 대답하기가 쉽지 않다. 자연과 생물 사이에는 자연이 먼저 주어져야 한다는 점에 아무도 의심하지 않는다. 그렇지만 인간과 사회는 인문학과 사회학을 나눌 만큼, 존재론적인 선후 물음에는 가닥을 잡기가 쉽지 않다. 만일 좀 더 큰 돋보기를 들이대면, 사회라는 개념도 거시적 관점으로 사회구조를 다루는 거시사회학과 미시적 관점으로 인간들의 상호작용을 다루는 미시사회학으로 구분됨을 알 수 있다. 또한 인간이란 대상도 여러 인간들 및 모든 인간을 대표하는 하나의 개인으로 구분될 수 있다. 그렇다면 여기서 미시사회학과 인간들이 서로 겹치는 영역에 속함을 알 수 있다. 소박하게, 세 사람의 인간이 모이면 집단이 되고, 집단이 확장되면서 추상적 실체인 사회를 이룬다고 가정할 수 있다. 일단 사회가 성립하려면 경제·정치·문화·예술 등의 여러 차원에서 세워진 제도와 규범이 주어져야 한다. 이 규범을 준수하면서 구성원들이 행동하게 되는 것이다.

인문학은 한 개인을 모든 인간의 대표로 내세워 인간 정신을 다루게 된다. 그런데 인간 정신이 얼마나 많은 부서들이 한데 얽혀 작동하는지에 대해서는, 연구자들의 관점에 따라 다양하게 달라질 듯하다.

칸트는 계몽의 시대를 확고히 다지면서, 적어도 순수이성의 영역과 실천이성의 영역과 판단력이라는 세 가지 영역이 필요하다고 보았다. 이는 흔히 말하는 진선미 삼분 영역과 상응한다. 이렇게 인간의 능력을 구성하는 여러 부서들을 정의해 주는 일을 심리학에서 흔히 구성물 정의로 부른다.

이런 접근과는 달리, 근대에 들어 언어학을 확립시킨 소쉬르는 공통성 영역과 개별성 영역을 상정하였다. 소쉬르의 머릿속에는 아직 사회라는 실체가 미리 수립된 실체로 간주되지 않았던 듯하다. 오직 '랑그'로 불린 언어의 공통 영역을 통해서만 사회가 이뤄지고, 여기에서 객관성이 확보된다고 보았던 듯하다. 그렇지만 언어란 대상이 담화로 확대되고, 사회적으로 고정된 형태의 담화가[1] 직접 한 개인의 언어 사용에 영향을 미침이 밝혀지면서, 소쉬르의 생각과는 달리 간단치 않음을 깨닫게 되었다.

2. 정신작동 요소와 다중기억 모형

인간의 정신이 어떤 요소들로 작동하는지에 대해서는 두뇌 진화의 시각에서 바라볼 수 있다. 인간 두뇌의 진화는 대체로 세 단계에 걸쳐 일어났다.[2] 물속에서 등뼈와 척수가 생겨난 뒤에 온몸의 신진대사를 자동적으로 관장하는 작은뇌가 먼저 발현된다. 이는 뇌 화석 증거로 보면 원시 파충류(reptilian)에서 찾아진다. 다음으로 이를 테두리처럼 둘러싸고 있는 제2의 뇌가 있는데, 주로 감정과 욕망을 맡는 것으로 알려

---

1) 담화 형식이 고정되어 사회에서 특정한 기능을 맡게 되면 흔히 담론으로 불린다. 이를 구분하기 위하여 영어에서는 전자에는 소문자 discourse를 쓰고, 후자에는 대문자 Discourse를 쓰기도 한다.
2) 머클린(MacLean)은 이를 세 겹 두뇌 가정이라고 불렀다.

져 있다. 테두리 뇌는[3] 화석상의 증거에서 원시 포유류(paleomammalian)로부터 찾아진다. 여기에 다시 회백질의 신생뇌로서 두 개의 반구로 이뤄진 큰뇌가 자리 잡는다. 이를 신 포유류(neomammalian)의 뇌라고 부른다.[4]

제1의 뇌와 제2의 뇌는 주로 감각을 맡고 있다. 감각은 먼저 외부 감각과 내부 감각으로 나뉜다. 외부 감각 수용기는 세 가지 감각을 받아들인다. 물질적 접촉에 반응하는 감각(촉각, 청각)과 화학적 신호에 반응하는 감각(후각, 미각)과 광자에 반응하는 감각(시각)으로[5] 나뉜다. 인간에게는 다른 피조물처럼 지구 자기장에 반응하는 특정한 수용기는 없다. 내부 감각은 크게 재귀적 감지체계(priprioception)와 내부 감각체계(visceral feeling)로 나뉜다. 이를 뭉뚱그려 감각 자료 또는 감각 인상이라고 부른다.

그런데 이런 감각 자료 이외에도 머릿속에서 작동하는 중요한 요소가 있다. 추상적인 요소로서 흔히 자연언어를 포함하여 일반 개념 요소들이 대표적이다. 철학이나 심리학에서는 흔히 이를 통틀어 명제 요소라고 부른다.[6] 또한 인간의 정신이 발현되기 위해서는 내 머릿속에 있는 감각이나 의식을 스스로 깨달을 수 있는 상위 차원의 의식도 필요하다. 흔히 이를 재귀의식(reflection)이라고 부른다.

신화의 세계에서 이성적인 사고를 확립한 서구 계몽주의 시대에 데

---

3) Limbic system(테두리 뇌)은 작은 뇌를 마치 정구채의 테처럼 둘러싸고 있다고 하여 붙여진 이름이다. 쉽게 테두리 뇌라고 번역할 수 있다. 일본인들은 '갓 변(邊)＋옷 가장자리 연(緣)'을 써서 '변연계'라고 번역하였다. 생물학에서 체계라는 말은 '계'라고만 번역하여 붙여 쓰는 경우가 많다. 우리나라 학자들도 변연계라는 말을 그대로 따라 쓰기도 한다.

4) 레스탁(1984; 김현택·류재욱·이강준 뒤침 2004: 73~74쪽), 『나의 뇌 뇌의 나, 제2권』(예문지)를 보기 바란다.

5) 파커(2003; 오은숙 뒤침 2007), 『눈의 탄생: 캄프리아기 폭발의 수수께끼를 풀다』(뿌리와이파리)에서는 5억 4천만 년 전 선 캄브리아기 화석들로부터 눈의 발생이 확인된다고 한다.

6) '명제'란 일본인들의 번역어는 명령문(命)으로 된 표제(題)란 뜻이다. 그렇지만 명제에서 다루는 형식은 오직 서술문일 뿐이며, 결코 명령문이 아니다. 잘못된 조어의 뜻을 전혀 새기지 않은 채, 우리나라에서도 그냥 굳어져 쓰이고 있다.

이빗 흄(Hume 1748)은 이미 내성을 통하여 적어도 감각 자료와 추상적인 자료가 사고의 재료임을 깨닫고 있었다. 오늘날에도 갤러버더 외(Galaburda et als 2002) 『두뇌 작동 언어(*The Language of the Brain*)』(Harvard Univ. Press)에서 크게 비언어 표상과 언어 표상으로 나누고 있으며, 존슨 레어드(Johnson-Laird 1996)에서는 하나를 더 추가하여 '감각 인상·명제 표상·정신 모형'으로 보았다.[7]

이런 요소들은 인간의 머릿속에서 직접적으로 기억 창고 속에 들어가 있다. 기억에 대한 신경생리학적 연구는 아직 초보 단계이며, 서로 대립하는 가정들이 있다. 크게 보면, 장기 강화에 의해서 뇌 신경 접합부가 새로 생겨난다는 환원론적 연구가 있고(Crick, Kandel), 이에 맞서서 뇌 신경들이 다발을 이루고 분류 쌍을 만들어 관련 정보들이 반복 재유입을 거쳐 안정되어야 기억이 생겨난다는 통합론적 연구가 있다(W. James, Edelman). 이는 매우 낮은 수준의 기억을 대상으로 하고 있다. 그렇지만 우리가 이용하는 기억은, 낮은 수준의 기억뿐만 아니라, 또한 높은 수준의 기억을 이용한다. 여기서 수준의 높고 낮음에 대한 기준은, 스스로 그런 기억을 깨달을 수 있는지 여부이다. 즉 재귀의식이 가능한지 여부에 달려 있다. 언어의 사용과 관련된 기억은, 발화 산출시 목 근육 운동을 제어하는 명령 계통만을 제외한다면, 거의 대부분 높은 수준의 기억만을 대상으로 삼고 있다.

현재 우리 인간이 이용하는 기억에 대한 심리학적 연구는 앳킨슨·쉬프린(Aitchson and Schiffrin 1968) 이후 '다중기억' 모형으로 불린다.[8] 다음처럼 여러 가지 종류의 기억을 우리가 이용하고 있는 것이다.

감각기억, 단기기억(=작업기억), 장기기억, 영구기억

---

7) 베가 외(Vega et als 1996), 『시공간 인지의 여러 모형(*Models of Visuospatial Cognition*)』 (Oxford Univ. Press)에 '심상, 모형, 명제 표상'으로 실려 있다.

8) 배들리(Baddley 1984: 16), 『작업기억(*Working Memory*)』(Clarendon Press)에서 재인용함.

언어의 산출과 이해에 관련된 기억은 특히 단기기억과 장기기억이다. 단기기억은 배들리(Baddeley 1986)『작업기억(*Working Memory*)』(Clarendon Press)에서 비로소 작업기억으로 불리면서, 음성 순환회로·공간 시각적 그림판이 중앙 처리기에 의해 작동되는 모습으로 상정되었다. 그런데 이는 주로 언어 이해와 관련하여 연구가 이뤄졌다. 르두(2002; 강봉균 뒤침 2005)『시냅스와 자아』(동녘사이언스)에 보면, 전전두엽에 위치한 작업기억은 세 군데 자리 잡고 있다. 복측(안와) 전전두엽·내측 전전두엽·외측 전전두엽이다. 이 중 마지막 외측 전전두엽만이 인간의 두뇌에서 찾아진다.

장기기억은 털뷩(Tulving)의 연구에 따라 크게 서술지식 기억과 절차지식 기억으로 나뉜다.[9] 전자는 다시 구체사례 기억과[10] 일반의미 기억으로 나뉜다. 털뷩·르파쥬(Tulving and Leparge 2001)에서는 기능상으로 이들을 각각 뒤돌아보는(palinscopic) 기억과 앞만 내다보는(proscopic) 기억으로 부르는데, 인간은 두 기억을 모두 지니지만, 여타 동물들은 오직 후자의 기억만을 지닌다.

핑커(1999; 김한영 뒤침 2009)『단어와 규칙』(사이언스북스)을 보면, 불규칙한 모습을 지닌 낱말들은 제3의 뇌(큰뇌, 대뇌 피질)의 두정엽과 후

---

9) 이 용어는 연구자에 따라서 다음처럼 다양하게 달리 불린다.

용어 \ 연구자	서술지식(declarative) 기억	절차지식(procedural) 기억
William James	1차(primary) 기억	2차(secondary) 기억
Jerome S. Bruner	또렷한 외현(explicit) 기억	막연한 암묵(implicit) 기억
Gilbert Ryle	세계지식(what-knowledge) 기억	방법지식(how-knowledge) 기억
Tulving and Leparge	자체 지각적 기억(재귀의식 있음)	지각적 기억(재귀의식 없음)

10) episodic memory를 일화 기억 또는 삽화 기억으로 부른다. 일화(逸話)란 시시하여 무시하거나 빼 버려도 될 이야기란 뜻이고, 삽화(揷話)는 이야기 줄거리에다 꽂아 놓은 부차적 이야기란 뜻이다. episode(구체적 사건)이란 우리가 현장에서 직접 겪는 구체적 사건들을 가리킨다. 즉 내가 경험한 개별 사건이다. 이를 가리키기 위한 낱말로서는 일화도 삽화도 모두 적절하지 않다. 여기서는 구체사건 기억이라고 부르기로 한다. semantic memory(일반의미 기억)에서 semantic은 1970년 대에 털뷩이 의미론의 논의(특히 낱말들의 상하관계)들을 참고하면서 붙였던 데에서 말미암았다. 굳이 '의미'에 집착하지 않는다면, 일반화된 기억이나 추상화된 기억이라고 말할 수 있다.

두엽에 저장된다. 그러나 규칙적인 낱말들은 제2의 뇌(테두리 뇌)의 기저핵과 전두엽에서 동시에 활성화가 일어난다. 언어의 하위 단원체들인 통사·어휘·형태·음소·의미가 장기기억의 어느 곳에 들어가 있는지에 대해서 아직 잘 알려져 있지 않다.11) 언어 사용 과정을 단계별로 추적하면서, 유관한 정보들이 저장되고 인출되는 관련 부서들이 확정된다면, 그런 부서들의 신경생리학적 상관물에 대해서도 본격적으로 탐구를 시작될 수 있을 것이다.

3. 생각의 단위와 작동방식

만일 비언어적 요소인 감각 자료를 제외하고, 언어적 요소들에만 국한시켜 추상적인 생각의 진행 과정을 다룰 경우에, 언어적 요소들의 기본 단위에 대한 물음이 제기된다. 이 물음에 대해서 대략 세 가지 후보를 답변의 후보로 검토할 수 있다.

첫째, 소박하게 기본 단위가 낱말이다.
둘째, 낱말보다 좀 더 큰 구절(XP, 최대투영 구)이거나 이음말(collocation 연어)이다.
셋째, 동사가 지닌 요소들이 투영된 절 또는 명제이다.

첫 번째 후보는 일반 사람들이 직관적으로 느낄 수 있는 대답이며, 또한 일상언어 철학자인 오스튼(Austin)이나 그롸이스(Grice) 등이 제안할 후보이다. 머릿속의 기억 창고에 저장되어 있는 것이 바로 낱말이라고

---

11) 브로카 영역과 베르니케 영역은 그 중 한 부분에 불과하다. 마치 두 부서만이 전적으로 언어에 관련된 부서인 냥 서술하는 것은 오류이다. 더군다나 낱말 창고는 제2의 뇌와 제3의 뇌에 두루 퍼져 있으므로, 그런 서술이 잘못임을 알 수 있다.

스스로 느껴지기 때문이다. 일상언어 철학에서는 특히 발화 행위에 주목한다. 발화는 얼굴을 마주보는 두 사람 사이에서 꼭 필요한 정보 간격만을 산출하는데, 이는 최소한 한 낱말 또는 그 이상으로 되어 있다. 그렇지만 이를 분석하기 위해서는 관련된 상황과 앞뒤로 오가는 발화들을 참고해야 한다. 따라서 비록 한 낱말로 된 발화이더라도, 생략되기 이전의 원래 모습으로 복원될 수 있다고 전제한다. 그렇다면 표면에서 한 낱말만이 실현되었다고 하더라도, 좀 더 큰 모습으로 재구성될 수 있는 것이다. 이는 두 번째 후보를 검토하도록 요구한다.

두 번째 후보에서 최대투영 구(XP)는 생성문법에서 자족적인 단위로 상정된다. 그 핵어가 처음에는 어휘범주의 명사와 동사였다. 그 후에 논의가 기능범주의 어미들로까지 확대되어, 핵어 X에 서법을 나타내는 종결어미도 실현될 수 있었다. 만일 종결어미의 최대투영이라면, 이는 문장과 동일하기 때문에 세 번째 후보와 서로 겹치며, 명제와 함께 논의될 수 있다. 그런데 종전에 핵어 X는 전형적으로 동사와 명사로 대표되었는데, 왜 명사도 핵어로서 최대투영 구절을 형성해야 하는지에 대한 근거를 제시하지 못하였다. 필자는 명사의 투영이 일반의미 기억과 상응하는 언어 표현으로 본다. 이와는 달리 동사 및 종결어미의 투영인 문장을 구체사례 기억으로 파악한다.

두 번째 후보에서 이음말은 전산 처리된 말뭉치(corpus)로 처음 코빌드(COBUILD) 사전을 편찬하였던 씽클레어(Sinclair 1991) 교수가 주장한 것이다.12) 그는 이음말을 미리 짜인 단위라고 부르는데, 관용적 결합원리에 의해 지배된다. 이 단위는 더 큰 단위를 만들어 내기 위하여 개방적 선택원리의 적용을 받는다. 더 큰 단위는 단순한 문장을 훨씬 넘어,

---

12) 씽클레어(1991), 『말뭉치·용례·이음말(*Corpus, Concordance, and Collocation*)』(Oxford Univ. Press); 씽클레어(2003), 『용례 해석(*Reading Concordance*)』(Pearson); 씽클레어(2004), 『언어교육에서 말뭉치 이용 방법(*How to Use Copora in Language Teaching*)』(John Benjamins) 등을 보기 바란다.

거시언어학에서 다루는 담화로까지 이어진다. 그런데 이음말을 기본 단위로 상정할 경우에는, 참값을 지닌 요소들만을 모으면서 일관되게 참된 논리를 전개하는 데에 어려움이 생긴다. 이 점은 수학자 프레게 (Frege)에 의해서 처음으로 제기되었고, 세 번째 후보로 해결책을 마련하게 된다.

세 번째 후보는 현재 철학, 심리학, 인공지능, 수학기초론, 언어교육 등에서 수용한 답변이다. 그만큼 이를 가리키는 용어도 스무 가지가 넘는다.13) 프레게(1879)는 처음으로 문장을 주어와 술어로 나눈 전통 문법의 개념으로는 더 이상 엄격히 참된 학문을 전개할 수 없음을 깨달았다.14) 오직 방법론 상으로 일원론을 택할 때에라야, 그 대상의 참값을 확보한 뒤에 이를 토대로 하여 참된 논리 전개가 가능한 것이다. 그의 선택은 술어를 기본으로 하여, 주어가 술어 속에 들어가 있다는 생각으로 전환하였다. 곧 술어는 집합이 되고, 주어가 원소가 되는 것이다. 그는 이를 각각 함수(function)와 논항(argument)으로 불렀으며, 함수는 자연수의 질서를 따라 언제나 양화사(적용 범위)를 기본적으로 갖게 된다.

만일 명제가 실제로 우리가 생각을 전개하는 기본 단위임에 틀림없다면, 이를 증명하는 실험도 고안할 수 있다. 킨취(1989; 김지홍·문선모 뒤침 2010: 제3장)『이해: 인지 패러다임, 제I권』(나남)에서는 비록 한 문장이더라도 두 개의 명제를 갖고 있는 것과 오직 하나의 명제만을 갖고 있는 것을 나란히 제시하여, 그 처리 속도를 측정하여 차이가 있는지 여부를

---

13) 르펠트(1989; 김지홍 뒤침 2008: 59쪽),『말하기: 그 의도에서 조음까지, 제I권』(나남)에 18개의 용어가 올라 있다. 주기, 심층 절, 착상, 정보 벽돌, 정보 단위, 내적 표지, 전달 내용, 음운 절, 명제 구조, 문장, 분출, 표면 절, 통합체, 어조 집단, 어조 단위, 총체 개념 물, 발언기회 구성단위, 최대투영 구절이다. 이밖에도 글쓰기에서 자주 거론하는 종결 가능 단위(T-unit)을 비롯하여, 단순 개념(simplex), 억양 단위, 정신 언어, 내적 언어, 최소 진술문 등도 추가될 수 있다.

14) 프레게(1879), 「개념 표기법(Begriffsschrift)」, Heijenoort 엮음,『프레게로부터 괴델까지 (From Frege to Gödel)』(Harvard Univ. Press)에 영역이 실려 있다.

관찰하였다. 두 개 이상의 명제가 들어 있는 문장은, 하나만 들어 있는 것보다 과연 처리 속도에서 유의미하게 차이가 났다. 이는 생각의 단위가 명제로 이뤄지며, 명제의 수가 늘어날수록 처리 속도가 정비례하여 늘어남을 시사해 준다. 즉, 명제가 '심리적 실재'라는 것이다.

일단 우리가 생각의 단위를 명제라고 합의하더라도, 생각들이 작동하는 방식이 다뤄져야 한다. 생각을 다루는 방식은 1950년대에 튜링(Turing)에 의해서 다뤄졌다.[15] 튜링은 수학 기초론에서 계산 가능성에 대한 문제를 풀면서, 생각이 진행하는 방식에 자의성을 배제시키고 엄격한 질서를 부여하여 오직 그 질서만 따른다면, 보편적인 생각에 도달할 수 있을 것으로 보았다. 그는 '입출력 장치, 기억 장치, 중앙연산 처리장치'로 된 사고 모형을 처음 제시하고, 이를 연산(computation)이라고 불렀다. 인간의 사고나 생각도 또한 연산의 흐름으로 나타낼 수 있고, 우주에 있는 생명체도 임의의 생각을 한다면 모두 똑같이 그러할 것으로 여겼다.

더 나아가, 뉴얼·싸이먼(Newell and Simon 1972)『인간의 문제 해결능력(*Human Problem Solving*)』(Prentice-Hall)에서는 상징체계도 연산에 의해 구현되며, 문제 해결 능력도 연산의 흐름으로 나타낼 수 있음을 보여주었다. 또한 포더(Fodor 1983)『정신의 단원체 속성(*The Modularity of Mind*)』(MIT Press)에서는 인간 정신 그 자체가 몇 개의 독자적 부서들로 이뤄져 있고, 이들 간에 연산의 흐름으로 정보를 주고받는다고 제안하였다.

그렇지만 우리 머릿속에서는 하나하나 순차적으로 계산이 일어나서 마지막에 판단과 결정을 하는 것이 아니다. 그보다는 동시 다발적으로 자유연상에 의해 한꺼번에 처리가 일어나며, 직관적으로 판단하고 결정을 내리게 된다. 이런 점을 부각시키면서 룸멜하앗·머클랠런드(Rumelhart

---

15) 튜링의 관련 글들이 쉬버 엮음(Shieber 2004), 『튜링 검사(*The Turing Test*)』(MIT Press)에 해설과 함께 모두 모아져 있다.

and McClleland 1986) 『병렬 분산 처리(*Parallel Distributed Processing*), 제1~2권』(MIT Press)이 제안되었다. 이는 현재 '연결주의, 제약만족 이론, 활성화 확산 이론' 등의 이름으로도 불린다.

　　연산주의와 연결주의는 서로 배타적이지만은 않다. 언어 산출에 대한 르펠트의 연구는 연산주의에 근거하고 있고, 언어 이해에 대한 킨취의 연구는 연결주의(제약만족 이론)에 근거하고 있다. 비록 서로 다른 가정 위에서 연구가 이뤄져 있더라고, 양자가 서로 통합될 수 있는 것이다. 한 방향의 단선적인 처리 방식을 벗어나서, 여러 방향의 복선적인 처리와 자기 점검 방식을 도입함으로써, 대립적으로 보이는 두 작동방식이 긴밀히 맞물려 들 수 있는 것이다. 이미 핑커(1997; 김한영 뒤침 2007) 『마음은 어떻게 작동하는가』(동녘사이언스)와 마커스(Marcus 2001) 『대수적 마음: 연결주의와 인지과학의 통합(*The Algebraic Mind: Integrating Connectionism and Congnitive Science*)』에서는 연산주의와 연결주의가 통합된 정신의 작동방식을 보여 주고 있다.

4. 입말 산출 과정: 르펠트 모형

　　언어 산출 과정에 대한 연구는 입말 산출을 중심으로 하여 1980년대에 들어와서 본격화되었다. 기호학에서 가정하듯이, 만일 언어가 형식과 내용의 결합체라면, 언어 산출은 내용을 결정하는 일에서부터 시작하여, 형식을 선택하여 입 밖으로(또는 글자로) 내보내는 일로 이어진다. 그런데 내용은 어떻게 결정되는 것일까? 이를 다루기 위해서는 언어 산출의 전형적인 모습을 상정하여, 어떤 단계들이 관여하는지를 밝히고, 각 단계마다의 속성을 드러내어야 한다.

　　현재 언어 산출에 대한 연구로서 연산주의에 입각하여 르펠트(1989; 김지홍 뒤침) 『말하기: 그 의도에서 조음까지, I~II권』(나남)의 연구가 있다. 이 내용의 핵심이 르펠트(1999)에서 간단히 다음 그림처럼 제시되었다. 이를 마치 정지 사진처럼 하나의 발화가 만들어지는 과정을 종단면으로 잘라서 설명해 주는 것이다.16)

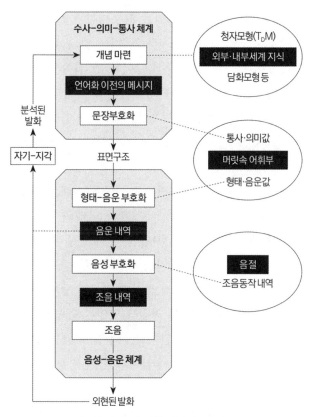

〈그림 1〉 언어 산출 과정의 두 단계

이 그림에는 두 개의 음영 글상자와 세 개의 타원이 들어 있다. 위쪽의 음영 글상자는 '수사-의미-통사 체계'로 이름이 붙여져 있고, 아래쪽의

---

16) 김지홍(2011), 「르펠트의 언어 산출 모형에서 몇 가지 문제」, 한국언어학회, 『언어』 36-4(887~901쪽)도 참고하기 바란다.

음영 글상자는 '음성-음운 체계'로 이름이 붙여져 있다. 이들이 각각 내용과 형식에 대응하는 부서이다.

먼저 '수사-의미-통사 체계'에서는 언어로 되기 이전의 전달내용(메시지)이 마련되어야 한다. 이를 위해 먼저 의사소통을 하려는 화자가 스스로 개념을 마련하여야 한다. 이는 외부세계에 있는 청자를 파악하여 그와 공유하는 공통기반을 가늠하고, '나는 알되, 너는 모르는' 정보 간격(information gap)도 가늠해야 한다. 이를 맨 위쪽의 타원에서는 '청자 모형'으로 부른다. 공통기반과 정보간격이 확정되면, 이제 화자는 자신의 장기기억에서 관련된 적절한 담화모형을 인출해 내어야 한다. 이 일이 곧 의사소통 의도가 결정되는 과정이다. 이 과정은 명제 형식으로 매개된다. 이를 자연언어로 바꾸기 위해서는 어휘 창고에서 먼저 동사를 인출하고, 그 동사가 거느리는 논항들을 차례로 인출해 낸 다음에, 하나의 발화나 문장을 완성하고, 시제와 양태와 종결어미 등의 문법 요소도 함께 실현해 놓아야 한다. 이것이 문법 부호화로 불린다.

이는 머릿속에서 두 음영 글상자를 매개해 주는 '표면 구조'가 되어 다시 다음 단원체인 '음성-음운 체계'의 입력물로 들어간다. 이 입력물에 다시 형태소 활용과 음운 동화 과정을 덧얹혀 출력물로서 음운 내역을 만들어 낸다. 이는 다시 재음절화의 과정을 거쳐 음성 부호화 내용을 출력하고, 근육을 자동적으로 움직이기 위한 명령들로 전환하여 직접 목소리를 내게 되는 것이다.

여기서 최종 출력물은 외현된 발화이다. 그런데 맨 왼쪽에 긴 화살표로 자기 점검체계를 그려 놓았다. 자신의 목소리는 제일 먼저 화자 자신이 듣게 된다. 이런 자기 점검이 스스로 헛말이 튀어나오는지 여부를 알 수 있게 하고, 그런 실수를 교정할 수 있게 해 주는 것이다.

그런데 이런 모습이 실제 말을 주고받는 일을 그대로 재현하듯이 역동적인 모습이 되려면, 추가되어야 할 부서들이 있다. 먼저 내 스스로 의사소통 의도를 결정하는 과정이 복선적으로 이뤄져야 한다. '의도'를 다루는 문헌에서는 세 가지 의도를 상정하여 다룬다. 예비 의도, 현재 작동 중인 의도, 상대방이 내 말뜻을 알아차리지 못했을 경우에 현재 의도를 지속할지 바꾸어 놓을지를 결정해 주는 상위 의도들이다. 그러나 위 그림에서는 이런 복합 층위의 의도 결정 과정을 제대로 반영해 주지 못한다.

만일 의사소통 의도가 결정되었다고 하더라도, 두 가지 사항이 계속 신속히 결정되어야 한다. 하나는 표현할 내용에서 서술 관점이 수립되어야 한다. 이는 대략 과정 중심으로 사건을 서술할지, 아니면 결과 중심으로 서술할지를 결정하는 일이다.17) 과정 중심 표현에서는 한 사건의 행위 주체와 책임 주체가 명시적으로 들어간다. 그렇지만 결과 중심 표현에서는 행위 주체와 책임 주체가 표현되어 있지 않다. 따라서 상대방으로 하여금 이미 확립된 사실로 주어져 있어서 사태의 추이를 변화시킬 수 없다는 암시를 깔 수 있는 것이다.

뿐만 아니라, 서술 관점이 수립되었다고 하더라도, 언어 표현을 직접적으로 표현할지, 간접적으로 표현할지를 결정해야 한다. 간접 표현에는 다시 우회적으로 표현할지, 비유적으로 표현할지가 결정되어야 한다. 따라서 언어 표현 방식에는 적어도 세 가지 선택이 있는 것이다. 표현법의 선택도 함께 결정되어야 한다.

만일 하나의 발화가 지속적으로 이어져 나갈 경우에는, 진지하게 담화 전개 방식이 고려되어야 한다. 클락(1996; 김지홍 뒤침 2010) 『언어사용 밑바닥에 깔린 원리』(도서출판 경진)를 보면, 담화 주제를 전개시키는 방식에 다섯 가지 선택이 있다.

---

17) 영어에서는 능동태 구문과 수동태 구문의 대립으로 다뤄진다. 우리말에서는 예를 들면 다음과 같다. "철수가 그 책을 태웠다"에서는 관련 사건에 책임질 주체가 문장 속에 들어 있다. 그렇지만 동일한 사건이 "그 책이 다 탔다" 또는 "그 책이 불태워졌다"라고 표현한다면, 누가 그 사건의 책임을 지는지 알 수 없다. 관공서의 공문서나 신문의 보도에서는 책임질 주체를 일부러 숨기는 표현을 선호하는 것으로 알려져 있다. 페어클럽(2001; 김지홍 뒤침 2011), 『언어와 권력』(도서출판 경진)의 제5장을 참고하기 바란다.

① 다음으로, ② 심화 전진, ③ 빠져 나옴, ④ 잠시 일탈, ⑤ 본론으로 복귀

주제 내용의 진전에 따라서 워커 외(Walker et als 1998) 『담화에서 중심소 전개 이론(Centering Theory in Discourse)』(Clarendon Press)에서는 다음처럼 표현하였다.

① 지속적 전개, ② 전환 유보, ③ 부드러운 전환, ④ 급격한 전환

이는 일반적으로 선호되는 순서로 배열되어 있다. 이는 주제 전개 전략에 해당하며, 현장 상황과 청자의 반응에 따라 역동적으로 즉석에서 선택되고 바뀌어야 하는 과정이다. 담화는 다른 일처럼 마디 또는 매듭을 이어가면서 전개된다. 하나의 마디나 매듭이 지어져야 할 경우에는, 대체로 이전의 얘기를 정리해 주거나 아니면 이전 얘기에 대한 평가를 내리게 된다. 이런 매듭 짓기는 의사소통 참여자들 사이에서 묵시적으로 다음 마디나 매듭으로 옮겨갈 수 있게 해 준다.

언어 산출에 전념하면서 화자는 자신의 발언 기회를 지속할지 여부를 판단하고, 상대방의 반응을 놓고서도 부지런히 나름대로의 평가를 내려야 한다. 이 평가에 관련된 원리는 다음과 같이 제안된다. 첫째, 공평성 원리가 지켜지고 있는지, 둘째, 나 자신의 자율성이 존중받고 있는지, 셋째 나의 자존심이 지켜지고 있는지에 비춰 지금까지의 상호작용과 이에 수반된 의사소통을 판결하는 것이다. 이 판결에 따라서, 되돌아가서 수정이나 사과를 상대방에게 요구할 것인지, 계속하여 다음 단계로 넘어갈 것인지에 대하여 결정하고, 행동을 지속해 나가는 것이다.

이런 과정은 매우 역동적이고 즉각적이며, 순간의 판단력이 발휘되어야 하는 어려운 일이다. 그러나 르펠트의 그림에서는 이런 일을 도맡아 진행할 부서가 전혀 제시되어 있지 않다. 다시 말하여, '수사-의미-

통사 체계'와 '음성-음운 체계'가 통제될 수 있는 제3의 부서가 동시에 작동해야 하는 것이다. 이 제3의 부서에는 자기 점검은 물론, 재귀의식이 가동되어 매 순간 나 자신과 상대방의 반응을 점검하고 확인해 나가는 일이 중요한 몫으로 주어져야 한다. 이런 점들은 언어 산출에서 '작업기억'과 유사한 부서를 요구하며, 반드시 동시에 같이 연동하면서 진행되어야 하는 연결주의의 필요성을 강조해 주고 있다.

5. 덩잇글 이해 과정: 킨취의 구성-통합 모형

언어교육의 네 가지 영역 가운데, 읽기에 대한 연구는 수를 다 헤아리기가 어려울 만큼이나 아주 많다. 이는 읽기의 대상으로서 그 갈래가 다양할 뿐만 아니라, 각 갈래마다 읽을 각 편들의 수가 압도적이다. 언어교육 쪽에서의 읽기 연구와 심리학자의 읽기 연구는 과연 다른 것인가? 만일 다르다면 과연 무엇이 어떻게 다른 것인가?

종이 위에 글자로 쓰인 대상을 놓고 연구한다는 공통점이 분명히 있지만, 두 분야에서의 접근 방식은 매우 다르다. 언어교육 쪽에서는 글 그 자체에 매달려 있어서 그 글을 떠나거나 벗어나는 일을 거의 권장해 주지 않는다. 또한 글의 갈래마다 지닌 특성들을 부각하면서 각 갈래별 특성대로 글을 읽어야 함을 강조하며, 마치 진리가 하나로 고정되어 있는 듯이 암시한다. 따라서 마치 비디오 영상처럼 모든 글 내용을 원상태대로 복원해 내어야 하는 것을 최상으로 삼는다고 해도 과언이 아니다.[18)]

그렇지만 글을 읽는다는 일 그 자체는 피상적인 과정이다. 글들 밑에

---

18) 듣기 활동 또한 마찬가지이다. 결코 상대방의 이야기를 그대로 녹음기처럼 복원해 내는 일을 요구하지 않는다. 듣기 또한 이해하기이기 때문이다. 이해하기란 상대방의 이야기를 단서로 하여, 그 이야기를 하게 된 의도나 동기를 찾아내는 일에 해당한다.

깔려 있는19) 글 이해의 과정에 초점을 모아야 한다. 글 이해의 과정은, 글 내용에 대한 재구성 과정이다. 이는 곧 재구성된 내용을 이해 주체가 자신의 장기기억 속으로 저장하는 일이며, 필요할 때에 알맞게 관련 정보를 인출하여 문제를 해결하는 일이다. 덩잇글을 이해하는 과정은 심리학적으로 기억에 토대를 두고 있다. 그 기억 내용 또한 글을 읽는 주체가 글 내용을 상황 모형으로 재구성하여, 장차 쉽게 인출될 수 있도록 대비하는 것에 지나지 않는다. 이런 이해 과정이라야 비로소 임의의 글 내용을 자기 자신의 지식으로 만들고, 그것을 이용하여 새로운 생산물을 만들어 낼 수 있는 것이다.

이는 전통적인 글 읽기의 연구 및 교육 방식이 잘못이라는 뜻이 아니다. 오히려 필자는 더욱 정확히 글 내용을 파악하고 오독을 방지할 수 있도록 도와주는 측면들이 아주 중요한 기여라고 평가한다. 그렇지만 그것만 전부인 것으로 관념하여 끝내서는 안 된다. 장기기억 속에 집어 넣는 일과 필요할 때에 그 기억을 꺼내어 활용하도록 하는 일까지 다뤄야 한다. 비유한다면, 학습자가 읽은 글 내용이 자신의 피가 되고 살이 되도록 도와 주어야 한다.

그렇다면 글 읽기의 심리학적 모형에서는 이해가 어떻게 진전되어 나가는 것일까? 앞에서도 언급하였듯이, 킨취(1988)에서는 연결주의 모형을 받아들이고 있다.20) 그곳에서 논의의 대상으로 삼은 글은 주로 중학교 교과서에 있는 덩잇글들이며, 대략 논설류에 속한다. 이런 글은

---

19) 흔히 일상적으로 "행간 사이를 읽는다, 종이 뒷장을 꿰뚫는다(지배[紙背]를 철[徹]하다), 저의를 파악한다"라는 말을 한다. 이런 것을 심층적 읽기, 또는 깊은 이해라고 말할 수 있다. 어떤 이는 이를 1차적 이해와 구분되는 2차적 이해로 부르기도 하고, 어떤 이는 표면적 이해를 이해로 부르고, 심층적 이해를 해석으로 달리 부르기도 한다.

20) 특정한 제약들이 만족되면(이를 제약만족 과정으로 부름), 그물조직을 통하여 낱개 지식들의 활성화가 확산되면서 큰 줄가리를 구성하게 된다. 킨취는 연결주의를 먼저 특정 제약들을 상정하여 글을 읽는 과정에서 그 제약들이 만족된다면, 더 큰 그물 조직으로 활성화가 확산되어 나가는 것으로 파악하는 것이다. 이는 점층적으로 낱개의 문장에서 시작하여, 작은 문단으로 확산되고, 전체 큰 문단으로 확산되는 것으로 말할 수 있다.

일상언어를 그대로 이용하고 있으므로, 학습자들이 스스로 덩잇글을 이해하는 과정과 방식을 익힐 수 있다는 장점이 있다. 그뿐만이 아니다. '인지 패러다임(이론 체계)'이란 이 책의 부제목이 시사해 주듯이, 덩잇글을 이해하는 구성-통합의 모형은 단지 덩잇글에만 국한되어 적용되는 것이 아니다. 더 나아가 수학 문제를 풀이하는 과정, 행위를 계획하고, 문제를 해결하며, 일상적으로 만나는 임의의 사람들에 대한 인상을 형성하는 일에까지도 폭넓게 적용될 수 있음을 보여 주고 있다.

킨취의 구성-통합 모형에서는 적어도 다음과 같이 세 가지 층위의 이해 과정이 동시에 작동해 나간다고 가정한다.

〈표 1〉 구성-통합 모형의 세 가지 층위

층위		대상	저장 장소	작용 방식
표면 구조		덩잇글 속의 문장들	종이 위의 글자	언어 해석 및 명제 구성
덩잇글 기반	미시구조	미시명제와 인출구조	단기/장기 작업기억	인출단서의 활성화 확산
	거시구조	거시명제와 배경지식	장기 작업기억	안정된 지식 그물조직
상황 모형		감각인상과 상위 인지	장기기억	감각인상과 상위 명제 구성

표면 구조로부터 덩잇글 기반을 만드는 과정은, 이미 읽기 연구에서 익숙하게 시행해 온 내용이다. 용어가 비록 다르더라도, 문장들이 모여서 이룬 작은 단락을 놓고서 작은 주제문을 만드는 과정이, 덩잇글 기반에서 미시구조를 형성하는 일에 해당한다. 다시 여러 단락들을 놓고서 일관되게 묶어 하나의 큰 단락을 만들고, 그 글의 주제문을 결정하는 과정이, 덩잇글 기반에서 거시구조를 형성하는 일에 해당한다.

그런데 표면 구조로부터 덩잇글 기반을 만들어 가는 과정은, 흔히 추론 또는 정교화 과정이라고 일컫는다. 이는 복잡하고 심오한 절차를 따르는 것이 아니다. 소략하게 말하여 정보를 덜어내고 정보를 더해 놓는 일이다.[21] 표면구조는 문장들로 이뤄진다. 문장들은 먼저 명제 단위로 재구성되어야 한다. 이는 동사를 중심으로 하여 각 동사가 거느리는 논항들을 채워 놓은 것이다.

이제 각 명제들을 대상으로 하여 삭제와 추가를 진행해 나간다. 다시 말하여, 추론 작업이란 크게 정보를 덜어 내거나 더해 놓는 일인데, 중요성에 비춰서 값이 낮은 명제들을 쓸어 없애고, 이 과정을 통과하여 남은 명제들은 다시 새로운 상위 명제를 설정하여 통합해 나가는 것이다. 특히 후자의 통합 과정은 기계적이지 않고, 글을 읽는 사람의 소양이나 배경지식에 따라 많든 적든 편차가 나게 마련이다. 이 두 과정은 인출구조와 배경지식에 의해 조정된다. 여기서 인출구조란 주어진 한 낱말이나 어떤 주제와 관련하여, 읽는 주체가 평소에 그물조직의 모습으로 계층화하여 붙들어 둔 개개의 백과사전 지식이다(494족 각주 22 참고). 전문지식이나 배경지식이 많을수록 이에 비례하여 인출구조들이 풍부히 장기기억 속에 저장되어 있다.

가장 중요한 층위이면서 가장 막연한 내용이 상황 모형을 형성이다. 상황 모형을 만드는 일이란, 이해 주체가 덩잇글로부터 얻어낸 덩잇글 기반을 놓고 장기기억으로 저장하기 위하여, 그 내용과 관련된 감각 인상을 덧붙여 놓는 일이다. 감각 인상은 다섯 감각 수용기를 통해 저장해 놓은 감각 자료를 가리키지만, 주로 시지각과 관련된 심상을 다루고 있다. 덩잇글 기반과 관련하여, 모종의 심상 자료를 인출하여 한데 묶어 놓는 과정이다. 따라서 이들을 묶기 위해서 이해 주체는 스스로 상위 명제를 만들어 내야 하는 것이다(능동적 처리과정임).

그런데 그 결과는 이해 주체마다 천차만별로 다양하게 달라질 수 있

---

21) 폰대익(Van Dijk 1980), 『거시구조: 담화·상호작용·인지에 있는 전반적 구조들에 대한 통합 학문의 연구(*Macrostructure: An Interdisciplinary Study of Global Structures in Discourse, Interaction, and Cognition*)』(Lawrence Erlbaum)에서는 '거시구조'를 만드는 네 가지 거시규칙을 제안한 바 있다. ① 삭제(deletion), ② 선택(selection: 여기에 또한 그대로 놔 두는 zero rule 규칙도 들어 있음), ③ 일반화(generalization), ④ 구성(construction)이다. 이를 더욱 간결하게 정리하여 킨취(1993), 「텍스트 이해에서 정보 더해 놓기와 덜어 내기: 추론 (Information accretion and reduction in text processing: Inferences)」, 『*Discourse Processes* 16』(pp. 193~202)에서는 두 종류의 작업으로 재분류하였다.이 두 종류의 작업은 킨취의 구성-통합(CI) 모형에서 각각 구성과 통합에 상응한다.

다. 이런 자의성이나 편의성이 얼마만큼 허용되는지는 제대로 다뤄지지 않고 있다. 그렇지만 감각 인상을 함께 덩잇글 기반과 묶어 두는 일이, 오직 장기기억에 저장을 위한 방편이라면, 굳이 제약을 두어야 할 이유는 없을 것이다. 오정환(2010: 87쪽 이하) 「덩잇글 이해에서 학습자의 상황모형 구성 사례들에 대한 분석」(경상대학교 박사논문)에 따르면, 다양한 상황모형 구성 사례들을 놓고서도 공통된 요소를 추출할 수 있음을 지적하고 있다. 배경지식이 풍부한 학습자들은 더 복잡하고 유기적인 상황모형을 보여 주었지만, 그렇지 않은 학습자들은 단출하고 부실한 상황모형을 보여 주었다. 이것이 연구자의 요구로 말미암아 학습자들의 반응이 그렇게 된 것인지, 아니면 일반적인 이해 과정에서 언제나 그런 일이 일어나는지는 또 다른 연구거리이다.

킨취는 낱말의 의미를 고정하는 과정에서도 언어학의 가정과는 다른 실험 사례를 보여 준다. 언어는 상징이다. 그렇기 때문에 낱말은 기본적으로 외연의미와 내포의미를 지닌다. 이 두 의미 중에서 언어학에서는 기본의미로서 외연의미를 상정하고, 이 의미가 확장되어 내포의미를 지니는 것으로 설명해 왔다. 그렇지만 킨취의 실험에서는 한 낱말이 지닐 수 있는 모든 의미가 동시에 작업기억에 인출되고, 해당 맥락에 대한 단서들이 추가되면서 무관한 낱말 의미들이 삭제됨을 보여 준다. 이를 '망라 접속'으로 부른다. 대략 한 낱말의 의미는 평균 시간이 350 밀리초를 전후하여 고정된다.

이런 복잡한 일이 동시에 머릿속에서 처리되기 위해서는, 용량이 제약된 단기 작업기억만으로는 불가능하다. 작업기억의 용량은 밀러(Miller 1956)에서 제시된 신비의 숫자 실험에 따라, 대략 '7±2' 정도를 덩어리로 묶는 것으로 알려져 왔다. 덩잇글 처리과정에서도 대략 대여섯 개의 명제가 작업기억에 대기하고 있는 것으로 추정되었다. 그렇지만 동시에 세 가지 층위가 가동되면서 이해가 진행되려면, 낱말의 의미를 모두 불러내기 위하여 이런 용량은 큰 제약으로 작용한다.

에뤽슨·킨취(Ericson and Kintsch 1995)에서는 이를 극복하기 위한 방편으로, 장기기억을 작업기억으로 이용한다는 주장을 한다. 다시 말하여 장기기억 속에 덩잇글 이해와 관련된 배경지식으로서 위계화된 인출구조들이[22] 다수 저장되어 있다고 가정하는 것이다. 이는 우선 '전문가 지식 체계'에 대한 연구 등으로 쉽게 뒷받침된다. 소위 전문가들은 자신이 관여하는 영역의 덩잇글을 신속하고 쉽게 이해할 뿐만 아니라, 그런 내용을 곧잘 능동적으로 수정하고 재구성하기도 한다. 킨취의 구성–통합 모형에서 장기 작업기억의 역할은 용량 제약을 벗어나기 위하여 매우 중요한 개념이다.

그렇지만, 만일 이해의 과정에서 장기 작업기억이 실재하고, 덩잇글 이해를 촉진시켜 주는 실체라면, 과연 배경지식과 장기 작업기억이 어떻게 구별될 것인지에 대한 의문이 든다. 글 이해 과정에서 직관적으로 누구든지 간에 이해 주체의 배경지식의 중요성을 강조해 왔다. 장기 작업기억 속에 들어 있다고 상정된 인출구조는, 관련된 배경지식의 일부라는 점에서 두 영역이 상당히 겹치는 것으로 판단된다. 더군다나 장기 작업기억은 선천적으로 타고 나는 것이 아니라, 부단히 이해 주체가 스스로 능동적으로 구축해 놓아야 하는 것이다. 그러므로 어떤 의미에서 보면, 연구자들 사이에서 약방의 감초처럼 거론되어 온 배경지식

---

22) 비유적으로 인출구조의 모습을 다음 그림처럼 나타내었다(해당 논문의 216쪽에서 가져옴).

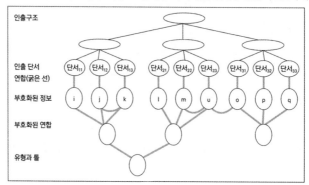

494

이라는 막연한 개념을 좀 더 구체적으로 언급해 주기 위한 대안일 수 있다.

그렇다면 특히 읽기 교육에서의 가르쳐야 할 내용이 뚜렷이 부각될 수 있다. 읽기 교육이 바람직하게 진행될수록 특정한 영역에 대하여 위계화된 인출구조가 풍부하게 많아져야 한다. 이 명제가 사실이라면, 그런 교육을 촉진하기 위하여 읽기 과정에서 명시적으로 인출구조의 후보들을 풍부히 만들어 나가는 일을 자주 연습할 수 있어야 한다. 이런 연습 과정이 누적될수록 덩잇글 기반을 감각 인상과 맞물려 상황모형으로 바꾸는 일도 더욱 촉진될 것이기 때문이다.

6. 과제 연속물을 이용하는 담화교육

영국에서는 모국어 교육을 '담화교육'이라고[23) 규정한다. 영국에서는 1975년 '불럭(Bullock) 보고서'로 알려진 모국어 교육 감사 보고서에서 이미 '참된 실생활 자료(authenticity)'를 이용하여 교육해야 함이 지적되었다.[24) 이 흐름은 기능주의 언어학을 거쳐서 1980년대에 의사소통

---

23) 담화는 언어 및 비언어로 구성되어 있다. 다시 말하여 언어적 정보와 비언어적 정보가 함께 들어가 있는 것이다. 또한 담화가 전개되는 과정에서 큰 덩이들이 연결되는 방식은 언어 정보에 의존하는 것이 아니라, 배경지식에 의존하게 된다. 담화 교육에 대해서는 쿡(Cook 1989; 김지홍 뒤침 2003), 『옥스포드 언어교육 지침서: 담화』(범문사)가 쉬운 안내서이다. 또 페어클럽(Fairclough 1995; 이원표 뒤침 2004), 『대중매체 담화 분석』(한국문화사); 페어클럽(2001; 김지홍 뒤침 2011), 『언어와 권력』(도서출판 경진)도 참고하기 바란다. 개론서 형식으로 미국 학자들이 마련한 그뢰이써·건스바커·골드먼 엮음 (Graesser, Gernsbacher, and Goldman 2003), 『담화 처리 소백과(Handbook of Discourse Processes)』(Lawrence Erlbaum)도 좋은 길잡이다. 일반적으로 언어교육에서는 굳이 담화 또는 담화교육이라고 말하지 않는다. 대신 참된 실생활 자료를 이용하는 교육이라고 말한다.

24) 영국 여왕 문서국(Her Majesty's Stationary Office 1975), 『삶을 위한 언어(A Language for Life: Report of the Committee of Inquiry appointed by the Secretary of State for Education and Science under the Chairmanship of Sir Alan Bullock FBA)』(영국 교육·과학부 Department of Education and Science)이다. 609쪽이나 되는 방대한 분량이다. 필자는 개인적으로 영국의 모국어 교육에 대한 감사 보고서인 불럭 보고서(1975)·킹먼 보고서(1988)·콕스 보고서

중심의 언어교육(CLT)이란 개념을 만들어 냈다. 그리고 유럽 연합체에서는 개념 기능 중심의 언어교육으로 발전하여, 이른바 외국어 교육을 위하여 유럽 공통 얼개가 마련되기에 이르렀다.25) 이밖에도 참된 실생활 자료를 이용하는 담화교육을 위하여, 사회생활에서 쓰이는 담화의 밑바닥에 깔린 이념적 의도들을 비판적으로 분석하는 '비판적 담화 분석(CDA)'도 중요한 흐름으로 자리 잡고 있는데, 일각에서는 언어 자각(language-awareness)으로도 부른다.

최근에 우리나라의 국어 교육에서도 언어 사용에 대한 자각을 높여 주기 위하여 두 방향의 의사소통을 직접 해 나가도록 권장하고 있다. 학급에서 두 방향의 의사소통은 짝끼리, 모둠에서, 전체 학급을 대상으로 이뤄질 수 있다. 두 방향의 의사소통을 통해서 언어가 학습된다는 주장은 의사소통 중심의 언어교육(CLT)에서 얻어낸 중요한 결론이다. 이 주장을 받아들인다면, 더 이상 기계적 암기 학습을 강요하는 과제들이 주기보다는, 오히려 참된 의사소통 동기가 들어 있는 과제들을 놓고서 학습자들끼리 직접 상호작용을 해 나가면서, 언어와 언어 사용을 체득해 나가도록 권장된다.

(1991)를 '언어교육의 3대 비판서'라고 부른다. 콕스 보고서는 브롸이언 콕스(Brian Cox 1991), 『콕스 보고서에 대한 콕스의 의견: 1990년대의 영어 교육과정(*Cox on Cox: An English Curriculum for the 1990's*)』(Hodder and Stoughton)를 참고할 수 있다. 또한 콕스 (1995), 『영어 교육과정을 위한 전쟁에서 콕스의 의견(*Cox on the Battle for the English Curriculum*)』(Hodder and Stoughton)도 참고할 필요가 있다. 영국병을 고치면서 처음 시작된 영국의 국가 교육과정을 놓고서 무엇을 가르쳐야 할 것인지에 대해 뜨겁게 전개된 논쟁의 내용을 살펴볼 수 있어서 도움이 크다(콕스는 문학 전공자임). 우리나라에서도 제7차 국어과 개정 교육과정을 마련할 때에 비슷한 논란이 있었다. 듣기 말하기 읽기 쓰기의 네 가지 기능만을 국어교육에서 다루고 문학과 언어를 제외하자는 쪽과 이전처럼 문학과 언어를 포함하여 기존의 틀을 고수하자는 쪽 사이에 벌어진 논란이다. 국어교육 쪽에서는 월등한 세력에 밀려 후자의 승리로 싱겁게 끝나 버렸다.

25) 이는 외국어 교육에 대한 유럽 연합의 표준 모형이다. 유럽 연합 교육위원회(2001), 『언어교육을 위한 유럽 공통 참고 얼개: 학습·교수·평가(*Common European Framework of Reference for Languages: Learning, Teaching, Assessment*)』(Cambridge Univ. Press)로 나와 있다. 또한 관련 책자로서 같은 출판사에서 세 권이 더 출간되었는데, 뵈넥·트륌(van Ek and Trim 1990), 『왕초보 단계(*Waystage 1990*)』; 뵈넥·트륌(1990), 『문턱 넘기/초보 (*Threshold 1990*)』; 뵈넥·트륌(2001), 『도약 지점/중급(*Vantage*)』이다.

이런 과제들은 비단 언어 재료로만 되어 있지 않다. 비언어 재료들도 동일하게 중요한 정보를 표상해 주므로, 언어 재료를 비언어 재료로 바꾸거나, 비언어 재료를 언어 재료로 바꾸는 연습도 병행되어야 한다. 이런 측면에서 과제(task)라는 용어는 때로 입력물(input)이나 참된 실생활 자료라는 말로도 바뀌어 쓰인다.

입력물의 범위는 과거에 교사 중심의 언어교육에서 해 왔듯이 가장 훌륭한 언어 재료로서의 '정전(正典 canon)'만을 이용되는 것이 아니다.26) 같은 수준이나 더 낮은 수준의 학습자가 산출한 결과물도 학습을 위한 재료로 이용될 수 있다. 그런 재료들에 대해서 직접 일관된 의도가 잘 드러나도록 고쳐 보게 한다든지, 서로 토론을 통하여 어떻게 표현하는 것이 설득력을 지닐지에 대하여 비판적인 안목을 키워 나갈 수 있는 것이다.

윌리스 부부(Willis and Willis 2007)『과제 중심 언어교육 실행하기 (*Doing Task-based Teaching*)』(Oxford Univ. Press)에서는 과제 연속물(a sequence of tasks)이란 개념을 도입한다. 이를 놓고서 학습자들이 직접 상호작용을 해 나감으로써 언어 사용 능력이 향상된다고 본다. 그들은 다음과 같이 몇 가지 단계로 나누어 과제들의 갈래를 풀도록 제안한다. 그 과제들은 융통성 있게 여러 단계들로 분화되거나 통합되면서 다시 조절될 수 있다. 또한 과제 활동의 종류와 범주들도 학습자의 수준에 따라

---

26) 이에 대한 좋은 사례가 5세기 초엽에 중국 양나라의 소통(蕭統, 소명태자로 불림)이 엮은 『문선』이다. 여기에 중국 주나라 때부터 육조 시대까지 800여 년 간에 걸쳐 만들어진 130여 편의 걸작들이 담겨 있는데, 결코 쉬운 글들이 아니다. 이는 우리나라에도 영향을 주어 1478년 『동문선』이 편찬되기에 이르렀다. 서양에서는 이른바 anthology(명작선) 불리는 책들이 편찬되었고, 지금도 편찬되고 있다. 이런 전통은 우리나라에서 광복이 되자, 국어 교과서 편찬에 직접 영향을 끼쳤다. 그렇게 해서 뽑힌 글들 중에는, 한때 남들이 쉽게 알지 못하도록 어렵게 쓰여질수록 더 높은 평가를 받던 왜곡된 경우도 있었다. 서구에서도 상황은 비슷하였지만, 이에 대한 극적인 반전이 1975년 불럭 보고서에 의해 시작되었다(495쪽의 각주 24를 보기 바람). 그 맥을 의사소통 중심의 언어교육(CLT)이 잇고, 오늘날 과제 중심의 언어교육(TBLT)로 계승되고 있다. 이를 반영한 말로서 주위에서 흔히 '실용 영어'라는 표현을 자주 듣는다. 이 글에서는 '참된 실생활 언어/자료'라고 표현하였다.

다양한 내용들을 제시해 줄 수 있다.

① 예측 과제 연속물의 진행 단계

　　1단계: 예측에 대한 점화 ⇨ 2단계: 예측 과제 제시 ⇨ 3단계: 학급에
　　보고할 준비를 하기 ⇨ 4단계: 보고하기 ⇨ 5단계: 본 과제 읽기 ⇨
　　6단계: 언어 형식에 초점 모으기 ⇨ 7단계: 평가

② 조각맞춤 과제 연속물의 진행 단계

　　1단계: 예비과제 풀기 ⇨ 2단계: 이야기를 모아 맞춰 놓기 ⇨ 3단계:
　　학급에 보고할 준비를 하기.... 이하 위 단계와 동일하게 진행됨

③ 질문 주관자로서의 학습자를 키우는 과제 연속물의 진행 단계

　　1단계: 덩잇글/덩잇말 선택하기 ⇨ 2단계: 모둠별로 10가지 질문 마련
　　하기 ⇨ 3단계: 다른 학습자들이 해당 질문들에 답을 적어 넣기 ⇨ 4단
　　계: 언어 형식에 초점 모으기

④ 원형이 훼손된 덩잇글을 복원하는 과제 연속물의 진행 단계(크게 사실
　　적 공백 채우기와 언어적 공백 채우기로 나뉨)

　　(가) 사실적 공백이 들어 있는 과제를 진행시키는 단계

　　　　1단계: 예비과제 풀기 ⇨ 2단계: 개인별로 읽기 과제를 풀기
　　　　⇨ 3단계: 모둠별로 해결책을 공유하기 ⇨ 4단계: 계획하기와
　　　　보고하기 ⇨ 5단계: 해결책들을 점검하고 비교하기

　　(나) 언어적 공백이 들어 있는 과제를 진행시키는 단계

　　　　1단계: 점화하기 ⇨ 2단계: 읽기 과제 풀기 ⇨ 3단계: 보고하기
　　　　와 해결책 비교 점검하기 ⇨ 4단계: 후속활동으로 기억 여부에
　　　　대한 도전

⑤ 새로 순서 짓기 과제 연속물의 진행 단계

　　1단계: 이야기 소개하기 ⇨ 2단계: 순서가 뒤범벅이 된 덩잇글(부분)을
　　새로 정렬해 놓기 ⇨ 3단계: 학습자 재구성 순서를 같이 검토하기 ⇨
　　4단계: 전체 덩잇글을 함께 구성해 보기

⑥ 모둠별 받아쓰기 과제(원래 덩잇글 재생 과제) 연속물의 진행 단계
  1단계: 전지에다 덩잇글의 부분들을 차례로 카드에 옮겨 적고 핀으로
  고정시켜 교실 벽에 붙여 놓기 ⇨ 2단계: 모둠별로 받은 종이 위에 원
  래 덩잇글을 재구성하기 위해, 구성원 한 사람씩 읽고 와서 다른 구성
  원들에게 말해 주기 ⇨ 3단계: 덩잇글 재생이 끝나 교사에게 제출되면,
  교사는 재생에 걸린 소요 시간과 재생의 오류들을 지적해 내기

또한 과제 연속물을 구성하는 범주를 다음과 같이 보여 줌으로써, 언어
교육 현장에서 어떤 형태의 과제들을 어떻게 구성하여 연습시킬지에
대한 지침을 제안하고 있다.

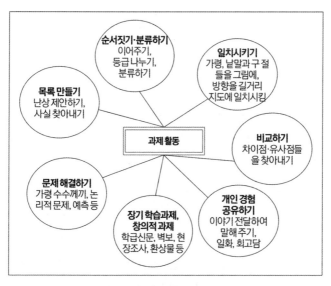

〈그림 2〉 과제 활동의 유형

과제 연속물은 목표 언어의 생활세계를 그대로 반영해 주는 것이다.
이는 언어 사용에 대한 자각을 일깨워 주고, 실제 상황에서 일어나는
여러 가지 문제들을 미리 대비하여 해결해 본다는 장점을 지닌다. 만일

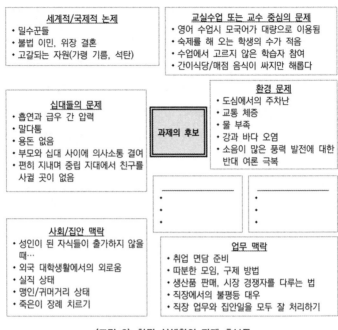

〈그림 3〉 참된 실생활의 과제 후보들

어떤 주제나 소재들이 많은 학습자들에게 흥미를 불러일으킬 경우에
는, 집중적으로 네 가지 기술을 똑같이 연습시키면서 통합 활동을 진행
할 수 있다.

그렇지만 비록 학습자들이 '혼자 스스로 활동·짝끼리 활동·모둠 활
동·학급 전체 활동' 등을 반복해 나간다고 하더라도, 난이도가 점차 높
아지지 않거나(과제 등급화의 문제임) 또는 과제 해결에 대한 평가표(어
떻게 평가를 해야 할지에 대한 자세한 내용)가 주어지지 않는다면, 학습자
들이 스스로 자신의 향상 과정을 되돌아볼 길이 없다. 이는 과제 활동
의 의미를 반감시킬 뿐만 아니라, 왜 담화 자각 활동을 해야 하는지
의문을 갖도록 만들 소지가 충분하다. 따라서 불가결하게 과제가 등급
화되는 척도 및 평가 명세표가 과제 연속물과 함께 학습자들에 주어져
야 하는 것이다. 이를 더 극적으로 표현한다면, 능력 있는 학습자들이

과제 설정과 진행에도 참여하여 발언할 수 있는 기회가 보장될 수 있어야 한다.

과제 등급화 원리는 어떤 합의점에 이르기 위해서는 앞으로 심도 있게 더 많은 논의가 필요하다.27) 평가 명세표는 바크먼·파머(Bachman and Palmer 1996)『실용적인 언어 시험 시행하기(*Language Testing in Practice*)』(Oxford Univ. Press), 바크먼·파머(2010)『실용적인 언어 평가(*Language Assessment in Practice*)』(Oxford Univ. Press)에서 제안한 구성물의 정의를 응용할 수 있다. 그들은 크게 ① 조직화 지식으로 문법 지식과 텍스트 지식을 나누었고, ② 기능적 지식으로 화용 지식과 사회언어학 지식을 나눈 바 있다. 이는 학습자의 수준에 따라 특정 영역들이 더 세분되거나 추가될 수 있을 것이다.

언어 산출 및 이해의 과정에 대한 심리학적 논의 내용은, 아직 과제 중심 언어교육 속에 유기적으로 들어가 있지 않다. 이는 서로 간에 전혀 영향을 주고받음이 없이 독자적으로 발전해 왔기 때문이다. 그럼에도 불구하고 과제 중심 언어교육은 참된 실생활 자료를 다루는 담화교육이므로, 담화 조직 원리에 대한 자각을 키워 주려면, 불가결하게 심리학의 연구 성과를 반영해 주어야 할 것이다. 이것이 평가 명세표에 들어갈 수도 있고, 과제 등급화에 대한 변수로 들어갈 수도 있으며, 과제 연속물 속에 녹아들 수도 있다. 어떠한 선택을 하든지 간에, 우리가 직접 접하는 실제 담화를 언어교육에서 다루므로, 담화 이면의 작동원리를 깨닫도록 하기 위해서는, 이제 유기적으로 두 영역의 내용을 조화

---

27) 언어교육에서 처음 과제들의 난이도를 등급화해 놓은 사례는 앤더슨·브라운·쉴록·율(Anderson, Brown, Shillock, and Yule 1984; 김지홍·서종훈 2014 뒤침),『모국어 말하기 교육: 산출 전략 및 평가』(글로벌콘텐츠)이다. 여기서 처음으로 의사소통이 크게 정보를 전달해 주는 영역과 친분을 쌓는 영역으로 나뉘어졌고, 특히 스코틀랜드 중학교 2학년 학생들을 놓고서 정보 전달용 말하기를 등급별로 가르칠 수 있음을 처음 예증해 놓았다. 그 후에 클락(1996; 김지홍 뒤침 2009),『언어사용 밑바닥에 깔린 원리』(도서출판 경진)에서 친분 쌓는 의사소통에도 중요한 원리가 들어 있음이 밝혀졌다. 필자는 이것들이 적절하게 교육될 수 있으며, 특히 전전두엽에 있는 작업기억이 완전히 발달된 사춘기 후년의 학습자들을 대상으로 하여 교육될 필요가 있다고 본다.

롭게 맞물리도록 하는 일이 숙제로 남아 있는 것이다.

7. 마무리

지금까지 가닥도 잘 잡지 못한 채 논의를 어수선하게 이끌어 왔다. 언어의 산출과 이해에 대한 심리학의 연구 성과는 우리 머릿속에서 여러 층위의 부서가 동시에 작동하고 있음을 보여 준다. 이를 이 글의 제목에서 '다중 층위'의 처리 모형으로 불렀다.

이 모형은 현재 언어교육의 주류를 이루는 참된 실생활 자료를 통한 교육 모형과 정합적으로 맞물려 들어간다. 이것이 담화교육이기 때문이다. 담화가 언어 및 비언어로 이뤄져 있다. 뿐만 아니라, 이들을 엮어 가는 심층의 절차지식들을 하나하나 자각하고 연습시켜 나가야 한다. 이는 과제 중심의 언어교육(TBLT)에서는 과제를 등급화하여 수준별로 제시하고, 학습자들에게 스스로 향상을 점검할 수 있는 평가 명세표를 강조하는 까닭이다.

과제 중심 언어교육에서는 외국어가 목표언어인 경우에, 기본적으로 수업 시간을 내용 중심으로 진행하되, 마무리를 짓기 전에 학습자들이 꼭 알아야 할 언어 형식을 간추려 재강조해 주도록 제안한다. 이와는 달리 모국어 화자를 대상으로 한 경우에는 굳이 언어 형식에 대한 강조가 없어도 되지만, 특히 언어 사용에 관련된 절차지식들을 학습자들이 자각하도록 미리 단계별로 내용을 잘 짜 두어야 하고, 학습자들이 스스로 평가하면서 향상됨을 체험할 수 있도록 담화 심리학의 연구 결과들을 수용하면서 여러 가지 일들이 마련되어야 할 것이다.

참고문헌

강수택(1998), 『일상생활의 패러다임: 현대 사회학의 이해』, 민음사.

강인애(1997), 『왜 구성주의인가?: 정보화 시대와 학습자 중심의 교육 환경』, 문음사.

계량 언어학회 엮음(2001), 『계량 언어학, 1집』, 박이정.

고영근(1999), 『텍스트 이론: 언어 문학 통합론의 이론과 실제』, 아르케.

권오민(2004), 『인도 철학과 불교』, 민족사.

김봉군(1999, 제4판), 『문장 기술론』, 삼영사.

김여수(1977), 『언어와 문화』, 철학과현실사.

김영순(2004), 『신체 언어 커뮤니케이션의 기호학』, 커뮤니케이션북스.

김영정(1996), 『심리철학과 인지과학』, 철학과현실사.

김영정(2005), 『가치론의 주요문제들』, 철학과현실사.

김영채(1995), 『사고와 문제해결 심리학: 인지의 이론과 적용』, 박영사.

김용석(1993), 『통제 이론』, 한신문화사.

김용석(1996) 『대용화 문법론』, 한신문화사.

김재권(1994) 『수반과 심리철학』, 철학과현실사.

김재권(1996; 하종호·김선희 뒤침 1997), 『심리 철학』, 철학과현실사.

김재권(1998; 하종호 뒤침 1999), 『물리계 안에서의 마음』, 철학과현실사.

김재권(2004; 하종호 뒤침 2007), 『물리주의』, 아카넷.

김재권 외 20인(1994), 『김재권 교수 회갑기념 논문집: 수반의 형이상학』, 철학과현실사.

김재현 외 11인(1996), 『하버마스의 사상: 주요 주제와 쟁점들』, 나남.

김지홍(2010a), 『언어의 심층과 언어교육』, 도서출판 경진.

김지홍(2010b), 『국어 통사·의미론의 몇 측면: 논항구조 접근』, 도서출판 경진.

김지홍(2011), 「르펠트의 언어 산출 모형에서 몇 가지 문제」, 『언어』 제36권 4호, 887~901쪽.

도원영·박주원 엮음(2011), 『고려대 한국어 대사전과 사전학』, 지식과교양.

마승원 외(2001; 최남규 뒤침 2012), 『상해박물관 장(소장) 전국 초 죽서: 성정론』, 소명출판.

몽배원(1989; 홍원식·황지원·이기훈·이상호 뒤침 2008), 『성리학의 개념들』, 예문서원.

문영호(1993, 북한판본 1994 영인), 『응용 언어학』, 한국문화사.

백석윤(2010), 『페아노가 들려주는 자연수 이야기』, 자음과모음.

백종현(2008, 전정판), 『존재와 진리: 칸트 '순수이성 비판'의 근본문제』, 철학과현실사.

복모좌(濮茅左 2006), 『초 죽서 '주역' 연구: 겸술 선진 양한 출토 및 전세 역학 문헌자료, 상·하권』, 상해고적출판사.

서상규·한영균(1999), 『국어 정보학 입문』, 태학사.

서종훈(2009), 「학습자의 문단 인식 양상 연구」, 경상대학교 박사논문.

서태룡(1988), 『국어 활용어미의 형태와 의미』, 국어학회.

성광수 외 12인(2003), 『몸과 몸짓 문화의 리얼리티』, 소명출판.

성영신·강은주·김성일 엮음(2004), 『마음을 움직이는 뇌, 뇌를 움직이는 마음』, 해나무.

성철(1992), 『백일 법문, 상~하』, 장경각.

소흥렬(1979), 『논리와 사고』, 이화여자대학교 출판부.

신수송(1991), 『통합 문법 이론의 이해: 어휘 기능 문법』, 한신문화사.

신현정(2000), 『개념과 범주화』, 아카넷.

신현정(2011), 『개념과 범주적 사고』, 학지사.

안성득(1997, 북한 판본 2001 영인), 『수리 언어학』, 역락.

안영상(2002), 「본연지성, 기질지성: 인간성의 두 측면」, 한국사상사연구회 엮음, 『조선유학의 개념들』, 예문서원.

양동휘(1988), 『한국어의 대용화』, 한국연구원.

유현경·남길임(2008), 『한국어 사전 편찬학 개론』, 역락.

이동희(2012), 『주자학 신연구』, 도서출판 문사철.

이영철(1991), 『진리와 해석: 데이비드슨의 원초적 해석론과 진리조건적 의미 이론』, 서광사.

이익환(1984), 『현대 의미론』, 민음사.

이재승(2002), 『글쓰기 교육의 원리와 방법: 과정 중심 접근』, 교육과학사.

이정모(2009), 『인지과학: 학문 간 융합의 원리와 응용』, 성균관대학교 출판부.

이정모(2010), 『보급판 인지과학』, 성균관대학교 출판부.

이정모 엮음(1996), 『인지심리학의 제문제 I: 인지과학적 연관』, 성원사.

이정모·이재호 엮음(1998), 『인지 심리학의 제문제 II: 언어와 인지』, 학지사.

이정모 외 17인(1999, 2003 제2 개정판), 『인지심리학』, 학지사.

이정모 외 16인(1999, 2009 제3 개정판), 『인지심리학』, 학지사.

이정민 외(2001), 『인지 과학』, 태학사.

이준웅(2000), 「프레임, 해석 그리고 커뮤니케이션 효과」, 『언론과 사회』 제29호, 85~153쪽.

임창국 엮음(2007), 『생략 현상 연구: 범언어적 관찰』, 한국문화사.

임홍빈(1987), 『국어의 재귀사 연구』, 신구문화사.

전재성 엮음(2013), 『십지경: 오리지널 화엄경』, 한국 빠알리 성전 협회.

정대현 엮음(1987), 『지칭』, 문학과지성사.

정찬섭(1989), 「시지각 정보처리 계산 모형」, 이정모 외, 『인지과학: 마음·언어·계산』, 민음사.

정호근(1996), 「의사소통적 합리성과 권력, 그리고 사회 구성」, 김재현 외, 『하버마스의 사상』, 나남(재수록).

조명한(1985), 『언어심리학: 언어와 사고의 인지심리학』, 민음사.

조명한 외(2003), 『언어심리학』, 학지사.

최근덕 외(1993), 『원대 성리학』, 포은사상연구원.

한국 분석철학회 엮음(1991), 『비트겐슈타인과 분석철학의 전개』, 철학과현실사.

한국 분석철학회 엮음(1993), 『실재론과 관념론: 현대 분석철학 논쟁』, 철학과현
　　실사.

한국 분석철학회 엮음(1995), 『철학적 자연주의』, 철학과현실사.

한국 분석철학회 엮음(1996), 『인과와 인과 이론』, 철학과현실사.

한국 분석철학회 엮음(1999), 『언어·표상·세계』, 철학과현실사.

한국 텍스트 언어학회 엮음(2004), 『텍스트 언어학의 이해』, 박이정.

한국기호학회 엮음(2002), 『몸의 기호학』, 문학과지성사.

한국사상사연구회 엮음(2002), 『조선유학의 개념들』, 예문서원.

호광(胡廣) 등 엮음(1414), 『주역 전의 대전: 정이(程頤)의 역전, 주희(朱熹)의
　　주역 본의』, 학민문화사 영인; ① 김석진 뒤침(2006), 『주역 전의 대전
　　역해, 상~하』, 대유학당; ② 성백효 뒤침(2011), 『현토 역해 주역 전의,
　　상~하』, 전통문화연구회.

홍종선 외 6인(2009), 『국어 사전학 개론』, 제이&씨.

Aijmer, K. and A. Stenström eds. (2004), *Discourse Patterns in Spoken and Written Corpora*, Amsterdam: John Benjamins.

Altmann, G. ed. (2002), *Psycholinguistics: Critical Concepts in Psychology*, London: Routledge.

Amstrong, D. et al. (1995; 김영순 외 뒤침 2001), 『몸짓과 언어 본성』, 한국문화사.

Anderson, A., G. Brown, R. Shillcock, and G. Yule (1984; 김지홍·서종훈 뒤침 2014), 『모국어 말하기 교육: 산출 전략 및 평가』, 글로벌콘텐츠.

Anderson, J. (1998), *The Atomic Components of Thought*, New Jersey: Lawrence Erlbaum.

Anderson, J. (2009), *How Can the Human Mind Occur in the Physical Universe?*, Oxford, UK: Oxford University Press.

Anderson, J. and C. Lebiere (1998), *The Atomic Components of Thought*, New Jersey: Lawrence Erlbaum.

Anscombe, G. (1957, 1963 2nd edition), *Intention*, Mass.: Harvard University Press.

Anscombe, G. (1981), *The Collected Papers of G.E.M. Anscombe: Metaphysics and the Philosophy of Mind*, vol. 2, Oxford, UK: Basil Blackwell.

Antos, G. and E. Ventola eds. (2008), *Handbook of Interpersonal Communication*, Berlin: Mouton de Gruyter.

Arnauld, A. and C. Lancelot (1660; 한문희 뒤침 2011), 『일반 이성 문법』, 지만지.

Aristoteles(기원전 384~기원전 322, Andronikos 추정 기원전 70년), 로우브(Loeb) 고전 총서: 희랍 영어 대역본(하버드 대학 출판부): ① 김진성 뒤침(2008), 『범주들·명제에 대하여』(이제이북스); ② 김재홍 뒤침(2008), 『변증론』(도서출판 길); ③ 김재홍 뒤침(2007), 『소피스트적 논박』(한길사); ④ 김진성 뒤침(2007), 『형이상학』(이제이북스); ⑤ 조대호 뒤침(2012), 『아리스토텔레스 형이상학, 1~2권』(나남); ⑥ 유원기 뒤침(2001), 『영혼에 대하여』(궁리); ⑦ 이창우·김재홍·강상진 뒤침(2006), 『니코마스 윤리학』(한길사); ⑧ 송유레 뒤침(2012), 『에우데모스 윤리학』(한길사).

Atkinson, R. and R. Schiffrin (1968), "Human memory: A proposed system and its control processes", Spence and Spence eds., *The Psychology of Learning and Motivation*, vol. 2, New York: Academic Press.

Austin, J. (1961, 1979 3rd edition), *Philosophical Papers*, Oxford, UK: Clarendon Press.

Austin, J. (1962; 장석진 뒤침 1987), 『오스틴 화행론』, 서울대학교 출판부; 김영진 뒤침 1992 『말과 행위: 오스틴의 언어철학, 의미론, 화용론』, 서광사.

Austin, J. (1964), *Sense and Sensibilia*, Oxford, UK: Oxford University Press.

Ayer, A. (1946 2nd edition; 이영춘 뒤침 1959), 『언어와 진리와 논리』, 문교부;

송하석 뒤침(2010), 『언어, 논리, 진리』, 나남.

Baars, B. and N. Gage (2007; 강봉균 뒤침 2010), 『인지, 뇌, 의식: 인지 신경과학 입문서』, 교보문고.

Bacon, F. (1620; 진석용 뒤침 2001), 『신기관: 자연의 해석과 인간의 자연 지배에 관한 잠언』, 한길사; 김홍표 뒤침(2014), 『신기관』, 지만지.

Baddeley, A. (1986), *Working memory*, Oxford, UK: Clarendon Press.

Baddeley, A. (2007), *Working Memory, Thought, and Action*, Oxford, UK: Oxford University Press.

Baddeley, A., M. Conway, and J. Aggleton eds. (2002), *Episodic Memory: New Directions in Research*, Oxford, UK: Oxford University Press.

Baker, M. et al. eds. (1993), *Text and Technology: In Honour of John Sinclair*, Amsterdam: John Benjamins.

Bartlett, F. (1932, 2nd edition 1995), *Remembering: A Study in Experimental and Social Psychology*, Cambridge, UK: Cambridge University Press.

Bateson, G. (1972; 서석봉 뒤침 1989), 『마음의 생태학』, 민음사.

Beakeley, B. and P. Ludlow eds (2006), *The Philosophy of Mind: Classical Problems/ Contemporary Issues*, Mass.: MIT Press.

Beaugrande, R. de and W. Dressler (1981; 김태옥·이현호 뒤침 1995), 『텍스트 언어학 입문』, 한신문화사.

Bennett, M. R. and P. M. S. Hacker (2003; 이을상·하일호·신현정·오용득·박만준· 안호영 뒤침 2013), 『신경과학의 철학』, 사이언스북스.

Bereiter, C. and M. Scardamalia (1987), *The Psychology of Written Composition*, New Jersey: Lawrence Erlbaum.

Berlin, B. (1992), *Ethnobiological Classification: Principles of Categorization of Plants and Animals in Traditional Societies*, New Jersey: Princeton University Press.

Bermúdez, J. (2010; 신현정 뒤침 2012), 『인지과학: 마음과학의 이해』, 박학사.

Biber, D. (1988), *Variation across Speech and Writing*, Cambridge, UK: Cambridge

University Press.

Biber, D. (1995), *Dimensions of Register Variation: A Cross-linguistic Comparison*, Cambridge, UK: Cambridge University Press.

Block, N., O. Flanagan, and G. Güzeldere eds. (1997), *The Nature of Consciousness*, Mass.: MIT Press.

Blumer, H. (1937), *Symbolic Interactionism: Perspective and Method*, California: University of California Press.

Boden D. and D. Zimmerman eds. (1991), *Talk and Social Structure: Studies in Ethnography and Conversation Analysis*, Cambridge, UK: Polity Press.

Boden, M. (1994; 서창렬 뒤침 1999), 『피아제』, 시공사.

Bol, P. (2008; 김영민 뒤침 2010), 『역사 속의 성리학』, 예문서원.

Bonvillian (2002; 한국사회언어학회 뒤침 2002), 『문화와 의사소통의 사회언어학』, 한국문화사.

Brand, M. (1984), *Intending and Acting*, Mass.: MIT Press.

Bratman, M. (1987), *Intention, Plans, and Practical Reason*, Cambridge, UK: Cambridge University Press.

Brown, C. and P. Hagoort eds. (1999), *The Neurocognition of Language*, Oxford, UK: Oxford University Press.

Brown, G. and G. Yule (1983), *Discourse Analysis*, Cambrdige, UK: Cambridge University Press.

Brown, G. and G. Yule (1983), *Teaching the Spoken Language*, Cambrdige, UK: Cambridge University Press.

Brown, P. and S. Levinson (1987), *Politeness: Some Universals in Language Usage*, Cambrdige, UK: Cambridge University Press.

Bublitz, W., U. Lenk, and E. Ventola eds. (1999), *Coherence in Spoken and Written Discourse: How to Create it and How to Describe it*, Amsterdam: John Benjamins.

Bühler, K. (1934; 지광신·최경은 뒤침 2008), 『언어 이론: 언어의 서술 기능』, 나남.

Bygate, M. (1987; 김지홍 뒤침 2002), 『말하기: 옥스포드 언어교육 지침서』, 범문사.

Calfee, R. and P. Perfumo eds. (1996), *Writing Portfolios in the Classroom: Policy and Practice, Promise and Peril*, New Jersey: Lawrence Erlbaum.

Carey, S. (2009), *The Origin of Concepts*, Oxford, UK: Oxford University Press.

Carnap, R. (1966; 윤용택 뒤침 1993), 『과학철학 입문』, 서광사.

Carter, R. (1998; 양영철·이양희 뒤침 2007), 『뇌: 매핑 마인드』, 말글 빛냄.

Chafe, W. (1994; 김병원·성기철 뒤침 2006), 『담화와 의식과 시간: 언어 인식론』, 한국문화사.

Chomsky, N. (1959), "Review of B. F. Skinner, Verbal Behavior", *Language*, 35 (pp. 26~58).

Chomsky, N. (1986; 이선우 뒤침 2000), 『언어에 대한 지식: 그 본질, 근원 및 사용』, 아르케.

Chomsky, N. (1995; 박명관·장영준 뒤침 2001), 『최소주의 언어 이론』, 한국문화사.

Chomsky, N. (2003; 장영준 뒤침 2011), 『촘스키, 러셀을 말하다』, 시대의창.

Chomsky, N. (2007; 장영준 뒤침 2009), 『촘스키, 변화의 길목에서 미국을 말하다』, 시대의창.

Chomsky, N. and M. Foucault (2006; 이종인 뒤침 2010), 『촘스키와 푸코, 인간의 본성을 말하다』, 시대의창.

Churchland, P. (1988; 석봉래 뒤침 1992), 『물질과 의식: 현대 심리철학 입문』, 서광사.

Churchland, P. (1989; 박제윤 뒤침 2006), 『뇌과학과 철학: 마음—뇌 통합과학을 향하여』, 철학과현실사.

Churchland, P. and T. Sejnowskin(1992), *The Computational Brain*, Mass.: MIT Press.

Clark, H. (1996; 김지홍 뒤침 2009), 『언어사용 밑바닥에 깔린 원리』, 도서출판 경진.

Cohen, P., J. Morgan and M. Pollack eds. (1990), *Intentions in Communication*, Mass.: MIT Press.

Collins, R. (2005; 진수미 뒤침 2009), 『사회적 삶의 에너지: 상호작용 의례의 사슬』, 한울.

Cook, G. (1989; 김지홍 뒤침 2003), 『담화: 옥스포드 언어교육 지침서』, 범문사.

Cook, G. ed. (1995), *Principle and Practice in Applied Linguistics: Studies in Honour of H. G. Widdowson*, Oxford, UK: Oxford University Press.

Crick, F. (1994; 과학세대 뒤침 1996), 『놀라운 가설』, 한뜻.

Cutler, A. ed. (2005), *Twenty-First Century Psycholinguisitics: Four Cornerstones*, New Jersey: Lawrence Erlbaum.

Damasio, A. (1994; 김린 뒤침 1999), 『데카르트의 오류』, 중앙문화사.

Damasio, A. (1999), *The Feeling of What Happens: Body and Emotion in the Making of Consciousness*, San Diego: Harcourt.

Damasio, A. (2003; 임지원 뒤침 2007), 『스피노자의 뇌: 기쁨·슬픔·느낌의 과학』, 사이언스북스.

Davidson, D. (1980; 배식한 뒤침 2012), 『행위와 사건』, 한길사.

Davidson, D. (1984; 이윤일 뒤침 2011), 『진리와 해석에 관한 탐구』, 나남.

Davis, M. ed. (1965), *The Undecidable: Basic Papers on Undecidable Propositions, Unsolvable Problems, and Computable Functions*, New York: Raven Press.

Deacon, T. (1997), *The Symbolic Species: The Co-evolution of Language and the Brain*, New York: W. W. Norton & Comp.

Dell (1986), "A Spreading-Activation Theory of Retrieval in Sentence Production", *Psychological Review*, 93 (pp. 283~321).

Descartes, R. (1637; 이현복 뒤침 1996), 『방법 서설』, 문예출판사.

Descartes, R. (1641; 김형효 뒤침 1976), 『데카르트 성찰』(세계사상전집 19),

삼성출판사.

Edelman, G. (1992; 황희숙 뒤침 2002), 『신경과학과 마음의 세계』, 범양사.

Edelman, G. (2004; 김한영 뒤침 2006), 『뇌는 하늘보다 넓다』, 해냄.

Edelman, G. (김창대 뒤침 2009), 『세컨드 네이처』, 이음.

Edelman, G. and G. Tononi (2000), *A Universe of Consciousness: How Matter Becomes Imagination*, New York: Basic Books.

Eichenbaum, H. (2008), *Learning and Memory*, New York: W.W. Norton & com.

Eichenbaum, H. and N. Cohen (2001), *From Conditioning to Conscious Recollection: Memory Systems of the Brain*, Oxford, UK: Oxford University Press.

Ensink, T. and C. Sauer eds. (2003), *Framing and Perspectivising in Discourse*, Amsterdam: John Benjamins.

Ericsson, K. and W. Kintsch (1995), "Long-term working memory", *Psychological Review*, 102-2 (pp.211~245).

Fairclough, N. (1995; 이원표 뒤침 2005), 『대중매체 담화 분석』, 한국문화사.

Fairclough, N. (1996), "A reply to Henry Widdowson's 'Discourse analysis: a critical view'", *Language and Literature*, 5-1 (pp. 49~56).

Fairclough, N. (2001; 김지홍 뒤침 2011), 『언어와 권력』, 도서출판 경진.

Fairclough, N. (2003; 김지홍 뒤침 2013), 『담화 분석 방법』, 도서출판 경진.

Fairclough, N. ed. (1992), *Critical Language Awareness*, London: Longman.

Feferman et al. eds. (1986~2003), *Kurt Gödel, Collected Works* vol. I~V, Oxford, UK: Oxford University Press.

Flower, L. (1993 제4판; 원진숙·황정현 뒤침 1998), 『글쓰기의 문제 해결 전략』, 동문선.

Fodor, J. (1975), *The Language of Thought*, New York: Crowell.

Fodor, J. (1981; 이영옥·정성호 뒤침 1991), 『표상: 인지과학의 기초에 관한 연구』, 민음사.

Fodor, J. (2000), *The Mind Doesn't Work That Way: The Scope and Limits of*

Computational Psychology, Mass.: MIT Press.

Fodor, J. (2008), *The Language of Thought Revisited*, Oxford, UK: Clarendon Press.

Frege, G. (1884; 박준용·최원배 뒤침 2003), 『산수의 기초』, 아카넷.

Frege, G. (1893; 김보현 뒤침 2007), 『산수의 근본 법칙 I』, 울산대학교 출판부.

Fromkin, V. (1973), *Speech Erros as Linguistic Evidence*, Hague: Mouton.

Fromkin, V. (1980), *Errors in Linguistic Performance: Slips of the Tongue, Ear, Pen, and Hand*, New York: Academic Press.

Galaburda, A., S. Kosslyn, and Y. Christen eds. (2002), *The Language of the Brain*, Mass.: Harvard University Press.

Gaskell, M. ed. (2007), *The Oxford Handbook of Psycholinguistics*, Oxford, UK: Oxford University Press.

Gathercole, S. and A. Baddley (1993), *Working Memory and Language*, Hove, UK: Psychology Press.

Geach, P. and M. Black ed. (1970), *Translations from the Philosophical Writings of Gottlob Frege*, Oxford, UK: Basil Blackwell.

Geeraerts, D. and H. Cuyckens eds. (2007), *The Oxford Handbook of Cognitive Linguistics*, Oxford, UK: Oxford University Press.

Gentner, D. and A. Stevens eds. (1983), *Mental Models*, New Jersey: Lawrence Erlbaum.

Gernsbacher, M. and T. Givón eds. (1995), *Coherence in Spontaneous Text*, Amsterdam: John Benjamins.

Glasersfeld, E. (1995; 김판수 외 6인 뒤침 1999), 『급진적(=근원적) 구성주의』, 원미사.

Goffman E. (1964; 김용환 뒤침 1995), 『오점: 장애의 사회 심리학』, 강원대학교 출판부; 윤선길·정기현 뒤침(2009), 『스티그마(=낙인): 장애의 세계와 사회 적응』, 한신대학교 출판부.

Goffman, E. (1959; 김병서 뒤침 1987), 『자아 표현과 인상 관리: 연극적 사회

분석론』, 경문사.

Goffman, E. (1967; 진수미 뒤침 2013), 『상호작용 의례: 대면 행동에 관한 에세이(= 글)』, 아카넷.

Goffman, E. (1974; 2nd edition 1986), *Frame Analysis : An Essay on the Organization of Experience*, Boston: Northwestern University Press.

Goffman, E. (1981), *Forms of Talk*, Philadelphia: University of Pennsylvania Press.

Goffman, E. (1982), "The Interaction Order", American Sociological Association, 1982 Presidential Address.

Grabe, W. and R. Kaplan (1996; 허선익 뒤침 2008), 『쓰기 이론과 실천 사례』, 박이정.

Graesser, A., M. Gernsbacher and S. Goldman eds. (2003), *Handbook of Discourse Process*, New Jersey: Lawrence Erlbaum.

Grandy, R. and R. Warner eds. (1986), *Philosophical Grounds of Rationality: Intentions, Categories, Ends*, Oxford, UK: Clarendon Press.

Grant, C. (2007), *Uncertainty and Communication: New Theoretical Investigation*, New York: Palgrave Macmillan.

Grant, C. ed. (2003), *Rethingking Communicative Interaction: New Interdisciplinary Horizons*, Amsterdam: John Benjamins.

Grice, H. P. (1971), "Intention and Uncertainty", *Proceedings of the British Academy*, 57 (pp. 263~79).

Grice, H. P. (1989), *Studies in the Way of Words*, Mass.: Harvard University Press.

Grice, H. P. (1991), *The Conception of Value*, Oxford, UK: Oxford University Press.

Grice, H. P. (2001), *Aspects of Reason*, Oxford, UK: Oxford University Press.

Grice, P. (1986), "Actions and Events", *Pacific Philosophical Quaterly*, 67 (pp. 1~35).

Gumperz, J. and S. Levinson eds. (1996), *Rethinking Linguistic Relativity*, Cambridge, UK: Cambridge University Press.

Halliday, M. (1985), *Spoken and Written Language*, Oxford, UK: Oxford University

Press.

Halliday, M. and C. Matthiessen (2004; 3rd edition), *An Introduction to Functional Grammar*, London: Hodder Education.

Halliday, M. and R. Hasan (1976), *Cohesion in English*, London: Longman.

Hamm, S. and J. Brendenkamp (2004), "Working memory and slips of the tongue", T. Pechman and C. Habel eds. *Multidisciplinary Approaches to Language Production*, Berlin: Mouton de Gruyter.

Hardman, D. (2009; 이영애·이나경 뒤침 2012), 『판단과 결정의 심리학』, 시그마 프레스.

Harley, T. ed. (2011), *Psycholinguistics*, London: Sage.

Harris, Z. (1952), "Discourse analysis", *Language*, 28 (pp. 1~30).

Härtl H. and H. Tappe eds. (2003), *Mediating between Concepts and Grammar*, Berlin: Mouton de Gruyter.

Hartmann, R. (1983; 서태길 외 4인 뒤침 2008), 『사전 편찬의 원리와 실제』. 제이&씨.

Hawkins (1984; 1987 개정판), *Awareness of Language: An Introduction*, Cambridge, UK: Cambridge University Press.

Heinemann, W. (1991; 백설자 뒤침 2001), 『텍스트 언어학 입문』, 역락.

Hellinger, M. and A. Pauwels eds. (2007), *Handbook of Language and Communication: Diversity and Change*, Berlin: Mouton de Gruyter.

Hempel, C. (1966; 곽강제 뒤침 2010), 『자연 과학 철학』, 서광사.

Hempel, C. (1966; 전영삼·여영서·이영의·최원배 뒤침 2011), 『과학적 설명의 여러 측면, 그리고 과학철학에 관한 다른 논문들, I~II』, 나남.

Heoy, M. (1991), *Patterns of Lexis in Text*, Oxford, UK: Oxford University Press.

Herken, R. ed. (1994), *The Universal Turing Machine: A Half-Century Survey*, New York: Springer-Verlag.

Hewitt, J. (2000; 윤인진 외 뒤침 2001), 『자아와 사회: 상징적 상호작용주의

사회심리학』. 학지사.

Hijenoort, J. ed. (1967), *From Frege to Gödel: A Source Book in Mathematical Logic, 1878~1931*, Mass.: Harvard University Press.

Horowitz, R. and S. Samuels eds. (1987), *Comprehending Oral and Written Language*, New York: Academic Press.

Houser, N. and C. Kloesel eds. (1992), *The Essentail Peirce: Selected Philosophical Writings*, vol. 1, Indianapolis: Indiana University Press.

Hume, D. (1739~1740; 이준호 뒤침 1994), 『인간 본성에 관한 논고, 1~3』, 서광사.

Indefrey, P. and W. Levelt (2004), "The Spatial and Temporal Signature of Word Production", *Cognition*, 92 (pp. 101~144).

Jackendoff, R. (1990; 고석주·양정석 뒤침 1999), 『의미 구조론』, 한신문화사.

Jackendoff, R., P. Bloom, and K. Wynn eds. (1999), *Language, Logic, and Concepts*, Mass.: MIT Press.

James, C. and P. Garrett eds. (1992), *Language Awareness in the Classroom*, London: Longman.

James, W. (1891; 정양은 뒤침 2005), 『심리학의 원리, I~III』, 아카넷.

Johnson-Laird, P. (1983), *Mental Models: Towards a Cognitive Science of Language, Inference, and Consciousness*, Mass.: Harvard University Press.

Johnson-Laird, P. (1988; 이정민·조혜자 뒤침 1991), 『컴퓨터와 마음: 인지과학이란 무엇인가』, 민음사.

Kahneman, D. (2011; 이진원 뒤침 2012), 『생각에 관한 생각』, 김영사.

Kahneman, D., P. Slovan and A. Tversky (1982; 이영애 뒤침 2001), 『불확실한 상황에서의 판단: 추단법과 편향』, 아카넷.

Kandel, E. (2006; 전대호 뒤침 2009), 『기억을 찾아서』, 랜덤하우스.

Kant, I. (1785; 백종현 뒤침 2005), 『윤리 형이상학 정초』, 아카넷.

Kant, I. (1787; 백종현 뒤침 2006), 『순수 이성 비판, I~II』, 아카넷.

Kempen, G. and P. Huijbers (1983), "The lexicalization process in sentence production and naming: Indirect election of words", *Cognition*, 14 (pp. 185~209).

Kennedy, H. ed. (1973), *Selected works of Giuseppe Peano*, Toronto: University of Toronto.

Kessel, F. ed. (1988), *The Development of Language and Language Researchers: Essays in Honor of Roger Brown*, New Jersey: Lawrence Erlbaum.

Kintsch, W. (1974), *The Representation of Meaning in Memory*, New Jersey: Lawrence Erlbaum.

Kintsch, W. (1993), "Information Accretion and Reduction in Text Processing: Inference", *Discourse Processing*, 16 (pp. 193~202).

Kintsch, W. (1998; 김지홍·문선모 뒤침 2010), 『이해: 인지 패러다임, I~II』, 나남.

Koch, C. (2004; 김미선 뒤침 2006), 『의식의 탐구』, 시그마프레스.

Kosslyn, S. (1994), *Image and Brain: The Resolution of the Imagery Debate*, Mass.: MIT Press.

Labov, W. and J. Waletzky (1967), "Narrative Analysis: Oral Versions of Personal Experience", Paulston and Tucker eds. (2003) *Sociolinguistics: The Essential Readings*, Mass.: Blackwell Publishing 재수록.

Lakoff, G. (2006; 나익주 뒤침 2007), 『프레임 전쟁: 보수에 맞서는 진보의 성공전략』, 창비.

Lakoff, G. (2006; 나익주 뒤침 2010), 『자유는 누구의 것인가: 왜 진보와 보수는 서로 가지려고 하는가』, 웅진지식하우스.

Lamberts, K. and D. Shanks (1997), *Knowledge, Concepts, and Categories*, Mass.: MIT Press.

LeDoux, J. (1998; 최준식 뒤침 2006), 『느끼는 뇌』, 학지사.

LeDoux, J. (2002; 강봉균 뒤침 2005), 『시냅스와 자아: 신경세포의 연결방식이 어떻게 자아를 결정하는가?』, 소소.

Leibniz, G. (1686; 윤선구 뒤침 2010), 『형이상학 논고 외 6편』, 아카넷.

Leibniz, G. (1765; trans. by P. Remnant and J. Bennett 1981), *New Essays on Human Understanding*, Cambridge, UK: Cambridge University Press.

Levelt, W. (1989; 김지홍 뒤침 2008), 『말하기: 그 의도에서 조음까지, I~II』, 나남.

Levelt, W. (1999), "Producing spoken language: a blue print of speaker", Brown et al. eds., *The Neurocognition of Language*, Oxford, UK: Oxford University Press.

Levelt, W., A. Roelofs, and A. Meyer (1999), "A Theory of Lexical Access in Speech Production", *Behavioral and Brain Sciences*, 22-1 (pp. 1~38).

Levin, B. and M. Rappaport-Hovav (1995), *Unaccusativity*, Mass.: MIT Press.

Levin, B. and M. Rappaport-Hovav (2005), *Argument Realization*, Oxford, UK: Oxford University Press.

Levy, C. and S. Ransdell eds. (1996), *The Science of Writing: Theories, Methods, Individual Differences, and Applicaitons*, New Jersey: Lawrence Erlbaum.

Lieberman, P. (1991; 김형엽 뒤침 2013), 『언어의 탄생』, 도서출판 경진.

Linguistic Politeness Group ed. (2011), *Discursive Approaches to Politeness*, Berlin: Mouton de Gruyter.

Locke, J. (1689; 정병훈·이재영·양선숙 뒤침 2014), 『인간 지성론, 1~2』, 한길사; 추영현 뒤침(2011), 『인간 지성론』, 동서문화사.

Louwerse, M. and W. van Peer eds. (2002), *Thematics: Interdisciplinary Studies*, Amsterdam: John Benjamins.

Lund, N. (2003; 이재호·김소영 뒤침 2007), 『언어와 사고』, 학지사.

Lyons, W. (1995), *Approaches to Intentionality*, Oxford, UK: Clarendon Press.

MacCarthy, M. (1998; 김지홍 뒤침 2012, 개정 증보판), 『입말, 그리고 담화 중심의 언어교육』, 도서출판 경진.

Maienborn, C., K. von Heusinger, and P. Portner eds. (2011), *Semantics: An International Handbook of Natural Language Meaning*, Berlin: Mouton de

Gruyter.

Malle, B., L. Moses, and D. Baldwin eds. (2001), *Intentions and Intentionality: Foundations of Social Cognition*, Mass.: MIT Press.

Mandler, J. (2004), *The Foundations of Mind*, Oxford, UK: Oxford University Press.

Marcus, G. (2008), *The Algebraic Mind: Integrating Connectionism and Cognitive Science*, Mass.: MIT Press.

Marr, D. (1982), *Vision: A Computational Investigation into the Human Representation and Processing of Visual Information*, New York: W.H. Freeeman & Co..

Martindale, C. (1991; 신현정 뒤침 1994), 『인지 심리학: 신경회로망적 접근』, 교육과학사.

McCarthy, M. (1990; 김지홍 뒤침 2003), 『어휘: 옥스포드 언어교육 지침서』, 범문사.

McCarthy, M. (1998; 김지홍 뒤침 2010), 『입말, 그리고 담화 중심의 언어교육』, 도서출판 경진.

McComiskey, B. (2000; 김미란 뒤침 2012), 『사회 과정 중심 글쓰기: 작문 교육 패러다임의 전환』, 도서출판 경진.

McLuhan, M. (1962; 임상원 뒤침 2001), 『구텐베르크 은하계』, 커뮤니케이션북스.

Mead, H. (1938), *The Philosophy of the Act*, Illionois: University of Chicago Press.

Melle, A. (1992), *Springs of Action: Understanding Intentional Behavior*, Oxford, UK: Oxford University Press.

Mellor, D. ed. (1990), *Philosophical Papers: F.R. Ramsey*, Cambridge, UK: Cambridge University Press.

Miller, G. (1956), "The magical number seven, plus or minus two: Some limits of our capacity for processing information", *Psychological Review*, 63 (pp. 81~97).

Miller, G. (1991; 강범모·김성도 뒤침 1998), 『언어의 과학: 그림으로 이해하는 언어와 정신의 세계』, 민음사.

Millikan, R. (1984), *Langugae, Thought, and Other Biological Categories: New Foundations for Realism*, Mass.: MIT Press.

Miyake, A. and R. Shah eds. (1999), *Models of Working Memory: Mechanisms of Active Maintenance and Executive Control*, Cambridge, UK: Cambridge University Press.

Murphy, G. (2004), *The Big Book of Concepts*, Mass.: MIT Press.

Newell, A. (1990; 차경호 뒤침 2002), 『통합 인지 이론』, 아카넷.

Newell, A. and H. Simon (1972), *Human Problem Solving*, New Jersey: Prentice-Hall.

Ong, W. (1982; 이기우·임명진 뒤침 1996), 『구술문화와 문자문화』, 문예출판사.

Pacherie, E. (2008), "The phenomenology of action: A conceptual framework", *Cognition*, 107 (pp. 179~217).

Pechman, T. and C. Habel eds. (2004), *Mutidisciplinary Approaches to Language Production*, Berlin: Mouton de Gruyter.

Petrus, K. ed. (2010), *Meaning and Analysis: New Essays on Grice*, Hampshire, UK: Palgrave MacMillan.

Pezetsky, D. (1995), *Zero Syntax: experiencers and cascades*, Mass.: MIT Press.

Phillips, J. (1983), "Goffman's Linguistic Turn: A comment on Forms of Talk", *Theory, Culture and Society*, 2-1 (pp. 114~116).

Piaget, J. (1974; trans. by Coltman 1980), *Experiments in Contradiction*, Chicago: University of Chicago Press.

Piaget, J. (1974; trans. by Eames 1980), *Adaptation and Intelligence*, Chicago: University of Chicago Press.

Piaget, J. (1975; trans. by Brown and Thampy 1985), *The Equilibration of Cognitive Structures*, Chicago: University of Chicago Press.

Piaget, J. (1977; trans. by Campbell 2001), *Studies in Reflecting Abstraction*, Sussex: Psychology Press.

Piattelli-Palmarini, M. and R. Berwick eds. (2012), *Rich Languages from Poor Inputs*, Oxford, UK: Oxford University Press.

Piattelli-Palmarini, M., J. Uriagereka, and P. Salaburu eds. (2009), *Of Minds and Language*, Oxford, UK: Oxford University Press.

Pinker, S. (1997; 김한영 뒤침 2007), 『마음은 어떻게 작동하는가』, 동녘사이언스.

Pinker, S. (1999; 김한영 뒤침 2009), 『단어와 규칙』, 사이언스북스.

Pinker, S. (2002; 김한영 뒤침 2004), 『빈 서판: 인간은 본성을 타고 나는가』, 사이언스북스.

Pinker, S. (2007), *The Stuff of Thought: Language as a Window into Human Nature*, New York: Viking.

Pinker, S. and J. Mehler eds. (1988), *Connections and Symbols*, Mass.: MIT Press.

Pollard, C. and I. Sag (1994), *Head-driven Phrase Structure Grammar*, Illionois: University of Chicago Press.

Pulvenrmüller, F. (2002), *The Neuroscience of Language: On Brain Circuits of Words and Serial Order*, Cambridge, UK: Cambridge University Press.

Pustejovsky, J. (1995; 김종복·이예식 뒤침 2002), 『생성 어휘론』, 박이정.

Putnam, H. (1981; 김효명 뒤침 1987), 『이성·진리·역사』, 민음사.

Putnam, H. (1988; 김영정 뒤침 1992), 『표상과 실재: 마음의 인지적/계산적 접근 방법은 왜 성공할 수 없는가?』, 이화여자대학교 출판부.

Putnam, H. (1992; 원만희 뒤침 1998), 『과학주의 철학을 넘어서』, 철학과현실사.

Quine, W. (1953; 허라금 뒤침 1993), 『논리적 관점에서』, 서광사.

Rappaport-Hovav, M., E. Doron and I. Sichel eds. (2010), *Lexical Semantics, Syntax, and Event Structure*, Oxford, UK: Oxford University Press.

Restak, R. (1984; 김현택·류재욱·이강준 뒤침 1992), 『나의 뇌, 뇌의 나, I~II』, 예문지.

Ritzer, G. (2003; 한국이론사회학회 뒤침 2006), 『현대 사회학 이론과 그 고전적 뿌리』, 박영사.

Ritzer, G. (2004; 김왕배 외 뒤침 2006), 『사회학 이론』, 한울출판사.

Rizzolatti, G. et al. (1996), "Premotor cortex and the recognition of motor actions", *Cognitive Brain Research*, 3 (pp. 131~141).

Roelofs, A. (1997), "The WEAVER model of word-form encoding in speech production", *Cognition*, 64 (pp. 249~284).

Rosch, E. (1975), "Cognitive Representations of Semantic Categories", *Journal of Experimental Psychology*, 104-3 (pp. 192~233).

Rosch, E. (1975), "Family Resemblances: Studies in the Internal Structure of Categories", *Cognitive Psychology*, 7 (pp. 573~605).

Rosch, E. (1978), "Principles of Categorization", Rosch et al. eds. *Cognition and Categorization*, New Jersey: Lawrence Erlbaum.

Rosch, E. (1988), "Coherences and Categorization: A Historical View", Kessel ed. *The Development of Language and Language Researchers*, New Jersey: Lawrence Erlbaum.

Ross, W. D. (1923; 1995 Ackrill 소갯글; 김진성 뒤침 2011), 『아리스토텔레스: 그의 저술과 사상에 관한 총설』, 누멘.

Rumelhart, J., D. McClelland, and the PDP Research Group (1986), *Parallel Distributed Processing*, I~II, Mass.: MIT Press.

Russell, B. (1935; 김이선 뒤침 2011), 『종교와 과학』, 동녘.

Russell, B. (1937, 2nd edition), *Principle of Mathematics*, New York: N.N. Norton & Comp.

Russell, B. (1945; 최민홍 뒤침 1973), 『서양 철학사, 상~하』, 집문당.

Russell, B. (1956), *Logic and Knowledge*, London: Hyman.

Russell, B. (1973), *Essays in Analysis*, London: George Allen & Unwin.

Sacks, H., E. Schegloff and G. Jefferson (1974), "A simplest systematics for the organization of turn-taking in conversation", *Language*, 50 (pp. 696~735).

Saussure, F. (1915; 최승언 뒤침 2006 신장판), 『일반 언어학 강의』, 민음사;

김현권 뒤침(2012), 『일반 언어학 강의』, 지만지.

Schacter, D. (1996), *Searching for Memory: The Brain, the Mind, and the Past*, New York: Basic Books.

Schacter, D. and E. Scarry (2001 엮음; 한국 신경인지기능 연구회 뒤침 2004), 『뇌와 기억 그리고 신념의 형성』, 시그마프레스.

Schegloff, E. (1997), "Narrative Analysis Thirty Years Later", Paulston and Tucker eds. (2003), *Sociolinguistics: The Essential Readings*, Mass.: Blackwell Publishing 재수록.

Schelling, T. (1960; 최동철 뒤침 1992), 『갈등의 전략』, 나남; 이경남 뒤침(2013), 『갈등의 전략』, 한국경제신문.

Schegloff, E. and H. Sacks (1973), "Opening Up Closings", Baugh and Sherzer eds. *Language in Use: Readings in Sociolinguistics*, New Jersey: Prentice-Hall 재수록.

Schiffer, S. (1972), *Meaning*, Oxford, UK: Clarendon Press.

Schiffer, S. (1987), *Remnants of Meaning*, Mass.: MIT Press.

Schmitt, N. ed. (2004), *Formulaic Sequences*, Amsterdam: John Benjamins.

Schmitt, S. (1987; 박여성 뒤침 1995), 『구성주의』, 까치.

Searle, J. (1983; 심철호 뒤침 2009), 『지향성: 심리철학 소론』, 나남.

Searle, J. (1986; 김용관 뒤침 1987), 『심리철학과 과학』, 소나무.

Searle, J. (1998; 심철호 뒤침 2000), 『정신, 언어, 사회』, 해냄.

Searle, J. (2001; 김기현 외 4인 뒤침 2001), 『합리성의 새로운 지평』, 철학과현실사.

Searle, J. (2004; 정승현 뒤침 2007), 『마인드』, 까치.

Searle, J. (2007; 강신욱 뒤침 2010), 『신경생물학과 인간의 자유』, 궁리.

Shannon, C. and W. Weaver (1949; 진용옥 뒤침 1985), 『통신의 수학적 이론』, 통신정책연구소.

Shieber, S. ed. (2004), *The Turing Test: Verbal Behaviour as the Hallmark of*

Intelligence, Mass.: MIT Press.

Sinclair, J. (1991), *Corpus, Concordance, Collocation*, Oxford, UK: Oxford Uinversity Press.

Sinclair, J. (2003), *Reading Concordance*, London: Pearson.

Smith, F. (1994, 2nd edition), *Writing and the Writer*, New Jersey: Lawrence Erlbaum.

Smolensky, P. and G. Legendre (2006), *The Harmonic Mind: From Neural Computation to Optimality-Theoretic Grammar*, Mass.: MIT Press.

Spence, K. and J. Spence eds. (1968), *The Psychology of Learning and Motivation*, vol. 2, New York: Academic Press.

Sperber D. and D. Wilson (1986; 김태옥·이현호 뒤침 1993), 『인지적 화용론: 적합성 이론과 커뮤니케이션』, 한신문화사.

Sperber, D. ed. (2000), *Metarepresentation: A Multidisciplinary Perspective*, Oxford, UK: Oxford University Press.

Spivy, N. (신현재 외 4인 뒤침 2004 개정판), 『구성주의와 읽기·쓰기』, 박이정.

Squire, L. and E. Kandel (1999), *Memory: From Mind to Molecules*, New York: Henry Holt & Comp.

Sternberg, R. ed. (1999), *The Nature of Cognition*, Mass.: MIT Press.

Swales, J. (1990), *Genre Analysis*, Cambridge, UK: Cambridge University Press.

Swales, J. (2004), *Research Genres*, Cambridge, UK: Cambridge University Press.

Tannen, D. ed. (1993), *Framing in Discourse*, Oxford, UK: Oxford University Press.

Tarski, A. (1956), *Logic, Semantics, Meta-mathematics*, Indiana: Hockett Publishing Co.

Taylor, J. (1989; 조명원·나익주 뒤침 1999), 『인지 언어학이란 무엇인가: 언어학과 원형 이론』, 한국문화사.

Thomason, R. ed. (1974), *Formal philosophy : Selected Papers of Richard Montague*, New Haven: Yale University Press.

Tomasello, M. (2008), *Origins of Human Communication*, Mass.: MIT Press.

Tomasello, M. (2009; 허준석 뒤침 2011), 『이기적 원숭이와 이타적 인간: 인간은 왜 협력하는가』, 이음.

Tomasello, M. ed. (1998), *The New Psychology of Language: Cognitive and Functional Approaches to Language Structure*, New Jersey: Lawrence Erlbaum.

Tribble, C. (1996; 김지홍 뒤침 2003), 『쓰기: 옥스포드 언어교육 지침서』, 범문사.

Tulving, E. and F. Craik eds. (2000), *The Oxford Handbook of Memory*, Oxford, UK: Oxford University Press.

Tulving, E. and M. Lepage (2004), "Where in the Brain Is the Awareness of One's Past?", Schacter 외 엮음 제7장에 수록됨.

Tulving, E. et al. eds. (1972), *Organization of Memory*, New York: Academic Press.

Turner, J. (1997; 정태환 외 뒤침 2001), 『현대 사회학 이론』, 나남.

Turner, J. (2008; 박형신 외 뒤침 2010), 『현대 사회이론의 흐름』, 도서출판 한울.

van Dijk, T. (1978; 정시호 뒤침 1995), 『텍스트학』, 민음사.

van Dijk, T. (1980), *Macrostructures: An Interdisciplinary Study of Global Structures in Discourse, Interaction, and Cognition*, New Jersey: Lawrence Erlbaum.

van Dijk, T. ed. (1985), *Hanbook of Discourse Analysis*, vol. 1~4, New York: Academic Press.

van Dijk, T. (1993), *Elite Discourse and Racism*, London: Sage.

van Dijk, T. ed. (1997a), *Discourse as Structure and Process: A Multidisciplinary Introduction*, vol. 1~2, London: Sage.

van Dijk, T. (1998), *Ideology: A Multidisciplinary Approach*, London: Sage.

van Dijk, T. (2009a), *Discourse and Power*, London: Palgrave Macmillan.

van Dijk, T. (2009b), *Society and Discourse: How social contexts influence text and talk*, Cambridge, UK: Cambridge University Press.

van Dijk, T. (2010), *Discourse and Context: Socio-cognitive Approach*, Cambridge, UK: Cambridge University Press.

van Dijk, T. (2011), *Discourse Studies: A Multidisciplinary Introduction*, London: Sage.

van Dijk, T. and W. Kintsch (1983), *Strategies of Discourse Comprehension*, New York: Academic Press.

van Lier, L. (1996), *Interaction in the Language Curriculum: Awareness, autonomy and authenticity*, Essex: Pearson Education.

Vater, H. (1994; 이성만 뒤침 1995), 『텍스트 언어학 입문』, 한국문화사.

Verma, M. and K. Mohanan ed. (1990), *Experiencer Subject in South Asian Language*, CSLI at Stanford University.

Vygotsky, L. (1934; 데이비드 켈로그·배희철·김요호 뒤침 2011), 『생각과 말』, 살림터; 윤초희 뒤침(2011), 『사고와 언어』, 교육과학사; 이병훈·이재혁·허승철 뒤침(2013), 『사고와 언어』, 나남.

Walker, M., A. Joshi, and E. Prince eds. (1998), *Centering Theory in Discourse*, Oxford, UK: Clarendon.

Watts, R. (2003), *Politeness*, Cambridge, UK: Cambridge University Press.

Watts, R., S. Ide and K. Ehlich eds. (1992), *Politeness in Language: Studies in its History, Theory and Practice*, Berlin: Mouton de Gruyter.

Widdowson, H. (1995), "Discourse analysis: a critical View", *Language and Literature*, 4-3 (pp. 157~172).

Widdowson, H. (1996), "Reply to Fairclough: Discourse and interpretation", *Language and Literature*, 5-1 (pp. 57~69).

Widdowson, H. (1998), "The Theory and Practice in Critical Discourse Analysis", *Applied Linguistics*, 19-1 (pp. 136~151).

Widdowson, H. (2004), *Text, Context, Pretext: Critical Issues in Discourse Analysis*, Mass.: Blackwell Publishing.

Wilson, D. and D. Sperber (2012), *Meaning and Relevance*, Cambridge, UK: Cambridge University Press.

Wittgenstein, L. (1953; 이영철 뒤침 1994), 『철학적 탐구』, 서광사.

Zifonun, G. (1987; 이희자 뒤침 2002), 『의사소통 단위와 문장』, 한국문화사.

찾아보기

가깝고 멂 13

가능 사건 10

가능태와 현실태 96

가려져 있는 사회적 지배 이념을 드러내는
　　　도구 314

가리키는 표현 452

가리킴 239

가바가이 149

가설-연역 체계 125, 127

가설-연역 체계를 작동시키는 함의 관계
　　　139

가설-연역적 공리계 31

가설-연역적 접근 62, 97

가설-연역적 접근법 312

가용성(availability) 편향 162

가장 값싼 방식 6

가장 구체적인 명세내역을 지닌 항목
　　　253

가장 두드러진 관례를 적용 182

가장 많은 분야에서 상정 61

가장 효과가 있을 것으로 판단한 전략
　　　291

가족 유사성 218

가치 또는 이념 체계 158

가치 또는 이념의 문제 445

가치 및 평가의 동기가 숨겨져 있음 319

가치교육 403

가치들에 정보인 공동체 규범(maxims)
　　　175

가치를 함의하고 있는 속담이나 경구
　　　185

가치에 대한 접근 방식 174

가치와 품격 215

가치체계 284

가치체계나 선택 174

각본 34, 285

각자의 체험 317

간섭 자극 36

간접 표현 15

간접적 표지 288

갈등과 통일 13

갈등의 전략 181

갈래별 글쓰기 330

감각 능력 28

감각 대상 124

감각 대상물 126

감각 자료 449

감각 작용 30

감각 재료 33, 43, 54

감각 표상과 개념 표상 380

감각기억 41

감각동사 73, 80

감각동사의 4분지 계열 대립 84

감각자료와 언어자료 380

감각적 체험 126

감성 87

감성 영역 33, 103, 147
감성과 이성 13
감성의 결재 161
감성이란 부서 103
감성적 결정 부서 362
감성적 처리 37
감성적 호소력을 지닌 글 210
감성적이거나 비합리적 161
감정 유발 원인 79
감정 표출 행위 265
감정 표현의 기호 230
감정, 정감, 정서 77
감정과 관련된 부류 151
감정동사 73
감정의 결과 상태 79
감정이나 정서의 역할 378
감정이입 작용 15
감정이입 79, 156, 157, 215
감정이입에 의한 즉각적인 방식 158
감정이입의 실체 348
감정이입의 주체 15
감정이입의 흐름 14
감정이입이 가능한 대상 85
갑골학 130
값싼 노동 219
강제성 원리 15
'강제성＋인과관계'의 복합 개념 82
강제성의 잣대 16
강제성이 없이 희망하는 상태 207
강제와 자율 13
강제적이고 억압적인 사회 교류 과정
    189
강한 의미의 인과 관계 106, 109, 111
강한 폐쇄 원리 106
강한 환원주의 249
같음과 다름에 대한 기호학적 구분 174
같음과 다름을 유형화하여 재구성하는 일
    219
같음과 다름의 파악 117

개개의 사회적 사건 316, 317
개념 54
개념 구성 틀 217
개념 위계 29
개념들이 생겨나는 것 126
개념상의 차이 83
개념언어 또는 보편언어 68
개념적 지식 표상 35
개념틀 34
개방적 선택원리 61
개별 대상 67
개별 효에 대한 풀이와 마음가짐 140
개별과학 또는 특수과학들의 영지 115
개별과학(학문)의 자율성 115
개별자와 보편자 63, 66, 125
개별적 다수 요인→융합적 소수 요인
    285
개인과 사회 13
개인별 개념틀 317
개인별 변이 99
개인별 변이체 99
개인별 표상 29
개인사의 문제 140
개인에 더 많은 강조점 323
개인의 가치관 188
개인의 믿음 119
개인적 구성주의 329
개체 나열 방식 31
개체(e) 유형 58
개체만을 다루어야 108
개체와 보편 속성 125
객관성 12
객관적인 표상 29
거기 서 있는 것 29
거리 67, 108
거리 개념 91
거리 두기 188, 189, 193
거리 및 공간으로 확장 469
거부감 없이 접근하기 위한 산출 전략

213
거시 사회학 99
거시 표지 308, 309, 465
거시 표지들이 충실히 들어가 있을 때
310
거시구조 307, 312, 465
거시기, 머시기 표현 221
거시사회학 280
거시언어학 또는 담화 69
거시언어학 영역 61
거시언어학 255, 257
거시언어학의 세계 61
거시언어학의 원리 284
거시영역 69
거시적 사회이론 281
거시적 차원 315
거울 뉴런 157
거울 영상 140, 167, 227
거절 294
거짓말 180
걸림돌 제거 274
걸림돌이나 장애 273
검박하게 43
검박하게 설정 169, 172
검박하게 제약해 놓는 방안 347
검박한 기획 정신 172
겉과 속 400
격률 267, 441
격식 갖춘 의사소통 179
격식성 228
격식성 여부 및 공식성 여부 356
격언 317
결·김 89
결과 사건이 발생해 있다 149
결과 상태 79, 205
결과론적 163
결과적으로 분류하여 나온 것 201
결론 먼저 제시하고 이어서 증명 311
결속 300, 458

결속성 300
결정 내리기 이론 162
결정 이론 160
결정과 판단 103
결정권을 상대방에게 넘기는 형식 271
결정권이 상대방에게 달려 있음 270
겸손한 회의주의 태도 343
겸손한 회의주의 119, 120
겸손한 회의주의자 27
겹겹이 싸기 71
겹겹이 정보 감싸기 246
경계 접면 241
경구 317
경원 연간의 위학 금지 129
경제 원칙 362
경제적 하부구조 277
경험 내용의 번다함을 조정 174
경험 영역 216
경험주 74
경험주 의미역 74, 79
경험주의와 합리주의 176
경험층위 252
경험한 대로 언어로 표현 261
경험한 뒤 치우침 162
계량 언어학 289
계례 459
계몽주의 27
계몽주의 철학자 33, 133
계사 is 258
계산 가능한 함수 63
계산 형식 236
계산할 수 있는 개념 67
계속 심화 진전 225
계열관계 및 통합관계 213
계열체 57
계층성을 중심 원리로 가정 324
계층성의 원리가 우리로 하여금 전체
형상을 인출하게 만들어 주는 동인
324

계층적인 내포 구조   174
계층화   71
고등 정신   235
고려 후기   89
고유명사   125
고유명사나 집단명사로 분류될 뿐   459
고전적 견해   34
고정 관념   161
고정된 관례   183
고차 기호논리   64
고차원의 의식   53
고차원의 인간 의식   52, 384
곡해를 그대로 받아들이는 방식   191
공간상의 나열   260
공간적 나열관계   468
공개된 행위   275
공동 목표를 합의하여 이끌어가는 유형   183
공동 목표에 합의하는 일   273
공동의 목표   180, 184
공동체 요소   317
공동체의 일원으로서 인정   295
공리   317
공리 체계   443
공리계   63, 91, 239
공리계의 완벽성 정리   63
공리공담   91
공백   163
공번되어   12
공범주   448
공범주 대명사   301
공범주 대명사 e   458
공생(共生)의 원리   184
공생관계와 기생관계   14
공손성의 논의   267
공손성의 원리가 작동되는 방식   271
공손한 표현   269, 271
공식성   228
공식적인 실무기능을 지닌 층위   288

공유된 공통기반   146
공적인 승인을 받도록 함   192
공적인 표상   29
공통기반과 정보간격   47, 329
공통기반과 정보간격의 가늠   180, 204
공통기반의 상정   159
공통된 믿음체계를 갖고 있다   175
공통된 상위의 목적   468
공통된 화제를 이끌어 내는 일   178
공통배경과 정보간격   163
공통성   12
공평성   294
공평성 원리   14, 184, 273
공평성 원리와 체면의 원리   321
공포감을 일으키기 위한 목적   212
과도결정   113
과신(또는 고집)의 정도   162
과정 중심 글쓰기   322, 331
과제 중심 언어교육   202, 297, 321
과제의 등급화 원리   321
관념   29, 54
관련 어휘 총괄 사전   460
관련성   267
관례   459
관례적 절차   179
관례화되거나 정형화되어 있는 것   190
관례화된 두 가지 해결책   183
관습적인 형식   273
관습화되고 고정된 표현   16
관심 쏟음과 없는 듯 무시함   13
관용의 원리   149
관용적 결합원리   60
관용표현이나 속담 등이 자주 이용   272
관찰 묘사동사   80
관찰 묘사동사 '-어 하다'의 존재   80
관찰 묘사동사의 형태   84
관찰 주체   80
쾌·효·단·상   137
괴델의 초월수 논리   71

교감/감정이입 묘사동사　73
교량법칙　114
교재나 교본　297
교착어의 특성　82
교향곡 연주 과정　247
구성 과징　447
구성 및 해체　72
구성물 정의에 관한 문제　101
구성주의　5, 40, 327
구성주의 글쓰기　322
구성-통합 모형　327, 450
구성-통합(CI) 모형　40
구조　11
구조·기능주의 관점에서 논의　198
구조·변형·창조　306
구조가 엄격히 짜인 영어　458
구조기능주의　281
구조적 압력　174
구체사례 기억　41, 59, 326
구체사례 기억과 일반 의미기억　324
구체사례 기억에 있는 낱개의 사건　171
구체사례 임시저장고　326
구체적 사건들에 대한 기억　6
구체적인 사건기억　41
구현체　67
국어 정보학　289
국어과 교육과정　298, 300
군말　465
군소　52
군인 아내의 마음　211
굳어진 표현　230, 356
궁극적인 원인　126
권력　295
권력 관계　333
권력 관계 확인　288
권력 관계가 은밀히 부호화되는 방식　368
권력(또는 지배력)을 많이 지닌 사람　295
권력이나 힘이 대등한 참여자　294

권위 확보　291
귀납과 연역　13
귀납적 반복 함수　469
귀를 기울여 반응을 해 줄 것　178
규범　317
규범 위배　267
규범이나 준칙　267
규범화될 수 있는 관례　183
균형 잡힌 말뭉치　197, 203
그 사람과 관련된 직위나 신분이나 고향　459
'그러하다'는 대용 표현　472
그롸씨(Gramsci)　277
그림 이론　137
그물의 강도나 문장들 사이의 유대를 표상　463
그물짜임들의 계층성　29
그물짜임의 강도를 강화시켜 놓은 것　327
그승　125
극기복례　96
근거리 의도　167, 168
근원적 구성주의　327
근육 신경체계에 명령을 전달　118
근육기억　37
근칭, 중칭, 원칭　454
글말 교육에서 가르쳐야 할 핵심　461
글말의 증거력　230
글말이 쓰이는 상황　227
글쓰기가 사회적 과정임　332
글쓰기의 심리학적 과정　322
글자 하나 바꾸는 것이 구를 바꾸는 것보다 더 어렵다　303
급격한 전환　225
기 막히다　60
기계적으로 저절로 의사소통이 이뤄지듯이 전제　200
기능교육　403
기능문법　299

기능적 의사소통 활동 201
기능적 환원론 107, 109, 111, 115, 118
기능적으로 환원된 조건부 물리주의의
　　실상 118
기능주의 236
기능주의 시각 219
기능주의 흐름 215
기능주의에만 치우친 외래 학문 192
기대된 반응 184
기댓값과 예상 반응 223
기득권 세력의 끝없는 욕망 444
기묘한 합작품 314
기본 수준 29
기본 의미 261
기본 층위 29, 252
기본 층위를 중심 72
기본범주의 형성 176
기본조 286
기술 이론 32
기술(skill)과 전략(strategy) 407
기억 꾸러미 34
기억 속에 각인 126
기억 연구의 아버지 39, 304, 322, 386
기억 표상 7
기억 활성 치우침 162
기억을 보조해 주는 수단 230
기억의 강도 378
기억의 재구성 과정을 떠맡는 부서 324
기원(origin)을 의미하는 origo(지시
　　기준점) 452
기점화(anchoring)와 조정(adjustment)
　　162
기존의 담화들을 놓고서 비교하고 분석
　　219
기존의 심층 틀을 강화 218
기준점 중심의 지시표현 452
기준점을 지닌 지시표현 454
기질의 성품 96
기하학 31

기호논리학 239, 468
기호작용 247
기호학 16, 57, 284
기호학의 접근 100
긴밀히 협동하여야 함 181
김 또는 아지랑이 88
까닭, 때문 149
껍데기와 속살 400
꼬르륵~! 153, 401
꼴이 있으되 윗세상의 존재 92
끄덕이는 고갯짓 222
끝없는 변화의 거울 영상 136
나·너·그 12, 16
나와 남이 없는 상태 139
낙관론과 비관론 216
낙관적인 전망 118
낙천주의와 비관주의 13
남명 조식 187
남발을 제약할 논리적 필요성 168
남의 마음에 대한 추정 290
남의 생각이나 의견도 추정하여 자신의
　　발화 속에 도입 291
남편과 아내의 관계 304
낮은 수준의 의식 107
낮은 수준의 처리 49
낮은 수준의 처리와 높은 수준의 처리
　　381
낮은 차원의 기억 52
낮은 차원이나 높은 차원이라는 수식어
　　73
낯선 영역 216
날개 사건 69
날개 사건의 내부 구성 7
날개의 사건과 대응 341
낱말 구성은 특수하고 예외적 471
낱말 단순 반복 463
낱말 반복에 따른 사슬의 종류 찾아내기
　　463
낱말 사슬 448

낱말 사슬 만들어 놓기　460
낱말 사용 방법　32
낱말 연쇄　460
낱말 작동 방법　264
낱말 혼효 반복　463
낱말과 낱말의 사용　56
낱말과 문법　61
낱말답게 되는 것　471
낱말들의 사슬　448
낱말들의 운용 방법　56
낱말의 감각인상 단서　49
낱말이 없더라도 공통적으로 특정한 초점
　　색깔들을 확인할 수 있었다　176
낱말이 없더라도, 대상 지각과 기억
　　회상이 분명히 가능하다　252
낳고 만들어 내는 수　136
낳고(生) 바꾸며(變) 완성하고(成)
　　소멸시키는(滅) 원리　135
내 눈 앞에 서 있는 것　29
내가 겸손하게 처신하는 방식　188
내가 남을 대접하는 방식　188
내면적 자아　14
내부 감각동사　74
내부 감정 관찰 묘사동사　81
내부 감정동사　77, 79
내부 경험　85
내부 구성원　182
내부 구성원들 사이　180
내부 구성원들의 결속 다지기　183
내부 구성원으로 인식　178
내부 구성원인지 여부　178
내부 구성원인지 여부에 대한 판정　350
내부 구성원인지 여부의 판정　179
내부 논항　8
내부 요인　79
내부 층위　318, 368
내부기관 자각내용　114
내부의 갈등　444
내부적인 질서　94

내성 기법　254
내용 단락　307
내용 정리　185, 272
내용에 대한 학습　403
내재된 규칙　287
내재적 분석을 통해서 결과적으로 서로
　　긴밀성이 드러날 수 있다　318
내재적 좌표계　453
내적 구조　11
내적 질서를 구현　73
내적 질서에 변형을 추구　175
내측 전전두엽　42
내파음　76
내포 구문　227
내포 구조　328
내포논리　68
내포문　10
내포문 형식　9
내포의미　58
내포의미론　57, 58
내포적 정의 방식　31
내포하기 속성　104
내포하기　71
너무 자세하게 말하였을 경우　183
넌지시 말하는 일　215
녹여 놓은 인용　291
논리 실증주의　31, 259
논리 실증주의의 선언서　259
논리와 행위　120
논리적 과정　119
논리적 완벽성에 구멍이 나 있을 개연성
　　347
논리적 전개과정　31, 119
논리적 추론　69
논리화 과정　123
논리화 과정의 완벽성　119, 122
논항　66, 69
논항구조　8
논항구조 접근　470

논항구조 접근법 74
놀부 원칙 362
놀부 유형의 사람 188
놀부의 마음가짐 187
놀부의 마음씨 352
놀부의 언어 사용 442
높은 수준의 의식 107
높은 수준의 처리 49
눈앞을 보면서 곧장 걸어간다 94
눈에 띄지 않는 장벽 16
눈으로 말한다 267
뉴런과 뉴런 연접부 52
뉴스→길거리 목소리 366
뉴스의 보도에서 길거리 목소리 311
느낌·배경느낌·감정 161
느슨한 유사성 218
-는 것 10
늘 주어져 있는 사실 59
능동성 138
능동적 청자 220
능동적으로 구축 46
능동태 표현과 수동태 표현 170
능통성(또는 유창성)의 잣대 403
-니까 469
다 : 1 239
다국적 기업들의 이익에 봉사 319
다른 주제로 빠져나옴 225
다섯 가지 언어 기제 451
다섯 개의 층위 29
다섯 요소의 뭉침 86
다섯 차원의 대립적인 인성 특질 95
다수의 보편 속성 66
다시 한번 반복 166
다양한 초점으로 분산 181
다양한 측면을 보여 주려는 동기 302
다원주의 또는 다층위 작동방식 253
다음 단계의 의사소통 166
다의어적인 확장 의미 61
다의적 어휘 확장 60

다익시즈 452
다중 처리 과정 247
다중기억 가설 40, 46, 386
다중기억 모형 324
다중기억 이론 380
다항 접속 470
단계별 진전 모습 126
단계별로 진행 220
단기기억 325
단기기억의 폭 43
단면도 98
단문 형식 62
단발의 행위 183
단사관계 468
단순 개념 61
단순화 72
단원체 35, 237
단원체 가설 49, 105
단원체 가정 237, 246
단원체 속성 237, 246
단원체 작동의 자율체계 105
단원체들의 입출력 관계 242
단위 사건 69
단일 명제 61
단일한 행위 264
단정 행위 265
단정 → 사례 제시 311, 366
단주의 120
단칭 사건 108
단칭 인과 진술 107
단칭항 108
단판(one shot)의 상호조율 문제 181
단편적인 정보 162, 163
닫혀 있는 식형 66
닫힌 관습적 표현 16
닫힌 유형 183, 184
닫힌 유형의 표현 230
담론으로 밑바닥에 잠복해 있음 316
담장 52, 384

담화   299
담화 또는 텍스트 언어학   157
담화 및 사회 관계의 역학   315
담화 상황을 재구성   205
담화 운용 원리를 반추하는 일   159
담화 유형   197
담화 진행 내용을 정리   295
담화 진행기록   266
담화 질서로 고정됨   316
담화 표지   308, 309, 467
담화 표지들을 변경한 담화 변이체   309
담화가 어떤 일을 위해 이용됨   256
담화세계   63, 64
담화의 갈래나 유형   197
담화의 계층 구조   316
담화의 내재적 결합 원리   299
담화의 디딤돌(발판)을 마련   291
담화의 의미 연결   311
대각선 논증   63
대각선 증명   31
대각선 증명의 논리   71
대격 논항   8
대격 형태   75
대뇌 피질 전전두엽   43
대뇌 피질   42
대대   135
대륙 중심의 합리론   27
대립체계 속에 존재   57
대상 개념인 원소   69
대상 그 자체   39
대상 의미역   75
대상 평가 동사   8
대상과 대응   69
대수학   31
대신 말해 주는 실행자   289
대안 이념이 미리 깔려 있어야 한다   451
대영제국의 영광 및 향수   211
대용 표현   304, 449, 455
대조적 관계   465

대중매체   286
대표성   12
대표성 편향(representation bias)   162
대화 규범   261, 266, 441
대화 규범을 일부러 어그러뜨리기   268
대화 분석의 모습   287
대화 인접쌍의 모습   189
대화규범   57
더 나은 선택지가 있었기 때문   163
더 심층의 작동 원리   276
덩잇글 기반   447
덩잇글, 덩잇말   297
도(道) → 덕(德) → 예(禮) → 법(法)   94
도구로서의 언어·텍스트·담화   320
도덕률   100
도덕적 평가   291
도덕적으로 처벌하는 유일한 방식   188
도식   34
도식적 지식표상   35
도출 의미   261
독단론의 씨앗   141
독단성을 벗어나려고 노력   121
독단성의 기틀   127
독단의 잠   30
독단주의와 배타주의   345
독백담   288
독자적인 생명력   230
독자층을 달리한 글쓰기 훈련   329
동사 중심   69
동사와 명사   65
동사의 분류   73
동시에 가동됨   52
동시에 작동   48
동시에 작동하는 특성   244
동의   185
동의나 양해를 얻는 언어적 방식   179
동의의 조작 과정   208, 354
동일 유형의 사건을 묶는 기제   472
동일성 관계   106

동일성 및 차별성에 대한 유형별 묶음
　118
동일성과 차별성들의 유형화 가능성　117
동일한 범주의 항들 사이에서 성립하는
　인과 관계　106
동일한 사건이 반복될 경우　457
동일한 사건일 경우　451
동일한 입력물　237
동일한 지표　457
동일한 출력물　237
동형성　32
동화와 조절　323
되묻고 확인할 적극적인 권리　221
두 가지 경로의 처리 과정　37
두 가지 음양 작용　139
두 가지 이상의 공리계가 서로 모순 없이
　양립할 수 있음　127
두 겹의 대대적 구조　135
두 극점 사이　47
두 방향의 의사소통　221, 229
두 방향의 의사소통 모습　189
두 번 이상 반복되어 나오는 경우　174
두 사건의 시공간 연접　149
두 종류의 군말　163
두괄식 전개 방식　227
두괄식 전개를 선호　355
두괄식 접근　311
두괄식 표현의 변이체　312
두뇌 세포 다발　15
두뇌 신경계 군집　119
두뇌 피질　160
두뇌 하위 부서들이 동일하지 않음　242
두뇌가 세 단계의 진화　102
두뇌를 효율적으로 이용　173
두뇌의 배선 구조　103
두려움 또는 공포의 감정　93
둘 사이에 명백한 합의　182
뒤돌아보는 기억　39, 43, 388
듣는 사람을 배려　221

듣는 사람을 중심으로 하여 따로따로
　규정해 줌　223
들키지 않도록 여러 겹으로 포장　292
딸림-함수　64
-때문에　469
또 다른 자아　35
랑그(langue)　99, 156
레고 블록　11
레마　245
레이코프 교수의 주장　219
로우브(Leob) 고전 총서　26
마디 만들기　465
마디(section)별로 진행　185, 351
마음 또는 의식의 문제　105
마음 작용　89
마음씨나 마음가짐　188
마음에 대한 삼분법　103
마음의 갈래　97
마음의 눈으로 머릿속을 바라볼 경우
　29
마음의 문제　87
마음의 작동 조건　152
마음의 지향적 태도　113
마카크(Macaque) 원숭이　157
막연하고 애매한 표현　183, 192
막연한 전망　154
막연한 표현　221
만능열쇠　17
만물의 영장　11
만물의 영장인 인간　120
만족 또는 참값　151
만족스러운지/적합한지　265
만족의 원리　268
말 나름대로의 질서를 존중　314
말과 실천　119
말과 일은 모두 삶의 한 부분일 따름이다
　315
말과 행실　101
말과 행위　12

말만 앞세우기　102
말뭉치 언어학　202, 289
말실수 자료　245
말실수를 사과　164
말실수의 원인을 해석　242
말에 깃든 속뜻　265
말에 깃든 속뜻을 붙드는 행위　150
말은 삶을 위해서 존재하는 것이다　444
말을 위해 있는 것이 아니다　313
말을 통해서 일을 한다　315
말이 마려워서 입밖으로 말을 뱉어내는
　　충동　173
말투　328
말할 내용 정하기　244
망각곡선　39
맞대응해 주는 군말　222
매개인자의 차이　301
매끄럽게 잘 닦는다　269
매듭 짓기 기능　290
매체의 특성　229
맥락에 따라 달라지는 상징적 기호　107
맥락에 따라서 결정　57
맨 마지막 순서에 발언　295
머리뼈의 봉합　377
머릿속 어휘부　247
머릿속 언어　235
머릿속 준비 작용　168
명령 행위　265
명령문으로 된 표제　30
명령을 전달하는 신경계 작동방식　245
명사구　10, 171
명사구로 표현　170
명사와 동사　66
명사절　171
명사형 어미　171
명사화 표현　319
명제　30, 61, 83, 264, 446
명제 그물짜임　34
명제 논리식　67

명제 형식으로 번역　75
명제들의 함의 관계　69
명제의 심리적 실재성　61
명제의 형식　62
명제적 지식 표상　35
모국어 교육　403
모국어 교육을 담화교육과 동일시한다
　　297
모독 행위　189
모든 생각을 다 말로 표현하는 것은 아님
　　155
모방　157
모상　400
모순 조정 과정　121
모순 조정에서의 실험들　323
목구멍의 울림통　376
목적관계　471
목적론적 행위 구조가 그 근저에 있다
　　276
목적을 성취하거나 성공을 지향하는 이익
　　성취 행위　275
목적인　148
몸과 마음　13, 87
묘사동사　79
무계획성　227
무늬만 두 방향의 의사소통　333
무대 마련 기능　290
무대(배경)로서 전제된 것　140
무법칙적 일원론　107, 109, 148
무상(無常)의 개념　139
무시제/무시간 표현　66
무시하고 얕잡아 본다는 오해　179
무언의 합의　185
무연성　401
무위 적용　113
무의식 차원의 영역　48
무의식 차원의 영역들까지 가동　381
무의식적 의미 가정　49
무의식적 진행 과정　251

무의식적 층위 49
무의식적인 심층의 틀 형성 282
무의식적인 자동 과정 307
무정의 용어 63, 91, 443
무표적 주제 224
무한 퇴행을 극복 64
무한 퇴행의 문제 168
무한 퇴행의 역설 64
묵시적 동의를 얻은 주제 355
문단 인식 양상 307
문법 규칙과 담화 전개 규칙 370
문법 부호화 과정 249
문자를 바꾸어 중복을 피한다 302
문장 300
문장에서부터 명사구로 줄어들 경우 170
문장으로 표현 170
문장은 구체적인 사건들을 개별적으로
　　언급한다 319
문장의 유형으로 바꿔 표현 199
문제 해결능력 116
문제 해결력 237
문제 해결의 과정 331
문제가 생길 경우에 새로운 해결 방식
　　407
문제를 즉각적으로 풀 수 있다 182
문턱값을 넘어 활성화될 경우 382
문학류의 글쓰기 330
문화 인류학 304
문화에 의존 311
물, 불, 공기, 흙 138
물리계의 인과적 폐쇄 105
물리적 사건을 촉발하는 직접적인 계기
　　113
물리적 차원 285
물리적인 세계와 상호작용 100
물리주의 118
물질 진화 6
물질 현상계 141
물질 현상계와 정신 사유계 344

물질 환원주의 106, 107
물질과 정신 13
물질적 대상 11
미결정 명제 63
미결정성 논제 101
미괄식 전개 방식 227
미국 정치 현장을 분석 217
미래지향 의도 167
미리 짜인 단위 60
미시 사회학 99
미시 표지 308, 309, 465
미시 표지는 이해력을 높이는 데에 도움이
　　되지 않았다 311
미시→거시 차원 285
미시과학의 하한선이 정해질 수 없다
　　115
미시구조 465
미시사회학 215, 280
미시사회학 연구자 183
미시언어학 255, 257
미시언어학 영역 318
미시영역 69
미시적 연결 225
미시적 차원 315
미시차원에로의 환원론 107
미약한 유사성 218
민담들에 대한 분석 304
민속방법론 283
민족지 283
민주적 사회주의 120
믿음 고정의 과정 451
믿음 또는 가치(이념)의 문제 284
믿음 체계의 고정 12
믿음·가치·동기·맥락 평가·언어지식
　　145
믿음·감정·동기 118
믿음·동기·감성 147
믿음·태도·가치·이념 285
믿음과 배신 13

믿음과 의도   148
믿음의 고정 과정   121
믿음의 체계   284
믿음체계와 공통기반   177
믿음체계와 의도   150
밑바닥에 깔린 질서   315
'ㅂ : 겹'의 형태적 대립   74
바뀌고 변하는 것만이 우주의 이치이다
        137
바뀌고(變) 달라짐(易)   137
바뀔 운수   135
바다 민달팽이   52
바람(wanting), 희망(desire), 자발성,
        합리성   147
바탕(구조)과 작용(기능)   98
바탕글(또는 바닥글)   298
반대 주장을 하는 것   218
반복 순환 과정   450
반복 함수   31
반복(recursion)   108, 125
반복되지 않는다면 일반화할 수 없다
        173
반복이라는 질서   6
반사실성에 대한 희망   154
반어법   153, 442
반어법으로 해석   269
반증 가능한 입론   131
반증 자료   120
반쯤만 조리된 이론   287
반-해체주의   5
반-환원주의   5
발신자와 수신자   199
발언 순서 얻어내는 규칙   292
발언 순서 전환의 규칙   294
발언 순서의 배분이 대등하지 않은 것
        296
발화   300
발화 도중의 공백   288
발화(locution) 행위   440

발화의 복합구조   289
발휘/실현 상태와 잠재/가능 상태   126
방법론적 일원론   69, 97, 104
방임주의 입장   314
방청자   289
방탕과 절제   13
방편   186
방편의 말씀   187
방편품   223
방편품만으로 설법   187
방향성을 지닌 변화   39, 385
배경 느낌(background feelings)   160
배경 및 초점   323
배경정보에 근거하여 추론   446
배경지식   145, 225
배경지식 동원 추론   55
배경지식의 심도에 따라 해석자마다
        편차가 생길 것임   309
배제의 원리   105
배타적 관계   13
배타적으로 선택하는 문제   175
백지 상태   28, 175
백질   102
범주   38, 125, 317
범함수   65
법(法)과 예(禮)   13
법적인 제재   188
변경   294
변연계   102
변이체   228
변조   286
변증법적 상하 관계   71
변증법적 재조정 과정   323
변하고 바뀌는 이치를 따지는 책자   130
변항   64
변항을 도입하는 순간   63
변항이 도입될 경우   148
변화 조짐   135
변화의 흐름을 미리 파악하여 대비   142

변환 65
변환 수용 속성 138
변환 촉발 속성 138
별개의 사건 458
별자리에서 읽을 수 있는 조짐 135
병렬 구조 328
병렬 분산 처리 240
보람(가치)을 찾는 제3의 신생뇌 361
보람을 추구 12
보수주의 218
보수주의 : 진보주의 218
보편 개념인 집합 69
보편 개념체계로 재구조화 100
보편 속성 67
보편 우주 의식 139
보편성 176
보편성과 개체 73
보편적인 속성 317
보편적인 이해 과정 327
복선 구조 103
복원 가능성 57, 473
복잡한 관계 67
복잡한 다원적 정신작용 239
복측 전전두엽 42
복합 개념 54
복합 명제 61
복합 작동방식 50
복합사건 연결체 7, 82, 342, 405
복합적 작동 방식 119
복합적이고 추상적인 개념 보따리 218
복합적인 사역 사건 85
본능 11, 14
본능과 자유의지 12
본능과는 무관 180
본디 의도 156, 169
본디 의도가 곡해된 경우 190
본디 의도를 만들어 내는 것으로 충분
    169
본디 의도의 포기 168

본뜸 239
본뜸 관계 400
본래적 지향성 150, 152
본문 297
본보기 사례 견해 35
본연의 성품 96
본유 관념 29
본질주의 대 도구주의 315
볼록렌즈 50
부끄러움 12
부드러운 전환 225
부분들끼리의 결합에 초점 323
부분을 전체로 호도하는 일 152
부수현상론 109
부연 설명 226
부연관계 467
부피 87
부합 147, 150
분류의 목적과 목표의 설정에 따라
    담화들을 가르는 방식이 다양 203
분류학 72
분석 명제 및 종합 명제 149
분석과 종합 5
분석명제 264
분석철학 258
분해 72
불가양립의 유무간 대립 13
불가피하게 선택을 한다 174
불법 고용 219
불법 이민의 문제 218
불법을 고의로 저지름 207
불변의 영원한 존재 139
불분명한 표현을 피하라 267
불완전성 입론 236
불완전성 정리 63, 120
불일치 실험 36
불투명성과 맑고 투명함 13
불확실성을 줄여 나가는 과정 243
불확실한 미래 154

불확정한 해석 149
붙듦 239
붙듦 관계 400
'브 : 겹/립'이라는 형태 76
블랙박스 내부 235
비난 ⇨ 인정 또는 부인 293
비난과 약속 파기와 거절의 역기능 16
비난이나 거짓말 181
비-대격동사 75
비-모국어(비-모어) 교육 403
비-사회적 행위 275
비-상징적 의미 153
비-언어 요소들이 중심적 275
비언어 자극물 36
비-언어 처리 326
비언어 층위와 언어 층위 368
비-언어적 매체 155
비-언어적 의사소통 158
비언어적 표상 29
비-언어적 표현 266
비유 수준 111
비유 표현 15, 216
비유의 두 축 213
비일관적인 결정 161
비자연성 401
비자연적 결합 11
비자연적 결합(1 : 다, 다 : 1) 238
비-자연적 의미 153, 154
비-자연적(또는 상징적) 결합체 155
비지향적 의식 114
비통사적 구성 471
비판적 기능 451
비판적 담화 분석 59, 70, 169, 203, 298, 312, 444
비판적 사고 354
비판적 안목 451
비판적 지성 16
비판적 지성을 기르는 교육 330
비판적 지성의 역할 369

비판적 지성의 자리 451
비-합리적 결정 163, 348
비합리적 속성 49
비-합리적인 어림셈 163
비-현실태 291
비-협력 행위 181
비환원주의 50, 381
빈말 189, 263
빈칸에 채워질 명사 253
뿌리 학문들에 대한 갈증 337
사건 논항의 표현 74
사건 발생 순서에 따라 언어로 표현 261
사건 분할과 사건구조 255
사건과 대응 69
사건들을 유형으로 묶어 법칙으로
    만들어야 한다 107
사건들의 관계를 시·공의 축으로 표현
    469
사건들의 변화 63
사건들이 병렬되는 방식 226
사건의 결과 상태만을 언급 170
사건의 과정에 중심을 두고 언급 169
사건의 내적 속성 108
사건의 변화 42
사건의 진행 과정과 결과 상태 78
사격 논항 8, 10
사격 의미역 74
사고 실험 115
사고 작용 29
사고 전개 방식 69
사고와 행동 119
사고의 기본단위 72, 83
사고의 단위 341
사고의 단위로서 절 또는 명제 341
사고의 도구 264
사고의 법칙 31
사고의 언어 237
사고의 진행 과정 63
사교적 상호작용 활동 201

사교적으로 유대감을 강화시켜 나가는
　　활동　189
사단 칠정　93
사람을 가리키는 대명사　459
사랑과 미움　13
사밀(내밀)하고 주관적인 의도의 특성
　　347
사밀성　154
사상　65
사실만을 반영　153
사실성 여부를 문제 삼지 못하도록　319
사실적 미래 사건　154
사역의 직접성 여부　342
사용 규범　155
사용 맥락　404
사용 의도　17
사용환경의 차이　231
사유 도구　26
사유/논리 도구　123, 124
사이시옷 구성　471
사전(prior) 의도　167
사정전 훈의　128
사춘기 이후에라야 완전히 발달　169
사춘기(12살) 전후　379
사춘기 전후로 발달　36
사춘기를 지나야 발달이 완전해지는 것
　　325
사태와 관련된 행위를 수행　150
사회 공동체의 문제　140
사회 과정 중심 글쓰기　331
사회 관계를 통한 인간의 삶　276
사회 질서와 담화 질서　368
사회 층위　318, 368
사회 현상들의 내적 관계　316
사회과학 중심 접근　99
사회구조 층위　316
사회생활을 영위　177
사회생활의 범위　203
사회언어학　282

사회와 개인　99
사회의 불공정성　120
사회적 거리감　180
사회적 공유물　99
사회적 구성주의　329
사회적 논란거리　285
사회적 상호작용을 통한 인지 발달　322
사회적 실천관행　316
사회적 존재로서의 개인　193
사회적 지배이념의 고착을 비판하도록
　　권장　314
사회적 집단 경험을 강조　323
사회적 체면을 깎아내리는 방식　187
사회적 체면을 보호　215
사회적 행위　180, 275
사회적으로 공인된 질서　94
사회적인 측면　175
사회학　61
사후(posterior) 의도　167
사후 해석　113
산출 과정에 관련되는 작업기억　48
산출 관련 통괄 조정 부서　48
산출 및 이해 과정의 차이　243
삶과 죽음　13
삶을 지향하는 언어　313
삶의 형식　256, 313
삼각관계의 해석　304
삼분 영역　119
삼원 구조의 정신 모형　444
삼재　93, 139
삽화　41
삽화기억　41
상(象)　135
상극　135
상대방 배려　215
상대방에게 돌아갈 이익이 있어야 한다
　　184
상대방에게 질문을 던져 확인　179
상대방으로부터 나올 수 있는 반응　294

상대방으로부터 허락을 받는 형식 271
상대방으로부터 허락을 얻어 내어야 하는
　　언어 표현 274
상대방을 비하하고 경멸 189
상대방을 존중하고 배려하기 179
상대방을 훈수한다(또는 깔본다)는 혐의
　　183
상대방의 감각을 관찰 묘사 81
상대방의 마음가짐 186
상대방의 마음을 역추적 352
상대방의 반응을 관찰 점검 229
상대방의 의도를 의심 192
상대방의 자율성을 높여 주는지 여부
　　279
상대방의 자율성을 최대한 높이기 192
상대방의 자존심 185
상대방의 자존심을 높여 주는지 여부
　　279
상대방의 자존심을 손상 받지 않도록 배려
　　192
상대방의 처지를 먼저 고려하고 상대방의
　　처신을 배려 215
상대방의 체면을 존중 183
상대방이 들을 자세가 되어 있으면 말해
　　주도록 186
상대방이 취할 반응의 후보들을
　　부분적으로 예상 294
상대의 반응을 확인·점검 47
상대적 강조 465
상부구조와 하부구조 13
상생 135
상수 이론 141
상수학 135, 346
상승조의 억양 9
상식 261
상식적 원리 261
상식적 접근 64
상식적이면서 중요한 이유 155
상식적인 바탕 262

상위 개념틀 288
상위 계층과 하위 계층 73
상위 부서 30
상위 사고의 자기 조정 기능 323
상위 언어 기능 200
상위 의도 166, 169
상위 의도가 요청되는 것 168
상위 의식 103
상위 인식 63
상위 인지의 조정 기능 323
상위 층위 29
상위 표상 34
상위문 동사 8
상위-언어 268
상의어 문제 72, 252
상이한 배경지식을 끌어내기 때문 449
상징논리학 239
상징적 상거래 원리 14, 184
상징적 상호작용 이론 281
상징적 상호작용에 대한 일곱 가지 기본
　　원칙 283
상징적 의미 154
상징적인 상거래 원리 273
상징체계 238
상징체계를 기계가 구현 239
상항 64
상항들로만 구성된 논리체계 64
상호 공통기반을 확정 64
상호 공평성의 원리 215
상호 사교적 기능 201
상호 이해 278
상호 이해 가능한 기호 체계 199
상호 이해를 통하여 합의에 도달하는 과정
　　275
상호 재유입의 상호작용 결과 43
상호 조율에 기반한 의사소통 122
상호작용 과정 159
상호작용 사회학 215
상호작용 얼개 288

상호작용 의례 사슬 282
상호작용 의례 282, 284
상호작용 질서 94
상호작용 행위 164
상호작용의 사교적 의사소통 202
상호조율을 통한 의사소통 진행 관례 183
상호조율의 가능성을 미리 확인 184
상호조율의 문제 180, 181
상호조율의 핵심 원리 181
상호존중과 상호조율 142
상호주관적 인식의 뿌리 345
상호주관적으로 구성되는 모습 287
상황 정의 284
상황 층위 316, 317
상황 판단과 의도의 결정 163
상황모형 447
상황이나 맥락에 대한 지식이 동원되어야 함 304
새로운 공동 목표를 서로 합의함 293
새로운 균형 상태 323
새로운 낱말 81
새로운 뉴런 돌기 52
새로운 사유 도구 25
새로운 의도 수립 과정 168
새로운 의도 166
새로운 의사소통 의도를 수립 166
색인 400
생각 얼개 99
생각 없음 90
생각과 동기 102
생각과 의지 102
생각과 행동 101, 102
생각과 행실 119
생각을 만들어 낸다 72
생각의 단위 54, 65, 341
생각의 첫 꼬투리 90
생각조차 없음 134
생겨나고(生) 자라며(成) 이울고(衰)

없어지게(退) 만든다 137
생략 57
생략 및 대용 표현 451
생략 조건 457
생략과 대용 표현 472, 473
생략에 대한 연구 301
생리물질 수준의 뉴런 그물짜임 112
생리물질 수준의 변화 112
생명 유지 본능 139
생명체의 특성 11
생물학적 구현 층위 241
생물학적 생존 조건 177
생물학적 자연주의 111
생물학적 진화 6
생물학적 진화 과정 103
생생히 남아 있는 기억에 치우침 162
생성 어휘론 249
생태론적 자연주의 6
생태적 자연주의 11
생태학적 자연주의의 초기 모형 343
생태학적 진화의 결과 174
생태환경 27
서구 수사학의 논의 321
서로 공유된 공통기반 182
서로 얽힌 담화 속성 318
서로 얽힌 텍스트 속성 297
서로 주고받기의 언어적인 모습 190
서로 주고받는 원리 215
서로 짝이 되는 관계 155
서로 협동하고 있다 182
서로 협력하려는 선한 마음가짐 185
서로서로 맞추어 나가는 일 180
서로의 관계 수립 178
서사 이야기 구조 318
서사 이야기 분석 305
서술관점 318, 354
서술관점 속에 숨겨진 이념 208
서술관점을 수립 47, 163
서술관점의 선택 164

서술관점의 수립　204
서술관점의 하위 갈래　205
서술지식 기억　40, 41
서술지식 기억과 절차지식 기억　324
선(善)·악(惡)　93
선(善)·악(惡)의 가치 개념　96
선고 행위　266
선과 악　13
선언 행위　265
선입견을 그대로 유지　121
선조(ancestor)　108
선조화 과정　255
선천(先天)·후천(後天)　135
선천적 성격　175
선천적 특성 위에 후천적 특성이
　　덧얹혀진다　176
선택 자체가 우리에게 가치 체계를 구성해
　　놓는다　174
선행 대용 표현　455
선행 사건　468
선행 요소　472
선행 형식의 영향권　229
선행사　471
선형(linear) 대수학　240
선후 문제　99
선후·동시관계　471
선후관계　468
설득과 협상의 길　187
설문·시험·검사의 제작 및 사용　311
성(性)·정(情)　92
성격 차이　164
성대 하강　6, 375
성대 하강의 진화론적 압력　376
성리학　88, 120
성인식　459
세 가지 대상 영역　14
세 가지 범주　405
세 가지 실체 영역　139
세 가지 좌표계에 대한 예시 도표　453

세 가지 층위의 행위 복합체　265
세 가지 형이상학적 재료　89
세 종류의 어림셈　161
세 종류의 행위　146
세 층위의 동시 가동　327
세계 대 개념의 대응 관계　32
세계와 그림의 관계　137
소강절　135
소극적인 사회적 처벌　187
소리 딱지　49
소리 형식이 없는 공범주 대명사　451
소리가 없는 공범주　8
소리값이 없는 공범주 대명사 'e'　457
소옹　135
소집단　282
소집단 관찰방법론　364
소집단 연구방법　283, 287
속뜻 알아차리는 행위　440
속뜻 파악　265, 268
속물과 향기로운 사람　13
속성 제시 정의　31
속성(자질) 체계　33
속성·대상　91
속성들의 다발　66
속성들의 묶음 내지 다발　108
속성들의 묶음이나 다발　91
속성지정　58
송나라 시대의 성리학자　77
송나라 지식인　89
수(數)　135
수동성　138
수리 언어학　289
수반 인과력은 오류　110
수반하여 일으킨다　110
수사-의미-통사체계　247, 251
수사학 전통　300
수사학적 전개 방식　158
수수께끼 표현　455
수여 동사　8

수준별 글쓰기　331
수학기초론　61
수학의 설계　72
수학의 연산을 가능하게 만드는 전제 개념
　67
수학의 정신　65
수학적 구조의 논의　198
수학적 모형　27
수학적 증명에 의해서 성립될 수 없음
　127
수행 지향 언어　264
수행(performative) 명제　440
숙명과 노력　13
숙명과 운명 개척　13
순간과 영원　13
순방향　71, 72
순서쌍으로 된 좌표계　469
순수와 응용　102
순수이성·실천이성·판단력　379
순수이성과 실천이성　147, 155
순수이성의 영역　150
순수한 일원주의 담화　298
순수한 일원주의 대 실용적인 다원주의
　315
순접·부연관계　471
순접관계　467
순환·점검　47
술어의 종류　38, 125
숨겨져 있는 이념이나 가치 체계를 비판
　332
숨겨진 산출 목적　299, 308
숨길과 식도가 하나의 길로 통합　376
숫적 결정론　141
쉬운 규칙　295
스냅 사진　98
스스로 구성-해석 틀을 부여하는 일　218
스스로 의식하는 기능　103
스스로 자각 가능한 인지 영역　49
스스로 자각한다　105

스스로 자각할 수 있는지 여부　49
스스로 자신의 인상 관리 전략을 실행하고
　있음　363
스스로 점검　443
스스로의 평가　48
스코틀런드 칸트　30
스크립트　34
스크립틀릿　34
스키마 견해　35
스트룹 효과　36
스페인 문화　311
습도(축축함 : 마름)　138
습성체계　285
시간 개념　38, 39, 385
시간 연결　465
시간과 공간　469
시간과 장소 개념　38
시간관계　467
시간상 적절히 조율　37
시간상의 나열　260
시간을 초월한 절대 불변의 것　66
시간이 깃든 명제 표현　126
시간적 순차관계　468
시공간 그림판　44, 326, 389
시상하부　450
시작 단계의 발견절차　141
시작·중간·끝　7
시제의 유무　171
시지각 청사진　241
시지각 피질 및 시상하부를 작동　450
시지각동사　62
시카고 학파　281
신 포유류의 뇌　378
신경·생리학적 환원주의　53
신경·생리학적인 기반　48
신경그물짜임　109
신경생리적 인과 관계　112
신경생물학　111
신뢰성 입증 기능　290, 291

신분이나 지위나 당호 459
신비한 탄생 설화 133
신유학 88
신유학 또는 주자학 128
신자유주의 319
신좌파 학생운동 286
신중한 판단결정 체계 13
신체감지 표지(somatic markers) 161
신체생리 변화의 원인 113
신피질 379
신화들로부터 시작점 131
신화로 만듦 291
실사어휘 밀집도 328
실수 집합이 완벽함 468
실수를 자각 245
실시간 기억 연구 304
실시간 연구 243
실용적인 다원주의 담화 298, 312
실증적인 증거 211
실질 함의 42, 63, 148, 468
실천 완료 265, 268
실천 중심의 언어관 265
실천 행위 264, 440
실천/도덕 지식 147
실천의 문제와 이론의 문제 154
실천이 더해지는 미래 154
실천이나 행동을 위주 263
실천이성의 영역 150
실천적 지성 320
실체와 작용 77
실학으로서의 위상 148
실행하는 사람 207
실현태(energeia)와 잠재태(dynamis) 126
심리동사 73, 83
심리적 거리 178, 221
심리적으로 가까운 사이 192
심리철학 논의 52
심리학 61
심신 부수현상론 107

심신 수반론 107, 109
심신 이원론 105, 106, 107, 109
심신 인과 105, 148
심신 인과 관계 111, 118
심신 인과력 105
심신 인과의 문제 343
심적 사건 146
심층 구조 235
심층에 있는 이념이나 가치체계의 반영 71
심층의 구성-해석 틀 218
심층의 신념이나 태도 71
심층의 얼개 286
심층의식 49
쌍둥이 지구 비유 115
아름 12
아내의 초조한 심정 210
아래턱뼈 377
아래턱뼈가 작아져야 한다 379
아랫첨자 9
아르헨티나의 갈티에리 군사 독재정권 210
아리스토텔레스 13
아리스토텔레스의 범주 38
아리스토텔레스의 분류학이 적용되는 현실계 65
아무런 원리도 가지지 못했다 38
아무런 의문도 제기하지 않게 된다 208
아비투스 285
아수라장 접속 253
아홉 가지의 단원체 속성 237
안 보이는 층위 265
안개에 휩싸여 흐릿하게 존재 69
안다, 한다, 만든다 124
알맞은 낱말들을 인출하여 배열 163
앞뒤 문맥 404
앞만 내다보는 기억 39, 43, 388
앞으로 이동 261
애국심을 지닌 영국 시민 211

애매하게 말하는 일　267
애매하고 우설적인 표현　216
애매하고 우회적인 표현　216
야콥슨의 복잡한 기능　201
약속 행위　265
약한 의미의 인과 관계　109
양·질·관계·양태　38
양극화　16
양립 가능성　127
양립 불가능　13
양보관계　468
양식이나 형식들이 이미 주어져 있는 경우　229
양심　12
양적·정량적·통계적　280
양지　102, 263
양태 범주　38
양태를 나타내는 '-겠-'　270
양태의 차이　171
양해나 동의가 없이 제멋대로 뒤바뀔 수 있다　178
양화 범위　64
양화 연산자에 의해 묶여 있어야　66
어떻게 말할지　245
어린이 인지 발달　322
어린이의 모어 습득　121
어림 판단　348
어림 판단을 내리는 경향　162
어미들의 교체만 허용　303
-어서　469
어조의 이례성　269
-어지다　79
-어하다　79
'-어하다'라는 형식　81
'-어하다'의 존재　79
어휘 교육　302
어휘 기능문법　249
어휘 사슬　302, 448
어휘 선택　319

어휘 연쇄　460
어휘 접속의 과정　252
어휘 중심의 언어학 모형　249
억양 단위　62, 318
억양의 여섯 가지 기능　200
억제 기제 가설　450
억제 기제 효율성 가설　44
언어 과학　284
언어 그 자체가 계층적으로 구조화되어 있음　300
언어 그리고 행동/행위　284
언어 기능　265
언어 기술 중심의 교육　403
언어 기제가 따로 존재하지 않는다　70
언어 기제가 없다　308
언어 내적 기제　308
언어 사용　17, 55
언어 사용에 대한 자각　274
언어 사용을 가능하게 하는 밑바닥의 질서(사회적 관계)　316
언어 사용의 질적 차이　42
언어 산출　246
언어 산출 과정　47, 48
언어 산출 체계에도 작업기억이 들어 있어야 함　333
언어 산출 측면　298
언어 산출에 관련된 작업기억　47
언어 산출을 위한 작업기억　171
언어 산출의 복잡한 다중 층위　50
언어 심리학　235
언어 외적 기제　308
언어 외적 정보　308
언어 이해　247
언어 이해 능력　45
언어 이해 측면　298
언어 자각　332
언어 자각임과 동시에 비판적 담화 분석　319
언어 자극물　36

언어 정보 및 비-언어 정보 298

언어 중심적 사고방식에 많은 반성을 촉구 161

언어 처리 326

언어 층위 318, 368

언어 투식 228

언어 투식상의 변이 328

언어 표현 방식을 선택 204

언어 표현의 합법화 목적 60

언어 행위 147

언어 형식 11

언어 형식을 선택하는 표현 방식 214

언어/텍스트로 구현됨 316

언어·텍스트·담화 320

언어가 체계를 이루고 있다 75

언어과학 174

언어교육 61

언어교육의 상의어 321

언어교육의 핵심 219

언어로 표현된 사건들의 순서 261

언어를 본능에 비기기 180

언어에 대한 자각 332

언어와 비-언어 257

언어와 사고의 관련성 55

언어와 사회 사이에 자연스런 연결 320

언어와 언어 사용을 자각 332

언어와 텍스트와 담화의 관계 315

언어의 고유한 매개변항 75

언어의 내적 구조(주어와 술어로 나뉨) 447

언어의 매개인자 302

언어의 이해 및 산출 과정에 관련되는 기억 부서 325

언어의 이해와 산출 과정 324

언어의 흐릿한 특성 156

언어적 절차들을 이용 183

언어적 표상 29

언어적 확인 방식 183

언어체계에만 국한되는 것은 아님 42

언어투식 328

언어형식 주조기 249

언어형식의 기본 단위 58

언어화 이전의 개념 표상 244

언어화 이전의 개념 형성 단계 255

언어화 이전의 단계 359

언어화 이전의 전달내용 244

언어화 이전의 준비 단계 254

언제나 참값으로만 구현되는 항 171

언행일치 215

얼개 11

얼굴 표정·어조 따위의 비언어적 정보 328

얼굴 표정과 눈동자 222

얼굴 표정과 몸짓 155

얼굴을 마주보는 의사소통 180

얼음→물→증기 285

엄격한 아버지 모습 218

엉김과 튐김을 통하여 운행 123

에둘러 표현하는 방식 214

여격 형태 75

여러 부서들의 동시 작동방식 359

여러 언어 표현 형식들 중 하나 47

여러 층위의 그물짜임 40

여러 층위의 복잡한 부서 48

여민동락 278

여민락 278

여섯 가지 기능 199

여섯 가지 기능의 행위 265

여섯 가지 언어 기제 226

여전히 서로 긴밀히 조율 181

역(易) 또는 변역(變易) 90

역동적이며 유동적인 기억하기 322

역동적인 실제 대화 287

역동적인 의사소통 전개 상황 294

역방향 71, 72

역사적 현재시제 291

역설계 공학 49, 381

역접·양보관계 467, 471

550

연결 강도의 수치　464
연결주의　35, 49, 327
연결주의 가정　241
연결주의 모형　240
연극 대본　285
연극 의례　188
연극적인 모습　282
연산 처리기　236
연산 형식　236
연산과정　248, 405
연산주의　35, 49, 236
연산주의 가정　237, 253
연산주의와 연결주의　13
연산-표상 층위　241
연상 관계　400
연상 그물짜임　33
연상주의　323
연어　60
연역 방식　311
연유(緣由)나 연고(緣故)　149
연장　87
열린 새로운 표현　16
열린 유형　183, 184
열린 유형의 표현　230
염치　96
염탐꾼　289
엿듣는 사람　289
영 형태소　78
영구기억　46
영국 중심의 경험론　27
영국병　210
영역별 인출구조　340
영장류　42
영장류들에게만 가능　326
예(禮)　94
예(禮)라는 상위 개념　99, 140
예기　94
예비 단계　12, 184
예비 단계를 거쳐 요청　273

예비 연결체　184
예비 요청 방식을 통해 걸림돌을 미리 제거
　　361
예비 절차를 거쳐 본 단계로 확대되는 유형
　　183
예비 진술　231
예상 반응　294
예시 치우침　162
예외 없는 법칙이 없다　165
예외적인 경우가 늘 생겨날 수밖에 없다
　　173
예외적인 영역　12
예외적인 의사소통도 존재　180
예측 가능한 의사소통 협동행위　293
오목렌즈　50
오웰(Orwell)의 문제　120, 121
오직 하나의 이성　155
옥돌에 있는 결　88
옥돌을 깎고 다듬어 보물을 만든다　88
옥스퍼드의 화행 이론　265
온고지신　321
온도(뜨거움 : 차가움)　138
완벽성 정리　101
완벽성에 대한 믿음　120
완벽하지는 않지만 거의 충분한 이론
　　118
완비성 정리　469
완전히 닫힌 표현　16
완화 표현　271
왕따시키는 방식　187
왜 수용 불가능한지　78
왜 우는지를 추정　157
외마디 반응　288
외부 논항　8
외부 대상　77
외부 대상 지각동사　75
외부 대상과 무관한 내부 의식　114
외부 대상이나 사건들로 향해 있는 속성
　　114

외부 세계에 대한 경험   85
외부 자극   77, 79
외부 자극에 의해 유발된 감정동사   79
외부 층위   318, 368
외부자의 지위로부터 서로 내부
　　구성원으로 결속을 다지려는 시도
　　178
외삽법   55
외연 접근의 한계   108
외연의미   58
외연의미 및 내포의미   57, 156
외재적 좌표계   453
외적 관찰의 결과   84
외측 전-전두엽   42, 169, 325
외파음   76
외향적 자아   14
요구와 합의와 허락의 순기능   16
욕망 및 감정에 관련된 8개 기관   378
욕망(경제성)을 지향하는 제2의 뇌   361
욕망과 양심   13
욕설을 더 많이 쓰는 비율   288
욕심과 수양   13
욕심은 반우주적   140
용기·폭력·성 따위의 낱말   114
용량에 제한이 있다   325
우리말의 결   88
우리말의 독자성   459
우리의 직관과 다른 경우   148
우성   129
우아성   470
우아성(elegance)의 기준   443
우연성   401
우주 만물의 실정   137
우주 속의 대상들이 모두 양화될 수 있다
　　98
우주론·본체론·인성론·수양론   92
우주의 근원 또는 시작점   134
우주의 생산물   97
우주의 운행 질서   140

우주의 진화   6
우회 표현과 비유 표현   171
우회적 표현   15
우회적 표현과 비유 표현   213
운동을 가능하게 만드는 존재   135
운동의도   167
운동하고 생멸하는 대상   135
울음소리   157
울타리 표현   271
원거리 의도   167
원래 목적   156
원래 의도를 곡해된 내용에 맞춰 조율해
　　주는 일   191
원래 의도와 마음을 바꾸는 결과   191
원래 의미   57
원뿔의 절단   91
원상태로 회복될 수 있는 기회   164
원소(element)는 명사   66
원시 포유류의 뇌   377
원시적 방식   378
원심력을 통해 확장   84
원인 선행성   30
원인 제공자   207
원인·이유관계   471
원인-결과 불변 연결   30
원인-결과 인접성   30
원인과 이유   148, 469
원인을 역추적하는 일   469
원자 진술문   66
원저자   289
원천 영역   216
원초적 집합 개념   67, 108
원초적인 기호 형식   157
원형 또는 전형성 견해   35
원형 이론   176
위계적인 그물짜임   52
위계화된 신경망   51
위도슨과 페어클럽 사이에 벌어진 담화를
　　둘러싼 논쟁   313

위버 모형　252
위상의 변환 관계　106
위선과 진정성　13
위조　286
유관 낱말 총괄 사전　460
유관어휘 모음　303
유관어휘 총괄 사전　303
유대감 강화　221
유대의 형성 기준치를 넘어서 활성화된
　　값　464
유령들의 전쟁　304
유목 포함관계　33
유무 대립　57
유물주의 심리학자　322
유발된 감정 관찰 묘사동사　82
유발된 감정동사　77
유사 인용 형식　290
유사성　30
유사성과 차별성을 찾아내는 과정　67
유사한 기억 기반　175
유일성·변별적 핵심자질·구체적
　　명세내역 관련 원리　72
유표적 주제　224
유한과 무한　13
유형 의미론　58
유형(type)과 개별사례(token)의 짝　91
유형에 대한 자각　117
유형화　174
유형화 가능성　174
육신과 영혼　13
육하 원칙　74, 354, 405, 469
융통성 있는 표현　16
은어를 사용　183
은유와 환유　213
은폐된 행위　275
-음, -기　10
음성-음운체계　251
음악의 음조　286
음운 부호화 과정　249

음운순환회로　44, 326, 389
음해 속성　187
음해를 하려는 쪽　192
음해하려는 저의　187
응락　294
응용 언어학　321
응집　300
응집과 전개는 서로 정반대 방향　300
응집성　301
의도　112, 145, 154, 158
의도 또는 생각　15
의도 알아차리기　407
의도 층위의 무한 남발　349
의도를 수정하거나 포기　166
의도를 찾아내어야 함　155
의도를 철저히 숨기려는 정치적 측면
　　215
의도와 불확실성　154
의도의 결정　173
의도의 결정 과정　147, 159
의도의 수립　168
의도의 수정　165, 168
의도의 층위를 설정　168
의도적으로 막연하고 애매한 표현　221
의도적인 기만행위　275
의례　94
의례화되어 있기 때문　189
의례화된 것　288
의리학　346
의무감이 깃들어 있는 언어 표현　273
의문　10
의미 교란 효과　245
의미 구성 과정　331
의미 그물짜임　33
의미 기억　41, 59
의미 연결　225, 307
의미를 구성해 나가는 일　331
의미를 재구성하는 과정　370
의미역 구조　405

의미역 배당 8
의미연결 70
의미와 상징을 통하여 매개 283
의미의 개방성 222
의미해석 규칙 63
의사소통 가치 179
의사소통 갈래 203
의사소통 기능 198
의사소통 당사자 간에 잡음을 줄이며
　　　정보량을 보존하는 기술 198
의사소통 맥락에 대한 파악 147
의사소통 목적의 설정 159
의사소통 상황 159
의사소통 상황에 대한 판단 173
의사소통 유형에 따른 목표 204
의사소통 의도 14, 47, 146, 151, 155,
　　　404, 442
의사소통 의도 결정하기 244
의사소통 의도가 결정되는 과정 160
의사소통 의도가 서로 재확인될 필요가
　　　있음 156
의사소통 의도를 추정 159
의사소통 의도의 수립 204
의사소통 중심 언어교육 297, 321
의사소통 중심의 교육 403
의사소통 중압감 163
의사소통 진행의 압력 163
의사소통 판단과 결정 163, 165
의사소통 행위 147, 275, 276, 361
의사소통에 관한 판단과 결정 164
의사소통에서 다룰 주제의 도입 179
의사소통에서 이용되는 합법화 전략 291
의사소통의 갈래 197
의사소통의 구성 요소 198
의사소통의 구조적 측면 198
의사소통의 기본값 15
의사소통의 밑바닥 14
의사소통의 방향이 재설정 185
의사소통의 상위 개념은 협력관계 193

의사소통의 진행 방향과 화제를 결정
　　　178
의사소통의 합리성 275
의사소통의 합법화 전략 364
의식의 기본범주 118
의식의 변화 112
의식의 신경과학적 근거 379
의식이 어떻게 출현하는지 51
의식이 출현한다 43
의식적인 통제 과정 307
의식화된 방식 378
의심되는 부분들을 삭감 149
의심을 삭감할 뿐 64
의지 87
의지적 미래 사건 154
이 : 저 : 그 455
이(理)·기(氣) 논쟁 89
이, 저 그리고 그 453
이·기 89, 90, 92
이것, 저것, 그것 454
이기적인 구심점 277
이념 315
이념/가치(온전한 보람)를 좇는 특성 277
이념의 실체 315
이념이 담화 각편으로 구현되는 방식
　　　315
이념이나 가치 70
이념적 거부감 210
이념적 비판을 봉쇄 211
이념적인 문화/가치 277
이데아 세계 125
이례적인 어조 269
이론과 실천 101, 102
이론학문·실천학문·제작학문 124
이름이 없는 대상을 지각하고 기억하는지
　　　여부 252
이방인 15
이분 분류 방식 102
이분 영역 119

이상적 언어   440
이성   11, 87
이성 중심의 인간관   160
이성과 감성   87
이성과 감성을 서로 분리   160
이성의 판단   161
이성이란 부서   103
이심전심의 비법   257
이야기의 기본 단위   306
이유   147, 149, 469
이유관계   469
이유에 대한 물음   149
이음말   60
이중 또는 혼성 개념주의자   217
이중인격과 항심   13
이차원의 개념을 첫 출발점으로   108
이타적인 원심점   277
이항 대립   57, 211
이항 접속   470
이해(理解)를 지향하는 인간의 행위   275
이해를 촉진하는 방편   72
이해에 관한 질문   156
이해와 해석   404
이행 관계   152
인(仁)·의(義)·예(禮)·지(智)   93
인간 기억의 본질   304
인간 정신의 내적 구조   236
인간 행위 전반에 대한 하버마스의 밑그림   275
인간다운 가치의 문제가 실종   192
인간다움   215
인간답게 살아가기 위한 것   192
인간들 사이의 관계   282
인간의 감각과 인지를 벗어난 사건 및 세계   120
인간의 정신   86
인간의 행위 전반   155
인간적인 탐색으로부터 시작   180
인격 또는 인품   215, 353

인격이나 인품   192
인공언어   402
인공언어 체계   258
인공지능   61
인과   469
인과 그물로 이야기가 짜이는 방식   306
인과 사건을 거꾸로 적용   149
인과 연결   465
인과 연결망 모델   305
인과관계   467, 468
인과관계를 일으킨다   110
인과성   30
인과율   11, 14
인과율과 결정론   147
인과율과 본능   405
인과적 추론   323
인류 문명의 슬기   11
인류 지성사   5
인류 진화   6
인문 과학   174, 284
인문 과학이라고 부를 수 없는 근본적인
   이유   284
인문학   173
인문학 본연의 자리   192
인문학 중심 접근   99
인문학의 과학화를 거부하는 동기   174
인문학의 영역   49
인사치레의 표현   269
인상   29
인상 관리 전략   288
인쇄 문화의 보급   327
인식 능력 자체   27
인식 방식에 대한 해석 지침   261
인식 조건과 상호 의사소통 조건   127
인식 주체의 인식 내용   141
인식의 결과   27
인욕(人慾)과 수양(修養)의 문제   140
인용 동사   8
인용 형식이 지닌 다른 기능   290

인접성　30
인접쌍　183, 189, 292
인접쌍 연결체　293
인접쌍들의 사슬　293
인접쌍의 다섯 가지 속성　292
인접쌍의 사례　293
인접쌍이 잘 작동함　190
인지 능력　28
인지 언어학　444
인지 활동　407
인지/사변 지식　147
인지·감정·동기　103
인지구조적인 측면　175
인지와 감정　102, 103
인지적 구성주의　329
인지적 지시내용　42, 388
인출 구조　35
인출 회상　61
인출구조　45, 46, 327
인칭 대명사　457
인칭 지시표현, 장소 지시표현, 시간
　지시표현　453
인품의 척도　189
일과 사회관계　444
일관성　307
일관성과 해석 가능성　472
일군의 신경 다발　51
일련의 사건 연결체　457
일련의 연속 행위　183
일련의 지속적 행위　264
일반 명사　30
일반 명사들 사이의 포함관계　63
일반 속성/보편 속성　125
일반 이성 문법　263
일반 좌표계　453
일반 처리 체계 및 재귀적 조정 체계가
　동시에 가동　369
일반론적 유형화　174
일반명사　125

일반성　12
일반의미 기억　171
일반적 사회구조　316
일반적인 공통기반　177
일반적인 사고 전개의 모습　58
일반화되어 모든 시간과 공간에 적용되는
　형식　171
일반화된 사건　171
일반화의 내적 질서　175
일방적인 짐작　179
일본어와 스페인 어　454
일부러 기대에 어긋나는 반응을
　의도적으로 보이려고 할 소지　186
일상언어 철학　32, 56, 259, 440
일상언어 철학자　152
일시적으로 작동　325
일원론과 다원론　13
일원론적 생각 얼개　99
일원론적 시각　30
일원론적 표상 방식　62
일원론적인 사고 전개 방식　62
일원론적인 연역계의 사고들　89
일을 하기 위하여 말을 한다　315
일을 하기 위하여 존재한다　313
일정 범위의 그물짜임　241
일정 제약을 지닌 인지 주체　133
일정한 문턱값　51
일치 또는 부합　151
일치 방향　150
일화　41
일화기억　41
읽고 요약하기　231
읽고 요약하기 과정　330
읽기와 쓰기　329
읽기와 쓰기가 공모 작용을 일으킨다
　329
임계값　51
임금의 이름 글자　459
임시저장고　243, 325

입력과 출력   236
입력이 들어오면 출력을 내보냄   405
입말 뭉치들을 전산 처리   289
입말 산출의 무계획성   355
입말과 글말   70, 328, 402
입말과 글말의 차이   227
입말과 글말의 차이가 피상적인 언어 투식
　　변이에 불과함   298
입말과 글말의 혼종 성격   228
입말의 사용상황   231
입말의 특성을 통신 언어에 적용   230
입말이 쓰이는 상황   227
입장 정리   185
입장/처지 설정   289
입출력 장치   236
자(字)를 지어 주는 풍습   459
자가 당착   13
자각의 정도   85
자극과 반응 이론   47
자극물   77
자기 모순   13, 63, 148, 270
자기 반성의식   103, 106
자기 자신의 일을 마치 남의 일처럼
　　추측하거나 짐작한다   270
자기 점검체계   251
자기 정체성에 대한 탐색   100
자기-자각   251
자기-지시적 또는 재귀적 의식   118
자동적 과정   79
자동화된 신체감지 상태   161
자리   66
자립 형식   69
자문 형식   10
자서전적 구체사례   387
자서전적 지시내용   42, 388
자승자박   215
자신의 배우 역할을 제대로 해 주어야 한다
　　188
자아   43, 52, 384

자아 또는 재귀의식   247
자아 인상 관리   37
자아의 동일성   46
자애로운 어머니 모습   218
자연계에서 일어나는 사건들의 순서   261
자연계의 인과율   139
자연계의 일반적인 사건   170
자연수의 공리체계   98
자연수의 배합   135
자연스런 결합(1 : 1)   238
자연언어   402
자연언어 처리   202, 290
자연언어의 불분명함   258
자연언어의 재번역   69
자연언어의 중의성   258
자연언어의 질서   261
자연적 결합   239
자연적 의미   153
자연적 인과율   405
자연주의   98
자연주의 접근   104
자연주의 접근법   97, 124, 139
자유 의지   100
자유로운 간접 보고   291
자유로운 선택과 기계적 선택   13
자유연상   33, 386
자유연상 기억과 재구성 기억   13
자유의지   11, 12, 14, 165, 173
자유의지(free will)의 구현체   145
자유의지를 지닌 인간   173
자유의지의 구현   48, 174
자율성 및 자존감   215
자율성을 극대화   185
자율성을 높여 주는 원리   14
자의성   401
자의성들을 차단   108
자족적이고 독립적인 자율처리 체계   237
작가나 시인을 만들기 위한 것은 아니다
　　330

작고 우연한 실수처럼 표현　207
작동의 시작점　136
작동중인 의도　113
작업기억　36, 40, 41, 43, 161, 169, 242, 324
작업기억 발달 정도　42
작업기억과 언어 산출 사이의 관련성　44
작업기억에 상응하는 부서　289
작업기억에 용량 제약이 있다　44
작업기억의 용량 제약　45
작용과 목적　123
작용소　65
작은 공범주 대명사 'pro'　301
작은 공범주 대명사 pro　458
작은 정부 지향의 흐름　319
작품의 주제　404
잠재의식 영역　49
잠재태 의미론　240
잠재태 의미분석　359
장기 작업기억　40, 45, 46, 324, 326
장기기억　41, 324
재구성　40, 323, 386
재구성 과정　46, 340
재구성된 내용　40
재구성하기　304
재구성해 놓은 대상　39
재귀성·대칭성·전이성(추이성)　68
재귀성·대칭성·전이성　63
재귀성·대칭성·추이성(전이성)　65
재귀성·대칭성·추이성　239
재귀의식　43, 48, 103, 104, 106, 147, 443
재귀적 감각질　30
재귀적 감지체계　103, 104, 251
재귀적 공통기반　64
재귀적 의식　14
재귀적 점검체계　244, 245
재귀적 조정체계　325, 332
재귀적으로 작동　169

재귀적인 확인 점검체계　172
재료 재(材)　139
재변조　286
재유입 회로　51
재입력 회로　51
재조정 과정　69
재질　124
재확인 과정　156
저의　146
저장고　236
저장과 인출　38, 385
적극적으로 구현　93
적통　131
적합성　267
적합성과 관련성에 대한 판단과 결정　380
전·단사관계　468
전개　300
전건　148
전달 매체나 이용 도구　228
전달내용의 수용과 신뢰　292
전두엽　42
전략적 상위 의도　165, 169, 349
전략적 행위　275, 276, 361
전망적 의도　167
전면적인 판단　148, 149
전문가 지식 체계　45
전반적 연결　307
전사관계　468
전산 언어학　289
전산화된 말뭉치　197
전자기력　138
전장　52, 384
전쟁의 정당성을 논증　210
전-전두엽　160, 169
전-전두엽에 자리 잡은 작업기억　325
전제로 깔아 놓고 있기 때문　153
전체와 하나　73
전체적인 유형이나 윤곽이 먼저 발생한다

323
전체주의 관점   149
전칭 양화사   64
전혀 생각 없음   134
전형성   12
전형적이라는 수식어   180
전형적인 사례   174
전형적인 의사소통   181
전형적인 입말 사용상황   228
전환 조짐   225
전환을 위한 준비   225
절 단위   62
절 단위의 접근법   341
절 또는 명제   55, 65, 72
절-유사(clause-like) 단위   446
절차적 지식   82
절차적 지식표상   35
절차지식   85, 158, 251, 268, 388
절차지식 기억   40, 41
점검체계   103
점검하는 상위 기능의 층위   288
점진적 산출   243
접속 구문   227
접속 구문의 구성   470
접속 부사   464, 470
접속 어미   470
접속 표지   464
접속사   448, 464
접속사들의 상위 범주   467
접속사의 의미관계   467
정관사 the   68
정당성에 관한 물음   211
정도성의 대립   13
정도의 차이   13
정물화   98
정반대의 화용 상황   267
정보 더해 놓기   307
정보 덜어내기   307
정보 전달 기능   278

정보 전달용 과제   321
정보 전달용 기능   201
정보 전달용 말하기   321
정보 전달용 의사소통   202
정보간격   179, 329
정보간격을 미리 가늠   179
정보간격의 가늠   159
정보간격이 있다   57
정보를 더해 놓는 일   447
정보를 덜어내는 일   447
정보를 전달하는 일   277
정보인 범주(categories)들에 대한 공유
    개념   175
정서에 치우친 일방적 결정 과정   165
정성 쏟음과 게을러터짐   13
정신 분석   31, 100
정신 사유계   141
정신과학   258
정신모형   30
정신작용의 결과   140
정신-재질   51
정의역   64, 65, 239
정의역과 치역   63, 137
정적인 대상   135
정적인 세계   67
정지 그림   13
정체성에 대한 위기감   100
정태적인 무대의 묘사   12
정태적인 측면만을 포착   287
정합적으로 재구성   69
정형화된 표현   230, 356
제1 실체   124
제1 실체와 제2 실체   63
제1 원인   123
제1 체계   161
제1뇌   102
제2 두뇌 속의 감성 체계   160
제2 실체   124
제2의 뇌   37, 102, 103, 160

제3의 뇌   102
제3의 두뇌 피질   160
제3의 부서   35
제3의 심판관   98
제3의 추상 공간을 확대   469
제3자의 존재   12
제8 아뢰야식   139
제도적 층위   316
제멋대로 읽고 제멋대로 쓴다   332
제안 ⇨ 수용 또는 거절   293
제약 만족 과정   359
제약 만족 이론   240
제약 조건들을 최초 시발점 위에 부가   108
제임스(W. James)   51
제자리 이동   472
제한된 합리성 결정   163
조건, 행위의 짝   155
조건-결과 관계   148
조건관계   467, 468, 471
조건문 'if ~, then~' 형식   388
조건부 물리적 환원론   52
조건부 물리주의   104, 109, 118
조동사 can   68
조상(predecessor, 선조)   125
조선 성리학   89
조율 상의 간격   186, 189, 193, 349
조율하는 과정에서 찾아지는 간격   189
조율해 나가려는 마음가짐   186
조응   456
존재 및 존재자   69
존재론적 환원 불가능성   111
존재성 및 유일성의 조건   68
존재와 소유   12
존재의 시작점   136
존재지시   58
좀   270
좁혀진 의미 파악   192
종(species)과 부류(genus)   63

종결 가능 단위   61
종결 마디   185, 272
종결 서법 및 양태에 대한 논점   319
종결 서법이나 양태   318
종합 능력   407
종합명제   264
종합학문으로서의 위상   148
좌표계   31
좌표계의 기준점은 수시로 전환   453
주격 논항   8
주관적 표상   29
주관적이며 내재적이며 사밀한 특징   158
주도권에대한 이양(포기)   295
주동사   8
주례   94
주먹구구 방식의 간단한 제시 방법   227
주먹구구 판단   348
주먹구구식   295
주민 무시의 서술관점   208
주민들의 안전에 관한 서술관점   208
주변 생태 환경의 질서   123
주어 위치에 나오는 명사   225
주어진 예시에 치우침   162
주역을 풀이한 계사   134
주연 배우   289
주요 기능   202
주위 생태 환경과 상호 작용하는 방식   134
주위 생태환경으로서의 우주   142
주위 환경의 압력   6
주의 집중 제어계   326
주의력   37
주의력 집중   225
주의를 계속 기울이고 있는지를 평가   179
주의를 기울여 잘 듣는다는 속뜻   180
주의집중   161
주인공을 따라가면서 비디오를 찍는 일   457

주인의식과 노예근성　13
주장 → 입증　311, 366
주제　158
주제 도입　290
주제 유지와 주제 전환　355
주제나 초점　261
주제와 초점　224
주제와 초점의 관계　224
주제의 도입을 예고　350
주제의 전개과정　224
주제의 진전 방향　225
주제화 또는 초점화　261
주체를 일부러 감춰 버리는 방식　170
죽는다는 사실　12
죽은 시체는 말이 없다　48
준칙　317
줄임 표현과 대등　80
중간 매개언어　68
중간 매개영역　48
중간언어　68
중국 문화　311
중국의 역사 전반을 재평가　135
중력을 지닌 별　138
중복결정 문제　113
중복을 피하여 다른 낱말을 찾아낸다
　　303
중세의 세계관　27
중심과 변방　13
중심소 전개　299, 355
중심소 전개 이론　224, 225
중앙방송과 지방방송　295
중앙연산 처리기　44
중앙연산 처리부서　43
중앙처리기　326
중용 상태　140
중의성이나 애매성　260
즉각적 의도　167
즉각적인 판단결정 체계　13
즉석 변통의 가능성 여부　356

즉석 판단과 결정　187
즉석에서 산출　229
증명 불가능성　31
증명은 총체적 인식 과정　63
지(知)·행(行)　86
지·행합일　102
지각　75
지각이 쉽게 이뤄질 수 있도록　261
지금까지의 진행 내용에 대한 평가　185
지문　298
지배 이념이나 권력　318
지배-결속 이론　300
지배권의 강도　288
지속적인 전개　225
지시 방식이 3원 체계로 이뤄져 있음
　　454
지시표현을 중심으로 한 이론　459
지시사　454
지시표현 및 어휘 사슬　301
지시표현·어휘사슬·대치·생략·접속사
　　70
지식 기반 견해　35
지식과 실천　86
지식을 변형하는 일　331
지식을 서술하는 일　331
지식인의 사회적 책임　314
지엽적 연결　307
지질학적 진화　6
지표　457
지향성　113, 114
지향적 인과　113
지향적 태도　113, 114
지휘자　247
직·간접적인 체험　17
직감적 방식　158
직설적 표현　156
직시　452, 453
직접 표현　15
직접 표현과 간접 표현　213

직접 표현법과 간접 표현법   171
직접적이며 강제적인 사역 사건   82
직접적인 방법도 없다   154
진·선·미   379
진리값(constative) 명제   440
진리값(t) 유형   58
진보주의   218
진행 과정   79
진행 과정의 표현   79
진행형   291
진화론   6
진화생물학   241
진화심리학   379
진화적 압력   174
질료 함의   468
질문⇨응답 또는 회피   293
질문 형식   10
질서를 준수하면서 말해야 하는 것   155
질적 차이   238
질적·정성적·해석적   280
짐작이나 추정을 해야 하는 것   179
집단 글쓰기   332
집중화   72
집합   67
집합(set)은 동사   66
집합들에 대한 집합   106
집합들의 집합   108
집합론의 탄생   31
집합의 집합   108
짝지어진 행위로 규범화   184
차별성을 부각   287
차하위 층위   29, 252
착종되는 대목   132
참·거짓 지향 언어   264
참값을 지닌 항   64
참값임을 전제하도록 표현   319
참과 거짓   13
참된 실생활 글말 능력을 키워 주는 교육   331

참스키 교수의 스승인 해뤼스   299
참스키 교수의 전문 서적들   241
참여(간여) 주체   289
참여자의 역할에 대한 설정   289
참인지 여부를 깨우치도록 표현   319
참조시   453
창조성   12
채워져야 할 빈칸   112
책임 경감 표현   271
책임 소재   354
책임 주체   207
책임질 관련자들을 숨기려는 서술 관점   208
책임질 주체   47, 170, 205
책임질 행위주   170
처리가 동시에 일어난다   36
처치 방안   187
천(天)·지(地)·인(人)   5, 89, 92
천·지·인 합일(合一)   98
천사와 악마   13
철학   61
철학의 정체성에 대한 혼란   258
첩첩산중의 느낌   255
첫 끝점   134
첫 끝점도 없음   134
첫 생각의 시작점   134
첫 생각의 신비로운 공통분모   131
청소년들의 언어 사용 모습   288
청자 반응에 대한 점검 과정   164
청자 쪽의 반응을 점검 확인   179
청자가 보여 주는 반응을 화자가 스스로 평가   166
청자에 맞추려고 하는 동기   192
청자의 반응을 점검 확인   168
청자의 반응을 점검   222, 223
청자의 선택에 맡긴 의미 파악   191
청자한테 맞춰 말해 주는 일   223
청중들에 맞춰 설법   223
체(體)·용(用)   90

체계　11
체계 1　277
체계 2　277
체계-기능 언어학　299
체면 보호(face-saving) 행위　164
체면 손상　191
체면 손상(신뢰 추락)이 없이는 취소될 수
　　없는 특성　228
체면 위협(face-threatening) 행위　164
체면(face)의 원리　164, 278
체면을 깎아 내리지 않은 채　180
체면을 높여 주는 원리　271
체면을 보호해 주는 행위　278
체면을 위협하는 행위　278
체면의 수립　177
체면의 원리　184, 215
체험 영역　216
초나라 죽간　77
초월성　12
초월적 세계　139
초월적 순수이성　441
초자아　35
초점　224
초점 부각 기능　290
초점 색깔　176
최고 사령탑　103
최단 경로의 해결책　116
최대투영 구절(XP)　58
최상위 결재권자　103
최소한의 자족형식　59
최적성(optimality) 이론　240
최적의 선택　253
최종 목표　152
최초 개념　108
최후의 영역　174
추단　162
추론 및 함의 관계　63
추론　307, 447
추론 작업　225

추론 작용　15
추론과 확증　15
추론의 동력　17
추론하고 판단하고 특정한 결정을 내리는
　　일　161
추상 재료　33, 43, 55
추상성과 구체물　73
추상성이 높아져 간다　60
추상적 개념　217
추상적 명제 차원의 사건　10
추상적 존재　67
추상화 연산　64, 171
추상화 작용　59
추상화된 항　171
추정　290
추정된 정보간격　146
추측 동사　8
추측이나 짐작을 나타내는 형태소 '-겠-'
　　270
축소된 사회　12
축자 표현　213
축자적인 뜻　270
축자적인 의미　60
춘추 필법　128
충격적인 체험을 한 뒤　121
충분 조건　468
충분하지만 '아직 완전한 것은 아니'라는
　　뜻　468
충분한 능력의 전제　182
충분한 상호작용 능력을 지니고 있다
　　182
층위들을 혼동한 언어 착시　92
치역　64, 65, 239
치역들의 세분화　65
치우친 결정　161
치우친 판단과 결정　165
치우침　162
치우침 요소　164
친구와 적　13

친분 쌓기 기능   278
친분 쌓는 말하기   321
친분을 쌓은 일   277
카할(S. Cajal)   50
캐임브리지-노팅엄 담화 말뭉치   221
컴퓨터의 소프트웨어에 비유   115
콘베이어 벨트   41
콘베이어 벨트와 원료   387
콰인(Quine)의 논법   149
크로마뇽 후예   11
큰 간격을 확인할 경우   192
큰 공범주 대명사 'PRO'   301
큰 공범주 대명사 PRO   458
큰뇌   102
큰뇌 또는 대뇌   378
키워 완성하고 마치는 수   136
타스키의 진리관   108
탈근대   27
태극도   134
태생적 한계   99
테두리   285
테두리 뇌   37, 102, 377
텍스트   297
텍스트 문법으로부터 비판적
   담화분석까지   312
텍스트에 대하여 구조화된 정신 표상
   309
통각   75
통계 언어학   289
통계적·양적 연구 방법   281
통계적인 처리   225
통사 결속   70, 225
통사 구성은 규칙적   471
통사 구성을 위배   471
통사·의미 정보   249
통사·의미 정보값   245
통사·의미값   247
통사·의미값에 먼저 접속   249
통사론 자체가 존재하지도 못했을 것

249
통사부·어휘부 양립 입장   249
통사적 구성   471
통성명   178
통성명이라는 절차   350
통신 언어   230
통일된 설명 방식   142
통일성   307
통합 방향의 사고방식   141
통합/융합 학문이나 학제적인 성격   274
통합적인 인문학   152
통합적인 접근   338
통합주의 접근 방식   53
통합주의 접근   52, 383
통합주의 접근법   119
통합주의   5, 50
통합체   57
퇴계 이황   187
투영   69
특별한 서식   229
특정한 작업기억과 일반적인 작업기억
   44
특칭 연산자   68
틀   11, 34
틀 부여 효과   162
틀 부여하기   217, 282, 285
틀 짓기   285
틀을 부여하는 하위 방식   286
파롤(parole)   99, 156
파생된 지향성   150
파생적 지향성   151, 152
파충류의 뇌   377
판결 행위   266
판단과 결정   37
판단과 결정 과정   152
판단과 결정 체계   14
판단과 결정의 치우침   165
판단과 의도의 결정 과정   162
판단이나 결정 과정   164

편도체 93
평가 ⇨ 동의 또는 반대 293
평가동사 62
평가의 범주 93
평가의 잣대 403
평미레 54
포개어 놓기 71
포괄 층위 29
포괄적인 우주관 88
포기와 도전 13
포클랜드 전쟁 기사 보도 208
포폄의 전통 128
포함 관계의 원천 30
폴란드 논리학자 66
표면 발화 265, 268
표면 해석과 심층 해석 404
표면 → 기저 차원 285
표상의도 151
표적 영역 216
표현법에 대한 선택 171
품격 있는 반복 461
프러시아 홈 30
프레게 13
프레임 217
플라톤(Plato)의 문제 120, 121
플라톤의 이데아(제3 세계) 65
피동성과 능동성 13
피상적인 책임 207
피휘 459
필수적이거나 의무적인 사항이 아니다
    308
필연적인 반복 469
필요 조건이 더 추가되어야 한다 468
필요·충분 조건 106, 468
필자와 독자가 서로 떨어져 있는 경우
    229
하나·여럿·전체 71
하나의 의미만을 지니고 투명한 듯 156
하나의 접속어미 '-고' 261

하늘과 땅 90
하늘이 준 절대 이념 211
하도와 낙서 132, 135
하등동물 차원의 기억 384
하위 문화 특성 178
하위 문화집단 282
하위 층위 29, 252
하의어·상의어 252
학문 도구 124
학문의 정통성 131
학습을 거쳐 개인이 인격을 완성한다
    188
학습자 변인·글 갈래 변인·글쓰기 목적
    변인 371
학제적 접근 337
한 사태를 기술 150
한결같은 마음 276
한국사회언어학회 283
한국어의 교착어적 특성 83
함수 63
함수 관계 239
함수와 논항 65
함의 관계 63, 148, 405
함의나 함축관계 63
함의하고 유도해 나가고 있는 것 211
함축 관계 148
합당성 부여 291
합당성(합법화) 291
합리성 258
합리적 결정 162
합리적 이성 131, 133
합리적인 이성적 과정 165
합목적성을 띤 행위 275
합법화 전략 291
합법화를 꾀하려는 의도 292
합성 72
합성성 원리 55
합치 방향 147
항(terms) 91

해결 가능성의 전제   182
해석 과정에 더 긴밀히 관여한다   176
해석 규칙   239
해석 지침   239, 261
해석 틀   217
해석 틀 부여해 놓기   285
해석 틀을 부여하는 장치   286
해석적·질적 연구 방법   281
해체주의 사고   105
해체주의   5
핵어 중심 구구조 문법   249
핵어   69
행동거지   281
행동으로 실천하도록 요구   263
행동의 결과를 평가   93
행동주의   323
행동주의 심리학   52
행동주의 심리학자   235
행동주의 접근법   106
행실 규범   188, 189
행위 속성   148
행위 의도   155
행위와 행동   281
행위의 결정과정   161
행위주   74
허사   59
허사를 쓰는 비율   267
헛된 적용   113
헵(D. Hebb)   50
현대 의미론   58
현대 학문의 비조   68
현대 화용론의 창시자   259
현대판 골상학자   50, 382
현대판 동키호테   50, 382
현대판 아리스토텔레스   323
현미경 시각   319
현실세계에서 낱개의 사건   69
현실적 가치와 이상적 가치   13
현실적 부와 복   142

현실적 사건   171
현실태와 가능태   126
현장성   291
현재 상황과의 관련성   291
현재 시간만을 살고 있을 뿐   39
현재 작동중인 의도   167, 168
현재 전망   148
현재지향 의도   167, 168
현학적으로 느껴진다   295
협동 과제로서 의미 파악하기 과정   266
협동 글쓰기   332
협동 원리   268
협동 작업   179
협동과정   293
협동행위   180
협력 공동체의 몫   218
협력과 공격   13
협력관계   14, 192
협력관계라는 전제   187
협력하려는 동기   187
형상   124
형상과 재질   123
형식 또는 구조의 도입   174
형식 및 내용의 두 층위가 결합   246
형식 및 내용이 결합하는 방식   238
형식 의미론   58
형식 쪽은 결정론적으로 과학화   174
형식   11
형식 함의   42, 63, 148
형식·내용·해석지침   239
'형식 : 내용'의 결합 관계   402
형식과 경험   401
형식과 내용   400
형식과 내용 두 층위의 결합   406
형식과 내용의 비자연적 결합체   16
형식에 대한 학습   403
형식으로서의 말소리가 탄생   376
형식을 먼저 접하고 나서 내용을 추론
     247

형식의 완결성 64
형식적 측면의 과학화 174
형용사 구문 8, 75
형이상 92
형이상학적 범주 87
형이상학적 존재 92
형이하 92
형제 관계의 진전 225
형태·음운 정보 249
형태·음운 정보값 245
형태·음운값 247
형태·음운값도 활성화 249
형태상의 대립 79
형태소가 정연히 대립한다 77
형태-음운-음성 체계 247
호 또는 자 459
호칭이나 지칭 459
혼성(hybrid) 접근 241
혼합 접근 49
화소 306
화시 452
화용 동기로 생략 472
화용 표지 465
화용 행위와 화용론과 담화론과
　　　미시사회학과 텍스트 언어학 257
화용적 동기 261
화자 원점 456
화자 자신의 결정에 대한 자기-평가 164
화자가 좌표계의 원점 454
화자는 미리 예상해 두어야 한다 223
화자와 청자 사이에 서로 공유된 언어재
　　　156
화자와 청자 사이에 서로 차별적인 측면
　　　156
화자와 청자의 역할을 바꿀 수 있다 221
화자의 의도 266
화자의 의미 154
화자의 추측 표현 10
화자의 표현 의도를 포장하는 방식 318

화자인 나 79
화자인 나는 알고 있지만, 상대방 청자는
　　　그렇지 않은 정보 179
화학적 차원 285
화행 이론 257
확대된 개인 12
확대된 의미 88
확률이 높은 반복 469
확장된 의미 57
환원적 기능론 104
환원적 태도 216
환원주의 5, 50, 381
환원주의 대 통합주의 50, 382
환원주의 입장 52
활성화 확산 이론 240, 327
회고적 이상사회와 미래지향의 이상사회
　　　13
회백질 102
회백질의 신생뇌 160
회피 294
회피하기 188, 193
효사 140
후건 148
후견지명(hindsight) 편향 162
후기근대 속성 27
후두강 376
후속 사건 148, 468
후속 사건이 일어나 있음이 미리 전제되어
　　　있다 469
후속 사건이 참값으로 주어져 있다 469
후속 상호조율 과정 164
후자(successor) 108, 125
후천적 경험 28, 175
후핵성 매개인자 303
후행 요소 472
후행 표현 458
후행사 471
훈계조 의사소통 188
훈육이나 교육 175

흑과 백 13
혼적 9
흘러가면서 바뀌는 일 90
흥망 주기 141
흥부 원칙 362
흥부의 마음가짐 14, 187
흥부의 마음씨 192, 353
흥부의 태도와 놀부의 태도 13
희(喜)·로(怒)·애(哀)·락(樂)·애(愛)·오(惡)·욕(欲) 93
희망 동사 8
희망과 절망 13
희생 원칙 362

1:1 대응 401
1:1 대응 관계 400
1:1로 대응 153, 260
1:다 239
1:다 또는 다:1의 관계 400
1계 명제 논리식 64
1계(1차) 기호논리의 모형 64
1인칭 진술 154, 158
1인칭의 주관적이며 사밀한 특성 166
1차 감정 회로 160
1차 방정식 모형 240
1차 의미 파악 후 다시 더 큰 해석에 맞춰 놓는 노력 324
1차적 초점 202
1차적(표면적) 해석 324
1차적인 이해 404
1차적인 표상의도 151
1초 이내의 공백 163
1초를 넘는 공백 163
1초의 한계 288
250밀리초(¼초)에서부터 2초 정도 43
2백만 년 전의 우연한 시점 174
2백만 년 즈음 377
2원 체계 454
2차 감정 회로 160

2차 경로 289
2차 뇌 377
2차 뇌의 작용 277
2차적(심층적) 해석 324
2차적인 해석 404
368개 항목의 보편성 목록 177
3겹 두뇌의 진화 6
3대 발명 26
3살 전후 379
3원 접근법 238
3원 체계 454
3차 뇌의 작용 277
3차원의 공간 감각 450
5~6개 정도의 문장 325
5개 가량의 명제 43
5만 년 6
5만 년 전후 375
6층위의 뇌세포 신경 378
6층으로 이뤄진 대뇌 피질 378
7 ± 2 43, 325, 389
9가지 우주의 근본 유형 132
~하려고 함 146

abduction 446
abstraction 171
ACT-R 116
act 264
action 264
CDA 299
centering 224
class 67
class-concept 30, 67
classes of classes 67
CLT 298
co-text 314, 404
coherence 307
conception 54
concepts 54
context 404

conversation   287

e   9

emotion(감정)   160

empty   9

extend   87

feeling(느낌)   160

footing   289

frame   285

framing   217, 285

go   291

hedge   271

icon   400

if … then …   405

index   400, 457

inference   30

intertextuality   297

i부터 시작   457

lemma   245, 461

lexeme   245, 461

lexicon   460

lexis   460

maxim   34, 317

Mengenlehre   67

mind-stuff   51, 383

motif   306

notions   54

organum   123

pre-text   299

pretext   314

pro   457

qualia   30

reason(이유)이라는 용어   148

reasoning   30

remembering   40, 322

representation   65

say   291

schema   34

set   67

social   281

societal   281

soft science   281

speech acts   440

such that(예를 들면)   171

talk   287

terms   30

thesaurus   303, 460

token(사례, 구체적 실물)   125

type(유형)   125

type   30

'uh(어)' 계열의 군말   164

'um~(엄)' 계열의 군말   164

vocabulary   460

zero 형태   83

zoom-in 접근   382

zoom-out 접근   382

지은이 **김지홍(Kim, Jee-Hong)**

제주대학교 국어교육과를 졸업하고 1988년 이래 경상대학교 국어교육과 교수로 있음.

저서로 『국어 통사·의미론의 몇 측면: 논항구조 접근』(2010, 도서출판 경진, 대한민국학술원 우수학술도서),

『언어의 심층과 언어교육』(2010, 도서출판 경진, 문화체육관광부 우수학술도서),

『제주 방언의 통사 기술과 설명: 기본구문의 기능범주 분석』(2014, 도서출판 경진, 대한민국 학술원 우수학술도서)

역서로 한국연구재단의 동서양 명저 번역

『말하기: 그 의도에서 조음까지, I~II』(르펠트, 1989; 김지홍, 2008, 나남),

『이해: 인지 패러다임, I~II』(킨취, 1998; 김지홍·문선모, 2011, 나남)

거시언어학으로서 언어 사용 및 비판적 담화 분석에 대한 번역

『언어 사용 밑바닥에 깔린 원리』(클락, 1996; 김지홍, 2009, 도서출판 경진, 대한민국학술원 우수학술도서),

『언어와 권력』(페어클럽, 2001; 김지홍, 2011, 도서출판 경진, 문화체육관광부 우수학술도서),

『담화 분석 방법: 사회 조사연구를 위한 텍스트 분석』(페어클럽, 2003; 김지홍, 2012, 도서출판 경진)

그리고 캐임브리지 대학 출판부(CUP)의 '언어교육 평가 총서' 중

『말하기 평가』(싸뤼 루오마, 2001; 김지홍, 2013, 글로벌콘텐츠),

『듣기 평가』(개뤼 벅, 2001; 김지홍, 2013, 글로벌콘텐츠),

『읽기 평가, 1~2』(J. 차알즈 올더슨, 2000; 김지홍, 2015, 글로벌콘텐츠)

등과 몇 권의 한문 번역이 있음.